韓國史論著 分類總目

③ 근대사/현대사

金 東 洙 編

도서출판 혜안

◇ 일 러 두 기 ◇

○ 이 類別論著目錄은 최근까지 국내외에서 발표된 한국사 관계 논저들을 분야별로 나누어 정리한 것이다.

○ 정리의 時點은 1994년도까지 발표된 것을 대상으로 하고자 하였으나, 이 목록의 정리작업중에 1995년도 및 1996년에 발표된 것들로서 着目된 것들은 모두 함께 정리하여 두었다.

○ 분류는 우선 시대별로 크게 1편 총설, 2편 고고학, 3편 고대사, 4편 고려시대사, 5편 조선시대사, 6편 근대사, 7편 현대사로 나누고, 각 시대는 다시 Ⅰ. 총설 Ⅱ. 정치 Ⅲ. 경제 Ⅳ. 사회 Ⅴ. 문화로 나누어 그 아래에 작은 항목들을 배열하여 두었다. 각 시대별로 분류의 항목에는 다소간 다름이 있으나 대체로 다음과 같은 틀로 구성하였다.

Ⅰ. 총설
   1. 총설 : 연구사/개설류/시대구분론 · 사회성격론
   2. 일반사항 : 인물/서적 · 자료/금석문/서평/역사인식 · 사학사/역사지리/전설 · 신화/도시/기후
Ⅱ. 정치
   1. 정치 : 운영/세력/사건
   2. 관제 · 법제 : 관제 · 관직/행정/지방제 · 수령제/법률 · 형정
   3. 대외관계 : 대외정책/각나라와의 관계/영토/전쟁
   4. 군사 : 군제 · 군영/군역/방어체제/화기 · 武具
   5. 과거 · 음서 · 천거
       * 이외 무인정권/식민지배/저항운동/통일문제/북한 등
Ⅲ. 경제
   1. 경제 : 경제정책 · 구조/토지/수취체제/재정 · 화폐/무역/차관
   2. 산업 : 농업/상업/수공업 · 광업/기타 산업
   3. 교통 · 통신 : 육운/해운/통신
Ⅳ. 사회분야
   1. 사회 : 향촌사회 · 향약/친족제/풍습 · 예속/성씨/여성/복식/농민항쟁/유민/인구/구휼 · 복지정책
   2. 신분제 : 신분구조 · 정책/각 신분
Ⅴ. 문화
   1. 사상 · 종교 · 祭儀 : 유교/불교/도교/기독교/민속신앙 · 도참/풍수지리/정치사상 · 사회사상/민족의식 · 주체의식/윤리관 · 예론/자연관 · 재이관

2. 과학·기술·학문 : 과학·기술·학문/도량형/지리학·지도/인쇄·鑄字/造船
   3. 문학·음악 : 문화총론/문학·음악·연극
   4. 미술 : 회화·서예/석탑·부도·불상/조각/도자기/공예/건축·조경
   5. 교육·학교 : 교육사상·정책/학교/특수교육

 다만 고대사의 경우 여러 국가·시대사 단위로 나누고, 각 국가·시대사 단위의 논저목록을 대체로 위의 분류기준으로 나누어 정리하였다.

○ 고고학 분야는 자체 독자적인 논저목록이 작성될 성질의 것이며, 정리대상 논저도 방대하므로 여기서는 역사학 분야와 밀접한 연관성이 있다고 보이는 논저만을 대략적으로 소개하는 수준에 그쳤다.

○ 논저의 배열순서는 단행본을 앞으로 하고, 논문들을 뒤에 두었다. 논저의 배열은 한 주제에 대한 연구사적 흐름을 파악할 수 있도록 발표연대순으로 하는 게 가장 합리적일 것으로 여겨진다. 그러나 이럴 경우 인명단위의 검색이 어려워지고, 또 한 연구자의 논저내용을 쉽게 파악하기 어려워진다는 문제도 있으므로 이 類別論著目錄에서는 인명의 音順(가나다 순)과 연대순으로 배열하는 것을 원칙으로 하였다.

○ 각 시대별 인물들에 관한 논저는 인물항에 일괄 분류하는 것을 원칙으로 하되, 관련 논저가 많은 인물들은 인물항목 아래에 별도로 소분류를 하여 두었다.

○ 인명 중 근래 일부 본관에서 쓰는 류(柳)씨, 라(羅)씨 등은 한자로 쓰인 경우 유, 류, 나, 라를 구분하기 어려우므로 모두 유, 나로 통일하여 정리하였다. 다만 북한인명으로서 한글로 류, 림, 리 등으로 쓰인 경우는 그 음대로 따랐다.

○ 이 類別論著目錄을 가능하면 보다 충실히 만들고자 여러 자료의 섭렵 등에 나름대로 애는 썼으나, 한 개인의 작업이므로 아무래도 많은 논저들이 누락되는 등으로 그 한계가 크게 드러남을 느낀다. 다만, 여기에 제시된 부족한 목록을 통해서라도 다른 연구물들을 찾아가는 디딤돌로 활용될 수 있다면 그런대로 조금은 한국사의 연구에 도움을 주는 것이라고 자위할 수 있을 것이다. 본의 아니게 중요한 논저를 빠뜨린 잘못에 대해 많은 분들의 혜량 있으시기를 바란다.

차 례

Ⅱ. 정치 80

Ⅳ. 사회 269

1. 사회 269
    1) 향촌·사회상태 269
    2) 풍속·혼인·복식 271
    3) 가족·친족제 271
    4) 여성 272
    5) 호적·인구 276
    6) 契 276
    7) 사건·재해 277
    8) 재지지배층·엘리트 동향 277
    9) 해외이민·유민·재외동포 278
2. 노농운동 283
    1) 농민·농민운동·농촌상태 283
    2) 노동자·노동운동 289
3. 농민항쟁 293
    1) 농민항쟁 293
    2) 동학농민전쟁·동학사상 294
4. 신분제 307
    1) 신분제·정책 307
    2) 신분제 개혁운동 308

Ⅴ. 문화 310

1. 사상·종교·祭儀 310
    1) 근대사상 일반 310
    2) 불교 310
    3) 유교·양명학 312
    4) 기독교(개신교·천주교) 314
    5) 동학사상 323
    6) 도교·낭가사상 323
    7) 대종교·원불교·증산교·천도교 등 신흥종교 323
    8) 정치·사회사상 326
    9) 무정부주의사상 328
    10) 민족인식·민족주의 328
    11) 전통인식·전통론 332
    12) 외국 종교·사상·학문 333

제6편

근 대 사

Ⅰ. 총설

1. 총설

1) 연구사 · 회고와 전망

姜萬吉, 한국민족해방투쟁사 연구현황과 과제,『한국근현대연구입문』, 역사비평사, 1988.

姜萬吉, 남북 역사학의 갑오농민전쟁 인식의 같은 점과 다른 점,『인문논총』5, 아주대 인문과학연구소, 1994.

姜在彦 외,『봉건사회 해체기의 사회경제구조 - 최근 일본에서의 한국사연구의 성과 - 』, 청아, 1982.

高承濟, 경제,『한국사론 5 - 근대 - 』, 국사편찬위원회, 1978.

宮田節子, 朝鮮近代史の動向,『駿台史學』19, 明治大學史學地理學會, 1966.

권오영, 척사운동에 대한 연구성과와 과제,『한국사론 25』, 국사편찬위원회, 1995.

權熙英, 북한에서의 한국근대사 인식의 문제,『북한의 한국학 연구성과분석 - 역사, 예술편 - 』, 한국정신 문화연구원, 1991.

旗田巍, 東洋史 - 朝鮮·滿洲, 1956年の歷史學系の回顧と展望 - ,『史學雜誌』5, 東京帝大史學會, 1957.

吉野誠, 梶村秀樹の朝鮮近代史研究,『朝鮮史研究會論文集』28, 1991.

金炅一, 북한학계의 1920 · 30년대 민족해방운동연구,『창작과 비평』1989년 가을호, 창작과 비평사, 1989.

金敬泰, 회고와 전망 : 근대(1975),『한국사연구휘보』14, 1976.

金敬泰, 회고와 전망 : 근대(1976~78),『역사학보』84, 1979.

金敬泰, 회고와 전망 : 근대(1984),『한국사연구휘보』55, 1986.

金根洙, 1910년 이전의 언론 · 출판,『한국사론 5 - 근대 - 』, 국사편찬위원회, 1978.

金度亨, 회고와 전망 : 최근세(1987~89),『역사학보』128, 1990.

金東旭, 한국건축사연구 30년 - 조선~근대 - ,『미술사학연구』188, 1990.

金萬圭, 동아시아의 전통 정치사상에 대한 균형적인 연구시각,『동북아』2, 동북아문화연구원, 1995.

金明淑, 19세기 정치사 이해 과정에 대한 검토,『동대사학』1, 동덕여대국사학과, 1995.

金祥起, 의병전쟁에 대한 연구성과와 과제,『한국사론 25』, 국사편찬위원회, 1995.

金泳謨, 1910년 이전의 사회,『한국사론 5 - 근대 - 』, 국사편찬위원회, 1978.

金英植, 韓國近代史の再評價をめぐって,『統一評論』138, 統一評論社, 1976.

金允植, 1910년 이후의 학술 · 문예,『한국사론 5 - 근대 - 』, 국사편찬위원회, 1978.

金潤煥, 1910년 이후의 사회,『한국사론 5 - 근대 - 』, 국사편찬위원회, 1978.

金在先, 회고와 전망 : 중국(1977),『한국사연구휘보』22, 1978.

金在先, 회고와 전망 : 중국(1978),『한국사연구휘보』26, 1979.

金在先, 회고와 전망 : 중국(1979~80),『한국사연구휘보』30, 1980.

金在先, 회고와 전망 : 중국(1980),『한국사연구휘보』35, 1981.

金正起, 개항기 자본주의·제국주의침략연구의 동향과 국사교과서의 서술,『역사교육』47, 역사교육연구회, 1990.

金昌洙, 3·1운동 연구사론,『동국사학』14, 1977.

金昌洙, 韓國獨立運動史의 연구사적 검토,『산운사학』6, 산운학술문화재단, 1991.

金春善, 1920년대 한민족 반일무장투쟁 연구에 관한 재조명 - 鳳梧洞·靑山里戰役을 중심으로 - ,『水邨朴永錫화갑논총 한민족독립운동사논총』, 1992.

金學俊, 일제의 식민통치와 한민족의 항일독립투쟁에 관한 연구들 - 문헌조사의 일부 - ,『한국독립운동사연구』1, 독립기념관 한국독립운동사연구소, 1987.

金鎬逸, 1910년 이후의 교육,『한국사론 5 - 근대 - 』, 국사편찬위원회, 1978.

金鎬逸, 3·1운동,『한국사론 5 - 근대 - 』, 국사편찬위원회, 1978.

金喜坤, 대한민국 임시정부 연구의 성과와 과제,『한국근현대사연구』3, 한국근현대사연구회, 1995.

金熙泰, 무장항일독립운동에 대한 延邊사학계의 시각,『한국독립운동사연구』5, 독립기념관 한국독립운동사연구소, 1991.

瀧澤秀樹, 韓國近代經濟史研究におけるいくつかの問題,『經濟學論集』24 - 1, 甲南大, 1983.

도면회, 일제 침략정책(1905~1910년)에 대한 연구성과와 과제,『한국사론 25』, 국사편찬위원회, 1995.

渡部學, 韓國における近代史研究への摸索,『武藏大學紀要』4, 1966.

朴慶植, 3·1獨立運動研究の諸問題 - 民族主義者の評價について - ,『思想』556, 1970.

朴孟洙, 東經大全에 대한 기초적 연구 - 동경대전 연구성과를 중심으로 - ,『정신문화연구』34, 한국정신문화연구원, 1988.

朴孟洙, 동학과 동학농민전쟁 연구동향과 과제,『朴成壽화갑논총 한국독립운동사의 인식』, 1991.

朴明圭, 낡은 논리의 새로운 형태 - 宮嶋博史의「朝鮮土地調査事業史の研究」비판 - ,『한국사연구』75, 한국사연구회, 1991.

朴明圭·金炅一, 한국 근대사회와 사회사연구,『한국학보』80, 일지사, 1995.

朴容玉, 회고와 전망 : 근대(1973),『한국사연구휘보』4, 1974.

朴容玉, 회고와 전망 : 근대(1976),『한국사연구휘보』17, 1977.

朴容玉, 간도문제,『한국사론 5 - 근대 - 』, 국사편찬위원회, 1978.

朴贊勝, 한국근대 민족해방운동연구의 동향과 국사교과서의 서술,『역사교육』47, 역사교육연구회, 1990.

박찬식, 회고와 전망 : 한말·일제시대(1980년대),『제주도사연구』1, 1991.

方善柱, 회고와 전망 : 미주(1982),『한국사연구휘보』42, 1983.

方善柱, 회고와 전망 : 미주(1983),『한국사연구휘보』51, 1985.

方善柱, 회고와 전망 : 미주(1983~85),『한국사연구휘보』53, 1986.

裵英淳, 중등국사교과서 개정판(1990년판)에 있어서 근현대사 기술의 몇 가지 문제 - 인식체계와 논리구성의 문제를 중심으로 - ,『인문연구』13 - 2, 영남대 인문과학연구소, 1992.

샵쉬나, 화니 이사꼬브나 , 한국 공산주의운동과 민족해방운동(1918~1945)에 대한 러시아 한국학자들의 견해,『한국독립운동사연구』9, 독립기념관 한국독립운동사연구소, 1995.

徐紘一, 회고와 전망 : 근대(1983),『한국사연구휘보』51, 1985.

申榮淑, 한국근대여성사회사 연구방법의 고찰,『이대사원』22·23합, 1988.

申榮祐, '동학농민전쟁' 연구와 日記자료,『역사와 현실』12, 한국역사연구회, 1994.

愼鏞廈, 동학·독립협회·기타 제단체,『한국사론 5 - 근대 - 』, 국사편찬위원회, 1978.

愼鏞廈, 한국근대사연구의 성과와 제문제,『현대 한국역사학의 동향 - 1945~1980 - 』, 역사학회, 1982.

申一澈, 동학, 『한국사론 4 - 조선후기 - 』, 국사편찬위원회, 1976.

申載洪, 국내외의 독립운동, 『한국사론 5 - 근대 - 』, 국사편찬위원회, 1978.

安秉旭, 갑오농민전쟁의 성격과 연구현황, 『한국근현대연구입문』, 역사비평사, 1988.

安秉直, 한국사학계의 회고와 전망 : 근대(1969~70), 『역사학보』 49, 역사학회, 1971.

安春根, 1910년 이후의 언론·출판, 『한국사론 5 - 근대 - 』, 국사편찬위원회, 1978.

王聿均, 回顧와 展望 : 中國(1973), 『한국사연구휘보』 4, 1974.

우윤, 고종조 농민항쟁, 갑오농민전쟁에 대한 연구성과와 과제, 『한국사론 25』, 국사편찬위원회, 1995.

原田環, 일본에 있어서의 갑신정변의 연구, 『갑신정변연구』, 한국정치외교사학회, 1985.

劉元東, 근대 한일관계사 연구의 현상과 과제 - 사회경제사적 분야를 중심으로 - , 『朴成壽화갑논총 한국독립운동사의 인식』, 1991.

柳漢喆, 中期義兵史(1904~1907)연구의 성과와 과제, 『한국근현대사연구』 1, 한국근대사연구회, 1994.

尹慶老, 회고와 전망 : 1910~1945(1987~89), 『역사학보』 128, 1990.

尹慶老, 식민지시대 연구의 현황과 과제(1910~1945), 『민족문화』 5, 한성대 민족문화연구소, 1991.

尹炳奭, 근대사, 『진단학보』 57, 1984.

李慶成, 미술, 『한국사론 5 - 근대 - 』, 국사편찬위원회, 1978.

李光麟, 회고와 전망 : 근대(1971~72), 『역사학보』 60, 역사학회, 1973.

李光麟, 개화·척사사상, 『한국사론 5 - 근대 - 』, 국사편찬위원회, 1978.

李圭洙, 朝鮮民衆運動史研究史論 - 硏究狀況及び展望 - , 『一橋硏究』 11 - 1, 1986.

李玟源, 대한제국의 성립과 '광무개혁', 독립협회에 대한 연구성과와 과제, 『한국사론 25』, 국사편찬위원회, 1995.

李培鎔, 한국사학계의 회고와 전망 : 최근세(개항~) (1990~92), 『역사학보』 140, 역사학회, 1993.

李培鎔, 개화사상·갑신정변·갑오개혁에 대한 연구현황과 과제, 『한국사론 25』, 국사편찬위원회, 1995.

李守龍, 한국근대 변혁운동연구의 동향과 국사교과서의 서술, 『역사교육』 47, 역사교육연구회, 1990.

李永鶴, 광무양전사업연구의 동향과 과제, 『역사와 현실』 6, 한국역사연구회, 1991.

李榮昊, 한국근대 민중운동연구의 동향과 국사교과서의 서술, 『역사교육』 47, 역사교육연구회, 1990.

李玉, 회고와 전망 : 구주(1973), 『한국사연구휘보』 4, 1974.

李玉, 회고와 전망 : 구주(1977), 『한국사연구휘보』 22, 1978.

李玉, 회고와 전망 : 구주(1978), 『한국사연구휘보』 26, 1979.

李玉, 회고와 전망 : 구주(1978~80), 『한국사연구휘보』 35, 1981.

李潤相, '광무개혁' 연구의 현황과 과제, 『역사와 현실』 8, 1992.

李離和, 19세기 사회사상사 연구현황과 문제점, 『한국근현대연구입문』, 역사비평사, 1988.

李鍾範, 전남지방 근·현대사 연구, 『전남사학』 7, 전남사학회, 1993.

李憲昶, 개항과 제국주의침략에 대한 연구성과와 과제, 『한국사론 25』, 국사편찬위원회, 1995.

李鉉淙, 회고와 전망 : 근대·현대(1967), 『역사학보』 39, 역사학회, 1968.

李鉉淙, 쇄국과 개국·구미관계, 『한국사론 5 - 근대 - 』, 국사편찬위원회, 1978.

李賢周, 신간회운동 연구의 성과와 과제, 『한국근현대사연구』 2, 한국근현대사연구회, 1995.

李炫熙, 식민정치, 대한민국임시정부의 정책, 『한국사론 5 - 근대 - 』, 국사편찬위원회, 1978.

李炫熙, 회고와 전망 : 근대(1977), 『한국사연구휘보』 21, 1978.

李炫熙, 금년도 한국근현대사의 쟁점(1992.4~1992.9), 『쟁점 한국근현대사』 1, 한국근대사연구소, 1992.

張師勛, 음악, 『한국사론 5 - 근대 - 』, 국사편찬위원회, 1978.

張世胤, 중국지역 한인 민족해방운동사 연구의 과제와 전망, 『阜村申延澈교수정년퇴임기념 사학논총』,

　　일월서각, 1995.

張寅成, 회고와 전망 : 중국(1981~82), 『한국사연구휘보』 42, 1983.

全明赫, 1930년대 식민지조선의 사회성격에 대한 이론사적 검토,『阜村申延澈교수정년퇴임기념 사학논
　　총』, 일월서각, 1995.

鄭德基, 한국사(일제시대) 연구의 성과분석 - 경제사를 중심으로 - ,『정신문화연구』 25, 한국정신문화연
　　구원, 1985.

井上秀雄, 回顧와 展望 : 日本(1974~75),『한국사연구휘보』 14, 1976.

井上秀雄, 回顧와 展望 : 日本(1976),『한국사연구휘보』 18, 1977.

井上秀雄, 回顧와 展望 : 日本(1977~78),『한국사연구휘보』 22, 1978.

井上秀雄, 回顧와 展望 : 日本(1978),『한국사연구휘보』 26, 1979.

井上秀雄, 回顧와 展望 : 日本(1979~80),『한국사연구휘보』 30, 1980.

井上秀雄, 回顧와 展望 : 日本(1980),『한국사연구휘보』 35, 1981.

井上秀雄, 回顧와 展望 : 日本(1981~82),『한국사연구휘보』 39, 1982.

井上秀雄, 回顧와 展望 : 日本(1983~84),『한국사연구휘보』 53, 1986.

鄭在貞, 일제통치기 사회경제연구의 동향과 국사교과서의 서술,『역사교육』 47, 역사교육연구회, 1990.

鄭昌烈, 회고와 전망(1984~86) : 최근세,『역사학보』 116, 1987.

鄭泰憲, 최근의 식민지시대 사회구성체론에 대한 연구사적 검토,『역사비평』 1, 역사문제연구소, 1987.

趙東杰, 최근세,『역사학보』 104, 1984.

趙東杰, 독립운동사 연구의 회고와 과제,『정신문화연구』 25, 한국정신문화연구원, 1985.

조성윤, '임오군란' 연구의 현황과 과제,『한국사론 25』, 국사편찬위원회, 1995.

趙恒來, 한국근대사(개항~일제치하) 연구의 문제점 - 1968년 연구의 회고와 전망을 중심으로 - ,『아세
　　아학보』 8, 아세아학술연구회, 1970.

趙恒來, 회고와 전망 : 근대(1979),『한국사연구휘보』 29, 1980.

趙恒來, 회고와 전망 : 근대(1980),『한국사연구휘보』 33, 1981.

趙恒來, 회고와 전망 : 근대(1981),『한국사연구휘보』 37, 1982.

中塚明, 日本における朝鮮史研究の軌跡と課題 - 近代史研究の分野をふりかえって - ,『朝鮮史研究會
　　論文集』 17, 1980.

池秀傑, 식민지시대 농민운동연구의 현황과 과제,『한국근대농촌사회와 농민운동』 열음사, 1988.

池秀傑, 한국근현대 사회운동사연구의 현황과 과제,『역사와 현실』 10, 한국역사연구회, 1993.

車錫基, 1910년 이전의 교육,『한국사론 5 - 근대 - 』, 국사편찬위원회, 1978.

千寬宇, 3·1운동 연구사론,『문학과 지성』 35, 문학과 지성사, 1979.

淺田喬二, 最近における日本植民地研究の動向,『土地制度史學』 103, 1984.

崔起榮, 한말 애국계몽운동의 연구현황과 전망,『한국사론 25』, 국사편찬위원회, 1995.

崔吉城, 회고와 전망 : 일본(1973),『한국사연구휘보』 4, 1974.

崔永浩, 회고와 전망 : 미국(1973),『한국사연구휘보』 4, 1974.

崔永浩, 회고와 전망 : 미주(1975),『한국사연구휘보』 14, 1976.

崔永浩, 회고와 전망 : 미주(1976),『한국사연구휘보』 18, 1977.

崔永浩, 회고와 전망 : 미주(1977),『한국사연구휘보』 22, 1978.

崔永浩, 회고와 전망 : 미주(1978~79),『한국사연구휘보』 26, 1979.

崔永浩, 회고와 전망 : 미주(1979~80),『한국사연구휘보』 30, 1980.

崔永浩, 회고와 전망 : 미주(1980),『한국사연구휘보』 35, 1981.

崔永浩, 회고와 전망 : 미주(1981~82), 『한국사연구휘보』 39, 1982.

崔昌照, 고종이후의 정치, 『한국사론 5 - 근대 - 』, 국사편찬위원회, 1978.

하원호, 개항기 경제구조 연구의 성과와 과제, 『한국사론 25』, 국사편찬위원회, 1995.

韓興壽, 갑신정변에 대한 한국학계의 평가, 『갑신정변연구』, 한국정치외교사학회, 1985.

洪淳鎬, 한불수교 100년의 회고와 전망, 『한불외교사 1886~1986』, 평민사, 1987.

Deuchler, Martina, 회고와 전망 : 구주(1980~82), 『한국사연구휘보』 42, 1983.

Deuchler, Martina, 회고와 전망 : 구주(1983), 『한국사연구휘보』 50, 1985.

Lee Kwang-rin, Trends in Studies of Modern Korean History in South Korea, 『Korean Studies』 Vol. 2, The Center for Korean Studies, University of Hawaii, 1978.

Lee Sung-whoan, A Study on the Past and Future of Korean-Japanese Relations : Focusing on Vestiges of Japanese Colonial Occupation, 『일본학보』 13, 계명대 일본문화연구소, 1993

2) 개설

姜萬吉, 『한국근대사』, 창작과 비평사, 1984.

姜萬吉, 『고쳐 쓴 한국근대사』, 창작과 비평사, 1994.

姜在彦, 『일제하 40년사』, 풀빛, 1984.

姜在彦, 『한국근대사』, 한울, 1990.

고려대 아세아문제연구소, 『일제하 민족생활사』, 1971.

공동문화사 편, 『한국근세30년사』, 1976.

국사편찬위원회, 『고종시대사』(1~6), 1966~1972.

국사편찬위원회, 『일제침략하한국36년사』(1~13), 1966~1978.

국사편찬위원회, 『한국사 16 - 근대 개화척사운동 - 』, 1975.

국사편찬위원회, 『한국사 17 - 근대 동학농민봉기와 갑오개혁 - 』, 1977.

국사편찬위원회, 『한국사 18 - 근대 독립협회의 활동 - 』, 1977.

국사편찬위원회, 『한국사 20 - 근대 근대문화의 발생 - 』, 1977.

국사편찬위원회, 『한국사 19 - 근대 대한제국의 종말과 의병항쟁 - 』, 1978.

국사편찬위원회, 『한국사 21 - 근대 3·1운동 전후의 사회와 경제 - 』, 1978.

국사편찬위원회, 『한국사 22 - 근대 민족운동의 전개 - 』, 1978.

국사편찬위원회, 『한국현대사』, 탐구당, 1982.

菊池謙讓, 韓國近代史論, 『朝鮮講演』 1, 朝鮮講演會, 1910.

그라즈단제브, A. J. 저, 이기백 역, 『한국현대사론』, 일조각, 1973.

김경옥, 『여명 80년』(한국근대풍운사 1~5), 1964.

金三奎, 『朝鮮現代史』, 東京 : 筑摩書房, 1963.

金聲均, 『한국최근백년사』, 국민서관, 1977.

金永鍵, 『여명기의 조선』(정음문고 7), 정음사, 1949.

金泳福 편, 『근대 동아시아와 일본제국주의』, 한발출판사, 1983.

金義煥, 『한국근대사연구논집』, 성진문화사, 1972.

金正柱, 『日本の韓國侵略史』, 新韓學術研究會, 1955.

金鍾國, 『한국최근세사』, 성문당, 1947.

南宮檍, 『조선최근사』(柳達永 편), 1945.

內田良平·武田範之, 『日韓併合始末』, 1921.

渡部學,『朝鮮近代史』, 勁草書房, 1968.

渡部學 저, 김성환 역,『韓國近代史』, 동녘, 1984.

리종현,『근대조선력사』, 사회과학출판사, 1984/일송정, 1988.

文定昌,『근대일본의 조선침탈사』, 상문당, 1964.

文定昌,『군국일본 조선강점 36년사』(상·중·하), 백문당, 1967.

梶村秀樹, 朝鮮近代史の若干の問題,『歷史學硏究』288, 歷史學硏究會, 1964.

梶村秀樹·宮田節子·渡部學,『朝鮮近代史の手引』, 日本朝鮮硏究所, 1966.

梶村秀樹 저, 김선경 역,『韓國近代史槪說 - 민중의 성장과 民族解放運動 -』, 한울, 1986.

민주주의민족전선 편,『朝鮮解放年報』, 1946/『해방조선』(1·2), 과학과 사상, 1988.

朴慶植,『日本帝國主義の朝鮮支配』(상·하), 靑木書店 1973/『일본제국주의의 조선지배』, 청아, 1986.

白鍾基,『한국근대사연구』, 박영사, 1981.

사계절편집부,『한국근대경제사연구 - 이조말기에서 해방까지 -』, 1983.

사회과학원역사연구소,『근대조선역사』, 1984/일송정, 1988.

사회과학원역사연구소,『조선전사 - 근대 -』(1·2), 과학백과사전종합출판사/푸른숲, 1988.

山邊健太郎,『日本の韓國併合』, 太平出版會, 1966.

山邊健太郎,『日韓併合小史』, 岩波書店, 1966.

山邊健太郎,『韓國近代史』, 도서출판 까치, 1982.

山田龜甲,『韓國併合史』, 神戶, 1910.

서울대대학신문사 편,『한국근대사의 재조명』, 서울대출판부, 1977.

釋尾春芿,『朝鮮併合史』, 京城, 1926.

소준섭,『우리역사』, 논장, 1991.

宋建鎬,『한국현대사론』, 한국신학연구소출판부, 1979/한길사, 1984.

宋建鎬,『한국현대사』, 두레, 1986.

신구문화사 편,『한국현대사 6 - 신문화 100년 -』, 1971.

신구문화사 편,『한국현대사 7 - 신생활 100년 -』, 1971.

신구문화사 편,『한국현대사 8 - 신사회 100년 -』, 1971.

申福龍 역,『대한제국사서설』, 탐구당, 1973.

申政植,『일제의 조선인 강제수탈사』, 비봉출판사, 1982.

역사문제연구소,『한국의 역사 3 - 개항에서 해방까지 -』, 웅진출판사, 1993.

역사학연구소,『강좌 한국근현대사』, 풀빛, 1995.

遠山茂樹 외,『일제하 한국사회구성체론 서설 - 일본학계의 성과를 중심으로 -』, 청아, 1986.

兪仁浩,『한일경제 100년의 현장』, 일월서각, 1984.

윤대원,『한국근대사』, 풀빛, 1993.

尹炳奭·愼鏞廈·安秉直 편,『한국근대사론』(1~3), 지식산업사; 1977.

李炳天,『북한학계의 한국근대사논쟁 - 사회성격과 시대구분문제 -』, 창작과 비평사, 1989.

李瑄根,『朝鮮最近世史』, 유성사서점, 1931.

李瑄根,『한국사 - 현대편 -』, 진단학회, 1963.

李瑄根, 한국근대화의 역사적과정,『한국사회과학논집』9, 한국사회과학연구원, 1968.

李淸烈,『大韓末葉略史』, 공신인쇄주식회사, 1946.

李炫熙,『한국현대문화사논고』, 동화출판사, 1972.

李炫熙,『일제시대사의 연구』, 삼진사, 1974.

李炫熙, 『한국현대사산고』(탐구신서 97), 탐구당, 1975.

李炫熙, 『한국개화백년사』, 을유문화사, 1976.

李炫熙, 『한국현대사의 이해』(서문문고 221), 서문당, 1976.

李炫熙, 『한국 근현대사의 쟁점』, 도서출판 삼영, 1992.

林秋山, 韓國近代史, 『中國一周』874期, 1967.

張道斌, 『한국말년사』, 덕흥서림, 1945.

전석담·김기수·김한주 공저, 『일제하의 조선경제사』, 한국금융조합연합회, 1947.

전석담·최운규, 『조선사회경제사(19세기 후반기~일제통치말기)』, 조선로동당출판사, 1959/이성과 현
　실, 1988.

井上蘇人·峰岸淸之 共著, 『植民統治史』, 1932.

鄭華岩, 『(어느 아나키스트의) 몸으로 쓴 근세사』, 자유문고, 1992.

한국현대사편찬위원회 편, 『한국현대사』(1~9), 신구문화사, 1969~1972.

洪以燮, 『한국근대사』(대학문고 1), 연세대출판부, 1975.

洪以燮, 『한국근대사의 성격』(춘추문고 6), 한국일보사, 1975.

畑田重夫, 朝鮮現代史の手引(1), 『朝鮮研究』60, 日本朝鮮研究所, 1967.

趙珖, 서평 : 한국현대사의 이해(이현희 저), 『한국사논총』1, 성신여사대국사교육과, 1976.

趙恒來, 서평 : 한국근대사의 모색(이현희 저), 『대구사학』17, 1979.

重村榮孝, 朝鮮近代史の槪觀(摘要), 『靑丘學叢』4, 靑丘學會, 1931.

中塚明, アジアの變革と近代(1) - 朝鮮 -, 『現代歷史學の成果と課題 3』, 歷史學硏究會, 1974.

車基璧, 한말정치연구 - 주권상실의 근본적원인 규명 -, 『성곡논총』1, 1970.

崔昌祚, 고종 이후의 정치, 『한국사론 5 - 근대 - 』, 국사편찬위원회, 1978.

韓㳓劤, 서평 : 한국사 현대편(이선근 저), 『역사학보』23, 1964.

韓㳓劤, 19세기말의 한국사회상황, 『한국사 17 - 동학농민봉기와 갑오개혁 - 』, 국사편찬위원회, 1973.

3) 시대구분론 · 사회성격론

────, 조선근세사 시기구분에 대한 과학토론회, 『력사과학』1962 - 1.

────, 조선근세사의 시기구분에 관한 토론회, 『조선과학원통보』1960 - 4.

────, 근세사 시기구분에 대한 과학토론회, 『조선과학원통보』1962 - 1.

────, 토론 : 조선근세사의 시기구분에 관하여, 『력사과학』1960 - 3.

근세 및 최근세사연구실, 학계소식 : 조선근세사 시기구분 문제에 관한 학술토론 총화, 『력사과학』1962
　- 6.

金敬泰, 한국근대사의 起點과 시기구분문제, 『국사관논총』50, 국사편찬위원회, 1993.

金昌洙, 국사교과서에 보이는 韓國近代史像, 『산운사학』7, 산운학술문화재단, 1993.

김희일, 토론 : 조선근세사 시기구분문제에 대하여, 『력사과학』1962 - 1.

김희일, 토론 : 조선근세사 시기구분문제 재론, 『력사과학』1962 - 6.

都珍淳, 북한학계에서의 근·현대사 시기구분논쟁과 그 변화, 『역사와 현실』1, 1989.

리나영, 토론 : 조선근세사의 시기구분에 대하여, 『력사과학』1957 - 4.

梶村秀樹, 舊植民地社會構成體論, 『發展途上經濟の硏究』, 世界書院, 1981/『韓國近代經濟史硏究』, 사
　계절, 1983.

박린형, 토론 : 조선근세사 시기구분에 관한 몇가지 으견, 『력사과학』1957 - 4.

愼鏞廈, 일제 식민지통치기의 시대구분문제 - 식민지상업자본주의시대론 - ,『한국근대사론 1』, 지식산
　　업사, 1977.

안병태 저, 金泰永 역, 한국사회정체론에 대한 비판적 검토,『한국경제사문헌자료』9, 경희대 한국경제
　　사연구소, 1979.

遠山茂樹 외,『일제하 한국사회구성체론 서설 - 일본학계의 성과를 중심으로 - 』, 청아, 1986.

李炳天,『북한학계의 한국근대사논쟁 - 사회성격과 시대구분문제 - 』, 창작과 비평사, 1989.

李銀順, 한국근대사의 始點에 관한 문제,『이화사학연구』5, 이화여대사학회, 1970.

장문선, 토론 : 조선근세사 시기구분에 관하여,『력사과학』1957 - 6.

張矢遠, 한국근대사에 있어서 '식민지반봉건사회론'의 적용을 둘러싼 이론적 · 실증적 제문제,『한국자본
　　주의 성격논쟁』, 1988.

全明赫, 1930년대 식민지조선의 사회성격에 대한 이론사적 검토,『阜村申延澈교수정년퇴임기념 사학논
　　총』, 일월서각, 1995.

鄭泰憲, 최근의 식민지시대 사회구성체론에 대한 연구사적 검토,『역사비평』1, 역사문제연구소, 1987.

鄭泰憲 · 姜昌一, 식민지 조선사회를 어떻게 볼 것인가,『역사와 현실』12, 한국역사연구회, 1994.

趙璣濬, 경제사에서 보는 한국근현대사 문제,『국사관논총』50, 국사편찬위원회, 1993.

朱宗桓, 한국근대화의 기점 논의 - 기본적 시각 - ,『南溪曹佐鎬박사화갑기념논총 현대사학의 제문제』,
　　1977.

中村哲, 近代 東아시아史像의 再檢討 - 1910~30年代의 中國 · 朝鮮을 中心으로 - ,『경제사학』11, 經
　　濟史學會, 1987.

허종호, 토론 : 토지에 관한 몇가지 문제 - 자본주의 발생의 력사적 전제형성을 중심으로 - ,『력사과학』
　　1966 - 6.

洪以燮, 한국사에 있어 20세기 전반기의 규정문제,『동방학지』12, 연세대 동방학연구소, 1963.

洪以燮, 일제(식민지)시대의 역사적 성격,『한국사시대구분론』, 한국경제사학회, 1970/『한국근대사론 1』,
　　지식산업사, 1977.

황장엽, 토론 : 조선에서 사회주의적 토대와 상부구조의 발생발전의 특수성,『력사과학』1958 - 1.

2. 일반사항

1) 인물

姜一錫,『박열옥중투쟁기』, 조양사출판국, 1948.

古堂전평양지간행회 편,『古堂曺萬植』, 평남민보사, 1966.

고이정애여사전기편찬위원회,『우리친구 李貞愛』, 이화여대출판부, 1959.

古下宋鎭禹선생전편찬위원회,『古下宋鎭禹선생전』, 동아일보사출판국, 1965.

국가보훈처,『대한민국독립유공인물록 - 1949~1992년도 포상자 - 』, 국가보훈처, 1993.

국가보훈처,『石麟 閔弼鎬 선생』, 나남, 1995.

菊池謙讓,『朝鮮最近外交史 大院君傳』, 日韓書房, 1910.

긍허전기편찬위원회 편간,『안악사건과 3 · 1운동과 나』, 1970.

기독교대한감리회상동교회역사편찬위원회,『민족운동의 선구자 전덕기목사』, 1979.

길진경,『靈溪 吉善宙』, 종로서적출판부, 1980.

金景來, 『애국가와 안익태』, 성광문화사, 1978.

金光洙, 『한국기독교인물사』, 기독교문사, 1974·1975.

金南植·沈之淵, 『박헌영노선비판』, 세계, 1986.

金敏洙, 『주시경연구』, 탑출판사, 1977.

金相玉·羅錫疇열사기념사업회, 『김상옥·나석주열사 항일실록』, 1986.

金相玉열사기념사업회, 『金相玉열사의 항일투쟁실기』, 1949.

金相廈, 『秀堂 金秊洙』, 삼양사, 1985.

金夕影, 『신익희선생의 일대기』, 早稻田大學동창회, 1956.

金錫營, 『조국광복의 대인 - 대한민국 임시정부 주석 石吾 李東寧 일대기 - 』, 진명문화사, 1995.

金世漢, 『翰西 南宮檍선생의 생애』, 한서남궁억선생기념사업회, 1960.

金世漢, 『주시경전』, 정음사, 1974.

金永三, 『김마리아』, 중앙문화사, 1965.

김영식, 『아버지 巴人 金東煥』, 국학자료원, 1994.

金泳鎬 편, 『항일운동가의 일기』(서문문고 195), 서문당, 1975.

金泳鎬, 『小癡실록』, 서문당, 1976.

金龍國, 『의사와 열사들』, 민족문화협회, 1980.

金乙漢, 『인간 이은』, 한국일보사, 1971.

金義煥, 『항일의병장열전』(정음문고 91), 정음사, 1975.

김정현, 『한국의 첫 선교사』, 계명대출판부, 1982.

金重熙, 『汕耘 張道斌』, 산운학술문화재단, 1985.

金必子, 『양기탁의 민족운동』, 지구문화사, 1988.

金學俊, 『이동화평전 - 한 민족사회주의자의 생애 - 』, 민음사, 1987.

金亨錫, 『一齋 金秉祚의 민족운동』, 남강문화재단출판부, 1993.

旦洲柳林先生紀念事業會, 『旦洲柳林資料集 1』, 1991.

潭陽文化院, 『담양의 맥 - 潭陽地域 愛國志士 - 』, 1993.

道園相公기념사업추진위원회, 『개화기의 김총리』, 아세아문화사, 1978.

동아일보사, 『한국근대인물백인선』, 1970.

閔泳煥, 『민충정공유고』, 국사편찬위원회, 1958.

민족문화협회, 『姜振遠 의병장 약전』, 햇불사, 1981.

朴性鳳 외, 『독립운동의 성좌10인』(신구문고 44), 신구문화사, 1975.

박용규, 『한국교회인물사』, 신망애사, 1965.

朴泰遠, 『조선독립순국열사전』, 유문각, 1946.

朴泰遠, 『若山과 의열단』, 백양당, 1947.

北岳史學會, 『역사에 비춘 한국근현대인물』, 백산출판사, 1994.

汕云학술문화재단, 『汕耘張道斌의 생애와 사상』, 1988.

山中峰雄, 『大院君實傳 - 一名 朝鮮近世事情 - 』, 1894.

선열기념사업회 편간, 『勇加 宋千欽義士실기』, 1966.

細井肇, 『女王閔妃』, 東京, 1931.

孫世昌, 『순국열사李漢應선생유사』, 문예홍보사, 1957.

孫世昌, 『中虎 林龍相義士전기』, 선열기념사업회, 1969.

宋相燾, 『騎驢隨筆』, 국사편찬위원회, 1955.

신문학회,『신익희』, 1956.

愼鏞廈,『한국근대의 선구자와 민족운동』, 집문당, 1994.

신화출판사,『역대인물한국사 7』, 1979.

心山기념사업준비위원회,『心山金昌淑선생투쟁사』, 태을출판사, 1966.

沈玄,『李鴻來義士 소전』, 청림각, 1979.

御手洗辰雄,『南總督の朝鮮統治』, 1942.

역사문제연구소,『인물로 보는 항일무장투쟁사』, 역사비평사, 1995.

廉仁鎬,『김원봉 연구』, 창작과 비평사, 1993.

염인호,『조선의용군 연구 - 민족운동을 중심으로 - 』, 국민대 박사논문, 1994.

영광향토문화연구회,『의병실기 - 통령 金容球 - 』, 1988.

吳在植,『한국근세위인전』, 행정신문사출판국, 1958.

吳在植,『민족대표33인전』, 동방문화사, 1959.

吳在植,『항일순국의열사전』, 행정신문사출판국, 1959.

와다 하루끼 저, 이종석 역,『김일성과 만주항일전쟁』, 창작과 비평사, 1992.

원유한 편,『홍이섭의 삶과 역사학』, 혜안, 1996.

柳子厚,『이준선생전』, 동방문화사, 1947.

柳子厚,『海牙밀사』, 1949.

尹炳奭,『李相卨전 - 海牙특사 이상설의 독립운동론 - 』, 일조각, 1984.

윤보현,『영남출신독립운동가略傳 1』, 광복선열추모회, 1961.

李康勳 편,『한말의병장 金道珪 實記』, 대한민국독립유공자유족회, 1993.

李康勳,『이강훈역사증언록』, 인물연구소, 1994.

李敬南,『雪山 張德秀』, 동아일보사, 1981.

李光麟,『개화기의 인물』, 연세대출판부, 1993.

李基東,『비극의 군인들 - 일본 육사출신의 역사 - 』, 일조각, 1982.

李民樹,『독립운동가 30인전』(서문문고 196), 서문당, 1975.

이석재,『의병대장 雲崗 李康秊 - 일제침략에 항거 격전 13년 - 』, 청권사, 1993.

李石薰,『순국혁명가열전』, 조선출판사, 1947.

李瑄根 ,『한말격동기의 주역 8인』(신구문고 43), 신구문화사, 1975.

李英石,『竹山 曺奉岩』, 원음출판사, 1983.

李恩淑,『민족운동가 아내의 수기 - 서간도시종기 - 』(정음문고 65), 정음사, 1975.

李離和,『한국근대인물의 해명』, 학민사, 1985.

李離和,『발굴동학농민전쟁 인물열전』, 한겨레신문사, 1994.

李仁,『반세기의 증언』, 명지대출판부, 1974.

李庭植,『김규식의 생애』(신구문고 13), 신구문화사, 1974.

李庭植·金學俊,『혁명가들의 항일회상 - 김성숙·장건상·정화암·이강훈 - 』, 민음사, 1988.

李鍾範,『의열단副將李種岩傳』, 광복회, 1970.

李鍾殷·徐永大·梁銀容·宋錫準·崔俊植 등,『우리문화의 뿌리를찾는 李能和 연구 - 한국종교사학을
        중심으로 - 』, 집문당, 1994.

李兌榮,『차라리 민비를 변호함』, 인물연구소, 1981.

李炫熙,『광복투쟁의 선구자 - 孝昌園순국선열7위투쟁사 - 』, 동방도서, 1990.

李炫熙,『趙東祐 항일투쟁사 - 급진적 항일투쟁가의 일생 - 』, 청아출판사, 1992.

李炫熙, 『우리나라근대인물사』, 새문사, 1994.

李炫熙, 『손병희 - 민족 없이는 구도도 없다 - 』, 동아일보사, 1995.

일신각 편, 『역사의 인물』(6~8), 1979.

張道斌, 『한국독립사와 독립운동지사들의 얼굴』, 국사원, 1954.

張鮮影, 『나의 남편 안익태』(신구문고 12), 신구문화사, 1974.

張乙炳, 『인물로 본 한국민족주의』, 범우사, 1988.

전북애향운동본부, 『전북인물지』(상·하), 1983.

全榮澤, 『柳寬順전』, 익선사, 1948.

정범진, 『백번 꺾어도 꺾이지 않는 민족의 자존 - 김창숙의 생애와 선비정신 - 』, 성균관대출판부, 1995.

鄭濟愚, 『구한말 의병장 李康秀 연구』, 인하대 박사논문, 1992.

趙璣濬, 『한국기업가사』, 박영사, 1973.

朝鮮總督府中樞院, 『甲申(明治17年)以後の人物』, 1919.

趙靈岩, 『순국선열전서』, 협동출판사, 1965.

趙容萬, 『애국자 민충정공』, 국제문화협회, 1947.

朱耀翰, 『秋汀 李甲』, 대성문화사, 1964.

지복영, 『역사의 수레를 끌고 밀며 - 항일무장 독립운동과 백산 지청천 장군 - 』, 문학과 지성사, 1995.

崔相鉉 편, 『近代之成功者』, 1932.

崔鍾庫, 『한국의 法律家像』, 길안사, 1995.

崔昌圭 편, 『한말우국명사 상소문집』(서문문고 200), 서문당, 1975.

崔惠珠, 『金澤榮の朝鮮史認識に關する研究』, 東京大 박사논문, 1995.

추경화, 『항일투사열전』, 청학사, 1995.

춘강조동식박사탄신백년기념논문집편집위원회, 『春江趙東植박사탄신백년기념논문집』, 1987.

춘강조동식선생기념사업회, 『春江 趙東植선생 전기』, 1979.

한겨레신문사, 『발굴 한국현대사 인물』(1~3), 1991·1992.

한국신문연구소, 『언론비화 50편』, 한국신문연구소, 1978.

한국정신문화연구원, 『한국독립운동사자료집 - 李錫庸편 - 』, 한국정신문화연구원, 1995.

한국정신문화연구원, 『한국독립운동사자료집 - 洪範圖편 - 』, 한국정신문화연구원, 1995.

韓相禱, 『在中韓人軍官학교연구 - 김원봉, 김구의 항일운동과 관련(1919~1935) - 』, 건국대 박사논문, 1993.

海觀吳兢善선생기념사업회, 『海觀 吳兢善』, 연세대출판부, 1977.

玄季順, 『金澤榮의 사회사상과 역사의식』, 인하대 박사논문, 1993.

黃沍根, 『참정대신 江石 韓圭卨선생소전』, 한국자료문화연구소, 1971.

Leifer, Walter 외, 『묄렌도르프』, 정민사, 1983.

姜大敏, 宵海 張建相의 생애와 민족독립운동, 『문화전통논집』 1, 경성대 향토문화연구소, 1993.

姜善淑, 一齋 漁允中 연구, 인하대 석사논문, 1983.

姜聖祚, 桂庭 閔泳煥 연구, 『관동사학』 2, 관동대사학회, 1984.

姜英心, 申圭植의 생애와 독립운동, 『한국독립운동사연구』 1, 독립기념관 한국독립운동사연구소, 1987.

강영주, 벽초 홍명희(1) - 성장·수학·방랑시대 - , 『역사비평』 18, 역사문제연구소, 1992.

강영주, 벽초 홍명희(2) - 3·1운동에서 신간회 운동까지 - , 『역사비평』 24, 역사문제연구소, 1994.

강영주, 벽초 홍명희(3) - 신간회 활동과 임꺽정 기필 - , 『역사비평』 25, 역사문제연구소, 1994.

姜龍權, 민족독립운동과 서일,『水邨朴永錫화갑논총 한민족독립운동사논총』, 1992.

공원영, 湖岩사관에 관한 연구 - 국제안론을 중심으로 - ,『대전실업전문대논문집』10, 대전실업전문대, 1981.

廣瀬貞三, 李容翊の政治活動(1904~07)について - その外交活動を中心に - ,『朝鮮史研究會論文集』 25, 1988.

權奇勳, 心山 金昌淑의 민족독립운동, 건국대 석사논문, 1989.

權寧弼, 韓樂然(1898~1947)의 생애와 예술 - 韓・中 繪畫史上의 위상을 중심으로 - ,『한국학연구』5, 고려대 한국학연구소, 1993.

權大雄, 白山 禹在龍의 항일독립운동,『향토문화』4, 향토문화연구회, 1988.

權大雄, 權五卨의 생애와 활동,『안동문화연구』6, 안동문화연구회, 1992.

權五榮, 申箕善의 東道西器論연구,『청계사학』1, 한국정신문화연구원 청계사학회, 1984.

權五榮, 김평묵의 척사론과 연명유소,『한국학보』55, 1988.

權正義, 申櫶의 군제개혁론, 전남대 석사논문, 1987.

權熙英, 고려공산당 이론가 박진순의 생애와 사상,『역사비평』4, 역사문제연구소, 1989.

琴章泰, 韓溪 李承熙의 생애와 사상(1),『대동문화연구』19, 성균관대 대동문화연구원, 1985.

金庚星, 後隱 金容球의 의병운동에 대한 고찰 - 義所日記를 중심으로 - , 원광대 석사논문, 1989.

金光男, 文一平의 인물론에 대하여,『사학연구』36, 한국사학회, 1983.

金光男, 湖岩 文一平의 외교인식,『사학연구』38, 한국사학회, 1984.

金光植, 李英宰의 생애와 '조선불교혁신론',『한국독립운동사연구』9, 독립기념관 한국독립운동사연구소, 1995.

金錡坤, 小太山의 생애와 교육사상에 관한 연구,『논문집』22, 전주교대, 1986.

金基承, 한말 유교지식인의 사상전환과 그 논리 - 石洲 李相龍의 경우 - ,『민족문화』4, 한성대 민족문화연구소, 1989.

金基承, 1920년대 안광천의 방향전환론과 민족해방운동론,『역사와 현실』6, 한국역사연구회, 1991.

金淇周, 翰西 南宮檍 연구, 전남대 석사논문, 1982.

金度亨, 海鶴 李沂의 정치사상연구,『동방학지』31, 연세대 국학연구원, 1982.

金東冕, 翰西 南宮檍의 역사관,『한국사연구』46, 한국사연구회, 1984.

金明昊, 趙潤濟의 민족사관에 대한 신고찰,『한국학보』10, 1978.

金邦, 李東輝 연구,『국사관논총』18, 국사편찬위원회, 1990.

金邦, 李東輝의 국권회복운동(1905~10)에 관한 일고찰,『水邨朴永錫화갑논총 한민족독립운동사논총』, 1992.

金邦, 李東輝의 국외에서의 항일투쟁(1911~16)에 관한 일고찰,『건대사학』8, 건국대사학회, 1993.

金福喜, 小太山의 心田계발과 知訥의 頓悟漸修에 대한 소고,『정신개벽』7・8합, 신룡교학회, 1989.

金富宣, 安廓의 조선문학사에 나타난 '자각적 통일'사관 소고,『한국문화연구』2, 경기대 한국문화연구소, 1985.

金庠基, 李海鶴의 생애와 사상에 대하여,『아세아학보』1, 아세아학술연구회, 1965.

金祥起, 復菴 李偰의 항일민족운동에 대한 고찰,『于江權兌遠정년논총 民族文化의 제문제』, 1994.

金祥起, 金福漢의 학통과 사상,『한국사연구』88, 한국사연구회, 1995.

金聲均, 閔泳煥 - 血竹의 순절 - ,『한국의 인간상 6』, 신구문화사, 1965.

金聲振, 毅齋 李鍾弘의 항일충절의식과 그의 詩文,『한국문화연구』7, 부산대 한국민족문화연구소, 1995.

金世圭, 重菴 金平默연구 - 어양론과 척화론을 중심으로 -,『논문집』 4, 동국대경주대, 1985.

金壽泰, 李能和와 그의 사학 - 특히 조선기독교 및 외교사를 중심으로 -,『동아연구』 4, 서강대 동아연구소, 1984.

金壽泰, 李能和의 사회사연구,『충남사학』 3, 충남대사학회, 1988.

金勝, 蘇庭 崔天澤의 抗日民族志士로서의 평가,『한일연구』 5, 서울 : 한국일본문제연구회, 1992.

김시업, 心山의 교우관계를 통해 본 민족운동의 방향,『대동문화연구』 19, 성균관대 대동문화연구원, 1985.

金信在, 朴泳孝의 政體구상과 그 성격 - 上疏를 중심으로 -,『素軒南都泳고희기념 역사학논총』, 민족문화사, 1993.

金約瑟, 滄江선생실기에 대하여,『서지학』 3, 한국서지학회, 1970.

김영애, 高裕燮의 생애와 학문세계,『미술사학연구』 190 · 191, 한국미술사학회, 1991.

金龍德, 여성운동 및 어린이운동의 창시자로서의 海月선생,『신인간』 370, 신인간사, 1979.

金源模, 徐光範연구 - 1859~1897 -,『동양학』 15, 단국대 동양학연구소, 1985.

金源模, 張仁煥의 스티븐즈 사살사건 연구,『동양학』 18, 단국대 동양학연구소, 1988.

金源模, 遣美사절 洪英植 연구,『사학지』 28, 단국대사학회, 1995.

金允植, 陶南사상과 신민족주의사관 - 南滄과 陶南 -,『한국학보』 33, 일지사, 1983.

金義煥, 한말의병운동의 분석 - 李康秊의병부대를 중심으로 -,『한일문화』 1 - 2, 부산대 한일문화연구소, 1962/『한국근대사연구논집』, 1972.

金義煥, 守坡 安孝濟의 생애와 사상,『又軒丁仲煥환력논문집』, 1974.

金義煥, 朝鮮開化黨幕後の指導者劉大致の活動とその最後 - 彼の愛藏品龜形靑磁丹茶壺の發見に際して -,『朝鮮學報』 98, 1981.

김정, 송사 기우만의 위정척사사상,『사학연구』 34, 한국사학회, 1982.

金丁煥, 金敎臣의 민족정신사적 유산 - 聖書조선의 일기를 중심으로 -,『민족문화연구』 10, 고려대 민족문화연구소, 1976.

金鍾寬, 石顚 朴漢永선생 行略,『전라문화연구』 3, 전북향토문화연구회, 1988.

金昌洙, 개화기에 있어서 金炳始와 그의 경제관 - 蓉菴김병시연구(1) -,『동국사학』 12, 1973.

金昌洙, 개화기에 있어서 金炳始와 그의 경제관 - 蓉菴김병시연구(2) -,『南溪曺佐鎬화갑기념논총 현대사학의 제문제』, 1977.

金昌洙, 汕耘 張道斌의 민족주의사학(1) - 한국末年史의 근대사像을 중심으로 -,『산운사학』 1, 산운학술문화재단, 1985.

金昌洙, 汕耘 張道斌의 사학과 민족의식 - 그의 논설에 나타난 역사상 -,『汕耘사학』 2, 산운학술문화재단, 1988.

김철수, 홍범도장군의 전략전술사상에 대하여,『水邨朴永錫화갑논총 한민족독립운동사논총』, 1992.

金鐸, 姜甑山의 原始返本사상,『한국종교』 18, 원광대 종교문제연구소, 1993.

金必子, 梁起鐸 연구,『북악사론』 1, 국민대국사학과, 1989.

김학동, 陸史李源祿연구,『진단학보』 40, 진단학회, 1975.

金項句, 滄江 金澤榮의 역사서술,『논문집(인문학편)』 20, 제주대, 1985.

金幸仙, 친미 · 친로파로서의 李完用연구,『한성사학』 3, 1985.

金顯棋, 姜偉(1820~1884)의 개화사상연구,『경희사학』 12 · 13합, 1986.

金亨錫, 一齋 金秉祚(1877~1947)의 민족운동,『水邨朴永錫화갑논총 한민족독립운동사논총』, 1992.

金蕙卿, 김마리아의 민족주의 교육사상연구,『사대논문집』 1, 한양대사범대, 1981.

金洪喆, 水雲·甑山·少太山의 유·불·선 삼교관,『한국종교』4·5합, 원광대 종교문제연구소, 1980.

金洪喆, 水雲·甑山·少太山의 비교연구 - 몇 가지 특징적 관점을 중심으로 - ,『한국종교』6, 원광대 종교문제연구소, 1981.

金喜坤, 旦洲 柳林의 독립운동과 사상,『안동문화연구』6, 안동문화연구회, 1992.

金喜坤, 李陸史와 義烈團,『안동사학』1, 안동대사학회, 1994.

羅鍾宇, 海鶴 李沂의 구국운동과 그 사상,『원광사학』2, 원광대사학회, 1982.

羅洪柱, 명성황후(1851~1895) 재평가,『동북아』창간호, 동북아문화연구원, 1995.

南宮勇權, 翰西 南宮檍사상의 고찰,『논문집』4, 관동대, 1976.

南美惠, 대원군 집권기(1864~1873) 宗親府 진흥책의 성격,『동대사학』1, 동덕여대국사학과, 1995.

南郁, 池錫永 - 현대의학의 전위 - ,『인물한국사 5』, 박우사, 1965.

南仁鈴, 石州 李相龍의 國權恢復論,『이대사원』26, 이화여대사학회, 1992.

盧景彩, 金元鳳의 독립운동과 그 사상,『백산학보』30·31합, 1985.

盧景彩, 金奎植論,『爭點 한국근현대사』4, 한국근대사연구소, 1994.

盧秀子, 白堂 玄采연구,『이대사원』8, 1969.

盧鏞弼, 吳知泳의 인물과 저작물,『동아연구』19, 서강대 동아연구소, 1989.

盧鏞弼, 鄭瑢根의 생애와 동학사상,『한국근현대사연구』2, 한국근현대사연구회, 1995.

다나까 류, 白堂 玄采의 생애와 사상, 연세대 석사논문, 1989.

渡部學,「海東續小學」とその著者朴在馨 - 舊韓末在鄕處士層の思想と行動,『人文學會雜誌』7 - 1, 武藏大學, 1975.

文喆永, 湖岩 文一平의 역사인식,『한국학보』46, 1987.

文喆永, 1930년대 中山 朴章鉉의 도학사상과「舜傳」,『水邨朴永錫화갑논총 한국사학논총(하)』, 1992.

朴杰淳, 沃坡 李鍾一의 사상과 민족운동,『한국독립운동사연구』9, 독립기념관 한국독립운동사연구소, 1995.

朴金奎, 金呑虛의 三敎會通사상,『震山韓基斗화갑기념 한국종교사상의 재조명(상)』, 원광대, 1993.

朴南勳, 1920~30년대 민족해방운동에 대한연구 - 林民鎬(1904~1970)의 활동을 중심으로 - ,『관동사학』5·6합, 관동대사학회, 1994.

朴孟洙, 海月 崔時亨의 초기행적과 사상,『청계사학』3, 한국정신문화연구원 청계사학회, 1986.

박성진, 許蔿의 현실인식과 國權회복운동,『청계사학』9, 한국정신문화연구원 청계사학회, 1992.

朴永錫, 石洲 李相龍 연구 - 임정 國務領선임 배경을 중심으로 - ,『역사학보』89, 1981.

朴永錫, 일제하 在滿한국유이민 신촌락형성에 관한 연구 - 특히 石洲의 華夷觀을 중심으로 - ,『동국사학』15·16합, 동국사학회, 1981.

朴永錫, 海圓 黃義敦의 민족주의사학,『산운사학』1, 산운학술문화재단, 1985.

朴永錫, 洪範圖장군 연구,『천관우선생환력기념 한국사학논총』, 정음문화사, 1985.

朴永錫, 白山 李靑天,『한국현대인물론 2』, 을유문화사, 1987.

朴永錫, 晩悟 洪震 연구,『국사관논총』18, 국사편찬위원회, 1990.

朴永錫, 南慈賢의 민족독립운동,『한국학연구』2, 숙명여대 한국학연구소, 1992.

朴永錫, 李完用연구 - 親美·親露·親日派로서의 행위를 중심으로 - ,『국사관논총』32, 국사편찬위원회, 1992.

朴永錫, 白冶 金佐鎭將軍硏究,『국사관논총』51, 국사편찬위원회, 1994.

박영신, 사회사상가로서의 외솔최현배(1),『동방학지』85, 연세대 국학연구원, 1994.

박영신, 한결 김윤경의 사회사상(1),『동방학지』88, 연세대 국학연구원, 1995.

朴英姬, 長白縣에서 劉一憂의 反日募金활동 - 韓僑董事會를 중심으로 - ,『水邨朴永錫화갑논총 한민족
　　독립운동사논총』, 1992.

朴龍德, 小太山의 조합운동과 吉龍里간척사업에 관한 연구,『정신개벽』 7 · 8합, 신룡교학회, 1989.

朴容淑, 玄采의「東國史略」考,『又軒丁仲煥박사환력기념논집』, 1974.

朴容玉, 柳寬順 - 한국의 잔다크 - ,『한국의 인간상 6』, 신구문화사, 1965.

朴容玉, 대한민국애국부인회와 김마리아,『나라사랑』 30(김마리아 특집호), 외솔회, 1978.

朴珍泰, 개신유학계열의 외세대응양식 - 石洲 李相龍의 사상과 행동을 중심으로 - ,『국사관논총』 15, 국
　　사편찬위원회, 1990.

朴贊殖, 申檜의 국방론,『역사학보』 117, 1988.

朴泰均, 서평 : 이재유연구(김경일 저), 허헌연구(심지연 저), 김원봉연구(염인호 저),『역사와 현실』 14,
　　한국역사연구회, 1994.

朴桓, 羅喆의 인물과 활동 - 대종교창시 이전을 중심으로 - ,『동아연구』 17, 서강대 동아연구소, 1989.

朴桓, 한인사회당 지도자 김 알렉산드라 페트로브나(스탄케비치),『西巖趙恒來화갑기념 한국사학논총』,
　　1992.

潘炳律, 李東輝와 1910년대 해외민족운동 - 만주 · 노령연해주 지역에서의 활동(1913～1918) - ,『한국사
　　론』 33, 서울대국사학과, 1995.

潘炳律, 李東輝와 한말 민족운동,『한국사연구』 87, 한국사연구회, 1994.

方基中, 白南雲연구(1),『역사비평』 5, 역사문제연구소, 1989.

方基中, 백남운의 역사이론과 한국사 인식,『역사비평』 9, 역사문제연구소, 1990.

方基中,『한국근현대사상사연구 - 1930 · 40년대 백남운의 학문과 정치 경제사상 - 』, 역사비평사, 1992.

方基中, 일제하 白南雲의 한국자본주의발달사론,『동방학지』 77 · 78 · 79합, 연세대 국학연구원, 1993.

方善柱, 徐光範과 李範晋,『최영희화갑기념 한국사학논총』, 탐구당, 1987.

方善柱, 在美 3 · 1운동 총사령관 白一圭의 투쟁일생,『水邨朴永錫화갑논총 한민족독립운동사논총』,
　　1992.

步近智 · 張安奇, 略論韓國愛國學者朴章鉉和他的「中山全書」,『水邨朴永錫華甲論叢 韓國史學論叢
　　(下)』, 1992.

保坂祐二, 福澤諭吉과 甲申政變,『한일관계사연구』 4, 한일관계사연구회, 1995.

부세, D., 한국학의 선구자 모리스 꾸랑(상 · 하),『동방학지』 51 · 52, 연세대 국학연구원, 1986.

森山浩二, 金敎臣硏究 - 日帝統治下의 朝鮮人キリスト者의 生涯 - ,『朝鮮民族運動史硏究』 4, 神戶 : 朝
　　鮮民族運動史硏究會, 1987.

徐紘一, 北間島 기독교 민족운동가 鄭載冕,『水邨朴永錫화갑논총 한민족독립운동사논총』, 1992.

西尾陽太郎, 李容九小傳,『西南學院大學文理論集』 15 - 2, 1975.

成大慶, 보수유생의 '自靖論'과 외세대응양식 - 艮齋 田愚의 사상과 행동을 중심으로 - ,『국사관논총』
　　15, 국사편찬위원회, 1990.

性陀, 鏡虛의 禪사상,『崇山朴吉眞박사화갑기념 한국불교사상사』, 1975.

孫炯富, 식민지시대 宋乃浩 · 琪浩형제의 민족해방운동,『국사관논총』 40, 국사편찬위원회, 1992.

宋建鎬, 항일독립운동기의 인물 연구 - 金奎植의 일생 - ,『국사관논총』 18, 국사편찬위원회, 1990.

宋建鎬, 洪思翊中將의 評傳,『국사관논총』 28, 국사편찬위원회, 1991.

宋南憲, 尤史 金奎植,『한국현대인물론 2』, 을유문화사 1987.

宋炳基, 李儁 - 돌아오지 않는 밀사 - ,『한국의 인간상 6』, 신구문화사, 1965.

宋友惠, 최근의 洪範圖연구 오류 · 헛점 많다,『역사비평』 3, 1988.

宋友惠, 독립운동가 安定根의 생애,『水邨朴永錫화갑논총 한민족독립운동사논총』, 1992.

宋載邵, 中山 朴章鉉 연구 시론,『국사관논총』 37, 국사편찬위원회, 1992.

송준석, 小春 金起田의 아동 인격·해방의 교육사상,『한국교육사학』 17, 한국교육학회 교육사연구회, 1995.

宋恒龍, 心山 金昌淑과 유학정신,『대동문화연구』 19, 성균관대 대동문화연구원, 1985.

신광철, 이능화의 종교사학과 한국기독교사 연구,『한국기독교와 역사』 4, 한국기독교역사연구소, 1995.

申奭鎬, 金弘集유고,『한국사논총』 1, 성신여사대국사교육과, 1976.

辛勝夏, 예관 신규식과 중국혁명당인과의 관계 - 망명초기를 중심으로 - ,『김준엽화갑기념 중국학논총』, 1983.

愼鏞廈, 자료 : 동학제2세교주 최시형 조서 판결서,『한국학보』 2, 일지사, 1976.

愼鏞廈, 周時經의 애국계몽사상,『한국사회학연구』 1, 서울대사회학연구회, 1977.

愼鏞廈, 吳慶錫의 개화사상과 개화활동,『역사학보』 107, 1985.

愼鏞廈, 洪範圖의 대한독립군의 항일무장투쟁,『한국학보』 43, 1986.

申載洪, 鐵驥 李範奭,『한국현대인물론 2』, 을유문화사, 1987.

申載洪, 吳東振연구,『국사관논총』 4, 국사편찬위원회, 1989.

申賢淑, 石顚 朴漢永의 불교 유신운동에 관한 일고찰, 동국대 석사논문, 1984.

申瀅植, 汕耘 張道斌의 역사인식 - 고대사관을 중심으로 - ,『汕耘사학』 2, 산운학술문화재단, 1988.

沈一燮, 金敎臣의 생애와 사상에 대한 민족이념사적 탐구,『논문집』 13, 강남사회복지학교, 1984.

沈之淵, 雪山 張德秀의 정치이념,『논문집(사회과학편)』 9, 경남대, 1982.

沈之淵, 古下 宋鎭禹,『한국현대인물론 1』, 을유문화사, 1987.

安啓春, 우리나라 사회학의 선각자 하경덕,『인문과학』 30, 연세대 인문과학연구소, 1973.

안태정, 자주적 공산주의자 이재유의 혁명노선과 '좌익전선'운동,『역사비평』 14, 역사문제연구소, 1991.

楊萬鼎, 항일독립운동가 高平의 생애와 업적,『전라문화연구』 2, 전라문화연구회, 1988.

楊昭全, 申圭植先生評傳,『水邨朴永錫華甲論叢 韓民族獨立運動史論叢』, 1992.

呂增東, 心山연구 - 일제감옥 옥중시를 중심으로 - ,『배달말』 4, 배달말학회, 1979.

廉仁鎬, 서평 : 한국근현대 사상사연구 - 1930·40년대 白南雲의 학문과 정치경제사상 - (방기중 저),『역사교육』 53, 1993.

英培炳, 海鶴 李沂의 교육사상연구,『국제대논문집』 6, 1978.

吳泳鎭, 曺晩植 - 한국의 간디 - ,『인물한국사 5』, 박우사, 1965.

吳駿泳, 운현궁과 홍선대원군,『향토서울』 38, 서울시사편찬위원회, 1980.

元裕漢, 한국근세후기 고급관료 金履陽의 화폐제개혁론,『何石金昌洙화갑기념 사학논총』, 1992.

柳璟善, 鄭觀應의 개혁사상연구 - 상공업진흥론을 중심으로 - , 이화여대 석사논문, 1983.

柳東植, 濯斯 최병헌과 그의 사상,『동방학지』 19, 연세대 국학연구원, 1978.

유봉학, 조선후기 開城지식인의 동향과 北學思想 수용 - 崔漢綺와 金澤榮을 중심으로 - ,『규장각』 16, 서울대규장각, 1993.

柳永益, 甲午·乙未년간(1894~1895) 朴泳孝의 개혁활동,『국사관논총』 36, 국사편찬위원회, 1992.

劉準基, 眞菴 李炳憲의 유교개혁론,『한국사연구』 47, 한국사연구회, 1984.

劉準基, 韓溪 李承熙의 교육사상,『소헌남도영박사화갑기념 사학논총』, 1984.

劉準基, 韓溪 李承熙의 민족의식과 독립운동 - 독립운동의 기지 韓興洞 건설을 중심으로 - ,『尹炳奭화갑기념 한국근대사논총』, 1990.

劉準基, 金相玉의 抗日義烈투쟁,『한국학연구』 2, 숙명여대 한국학연구소, 1992.

尹慶老, Homer B. Hullbert 연구 - 그의 한국에서의 활동을 중심으로 - ,『역사교육』29, 역사교육연구회,
    1981.
尹慶老, 梁起鐸과 민족운동,『국사관논총』10, 국사편찬위원회, 1989.
尹明求, 安國善 연구, 서울대 석사논문, 1974.
尹炳奭, 李相卨 연구, 숭전대 석사논문, 1982.
尹炳奭, 李相卨의 유문과 李儁·張仁煥·田明雲의 의열,『한국독립운동사연구』2, 독립기념관 한국독
    립운동사연구소, 1988.
尹炳奭, 龍淵 金鼎奎의 생애와「野史」,『한국독립운등사연구』5, 독립기념관 한국독립운동사연구소,
    1991.
尹炳奭, 桂奉瑀의 생애와 저술목록,『인하사학』1, 인하역사학회, 1993.
尹炳奭, 李東輝의 생애와「李東輝 誠齋先生」,『진단흐보』78, 진단학회, 1994.
尹炳喜, 제2차 일본망명시절 朴泳孝의 쿠데타음모사건,『이기백고희기념 한국사학논총(하)』, 일조각,
    1994.
尹絲淳, 奇正鎭 철학의 실천적 성격,『한국의 사상』(윤사순·고익진 편), 열음사, 1984.
義菴孫秉熙선생기념사업회,『義菴孫秉熙선생전기』, 대한교과서주식회사, 1967.
李景珉, 曺奉岩の思想と行動,『朝鮮民族運動史硏究』7, 靑丘文庫, 1991.
李光麟, 姜瑋의 인물과 사상,『동방학지』17, 연세대 동방학연구소, 1976.
李光麟, 한국최초의 미국대학 졸업생 邊燧,『한국천주교회창설200주년기념 한국교회사논문집 1』, 한국
    교회사연구소, 1984.
李光麟, 개화승 李東仁에 관한 새 사료,『동아연구』6, 서강대 동아연구소, 1985.
李光淳, 崔時亨 - 근대화에의 형안 - ,『인물한국사 5』, 박우사, 1965.
李圭昌, 나의 옥중기,『水邨朴永錫화갑논총 한민족독립운동사논총』, 1992.
李基東, 서평 : 金奎植의 생애(이정식 저),『역사학보』64, 1974.
李起勇, 한국개화사상과 일본문명사상의 비교연구 - 兪吉濬과 福澤諭吉을 중심으로 - ,『한일관계사연
    구』4, 한일관계사연구회, 1995.
李東彦, 一松 金東三 연구,『한국독립운동사연구』7, 독립기념관 한국독립운동사연구소, 1993.
李東彦, 白山 安熙濟 연구,『한국독립운동사연구』8, 독립기념관 한국독립운동사연구소, 1994.
李東英, 安自山(廓) 연구,『청구대병설공전논문집』2, 1965.
李東英, 陸史의 항일운동과 생애,『논문집』11, 영남대병설공업고등전문학교, 1974.
李培鎔, 개화기 明成皇后 閔妃의 정치적 역할,『국사관논총』66, 국사편찬위원회, 1995.
李秉根, 애국계몽주의시대의 국어관 - 주시경의 경우 - ,『한국학보』12, 1978.
이상경, 역사소설가로서 박태원의 문학사적 위치,『역사비평』29, 역사문제연구소, 1995.
李相坤, 蘆沙 奇正鎭의 理一分殊觀,『원불교사상』10·11합, 원광대 원불교사상연구원, 1987.
李相寔, 石田 黃瑗의 생애와 사상,『역사학연구』9, 전남대사학회, 1979.
李瑄根, 金弘集 - 광화문의 비극 - ,『한국의 인간상 1』, 신구문화사, 1965.
李瑄根, 金弘集 - 열강각축의 제물 - ,『인물한국사 5』, 박우사, 1965.
李延馥, 南坡 朴贊翊 연구,『국사관논총』18, 국사편찬위원회, 1990.
李英俠, 海鶴 李沂考,『학술지(사회과학편)』14, 건국대 학술연구원, 1972.
李完宰, 海鶴 李沂의 교육사상,『사학논지』1, 한양대사학과, 1973.
이을호, 이제마의 사상의학론,『철학연구』7, 철학연구회, 1972.
이을호, 동무사상설의 경학적 기조,『한국학보』6, 1977.

李離和, 인간과 신의 차이 - 崔時亨의 역사적 재평가 -,『역사비평』2, 역사문제연구소, 1988.

이재헌, 일제하 불교지식인들의 역사인식과 대응양상에 관한 연구 - 侃亭 李能和를 중심으로 -,『한국학대학원논문집』19, 한국정신문화연구원 한국학대학원, 19995.

이종철, 翰西 南宮檍의 민족운동에 대한 고찰,『논문집』14, 서울여대, 1985.

李珍京, 朝鮮民族靑年團運動硏究, 성균관대 석사논문, 1994.

李眞榮, 金開南과 동학농민전쟁,『한국근현대사연구』2, 한국근현대사연구회, 1995.

李泰鎭, 安廓(1881~1946?)의 생애와 국학세계,『고병익회갑기념사학논총 역사와 인간의 대응』, 1984.

李泰鎭, 안확(安廓),『한국사시민강좌』5, 일조각, 1989.

李澤徽, 重菴정치사상 논고 - 한말 척사위정운동의 성격과 金平默의 정치이념 -,『논문집』10, 서울교대, 1977.

이필영, 南滄 孫晋泰의 역사민속학의 성격,『한국학보』41, 일지사, 1985.

李炫熙, 張孝根일기(1925~26),『한국사논총』1·2, 성신여사대국사교육학과, 1976·1977.

李炫熙, 東菴 張孝根의 역사의식,『사총』21·22합, 고려대사학회, 1977.

李炫熙, 東菴 張孝根의 자강사상 -「동암일기」를 여측하며 -,『한국사논총』2, 성신여사대국사교육학회, 1977.

李炫熙, 張孝根일기의 민족사상적 검토 - 헌병경찰시대를 중심으로 -,『한국사연구』17, 한국사연구회, 1977.

李炫熙, 金瑪利亞의 생애와 애국활동,『한국사논총』3, 성신여대 국사교육학회, 1978.

李炫熙, 金佐鎭의 항일 독립사상,『나라사랑』41, 외솔회, 1981.

李炫熙, 安敬信의 義烈투쟁,『한국학연구』2, 숙명여대 한국학연구소, 1992.

李炫熙, 대한민국임시정부와 李裕弼연구,『국사관논총』47, 국사편찬위원회, 1993.

李炫熙, 春山 李裕弼硏究 - 새로 발견된 자료를 활용하면서 -,『한국사학』14, 한국정신문화연구원, 1994.

李昊榮, 역사의 현재적 비판 - 孫晋泰의 신민족주의 입장 -,『사학지』16, 단국대사학회, 1982.

李熙川, 이종철의 학문과 역사인식, 동국대 석사논문, 1981.

임대식, 이완용의 변신과정과 재산축적,『역사비평』22, 역사문제연구소, 1993.

장명욱, 李鍾一선생과 여성교육,『신인간』372, 신인간사, 1979.

張世胤,「洪範圖日誌」를 통해 본 홍범도의 생애와 항일무장투쟁,『한국독립운동사연구』5, 독립기념관 한국독립운동사연구소, 1991.

張世胤, 許亨植 연구,『한국독립운동사연구』7, 독립기념관 한국독립운동사연구소, 1993.

張世胤, 李紅光연구 - 항일유격대 및 동북인민혁명군내 주요 韓人지도자의 활동사례 검토 -,『한국독립운동사연구』8, 독립기념관 한국독립운동사연구소, 1994.

張孝鉉, 李能和의 국학,『어문논집』24·25합, 고려대국어국문학연구회, 1985.

全起榮, 沃坡 李鍾一의 교육사상,『중앙사론』5, 1987.

田鳳德, 박영효와 그의 상소 연구서설,『동양학』8, 단국대 동양학연구소, 1978.

全淑卿, 湖岩 文一平 사학의 일연구, 이화여대 석사논문, 1988.

田英玉, 朴泳孝의 개화사상과 정치활동 - 을미개혁평가와 관련하여 -, 이화여대 석사논문, 1986.

鄭景鉉, 한말유생의 지적 변신 - 海鶴 李沂(1848~1909)의 경우 -,『육사논문집』23, 육군사관학교, 1982.

鄭濩, 滄江 金澤榮의 사학사상,『교남사학』1, 영남대 국사학회, 1985.

丁原鈺, 梁世奉 - 조선혁명군 총사령의 연구,『국사관논총』8, 국사편찬위원회, 1989.

鄭在哲, 승당 임영신의 민족정신과 창학정신,『교육연구』29, 성신여대 교육문제연구소, 1995.

鄭済愚, 金弘集의 생애와 개화사상,『사학연구』36, 한국사학회, 1983.

鄭済愚, 李康秊의 생애와 사상,『朴成壽화갑논총 한국독립운동사의 인식』, 1991.

鄭済愚, 李鎭龍 의병장의 항일무장투쟁,『한국독립운동사연구』8, 독립기념관 한국독립운동사연구소, 1994.

정중환, 진암 이병헌과 그 저술,『동아논총』6, 동아대, 1969.

정중환, 진암 이병헌의 사론,『아세아학보』8, 아세아학술연구회, 1970.

鄭鎭午, 孫秉熙의 정치사상에 대한 연구,『논문집(사회과학)』22, 제주대, 1986.

鄭昌烈, 1940년대 孫晋泰의 신민족주의사관,『한국학논집』21·22합, 한양대 한국학연구소, 1992.

鄭忠良, 김마리아의 생애와 사상,『나라사랑』30(김마리아특집호), 외솔회, 1978.

鄭後洙, 偶丁 林圭의 근대문화사적 역할,『동양고전연구』1, 동양고전학회, 1993.

趙璣濬, 朴琪淙의 생애와 기업활동,『박원표회갑기념 부산사연구논총』, 1970.

조성윤, 소래 김중건의 사회사상과 독립운동,『한국의 사회와 문화』14, 한국정신문화연구원, 1990.

趙鏞一, 水雲과 近菴과의 관계,『漢坡李相玉박사화갑기념논문집』, 교문사, 1969.

趙鏞一, 近菴에서 찾아본 水雲의 사상적 계보,『한국사상』12, 한국사상연구회, 1974.

趙宰坤, 대한제국기 洪鍾宇의 근대화 개혁론,『擇窩許善道정년기념 한국사학논총』, 1992.

趙鍾煥, 玄相允의 구국운동소고 - 그의 문학·3·1운동추진·교육활동을 중심으로 -,『경희사학』12·13합, 1986.

趙鍾煥, 玄相允의 교육구국사상고,『경희사학』14, 1987.

趙恒來, 李相和의 생애와 항일의식,『素軒南都泳화갑논총』, 1983.

趙恒來, 李容九의 일제침략·併呑 앞잡이 행각,『국사관논총』28, 국사편찬위원회, 1991.

朱昇澤, 秋琴 姜偉의 사상과 문학관,『한국학보』43, 1986.

朱昇澤, 姜瑋의 개화사상과 외교활동,『한국문화』12, 서울대 한국문화연구소, 1991.

朱昇澤, 姜偉의 저술과「古歡堂集」의 사료적 가치,『규장각』14, 서울대도서관, 1991.

池教憲, 壺山 朴文鎬의 생애와 사상(1),『호서문화연구』2, 충북대 호서문화연구소, 1982.

秦東赫, 광주학생독립운동의 주역 王在一에 관한 새 발굴자료 연구,『동양학』17, 1987.

陳英一, 南滄 孫晋泰의 한국사의 인식,『공주교대논총』23 - 2, 1987.

秦弘燮, 又玄선생과 塔婆연구,『기전문화연구』4, 기전문화연구소, 1974.

車基鎭, 尹宗儀의 척사론과 海防論 인식에 대한 연구,『尹炳奭화갑기념 한국근대사논총』, 1990.

車文燮, 李完用 - 매국, 민족의 파산 -,『한국의 인간상 1』, 신구문화사, 1965.

蔡茂松, 田艮齋の性師心弟論,『제5회국제학술회의논문집 2』, 한국정신문화연구원, 1988.

蔡鉉錫, 李大偉의 기독교사회주의에 관한 연구,『水邨朴永錫화갑논총 한국사학논총(하)』, , 1992.

崔根茂, 의병대장 金東臣의 사상에 관한 연구,『논문집』19, 전주교대, 1983.

崔根茂, 의병대장 李錫庸에 관한 연구 - 1907~1908 양년간의 의병전쟁을 중심으로 -,『논문집』21, 전주교대, 1985.

崔根茂, 李錫庸의 사상에 관한 연구,『논문집』22, 전주교대, 1986.

崔起榮, 安國善(1879~1926)의 생애와 계몽사상(상·하),『한국학보』63·64, 일지사, 1991.

崔起榮, 韓末 지식인의 反帝國主義論 - 卞榮晩(1889~1954)을 중심으로 -,『국사관논총』47, 국사편찬위원회, 1993.

崔起榮, 文一平,『한국사시민강좌』15, 일조각, 1994.

崔起榮, 湖岩 文一平의 생애와 저술,『이기백고희기념 한국사학논총(하)』, 일조각, 1994.

崔起榮, 한말 天道教와 梁漢默 - 그 활동과 사상을 중심으로 -,『역사학보』147, 역사학회, 1995.

崔德壽, 石洲 李相龍연구 - 1910년 전후의 활동을 중심으로 - , 『사총』 19, 고려대사학회, 1975.

崔德壽, 朴泳孝의 내정개혁론 및 외교론 연구, 『민족문화연구』 21, 고려대 민족문화연구소, 1988.

崔東熙, 海月선생의 생애와 사상, 『신인간』 370, 신인간사, 1979.

崔東熙, 海月의 인품과 사상, 『신인간』 1980년 8·9월호, 신인간사.

崔明仁, 白儂 崔奎東의 교육사상, 『연구논문집』 19, 성신여사대, 1970.

崔秀璟, 沃坡 李鍾一의 여성교육론 연구, 경희대 석사논문, 1990.

최영진, 奇蘆沙의 理 - 분수설에 관한 연구, 『동양철학연구』 1, 동양철학연구회, 1980.

崔龍水, 東西文化結合的嘗試 - 試論朴章鉉先生的儒學思想 - , 『水邨朴永錫華甲論叢 韓國史學論叢 (下)』, 1992.

崔震植, 魚允中의 富强論 연구, 『국사관논총』 41, 국사편찬위원회, 1993.

崔海甲, 俛宇선생의 철학의 기반, 『진주문화』 9, 진주교대 진주문화권연구소, 1990.

崔鉉洙, 山康 卞榮晩의 생애와 국학관(상), 『기전문화』 9, 기전향토문화연구회, 1992.

崔鉉洙, 山康 卞榮晩의 생애와 국학관(하), 『제7회전국향토문화연구발표회』, 한국문화원연합회, 1992.

崔惠珠, 滄江 金澤榮 연구, 『한국사연구』 35, 한국사연구회, 1981.

崔惠珠, 韓末における金澤榮の中國亡命と朝鮮認識, 『朝鮮學報』 142, 1992.

崔洪彬, 長白에서의 민족독립운동과 劉一憂, 『水邨朴永錫화갑논총 한민족독립운동사논총』, 1992.

崔孝軾, 醒菴 李喆榮의 생애와 그 사상, 『소헌남도영박사화갑기념 사학논총』, 1984.

秋月望, 魚允中における自由と獨立, 『年報朝鮮學』 1, 九州 : 九州大學朝鮮學研究所, 1990.

秋憲樹, 자료소개 : 金鉉九著 「玉溪金鴻基略傳」, 『水邨朴永錫화갑논총 한민족독립운동사논총』, 1992.

皮貞晩, 翰西 南宮檍과 강원도 근대교육, 『강원문화연구』 11, 강원대 강원문화연구소, 1992.

河村一夫, 朝鮮國王族李埈鎔の來日について(1), 『朝鮮學報』 133, 1989.

韓圭茂, 玄楯(1878~1968)의 인물과 활동, 『국사관논총』 40, 국사편찬위원회, 1992.

韓圭茂, 게일(James S. Gale)의 한국 인식과 한국 교회에 끼친 영향 - 1898~1910년을 중심으로 - , 『한국 기독교와 역사』 4, 한국기독교역사연구소, 1995.

韓基彦, 역사적 自我실현의 세계 - 常盧 劉錫昶의 생애와 사상 - , 『朴成壽화갑논총 한국독립운동사의 인식』, 1991.

韓相禱, 金元鳳의 생애와 항일 역정, 『국사관논총』 18, 국사편찬위원회, 1990.

韓相福, 독립운동가 가문의 사회적 배경 - 友堂 李會榮일가의 사례연구 - , 『한국독립운동사연구』 3, 독 립기념관 한국독립운동사연구소, 1989.

韓哲曦, 開化派と李東仁と東本願寺, 『朝鮮民族運動史研究』 4, 神戶 : 朝鮮民族運動史研究會, 1987.

韓永愚, 개화기 安鍾和의 역사서술, 『한국문화』 8, 서울대 한국문화연구소, 1987.

韓永愚, 孫晋泰의 신민족주의사학, 『한국독립운동사연구』 3, 독립기념관 한국독립운동사연구소, 1989.

韓俊光 著, 森川展昭 譯, 墾島(間島)における洪範圖將軍, 『朝鮮民族運動史研究』 6, 1989.

韓泰植(普光), 龍城禪師의 수행방법론, 『伽山李智冠화갑논총 한국불교문화사상사(하)』, 1992.

許東賢, 1881년 朝士視察團의 明治 일본정치제도 이해 - 朴定陽의 내무성 「視察記」와 「見聞事件」類 등을 중심으로 - , 『한국사연구』 86, 한국사연구회, 1994.

허진, 왕산 許蔿의 동양평화사상, 『水邨朴永錫화갑논총 한국사학논총(하)』, 1992.

玄昌厦, 菊初李仁稙の開化思想と文學, 『朝鮮學報』 21·22合, 朝鮮學會, 1961.

洪凡草, 甑山의 天地公事에 나타난 미륵사상 - 증산은 어떻게 전래의 한국미륵사상을 구현하였는가? - , 『한국사상사학』 6, 한국사상사학회, 1994.

洪性讚, 한말·일제초 향리층의 변동과 문명개화론 - 寶城郡守 吳在永의 경우를 중심으로 - , 『한국사연구』 90, 한국사연구회, 1995.
洪英基, 東吾 安國泰의 민족운동 연구,『국사관논총』 40, 국사편찬위원회, 1992.
洪閏晶, 榴亭 趙東祜 연구,『성신사학』 10, 성신여대사학회, 1992.
洪一植, 耕夫 申伯雨의 개화·민족운동 연구,『인문논집』 37, 고려대문과대, 1992.
黃善嬉, 李敦化의 사상연구 - 人乃天論을 중심으로 - ,『상명사학』 1, 祥明사학회, 1993.
黃壽永, 又玄 高裕燮선생의 학문,『기전문화연구』 4, 기전문화연구소, 1974.
Davies, Daniel M., Henry Gerhard Appenzeller - His Contribution to Korean Independence, Democracy, and Modernization - ,『동방학지』 57, 연세대. 국학연구원, 1988.

（1） 申采浩

단재신채호선생기념사업회,『신채호의 사상과 민족독립운동』, 형설출판사, 1986.
愼鏞廈,『申采浩의 사회사상연구』, 한길사, 1984.
申一澈,『申采浩의 역사사상연구』, 고려대출판부, 1981.
安秉直,『申采浩』, 한길사, 1979.
유근주,『신채호』, 창작과 비평사, 1995.
李萬烈,『丹齋 申采浩의 역사학연구』, 문학과 지성사, 1990.
林重彬,『丹齋 申采浩전기』, 단재신채호선생추모사업회, 1980.
崔洪奎,『丹齋 申采浩』, 태극출판사, 1979.
崔洪奎,『申采浩의 민족주의사상 - 생애와 사상 - 』, 단재신채호선생기념사업회, 1983.

姜萬吉, 申采浩의 영웅·국민·민중주의,『신채호의 사상과 민족독립운동』, 단재신채호선생기념사업회, 1986.
김성국, 아나키스트 申采浩의 試論的 재인식,『아나키즘연구』 창간호, 자유사회운동연구회, 1995.
金龍德, 丹齋사관과 식민사관청산의 방향,『단재신채호선생탄신100주년기념논집 丹齋申采浩와 민족사관』, 단재신채호선생기념사업회, 1980.
金貞培, 申采浩사학과 북한의 고대사,『신채호의 사상과 민족독립운동』, 단재신채호선생기념사업회, 1986.
金貞培, 申采浩사학의 계승과 비판,『아세아학보』 18, 아세아학술연구회, 1986.
金哲埈, 丹齋의 문화관,『단재신채호선생탄신100주년기념논집 丹齋申采浩와 민족사관』, 단재신채호선생기념사업회, 1980.
金炯培, 申采浩의 무정부주의에 관한 일고찰 - P. 크로포트킨과의 사상적 연계를 중심으로 - ,『신채호의 사상과 민족독립운동』, 단재신채호선생기념사업회, 1986.
盧武志, 丹齋 申采浩의 민족주의 사상에 관한 일고찰,『논문집』 11, 국제대, 1983.
盧泰久, 申采浩의 정치사상,『신채호의 사상과 민족독립운동』, 단재신채호선생기념사업회, 1986.
朴成壽, 丹齋의 고대사관,『소헌남도영박사화갑기념 사학논총』, 1984.
朴永錫, 丹齋申采浩의 만주관,『단재신채호선생탄신100주년기념논집 단재신채호와 민족사관』, 단재신채호선생기념사업회, 1980.
朴贊勝, 한말 申采浩의 역사관과 역사학 - 청말 梁啓超와의 비교를 중심으로 - ,『한국문화』 9, 서울대 한국문화연구소, 1988.
朴贊勝, 신채호,『한국의 역사가와 역사학(하)』, 창작과 비평사, 1994.

裵勇一, 申采浩의 고대사 인식고,『백산학보』23, 백산학회, 1977.

裵勇一, 申采浩의 郎家사상고,『단재신채호선생탄신100주년기념논집 단재신채호와 민족사관』, 단재신채호선생기념사업회, 1980.

裵勇一, 申采浩 낭가사상의 배경과 구조,『신채호의 사상과 민족독립운동』, 단재신채호선생기념사업회, 1986.

小川晴久, 申采浩と儒敎,『比較文化硏究所紀要』50, 東京女大 比較文化硏究所, 1989.

宋建鎬, 언론인으로서의 丹齋,『申采浩의 사상과 민족독립운동』, 단재신채호선생기념사업회, 1986.

宋載邵, 丹齋의 역사인식과 역사소설 -「一目大王의 鐵槌」를 중심으로 - ,『아세아학보』17, 아세아학술연구회, 1983.

愼鏞廈, 申采浩의「讀史新論」의 비교분석 - 1908년경 시민적 근대민족주의사학의 성립 - ,『단재신채호선생탄신100주년기념논집 丹齋申采浩의 민족사관』, 1980.

愼鏞廈, 申采浩의 애국계몽사상(상·하),『한국학보』19·20, 일지사, 1980.

愼鏞廈, 申采浩의 광복회 통고문과 고시문,『한국학보』32, 일지사, 1983.

愼鏞廈, 申采浩의 무정부주의 독립사상,『동방학지』38, 연세대 국학연구원, 1983.

愼鏞廈, 申采浩의 민족주의와 무정부주의,『성곡논총』14, 성곡학술문화재단, 1983.

愼鏞廈, 申采浩의 민족독립운동론의 특징,『신채호의 사상과 민족독립운동』, 단재신채호선생기념사업회, 1986.

愼鏞廈, 申采浩의 민족주의와 '신역사' - 그의 초기 민족주의사관과 후기 민족주의사관을 중심으로 - ,『아세아학보』18, 1986.

愼鏞廈, 申采浩의 安昌浩에게의 서간 2점 해제,『한국학보』42, 일지사, 1986.

申一澈, 申采浩의 자강론적 역사상 - 청말 嚴復 梁啓超의 변법자강론의 서구수용과 관련하여 - ,『한국사상』10, 한국사상연구소, 1972.

申一澈, 신채호의 민족사적 역사이론 -「조선상고사」총론에 대한 비판적 분석 - ,『성곡논총』5, 성곡학술문화재단, 1974.

申一澈, 申采浩의 무정부주의사상 - 丹齋申采浩의 역사사상 연구의 제삼부로서 - ,『한국사상』15, 한국사상연구회, 1977.

申一澈, 申采浩의 근대적 國史像 발상과정 - 개화기 국사교과서에 대한 단재의 비판 - ,『단재신채호선생탄신100주년기념논집 丹齋申采浩와 민족사관』, 1980.

申一澈, 申采浩의 근대국가관 - 자강주의 '국가'에서 애너키즘적 '사회'에로 - ,『신채호의 사상과 민족독립운동』, 1986.

安秉直, 丹齋 申采浩의 민족주의,『창작과 비평』29, 1973/『한국근대사론 3』, 지식산업사, 1977.

梁潤模, 申采浩의 사학에 관한 일연구, 인하대 석사논문, 1989.

吳世昌, 申采浩의 해외 언론활동 - 1910년대초 露領을 중심으로 - ,『신채호의 사상과 민족독립운동』, 단재신채호선생기념사업회, 1986.

尹絲淳, 丹齋의 유교관,『단재신채호선생탄신100주년기념논집 丹齋申采浩와 민족사관』, 1980.

尹絲淳, 丹齋의 민족주체사상 - 그의 한국고유사상관 - ,『아세아학보』18, 아세아학술연구회, 1986.

李東洵, 丹齋소설에 나타난 郎家사상 - 丹齋 申采浩전집 보유 소수 9편을 대상으로 - ,『어문논총』12, 경북대국어국문학과, 1978.

李萬烈, 丹齋 申采浩의 고대사 인식시고,『한국사연구』15, 한국사연구회, 1977.

李萬烈, 丹齋사학에 있어서의 국사주체 인식의 문제,『단재신채호선생탄신100주년기념논집 단재 申采浩와 민족사관』, 1980.

李萬烈, 丹齋사학의 배경,『한국사학』1, 한국정신문화연구원 사학연구실, 1980.

李萬烈, 丹齋사학의 배경과 구조,『창작과 비평』56, 창작과 비평사, 1980.

李萬烈, 丹齋 申采浩의 역사연구 방법론,『산운사학』1, 산운학술문화재단, 1985.

李萬烈, 丹齋의 고대사 인식,『申采浩의 사상과 민족독립운동』, 단재신채호선생기념사업회, 1986.

李萬烈, 申采浩,『한국사시민강좌』14, 일조각, 1994.

李延馥, 대한민국 임시정부와 丹齋,『申采浩의 사상과 민족독립운동』, 단재신채호선생기념사업회, 1986.

李乙浩, 丹齋사학에 있어서의 단군의 문제,『단재신채호선생탄신100주년기념논집 丹齋申采浩와 민족
　사관』, 1980.

李在權, 丹齋 申采浩의 근대정신,『유학연구』1, 충남대 유학연구소, 1993.

李鍾春, 丹齋 申采浩의 생애와 사상,『논문집』19, 청주교대, 1983.

임문철, 丹齋 申采浩사상의 연구, 경희대 석사논문, 1981.

任重彬, 丹齋문학의 영웅상과 민중상 - 그 이론과 작품의 접근점에서 본 총괄적 평가 - ,『단재신채호선
　생탄신100주년기념논집 丹齋申采浩와 민족사관』, 1980.

任椿洙, 申圭植·申采浩등의 山東문중 개화사례,『尹炳奭화갑기념 한국근대사논총』, 1990.

장국종, 사대주의적 력사관을 반대하여 투쟁한 계몽사가 신채호,『력사과학』1962 - 3.

張乙炳, 丹齋 申采浩의 민족주의와 무정부주의,『단재신채호선생탄신100주년기념논집 단재신채호와 민
　족사관』, 1980.

鄭昌烈, 한말 申采浩의 역사의식,『孫寶基정년기념 한국사학논총』, 지식산업사, 1988.

趙仁成, 申采浩의 郞家사상에 대한 일고찰 -「東國古代仙敎考」를 중심으로 - ,『경대사론』1, 경남대사
　학회, 1985.

趙一文, 丹齋와 민족운동,『단재신채호선생탄신100주년기념논문집 丹齋申采浩와 민족사관』, 1980.

池明觀, 申采浩史學と崔南善史學,『紀要』48, 東京女子大 比較文化硏究所, 1987.

陳德奎, 丹齋 申采浩의 민중·민족주의의 인식,『신채호의 사상과 민족독립운동』, 단재신채호선생기념
　사업회, 1986.

車溶柱, 丹齋의 한문학,『호서문화논총』2, 청주사대 호서문화연구소, 1983.

詹卓穎, 申采浩的滿洲觀,『韓國學報』9, 臺北 : 臺灣韓國硏究學會, 1990.

崔正洙, 丹齋 申采浩의 국제관 - 대한매일신보 및 天鼓의 논설을 중심으로 - ,『한국학논집』26, 한양대
　한국학연구소, 1995.

崔洪奎, 申采浩의 前期 민족독립사상 - 민족과 歷史自强의 초기 사상적 지표와 성향 - ,『단재신채호선
　생탄신100주년기념논문집 丹齋申采浩와 민족사관』, 1980.

崔洪奎, 申采浩의 민족독립사상연구, 건국대 석사논문, 1981.

崔洪奎, 申采浩의 역사사상,『한국의 사상』(윤사순·고익진 편), 열음사, 1984.

崔洪奎, 申采浩사학의 근대성과 민중사관 - 특히 역사관의 기본성향과 전개를 중심으로 - ,『신채호의
　사상과 민족독립운동』, 1986.

崔洪奎, 申采浩의 민중적민족주의와 독립노선 - 그 이념적 성격과 독립운동의 전술론 - ,『아세아학보』
　18, 아세아학술연구소, 1986.

坂本孝夫, 植民地下朝鮮知識人とわれわれ - 李光洙と申采浩を中心に - ,『朝鮮研究』81, 日本朝鮮研
　究所, 1969.

河岐洛, 丹齋의 아나키즘,『단재신채호선생탄신100주년기념논집 丹齋申采浩와 민족사관』, 1980.

韓永愚, 한말에 있어서의 申采浩의 역사인식,『단재신채호선생탄신100주년기념논문집 단재신채호와 민
　족사관』, 1980.

韓永愚, 1910년대의 申采浩의 역사의식, 『韓㳓劤박사정년기념 사학논총』, 지식산업사, 1981.

洪善熹, 我와 非我론의 이론적근거, 『단재신채호선생탄신100주년기념논집 丹齋申采浩와 민족사관』, 1980.

洪以燮, 丹齋사학의 일면 - 반도적 사관의 비판과 고구려 舊彊論 - , 『백산학보』 3, 백산학회, 1967.

Lee Ki-baik, Nationalism in Tanjae's Historical Study, 『Korea Journal』 Vol. 19 No. 9, The Korean National Commission for Unesco, September 1979 .

Robinson, Michael, National Identity and the Thought of Sin Ch'aeho - Sadaejuui and Chuch'e in History and Politics - , 『The Journal of Korean Studies』 Vol. 5, 1984.

Shin Yong-ha, Enlightenment Thought of Sin Ch'ae ho, 『Korea Journal』 Vol. 20 No. 11, Korean National Commission for Unesco, 1980.

（2） 朴殷植

金孝善, 『백암 박은식의 교육사상과 민족주의』, 대왕사, 1989.

愼鏞廈, 『박은식의 사회사상연구』, 한국문화연구소, 1982.

李萬烈, 『朴殷植』, 한길사, 1980.

趙鍾煥, 『朴殷植의 애국계몽적 국권회복사상연구』, 경희대 박사논문, 1992.

姜吉遠, 白岩 朴殷植 연구 - 그의 역사의식을 중심으로 - , 연세대 석사논문, 1978.

강만길, 한국통사(박은식 저), 『한국의 명저 3』, 현암사, 1969.

金光洙, 朴殷植의 계몽사상, 『水邨朴永錫화갑논총 한민족독립운동사논총』, 1992.

金基承, 白岩 朴殷植의 대동주의 연구, 고려대 석사논문, 1985.

金基承, 白岩 朴殷植의 사상적 변천과정 - 대동사상을 중심으로 - , 『역사학보』 114, 1987.

金基承, 박은식, 『한국의 역사가와 역사학(하)』, 창작과 비평사, 1994.

金昌洙, 白巖 朴殷植의 사상과 행동, 『芝村金甲周화갑기념 사학논총』, 1994.

金興洙, 朴殷植의 구국사상의 일연구, 경희대 석사논문, 1982.

金興洙, 朴殷植의 식민론 - 夢拜金太祖를 중심으로 - , 『경희사학』 9·10합, 경희대사학회, 1982.

盧承允, 朴殷植의 구국사상에 입각한 교육관, 『논문집』 8, 한양여전, 1985.

盧承允, 朴殷植의 민족교육사상연구, 『논문집』 11, 한양여전, 1988.

朴成壽, 朴殷植의 '血史'에 나타난 3·1운동관, 『尹炳奭화갑기념 한국근대사논총』, 1990.

愼鏞廈, 朴殷植의 교육구국사상에 대하여, 『한국학보』 1, 일지사, 1975.

愼鏞廈, 朴殷植의 애국계몽사상연구, 『성곡논총』 7, 성곡학술문화재단, 1976.

愼鏞廈, 朴殷植의 유교求新론·양명학론·대동세상, 『역사학보』 73, 역사학회, 1977.

愼鏞廈, 朴殷植의 실업구국사상, 『학술원논문집(인문, 사회과학편)』, 학술원, 1980.

愼鏞廈, The Life and Thought of Pak Un-sik(朴殷植), 『Korea Journal』 21 - 3, Korean National Commission for Unesco, 1981.

愼鏞廈, 朴殷植의 역사관(상·하), 『역사학보』 90·91, 1981.

愼鏞廈, 朴殷植의 생애와 사상과 독립운동, 『계간현대사회』 1982년 가을호.

愼鏞廈, 朴殷植의 사회관습개혁론, 『이만갑교수화갑기념논총』, 서울대 사회학연구회, 1984.

愼鏞廈, 朴殷植의 애국계몽사상, 『한국의 사상』(윤사순·고익진 편), 열음사, 1984.

愼鏞廈, 朴殷植의 民族主義史觀(續), 『배달문화』 13, 민족사바로찾기국민회의, 1994.

愼鏞廈, 朴殷植의 民族主義史觀,『배달문화』12, 민족사바로찾기국민회의, 1994.
愼鏞廈, 朴殷植,『한국사시민강좌』17, 일조각, 1995.
申一澈, 朴殷植의 국혼으로서 국사개념,『한국사상』11, 한국사상연구회, 1974.
吳甲均, 白岩 朴殷植의 교육사상,『청주교대논문집』14, 1978.
原田環, 朝鮮近代ナショナリズムの形成 - 朴殷植の'大韓精神' - ,『朝鮮民族運動史研究』3, 神戶, 1986.
劉準基, 朴殷植의 생애와 학문 - 그의 유교개혁운동을 중심으로 - ,『汕耘사학』2, 산운학술문화재단,
    1988.
劉準基, 白巖 朴殷植의 민족주의사학,『朴成壽화갑논총 한국독립운동사의 인식』, 1991.
劉準基, 朴殷植의 大同사상과 유교개혁운동,『芝村金甲周화갑기념 사학논총』, 1994.
尹炳奭, 朴殷植의 독립사상,『나라사랑』8, 외솔회, 1972/『한국근대사론 3』, 지식산업사, 1977.
尹炳喜, 白巖 朴殷植의 역사의식 -「韓國痛史」와「韓國獨立運動之血史」를 중심으로 - ,『水邨朴永錫
    화갑논총 한국사학논총(하)』, 1992.
李炫熙, 白岩 朴殷植의 평화사상연구 - 백암 박은식연구(그 1) - ,『평화사상의 모색』(교수아카데미총서
    3), 세계평화교수협의회, 1980.
趙鍾煥, 朴殷植의 유교 개혁론,『한국사상사학』4 · 5합, 한국사상사학회, 1993.
崔己性, 朴殷植의 시대인식과 사회운동연구,『전북사학』10, 전북대사학회, 1986.
홍이섭, 박은식 - 한국통사와 한국독립운동지혈사 - ,『새교육』101, 1963.

（3） 安昌浩

島山사상연구회,『변혁기의 개혁운동과 島山사상』, 1993.
島山사상연구회,『安島山전서(하) - 연구논문편 - 』, 범양사, 1993.
島山사상연구회,『도산 안창호의 사상과 민족운동』('도산 : 코리안 아메리칸' 국제학술회의보고서), 학문
    사, 1995.
島山安昌浩선생기념사업회 편,『島山안창호』, 1947.
安秉煜,『島山사상』, 대성문화사, 1970.
安昌浩,『島山안창호논설집』(을유문고 120), 을유문화사, 1973.
安昌浩,『安島山전서』(상 - 전기편 ; 중 - 언론자료), 범양사, 1990.
윤병석 · 윤경로,『안창호 일대기』, 역민사, 1995.
李光洙,『島山安昌浩』(상 · 하), 대성문화사, 1975.
張利郁,『島山의 인격과 생애』, 대성출판사, 1976.
朱耀翰,『安島山전서』, 삼중당, 1971.
朱耀翰,『安島山傳』, 삼중당, 1975.

具奉洙, 島山 安昌浩의 교육사상,『논문집』20 · 21, 청주교대, 1983 · 1984.
琴章泰, 개혁운동과 島山의 인간개조사상,『水邨朴永錫화갑논총 한국사학논총(하)』, 1992.
金凡植, 島山의 체육사상에 관한 연구,『도산과 힘의 철학』, 흥사단 출판부, 1985.
金春鉉, 島山 安昌浩의 교육사상,『논문집』9 - 2, 공주교대, 1972.
金泰勳, 舊韓末韓國における民族主義教育 - 島山安昌浩の大成學校を中心に - ,『學術論文集』18, 東
    京 : 研究獎學會, 1989.
金孝東, 安昌浩의 경제사상,『又仁金龍德정년기념 사학논총』, 1988.

朴明圭, 島山 安昌浩의 사회사상,『한국학보』33, 일지사, 1983.

朴萬圭, 島山 安昌浩의 대독립당 운동과 大公主義 시론,『도산과 힘의철학』, 홍사단출판부, 1985.

朴萬圭, 三均主義 정립의 민족운동사적 배경 고찰 - 安昌浩와 趙素昻을 중심으로 - ,『변태섭박사화갑 기념 사학논총』, 삼영사, 1985.

朴萬圭, 島山 安昌浩의 大公主義에 대한 일고찰,『한국사론』26, 서울대국사과, 1991.

朴義洙, 島山의 인격과 사상,『도산과 힘의철학』, 홍사단출판부, 1985.

朴義洙, 安島山의 점진주의 교육사상과 그 현대적 의의,『논문집』17, 강남사회복지학교, 1987.

徐仲錫, 한말 일제침략하의 자본주의 근대화론의 성격 - 島山 安昌浩사상을 중심으로 - ,『孫寶基정년기 념 한국사학논총』, 1988.

愼鏞廈, 申采浩의 安昌浩에게의 서간 2점 해제,『한국학보』42, 일지사, 1986.

安秉煜, 安昌浩 - 겨레의 사표 - ,『인물한국사 5』, 박우사, 1965.

安秉煜, 기독교와 민족사상 - 島山사상을 중심으로 - ,『논문집(인문사회과학편)』5, 숭전대, 1974/『한국 의 근대화와 기독교』, 1983.

安秉煜, 대한민국임시정부와 安昌浩,『한국사론 10 - 대한민국임시정부 - 』, 국사편찬위원회, 1981.

元弘淵, 島山교육사상,『논문집』3, 강릉교대, 1971.

柳炯鎭, 한국의 근대화와 安島山의 교육이념,『연구보고서』18(인문과학계 3), 문교부, 1968.

尹慶老, 島山의 국내행적과 구국계몽활동(1907~10),『한성사학』6·7합, 한성대사학과, 1994.

李明花, 興士團 遠東임시위원부와 島山 安昌浩의 민족운동,『한국독립운동사연구』8, 독립기념관 한국 독립운동사연구소, 1994.

李錫熙, 島山사상 구조론,『도산과 힘의철학』, 홍사단출판부, 1985.

인창원, 島山과 정치운동,『도산과 힘의철학』, 홍사단출판부, 1985.

全英雨, 演士 安昌浩의 Ethos에 대하여,『논문집』2, 수원대, 1984.

趙要翰, 島山의 인간관,『철학적 인간관』, 한국정신문화연구원, 1985.

池明觀, 安昌浩 - 민족의 철인 - ,『한국의 인간상 6』, 신구문화사, 1965.

黃義東, 島山사상에 관한 고찰,『학생생활연구』11, 청주대 학생생활연구소, 1989.

黃義東, 島山사상의 본질,『도산과 힘의철학』, 홍사단출판부, 1985.

（4）張志淵

具滋赫,『張志淵사상연구』, 단국대 박사논문, 1990.

具滋赫,『장지연』, 동아일보사, 1993.

李薰玉,『張志淵의 변혁사상연구』, 인하대 박사논문, 1989.

張志淵,『逸士遺事』, 회동서관, 1922.

具滋赫, 張志淵의 역사의식과 교육론,『역사교육』27, 역사교육연구회, 1980.

具滋赫, 張志淵의 自强사상,『춘천교대논문집』23, 1983/『韋庵張志淵의 사상과 활동』, 민음사, 1993.

具滋赫, 張志淵(1864~1921)의 개화관,『논문집』24, 춘천교대, 1984.

具滋赫, 張志淵(1864~1921)의 실업구국론,『논문집』25, 춘천교대, 1985/『韋庵張志淵의 사상과 활동』, 민음사, 1993.

具滋赫, 韋庵 張志淵의 역사인식,『龍巖車文燮화갑기념 사학논총』, 1989.

具滋赫, 張志淵의 사서저술과 역사관,『韋庵張志淵의 사상과 활동』, 민음사, 1993.

金生基, 韋庵 張志淵의 언론활동에 나타난 民族意識,『산운사학』6, 산운학술문화재단, 1992.
金生基, 韋庵 張志淵의 역사인식 -「大韓疆域考」를 중심으로 -,『何石金昌洙화갑논총 한국민족독립운동사의 제문제』, 1992.
金生基, 韋庵 張志淵의 사회활동에 나타난 민족의식『芝村金甲周화갑기념 사학논총』, 1994.
金英愛, 韋庵 張志淵의 사회경제사상연구 - 화폐론을 중심으로 -,『홍익사학』1, 1984/『韋庵張志淵의 사상과 활동』, 민음사, 1993.
金容善, 韋庵 張志淵의 제논설에 나타난 교육관,『학위논총(인문, 사회, 자연계)』15, 원광대대학원, 1985.
金昌洙, 韋菴 張志淵의 민족의식,『尹炳奭화갑기념 한국근대사논총』, 1990/『韋庵張志淵의 사상과 활동』, 민음사, 1993.
南京熙, 韋庵 張志淵의 자강론,『대한제국연구 2』, 이화여대 한국문화연구소, 1984/『韋庵張志淵의 사상과 활동』, 민음사, 1993.
宋甲準, 張志淵의 자강론과 유교관,『가라문화』6, 경남대 가라문화연구소, 1988.
申芝鉉, 張志淵 - 언론으로 이끈 민족정신 -,『한국의 인간상 6』, 신구문화사, 1965.
柳美林, 張志淵의 자강・독립사상연구, 이화여대 석사논문, 1985.
兪崇, 韋庵 張志淵의 생애와 자강사상, 고려대 석사논문, 1985/『韋庵張志淵의 사상과 활동』, 민음사, 1993.
尹南漢, 張志淵의 생애와 사상,『나라사랑』5, 외솔회, 1971/『韋庵張志淵의 사상과 활동』, 민음사, 1993.
尹南漢, 張志淵의 생애와 自强사상,『한국의 근대사』, 삼성출판사, 1981.
李炫熙, 張志淵 - 필봉에 담긴 민족의 분노 -,『인물한국사 5』, 박우사, 1965.
李薰玉, 한말 張志淵의 역사인식,『한국민족운동사연구』3, 1989/『韋庵張志淵의 사상과 활동』, 민음사, 1993.
李薰玉, 張志淵의 변혁사상의 형성배경 - 을사5조약 체결 이전을 중심으로 -,『尹炳奭화갑기념 한국근대사논총』, 1990.
李薰玉, 張志淵의 변혁사상의 형성배경과 전개,『韋庵張志淵의 사상과 활동』, 민음사, 1993.
李薰玉, 張志淵의 국가관과 정치개혁안 연구,『인하사학』1, 인하역사학회, 1993.
李薰玉, 張志淵의 사회개혁론 - 신분제를 중심으로 -,『한국근현대사연구』3, 한국근현대사연구회, 1995.
林根洙, 언론인으로서의 張志淵,『韋庵張志淵의 사상과 활동』, 민음사, 1993.
鄭晋錫, 張志淵의 언론활동과 언론사상,『韋庵張志淵의 사상과 활동』, 민음사, 1993.
千寬宇, 張志淵과 그 사상,『백산학보』3, 백산학회, 1967/『韋庵張志淵의 사상과 활동』, 민음사, 1993.
千寬宇, 張志淵,『한국사시민강좌』11, 일조각, 1992.
崔炳鈺, 韋庵 張志淵의 사회사상연구 - 애국계몽사상을 중심으로 -,『홍익사학』2, 1985/『韋庵張志淵의 사상과 활동』, 민음사, 1993.
崔榮玉, 韋庵 張志淵의 자강교육사상,『숙대사론』8, 1974.

(5) 兪吉濬

金鳳烈,『兪吉濬 개화사상의 연구』, 경희대 박사논문, 1989.
朴起緒,『兪吉濬과 福澤諭吉의 정치사상 비교연구』, 홍익대 박사논문, 1989.
兪東濬,『兪吉濬傳』, 일조각, 1987.

尹炳喜,『대한제국말기 兪吉濬의 사상과 활동』, 서강대 박사논문, 1993.

姜長熙, 兪吉濬의 교육사상에 대한 연구, 조선대 석사논문, 1983.
金敬玉, 兪吉濬의 개화사상연구, 효성여대 석사논문, 1984 .
金柄夏, 兪吉濬의 경제사상,『동양학』4, 단국대 동양학연구소, 1974.
金鳳烈, 兪吉濬의 개화사상 - 농촌경제안정과 국가재정확립 방안을 중심으로 - ,『경희사학』11, 경희대
    사학회, 1983.
金鳳烈, 兪吉濬의 국권론,『경희사학』12 · 13합, 1986.
金鳳烈, 兪吉濬의 상업경제론,『경희사학』14, 1987.
金鳳烈, 兪吉濬 개화사상의 형성과 西遊見聞,『가라문화』9, 경남대 가라문화연구소, 1992.
金鳳烈, 兪吉濬 개화사상에서의 傳統認識,『경대사론』7, 경남대사학회, 1994.
金信在, 兪吉濬의 政體改革구상과 그 특질 -「西遊見聞」과「政治學」을 중심으로 - ,『경주사학』11, 경
    주사학회, 1992.
羅成媛, 兪吉濬의 교육사상, 홍익대 석사논문, 1986.
盧武志, 矩堂 兪吉濬의 민족적계몽운동에 대한 고찰,『사회과학논집』4, 국제대 사회과학연구소, 1988.
吳甲均, 矩堂 兪吉濬의 교육사상,『청주교대논문집』18, 1982.
元裕漢, 矩堂 兪吉濬의 화폐사상,『尹炳奭화갑기념 한국근대사논총』, 1990.
原田環, 朝鮮の近代化構想 - 兪吉濬と朴泳孝の獨立思想 - ,『史學研究』143, 廣島大學, 1979.
月脚達彦, 開化思想の形成と展開 - 兪吉濬の對外觀を中心に - ,『朝鮮史研究會論文集』28, 1991.
柳承均, 兪吉濬의 정치 · 경제사상연구, 계명대 석사논문, 1986.
柳永益, 갑오경장 이전의 兪吉濬 - 1894년 친일개혁파로서의 등장배경을 중심으로 - ,『논문집(인문사회
    편)』4, 한림대, 1986.
尹炳喜, 兪吉濬의 입헌군주제론 - 미정고「정치학」을 중심으로 - ,『동아연구』13, 서강대 동아연구소,
    1988.
尹炳喜, 兪吉濬의 興士團 운영,『국사관논총』23, 국사편찬위원회, 1991.
尹炳喜, 일본망명시절 兪吉濬의 쿠데타음모사건,『한국근현대사연구』3, 한국근현대사연구회, 1995.
李光麟, 兪吉濬의 개화사상 - 서유견문을 중심으로 - ,『역사학보』75 · 76합, 역사학회, 1977.
李起勇, 한국개화사상과 일본문명사상의 비교연구 - 兪吉濬과 福澤諭吉을 중심으로 - ,『한일관계사연
    구』4, 한일관계사연구회, 1995.
李朝洙, 兪吉濬의 君主論 연구 -「西遊見聞」과「政治學」을 중심으로 - ,『동아연구』22, 서강대 동아연
    구소, 1991.
李勛相, 구한말 노동야학의 성행과 兪吉濬의「노동야학독본」,『두계이병도박사구순기념 한국사학논
    총』, 지식산업사, 1987.
李熙昇, 兪吉濬 - 근대화를 향한 발돋음 - ,『한국의 인간상 6』, 신구문화사, 1965.
林承豹, 兪吉濬과 鄭觀應의 정치관 비교 -「서유견문」과「易言」·「盛世危言」을 중심으로 - ,『홍익사
    학』3, 1986.
田鳳德,「西遊見聞」と兪吉濬の法律思想,『韓』64, 1977.
Kim Pyung-ha, Economic Thought of Yu Kil-chun(1 · 2),『Korea Journal』18 - 7 · 8, The Korean National
    Commission for Unesco, Jul. Aug. 1978.

（6）朴珪壽

孫炳富,『朴珪壽의 개화사상연구』, 전북대 박사논문, 1991.

金東元, 朴珪壽의 개화인식, 홍익대 석사논문, 1986.

金文子, 朴珪壽の實學 - 地球儀の製作を中心に -,『朝鮮史硏究會論文集』17, 1980.

金義煥,「瓛齋先生集」について(平木實 譯),『朝鮮學報』86, 1978.

孫炳富, 瓛齋 朴珪壽의 개국론 형성에 대한 일고찰, 전남대 석사논문, 1982.

孫炳富, 朴珪壽의 대미개국론과 조선수교,『전북사학』10, 전북대사학회, 1986.

孫炳富, 朴珪壽의 熱河使行(1861)과 대서양외교론의 성립,『전남사학』3, 전남사학회, 1989.

孫炳富,「闢衛新編評語」와「地勢儀銘幷序」에 나타난 朴珪壽의 서양론,『역사학보』127, 1990.

孫炳富, 19세기 초·중엽의 海防論과 朴珪壽,『전남사학』7, 전남사학회, 1993.

宋炳基, 朴珪壽의 對美開國論,『이기백고희기념 한국사학논총(하)』, 일조각, 1994.

原田環, 晉州民亂と朴珪壽,『史學硏究』126, 廣島大學, 1975.

原田環, 1860年前後における朴珪壽の政治思想,『朝鮮學報』86, 1978.

原田環, 朴珪壽と洋擾,『旗田巍古稀記念 朝鮮歷史論集(下)』, 東京 : 龍溪書舍, 1979.

原田環, 朴珪壽の對日開國論,『人文學報』46, 京都大學, 1979.

原田環, 朴珪壽起草の洋擾奏文·咨文について,『朝鮮史叢』4, 1980.

兪弘濬, 瓛齋 박규수의 書畵論,『태동고전연구』10, 한림대 태동고전연구소, 1993.

이병일, 瓛齋 朴珪壽연구, 단국대 석사논문, 1983.

李玉敬, 19세기중엽 한일근대사상의 비교 - 朴珪壽와 福澤諭吉의 사상을 중심으로 -, 성신여대 석사논
　　문, 1990.

李完宰, 朴珪壽의 생애와 사상,『사학논지』3, 한양대사학과, 1975.

鄭崇敎, 박규수의 생애와 사상(1807~1877),『東北亞』2, 동북아문화연구원, 1995.

趙孝順, 居家雜服攷를 통해 본 朴珪壽의 복식관,『한국복식』7, 단국대 석주선기념민속박물관, 1989.

（7）李承晩

고휘주,『이승만의 정치권력에 관한 연구 - 통치자윤리와 정치권력의 절차적 정당성문제를 중심으로』,
　　중앙대 박사논문, 1990.

김교식,『이승만』, 계성출판사, 1984.

김일영,『이승만통치기 정치체제의 성격에 관한 연구』, 성균관대 박사논문, 1991.

박성하,『우남李承晩』, 명세당, 1956.

孫世一,『李承晩과 김구』, 일조각, 1970.

양우정,『이대통령투쟁사 - 이승만 -』, 연합신문사, 1949.

올리버 저, 박마리아 역,『리승만박사전』, 합동도서주식회사, 1956.

올리버 저, 박일영 역,『李承晩비록』, 한국문화출판사, 1982.

이원순,『이승만』, 신태양출판국, 1965.

이원순,『인간 이승만』, 신태양사, 1988.

이한우,『거대한 생애 이승만 90년』(상·하), 조선일보사, 1995·1996.

이현희,『이야기 이승만』, 신원문화사, 1995.

이호재,『한국외교정책의 이상과 현실 - 이승만 외교와 미국 -』, 법문사, 1969.

조선일보사 편, 『뭉치면 살고…… - 1898~1944 언론인 이승만의 글 모음 - 』, 1995.
한승인, 『독재자 이승만』, 일월서각, 1984.
허정, 『우남이승만』, 태극출판사, 1970.

강정구, 이승만에 대한 민족사적 평가 - '되살리기'보다 '파헤치기'를 통한 '겨레바로세우기'를! - , 『한국
　　사연구』 88, 한국사연구회, 1995.
강준식, 해방정국, 미군정의 이승만 옹립드라마, 『신동아』 1989년 1월호.
高珽烋, 개화기 李承晩의 사상형성과 활동 - 1875~1904 - , 『역사학보』 109, 1986.
高珽烋, 독립운동기 李承晩의 외교노선과 제국주의, 『역사비평』 31, 역사문제연구소, 1995.
權寧厚, 李承晩과 대한민국 임시정부 1919~25, 단국대 석사논문, 1988.
김도현, 1950년대의 이승만론, 『1950년대의 인식』, 한길사, 1981.
김학준, 해방전후 시기에 활동한 우파정치지도자들의 자유민주주의 수용 - 이승만·신흥우·김구의 경
　　우에 대한 하나의 소묘 - , 『동아연구』 12, 1987.
김혜수, 정부수립직후 이승만정권의 통치이념 정립과정, 『이대사원』 28, 이화여대사학회, 1995.
서중석, 이승만 대통령과 한국민족주의, 『한국민족주의론 2』, 창작과 비평사, 1983.
서중석, 이승만 북진통일론, 『역사비평』 29, 역사문제연구소, 1995.
송건호, 이승만과 김구의 민족노선, 『한국근대사론 3』, 지식산업사, 1977.
송건호, 이승만, 『한국현대인물사론』, 한길사, 1984.
신명순, 이승만의 집권과 권위주의체제로의 전환, 『국사관논총』 27, 국사편찬위원회, 1991.
신병식, 분단국가의 수립과 이승만노선, 『한국현대정치사 1』, 실천문학사, 1989.
양상완, 이승만·김구의 정치이념과 통일노선 비교연구, 단국대 석사논문, 1991.
원종대, 이승만연구, 고려대 석사논문, 1976.
유동헌, 이승만의 정치노선에 대한 일고찰 - 대한민국정부 수립과정을 중심으로, 한양대 석사논문, 1982.
유영익, 이승만의 건국사상, 『한국사시민강좌』 17, 일조각, 1995.
윤동현, 이승만외교의 변천과정과 내용분석 - 대미외교를 중심으로, 고려대 석사논문, 1986.
李仁秀, 雩南 李承晩, 『한국현대인물론 1』, 을유문화사, 1987.
이태섭, 6·25와 이승만의 민중통치체제의 실상, 『역사비평』 5, 역사문제연구소, 1989.
이호재, 이승만 외교와 미국, 『한국외교정책의 이상과 현실』, 법문사, 1986.
전진호, 이승만의 단정노선에 관한 연구, 서울대 석사논문, 1987.
鄭容郁, 미군정기 이승만의 '방미외교'와 미국의 대응, 『역사비평』 30, 역사문제연구소, 1995.
황원권, 이승만과 김구의 정치노선에 관한 비교연구 - 1945~1948 - , 연세대 석사논문, 1980.

（8）金九

권중희, 『역사의 심판에는 시효가 없다』, 돌베개, 1993.
김삼웅 편, 『패배한 암살 - 백범 김구 암살의 진상 - 』, 학민사, 1992.
문일석, 『김구선생이 살아있다면 - 백범암살추적보고서 - 』, 덕수, 1994.
白凡金九선생기념사업회, 『백범 김구 - 생애와 사상 - 』, 1982.
白凡金九선생기념사업회, 『백범연구』(1·2), 교문사, 1985·1986.
백범사상연구소 편, 『삼팔선을 베고 죽을지언정 - 암살직전 백범의 생생한 목소리 - 』, 도서출판 햇살,
　　1992.

백범전기편찬위원회,『백범 김구 - 생애와 사상 - 』, 교문사, 1984.

선우진,『위대한 한국인 - 백범 김구 - 』, 태극출판사, 1972.

孫世一,『李承晩과 김구』, 일조각, 1970.

宋建鎬,『金九』, 한길사, 1980.

嚴恒燮,『김구선생혈투사』, 국제문화협회, 1947.

吳蘇白,『인간 김구』, 국제문예사, 1949.

禹玄民,『백범일지 - 白凡 김구자서전 - 』, 서문당, 1989.

韓相禱,『在中韓人軍官학교연구 - 김원봉, 김구의 항일운동과 관련(1919~1935) - 』, 건국대 박사논문,
    1993.

金宇鍾, 白凡의 독립운동과 통일노선,『백범연구』3, 백범김구기념사업협회, 1987.

김학준, 해방전후 시기에 활동한 우파정치지도자들의 자유민주주의 수용 - 이승만·신홍우·김구의 경
    우에 대한 하나의 소묘 - ,『동아연구』12, 1987.

白基琓, 金九의 사상과 행동의 재조명,『해방전후사의 인식 1』, 한길사, 1979.

서중석, 김구노선의 좌절과 역사적 교훈,『한국현대정치사 1』, 실천문학사, 1989.

손세일, 김구 선생의 민족주의,『나라사랑』21, 외솔회, 1975.

송건호, 이승만과 김구의 민족노선,『한국근대사론 3』, 지식산업사, 1977.

申福龍, 대한민국임시정부와 金九,『한국사론 10 - 대한민국임시정부 - 』, 국사편찬위원회, 1981.

梁潤模, 白凡 金九의 애국계몽사상 성립배경 - 白凡逸志에 나타난 의식변화를 중심으로 - ,『尹炳奭화
    갑기념 한국근대사논총』, 1990.

유영준, 백범 민족주의에 관한 소고 - 그 정치적 재조명 - ,『백범연구』1, 백범김구선생기념사업협회,
    1985.

윤세원, 백범의 정치사상에 관한 연구,『정경논집』17, 중앙대정경대학, 1981.

윤세원, 白凡의 정치사상과 통일노선,『백범연구』2, 백범김구기념사업협회, 1986.

李炳華, 白凡의 경제사상 성립배경,『백범연구』3, 백범김구기념사업협회, 1987.

李聖根, 金九先生の思想と行動,『韓』32, 東京 : 韓國硏究院, 1974.

이연복, 김구 선생의 임정 초기활동,『나라사랑』21, 외솔회, 1975.

이연복, 白凡 金九,『한국현대인물론 2』, 을유문화사, 1987.

李炫熙, 白凡의 독립운동과 임정의 법통성 - 임정의 수립과 백범의 위치 - ,『백범연구』1, 백범金九선생
    기념사업협회, 1985.

李炫熙, 한국독립당의 독립운동과 백범,『백범연구』3, 백범김구기념사업협회, 1987.

조일문, 김구의 추억,『박영석화갑기념 한민족독립운동사논총』, 1992.

최천송, 백범선생과 한국독립당의 현대적 삼균경제정책,『백범연구』2, 백범김구선생기념사업협회,
    1986.

韓相範, 白凡사상과 건국정신,『白凡연구』3, 백범金九기념사업협회, 1987.

홍순옥, 김구 선생의 생애와 독립운동,『나라사랑』21, 외솔회, 1975.

홍순옥, 김구선생의 정치로선 - 해방전 시기 - ,『백범연구』1, 백범김구선생기념사업협회, 1985.

（9）安重根

金春光,『安重根史記』, 영인서관, 1949.

羅明淳·曺圭石 外,『大韓國人 安重根』, 세계일보, 1993.
나카노 야스오 저, 양억관 역,『동양평화의 사도 안중근』, 하소, 1995.
朴性綱,『안중근선생공판기』, 경향잡지사, 1946.
市川正明,『安重根と日韓關係史』, 1979.
신용하,『안중근 유고집』, 역민사, 1995.
安鶴植,『안중근의사전기』, 해동문화사, 1963.
李殷相,『안중근의사 자서전』, 안중근의사숭모회, 1979.
李全,『안중근혈투기』, 정천중기성회, 1949.
崔洪奎,『안중근선생 공판기』(정음문고 79), 정음사, 1975.

김경태, 안중근의거와 국내외 언론의 반향,『저널리즘논고 - 우법 이해교수 회갑기념논문집』, 이화여대,
    1976.
金良善, 安重根 - 하르빈에 울린 총성 - ,『한국의 인간상 6』, 신구문화사, 1965.
盧吉明, 安重根의 카토릭신앙,『교회사연구』 9, 한국교회사연구소, 1994.
愼鏞廈, 安重根의 사상과 국권회복운동,『한국사학』 2, 한국정신문화연구원 사학연구실, 1980.
安重根, 安重根자서전「옥중기」,『韓』 95, 1980.
吳世昌, 安重根 - 민족혼의 화신 - ,『인물한국사 4』, 박우사, 1965.
尹慶老, 安重根 사상연구 - 의병론과 동양평화론을 중심으로 - ,『민족문화』 3, 한성대 민족문화연구소,
    1985.
李康勳, 安重根의사와 독립운동,『나라사랑』 34(안중근 특집호), 외솔회, 1979.
李柱浩, 신앙인 安重根 론 - 평신도사도직운동의 선구자 - ,『최석우신부회갑기념 한국교회사논총』, 한
    국교회사연구소, 1982.
李鉉淙, 살신보국으로 광복운동한 安重根,『나라사랑』 34(안중근 특집호), 외솔회, 1979.
井田泉, 安重根とキリスト教,『キリスト教學』 26, 1984.
趙珖, 安重根의 애국계몽운동과 독립전쟁,『교회사연구』 9, 한국교회사연구소, 1994.
崔奭祐, 安重根의 의거와 사회의 반응,『교회사연구』 9, 한국교회사연구소, 1994.
洪淳鎬, 安重根의 '동양평화론',『교회사연구』 9, 한국교회사연구소, 1994.

(10) 全琫準

金義煥,『전봉준전기』, 정음사, 1974.
申福龍,『전봉준의 생애와 사상』, 양영각, 1982.
신용하,『동학과 갑오농민전쟁연구』, 일조각, 1993.
우윤,『전봉준과 갑오농민전쟁』, 창작과 비평사, 1993.
張道斌,『갑오동학란과 전봉준』, 부흥서림, 1926.
全河禹,『巨儒 全琫準의 개혁사상』, 영원사, 1993.

강창일, 전봉준 회견기 및 취조기록,『사회와 사상』 1988년 9월호.
김광래, 전봉준의 고부·백산 기병,『나라사랑』 15, 외솔회, 1974.
김길신, 전봉준과 갑오농민전쟁,『갑오농민전쟁100돌기념논문집』/집문당, 1995.
金龍德, 全琫準 - 민족의 파랑새 - ,『인물한국사 5』, 박우사, 1965.

金龍德·金義煥·崔東熙 공저, 『녹두장군 전봉준』, 동학출판사, 1973.
金容燮, 全琫準공초의 분석 - 동학란의 성격일반 - , 『사학연구』 2, 한국사학회, 1958.
김창수, 동학혁명운동과 전봉준, 『한국사상』 19, 한국사상연구회, 1982.
이이화, 전봉준과 동학농민전쟁, 『역사비평』 7~9, 1989~1990.
李泰昊, 全琫準과 姜甑山의 사회사상, 『공동체문화』 1, 공동체, 1983.
정창렬, 전봉준의 변혁사상, 『마당』 1981 - 9.
정창렬, 동학교문과 전봉준의 관계 - 교조신원운동과 고부민란을 중심으로 - , 『19세기 한국전통사회의
    변모와 민중의식』, 고려대 민족문화연구소, 1982.
趙景達, 甲午農民戰爭指導者 全琫準の研究, 『朝鮮史叢』 7, 朝鮮史叢編輯委員會, 1983.
최승범, 녹두장군과 파랑새노래, 『나라사랑』 15, 외솔회, 1974.
韓沽劤, 全琫準 - 동학혁명의 기수 - , 『한국의 인간상 2』, 신구문화사, 1965.
橫川正夫, 全琫準についての一考察 - 甲午農民戰爭研究によせて - , 『朝鮮史研究會論文集』 13, 1976.

（11） 金玉均

葛生東介, 『金玉均』, 民友社, 1916.
菊池謙讓, 『金玉均傳 上』, 古筠紀念會, 1944.
閔泰瑗, 『갑신정변과 김옥균』, 국제문화협회, 1947.
閔泰瑗, 『김옥균전기』, 을유문화사, 1969.
사회과학원역사연구소 편, 『김옥균』, 1964/역사비평사, 1990.
松本正純, 『金玉均君傳』, 1894.
尹南漢 외, 『한국의 근대사상 - 김옥균 외 - 』(한국사상전집 6), 삼성출판사, 1981.
井上角五郎, 『金玉均君について』, 1937.
한국정치외교사학회 편, 『갑신정변 연구』, 평민사, 1985.

姜在彦, 開化思想·開化派·金玉均, 『朝鮮史研究會論文集』 4, 朝鮮史研究會, 1968.
姜在彦, 甲申政變의 挫折과 金玉均, 『사상과 정책』 1 - 4, 경향신문사, 1984.
김영숙, 김옥균의 근대적인 경제건설론에 대하여, 『력사과학』 1964 - 2.
金榮作, 한말 내쇼날리즘과 金玉均, 『법정논총』 4, 국민대 법학연구소, 1982.
김정기, 김옥균에 반영된 명치일본신문의 대한관, 『동원김흥배박사고희기념논문집』, 1984.
金河元, 金玉均のクーデタ再起運動と「甲申日錄」執筆, 『朝鮮史研究會論文集』 28, 1991.
梶村秀樹, 朝鮮近代史と金玉均の評價, 『思想』 510, 1966.
백종기, 김옥균암살사건을 에워싼 한일간의 외교분쟁과 일본의 항청운동, 『대동문화연구』 11, 성균관대
    대동문화연구원, 1976.
山邊健太郎, 朝鮮改革運動と金玉均 - 甲申事變に關連して - , 『歷史學硏究』 247, 歷史學硏究會, 1960.
申圭秀, 金玉均과 갑신정변에 관한 소고, 『논문집』 1, 원광대대학원, 1987.
愼鏞廈, 金玉均의 개화사상, 『동방학지』 46·47·48학, 연세대 국학연구원, 1985.
이광린, 金玉均의 「갑신일록」에 대하여, 『진단학보』 33, 1972.
이광린, 갑신정변과 김옥균, 『개화당연구』, 일조각, 1973.
이광린, 북한에서의 김옥균 연구, 『북한이 보는 우리역사』, 을유문화사, 1989.
이이화, 김옥균 - 바람에 흩날린 부르주아혁명가의 꿈, 『이야기 인물한국사 4』, 한길사, 1993.

李太一, 金玉均의 정치사상에 있어서의 현실성의 한계,『한국정치학회보』13, 한국정치학회, 1979.

조재곤, 김옥균 - 혁명가인가 친일파인가 - ,『역사비평』22, 1993.

河村一夫, 李鴻章李經方と金玉均の關係について,『朝鮮學報』74, 朝鮮學會, 1975.

（12）崔益鉉

旗田巍, 義兵將崔益鉉の生涯,『玄岩申國柱博士華甲紀念韓國學論叢』, 동국대출판부, 1985.

金吉洛, 한말 성리학과 의리사상 - 勉菴을 중심으로 - ,『백제연구』14, 충남대 백제연구소, 1983.

金丁鎭, 창의순국 - 勉菴 崔益鉉선생을 중심으로 - ,『사문논총』1, 사문학회, 1973.

盧明津, 勉菴 崔益鉉의 위정척사사상에 대한 일연구 - 사상의 전개과정을 중심으로 - ,『성신사학』6, 성
    신여대사학회, 1988.

신규수, 한말위정척사운동 소고 - 면암·돈헌을 중심으로 - ,『정신개벽』7·8합, 신용교학회, 1989.

尹炳奭, 면암 최익현의 위정척사론과 호남의병,『水邨朴永錫화갑논총 한민족독립운동사논총』, 1992.

이이화, 한말 유생층의 현실인식과 의병투쟁 - 최익현의 사상과 정치활동을 중심으로 - ,『국사관논총』
    15, 국사편찬위원회, 1990.

李載錫, 勉菴 崔益鉉의 정치사상,『논문집(인문, 사회과학편)』11, 인천대, 1987.

槽谷憲一, 甲午改革後の民族運動と崔益鉉,『朝鮮歷史論集 下』, 1979.

崔槿默, 勉菴 崔益鉉의 의병활동,『백제연구』14, 충남대 백제연구소, 1983.

한창훈, 면암 유배한시 연구 - 제주도를 중심으로 - ,『백록어문』7, 제주대국어교육과, 1990.

洪淳昶, 勉菴 崔益鉉의 위정척사론에 대하여,『대구사학』1, 대구대사학회, 1969.

洪淳昶, 勉菴 崔益鉉선생의 생애와 사상,『霞汀徐廷德화갑기념학술논총』, 1970.

洪淳昶, 조선조 말기의 위정척사사상에 대하여 - 勉菴 崔益鉉을 중심으로 한 민족자결의식의 발전적 존
    재형태 - ,『아세아학보』7, 아세아학술연구회, 1970.

洪淳昶, 개화기에 있어서의 한국인의 일본관 - 면암과 중암의 척화론을 중심으로 - ,『사총』17·18,
    1973.

（13）金性洙

고려대 민족문화연구소 편,『고려대학의 사람들 3 - 김성수 - 』, 1986.

권오기,『인촌 김성수』, 동아일보사, 1986.

김규식,『김성수』, 계성출판사, 1984.

동아일보사,『인촌 김성수의 애족사상과 그 실천』, 동아일보사, 1982.

동아일보사,『評傳 仁村 김성수』, 동아일보사, 1991.

동아일보사편집부 편,『인촌 김성수의 사상과 일화』, 동아일보사, 1985.

仁村기념회,『仁村김성수전』, 1976.

중앙문화사편집부 편,『김성수』, 중앙문화사, 1984.

최시중,『인촌 김성수』, 동아일보사, 1986.

姜周鎭, 仁村의 독립사상과 노선,『인촌 김성수의 애족사상과 그 실천』, 동아일보사, 1982.

稻葉繼雄, 金性洙 - 韓國における民族系私學の指導者 - ,『仁村 金性洙의 애족사상과 그 실천』, 동아일
    보사, 1982.

趙璣濬, 한국 민족기업건설의 사상적배경 - 仁村김성수의 민족기업활동 - ,『인촌김성수의 애족사상과

그 실천』, 동아일보사, 1982.
崔永禧, 일정하의 민족교육 - 仁村 김성수의 민족교육을 중심으로 - ,『인촌 김성수의 애족사상과 그 실
　　천』, 동아일보사, 1982.
崔埈, 일정하의 민족언론 - 동아일보와 仁村 - ,『인촌 김성수의 애족사상과 그 실천』, 동아일보사, 1982.

（14）徐載弼

金道泰,『서재필박사자서전』, 보선사, 1948.
吳世應,『서재필의 개혁운동과 오늘의 과제』, 고려원, 1993.
이정식,『서재필』, 정음사, 1984.
李澤徽 외,『서재필』, 민음사, 1993.
玄鍾敏,『서재필과 한국민주주의』, 대한교과서, 1990.
Channing Liem,『Philip Jaisohn』, Philip Jaisohn Memorial Foundation, 1984.

朴成壽, 徐載弼에 대한 재평가,『西巖趙恒來화갑기념 한국사학논총』, 1992.
宋建鎬, 徐載弼 - 독립문의 초석 - ,『한국의 인간상 6』, 신구문화사, 1965.
李光麟, 徐載弼의 독립신문 간행에 대하여,『진단학보』39, 진단학회, 1975.
李光麟, 徐載弼의 개화사상,『동방학지』18, 연세대 국학연구원, 1978.
이이화, 서재필 - 과연 진정한 독립운동가인가,『이야기 인물한국사 3』, 한길사, 1993.
이현종, 서재필 - 계몽구국의 실천가(근대를 만든 주역들 7) - ,『월간중앙』1974 - 10.
田鳳德, 徐載弼의 법률사상,『한국사연구』10, 한국사연구회, 1974/『韓』5 - 4, 東京 : 韓國硏究院, 1975.
田鳳德, 松齋 徐載弼론,『법사학연구』5, 한국법사학회, 1979.
全英雨, 徐載弼의 스피치지도에 대하여,『논문집』3, 수원대, 1985.
鄭英熹, 松齋 徐載弼의 생애와 사상,『논문집』5, 인천대, 1984.
주진오, 독립협회의 경제체제개혁 구상과 그 성격,『한국민족주의론 3』, 창작과비평사, 1985.
주진오, 서재필자서전,『역사비평』14, 1991.
崔埈, 徐載弼 - 개화의 선봉 - ,『인물한국사 5』, 박우사, 1965.
洪善杓, 徐載弼의 독립운동(1919~22) 연구,『한국독립운동사연구』7, 독립기념관 한국독립운동사연구
　　소, 1993.

（15）趙素昻

姜萬吉,『趙素昻』, 한길사, 1982.
삼균학회,『소앙선생문집』, 횃불사, 1979.
한국정신문화연구원,『한국독립운동사자료집 - 趙素昻편(1) - 』, 한국정신문화연구원, 1995.
홍선희,『조소앙연구』, 태극문화사, 1975.
홍선희,『조소앙의 삼균주의 연구』, 한길사, 1982.

─────, 素昻사상과 삼균주의이론에 관련된 연구문류,『三均主義연구논문집』8, 1986.
강만길, 민족주의·삼균주의·조소앙,『한국근대민족운동사론』, 한길사, 1985.
權寧建, 趙素昻의 민족혁명론,『논문집』, 안동대, 1983.
金容新, 趙素昻 삼균주의의 역사적 위치,『사총』23, 고려대사학회, 1979.

김용호, 조소앙의 삼균주의연구, 서울대 석사논문, 1979.

朴萬圭, 三均主義 정립의 민족운동사적 배경 고찰 - 安昌浩와 趙素昻을 중심으로 - ,『변태섭박사화갑기념 사학논총』, 삼영사, 1985.

張乙炳, 건국강령에 나타난 趙素昻의 민주주의이념,『三均主義연구논집』 10, 삼균학회, 1988.

鄭用大, 趙素昻과 三均主義의 정치적의의,『三均主義연구논집』 6, 삼균학회, 1986.

鄭用大, 趙素昻의 유럽외교활동의 연구,『三均主義연구논집』 10, 삼균학회, 1988.

정학섭, 일제하 해외민족운동의 좌우합작과 三均主義,『한국의 근대국가형성과 민족문제』(한국사회사연구회논문집 1), 1986.

崔千松, 삼균주의 경제정책과 사회개발,『三均主義연구논집』 10, 삼균학회, 1988.

韓昇助, 단군신앙과 素昻사상 - 한국정신사적맥락에서 본 素昻사상 - ,『三均主義연구논집』 10, 삼균학회, 1988.

韓詩俊, 趙素昻연구 - 독립운동을 중심으로 - ,『사학지』 18, 단국대사학회, 1984.

韓詩俊, 趙素昻의 三均主義,『한국사시민강좌』 10, 일조각, 1992/『三均主義연구논집』 13, 삼균학회, 1993.

韓詩俊, 趙素昻의 역사의식,『한국사연구』 55, 1986.

胡春惠, 在華期間의 韓國獨立運動 및 三均主義 - 趙素昻先生을 中心으로 - ,『三均主義硏究論集』 10, 三均學會, 1988.

洪皓善, 趙素昻의 교육균등론연구,『三均主義연구논집』 10, 삼균학회, 1988.

（16）尹致昊

金永義,『佐翁윤치호선생약전』, 기독교조선감리회총리원, 1934.

김을한,『좌옹윤치호전』, 을유문화사, 1978.

양현혜,『윤치호와 김교신』, 한울, 1994.

유영렬,『개화기의 尹致昊 연구』, 한길사, 1985.

유영렬·서중석,『인물연구 - 윤치호』, 한국근대사연구소, 1993.

윤치호 저, 윤경남 역,『佐翁 윤치호 서한집』, 호산문화, 1995.

김도훈, 윤치호 - 2대째 일본귀족으로 입적한 '귀화한 일본인',『친일파 99인 1』, 돌베개, 1993.

金明培, 佐翁 尹致昊박사의 영학,『금랑魯錫經선생회갑기념논문집 錦浪문화논총』, 한국민중박물관협회, 1981.

민경배, 초기 윤치호의 기독교신앙과 개화사상,『국학기요 1』, 연세대 국학연구원, 1978.

朴正信, 尹致昊 연구,『백산학보』 23, 1977.

愼鏞廈, 서평 : 개화기의 尹致昊연구(유영렬 저),『역사학보』 108, 1985.

柳永烈, 尹致昊의 전통관과 국가상,『사학연구』 29, 한국사학회, 1979.

柳永烈, 개화초기의 尹致昊 연구,『숭실사학』 1, 숭전대사학회, 1983.

柳永烈, 중·미유학기의 尹致昊연구,『숭실사학』 2, 숭전대사학회, 1984.

柳永烈, 청일전쟁·갑오개혁과 尹致昊,『藍史鄭在覺박사고희기념 동양학논총』, 1984.

柳永烈, 한말 애국계몽운동과 尹致昊,『사학연구』 38, 한국사학회, 1984.

李光麟, 尹致昊의 일본유학,『동방학지』 59, 연세대 국학연구원, 1988.

이의환, 개화기 尹致昊와 기독교 개화사상,『한국기독교와 민족운동』, 보성, 1986.

李喜桓, 尹致昊의 개화사상 - 그의 기독교신앙과 관련하여 - ,『한국사연구』44, 한국사연구회, 1984.

張夏眞, 尹致昊의 민족주의와 근대화의식,『충남대인문과학연구소논문집』18, 충남대, 1981.

韓培浩, 한 초대교인의 근대화의식과 한말정치관 - 尹致昊일기를 중심으로 - ,『한국의 근대화와 기독
교』, 숭전대 기독교문화연구소, 1983.

Kim Hyung-chan, Yun Chi-ho in America : The Training of a Korean Patriot in the South, 1883~1893,『Korea
Journal』18 - 6, The Korean National Commission for Unesco, Jun. 1978.

(17) 安在鴻

안재홍,『민세 안재홍전집』(1~5), 지식산업사, 1982~1992.

姜英哲, 民世 安在鴻,『한국현대인물론 1』, 을유문화사, 1987.

姜英哲, 安在鴻의 좌우협동 노선,『又仁金龍德정년기념 사학논총』, 1988.

兪炳勇, 民世 安在鴻의 인물과 사상 - 그의 민족독립사상을 중심으로 - ,『인문학연구』16, 강원대, 1982.

兪炳勇, 安在鴻의 정치사상에 관한 재검토,『한국민족운동사연구』1, 한국독립운동사연구회, 1986.

이지원, 일제하 安在鴻의 현실인식과 민족해방운동론.『역사와 현실』6, 한국역사연구회, 1991.

이지원, 신민족주의사관 무엇을 계승할 것인가,『역사비평』1991.

이지원, 안재홍,『한국의 역사가와 역사학(하)』, 창작과 비평사, 1994.

鄭榮薰, 安在鴻의 新民族主義이론,『정신문화연구』48, 한국정신문화연구원, 1992.

鄭允在, 安在鴻의 정치사상연구 - 그의 신민족주의론을 중심으로 - ,『사회과학과 정책연구』3 - 3, 서울
대 사회과학연구소, 1981.

千寬宇, 民世 安在鴻연보,『창작과 비평』50, 창작과 비평사, 1978.

韓永愚, 安在鴻의 신민족주의와 사학,『한국독립운동사연구』1, 독립기념관 한국독립운동사연구소,
1987.

(18) 柳麟錫

辛鍾遠 외,『毅菴 柳麟錫의 사상 - 우주문답 - 』, 종로서적, 1984.

金度亨, 毅菴 柳麟錫의 정치사상연구,『한국사연구』25, 한국사연구회, 1979.

김세규, 의암 유인석의 반개론,『경주사학』1, 동국대국사학과, 1982.

金厚卿, 毅菴 柳麟錫의 학문과 사상,『사학연구』34, 한국사학회, 1982.

文聖惠, 毅菴 柳麟錫의 의병항쟁,『청주사학』1, 청주대사학과, 1985.

朴文榮, 毅菴 柳麟錫의 의병활동에 대한 일연구 - 그의 위정척사론을 중심으로 - ,『성신사학』7, 성신여
대사학회, 1989.

朴敏泳, 毅菴 柳麟錫의 위정척사운동 -「昭義新編」을 중심으로 - ,『청계사학』3, 한국정신문화연구원
청계사학회, 1986.

裵亨植, 毅菴 柳麟錫의 학통과 의병활동, 인하대 석사논문, 1986.

孫承喆, 의병장 柳麟錫사상의 역사적의미,『강원의병운동사』, 강원의병운동사연구회, 1987.

吳瑛燮, 毅菴 柳麟錫의 對西洋認識,『이기백고희기념 한국사학논총(하)』, 일조각, 1994.

유병용, 유인석 제천의병항쟁의 제한적 성격과 역사적 의의,『강원의병운동사』, 강원의병운동사연구회,
1987.

柳漢喆, 1896～1900년간 柳麟錫의 西行, 渡滿과 그 성격,『擇寫許善道정년기념 한국사학논총』, 1992.
柳漢喆, 柳麟錫의 의병근거지론 - 1907년 이후를 중심으로 - ,『한국독립운동사연구』8, 독립기념관 한국
    독립운동사연구소, 1994.
柳漢喆, 1910년대 柳麟錫의 사상 변화와 성격 - ‘우주문답’을 중심으로 - ,『한국독립운동사연구』9, 독립
    기념관 한국독립운동사연구소, 1995.
이동우, 의병장 유인석의 의병운동고,『성대사림』2, 1977.
정영훈, 위정척사파의 군주제 옹호논리 - 유인석의 우주문답을 중심으로 - ,『박성수교수화갑기념논총
    한국독립운동사의 인식』, 1991.
崔富洵, 毅菴 柳麟錫의 독립운동에 관한 일연구, 홍익대 석사논문, 1988.

（19）鄭寅普

정인보,『담원 정인보 전집』(1～6), 연세대출판부, 1983.

김인환, 담원시조론,『한국사상』11, 한국사상연구회, 1974.
閔泳珪, 爲堂 鄭寅普선생의 행장에 나타난 몇 가지 문제 - 실학원시 - ,『동방학지』13, 연세대 동방학연
    구소, 1972.
閔泳珪, 鄭蒼園廣開土境平安好太王陵碑文略校錄幷序,『동방학지』46・47・48합, 1985.
朴成壽, 爲堂 鄭寅普의 단군문화론,『제5회국제학술회의논문집 1』, 한국정신문화연구원, 1988/『동양학』
    18, 단국대 동양학연구소, 1988.
오영교, 정인보,『한국의 역사가와 역사학(하)』, 창작과 비평사, 1994.
李完宰, 정인보의 한국사 인식,『한국사상사학』4・5합, 한국사상사학회, 1993.
趙東杰, 年譜를 통해 본 鄭寅普와 白南雲,『한국독립운동사연구』5, 독립기념관 한국독립운동사연구소,
    1991.
陳英一, 爲堂 鄭寅普의 사학사상,『논문집』21, 공주교대, 1985.
陳英一, 爲堂 鄭寅普의 고대사인식,『공주교대논총』22 - 1, 1986.
천관우, 정인보의 사학,『한국근대사산고』, 정음문화사, 1986.
崔芝娟, 鄭寅普의 고대사 인식,『숙명한국사론』1, 숙명여대한국사학과, 1993.
홍이섭, 정인보론,『한국사의 방법』, 탐구당, 1962.

（20）韓龍雲

만해사상연구회,『한용운사상연구』, 민족사, 1980.
安秉直,『한용운』, 한길사, 1979.

姜美子, 韓龍雲의 시대인식에 관한 일고찰, 경성대 석사논문, 1990.
金相鉉, 萬海의 독립사상,『한국학』28, 중앙대 한국학연구소, 1983.
金相鉉, 韓龍雲과 공약3장,『동국사학』19・20합, 1986.
金相鉉, 3・1운동에서의 韓龍雲의 역할,『李箕永고희기념논총 불교와 역사』, 한국불교연구원, 1991.
김종명, 한용운(1879～1944)의 불교사회사상,『현대와 종교』18, 한국종교문화연구재단 현대종교문화연
    구소, 1995.
金春男, 梁啓超를 통한 萬海의 서구사상수용, 동국대 석사논문, 1985.

徐景洙, 韓龍雲의 정교분리론에 대하여,『불교학보』22, 동국대 불교문화연구소, 1985.

孫昌大, 韓龍雲의 자유사상에 관한 연구, 건국대 석사논문, 1982.

廉武雄, 韓龍雲의 민족사상,『한국근대사론 3』, 지식산업사, 1977.

윤재근, 萬海사상의 요체,『한국의 사상』(윤사순·고익진 편), 열음사, 1984.

李相哲, 韓龍雲의 사회사상(상·하),『한국학보』30·31, 일지사, 1983.

李洋純, 韓龍雲의 사회사상에 관한 일연구,『이대사원』17, 이화여대사학과, 1980.

李英茂, 한국 불교사상사에 있어서 韓龍雲의 위치 - 한국불교 유신론을 중심으로 - ,『인문과학논총』14,
　　　건국대 인문과학연구소, 1982.

全寶三, 韓龍雲의 교육철학,『한국학논집』2, 한양대 한국학연구소, 1982.

全寶三, 韓龍雲 선사상의 일고,『한국학논집』3, 한양대 한국학연구소, 1983.

全寶三, 韓龍雲의 3·1독립정신에 관한 일고찰,『伽山 李智冠화갑논총 한국불교문화사상사(하)』, 1992.

鄭秦鏞, 韓龍雲 - 미완성의 의지 - ,『인물한국사 5』, 박우사, 1965.

趙載福, 3·1운동에 나타난 萬海 韓龍雲의 구국사상, 원광대 석사논문, 1984.

池鍾玉, 萬海 韓龍雲론 - 그의 생애와 작품을 중심으로 - ,『목포교대논문집』12 , 1974.

崔裕鎭, 韓龍雲의 불교사상,『가라문화』6, 경남대 가라문화연구소, 1988.

韓鍾萬, 朴漢永과 韓龍雲의 한국 불교근대사상,『논문집』5, 원광대, 1970.

Mok Chong-bae, Han Yong-un(한용운) and Buddhism,『Korea Journal』Vol. 19 No. 12, Korean National
　　　Commission for Unesco, December 1979.

（21）李恒老

홍순창,『한말의 민족사상』, 탐구당, 1975.

姜大德, 華西 李恒老의 생애와 사상기반,『관동사학』2, 관동대사학회, 1984.

강재언, 이항로에 있어서의 위정척사사상 - 웨스턴임팩트와 쇄국양이의 논리,『근대조선의 사회와 사
　　　상』, 1981.

郭信煥, 華西 李恒老의 서학관,『논문집(인문과학편)』16, 숭실대, 1986.

김의환, 이항로 - 척사위정의 원류(근대를 만든 주역들 5) - ,『월간중앙』1974 - 8.

閔泰植, 척사위정 - 華西李恒老선생을 중심으로 - ,『斯文논총』1, 사문학회, 1973.

申奭鎬, 李恒老 - 유학의 길·우국의 길 - ,『한국의 인간상 4』, 신구문화사, 1965.

오석원, 화서학파의 심설론쟁에 대한 고찰,『동방사상논고 - 도원 유승국박사 화갑기념 논문집』, 1983.

오영섭, 19세기 중엽 위정척사파의 역사서술 - 화서학파의 송원화동사합편강목 - ,『한국학보』60, 1990.

유초하, 화서 이항로의 사회사상,『민족문화연구』13, 고려대 민족문화연구소, 1978.

유초하, 이항로의 이기론,『한국사상』18, 한국사상연구회, 1981.

尹用男, 華西 李恒老의 척사위정론에 대한 철학적 해석,『국학연구』2, 국학연구소, 1988.

李離和, 척사위정론의 비판적 검토 - 華西 李恒老의 소론을 중심으로 - ,『한국사연구』18, 1977.

이진표, 李恒老의 주리사상,『한국의 사상』(윤사순·고익진 편), 열음사, 1984.

李澤徽, 華西 李恒老의 척사위정론 연구,『논문집』19, 서울교대, 1986.

鄭載植, 유교전통의 보수의 이론 - 李恒老의 척사위정사상을 중심으로 - ,『한국사회와 사상』, 한국정신
　　　문화연구원, 1984.

（22） 李昇薰

김기석, 『남강 이승훈』, 세운문화사, 1970.
金道泰, 『남강 李昇薰 전기』, 문교사, 1950.
南岡문화재단, 『南岡 李昇薰과 민족운동』, 1988.

김선양, 남강 李昇薰의 교육사상, 『南岡 李昇薰과 민족운동』, 남강문화재단, 1988.
金亨錫, 南岡 李昇薰 연구 - 1920년대의 민족운동을 중심으로 - , 『사학연구』 38, 한국사학회, 1984.
金亨錫, 南岡 李昇薰 연구 - 3·1운동을 중심으로 - , 『동방학지』 46·47·48합, 연세대 국학연구원,
    1985.
金亨錫, 3·1운동과 남강 李昇薰, 『南岡 李昇薰과 민족운동』, 남강문화재단, 1988.
金蕙卿, 한국민족주의 교육사상가 연구(1) - 南岡 李昇薰의 교육사상 - , 『교육논총』 1, 한양대 한국교육
    문화연구소, 1984.
渡部學, 南岡李昇薰(1864~1929)と五山學校(上), 『朝鮮研究』 35, 日本朝鮮研究所, 1964.
渡部學, 南岡李昇薰と獨立爭取の敎育, 『南岡 李昇薰과 民族運動』, 南岡文化財團, 1988.
朴泳周, 3·1독립운동의 중심지도자 - 남강 李昇薰 편 - , 『논문집』 8, 강남사회복지학교, 1981.
徐紘一, 1920년대 사회운동과 남강, 『南岡 李昇薰과 민족운동』, 남강문화재단, 1988.
沈一燮, 한말의 사회개혁사상과 종교적 구국독립운동 - 南岡 李昇薰 편 - , 『논문집』 8, 강남사회복지학
    교, 1981.
尹慶老, 신민회와 남강의 경제활동연구, 『南岡 李昇薰과 민족운동』, 남강문화재단, 1988.
李萬烈, 남강 李昇薰의 신앙, 『南岡 李昇薰과 민족운동』, 남강문화재단, 1988.
李時鎔, 南岡 李昇薰의 교육사상, 『인천교대논문집(교육편)』 22, 1988 .
趙璣濬, 남강 李昇薰선생의 기업활동, 『南岡 李昇薰과 민족운동』, 남강문화재단, 1988.
한기언, 남강 이승훈 - 신민주의의 태두(근대를 만든 주역들 6) - , 『월간중앙』 1974 - 9.

（23） 崔南善

신동욱, 『최남선과 이광수의 문학』, 새문사, 1981.
육당최남선선생기념사업회 편, 『육당이 이 땅에 오신 지 백주년』, 동명사, 1990.
육당최남선전집편찬위원회 편, 『육당 최남선 전집』(전14권), 현암사, 1974.
조용만, 『육당 최남선』, 삼중당, 1964.
홍일식, 『육당연구』, 일신사, 1959.

김윤식, 최남선론, 『속한국근대작가론고』, 일지사, 1981.
朴成壽, 六堂 崔南善연구 - 「自列書」의 분석 - , 『국사관논총』 28, 국사편찬위원회, 1991.
石智暎, 六堂 崔南善의 역사인식 - 고대사 연구를 중심으로 - , 『이대사원』 27, 이대사학회, 1994.
양문규, 崔南善 계몽주의의 역사적 한계, 『역사비평』 10, 1990.
林仙默, 六堂의 사상과 문학일반 - 고전으로부터의 계승적 역할 - , 『동양학』 3, 단국대 동양학연구소,
    1973.
丁暻淑, 「稽古箚存」을 통해 본 崔南善의 고대사론, 『규장각』 6, 서울대도서관, 1982.
鄭承福, 六堂 崔南善의 역사인식연구, 계명대 석사논문, 1989.
趙容萬, 崔南善 - 신문화운동의 거벽 - , 『인물한국사 5』, 박우사, 1965.

趙容萬, 崔南善 - 여명을 밝힌 지성 - , 『한국의 인간상 6』, 신구문화사, 1965.
池明觀, 申采浩史學と崔南善史學, 『紀要』 48, 東京女子大 比較文化硏究所, 1987.
洪一植, 崔南善연구 - 그의 사상과 문학을 중심으로 - , 고려대 석사논문, 1964.

（24） 李光洙

김윤식, 『이광수와 그의 시대』(1~3), 한길사, 1986.
김현 편, 『이광수』, 문학과 지성사, 1980.
김형국, 『1910년대 이광수의 문명론과 준비론 연구』, 한국정신문화연구원 박사논문, 1995.
윤홍노, 『이광수 문학과 삶』, 한국연구원, 1992.
이동하, 『이광수』, 동아일보사, 1992.
이정화, 『그리운 아버님 춘원』, 우신사, 1993.
한국문학연구소, 『이광수연구』(상·하), 동국대, 1990.

金容達, 李光洙의 '民族改造論' 연구, 『擇窩許善道정년기념 한국사학논총』, 1992.
金源模, 春園의 친일과 민족보존론 - 日文 春園書簡을 중심으로 - , 『何石金昌洙화갑논총 한국민족독립
　　운동사의 제문제』, 1992.
朴敬子, 20세기초기의 한국민족주의의 일양상 - 春園의 민족개조론을 중심으로 - , 『숙대사론』 7, 1972.
안태정, 1920년대 일제의 조선지배논리와 李光洙의 민족개량주의 논리, 『사총』 35, 1989 .
李昊宰, 春園 李光洙의 대외인식과 주장분석, 『사회과학논집』 14, 고려대경상대, 1988.
波田野節子, 李光洙の民族主義思想と進化論, 『朝鮮學報』 136, 1990.
坂本孝夫, 植民地下朝鮮知識人とわれわれ - 李光洙と申采浩を中心に - , 『朝鮮硏究』 81, 日本朝鮮硏
　　究所, 1969.

（25） 崔濟愚

박창건, 『수운사상과 천도교』, 1970.
오지영, 『동학사』, 영창서관, 1940.
이돈화, 『천도교창건사』, 천도교중앙종리원, 1933.

김경재, 최수운의 신개념, 『한국사상』 12, 1974.
김경재, 최수운의 시천주와 역사이해 - 원시기독교의 종말론적 신앙공동체의 빛에서 본 동학운동의 평
　　가, 『한국사상』 15, 1977.
김상기, 수운행록, 『아세아연구』 13, 1964.
김의환, 동학성립의 사회적 기반, 『신인간』 224, 1961.
金洪喆, 水雲·甑山·少太山의 비교연구 - 몇 가지 특징적 관점을 중심으로 - , 『한국종교』 6, 원광대 종
　　교문제연구소, 1981.
金洪喆, 水雲·甑山·少太山의 유·불·선 삼교관, 『한국종교』 4·5합, 원광대 종교문제연구소, 1980.
리종현, 崔濟愚와 동학, 『갑오농민전쟁100돌기념논문집』/집문당, 1995.
石井壽夫, 敎祖崔濟雨における東學思想の歷史的展開, 『歷史學硏究』 85, 1941.
申一澈, 崔水雲의 역사의식, 『한국사상』 12, 한국사상연구회, 1973.
申一澈, 崔濟愚의 後天開闢的 이상사회상, 『한국사시민강좌』 10, 일조각, 1992.

吳世萬, 동학의 정치사상적 고찰 - 崔濟愚의 사상을 중심으로 -, 고려대 석사논문, 1962.
윤석산, 용담유사에 나타난 수운의 인간관, 『한국논문집』5, 한양대, 1984.
윤석산, 용담유사에 나타난 수운의 대외의식, 『한양어문연구』3, 한양대, 1985.
李炫熙, 水雲의 개벽사상연구 - 동학사상의 배경과 인류구원사 -, 『藍史鄭在覺박사고희기념 동양학논총』, 1984.
趙鏞一, 水雲과 近菴과의 관계, 『漢坡李相玉박사화갑기념논문집』, 교문사, 1969.
趙鏞一, 近菴에서 찾아본 水雲의 사상적 계보, 『한국사상』12, 한국사상연구회, 1974.
崔東熙, 水雲의 기본 사상과 그 상황 - 사상형성의 과정을 중심으로 -, 『한국사상』12, 한국사상연구회, 1974.
崔東熙, 崔濟愚의 인간관, 『철학적 인간관』, 한국정신문화연구원, 1985.
表暎三, 水雲大禪師의 생애 - 연대에 대한 새로운 고증 -, 『한국사상』20, 한국사상연구회, 1985.
허종옥 · 이명남, 초기동학의 반봉건성의 한계에 관한 연구 - 수운 최제우의 사상을 중심으로 -, 『사회과학논총』7 - 2, 부산대, 1988.

(26) 呂運亨

김섭, 『여운형 살해사건 진상기』, 독립신문사, 1947.
몽양여운형선생추모사업회, 『여운형노트』, 학민사, 1994.
여운홍, 『몽양 여운형』, 청하각, 1967.
이기형, 『몽양 여운형』, 실천문학사, 1984.
李萬珪, 『여운형투쟁사』, 총문각, 1946.
한민성 편, 『추적 여운형 - 전화협박자에게 답한다 - 』, 갑자문화사, 1982.

姜德相, 皇民化政策下の呂運亨, 『調査研究報告』24, 學習院大學東洋文化研究所, 1990.
朴贊勝, 1910년대말~1920년대 여운형의 민족해방운동론, 『역사와 현실』6, 한국역사연구회, 1991.
유기철, 해방정국과 여운형의 정치노선, 『한국현대정치사 1』, 실천문학사, 1989.
李東華, 夢陽 呂運亨의 정치활동(상 · 하) - 그 재평가를 위하여 -, 『창작과 비평』48 · 49, 1978.
李東華, 8 · 15를 전후한 여운형의 정치활동, 『해방전후사의 인식 1』, 한길사, 1980.
이이화, 김구와 여운형 - 끝내 화합하지 못한 동지아닌 동지, 『이야기 인물한국사 5』, 한길사, 1993.
韓太壽, 呂運亨 - 늙지 않는 혁명가 -, 『한국의 인간상 6』, 신구문화사, 1965.

(27) 黃玹

金容燮, 黃玹(1855~1910)의 농민전쟁 수습책, 『고병익회갑기념사학논총 역사와 인간의 대응』, 1984.
金昌洙, 梅泉 黃玹의 민족의식, 『사학연구』33, 한국사학회, 1981.
金昌洙, 甲午平匪策에 대하여 - 梅泉 黃玹의 동학인식 -, 『藍史鄭在覺박사고희기념동양학논총』, 1984.
金昌洙, 黃玹의 「東匪紀略」 초고에 대하여 - 「梧下記聞」 을미 4월이전 기사의 검토 -, 『천관우선생환력기념 한국사학논총』, 정음문화사, 1985.
宋京玉, 「梅泉野錄」에 나타난 黃玹의 현실인식 - 1864~1893년을 중심으로 -, 성신여대 석사논문, 1989.
오세철, 구한말 사회변동과 사회심리체계의 상호작용에 대한 분석 - 매천야록을 중심으로 -, 『동방학지』29, 1981.
李相寠, 梅泉 黃玹의 역사의식, 『역사학연구』8, 전남대사학회, 1978.

李離和, 황현의 「梧下記聞」에 대한 내용검토 - 1894년 동학농민전쟁의 기술을 중심으로 - ,『서지학보』
    4, 한국서지학회, 1991.
李章熙, 黃玹의 생애와 사상,『아세아연구』21 - 2, 고려대 아세아문제연구소, 1978.
鄭良婉, 梅泉 黃玹의 自矜에 대하여,『동방학지』54 · 55 · 56합, 연세대 국학연구원, 1987.
崔洪奎, 黃玹의 현실인식과 역사감각,『한국사상』17, 한국사상연구회, 1980/『韓』100, 1980.
河宇鳳, 黃玹의 역사의식에 대한 연구,『전북사학』6, 전북대사학회, 1982.
洪以燮, 黃玹의 역사의식 - 「梅泉野錄」독해에의 시돈 - ,『숙대사론』4, 1969.
洪以燮, 黃玹의 역사의식 - 한국근대사학의 추이에서 - ,『인문과학』27 · 28합, 연세대 인문과학연구소,
    1972.

(28) 金允植

李相一,『雲養 金允植의 사상과 활동 연구』, 동국대 박사논문, 1995.

權五惇, 金允植 - 한말 최대의 한문장가 - ,『한국의 인간상 5』, 신구문화사, 1965.
金文子, 3 · 1運動と金允植 - 獨立請願書事件を中心に - ,『寧樂史苑』29, 1984.
김의진, 雲養 金允植의 서학수용론과 정치활동, 연세대 석사논문, 1986.
金鍾烈, 金允植 연구 - 김윤식의 생애와 개화외교정책을 중심으로 - , 인하대 석사논문, 1985.
남부희, 김윤식의 독립청원서에 대하여,『박성봉교수회갑기념논총』, 1987.
송병기, 김윤식 · 이홍장의 보정천진회담 - 조미조약 체결(1882)을 위한 조청교섭 - ,『동방학지』45, 연세
    대 국학연구원, 1984.
原田環, 1880年代前半の閔氏政權と金允植 - 對外政策を中心として - ,『朝鮮史研究會論文集』 22,
    1985.
李相一, 雲養 金允植의 정치사상연구,『태동고전연구』6, 한림대 태동고전연구소, 1990.
李相一, 雲養 金允植(1835~1922)의 國防論,『何石金昌洙화갑논총 한국민족독립운동사의 제문제』,
    1992.
李相一, 雲養 金允植과 3 · 1運動,『태동고전연구』10, 한림대 태동고전연구소, 1993.
李相一, 雲養 金允植의 사회 · 경제사상,『태동고전연구』9, 한림대 태동고전연구소, 1993.
이이화, 김윤식 - 정세에 민감한 변신의 명수,『이야기 인물한국사 3』, 한길사, 1993.
李熙平, 金允植의 東道的 세계관 일고,『동양고전연구』3, 동양고전학회, 1994.
鄭玉子, 雲養 金允植(1835~1922)연구,『고병익회갑기념사학논총 역사와 인간의 대응』, 1984.
崔震植, 金允植의 자강론 연구,『대구사학』25, 1984.

(29) 李商在

公報室 편,『월남이상재선생약전』, 1956.
金乙漢 편,『월남이상재일대기』(정음문고 142), 정음사, 1976.
외솔회 편,『나라사랑』9(월남이상재 특집호), 1972.
月南李商在선생동상건립위원회,『月南李商在연구 - 연구논문 · 월남시문 · 관계자료 - 』, 路출판, 1986.
李時玩,『月南李商在』, 중앙서관, 1926.
全澤鳧,『月南李商在』, 한국신학연구소, 1977.

金聖泰, 月南李商在의 성격 연구,『성곡논총』4, 성곡학술문화재단, 1973.
朴基仁, 月南 李商在의 민족주의사상 소고,『경희사학』9 · 10합, 경희대사학회, 1982.
朴攽鳳, 李商在 - 민중의 아버지 - ,『인물한국사 5』, 박우사, 1965.
愼鏞廈, 독립협회와 월남 이상재,『月南 李商在연구』, 路출판, 1986.
申一澈, 개화기 지식인 이상재론,『月南 李商在연구』, 路출판, 1986.
兪道鎭, 월남 이상재의 사회교육사상,『月南 李商在연구』, 路출판, 1986.
劉載天, 민족언론과 월남 이상재,『月南 李商在연구』, 路출판, 1986.
李文遠, 신간회와 월남 이상재,『月南 李商在연구』, 路출판, 1986.
李尙根, 月南 李商在의 사회사상,『경희사학』14, 1987.
李信行, 李商在의 변화관과 그의 조직운동 이해,『心村추헌수교수회갑기념논문집 한 · 중 정치의 전통
　　과 전개』, 대왕사, 1984.
李信行, 청년운동가 월남 이상재 - 기독교청년회운동을 중심해서 본 그의 사회변화와 사회조직에 대한
　　이해 - ,『月南 李商在연구』, 路출판, 1986.
全澤鳧, 李商在 - 민중과의 대화 - ,『한국의 인간상 5』, 신구문화사, 1965.

(30) 李東寧

金錫營,『선구자 李東寧일대기』, 을유문화사, 1979.
金錫營 · 李炫熙,『石吾 李東寧연구 - 그 생애와 사상의 재조명 - 』, 서문당, 1989.
金錫營,『조국광복의 대인 - 대한민국 임시정부 주석 石吾 李東寧 일대기 - 』, 진명문화사, 1995.
李炫熙,『臨政과 李東寧연구』, 일조각, 1989.

朴成壽, 石吾 李東寧의 독립사상,『如山柳炳德화갑기념 한국철학종교사상사』, 1990.
李炫熙, 대한민국임시정부와 李東寧의 위상,『노산유원동박사화갑기념논총 한국근대사회경제사연구』,
　　정음문화사, 1985.
李炫熙, 石吾 李東寧의 독립운동과 임시정부의 정책방략,『동양학』15, 단국대 동양학연구소, 1985.
李炫熙, 大倧敎의 광복투쟁과 임정주석 李東寧,『如山柳炳德화갑기념 한국철학종교사상사』, 1990.
李炫熙, 李東寧의 革命家像 연구,『汕耘史學』5, 산운학술문화재단, 1991.
李炫熙, 李東寧의 帝國新聞 正論활동,『素軒南都泳고희기념 역사학논총』, 민족문화사, 1993.

(31) 尹奉吉

金學俊,『梅軒尹奉吉평전』(매헌윤봉길의거60주년기념사업추진위원회 편), 민음사, 1992.
尹南儀,『윤봉길일대기』(정음문고 76), 정음사, 1975.
이민수,『윤봉길의사 약전』, 매헌윤봉길의사기념사업회, 1972.
李民樹,『윤봉길전』(서문문고 205), 서문당, 1976.
任重彬,『千秋義烈 윤봉길』, 인물연구소, 1975.
任重彬,『尹奉吉의사일대기』, 범우사, 1993.

박경준, 尹奉吉의사의 농민운동연구, 경희대 석사논문, 1976.
박용옥, 윤봉길의 농촌 운동,『나라사랑』25, 외솔회, 1976.
송건호, 윤봉길의 민족사상,『나라사랑』25, 외솔회, 1976.

愼鏞廈, 尹奉吉의 上海義擧와 그 의의,『한국독립운동과 尹奉吉의사』, 1992.

李康勳, 尹奉吉義烈의 論贊과 민족정신,『한국독립운동과 尹奉吉의사』, 1992.

愼鏞廈, 윤봉길의 농민운동과 민족독립운동,『한국학보』81, 일지사, 1995.

이현희, 한국인애국단의 작탄의거 - 윤봉길의사의 4.29투탄사례 - ,『사총』31, 고대사학회, 1987.

胡春惠, 尹奉吉 義擧가 韓國獨立運動 및 中國社會에 기친 影響,『한국독립운동과 尹奉吉義士』, 1992.

2) 서적 · 자료 · 목록 · 색인 · 지도

桂勳模,『한국언론연표 1881~1945』, 관훈클럽신영기금, 1979.

고려대 아세아문제연구소 편간,『구한국외교문서』(전22권), 1965.

고려대 아세아문제연구소 편간,『구한국외교문서』(전9권), 1972~1974.

고려대 아세아문제연구소,『한일관계자료집 2』, 1977.

국가보훈처,『해외의 한국독립운동사료』(12~15), 국가브훈처, 1995.

국사편찬위원회,『종정년표 · 음청사』, 1958.

국사편찬위원회,『한국독립운동사 - 자료편 1~7 - 』, 1970~1977.

국사편찬위원회,『한국독립운동사논저목록』, 국사편찬위원회, 1984.

국사편찬위원회,『한국독립운동사자료 13 - 의병편 6 - 』, 1984.

국회도서관,『대한민국임시정부 의정원문서』, 1974.

국회도서관,『한국민족운동사료 2 - 중국편 : 일본외무성육해군성문서 - 』, 1976.

국회도서관입법조사국 편간,『한국근대외교사연표』, 1966.

국회도서관입법조사국 편간,『한국외교연표』, 1974.

권태억 · 류승렬 외,『자료모음 근현대 한국탐사』, 역사비평사, 1994.

金綺秀 · 金弘集 · 朴泳孝 저,『수신사기록 - 한국사료총서 - 』, 국사편찬위원회, 1958.

김봉우,『일제하사회주의운동사자료집』(1~6), 한울아카테미, 1989.

김순덕 · 윤대원 · 이상찬 · 홍순권,『한말 의병관계문헌 해제집』(대우학술총서), 민음사, 1993.

金榮作, 한 · 중 · 일 삼국의 개국 반응에 관한 자료 해설,『동북아』2, 동북아문화연구원, 1995.

金源模,『근대한국외교사년표』, 단국대출판부, 1984.

金義煥,『부산근대교육사 - 附 부산학생항일운동사자료 - 』, 태화출판사, 1967.

金正明 편,『日韓外交資料集成』(1~8), 東京 : 嚴南堂書店, 1962~1967.

내무부,『지방행정구역요람』, 1978/1980.

독립기념관 한국독립운동사연구소,『震光 · 조선민족전선 · 조선의용대』, 1988.

독립기념관 한국독립운동사연구소,『國民報』(1~8), 독립기념관 한국독립운동사연구소, 1995.

독립운동사편찬위원회,『독립운동사자료집』(1~14), 1971~1979.

독립운동사편찬위원회,『독립운동사자료집 별집』(1~3), 1971~1979.

동아일보사,『근대한국명논설집』, 1966.

동아일보사,『한미수교 100년사 - 관계자료 및 연표 - 』, 신동아 1982년 1월 별책.

동아일보사설편찬위원회,『동아일보사설선집』(1 · 2), 1977.

동학농민전쟁100주년기념사업추진위원회,『동학농민전쟁연구자료집 1』, 여강출판사, 1991.

동학농민혁명유족회,『鄭伯賢 서울 日記』, 삼희, 1995.

민용호,『관동창의록』(한국사료총서 30), 국사편찬위원회, 1984.

博文社 편,『순종국장록』, 1926.

朴性綱,『안중근선생공판기』, 경향잡지사, 1946.

부산광역시사편찬위원회,『國譯 萊府日記 · 多大鎭公文日錄』(부산사료총서 5), 부산광역시, 1995.

부산대 중국문제연구소,『근대한국관계 영 · 미 · 중외교자료집 - 1887~1897 - 』, 1984.

사회과학출판사 편,『근대사년표』, 사회과학출판사, 1974.

瑞文堂,『사진으로 보는 근대한국 - 산하와 풍물 - 』(상 · 하), 1987.

서울시립대 서울학연구소,『서울학 사료총서 7 - 총무처정부기록보존소편(1) - 』, 서울시립대 서울학연구
　소, 1995.

소안항일운동사료편찬위원회,『所安항일운동사료집』, 1990.

宋炳基 · 朴容玉 · 朴漢卨 공편,『한말근대법령자료집』(1~9), 국회도서관, 1971~72.

宋相燾,『騎驢隨筆』, 국사편찬위원회, 1955.

송재문화재단 편,『독립신문논설집』, 1976.

市川正明,『日韓外交史料 2 - 壬午事變篇 - 』, 東京 : 原書房, 1979.

申福龍 외,『O. N. 데니문서 · 묄렌도르프문서』, 평민사, 1987.

申星麗,『하와이이민 略史』, 고려대, 1988.

愼鏞廈,『사법품보』(1~5), 아세아문화사, 1987.

安昌浩,『島山안창호논설집』(을유문고 120), 을유문화사, 1973.

嚴恒燮,『屠倭實記』, 국제문화협회, 1923/경성일보사, 1946.

외무부정무국,『구한말외교문서 - 미국관계편 - 』, 1960.

유길준 저, 허경진 역,『서유견문』(한양고전산책 7), 한양출판, 1995.

柳洪烈,『항일선언창의문집』(서문문고 199), 서문당, 1975.

尹炳奭,『한국근대사료론』, 일조각, 1979.

尹炳奭,『한국독립운동사자료집 - 中國篇 - 』, 한국정신문화연구원, 1993.

李光麟 · 愼鏞廈,『사료로 본 한국문화사 - 근대편 - 』, 일지사, 1984.

李基白 편,『근대한국사론선』, 삼성문화재단출판부, 1973.

伊藤博文 편,『朝鮮外交資料』(상 · 중 · 하), 1936.

李用熙,『근세한국외교문서총목 - 외국편 - 』, 국회도서관, 1966.

李在銑,『한말일제하의 금서 1』(춘추문고 5), 한국일보사, 1975.

이종범 · 최원규,『자료 한국근현대사입문』, 혜안, 1995.

李鉉淙 편,『대한제국고종황제국장화첩』, 지문각, 1975.

이화여대출판부,『한말여성지』, 1981.

이화여대 한국여성연구소,『한국여성관계자료집 - 근대편 - 』(상 · 하), 1979 · 1980.

임시정부,『대한민국임시정부에 관한 참고문건』, 1946.

林鍾國,『친일논설선집』, 실천문학사, 1987.

林忠信 · 崔奭祐,『崔良業신부서한집』, 한국교회사연구소, 1984.

張得振,『한국사논저총목록 3 - 총류 · 근현대 - 』, 민족문화사, 1985.

在上海日本總領事館警察部2課,『朝鮮民族運動年鑑』, 동문사서점, 1946.

全海宗,『한국근세대외관계문헌비요』, 서울대 동아문화연구소, 1966.

鄭相眑,『한국신교육백년사료』, 민주여론사, 1973/서울문예사, 1974.

丁海植 편,『구한말조약휘찬 - 1876~1945 - 』(상 · 중 · 하), 국회도서관입법조사국, 1964~65.

朝鮮經濟研究所,『朝鮮統計總覽』, 京城, 1931.

朝鮮總督府,『(秘)韓國人獨立鬪爭史』, 成進文化社(영인본), 1975.

朝鮮統監府,『朝鮮に關する條約及法令』, 1906.

趙一文, 『한국독립운동문류』, 건국대출판부, 1976.

趙中孚·張存武·胡春惠 편, 『近代中韓關係史資料彙編 1』, 國史館, 1987.

周鳳南, 『한일관계사료집 - 국제연맹제출 - 』, 1981.

중앙대 한국학연구소 편, 『근대화와 구국운동 - 신문논설집 - 』, 1974.

中央硏究院近代史硏究所 編, 『國民政府與韓國獨立運動史料』, 1988.

崔奭祐, 『한불관계자료 - 1846~1887 - 』, 한국교회사연구소, 1986.

崔錫采, 『일제하의 명논설집』(서문문고 198), 서문당, 1975.

崔鍾健, 『대한민국임시정부 문서집람』, 지인사, 1976.

崔昌圭 편, 『한말우국명사 상소문집』(서문문고 200), 서문당, 1975.

崔洪奎, 『안중근선생 공판기』(정음문고 79), 정음사, 1975.

한국농촌경제연구원, 『구례군 사회조직문서 - 1871~1935 - 』, 1991.

한국농촌경제연구원, 『구례유씨가의 농가일기 - 1912~1942 - 』, 1991.

한국사회과학연구협의회, 『일제식민지정책자료목록』, 1979.

한국정신문화연구원, 『한국독립운동사자료집 - 중국인사 증언 - 』, 1983.

한국출판문화원, 『극비한국독립운동사료총서 - 3·1운동편 - 』(1~12), 한국출판문화원, 1989.

한국출판문화원, 『일본의 한국침략자료총서』(1~10), 1988 ; (11~20), 1989.

Park Il-keun, 『Anglo-American Diplomatic Materials Relating To Korea 1866~1886』, 신문당, 1982.

Swartout Jr., Robert R., 『An American Adviser in Late Yi Korea : The Letters of Owen Nickerson Denny』, The Univ. of Alabama Press, 1984.

──────, 張孝根일기, 『한국사논총』 2·3, 성신여대 국사교육학회, 1977·1978.

──────, 한불관계자료 - 1846~56 - , 『교회사연구』 1, 한국교회사연구소, 1977.

──────, 韓滿에 관한 일로교섭관계이견서, 『한일관계연구소기요』 8, 영남대 한일관계연구소, 1978.

──────, 한불관계자료 - 병인양요(1866~1867) - , 『교회사연구』 2, 한국교회사연구소, 1979.

──────, 「항전별곡」, 『三均主義연구논문집』 8, 1986.

──────, 대동단결의 선언문, 『三均主義연구논문집』 8, 1986.

──────, 대한민국임시정부 외무부문서, 『三均主義연구논문집』 8, 1986.

──────, 素昻사상과 삼균주의이론에 관련된 연구문류, 『三均主義연구논문집』 8, 1986.

──────, 한국독립승인결의안, 『三均主義연구논문집』 8, 1986.

──────, 한국독립에 관한 결정서, 『三均主義연구논문집』 8, 1986.

──────, 「衛正斥邪疏草」, 『경상사학』 10, 경상대사학회, 1994.

姜萬吉, 개화기의 일본측 경제관계자료 - 영사보고와 일·한통상협회 보고 - , 『한국학문헌연구의 현황과 전망』, 아세아문화사, 1983.

康允浩, 개화기의 학회 및 교육회 설립과 교과용 도서편찬의 경위 - 광무·융희년간의 교과용도서편찬고(2) - , 『이화여대80주년기념논문집(인문과학편)』, 1966.

高柄翊 역, 穆麟德의 수기, 『진단학보』 24, 진단학회, 1963.

宮嶋博史, 植民地期朝鮮の小作契約文書, 『中國朝鮮文書史料硏究』, 東京大東洋文化硏究所 東アジア部門, 1986.

權五榮, 임오군란 日誌, 『쟁점 한국근현대사』 1, 한국근대사연구소, 1992.

金根洙, 척사문헌소고, 『한국학』 19, 중앙대 한국학연구소, 1978.

金根洙, 한국독립선언서 소고, 『한국학』 28, 중앙대 한국학연구소, 1983.

金洛鳳, 자료 : 전라도 扶安의 동학지도자 金洛鳳 자서전 「金洛鳳履歷」, 『전라문화논총』 7, 전북대 전라문화연구소, 1994.

金斗憲, 독립선언서의 사상사적 검토, 『삼일운동50주년기념논집』, 동아일보사, 1969.

金時泰, 黃遵憲의 「조선책략」이 한말정국에 끼친 영향 - 혁신적인 정책면을 중심으로 -, 『사총』 8, 고려대사학회, 1963.

金榮範, 한국광복군 간행 「광복」의 독립운동론, 『한국독립운동사연구』 1, 독립기념관 한국독립운동사연구소, 1987.

金源模, 견미사절 洪英植 복명문답기, 『사학지』 15, 단국대사학회, 1981.

金義煥 著, 平木實 譯, 「瓛齋先生集」について, 『朝鮮學報』 86, 1978.

金義煥, 새로 발견된 「흥선대원군약전」, 『사학연구』 39, 1987.

金才淳, 조선총독부 공문서관리제도와 총무처 정부기록보존소 소장 일제문서, 『역사와현실』 9, 역사비평사, 1993.

金俊亨, 「衛正斥邪疏草」 해제, 『경상사학』 10, 경상대사학회, 1994.

金昌洙, 黃玹의 「東匪紀略」 초고에 대하여 - 「梧下記聞」 을미 4월이전 기사의 검토 -, 『천관우선생환력기념 한국사학논총』, 정음문화사, 1985.

金泰雄, 1910년대 전반 조선총독부의 取調局 · 參事官室과 '舊慣制度調査事業', 『규장각』 16, 서울대규장각, 1993.

金泰雄, 1920 · 30년대 吳知泳의 활동과 「東學史」 간행, 『역사연구』 2, 역사학연구소, 1993.

金學俊, 일제의 식민통치와 한민족의 항일독립투쟁에 관한 연구들 - 문헌조사의 일부 -, 『한국독립운동사연구』 1, 독립기념관 한국독립운동사연구소, 1987.

남형우, 일제 참모본부 간첩대에 의한 兵要朝鮮地誌 및 한국근대지도의 작성과정, 『문화역사지리』 4, 1992.

渡部學, 統監府時代の朝鮮教育史料としての隈本繁吉文書について - 資料紹介 -, 『日本の教育史學』 13, 日本教育史學會, 1970.

渡部學, 「海東續小學」とその著者朴在馨 - 舊韓末在鄕處士層の思想と行動 -, 『人文學會雜誌』 7 - 1, 武藏大學, 1975.

뒤바보, 의병전, 『한국학보』 1, 일지사, 1975.

藤村道生, 日韓議定書の成立過程 - 大三輪長兵衛韓國關係文書「諸事抄錄」, 「渡韓始末錄」の史料解說として -, 『朝鮮學報』 61, 1971.

朴孟洙, 東學史書 「崔先生文集 道源記書」와 그 이본에 대하여, 『한국종교』 15, 원광대 종교문제연구소, 1990.

朴孟洙, 1894년 1월 고부농민봉기 관련 신자료 「東學推考」 해제, 『한국근현대사연구』 2, 한국근현대사연구회, 1995.

朴明圭, 동학농민전쟁 관련자료 「石南歷事」에 대하여, 『한국학보』 71, 일지사, 1993.

朴奉植, 메릴서간, 『김재원박사회갑기념논총』, 1969.

朴性鳳, 구한국 외교문서 日案編纂本의 종합정리, 『경희사학』 2, 1970.

朴成壽, 「渚上日月」에 비친 임오군란, 『쟁점 한국근현대사』 1, 한국근대사연구소, 1992.

朴成壽, 「渚上日月」에 비친 東學혁명의 실상, 『素軒南都泳고희기념 역사학논총』, 민족문화사, 1993.

朴贊殖, 구한말 전라도 智島지방의 教案, 『국사관논총』 58, 국사편찬위원회, 1994.

朴炟, 대한광복회에 관한 새로운 사료 : 「義勇實記」, 『한국학보』 44, 1986.

白淳在, 교과서편찬, 『한국사 20 - 근대문화의 발생 -』, 국사편찬위원회, 1974.

白承鍾,「宜田記述」을 통해서 본 陸用鼎의 개화사상,『동아연구』18, 서강대 동아연구소, 1989.

山口正之, 朝鮮基督教史料(己亥日記),『韓國教會史論文選集 2』, 韓國教會史研究會, 1977.

山邊健太郎,「甲申日錄」の研究,『朝鮮學報』17, 朝鮮學會, 1960.

徐榮姬, 통감부시기 일제의 권력장악과 규장각자료의 정리,『규장각』17, 서울대규장각, 1994.

成大慶, 대원군의 保定府談草 - 吳汝綸 대담기 - ,『향토서울』40, 서울시사편찬위원회, 1982.

宋炳基, 吉林朝鮮商民隨時貿易章程譯註,『사학연구』21, 한국사학회, 1969.

宋炳基, 구한말 官報・통감부 公報,『한국학문헌연구의 현황과 전망』, 아세아문화사, 1983.

申奭鎬, 金弘集유고,『한국사논총』1, 성신여사대국사교육과, 1976.

申榮祐, ‘동학농민전쟁’ 연구와 일기자료,『역사와 현실』12, 한국역사연구회, 1994.

愼鏞廈, 자료 : 동학제2세교주 최시형 조서판결서,『한국학보』2, 일지사, 1976.

愼鏞廈, 한말 ‘自新會’의「취지서」,「동맹서」등,『한국학보』13, 일지사, 1978.

愼鏞廈, 동학 제2대교주 최시형의「理氣大全」,『한국학보』21, 일지사, 1980.

愼鏞廈, 申采浩의 광복회 통고문과 고시문,『한국학보』32, 일지사, 1983.

愼鏞廈, 한말英學黨 李化三등 供招보고서 해제,『한국학보』35, 일지사, 1984.

愼鏞廈, 한말의병장 閔肯鎬의 公翰,『한국학보』34, 일지사, 1984.

愼鏞廈, 동학농민군지휘자 全瑃準・孫化中・崔永昌(卿宣) 판결선고서 원본,『한국학보』39, 일지사, 1985.

愼鏞廈, 申采浩의 安昌浩에게의 서간 2점 해제,『한국학보』42, 일지사, 1986.

愼鏞廈, 독립협회 토론회규칙,『한국학보』55, 일지사, 1989.

申一澈, 동학사상자료집,『한국사상』17, 1980.

安田吉實, 李朝貨幣‘交換局’と大二輪文書について,『朝鮮學報』72, 朝鮮學會, 1975.

安重根, 安重根자서전「옥중기」,『韓』95, 1980.

櫻井義之, 近代日韓關係資料解題,『國際政治 - 日韓關係の展開 - 』, 有斐閣, 1963.

櫻井義之, 明治期刊行「朝鮮地圖」の解題,『韓』17, 東京 : 韓國研究院, 1973.

梁潤模, 친필본「白凡逸志」의 문헌적 검토,『인하사학』2, 인하역사학회, 1994.

柳承宙, 조선후기 서간도 이주민에 대한 고찰 -「江北일기」의 해제에 붙여 - ,『아세아연구』21 - 1, 고려대 아세아문제연구소, 1978.

柳永烈, 李東仁에 관한 Satow의 문서,『사학연구』31, 1980.

柳永益,「서유견문」론,『한국사시민강좌』7, 일조각, 1990.

尹根鎬, 서양부기의 한국에의 도입 - 任環宰와 그 부기법 - ,『논문집』6, 단국대, 1972.

尹炳奭 외, 독립운동관계 재판문목록(1),『편사』4, 국사편찬위원회 편사회, 1972.

尹炳奭, 의병전 해제,『한국학보』1, 일지사, 1975.

尹炳奭, 안악사건・신민회사건 판결문,『한국학보』8, 일지사, 1977.

尹炳奭, 桂奉瑀의 생애와 저술목록,『인하사학』1, 인하역사학회, 1993.

윤효정, 한말비사 - 최근 60년의 비록 - ,『한국학』31, 중앙대 한국학연구소, 1984.

李光麟,「海國圖誌」의 한국전래와 그 영향,『한국개화사연구』, 일조각, 1969.

李光麟,「近世朝鮮政鑑」에 대한 몇 가지 문제,『한국개화사연구』, 일조각, 1969/平木實 譯,『朝鮮學報』59, 1971.

李光麟, 金玉均의「갑신일록」에 대하여,『진단학보』33, 1972.

李光麟, 개화승 李東仁에 관한 새 사료,『동아연구』6, 서강대 동아연구소, 1985.

李瑄根, 庚辰수신사 金弘集과 黃遵憲저「조선책략」에 관한 재검토 - 金弘集 자필사본「조선책략」을 보며 - ,『동아논총』1, 1963.

李淑子, 第2次朝鮮教育令下言語教育教科書の内容,『朝鮮學報』83, 朝鮮學會, 1977.

李元淳, 미공개 사료 Mutel문서,『한국사연구』3, 한국사연구회, 1969.

李元淳,「外務督辦金與法使談草」,『한국학보』24, 일지사, 1981.

李離和, 吳知泳「동학사」의 내용검토 - 주로 1894년 동학농민전쟁과 관련하여 - ,『민족문화』12, 민족문
　화추진회, 1989.

李離和, 황현의「梧下記聞」에 대한 내용검토 - 1894년 동학농민전쟁의 기술을 중심으로 - ,『서지학보』
　4, 한국서지학회, 1991.

李在方, 黃遵憲「조선책략」에 대한 연구, 성균관대 석사논문, 1968.

李宗相, 개화기 보부상문서 생산의 정치·사회적 배경 - 문서자료에 의한 사회학적 접근 - ,『사회과학논
　총』4 - 2, 부산대사회과학대, 1985.

李鍾日, 光武년간 羅州 古幕浦 船旅閣 문서,『고문서연구』6, 한국고문서학회, 1994.

李鍾學, 동부간도급 함경남북양도 특별조사보고서(1·2),『백산학보』23·24, 1977.

李鉉淙, 갑신정변당시 서울과 주한일공관철수실기,『아세아학보』1, 아세아학술연구회, 1959.

李鉉淙, 구한말 정치사회 학회·회사·언론·단체 조사자료,『아세아학보』2, 아세아학술연구회, 1966.

李鉉淙, 융희 2년 관찰사회의록,『아세아학보』5, 아세아학술연구회, 1968.

李炫熙, 張孝根일기(1925〜26),『한국사논총』1·2, 성신여사대국사교육학과, 1976·1977.

李炫熙, 신자료해제「默庵비망록」,『국학자료』30, 장서각, 1978.

李洪烈, 한국최근세관계 Microfilm 목록초 - 국회도서관소장 - ,『우석사학』1, 우석대사학회, 1968.

李姬載, 모리스 꾸랑과 한국서지에 관한 고찰,『논문집』28, 숙명여대, 1988.

日本朝鮮研究所, 獨島關係資料,『朝鮮研究』182, 日本朝鮮研究所, 1978.

程崇美, 韓國光復軍史料選譯,『國史館館刊』復刊第6期, 臺北 : 國史館, 1989.

鄭用大, 구주에서의 한국독립운동 사료발굴의 당면과제,『한국민족운동사연구』4, 한국민족운동사연구
　회, 1989.

丁仲煥, 朴泳孝상소문,『아세아학보』1, 아세아학술연구회, 1965.

丁仲煥, 진암 이병헌과 그 저술,『동아논총』6, 동아대, 1969.

鄭昌烈, 倭使일기에 대해서,『한국학문헌연구의 현황과 전망』, 아세아문화사, 1983.

趙東杰,「自由韓人報」와「韓人捕虜名簿」,『한국학논총』13, 국민대 한국학연구소, 1991.

趙東杰, 일제하 한국잡지중 한국사관계 논문,『한국학논총』14, 국민대 한국학연구소, 1991.

趙東杰, 白農의「海港日記」,『한국학논총』15, 국민대 한국학연구소, 1992.

趙東杰, 중국조선족 민족해방운동사 논저목록,『한국학논총』16, 국민대 한국학연구소, 1993.

朝鮮史料研究會, 조선통치관계중요문헌 - 阪谷문서 - ,『조선근대사료연구집성』3, 조선사료연구회,
　1960.

朝鮮史料研究會, 재정금융관계중요문헌,『조선근대사료연구집성』4, 조선사료연구회, 1961.

朝鮮總督府, 국경지방 시찰복명서(1〜3),『백산학보』9〜11, 백산학회, 1970·1971.

趙恒來, 黃遵憲의「朝鮮策略」에 대한 검토 - 고종 17·18년의 견일사절에 관련하여 - ,『논문집』3, 대구
　대, 1962.

趙恒來, 병자수신사 金綺秀使行考 - 그의 저「日東記遊」의 검토와 관련하여 - ,『대구사학』1, 1969.

朱昇澤, 姜偉의 저술과「古歡堂集」의 사료적 가치,『규장각』14, 서울대도서관, 1991.

池川英勝, 朝鮮衡平運動史年表,『部落解放研究』3, 部落解放研究會, 1974.

陳明崇,「海國圖誌」의 조선개화운동에 끼친 영향, 성균관대 석사논문, 1977.

車成琶, 獐岩洞慘案에 관한 연구 - 獐岩洞慘案 情形에 대한 「小史」의 說法에 대한 鑑別 - ,『何石金昌洙화갑논총 한국민족독립운동사의 제문제』, 1992.
崔起榮, 국역 월남망국사에 관한 일고찰,『동아연구』6, 서강대 동아연구소, 1985.
崔起榮, 구한말 「교육월보」에 관한 일고찰,『서지학보』3, 한국서지학회, 1990.
崔起榮, 한말 「國民須知」의 간행과 立憲君主論,『西巖趙恒來화갑기념 한국사학논총』, 1992.
崔起榮, 한말 교과서 「幼年必讀」에 관한 일고찰,『계간 서지학보』9, 한국서지학회, 1993.
崔承熙, 書院(유림)세력의 동학배척운동 소고 - 1863년도 동학배척 통문분석 - ,『韓沽劤정년기념 사학논총』, 지식산업사, 1981.
崔鍾庫, 개화기의 한국법제사료,『한국학문헌연구의 현황과 전망』, 아세아문화사, 1983.
崔埈, 독립신문판권과 한 미교섭,『논문집』13, 중앙대, 1968.
崔玄植, 동학농민군의 나주성싸움과 「錦城正義錄」의 문헌적 고찰,『전라문화연구』2, 전라문화연구회, 1988.
秋憲樹, 자료소개 : 金鉉九著 「玉溪金鴻基略傳」,『水邨朴永錫화갑논총 한민족독립운동사논총』, 1992.
河村一夫, 明治30年代初期의 韓國各地日本人居留民營業表戶口月表,『朝鮮學報』90, 1979.
河村一夫, 齋藤實總督의 朝鮮總督府中樞院官制改革關係史料,『朝鮮學報』90, 1979.
洪淳權, 奎章閣 소장의 한말의병운동 관계자료에 대한 조사보고,『규장각』14, 서울대도서관, 1991.

3) 언론(신문 · 잡지)

桂勳模,『한국언론연표 1881~1945』, 관훈클럽신영기금, 1979.
高峻石,『韓國言論抵抗史』, 東京 : 二月社, 1974.
高峻石,『抗日言論鬪爭史』, 東京 : 新泉社, 1976.
具汰烈,『제국주의와 언론 - 裴說 · 대한매일신보 및 한 · 영 · 일 관계 - 』, 이화여대출판부, 1986.
金圭煥,『일제의 대한언론 · 선전정책』, 이우출판사, 1978.
金大商,『부산 · 경남 언론사연구』, 대왕문화사, 1981.
金珉煥,『개화기 민족지의 사회사상』, 나남, 1988.
金良洙,『일제치하 언론 출판의 실태』, 중앙대출판부, 1974.
金乙漢,『한국신문사화 - 내가 만난 선구자들 - 』(탐구신서 88), 탐구당, 1975.
동아일보사,『근대한국명논설집』, 1966.
동아일보사,『동아일보사사 1 - 1920~45 - 』, 1975.
동아일보사,『동아일보사사 2 - 1945~60 - 』, 1978
동아일보사,『동아일보논설 60년』, 1980.
동아일보사설편찬위원회,『동아일보사설선집』(1 · 2), 1977.
동아자유언론수호투쟁위원회,『새로쓰는 한국언론사』, 아침, 1993.
서강대 인문과학연구소,『대한매일신보연구』, 1986.
成俊德,『한국신문사』, 신문학회, 1955 · 1957.
송재문화재단 편,『독립신문논설집』, 1976.
安昌浩,『安島山전서(중) - 언론자료 - 』, 범양사, 1990.
위기봉,『다시 쓰는 동아일보사』, 도서출판 녹진, 1991.
李海暢,『한국신문사연구』, 성문각, 1971.
林根洙,『언론과 역사』, 정음사, 1984.
林鍾國,『친일논설선집』, 실천문학사, 1987.

鄭晋錫, 『일제하 한국언론투쟁사』, 정음사, 1975.

鄭晋錫, 『한국언론사연구』, 일조각, 1983.

鄭晋錫, 『한국언론사』, 나남, 1990.

중앙대 한국학연구소 편, 『근대화와 구국운동 - 신문논설집 - 』, 1974.

池中世, 『3·1운동 때 외국신문에 나타난 조선』, 신광출판사, 1949.

崔起榮, 『대한제국시기 신문연구』, 일조각, 1991.

崔民之·金民珠, 『일제하민족언론사론』, 일월서각, 1978.

崔錫采, 『일제하의 명논설집』(서문문고 198), 서문당, 1975.

崔一秀, 『언론·학예투쟁』, 민족문화협회, 1981.

崔埈, 『한국신문사』, 일조각, 1960.

崔埈, 『한국신문사논고』, 일조각, 1976.

한국신문연구소, 『언론비화 50편』, 한국신문연구소, 1978.

한국프레스센터, 『한국 100년 신문』, 한국프레스센터, 1995.

姜萬生, 황성신문의 현실개혁구상연구, 『학림』 9, 연세대사학연구회, 1987.

姜炳文, 상해 임시정부계 「독립신문」의 창간과 사상, 『李元淳정년기념 역사학논총』, 1991.

姜在彦, 獨立新聞·獨立協會·萬民共同會 - 1890年代後半期におけるブルジョア的變革運動 - , 『朝鮮
　　史研究會論文集』 9, 1972.

權熙英, 1930년대초 언론기관의 농촌계몽운동 - 동아일보사의 하기계몽운동을 중심으로 - , 『해군제2사
　　관학교논문집』, 1979.

金根洙, 무단통치시대의 잡지의 개관, 『아세아연구』 11 - 1, 고려대 아세아문제연구소, 1968.

金根洙, 1910년 이전의 언론·출판, 『한국사론 5 - 근대 - 』, 국사편찬위원회, 1978.

金根洙, 일제하 언론탄압의 실태, 『한국학』 26, 중앙대 한국학연구소, 1982.

金淇周, 황성신문에 관한 고찰, 『호남대논문집』 8, 1987.

金福壽, 日帝의 對韓半島 언론침탈과정 연구, 『한국의 사회와 문화』 17, 한국정신문화연구원, 1991.

金福壽, 한말 개화계몽운동과 한국언론, 『한국의 사회와 문화』 19, 한국정신문화연구원, 1992.

김봉진, 한성주보의 발행과 조선의 만국공법수용, 『한국전통사회의 구조와 변동』(한국사회사연구회논문
　　집 4), 문학과 지성사, 1986.

金生基, 韋庵 張志淵의 언론활동에 나타난 民族意識, 『산운사학』 6, 산운학술문화재단, 1992.

金淑子, 구한말(1904~1910) 항일의식에관한 일연구 - 신문논조를 중심으로 - , 『사학연구』 30, 한국사학
　　회, 1980.

金淑子, 독립협회의 교육사상 - 독립신문의 교육논설 분석 - , 『한국사연구』 30, 한국사연구회, 1980.

金淑子, 독립협회의 역사인식 - 독립신문 논설을 중심으로 - , 『호서사학』 8·9합, 호서사학회, 1980.

金淑子, 독립신문에 나타난 여성개화의 의지, 『한국사연구』 54, 1986.

金淑子, 한말(1906~1908) 여성지의 과학정신, 『경희사학』 14, 1987.

金淑子, 「帝國新聞」논설의 民權의식연구 - 국권회복의식의 시각 - , 『水邨朴永錫화갑논총 한민족독립
　　운동사논총』, 1992.

金淑子, 「皇城新聞」의 民權論調 연구, 『西巖趙恒來화갑기념 한국사학논총』, 1992.

金淑子, 대한제국말기 애국계몽학회지의 民權論調 연구, 『경희사학』 18, 경희대사학회, 1993.

金信在, 「독립신문」에 나타난 '三國共榮論'의 성격, 『경주사학』 9, 동국대국사학회, 1990.

金良洙, 기미운동 전후의 잡지 소고 - 창조·서울·我聲·신천지·신생활·현대평론·如是誌에 관하
　　여 - , 『아세아연구』 10 - 1, 고려대 아세아문제연구소, 1967.

金良洙, 구한말 잡지개관,『아세아연구』10 - 3, 고려대 아세아문제연구소, 1967.

金良洙, 문화정치 표방시대(전기)의 잡지개관 - 1920~1929 - ,『아세아연구』11 - 3, 고려대 아세아문제
　　연구소, 1968.

金良洙, 1920년대의 언론과 언론정책 - 잡지를 중심으로 - ,『삼일운동50주년기념논집』, 동아일보사,
　　1969.

金良洙, 친일언론 강요시대의 잡지개관,『아세아연구』13 - 2, 고려대 아세아문제연구소, 1977.

김영애, 대한매일신보의 항일자주의식 연구 - 논설의 분석을 중심으로 - ,『인문과학연구』1, 성신여대 인
　　문과학연구소, 1981.

金容浩, 한성순보에 관한 문화적해석,『언론문화연구』6, 서강대 언론문화연구소, 1988.

金裕庭, 독립신문의 대청인식과 자주성 문제, 이화여대 석사논문, 1987.

南宮勇權, 한국근대교육전개에 관한연구 - 근대신문의 개화교육적 역할을 중심으로 - ,『관동대논문집』
　　7, 관동대, 1979.

大畑裕嗣, 1920年代の東亞日報社說における社會運動論,『新文學評論』35, 1986.

朴星來, 한성순보와 한성주보의 근대과학 수용노력,『신문연구』36, 관훈클럽, 1983.

朴烜, 「해죠신문」에 관한 일고찰,『언론문화연구』6, 서강대 언론문화연구소, 1988.

朴喜順, 천도교의 여성계몽운동 - 「萬歲報」와 「開闢」誌를 중심으로 - ,『상명사학』1, 祥明史學會, 1993.

夫貞男, 한국신문사 - 신문과 사건 - ,『연구논문집』24, 성신여대, 1986.

徐淳和, 경제논설을 중심으로 한 독립신문 고찰, 충남대 석사논문, 1983.

徐正宇, 전통문화에 미친 언론의 영향,『제1회한국학학술회의 논문집』, 한국정신문화연구원, 1980.

徐昌植, 한성순보의 성격에 관한 연구, 대구대 석사논문, 1986.

설광석, 일제하(1920~1930)의 발전가치에 대한 경험적 연구 - 동아일보사설을 중심으로 - ,『한국사회
　　학』14, 한국사회학회, 1980.

宋建鎬, 정신사적으로 본 한국언론,『저어널리즘』1976년 가을호/『한국근대사론 3』, 지식산업사, 1977.

宋建鎬, 언론인으로서의 丹齋,『申采浩의 사상과 민족독립운동』, 단재신채호선생기념사업회, 1986.

宋友惠, 간도 무장독립투쟁과 조선총독부의 언론정책,『역사비평』2, 역사문제연구소, 1988.

宋裕在, 광무년대의 경향신문연구, 이화여대 석사논문, 1967.

宋二朗, 개화기의 학술지에 나타난 한국정치사상에 관한 연구,『동아논총』18, 동아대, 1982.

申淳鐵, 개화기 언론의 기독교 인식,『교회사연구』3, 한국교회사연구소, 1981.

愼鏞廈, 독립신문의 창간과 그 계몽적 역할,『한국사론』2, 서울대국사학과, 1974.

愼鏞廈, 신민회와 대한매일신보의 민족운동,『산운사학』4, 산운학술문화재단, 1990.

申芝鉉, 張志淵 - 언론으로 이끈 민족정신 - ,『한국의 인간상 6』, 신구문화사, 1965.

安春根, 1910년 이후의 언론·출판,『한국사론 5 - 근대 - 』, 국사편찬위원회, 1978.

安春根, 잡지매체로서의 한성순보,『언론연구논집』2, 중앙대신문방송대학원, 1984.

안홍균, 별보에 대한 한 연구,『교회사연구』6, 한국교회사연구소, 1988.

오동석, 한국근현대사에 나타난 언론통제법의 본질과 실상,『역사비평』3, 1988.

吳世昌, 申采浩의 해외 언론활동 - 1910년대초 露領을 중심으로 - ,『신채호의 사상과 민족독립운동』, 단
　　재신채호선생기념사업회, 1986.

吳周煥, 계몽과 저항의 전위 - 한말의 신문 - ,『한국현대사 2』, 신구문화사, 1969.

吳周煥, 돌지않는 윤전기 - 일제하의 신문 - ,『한국현대사 5』, 신구문화사, 1969.

吳鎭煥, 전통문화의 맥락에서 본 한·미언론인의 비교소고,『제1회한국학국제학술회의논문집』, 한국정
　　신문화연구원, 1980.

劉載天, 대한매일신보의 논설분석,『대한매일신보연구』, 서강대 인문과학연구소, 1986.

劉載天, 민족언론과 월남 이상재,『月南 李商在연구』, 路출판, 1986.

劉載天, 일제하 한국신문의 공산주의 수용에 관한 연구 그 1,『동아연구』7, 서강대 동아연구소, 1986.

劉載天, 한국신문을 통해서 본 민주주의 가치수용,『동아연구』12, 서강대 동아연구소, 1987.

劉載天, 일제하 한국잡지의 공산주의수용에 관한 연구,『동아연구』15, 서강대 동아연구소, 1988.

劉載天, 초기한국신문의 민족주의 수용,『동아연구』21, 서강대 동아연구소, 1990.

尹謹植, 개벽지에 나타난 한국정치사상에 관한 연구,『성곡논총』3, 성곡학술문화재단, 1972.

尹炳奭, 조선독립신문의 拾遺,『중앙사론』1, 중앙대사학연구회, 1972.

尹炳奭, 勸業會의 성립과 권업신문의 간행,『천관우선생환력기념 한국사학논총』, 정음문화사, 1985.

李慶淑, 일제하 민간지 자본의 성격에 관한 연구, 이화여대 석사논문, 1982.

李光麟, 한성순보와 한성주보에 대한 일고찰,『역사학보』38, 역사학회, 1968.

李光麟, 徐載弼의 독립신문 간행에 대하여,『진단학보』39, 진단학회, 1975.

李光麟, 대한매일신보 간행에 대한 일고찰,『대한매일신보연구』, 서강대 인문과학연구소, 1986.

李光麟, 황성신문 연구,『동방학지』53, 연세대 국학연구원, 1986.

李萬甲, 독립신문에 표시된 가치개념,『韓㳓劤박사정년기념 사학논총』, 지식산업사, 1981.

이만형, 구한말 애국계몽운동의 대의병관 - 대한매일신보를 중심으로 - ,『해사논문집』18, 해군사관학교,
　　1983.

李守龍, 한성주보에 나타난 정치·경제 및 사회론의 성격,『논문집』8, 동양공전, 1986.

李守龍, 한성순보에 나타난 개화·부강론과 그 성격,『孫寶基정년기념 한국사학논총』, 지식산업사,
　　1988.

李延馥, 대한민국임시정부와 사회문화운동 - 독립신문의 사설분석 - ,『사학연구』37, 한국사학회, 1983.

이윤희, 開化期 언론을 통해서 본 여성교육론,『백산학보』41, 백산학회, 1993.

李仁淑, 독립신문 논설에 나타난 체육·위생사상연구, 이화여대 석사논문, 1984.

李章雨, 대한제국기「가家뎡庭잡雜지誌」에 대한 일고찰 - 애국계몽운동의 일단면 - ,『서지학연구』4, 서
　　지학회, 1989.

李廷銀, 매일신보에 나타난 3·1운동 직전의 사회상황,『한국독립운동사연구』4, 독립기념관 한국독립
　　운동사연구소, 1990.

李海暢, 한국 신문사 연구,『연구보고서』26(사회과학계 7), 문교부, 1968.

李海暢, 구한국초기 기독교신문에 대한 고찰 - 그 사명관을 중심으로 해서 - ,『소천이헌구선생송수기념
　　논총』, 1970.

李海暢, 언론기관의 활동,『한국사 20 - 근대문화의 발생 - 』, 국사편찬위원회, 1974.

李海暢, 한말 국권회복운동과 민족언론,『한국사학』2, 한국정신문화연구원 사학연구실, 1980.

李炫熙, 흥업구락부 사건을 통해 본 1930년대의 의미 - 한국인 기자의 항일의식 - ,『성신여대연구논문
　　집』14, 1981.

李炫熙, 李東寧의 帝國新聞 正論활동,『素軒南都泳고희기념 역사학논총』, 민족문화사, 1993.

이혜경, 만세보와 대한민보에 대한 고찰, 이화여대 석사논문, 1972.

林根洙, 동방에 있어서의 근대신문의 생성과정에 대한 비교사적 고찰 - 한국 중국 일본을 중심으로 - ,
　　『아세아연구』12 - 4, 1969.

林根洙, 언론인으로서의 張志淵,『韋庵張志淵의 사상과 활동』, 민음사, 1993.

張錫興, 일제의 식민지언론정책과 총독부기관지「每日申報」의 성격,『한국독립운동사연구』6, 독립기념
　　관 한국독립운동사연구소, 1992.

張錫興, 隆熙皇帝 國喪에 대한 국내외 민족언론의 인식,『한국독립운동사연구』9, 독립기념관 한국독립운동사연구소, 1995.

丁暻淑, 舊韓末 언론연구,『국사관논총』32, 국사편찬위원회, 1992.

鄭灌, 대한자강회월보에 관한 일고찰,『역사교육논집』1, 경북대역사교육과, 1980.

鄭大澈, 신간회와 민간지의 관계에 대한 고찰 - 조선·동아·중외일보를 중심으로 - ,『언론학보』2, 한양대 언론문화연구소, 1981.

鄭大澈, 한성순보·주보의 개화방향에 관한 고찰,『한국학논집』5, 한양대 한국학연구소, 1984.

鄭大澈, 신간회에 대한 동아일보의 태도,『언론학보』5, 한양대 언론문화연구소, 1984.

鄭大澈, 개화기 신문의 신문론에 관한 고찰,『한국학논집』10, 한양대 한국학연구소, 1986.

鄭大澈, 일제하 신문의 신문론에 관한 고찰,『한국학논집』11, 한양대 한국학연구소, 1987.

鄭大澈, 皇城新聞에 관한 연구,『사회과학논총』12, 한양대사회대, 1993.

鄭英熹, 개화기 실업교육에 관한 연구 - 독립신문을 중심으로 - ,『又仁金龍德정년기념 사학논총』, 1988.

鄭恩卿, 대한매일신보에 관한 연구, 이화여대 석사논문, 1965.

鄭晋錫, 일제하 언론의 항일문화운동,『인문과학연구』2, 성신여대 인문과학연구소, 1983.

鄭晋錫, 한성순보 주보에 관한 연구,『신문연구』36, 관훈클럽, 1983.

鄭晋錫, 최초의 근대신문 한성순보,『언론연구논집』2, 중앙대신문방송대학원, 1984.

鄭晋錫, 대한매일신보의 제작진과 경영자금에 관하여 - 裴說의 인물연구를 겸해서 - ,『신문연구』40, 관훈클럽, 1985.

鄭晋錫, 상해판 독립신문에 관한 연구,『산운사학』4, 산운학술문화재단, 1990.

鄭晋錫,「동아」와「조선」의 언론으로서의 성격과 방향 - 20년대 전반기 민족지도론의 방향 - ,『한국독립운동사연구』5, 독립기념관 한국독립운동사연구소, 1991.

鄭晋錫, 張志淵의 언론활동과 언론사상,『韋庵張志淵의 사상과 활동』, 민음사, 1993.

鄭忠良, 독립신문의 개화기 여성의 교육개발 진흥 및 사회참여에 미친 영향에 관한 연구,『논총』26, 이화여대 한국문화연구소, 1975.

趙璣濬, 한성순보와 한성주보의 사회경제적 의의,『신문연구』36, 관훈클럽, 1983.

趙東杰, 일제하 한국잡지중 한국사 관계 논문,『한국학논총』14, 국민대 한국학연구소, 1991.

趙善娥, 독립신문의 여성개화론 연구, 한양대 석사논문, 1986.

趙恒來, 구한말 언론기관의 항일구국 論爭相,『효성여대연구논문집』20, 효성여대, 1978.

趙恒來, 한말 민족지의 항일논조연구(1·2),『아세아학보』13·14, 1979·1980.

趙恒來, 한말 신문의 발달과 논조에 관한 고찰,『韓㳓劤박사정년기념 사학논총』, 지식산업사, 1981.

趙恒來, 독립신문의 여성교육論調攷,『여성문제연구』10, 효성여대, 1981.

趙恒來, 한말 민족지의 항일논조연구(3),『숙대사론』11·12합, 숙명여대사학과, 1982.

趙恒來, 한말 민족지의 항일논조연구(4),『魯山劉元東화갑논총 한국근대사회경제사연구』, 1985.

趙恒來, 구한말 신문의 항일논조,『汕耘사학』4, 산운학술문화재단, 1990.

池川英勝 譯, 東亞日報(1923~28)にみられる朝鮮衡平運動記事,『朝鮮學報』60, 朝鮮學會, 1971.

蔡白, 갑오개혁과 한국 근대신문의 발전에 관한 연구,『사회과학논총』11 - 2, 부산대사회과학대, 1992.

蔡白, 식민지 시기의 언론,『한국사 14』, 한길사, 1994.

崔敬淑,「皇城新聞」의 유교개혁론,『부산여대사학』10·11합, 부산여대사학회, 1993.

崔敬淑, 皇城新聞 論說에 나타난 시대인식에 관한 연구,『고고역사학지』9, 동아대박물관, 1993.

崔起榮, 광무신문지법에 관한 연구,『역사학보』92, 1981.

崔起榮, 구한말 경향신문에 관한 일연구,『한국천주교회창설200주년기념 한국교회사논문집 1』, 한국교회사연구소, 1984.

崔起榮, 구한말 「萬歲報」에 관한 일고찰, 『한국사연구』 61 · 62합, 1988.

崔起榮, 구한말 경남일보에 관한 일고찰, 『언론문화연구』 6, 서강대 언론문화연구소, 1988.

崔起榮, 구한말 「共立신보」 · 「신한민보」에 관한 일고찰, 『동아연구』 17, 서강대 동아연구소, 1989.

崔起榮, 초기 신문사 연구의 새로운 자료 - 「황성신문사규칙」 · 「황성신문사총회회록」 해제 - , 『한국근현대사연구』 3, 한국근현대사연구회, 1995.

崔起榮, 「皇城新聞」의 역사관련기사에 대한 검토, 『한국근현대사연구』 2, 한국근현대사연구회, 1995.

崔德壽, 독립협회의 정체론 및 외교론 연구 - 독립신문을 중심으로 - , 『민족문화연구』 13, 고려대 민족문화연구소, 1978.

崔明仁, 한국개화기의 여성교육에 관한 연구 - 독립신문을 중심으로 - , 『논문집』 3, 성신여사대, 1970.

崔承洵, 韓國佛敎雜誌の考察, 『朝鮮學報』 86, 1978.

崔永植, 일제하 1920년대의 언론활동, 『향토서울』 22, 서울시사편찬위원회, 1968.

崔永植, 3 · 1운동이후의 민족언론, 『삼일운동50주년기념논집』, 동아일보사, 1969.

崔由利, 일제말기 언론정책의 성격 - 東亞 · 朝鮮日報의 폐간을 중심으로 - , 『이화사학연구』 20 · 21합, 이화사학연구소, 1993.

崔鍾庫, 한말 「경향신문」의 법률계몽운동, 『한국사연구』 26, 한국사연구회, 1979.

崔埈, 한성순보에 대한 고찰, 『향토서울』 2, 서울시사편찬위원회, 1958.

崔埈, 고종시대 커뮤니케이션 형성과 고찰 - 특히 독립신문과 독립협회시대를 중심으로 - , 『사학연구』 3, 한국사학회, 1959.

崔埈, 군국일본의 대한언론정책 - 언론유형상의 절대주의형 - , 『아세아연구』 4 - 1, 고려대 아세아문제연구소, 1961.

崔埈, 국채보상운동과 프레스 캠페인, 『백산학보』 3, 백산학회, 1967.

崔埈, 3 · 1운동과 언론의 투쟁, 『삼일운동50주년기념논집』, 동아일보사, 1969.

崔埈, 한성순보의 뉴우스원에 대하여, 『신문학보』 2, 한국신문학회, 1969.

崔埈, 언론의 활동, 『한국사 22 - 민족운동의 전개 - 』, 국사편찬위원회, 1974.

崔埈, 언론전개의 변천과정고, 『한국학』 6, 중앙대 한국학연구소, 1976.

崔埈, 양국어신문에 관하여 - 특히 독립신문 및 대한매일신보의 경우 - , 『인문학연구』 4 · 5합, 중앙대 인문학연구소, 1977.

崔埈, 대한민국임시정부의 언론활동, 『한국사론 10 - 대한민국임시정부 - 』, 국사편찬위원회, 1981.

崔埈, 일정하의 민족언론 - 동아일보와 仁村 - , 『인촌 김성수의 애족사상과 그 실천』, 동아일보사, 1982.

崔埈, 한성순보의 사적 의의 - 한국신문 100주년을 맞이하면서 - , 『신문연구』 36, 관훈클럽, 1983.

崔鎭宇, 독립신문에 관한 연구 - News 기능과 지도기능을 중심으로 - , 『논문집』 16, 중앙대, 1971.

崔鎭宇, 독립신문의 기능연구 - 신소설의 Theme와의 연계성을 중심으로 - , 『노산이은상박사고희기념논집 민족문화논총』, 1973.

韓美羅, 구한말 교육구국운동 연구 - 1904년 이후 1910년까지 민족언론지를 중심으로 - , 숙명여대 석사논문, 1982.

韓美羅, 대한매일신보에 나타난 구국교육론, 『숙대사론』 13 · 14 · 15합, 숙명여대사학과, 1989.

韓相蘭, 구한말 유일의 지방지 경남일보에 관한 고찰, 이화여대 석사논문, 1975.

Lee Kwang-rin, Newspaper Publication in the Late Yi Dynasty, 『Korean Studies』 12, The Center for Korean Studies, Univ. of Hawaii, 1988.

4) 역사인식 · 사관 · 사학사 · 역사서적

朴杰淳,『한국근대사학의 전개와 고려사 인식에 관한 연구』, 충남대 박사논문, 1993.
申一澈,『申采浩의 역사사상연구』, 고려대출판부, 1981.

姜吉遠, 白岩 朴殷植 연구 - 그의 역사의식을 중심으로 -, 연세대 석사논문, 1978.
姜萬吉, 일제시대의 반식민사학론,『한국사학사의 연구』, 한국사연구회, 1985.
姜晋哲, 사회경제사학의 도입과 전개,『국사관논총』2, 국사편찬위원회, 1989.
공원영, 湖岩사관에 관한 연구 - 국제안론을 중심으로 -,『대전실업전문대논문집』10, 대전실업전문대,
　　1981.
具滋赫, 張志淵의 역사의식과 교육론,『역사교육』27, 역사교육연구회, 1980.
具滋赫, 韋庵 張志淵의 역사인식,『龍巖車文燮화갑기념 사학논총』, 1989.
具滋赫, 張志淵의 사서저술과 역사관,『韋庵張志淵의 사상과 활동』, 민음사, 1993.
旗田巍, ‘滿鮮史’の虛像 - 日本東洋史家の朝鮮觀 -,『日本人の朝鮮觀』, 勁草書房, 1969.
金道宗,「揆園史話」의 역사인식,『如山柳炳德화갑기념 한국철학종교사상사』, 1990.
金東冕, 翰西 南宮檍의 역사관,『한국사연구』46, 한국사연구회, 1984.
金明昊, 趙潤濟의 민족사관에 대한 신고찰,『한국학보』10, 1978.
金富宣, 安廓의 조선문학사에 나타난 ‘자각적 통일’사관 소고,『한국문화연구』2, 경기대 한국문화연구
　　소, 1985.
金生基, 韋庵 張志淵의 역사인식 -「大韓疆域考」를 중심으로 -,『何石金昌洙화갑논총 한국민족독립운
　　동사의 제문제』, 1992.
金壽泰, 李能和와 그의 사학 - 특히 조선기독교 및 외교사를 중심으로 -,『동아연구』4, 서강대 동아연구
　　소, 1984.
金淑子, 독립협회의 역사인식 - 독립신문 논설을 중심으로 -,『호서사학』8 · 9합, 호서사학회, 1980.
金麗化, 개화기 국사교과서를 통해서 본 역사인식(1) - 1899〜1904년까지를 중심으로 -,『논문집』13, 서
　　울교대, 1980.
金麗化, 개화기 국사교과서를 통해서 본 역사인식(1) - 歷史輯略을 중심으로 -,『사학지』14, 단국대사학
　　회, 1980.
金麗化, 개화기 국사교과서를 통해본 역사인식(2) - 동국사략을 중심으로 -,『사학지』16, 단국대사학회,
　　1982.
金麗化, 1906년 이후의 국사교과서에 대하여,『역사교육』36, 역사교육연구회, 1984.
金麗化, 개화후기의 국사교과서연구(상 · 하),『논문집』17 · 19, 서울교대, 1984 · 1986.
金麗化, 한말 역사교과서의 역사인식,『이원순화갑기념 사학논총』, 교학사, 1986.
金瑛河, 한말 · 일제시기의 신라 · 발해인식,『태동고전연구』10, 한림대 태동고전연구소, 1993.
金龍德, 丹齋사관과 식민사관 청산의 방향,『단재신채호선생탄신100주년기념논집 丹齋申采浩와 민족
　　사관』, 기념사업회, 1980.
金容燮, 일제 官學者들의 한국사관 - 일본인은 한국사를 어떻게 보아왔는가? -,『사상계』1963년 2월호/
　　『한국근대사론 1』, 1977.
金容燮, 근대 역사학의 성립 - 국사학 -,『한국현대사 6』, 신구문화사, 1971.
金貞培, 신민족주의사관,『문학과 지성』35, 문학과 지성사, 1979.
金貞培, 申采浩사학과 북한의 고대사,『신채호의 사상과 민족독립운동』, 단재신채호선생기념사업회,
　　1986.

金貞培, 申采浩사학의 계승과 비판,『아세아학보』18, 아세아학술연구회, 1986.

金昌洙, 梅泉 黃玹의 민족의식,『사학연구』33, 한국사학회, 1981.

金昌洙, 甲午平匪策에 대하여 - 梅泉 黃玹의 동학인식 - ,『藍史鄭在覺박사고희기념 동양학논총』, 1984.

金昌洙, 汕耘 張道斌의 민족주의사학(1) - 한국末年史의 근대사像을 중심으로 - ,『산운사학』1, 산운학술문화재단, 1985.

金昌洙, 汕耘 張道斌의 사학과 민족의식 - 그의 논설에 나타난 역사상 - ,『汕耘사학』2, 산운학술문화재단, 1988.

金昌洙, 애국계몽운동기의 史書에 나타난 民族의식,『西巖趙恒來화갑기념 한국사학논총』, 1992.

金泰鉉, 구한말 국사교과서 분석 연구 - 초등용교과서를 중심으로 - ,『역사교육논집』3, 경북대역사교육과, 1982.

金項勾, 滄江 金澤榮의 역사서술,『논문집(인문학편)』20, 제주대, 1985.

渡部學, 舊韓末教科書類에みられる思想變應 - 丙子修好條規締結後의思想情況 - ,『韓』56, 東京：韓國研究院, 1977.

文喆永, 湖岩 文一平의 역사인식,『한국학보』46, 1987.

文喆永, 1930년대 민족주의 사학의 일양상 - 中山 朴章鉉(1908~1940)을 중심으로 - ,『국사관논총』9, 국사편찬위원회, 1989.

朴杰淳, 일제하 日人의 조선사연구 학회와 역사(高麗史)왜곡,『한국독립운동사연구』6, 독립기념관 한국독립운동사연구소, 1992.

朴杰淳, 한말 學部의 편찬사서와 그 역사인식,『충북사학』5, 충북대사학회, 1992.

朴杰淳, 일제하 민족주의사학과 식민사학의 고려시대사 인식론 비교,『한국독립운동사연구』7, 독립기념관 한국독립운동사연구소, 1993.

朴杰淳, 1920年代 한국사 通史의 구성과 성격,『于江權兌遠정년논총 民族文化의 제문제』, 1994.

朴光用, 대종교 관련문헌에 위작 많다(1) - 「揆園史話」와「桓檀古記」의 성격에 대한 재검토 - ,『역사비평』10, 1990.

朴成壽, 丹齋의 고대사관,『소헌남도영박사화갑기념 사학논총』, 1984.

朴永錫, 丹齋申采浩의 만주관,『단재신채호선생탄신100주년기념논집 단재신채호와 민족사관』, 단재신채호선생기념사업회, 1980.

朴永錫, 海圓 黃義敦의 민족주의사학,『산운사학』1, 산운학술문화재단, 1985.

朴容淑, 玄采의「東國史略」考,『又軒丁仲煥박사환력기념논집』, 1974.

朴贊勝, 한말 申采浩의 역사관과 역사학 - 청말 梁啓超와의 비교를 중심으로 - ,『한국문화』9, 서울대 한국문화연구소, 1988.

方基中, 백남운의 역사이론과 한국사 인식,『역사비평』9, 역사문제연구소, 1990.

裵勇一, 申采浩의 고대사 인식고,『백산학보』23, 백산학회, 1977.

石智暎, 六堂 崔南善의 역사인식 - 고대사 연구를 중심으로 - ,『이대사원』27, 이대사학회, 1994.

宋京玉,「梅泉野錄」에 나타난 黃玹의 현실인식 - 1864~1893년을 중심으로 - , 성신여대 석사논문, 1989.

宋炳基, 高純宗실록에 대하여,『편사』1, 국사편찬위원회 편사회, 1967.

宋載邵, 丹齋의 역사인식과 역사소설 -「一目大王의 鐵槌」를 중심으로 - ,『아세아학보』17, 아세아학술연구회, 1983.

신광철, 이능화의 종교사학과 한국기독교사 연구,『한국기독교와 역사』4, 한국기독교역사연구소, 1995.

愼鏞廈, 申采浩의「讀史新論」의 비교분석 - 1908년경 시민적 근대민족주의사학의 성립 - ,『단재신채호선생탄신100주년기념논집 丹齋申采浩의 민족사관』, 1980.

愼鏞廈, 朴殷植의 역사관(상·하),『역사학보』90·91, 1981.
愼鏞廈, 申采浩의 민족주의와 '신역사' - 그의 초기 민족주의사관과 후기민족주의사관을 중심으로 -,
　　『아세아학보』18, 1986.
愼鏞廈, 일본제국주의 擁護論과 그 비판,『한국독립운동사연구』6, 독립기념관 한국독립운동사연구소,
　　1992.
愼鏞廈, 朴殷植의 民族主義史觀,『배달문화』12, 민족사바로찾기국민회의, 1994.
愼鏞廈, 朴殷植의 民族主義史觀(續),『배달문화』13, 민족사바로찾기국민회의, 1994.
愼鏞廈, 한국 근현대사에 있어서 민족주의 사관의 전개와 식민주의 사관의 비판,『한국의 사회와 문화』
　　22, 한국정신문화연구원, 1994.
申一澈, 申采浩의 자강론적 역사상 - 청말 嚴復 梁啓超의 변법자강론의 서구수용과 관련하여 -,『한국
　　사상』10, 한국사상연구소, 1972.
申一澈, 崔水雲의 역사의식,『한국사상』12, 한국사상연구회, 1973.
申一澈, 朴殷植의 국혼으로서 국사개념,『한국사상』11, 한국사상연구회, 1974.
申一澈, 신채호의 민족사적 역사이론 -「조선상고사」총론에 대한 비판적 분석 -,『성곡논총』5, 성곡학
　　술문화재단, 1974.
申一澈, 申采浩의 근대적 國史像 발상과정 - 개화기 국사교과서에 대한 단재의 비판 -,『단재신채호선
　　생탄신100주년기념논집 丹齋申采浩와 민족사관』, 1980.
申澄植, 汕耘 張道斌의 역사인식 - 고대사관을 중심으로 -,『汕耘사학』2, 산운학술문화재단, 1988.
梁潤模, 申采浩의 사학에 관한 일연구, 인하대 석사논문, 1989.
梁熙錫, 항일사와 가치관 - 역사철학의 한 시도로서 -,『한파이상옥박사회갑기념논문집』, 1970.
呂增東, 일제침략시대에 일본사람들이 불렀던 '한국역사용어' 바로잡기에 대하여,『국어국문학』85, 국
　　어국문학회, 1981.
廉仁鎬, 서평 : 한국근현대 사상사연구 - 1930·40년대 白南雲의 학문과 정치경제사상 - (방기중 저),『역
　　사교육』53, 1993.
吳瑛燮, 19세기중엽 위정척사파의 역사서술 - 華西학파의「宋元華東史合編綱目」-,『한국학보』60, 일
　　지사, 1990.
劉準基, 白巖 朴殷植의 민족주의사학,『朴成壽화갑논총 한국독립운동사의 인식』, 1991.
尹明喆, 한말 자강사학에 대하여,『국학연구』2, 국학연구소, 1988.
尹炳奭, 龍淵 金鼎奎의 생애와「野史」,『한국독립운동사연구』5, 독립기념관 한국독립운동사연구소,
　　1991.
尹炳喜, 白巖 朴殷植의 역사의식 -「韓國痛史」와「韓國獨立運動之血史」를 중심으로 -,『水邨朴永錫
　　화갑논총 한국사학논총(하)』, 1992.
이경란, 구한말 국사교과서의 몰주체성과 제국주의,『역사비평』15, 역사문제연구소, 1991.
李基白, 우리나라 근대역사학의 발달 - 1930년대의 민족사학 -,『문학과 지성』1971년 여름호.
李基白, 신민족주의사관론,『문학과 지성』1972년 가을호/『한국사학의 방향』, 일조각, 1978.
李基白, 근대 한국사학의 발전,『근대한국사론선』, 1973/『한국사학의 방향』, 일조각, 1978.
李基白, 신민족주의사관과 식민주의사관,『문학과 지성』1973년 가을호/『한국사학의 방향』, 일조각,
　　1978.
李基白, 근대 한국사학에 대한 연구와 반성,『한국학대강』, 1978/『한국사학의 방향』, 일조각, 1978.
李道學, 대종교와 근대민족주의사학,『국학연구』1, 국학연구소, 1988.
李萬烈, 民族史學,『한국사 22 - 민족운동의 전개 -』, 국사편찬위원회, 1976.

李萬烈, 丹齋 申采浩의 고대사 인식시고,『한국사연구』15, 한국사연구회, 1977.

李萬烈, 丹齋사학에 있어서의 국사주체 인식의 문제,『단재신채호선생탄신100주년기념논집 단재 申采浩와 민족사관』, 1980.

李萬烈, 丹齋사학의 배경,『한국사학』1, 한국정신문화연구원 사학연구실, 1980.

李萬烈, 丹齋사학의 배경과 구조,『창작과 비평』56, 창작과 비평사, 1980.

李萬烈, 丹齋 申采浩의 역사연구 방법론,『산운사학』1, 산운학술문화재단, 1985.

李萬烈, 丹齋의 고대사 인식,『申采浩의 사상과 민족독립운동』, 단재신채호선생기념사업회, 1986.

李萬烈,『丹齋 申采浩의 역사학연구』, 문학과 지성사, 1990.

李明花, 일제총독부 간행 역사교과서와 식민사관,『역사비평』15, 역사문제연구소, 1991.

李相寔, 梅泉 黃玹의 역사의식,『역사학연구』8, 전남대사학회, 1978.

李完宰, 1930년대 민족주의사학의 발전,『한국학논집』21·22합, 한양대 한국학연구소, 1992.

李完宰, 정인보의 한국사 인식,『한국사상사학』4·5합, 한국사상사학회, 1993.

李乙浩, 丹齋사학에 있어서의 단군의 문제,『단재신채호선생탄신100주년기념논집 丹齋申采浩와 민족사관』, 1980.

이재헌, 일제하 불교지식인들의 역사인식과 대응양상에 관한 연구 - 侃亭 李能和를 중심으로 - ,『한국학대학원논문집』19, 한국정신문화연구원 한국학대학원, 19995.

李進熙, 일본근대사학의 식민주의 사관,『申采浩의 사상과 민족독립운동』, 단재신채호선생기념사업회, 1986.

李哲成, 식민지시기 역사인식과 역사서술,『한국사 23』, 한길사, 1994.

李炫熙, 東菴 張孝根의 역사의식,『사총』21·22합, 고려대사학회, 1977.

李昊榮, 역사의 현재적 비판 - 孫晋泰의 신민족주의 입장 - ,『사학지』16, 단국대사학회, 1982.

李薰玉, 한말 張志淵의 역사인식,『한국민족운동사연구』3, 1989/『韋庵張志淵의 사상과 활동』, 민음사, 1993.

장국종, 사대주의적 력사관을 반대하여 투쟁한 계몽사가 신채호,『력사과학』1962 - 3.

全淑卿, 湖岩 文一平 사학의 일연구, 이화여대 석사논문, 1988.

丁晹淑,「稽古箚存」을 통해 본 崔南善의 고대사론,『규장각』6, 서울대도서관, 1982.

鄭灌, 滄江 金澤榮의 사학사상,『교남사학』1, 영남대국사학회, 1985.

鄭承福, 六堂 崔南善의 역사인식연구, 계명대 석사논문, 1989.

鄭榮薰,「揆園史話」에 나타난 민족의식,『정신문화연구』39, 한국정신문화연구원, 1990.

鄭榮薰, 民族主義史學과 新民族主義史學을 통해서 본 近代 韓國 政治思想의 脈絡,『한국의 정치와 경제』2, 한국정신문화연구원, 1992/『三均主義연구논집』13, 삼균학회, 1993.

鄭在貞, 일제시대 역사학의 사조와 역사의식,『한국사상사대계 6』, 한국정신문화연구원, 1993.

정중환, 진암 이병헌의 사론,『아세아학보』8, 아세아학술연구회, 1970.

鄭昌烈, 한말의 역사인식,『한국사학사의 연구』, 한국사연구회, 1985.

鄭昌烈, 애국계몽사상의 역사의식,『국사관논총』15, 국사편찬위원회, 1990.

鄭昌烈, 1940년대 孫晋泰의 신민족주의사관,『한국학논집』21·22합, 한양대 한국학연구소, 1992.

趙珖, 개항기의 역사인식과 역사서술,『한국사 23』, 한길사, 1994.

趙東杰, 한말 사서와 그의 계몽주의적 허실(상),『한국독립운동사연구』1, 독립기념관 한국독립운동사연구소, 1987.

趙東杰, 한말사서와 그의 계몽주의적 허실(하),『한국학논총』10, 국민대 한국학연구소, 1988.

趙東杰, 식민사학의 성립과정과 근대사서술,『역사교육논집』13·14합, 1990.

趙東杰, 민족사학의 발전,『한민족독립운동사』9, 국사편찬위원회, 1991.

趙東杰, 民族史學의 분류와 성격,『擇窩許善道정년기념 한국사학논총』, 1992.

趙東杰, 1940~45년의 민족사학,『한국학논총』17, 국민대 한국학연구소, 1994.

曺永建, 우리나라 근대 사학사 연구에 있어서의 몇 가지 문제점,『논문집』9, 청주대, 1976.

趙仁成, 현전「揆園史話」의 사료적성격에 대한 일검토 - ,『두계이병도박사구순기념 한국사학논총』지
　　식산업사, 1987.

趙仁成,「揆園史話」와「桓檀古記」,『한국사시민강좌』2, 일조각, 1988.

趙仁成, 한말 단군관계사서의 재검토 - 神檀實記 · 檀奇古事 · 桓檀古記를 중심으로 - ,『국사관논총』3,
　　국사편찬위원회, 1989.

池明觀, 申采浩史學と崔南善史學,『紀要』48, 東京女子大 比較文化研究所, 1987.

陳英一, 爲堂 鄭寅普의 사학사상,『논문집』21, 공주교대, 1985.

陳英一, 爲堂 鄭寅普의 고대사인식,『공주교대논총』22 - 1, 1986.

陳英一, 南滄 孫晋泰의 한국사의 인식,『공주교대논총』23 - 2, 1987.

崔圭成, 民族主義史學者들의 統一新羅와 渤海에 대한 歷史認識,『산운사학』6, 산운학술문화재단,
　　1992.

崔敭鎬, 개화기국사교육의 실태연구 - 玄采의「東國史略」과 林泰輔의「朝鮮史」비교분석을 중심으로
　　- ,『이원순화갑기념 사학논총』, 1986.

崔芝娟, 鄭寅普의 고대사 인식,『숙명한국사론』1, 숙명여대한국사학과, 1993.

최혜주, 창강김택영연구,『한국사연구』35, 한국사연구회, 1981.

최혜주,『金澤榮の朝鮮史認識に關する研究』, 東京大 박사논문, 1995.

崔洪奎, 黃玹의 현실인식과 역사감각,『한국사상』17, 한국사상연구회, 1980/『韓』100, 1980.

崔洪奎, 申采浩의 역사상,『한국의 사상』(윤사순 · 고익진 편), 열음사, 1984.

崔洪奎, 申采浩사학의 근대성과 민중사관 - 특히 역사관의 기본성향과 전개를 중심으로 - ,『신채호의
　　사상과 민족독립운동』, 1986.

河宇鳳, 黃玹의 역사의식에 대한 연구,『전북사학』6, 전북대사학회, 1982.

韓詩俊, 趙素昻의 역사의식,『한국사연구』55, 1986.

韓永愚, 1910년대의 민족주의적 역사서술 - 이상룡 · 朴殷植 · 김교헌「단기고사」를 중심으로 - ,『한국문
　　화』1, 서울대 한국문화연구소, 1980.

韓永愚, 한말에 있어서의 申采浩의 역사인식,『단재신채호선생탄신100주년기념논문집 단재신채호와 민
　　족사관』, 1980.

韓永愚, 1910년대의 申采浩의 역사의식,『韓㳓劤박사정년기념사학논총』, 지식산업사, 1981.

韓永愚, 개화기 安鍾和의 역사서술,『한국문화』8, 서울대 한국문화연구소, 1987.

韓永愚, 安在鴻의 신민족주의와 사학,『한국독립운동사연구』1, 독립기념관 한국독립운동사연구소,
　　1987.

韓永愚, 민족사학의 성립과 전개,『국사관논총』3, 국사편찬위원회, 1989.

韓永愚, 孫晋泰의 신민족주의사학,『한국독립운동사연구』3, 독립기념관 한국독립운동사연구소, 1989.

玄季順,『金澤榮의 사회사상과 역사의식』, 인하대 박사논문, 1993.

洪善熹, 我와 非我론의 이론적근거,『단재신채호선생탄신100주년기념논집 丹齋申采浩와 민족사관』,
　　1980.

洪榮伯, 한말 세계사 관계사서의 내용과 그 한계,『소헌남도영박사화갑기념 사학논총』, 1984.

洪以燮, 丹齋사학의 일면 - 반도적 사관의 비판과 고구려 舊疆論 - ,『백산학보』3, 백산학회, 1967.

洪以燮, 黃玹의 역사의식 -「梅泉野錄」독해에의 시론 - ,『숙대사론』4, 1969.

洪以燮, 黃玹의 역사의식 - 한국근대사학의 추이에서 - ,『인문과학』27 · 28합, 연세대 인문과학연구소, 1972.

黃元九, 1917년판 번역본「한국통사」,『동방학지』23 · 24합, 연세대 국학연구원, 1980.

Lee Ki-baik, Nationalism in Tanjae's Historical Study,『Korea Journal』Vol. 19 No 9, The Korean National Commision for Unesco, September 1979.

5) 서평

康吉秀, 서평 : 일제의 대한국식민지교육정책사(정재철 저),『한국학보』43, 1986.

姜萬吉, 서평 : 한국개항기 도시변화과정연구(손정목 저),『한국학보』29, 1982.

姜英心, 서평 : 일제의 한국침략정책사(강동진 저),『이대사원』17, 1980.

姜在彦, 서평 : 갑오경장 연구(유영익 저),『역사학보』131, 1991.

高嶋雅明, 書評 : 日本植民地金融政策史の研究(波形昭一 著),『地方金融史研究』17, 1986.

高承濟, 서평 : 한국流移民史(현규환 저),『한국학보』6, 일지사, 1977.

橋谷弘, 書評 : 近代朝鮮の棉作綿業(澤村東平 著),『社會經濟史學』52 - 3, 1986.

金敬泰, 서평 : 만보산사건연구(박영석 저),『한국사연구』28, 1980.

김도균, 서평 : 법을 통한 조선식민지 지배에 관한 연구(鈴木敬夫 저),『법사학연구』10, 1989.

金三守, 서평 : 한국근대경제사연구(유원동 저),『한국학보』7, 일지사, 1977.

金榮範, 서평 : 중국관내 한국독립운동 단체 연구(김희곤 저), 한국광복군연구(한시준 저),『한국근현대사연구』3, 1995.

김영숙 · 김희일, 비판 및 서적해제 : 본문「1934~1937년 명천농민들의 혁명적 진출」에 대한 몇가지 비판적 의견,『력사과학』1959 - 3.

金容九, 서평 : 개화당연구(이광린 저),『역사학보』56, 1972.

金龍德, 서평 : 군국일본 조선강점36년사(상 · 중 · 하) (문정창 저),『역사학보』28, 역사학회, 1965.

金容燮, 서평 : 독립협회연구(신용하 저),『한국사연구』12, 한국사연구회, 1976.

金義煥, 近代日鮮關係の研究(田保橋潔 著)の著述刊行の動機とその内容について,『朝鮮學報』88, 1978.

金昌洙, 서평 : 한국근대여성개화사(이현희 저),『한국사상』16, 1978.

金昌洙, 서평 : 대한민국임시정부사(이현희 저),『한국사상』20, 1985.

金弼東, 서평 : 한국근대사회사연구(신용하 저),『한국학보』50, 1988.

金興洙,「조선전사」근대편의 분석, 비판,『국사관논총』5, 국사편찬위원회, 1989.

金喜坤, 서평 : 한국광복군연구(韓詩俊 저),『역사학보』145, 역사학회, 1995.

魯仁華, 서평 : 한국의 개화사상(강재언 저),『이대사원』18 · 19합, 1982.

朴燇, 서평 : 일제하 문화적 민족주의(1920~25) (마이클 로빈슨 저),『역사학보』131, 1991.

朴永錫, 서평 : 한국근대여성개화사(이현희 저),『아세아여성연구』17, 1978.

朴永錫, 서평 : 한국독립운동사연구(신용하 저),『역사학보』107, 1985.

朴晋雨, 書評 : 近代日本の朝鮮認識(中塚明 著) ,『歷史學研究』656, 東京, 1994.

朴泰均, 서평 : 이재유연구(김경일 저), 허헌연구(심지연 저), 김원봉연구(염인호 저),『역사와 현실』14, 한국역사연구회, 1994.

徐龍達, 書評 : 朝鮮の開港と對外貿易 -「韓國近代經濟發達史」(趙璣濬 著),『桃山學院大學經濟論集』16 - 1, 1974.

徐仲錫, 서평 : 한국근대정치사상연구(박찬승 저), 『쟁점 한국근현대사』 1, 한국근대사연구소, 1992.

孫仁銖, 서평 : 일제하 민중교육운동사(노영택 저), 『아세아연구』 23 - 1, 1980.

愼鏞廈, 서평 : 한국근대농업사연구(김용섭 저), 『한국차연구』 13, 한국사연구회, 1975.

愼鏞廈, 서평 : 개화기의 尹致昊연구(유영렬 저), 『역사학보』 108, 1985.

辛珠栢, 서평 : 농촌사회변동과 농민운동(이준식 저), 『역사와 현실』 10, 한국역사연구회, 1993.

安秉直, 서평 : 한국개항기의 상업구조(韓㳓劤 저), 『역사학보』 48, 1970.

安秉直, 서평 : 식민지 금융정책의 사적 분석(高承濟 저), 『경제논집』 11 - 4, 서울대 한국경제연구소, 1972.

安田吉實, 書評 : 韓國開港場硏究(이현종 著), 『朝鮮學報』 78, 朝鮮學會, 1976.

野田公夫, 서평 : 近代朝鮮水利組合の硏究(宮嶋博史 外 著), 『歷史學硏究』 656, 東京, 1994.

廉仁鎬, 서평 : 한국근현대 사상사연구 - 1930 · 40년대 白南雲의 학문과 정치경제사상 - (방기중 저), 『역사교육』 53, 1993.

오길보, 「한국사」를 평함(4) - 19세기 후반~20세기 초엽을 중심으로 - , 『력사과학』 1966 - 4.

李景植, 서평 : 일제하 한국농민운동사(조동걸 저), 『한국사연구』 28, 1980.

李光麟, 서평 : Confucian Gentlemen and Barbarian Envoys : The Opening of Korea, 1875~1885(M. Deuchler), 『역사학보』 80, 1978.

李基東, 서평 : 金奎植의 생애(이정식 저), 『역사학보』 64, 1974.

李延馥, 서평 : 대한민국임시정부사(이현희 저), 『정신문화연구』, 1983년 여름호.

李龍範, 서평 : 萬寶山사건연구(박영석 저), 『아세아연구』 22 - 1, 1978.

李元淳, 서평 : 독립협회연구(신용하 저), 『한국학보』 2, 1976.

李元淳, 서평 : 한국의 서양법수용사(최종고 저), 『한국학보』 27, 1982.

李鉉淙, 서평 : 3 · 1운동사론(이현희 저), 『동국사학』 14, 1980.

李炫熙, 서평 : 한국근대의 민족의식연구(金昌洙 저), 『동국사학』 21, 1987.

李炫熙, 서평 : 한국소년운동사(김정의 저), 『실학사상연구』 4, 무악실학회, 1993.

李勛相, 서평 : 한국근대농촌사회의 변동과 지주층(洪性讚 저), 『역사학보』 146, 역사학회, 1995.

林熺燮, 서평 : 한국사회계층연구(김영모 저), 『아세아연구』 25 - 2, 1982.

張矢遠, 서평 : 식민지기 조선의 사회와 저항(飯沼二郎 저), 『경제사학』 6, 1983.

田鳳德, 서평 : 근대한국재판사(김병화 저), 『법사학연구』 5, 1977.

田鳳德, 서평 : 판례로 본 3 · 1운동사(정광현 저), 『법사학연구』 5, 1979.

趙珖, 서평 : 한국현대사의 이해(이현희저), 『한국사논총』 1, 성신여사대국사교육과, 1976.

趙東杰, 서평 : 조선토지조사사업연구(신용하 저), 『역사학보』 99 · 100합, 1983.

趙恒來, 서평 : 한국근대사의 모색(이현희 저), 『대구사학』 17, 1979.

趙恒來, 서평 : 3 · 1운동사론(이현희 저), 『한국사상』 17, 1980.

趙恒來, 서평 : 대한민국임시정부사(이현희 저), 『한국사연구』 41, 1983.

池秀傑, 서평 : '선실력양성론 후독립론'의 실상과 허상, 한국근대정치사상사연구(박찬승 저), 『역사비평』 17, 1992.

千寬宇, 서평 : 한국개화사연구(이광린 저), 『역사학보』 42, 1969.

千寬宇, 서평 : 한민족독립운동사연구(박영석 저), 『역사학보』 93, 1982.

崔元奎, 서평 : 한국근대 농촌사회의 변동과 지주층 - 전남 화순군 동복면일대의 사례 - (홍성찬 저), 『역사교육』 53, 1993.

河元鎬, 서평 : 한국근대綿業史연구(권태억 저), 『역사교육』 48, 역사교육연구회, 1990.

한국사연구회 근대사분과토지대장연구반, 서평 : 朝鮮土地調査事業史の研究(宮嶋博史 저),『역사와 현실』7, 한국역사연구회, 1992.
韓㳰劤, 서평 : 한국사 현대편(이선근 저),『역사학보』23, 1964.
黃明水, 서평 : 식민지에 있어서 상업적 농업의 전개(임병윤 저),『역사학보』59, 1973.
Choe Yong-ho, 서평 : Politics and policy in Traditional Korea(Palais James 저),『Korean Studies』1, Hawaii Univ., 1977.

6) 역사지리 · 도시 · 도시시설

김영자,『서울 제2의 고향 - 유럽인의 눈에 비친 100년 전 서울 - 』, 서울시립대 서울학연구소, 1994.
金義煥,『부산근대도시형성사연구 - 일인거류지가 미친 영향을 중심으로 - 』, 연문출판사, 1973.
朴慶龍,『개화기 漢城府 연구』, 일지사, 1995.
裵鍾茂,『木浦開港史』, 느티나무, 1994.
孫禎睦,『한국개항기 도시변화과정연구』, 일지사, 1982.
孫禎睦,『한국개항기 도시사회경제사연구』, 일지사, 1982.
孫禎睦,『일제강점기 도시계획연구』, 일지사, 1990.
柳濟憲,『한국근대화와 역사지리학 - 호남평야 - 』, 한국정신문화연구원, 1994.

姜萬吉, 서평 : 한국개항기 도시변화과정연구(손정목 저),『한국학보』29, 1982.
權泰煥, 일제시대의 도시화,『한국의 사회와 문화』11, 한국정신문화연구원, 1990.
金光宇, 대한제국시대의 도시계획 - 한성부 도시개조사업 - ,『향토서울』50, 서울시사편찬위, 1991.
金大商, 개항직후 부산의 사회문화 - 합방기까지의 시설면을 중심으로 - ,『항도부산』6, 부산시사편찬위원회, 1967.
金容旭, 부산 축항지,『항도부산』2, 부산시사편찬위원회, 1963.
金義煥, 부산개항의 연구(상 · 중 · 하),『항도부산』3~5, 부산시사편찬위원회, 1963 · 1964 · 1966.
金義煥, 부산시형성의 역사적 배경과 그 성격,『박원표회갑기념 부산사연구논총』, 1970.
金義煥, 개항후 부산 일본전관거류지 설정에 관한 연구 - 부산시 형성에 미친 영향을 중심으로 - ,『한일연구』2, 한국일본문제연구회, 1973.
金義煥, 근대개항기의 東萊府의 行政軍備에 대한 고찰,『부산여대논문집』4, 부산여대, 1976.
金一根, 한국 및 일본의 근세도시경제시고,『논문집』5, 부산대, 1964.
羅恪淳, 漢城府의 鄕校洞의 역사지리적 특징,『阜村申延澈교수정년퇴임기념 사학논총』, 일월서각, 1995.
羅燾承, 개항전후기 금강 수운 呑吐港 群山과 그 배후지 형성에 관한 연구,『논문집』20, 공주교대, 1984.
羅鍾宇, 일제시대의 숙박시설 - 서울을 중심으로 - ,『논문집』2, 해군제2사관학교, 1980.
朴慶龍, 대한제국시대 漢城府 연구 - 한성부 '去文'내용을 중심으로 - ,『水邨朴永錫화갑논총 한국사학논총(하)』, 1992.
朴慶龍, 개화기 漢城府의 행정구역 연구,『素軒南都泳고희기념 역사학논총』, 민족문화사, 1993.
朴光淳, 근대 光州경제의 성장단계 - 하나의 시론 - ,『경제사학』2, 경제사학회, 1978.
裵鍾茂, 목포租界에 관한 고찰, 건국대 석사논문, 1981.
孫禎睦, 갑오경장과 도시의 제도상변화,『향토서울』35, 1977.
孫禎睦, 구한말 통감정치하의 도시제도,『서울산업대논문집』20, 서울산업대, 1978.
孫禎睦, 신용산과 남산의 형성과정 - 한반도가 일본의 군사기지화하는 과정의 연구 - ,『향토서울』36, 서울시사편찬위원회, 1979.
孫禎睦, 개항기 도시시설의 도입과정 - 도로의 정비·확장 -,『도시문제』4, 대한지방행정공제회, 1980.
孫禎睦, 개항기의 도시인구 규모,『한국사연구』39, 1982.
孫禎睦, 일제침략초기의 도시사회상 - 서울을 중심으로 -,『향토서울』41, 서울시사편찬위원회, 1983.
孫禎睦, 일제강점초(1911~20)의 도시인구수,『한국사연구』49, 1985.
孫禎睦, 일제하 충남도청 이전의 과정과 결과 - 식민정책 강행에 대한 민족항거의 한 단면 -,『천관우선
    생환력기념 한국사학논총』, 정음문화사, 1985.
孫禎睦, 일제하 경남도청 이전의 과정과 결과 - 치열한 반대운동의 근저에 있던 것 -,『이원순화갑기념
    사학논총』, 교학사, 1986.
孫禎睦, 일제하의 도시주택문제와 그 대책,『도시행정연구』1, 서울시립대, 1986.
孫禎睦, 일제하 부여신궁 조영과 소위 부여신도건설,『한국학보』49, 1987.
孫禎睦, 일제하의 매춘업 - 공창과 사창 -,『도시행정연구』3, 서울시립대 도시행정연구소, 1988.
孫禎睦, 조선총독부 청사 및 경성부 청사 건립에 대한 연구,『향토서울』48, 서울시사편찬위원회, 1989.
孫禎睦, 일제하 화학공업도시 興南에 관한 연구(상·하),『한국학보』59·60, 일지사, 1990.
孫禎睦, 이른바 '문화정치'하에서의 도시·지방제도연구 - 京城府협의회를 중심으로 -,『향토서울』50,
    서울시사편찬위원회, 1991.
孫禎睦, 일제강점 중기(1921~30)의 도시화과정 연구 - 농촌이탈자의 移住定着地 추적을 통하여 -,『향
    토서울』52, 서울시사편찬위원회, 1992.
吳駿泳, 운현궁과 홍선대원군,『향토서울』38, 서울시사편찬위원회, 1980.
원제무, 서울시 교통체계 형성에 관한 연구 - 1876년부터 1944년까지의 기간을 중심으로 -,『서울학연
    구』2, 서울시립대 서울학연구소, 1994.
柳濟憲, 호남평야에 있어서 지역구조의 식민지적 변용과정,『지리학』42, 대한지리학회, 1990.
이규목·김한배, 서울 도시경관의 변천과정 연구,『서울학연구』2, 서울시립대 서울학연구소, 1994.
李正熙, 경성부 시대의 도시계획에 대한 고찰,『향토서울』33, 서울시사편찬위원회, 1975.
李鉉淙, 구한말 인천 청국거류지 치폐고,『동국사학』9·10합, 1966.
장노현, 1920년대 개성론 연구,『한국학대학원논문집』10, 한국정신문화연구원, 1995.
趙仁成, 개항기 마산포 租界의 설정과 주민의 저항,『가라문화』4, 경남대 가라문화연구소, 1986.
河相洛, 경성고아원에 대한 소고,『향토서울』45, 서울시사편찬위원회, 1988/『사회복지』102, 한국사회복
    지협의회, 1989.

7) 기타 사항(국호·국기·국가·연호)

사회과학원력사연구소 편,『김옥균』, 사회과학원출판사, 1964/역사비평, 1990.
尹孝定,『풍운한말비사』, 야담사, 1946/영신아카데미 한국학연구소, 1984.

權錫奉, 국기제정의 유래에 대한 관견,『역사학보』23, 역사학회, 1964.
尹炳奭, 한국근현대사에서 '大韓'과 '朝鮮'의 칭호,『한국학연구』5, 인하대 한국학연구소, 1993.
李康七, 갑오개혁 이후의 훈장제도에 대하여,『고문화』7, 한국대학박물관협회, 1969.
李求鎔, 대한제국의 칭제건원 논의에 대한 열강의 반응,『최영희화갑기념 한국사학논총』, 탐구당, 1987.
李瑄根, 우리 국기 제정의 유래와 그 의의,『국사상의 제문제』2, 국사편찬위원회, 1959.

Ⅱ. 정치

1. 정치

1) 정치사건

(1) 임오군란

山邊健太郎,『韓國近代史』, 도서출판 까치, 1982.
成大慶,『대원군정권성격연구』, 성균관대 박사논문, 1985.
市川正明,『日韓外交史料 2 - 壬午事變篇 - 』, 東京 : 原書房, 1979.
한국역사연구회,『조선정치사』(상·하), 청년사, 1990.

姜在彦, 朝鮮の開國と壬午軍亂,『季刊三千里』30, 1982.
高橋秀直, 壬午事變と明治政府 - 江華條約より壬午事變までの朝鮮政策の展開 - ,『歷史學硏究』601,
    1989.
高橋秀直, 壬午事變後の朝鮮問題,『史林』72 - 5, 1989.
高橋秀直, 形成期明治國家の軍備擴張政策 - 壬午事變後の軍擴決定をめぐって - ,『史學雜誌』99 - 8,
    東京, 1990.
高柄翊, 穆麟德의 顧聘과 그 배경,『진단학보』25·26·27합, 진단학회, 1964.
고성애, 임오군란과 한·청·일 외교관계의 연구, 경희대 석사논문, 1980.
권동진, 임오병란과 갑신정변,『한국학연구총서 1』, 성진문화사, 1971.
權錫奉, 임오군변시 청측 개입의 배경,『숙대사론』6, 1971.
權錫奉, 임오군변,『한국사 16 - 개화척사운동 - 』, 국사편찬위원회, 1975.
權錫奉, 대원군 被囚문제에 대한 재검토(상·하),『인문학연구』3, 4·5합, 중앙대 인문학연구소, 1976·
    1977.
權錫奉, 임오군란에 있어서 淸의 개입은 정당한 것이었는가,『쟁점 한국근현대사』1, 한국근대사연구소,
    1992.
權五榮, 임오군란 日誌,『쟁점 한국근현대사』1, 한국근대사연구소, 1992.
金祥起, 임오군란은 어떻게 마무리지어졌는가,『쟁점 한국근현대사』1, 한국근대사연구소, 1992.
金源模, 임오군란 때 미국의 對韓정책은 어떠한 것이었나,『쟁점 한국근현대사』1, 한국근대사연구소,
    1992.
金鍾圓, 朝中商民수륙무역장정에 대하여,『역사학보』32, 역사학회, 1966.
金鍾圓, 청의 대조선적극책의 機緣 - 임오군변시의 파병문제를 중심으로 - ,『이해남박사화갑기념 사학
    논총』, 1970.
金鍾圓, 壬午軍亂 연구,『국사관논총』44, 국사편찬위원회, 1993.
金鎬逸, 임오군란은 군란인가 정변인가,『쟁점 한국근현대사』1, 한국근대사연구소, 1992.
藤間生大, 日本近代軍成立の經濟構造 - '壬午軍亂'を媒介として - ,『朝鮮史硏究會論文集』22, 朝鮮史研究會, 1985.

藤間生大, 壬午軍亂と日本近代軍の確立,『海外事情硏究』12 - 2, 1985.

藤間生大, 壬午軍亂と自由民權論者,『熊本商大論集』31 - 1·2, 1985.

藤間生大, 壬午軍亂の構造,『熊本商大論集』31 - 3, 1985.

리종현, 1882년 (임오)군인폭동과 그 력사적 교훈,『력사과학』1982 - 3.

朴成壽,「渚上日月」에 비친 임오군란,『쟁점 한국근현대사』1, 한국근대사연구소, 1992.

朴禮在, 임오군변에 관한 일고찰 - 청국의 파병개입에 대하여 - ,『空士논문집』6, 1976.

裵成東, 한일관계와 일본국내정치의 전개 - 임오사변과 갑신정변을 중심으로 - ,『학술연구조성비에 의한 연구보고서』(사회과학계 121), 문교부, 1974.

백승도, 임오군란에 관한 일고찰,『교육논총』1, 성균관대교육대학원, 1986.

白鍾基, 임오군란때의 일본의 대한정책에 관한 연구,『논문집』10, 성균관대, 1965.

山邊健太郎, 壬午軍亂に就いて,『歷史學硏究』257, 歷史學硏究會, 1961/『日本の韓國倂合』, 太平出版社, 1966.

杉井六郎, 壬午にいたる日鮮關係 - 英國領事報告を通して - ,『國史研究』4, 弘前大學, 1957.

孫啓瑞, 朝鮮壬午軍亂時的中日交涉,『大陸雜誌特刊』2, 1967.

孫明淑, 임오군란의 성격에 관한 연구, 상명여대 석사논문, 1990.

申國柱, 임오군란의 성격,『효성조명기박사화갑기념 불교사학논총』, 1965.

申基碩, 청한종속관계 - 임오군란을 전후한 - ,『아세아연구』2 - 1, 고려대 아세아문제연구소, 1959.

申基碩, 안보보장과 한말정국 - 임오군란 청일전쟁 - ,『유진오박사회갑기념논문집 국제법학회논총』, 대한국제법학회, 1966.

申奭鎬, 구식군인의 반란 - 임오군란 - ,『한국현대사 1』, 신구문화사, 1969.

延甲洙, 高宗 初中期(1864~1894) 정치변동과 奎章閣,『규장각』17, 서울대규장각, 1994.

李玟源, 임오군란은 왜 일어났는가,『쟁점 한국근현대사』1, 한국근대사연구소, 1992.

林子侯, 朝鮮壬午軍亂之探討,『食貨』16 - 3~6, 臺北 : 食貨月刊, 1986.

張潤植, 壬午軍亂의 역사적 고찰,『이조암행어사제』, 1959.

田保橋潔, 壬午政變の研究,『靑丘學叢』21, 靑丘學會, 1935.

田中直吉, 日鮮關係の一斷面 - 京城壬午の變 - ,『日本外交史研究 - 明治時代 - 』, 1957.

田中直吉, 壬午事變,『玄岩申國柱博士華甲紀念韓國學論叢』, 동국대출판부, 1985.

조성윤, 壬午軍亂의 사회적 성격, 연세대 석사논문, 1983.

조성윤, 임오군란,『한국사 12』, 한길사, 1994.

조성윤, '임오군란' 연구의 현황과 과제,『한국사론 25』, 국사편찬위원회, 1995.

趙恒來, 임오군란은 일본의 한국침략에 어떠한 작용을 하였는가,『쟁점 한국근현대사』1, 한국근대사연구소, 1992.

佐藤進一, 壬午事變に參加した有地品之允の日記,『中央大學文學部紀要』31, 1986.

최기환, 임오(1882)군인폭동의 원인,『력사과학』1965 - 6.

崔文衡, 열강의 대한정책에 대한 일연구 - 임오군란과 갑신정변을 중심으로 - ,『역사학보』92, 1981.

崔松鶴, 임오군란의 정치사회적고찰, 경희대 석사논문, 1960.

彭澤周, 壬午事變と日淸兩國の對策,『明治初期日韓淸關係の研究』, 塙書房, 1969.

黑木彬文, 興亞會の壬午軍亂への對應,『政治研究』31, 1984.

(2) 갑신정변

姜在彦, 『朝鮮近代史研究』, 日本評論社, 1970/ 한울, 1982.

姜在彦, 『朝鮮の攘夷と開化』, 平凡社, 1977.

姜在彦, 『朝鮮の開化思想』, 岩波書店, 1980/鄭昌烈 역, 『한국의 개화사상』, 비봉출판사, 1981.

姜在彦, 『근대 한국사상사연구』, 한울사, 1983.

姜在彦, 『한국의 근대사상』, 한길사, 1985.

姜志元, 『근대조선정치사』, 대학생활사, 1950.

경향신문사, 『사상과 정책』 1 - 4(갑신정변관계), 1984.

金綺秀·金弘集·朴泳孝 저, 『수신사기록 - 한국사료총서 - 』, 국사편찬위원회, 1958.

金道泰, 『서재필박사자서전』, 보선사, 1948.

金永鍵, 『조선개화비담』, 정음사, 1946.

金玉均 저, 조일문 역주, 『갑신일록』, 건국대출판부, 1977.

閔泰瑗, 『갑신정변과 김옥균』, 국제문화협회, 1947.

山邊健太郎, 『韓國近代史』, 도서출판 까치, 1982.

孫炯富, 『朴珪壽의 개화사상연구』, 전북대 박사논문, 1991.

尹炳奭 외, 『개화운동과 갑신정변 - 한국사대토론 3 - 』, 삼성문고, 1977.

李光麟, 『한국개화사연구』, 일조각, 1969.

李光麟, 『개화당연구』, 일조각, 1973.

李光麟, 『한국개화사상연구』, 일조각, 1979.

李光麟, 『한국개화사의 제문제』, 일조각, 1986.

李光麟, 『개화파와 개화사상연구』, 일조각, 1989.

李光麟, 『개화기의 인물』, 연세대출판부, 1993.

李光麟, 『개화기의 연구』, 일조각, 1994.

李完宰, 『초기개화사상연구』, 민족문화사, 1989.

田保橋潔, 『近代朝鮮における政治的改革』, 朝鮮總督府, 1944.

趙載福, 『조선말기 개화사상 형성에 관한 연구』, 원광대 박사논문, 1988.

한국역사연구회, 『조선정치사』(상·하), 청년사, 1990.

한국정치외교사학회, 『갑신정변연구』, 평민사, 1985.

恒屋盛服, 『朝鮮開化史』, 東京, 1901.

HwangIn-kwan, 『The Korean Reform of the 1880s and Fukuzawa Yukich』, Washington(St. Louis), Ph. D.,
    1975.

簡江作, 갑신정변과 戊戌政變에 관한 비교연구, 단국대 석사논문, 1974.

姜東鎭, 갑신정변에 대한 일본의 '자유민권운동'계 신문의 논조 - 朝野신문·東京橫濱매일신문의 사설
    을 중심으로 - , 『민족문화논총』 7, 영남대 민족문화연구소, 1986.

姜萬吉, 개화당의 삼일천하 - 갑신정변 - , 『한국현대사 1』, 신구문화사, 1969.

康玲子, 甲申政變の評價をめぐって, 『季刊 三千里』 40, 1984.

康玲子, 甲申政變の問題點 -「甲申日錄」の檢討を通じて - , 『朝鮮史研究會論文集』 22, 朝鮮史研究會,
    1985.

姜在彦, 開化思想·開化派·甲申政變, 『朝鮮近代史研究』, 日本評論社, 1970.

姜在彦, 甲申政變その前後, 『季刊三千里』 31, 1982.

姜在彦, 甲申政變の挫折と金玉均, 『사상과 정책』 1 - 4, 경향신문사, 1984.

姜在彦, 甲申政變百年, 『季刊三千里』 40, 1984.

姜昌一, 초기 개화파의 근대화 구상 - 갑신정변에 대한 비판적 검토 -, 『한국문화』 15, 서울대 한국문화
　　연구소, 1994.

桂川正光, 原敬と甲申事變, 『大阪産業大學論集(人文科學篇)』 59, 1986.

金景昌, 갑신정변에 관한 정치외교사적 연구, 『松岩김경창박사화갑기념논문집 정치와 외교』, 1985.

金景昌, 갑신정변의 선후처리를 위한 청·일간의 외교교섭 시말, 『갑신정변연구』, 한국정치외교사학회,
　　1985.

金基赫, 근대초기에 있어서 한·청·일 관계의 전개 - 갑신정변에 미친 영향을 중심으로 -, 『사상과 정
　　책』 1 - 4, 경향신문사, 1984.

金文吉, 甲申政變における新敎の影響, 『京阪論叢』 6, 在日關西地方韓國留學生會, 1981.

김영숙, 갑신(1884)정변의 정강에 대하여, 『력사과학』 1963 - 5.

金榮作, 초기 개화파의 민족주의사상과 갑신정변의 현대적 의의, 『사상과 정책』 1 - 4, 경향신문사, 1984.

김용섭, 갑신갑오개혁기 개화파의 농업론, 『동방학지』 15, 1974.

金河元, 金玉均のク-デタ再起運動と「甲申日錄」執筆, 『朝鮮史研究會論文集』 28, 1991.

大畑篤四郎, 金玉均の日本亡命をめぐって, 『韓』 56, 東京 : 韓國研究院, 1977.

渡部學, 甲申政變內在發展論によせて, 『韓』 30, 東京 : 韓國研究院, 1974.

라이퍼, 발터, 묄렌도르프가 본 갑신정변, 『갑신정변연구』, 한국정치외교사학회, 1985.

리나영, 1884년(갑신)정변에 대한 연구(하), 『력사과학』 1956 - 1.

림만, 김옥균에 대하여(서평), 『력사과학』 1964 - 6.

梶村秀樹, 朝鮮近代史と金玉均の評價, 『思想』 510, 1966.

馬淵貞利, 북한에 있어서의 갑신정변 연구에 대하여, 『갑신정변연구』, 한국정치외교사학회, 1985.

閔炳學, 갑신정변을 전후한 개화운동의 정치사적 고찰, 『논문집』 25, 충북대, 1983.

朴日根, 갑신정변의 재평가(2) - 갑신정변은 자율적 사건이었다 -, 『갑신정변연구』, 한국정치외교사학회,
　　1985.

裵成東, 한일관계와 일본국내정치의 전개 - 임오사변과 갑신정변을 중심으로 -, 『학술연구조성비에 의
　　한 연구보고서』(사회과학계 121), 문교부, 1974.

白鍾基, 개화사상과 갑신정변 연구의 과제, 『대동문화연구』 20, 성균관대 대동문화연구원, 1986.

保坂祐二, 福澤諭吉과 甲申政變, 『한일관계사연구』 4, 한일관계사연구회, 1995.

山邊健太郎, 甲申政變に就いて, 『歷史學研究』 244, 歷史學研究會, 1960.

山邊健太郎, 朝鮮改革運動と金玉均 - 甲申事變に關連して -, 『歷史學研究』 247, 歷史學研究會, 1960.

山邊健太郎, 甲申政變と東學の亂, 『世界の歷史』, 筑摩書房, 1961.

山邊健太郎, 甲申事變について - とくに自由黨史のあせまりに關聯して(1·2), 『日本の韓國併合』, 太
　　平出版社, 1966.

申國柱, 갑신정변에 대한 재검토 - 갑신정변은 타율적 사건이었다 -, 『갑신정변연구』, 한국정치외교사학
　　회, 1985.

申圭秀, 金玉均과 갑신정변에 관한 소고, 『논문집』 1, 원광대대학원, 1987.

申基碩, 갑신정변과 한청일외교관계, 『국제법학회논총』 4 - 1, 대한국제법학회, 1959.

申福龍, 북한 사학에 나타난 갑신정변의 음미, 『갑신정변연구』, 한국정치외교사학회, 1985.

愼鏞廈, 갑신정변의 개혁사상, 『한국학보』 36, 일지사, 1984.

愼鏞廈, 갑신정변의 사회·경제적 배경과 개화파의 사상, 『사상과 정책』 1 - 4, 경향신문사, 1984.

愼鏞廈, 갑신정변의 역사적 성격,『계간 현대사회』1984년 가을호.

安秉直, 朝鮮近代史研究上の問題點 - ブルジョア變革についての諸說檢討 - ,『思想』570, 1971.

野瀨和紀, 甲申政變の研究(1) - 淸佛戰爭と日本外交 - ,『朝鮮學報』82, 1977.

延甲洙, 高宗 初中期(1864~1894) 정치변동과 奎章閣,『규장각』17, 서울대규장각, 1994.

王豹淳, 갑신정변 고찰 - 독립정신과 정치개혁 - , 동국대 석사논문, 1961.

原田環, 朝鮮近代史における最近の論爭をめぐって - 甲申政變評價の視點をめぐって - ,『史學研究』
　　117, 廣島大學, 1972.

原田環, 許宗浩ほか'朝鮮におけるブルジョア革命運動'について,『朝鮮史研究會論文集』10, 1973.

原田環, 일본에 있어서의 갑신정변의 연구,『갑신정변연구』, 한국정치외교사학회, 1985.

원종규, 1894년(갑오)개혁 때 국가정치기구의 개편,『력사과학』1988 - 3.

柳洪烈, 갑신정변,『한국사 16 - 개화척사운동 - 』, 국사편찬위원회, 1975.

李光麟, 金玉均의「갑신일록」에 대하여,『진단학보』33, 1972.

李光麟, 갑신정변과 보부상,『동방학지』49, 연세대 국학연구원, 1985.

李光麟, 갑신정변 '政綱'에 대한 재검토,『동아연구』21, 서강대 동아연구소, 1990.

李培鎔, 개화사상·갑신정변·갑오개혁에 대한 연구현황과 과제,『한국사론 25』, 국사편찬위원회, 1995.

田中直吉, 朝鮮をめぐる國際葛藤の一幕 - 京城甲申の變 - ,『法學之林』55 - 2, 法政大, 1957.

鄭玉子, 개화파와 갑신정변,『국사관논총』14, 국사편찬위원회, 1990.

丁仲煥, 朴泳孝상소문,『아세아학보』1, 아세아학술연구회, 1965.

糟谷憲一, 甲申政變·開化派研究の課題,『朝鮮史研究會論文集』22, 朝鮮史研究會, 1985.

崔德壽, 갑신정변과 갑오개혁,『한국사 11』, 한길사, 1994.

崔東熙, 갑신정변을 전후해서의 일본의 아세아관,『춘천교대논문집』19, 춘천교대, 1979.

崔文衡, 열강의 대한정책에 대한 일연구 - 임오군란과 갑신정변을 중심으로 - ,『역사학보』92, 1981.

崔文衡, 갑신정변전후의 정황과 개화파 - 외세와 연관된 정변의 재평가를 위해 - ,『사학연구』38, 한국사
　　학회, 1984.

崔永浩, 갑신정변론,『한국사시민강좌』7, 일조각, 1990.

春明徹, 甲申政變の周邊,『季刊三千里』40, 1984.

韓興壽, 갑신정변에 대한 한국학계의 평가,『갑신정변연구』, 한국정치외교사학회, 1985.

Choe Yong-ho, The Kapsin Coup of 1884 : A Reassessment,『Korean Studis』Vol. 6, The Center for Korean
　　Studies, Univ. of Hawaii, 1983.

（3） 기타 諸事變

姜在彦,『朝鮮近代史研究』, 日本評論社, 1970/ 한울, 1982.

姜志元,『근대조선정치사』, 대학생활사, 1950.

金度亨,『大韓帝國期의 정치사상연구』, 지식산업사, 1994.

나홍주,『민비암살(角田房子 저) 비판』, 미래문화사, 1990.

安炳武,『한일합병사』, 범우사, 1982.

柳永益,『갑오경장연구』, 일조각, 1990.

李奇範,『한일합방사』, 민중조선사, 1946.

李達淳,『한국정치사의 재발견』, 삼익학원출판부, 1986.

李瑄根,『조선최근정치사』, 정음사, 1950.

林尙浩, 『풍운한말비록』, 야담사, 1937.

田保橋潔, 『近代朝鮮における政治的改革』, 朝鮮總督府, 1944.

鄭龍根, 『민비시해사건의 진상』, 민우사, 1946.

趙德松 역, 『민비시해기』, 범문사, 1965.

趙恒來, 『한말사회단체사논고』, 형설출판사, 1972.

崔文衡 외, 『명성황후시해사건』, 민음사, 1992.

최원규 · 이종범 편, 『자료 한국근현대사입문』, 혜안, 1995.

姜在彦, 甲午改革, 獨立協會, 活貧黨, 『季刊 三千里』 34, 1983.

權錫奉, 대원군 被囚문제에 대한 재검토(상 · 하), 『인문학연구』 3, 4 · 5합집, 중앙대 인문학연구소, 1976 · 1977.

權錫奉, 淸廷에 있어서의 대원군과 그의 환국(상 · 하), 『동방학지』 27 · 28, 연세대 국학연구원, 1981.

김상기, 갑오경장과 갑오 · 을미의병, 『국사관논총』 36, 1992.

김운태, 갑오개혁에 대한 고찰, 『한국정치학회보』 3, 1969.

金仁順, 朝鮮における1894年の內政改革の硏究, 『國際關係論硏究 3』, 1968/『갑신갑오기의 근대변혁과 민족운동』, 청아, 1983.

金正起, 대원군 납치와 반청의식의 형성 - 1882~1894 - , 『한국사론』 19, 서울대국사학과, 1988.

內山進, 閔妃虐殺事件と日本言論界, 『史報』 7, 1986.

盧啓鉉, 민비피살의 진상과 한일정부의 위장처리, 『芝陽申基碩박사화갑기념학술논문집』, 1968.

리유백, 청일전쟁 도발과정을 통하여 본 일본의 조선 침략정책(토론), 『력사과학』 1961 - 4.

리유백, 1894년 ‘갑오개혁안’의 채택에 대하여(토론), 『력사과학』 1961 - 6.

리종현, 우리나라에서의 1894년(갑오) 부르죠아개혁 1, 2, 『력사과학』 1979 - 1 · 2.

민병학, 갑오개혁의 개화운동사적 의미, 『충북대논문집』 27, 1984.

朴宗根, 1894年 日本軍撤兵問題と朝鮮 ‘內政改革’ 案 登場背景, 『朝鮮史硏究會論文集』 5, 1968.

朴亨杓, 노일각축과 국모시해사건, 『학술지』 12, 건국대 학술연구원, 1971.

白鍾基, 金玉均암살사건을 에워싼 한일간의 외교분쟁과 일본의 抗淸운동, 『대동문화연구』 11, 성균관대 대동문화연구원, 1976.

山邊健太郎, 乙未の變について, 『國際政治 - 日韓關係の展開 - 』, 有斐閣, 1963.

山邊健太郎, 閔妃事件について, 『日本の韓國倂合』, 太平出版社, 1966.

山本四郎, 朝鮮乙未之變について, 『華頂學院硏究紀要』 2, 1958.

山縣保二郎, 朝鮮王妃事件, 『軍事史硏究』 3 - 1, 1938.

申國柱, 민왕비살해사변에 관한 연구, 『동국사학』 17, 동국사학회, 1982.

延甲洙, 高宗 初中期(1864~1894) 정치변동과 奎章閣, 『규장각』 17, 서울대규장각, 1994.

尹炳喜, 제2차 일본망명시절 朴泳孝의 쿠데타음모사건, 『이기백고희기념 한국사학논총(하)』, 일조각, 1994.

李鉉淙, 러시아공관에서 370일 - 아관파천 - , 『한국현대사 2』, 신구문화사, 1976.

李鉉淙, 아관파천, 『한로관계 100년사』, 한국사연구협의회, 1984.

趙正夫, 아관파천과 한 · 노 · 일 관계, 중앙대 석사논문, 1985.

崔埈, 을미망명자의 拿還문제 - 한일양국간의 외교분쟁 - , 『백산학보』 8, 백산학회, 1970.

탁병채, 갑오경장의 력사적 전제조건, 『력사과학』 1963 - 6.

河炫綱, 옥호루의 참극 - 을미사변 - , 『한국현대사 2』, 신구문화사, 1969.

許榮珍, 대원군집정기 Oppert사건 연구, 이화여대 석사논문, 1989.
Mckenzie, F. A., 민왕후의 시해, 『향토서울』 15, 서울시사편찬위원회, 1962.

2) 정치운동

(1) 위정척사운동 · 사상

姜在彦, 『朝鮮近代史硏究』, 日本評論社, 1970/ 한울, 1982.
姜在彦, 『近代朝鮮の思想』, 紀伊國屋書店, 1971/『근대조선의 사상』, 미래사, 1984.
姜在彦, 『朝鮮の攘夷と開化』, 平凡社, 1977.
姜在彦, 『근대 한국사상사연구』, 한울, 1983.
姜志元, 『근대조선정치사』, 대학생활사, 1950.
국사편찬위원회, 『한국사 16 - 근대 개화척사운동 - 』, 1975.
金榮作, 『韓末ナショナリズム硏究』, 東京大出版會, 1975/ 청계연구소, 1989.
李達淳, 『한국정치사의 재발견』, 삼익학원출판부, 1986.
李瑄根, 『조선최근정치사』, 정음사, 1950.
李載錫, 『척사위정론에 관한 연구』, 한국정신문화연구원 박사논문, 1992.
叢成義, 『위정척사파와 개화파 지식인의 대외인식 변화 비교연구』, 고려대 박사논문, 1994.
崔昌圭, 『근대한국정치사상사』, 일조각, 1972.
홍순창, 『한말의 민족사상』, 탐구당, 1975.
Chandra, Vipan, 『Nationalism and Popular Participation in Government in Late 19th Ct. Korea - The Contribution of the Independence Club(1896～1898) - 』, Harvard Ph. D., 1977.

─────, 「衛正斥邪疏草」, 『경상사학』 10, 경상대사학회, 1994.
具仙姬, 斥邪와 開化의 갈등은 무엇인가, 『쟁점 한국근현대사』 1, 한국근대사연구소, 1992.
權大雄, 한말 在京 영남유림의 구국운동, 『일제의 한국침략과 영남지방의 반일운동』, 한국근대사연구회, 1995.
權五榮, 金平默의 척사론과 연명유소, 『한국학보』 55, 일지사, 1989.
權五榮, 1881년의 영남만인소, 『尹炳奭화갑기념 한국근대사논총』, 1990.
權五榮, 1870년대 李恒老학파의 斥邪論, 『朴成壽화갑논총 한국독립운동사의 인식』, 1991.
權五榮, 척사운동에 대한 연구성과와 과제, 『한국사론 25』, 국사편찬위원회, 1995.
旗田巍, 近代における朝鮮人の日本觀 - 衛正斥邪論を中心として -, 『思想』 520, 1967/『日本人の朝鮮觀』, 勁草書房, 1969.
金根洙, 척사문헌소고, 『한국학』 19, 중앙대 한국학연구소, 1978.
金大煥, 한말지식인의 수구와 개화의 갈등 - 1874～1907년 -, 『한국의 사회와 문화』 7, 한국정신문화연구원, 1986.
金世圭, 毅菴 柳麟錫의 反開論, 『경주사학』 1, 동국대경주대국사학회, 1982.
金世圭, 重菴 金平默연구 - 어양론과 척화론을 중심으로 -, 『논문집』 4, 동국대경주대, 1985.
金約瑟, 위정척사의 기수들 - 유교 -, 『한국현대사 8』, 신구문화사, 1971.
金麗沈, 개화기의 2대사상, 『수선사회』 2, 서울교대사회교육학과, 1985.
金榮國, 한말 의병의 사상적 고찰 - 병오(1906) 유림의병운동과 그 척사사상의 배경을 중심으로 -, 『한국사회과학논집』 10, 한국사회과학연구원, 1969.

김정, 송사 기우만의 위정척사사상, 『사학연구』 34, 한국사학회, 1982.

金丁鎭, 창의순국 - 勉菴 崔益鉉선생을 중심으로 - , 『사문논총』 1, 사문학회, 1973.

金俊亨, 「衛正斥邪疏草」 해제, 『경상사학』 10, 경상대사학회, 1994.

金鎬城, 한말 위정척사운동에 대한 시론적 검토, 『논문집』 16, 서울교대, 1983.

盧明津, 勉菴 崔益鉉의 위정척사사상에 대한 일연구 - 사상의 전개과정을 중심으로 - , 『성신사학』 6, 성
    신여대사학회, 1988.

馬淵貞利, 近代朝鮮における變革主體, 抵抗主體の形成と展開, 『歷史學硏究別冊 - 特集 : 1975大會報
    告 - 』, 歷史學硏究會, 1975/『갑신갑오기의 근대변혁과 민족운동』, 청아, 1983

文昭丁, 위정척사운동에 관한 지식사회학적 연구(상·하) - 疏의 내용분석을 중심으로 - , 『한국학보』 36
    ·37, 일지사, 1984.

閔泰植, 척사위정 - 華西李恒老선생을 중심으로 - , 『斯文논총』 1, 사문학회, 1973.

朴文榮, 毅菴 柳麟錫의 의병활동에 대한 일연구 - 그의 위정척사론을 중심으로 - , 『성신사학』 7, 성신여
    대사학회, 1989.

朴敏泳, 毅菴 柳麟錫의 위정척사운동 - 「昭義新編」을 중심으로 - , 『청계사학』 3, 한국정신문화연구원
    청계사학회, 1986.

朴宗根, 朝鮮近代における民族運動の展開 - 開化·東學·衛正斥邪思想と運動を中心として - , 『歷史
    學硏究』 452, 1978/『甲申甲午期의 近代變革과 民族運動』, 청아, 1983.

宋炳基, 신사척사운동연구, 『사학연구』 37, 한국사학회, 1983.

宋炳基, 위정척사운동 - 신사척사운동을 중심으로 - , 『한국사시민강좌』 7, 일조각, 1990.

申圭秀, 한말 위정척사운동소고 - 勉菴·遯軒을 중심으로 - , 『정신개벽』 7·8합, 신룡교학회, 1989.

申圭秀, 개화기 호남지역 儒林의 동향에 관한 연구 - 東學배척운동을 중심으로 - , 『한국사상사학』 4·5
    합, 한국사상사학회, 1993.

申圭秀, 한말 개화기 위정척사론의 성격과 시대적 추이에 관한 연구, 『원광대논문집』 29 - 1, 원광대,
    1995.

愼鏞廈, 구한말 지식인의 수구의식과 개화의식, 『한국의 사회와 문화』 5, 한국정신문화연구원, 1985.

吳瑛燮, 19세기중엽 위정척사파의 역사서술 - 華西학파의 「宋元華東史合編綱目」 - , 『한국학보』 60, 일
    지사, 1990.

吳瑛燮, 衛正斥邪의 상징물 朝宗巖, 『태동고전연구』 11, 한림대 태동고전연구소, 1995.

原田環, 朝鮮の鎖國攘夷論 - 金平默を中心に - , 『史潮』 新 15, 1984.

柳承宙, 개화기의 근대화 과정 - 위정척사파·東道西器派·개화당파의 산업관을 중심으로 - , 『근대화
    와 정치적 구심력』, 한국정신문화연구원, 1986.

柳漢喆, 1910년대 柳麟錫의 사상 변화와 성격 - '우주문답'을 중심으로 - , 『한국독립운동사연구』 9, 독립
    기념관 한국독립운동사연구소, 1995.

尹炳奭, 면암 최익현의 위정척사론과 호남의병, 『水邨朴永錫화갑논총 한민족독립운동사논총』, 1992.

尹用男, 華西 李恒老의 척사위정론에 대한 철학적 해석, 『국학연구』 2, 국학연구소, 1988.

李光麟, 개화·척사사상, 『한국사론 5 - 근대 - 』, 국사편찬위원회, 1978.

李守龍, 한국근대 변혁운동연구의 동향과 국사교과서의 서술, 『역사교육』 47, 역사교육연구회, 1990.

李愛熙, 한말 위정척사사상의 전개, 『강원의병운동사』, 강원의병운동사연구회, 1987.

李離和, 척사위정론의 비판적 검토 - 華西 李恒老의 소론을 중심으로 - , 『한국사연구』 18, 1977.

李載錫, 정치이데올로기로서의 척사위정론에 관한 연구, 한국정신문화연구원 석사논문, 1984.

李鍾浩, 척사위정사상의 성격과 변화, 경희대 석사논문, 1983.

이준일, 위정척사사상과 개화사상의 갈등구조,『한국의 정치와 경제』1, 한국정신문화연구원, 1992.

李振杓, 勉菴崔益鉉의 衛正斥邪論,『震山韓基斗화갑기념 한국종교사상의 재조명(하)』, 원광대, 1993.

李澤徽, 重菴정치사상 논고 - 한말 척사위정운동의 성격과 金平默의 정치이념 - ,『논문집』10, 서울교대, 1977.

李澤徽, 華西 李恒老의 척사위정론 연구,『논문집』19, 서울교대, 1986.

李澤徽, 조선후기 척사논의의 전개와 그 의의,『조선조정치사상연구』, 한국정치외교사학회, 1987.

李喜桓, 위정척사론 연구의 검토,『논문집』9, 군산대, 1984.

鄭榮薰, 위정척사파의 군주제 옹호논리 - 柳麟錫의 宇宙問答을 중심으로 - ,『朴成壽화갑논총 한국독립운동사의 인식』, 1991.

鄭載植, 유교전통의 보수의 이론 - 李恒老의 척사위정사상을 중심으로 - ,『한국사회와 사상』, 한국정신문화연구원, 1984.

정창렬, 한말 변혁운동의 정치경제적 성격,『한국민족주의론』, 창작과 비평사, 1982.

曹佐鎬·白鍾基·閔丙河, 한말의 국권옹호사상과 민족의 자강운동,『인문과학』9, 성균관대 인문과학연구소, 1980.

池敎憲, 한국근대사상의 전개과정,『청주교대논문집』18, 청주교대, 1982.

陳德奎, 척사위정론의 민족주의적 비판인식,『한국문화연구원논총』31, 이화여대 한국문화연구소, 1978.

車基鎭, 尹宗儀의 척사론과 海防論 인식에 대한 연구,『尹炳奭화갑기념 한국근대사논총』, 1990.

崔炳鈺, 위정척사사상에 대한 일고찰 - 그 사상의 전개와 대외관을 중심으로 - ,『홍익사학』3, 1986.

崔在虞, 한말 제천지방 향약의 위정척사적 성격 - 華西 李恒老문인의 경우 - ,『충북사학』2, 충북대사학회, 1989.

崔在虞, 한말 충주 荷谷의 위정척사적 향촌운동,『향토사연구』2, 한국향토사연구전국협의회, 1990.

崔載賢, 19세기 사회운동의 전략집단,『한국의 사회와 문화』10, 한국정신문화연구원, 1989.

崔震植, 대원군집권기의 禦洋論 연구,『교남사학』4, 영남대국사학회, 1988.

崔昌圭, 척사론과 그 성격,『한국사 16 - 개화척사운동 - 』, 국사편찬위원회, 1975.

韓基範, 한말지식층의 구국운동 - 그 패인의 분석을 중심으로 - ,『논문집』15, 대전실전·중경공전, 1986.

洪淳昶, 勉菴 崔益鉉의 위정척사론에 대하여,『대구사학』1, 대구대사학회, 1969.

洪淳昶, 조선조 말기의 위정척사사상에 대하여 - 勉菴 崔益鉉을 중심으로 한 민족자결의식의 발전적 존재형태 - ,『아세아학보』7, 아세아학술연구, 1970.

洪淳昶, 한말 민족의식(위정척사)의 성장과정 - 1880년대 採西사상과의 관련에서 - ,『성곡논총』2, 성곡학술문화재단, 1971.

洪淳昶, 위정척사사상과 민족의식,『영남사학』1, 1971.

洪淳昶, 쇄국양이와 위정척사사상 - 병인양요와 신미양요의 경우 - ,『영남사학』5·6합, 1976.

洪淳昶, 위정척사론의 성격과 그 계보,『석계조인제회갑기념논총』, 1977.

（2）개화당·개화사상

姜在彦,『朝鮮近代史硏究』, 日本評論社, 1970/ 한울, 1982.

姜在彦,『近代朝鮮の變革思想』, 日本評論社, 1973.

姜在彦,『朝鮮の攘夷と開化』, 平凡社, 1977.

姜在彦,『朝鮮の開化思想』, 岩波書店, 1980/鄭昌烈 역,『한국의 개화사상』, 비봉출판사, 1981.

姜在彦,『근대 한국사상사연구』, 한울사, 1983.

姜在彦,『한국의 근대사상』, 한길사, 1985.

국사편찬위원회,『한국사 16 - 근대 개화척사운동 - 』, 1975.

金道泰,『서재필박사자서전』, 보선사, 1948.

金度亨,『大韓帝國期의 정치사상연구』, 지식산업사, 1994.

金鳳烈,『兪吉濬 개화사상의 연구』, 경희대 박사논문, 1989.

金永鍵,『조선개화비담』, 정음사, 1946.

김영숙,『갑신정변의 정강에 대하여』, 1963.

金榮作,『韓末ナショナリスム研究』, 東京大出版會, 1975/ 청계연구소, 1989.

金玉均 저, 조일문 역주,『갑신일록』, 건국대출판부, 1977.

金元姬,『한국의 개화교육사상』, 재동문화사, 1979.

閔泰瑗,『갑신정변과 김옥균』, 국제문화협회, 1947.

朴起緒,『兪吉濬과 福澤諭吉의 정치사상 비교연구』, 홍익대 박사논문, 1989.

朴贊勝,『한국근대정치사상사연구 - 민족주의 우파의 실력양성운동론 - 』, 역사비평사, 1992.

孫炯富,『朴珪壽의 개화사상연구』, 전북대 박사논문, 1991.

송재문화재단 편,『독립신문논설집』, 1976.

愼鏞廈,『독립협회의 사회사상연구』, 서울대 한국문화연구소, 1973.

愼鏞廈,『독립협회의 독립문건립과 토론회의 계몽활동』, 서울대 한국문화연구소, 1974.

愼鏞廈,『독립협회의 민족운동연구』, 서울대 한국문화연구소, 1974.

愼鏞廈,『독립협회와 만민공동회』(춘추문고 7), 한국일보사, 1975.

愼鏞廈,『독립협회연구 - 독립신문·독립협회·만민공동회의 사상과 운동 - 』, 일조각, 1976.

愼鏞廈,『독립협회와 개화운동』(교양국사총서 20), 세종대왕기념사업회, 1976.

兪吉濬전서편찬위원회,『서유견문록』, 일조각, 1971.

柳永益,『갑오경장연구』, 일조각, 1990.

尹炳奭 외,『개화운동과 갑신정변 - 한국사대토론 3 - 』, 삼성문고, 1977.

尹炳喜,『대한제국말기 兪吉濬의 사상과 활동』, 서강대 박사논문, 1993.

李光麟,『한국개화사연구』, 일조각, 1969.

李光麟,『개화당연구』, 일조각, 1973.

李光麟,『한국개화사상연구』, 일조각, 1979.

李光麟,『한국개화사의 제문제』, 일조각, 1986.

李光麟,『개화파와 개화사상연구』, 일조각, 1989.

李光麟,『개화기의 인물』, 연세대출판부, 1993.

李光麟,『개화기의 연구』, 일조각, 1994.

李瑄根,『조선최근정치사』, 정음사, 1950.

李松姬,『대한제국말기 애국계몽학회 연구』, 이화여대 박사논문, 1986.

李完宰,『초기개화사상연구』, 민족문화사, 1989.

李鉉淙,『한말에 있어서의 중립화론』, 국토통일원, 1978.

李炫熙,『한국개화백년사』, 을유문화사, 1976.

李炫熙,『한국근대여성개화사』, 이우출판사, 1978.

李炫熙,『한국근대사의 재발견』(탐구신서 225), 탐구당, 1981.

田保橋潔,『近代朝鮮における政治的改革』, 朝鮮總督府, 1944.

鄭灐, 『한말 계몽운동단체 연구』, 효성여대 박사논문, 1992.

趙載福, 『조선말기 개화사상 형성에 관한 연구』, 원광대 박사논문, 1988.

趙恒來, 『한말사회단체사논고』, 형설출판사, 1972.

朱鎭五, 『19세기 후반 개화개혁론의 구조와 전개 - 독립협회를 중심으로 - 』, 연세대 박사논문, 1995.

叢成義, 『위정척사파와 개화파 지식인의 대외인식 변화 비교연구』, 고려대 박사논문, 1994.

한국정치외교사학회, 『갑신정변연구』, 평민사, 1985.

恒屋盛服, 『朝鮮開化史』, 東京, 1901.

허종호 외, 『조선에서 부르조아 혁명운동』, 1970.

Griffis, W. E., 『조선개화의 기원』, 水交社, 1895.

Hwang In-kwan, 『The Korean Reform of the 1880s and Fukuzawa Yukich』, Washington(St. Louis), Ph. D., 1975.

康允浩, 개화기의 교육실태, 『논총』 5, 이화여대 한국문화연구원, 1975.

姜在彦, 開化思想·開化派·金玉均, 『朝鮮史研究會論文集』 4, 朝鮮史研究會, 1968.

姜在彦, 開化思想·開化派·甲申政變, 『朝鮮近代史研究』, 日本評論社, 1970.

康智漢, 개화당의 민권사상, 『평화연구』 9, 경북대 평화문화연구소, 1984.

姜昌一, 초기 개화파의 근대화 구상 - 갑신정변에 대한 비판적 검토 - , 『한국문화』 15, 서울대 한국문화연구소, 1994.

橋谷弘, 韓國史における近代と反近代, 『歷史評論』 500, 東京：歷史科學協議會, 1991.

具仙姬, 福澤諭吉과 1880년대 한국개화운동, 『사총』 32, 1987.

具仙姬, 斥邪와 開化의 갈등은 무엇인가, 『쟁점 한국근현대사』 1, 한국근대사연구소, 1992.

具滋赫, 張志淵(1864~1921)의 개화관, 『논문집』 24, 춘천교대, 1984.

權錫奉, 영선사행에 대한 일고찰 - 軍械學造事를 중심으로 - , 『역사학보』 17·18합, 역사학회, 1962.

權五榮, 申箕善의 東道西器論연구, 『청계사학』 1, 한국정신문화연구원 청계사학회, 1984.

權五榮, 동도서기론의 구조와 그 전개, 『한국사시민강좌』 7, 일조각, 1990.

金敬玉, 兪吉濬의 개화사상연구, 효성여대 석사논문, 1984.

김경택, 한말 중인층의 개화활동과 친일개화론, 『역사비평』 21, 역사문제연구소, 1993.

金南信, 한말 개화추진기구의 설치와 변천 - 통리기무아문을 중심으로 - , 조선대 석사논문, 1988.

金大煥, 한말지식인의 수구와 개화의 갈등 - 1874~1907년 - , 『한국의 사회와 문화』 7, 한국정신문화연구원, 1986.

金東元, 朴珪壽의 개화인식, 홍익대 석사논문, 1986.

金文子, 朴珪壽の實學 - 地球儀の製作を中心に - , 『朝鮮史研究會論文集』 17, 1980.

金玟奎, 福澤諭吉와 조선 개화파 - 그의 對조선관과 개화파에 대한 원조를 중심으로 - , 『실학사상연구』 2, 무악실학회, 1991.

金福壽, 한말 개화계몽운동과 한국언론, 『한국의 사회와 문화』 19, 한국정신문화연구원, 1992.

金鳳烈, 兪吉濬의 개화사상 - 농촌경제안정과 국가재정확립 방안을 중심으로 - , 『경희사학』 11, 경희대 사학회, 1983.

金鳳烈, 兪吉濬의 국권론, 『경희사학』 12·13합, 1986.

金鳳烈, 兪吉濬 개화사상의 형성과 西遊見聞, 『가라문화』 9, 경남대 가라문화연구소, 1992.

金鳳烈, 兪吉濬 개화사상에서의 傳統認識, 『경대사론』 7, 경남대사학회, 1994.

金良洙, 개화기의 개화사상고, 『한국학』 7, 중앙대 한국학연구소, 1975.

金麗化, 개화기의 2대사상,『수선사회』2, 서울교대사회교육학과, 1985.

金泳謨, 개화사상의 형성과 그 성격,『한국사 16 - 개화척사운동 - 』, 국사편찬위원회, 1975.

김영숙, 토론 : 1880년대 개화파들의 정치활동에 대하여,『력사과학』1959 - 4.

김영숙, 토론 : 우리나라에서 부르죠아민족운동의 발생에 대하여,『력사과학』1963 - 4.

金榮作, 초기 개화파의 민족주의사상과 갑신정변의 현대적 의의,『사상과 정책』1 - 4, 경향신문사, 1984.

金泳鎬, 근대화의 새벽 - 개화사상 - ,『한국현대사 6』, 신구문화사, 1971.

金泳鎬, 실학과 개화사상의 연관문제,『한국사연구』8, 한국사연구회, 1972.

金容九, 서평 : 개화당연구(이광린 저),『역사학보』56, 1972.

金容燮, 갑신·갑오개혁기 개화파의 농업론,『동방학지』15, 연세대 동방학연구소, 1974.

金雲泰, 한말 개화사상과 그 운동의 전개,『조선조정치사상연구』, 한국정치외교사학회, 1987.

金源模, 徐光範연구 - 1859～1897 - ,『동양학』15, 단국대 동양학연구소, 1985.

金義煥,　朝鮮開化黨幕後の指導者劉大致の活動とその最後 - 彼の愛藏品龜形靑磁丹茶壺の發見に際して - ,『朝鮮學報』98, 1981.

金在煥, 급진 개화파의 개화정책에 관한 연구, 경희대 석사논문, 1976.

金昌洙, 서평 : 한국근대여성개화사(이현희 저),『한국사상』16, 1978.

金千鎰, 조선말기의 개화사상과 근대학교 성립 및 여성교육의 변천,『여성문제연구』15, 효성여대 한국여성문제연구소, 1987.

金河元, 초기 개화파의 대외인식 - 吳慶錫을 중심으로 - ,『부대사학』17, 부산대사학회, 1993.

金顯棋, 姜偉(1820～1884)의 개화사상연구,『경희사학』12·13합, 1986.

김희일, 1880년대 개화사상연구 -「서유견문」을 중심으로(1·2) - ,『력사과학』1965 - 6·1966 - 1.

김희재, 근세조선의 민족문제와 민족운동 - 부르조아 민족운동을 중심으로 - ,『민족문제논총』1, 부산대 민족문제연구소, 1990.

羅鍾宇, 海鶴 李沂의 구국운동과 그 사상,『원광사학』2, 원광대사학회, 1982.

魯仁華, 서평 : 한국의 개화사상(강재언 저),『이대사원』18·19합, 1982.

魯仁華, 한말 개화자강파의 여성교육관,『한국학보』27, 일지사, 1982.

도면회, 근대=자본주의사회 기점으로서의 갑오개혁,『역사와 현실』9, 역사비평사, 1993.

渡部學, 近代朝鮮への思想變革 - 實學と開化思想 - ,『朝鮮史入門』, 太平出版社, 1966.

리종현, 우리나라에서의 1894년(갑오) 부르죠아개혁(1·2),『력사과학』1979 - 1·2.

리종현, 우리나라에서 부르죠아개혁운동의 발생발전에 대한 력사적 고찰,『력사과학』1980 - 4.

馬淵貞利, 近代朝鮮における變革主體, 抵抗主體の形成と展開,『歷史學研究別冊 - 特集 : 1975大會報告 - 』, 歷史學研究會, 1975/『갑신갑오기의 근대변혁과 민족운동』, 청아, 1983

梶村秀樹, 朝鮮近代史と金玉均の評價,『思想』510, 1966.

閔庚培, 초기 尹致昊의 기독교신앙과 개화사상 - 1883년에서 1905년까지를 중심으로 - ,『동방학지』19, 연세대 국학연구원, 1978.

閔炳學, 갑신정변을 전후한 개화운동의 정치사적 고찰,『논문집』25, 충북대, 1983.

閔炳學, 갑오개혁의 개화운동사적 고찰,『논문집(인문, 사회과학편)』27, 충북대, 1984.

朴起緖, 한·일 근대 개화사상의 비교 - 혁명주체론을 중심으로 - ,『경희사학』14, 1987.

朴承奎, 이조말 경제구조면에서 본 개화운동 저지의 요인에 관한 소고,『논문집』1, 진주교대, 1967.

朴承奎, 개화운동을 통하여 본 근대화과정의 저해요인에 관한 고찰,『진주교대논문집』5, 1970.

朴永錫, 서평 : 한국근대여성개화사(이현희 저),『아세아여성연구』17, 1978.

朴容玉, 한국여성개화사서설 - 특히 萌芽와 수용과정을 중심으로 - ,『柳洪烈박사화갑기념논총』, 1971.

朴容玉, 개화파의 여성개화사상,『사총』25, 고려대사학회, 1981.

朴宗根, 朝鮮近代における民族運動の展開 - 開化・東學・衛正斥邪思想と運動を中心として - ,『歷史學研究』452, 1978/『甲申甲午期의 近代變革과 民族運動』, 청아, 1983.

白承鍾,「宜田記述」을 통해서 본 陸用鼎의 개화사상,『동아연구』18, 서강대 동아연구소, 1989.

白鍾基, 개화사상과 갑신정변 연구의 과제,『대동문화연구』20, 성균관대 대동문화연구원, 1986.

山邊健太郎,「甲申日錄」の研究,『朝鮮學報』17, 朝鮮學會, 1960.

山邊健太郎, 朝鮮改革運動と金玉均 - 甲申事變に關連して - ,『歷史學研究』247, 歷史學研究會, 1960.

孫炯富, 瓛齋 朴珪壽의 개국론형성에 대한 일고찰, 전남대 석사논문, 1982.

孫炯富, 朴珪壽의 대미개국론과 조선수교,『전북사학』10, 전북대사학회, 1986.

孫炯富, 朴珪壽의 熱河使行(1861)과 대서양외교론의 성립,『전남사학』3, 전남사학회, 1989.

宋炳基, 朴珪壽의 對美開國論,『이기백고희기념 한국사학논총(하)』, 일조각, 1994.

須川英德,   朝鮮甲午改革以前における海關稅輸入と開化政策の關聯について - 開化政策の財源問題 - ,『朝鮮學報』132, 1989.

愼鏞廈, 개화정책,『한국사 16 - 개화척사운동 - 』, 국사편찬위원회, 1975.

愼鏞廈, 갑신정변의 사회・경제적 배경과 개화파의 사상,『사상과 정책』1 - 4, 경향신문사, 1984.

愼鏞廈, 19세기 개화파의 자주적 근대화 사상의 구조,『한국사학』6, 한국정신문화연구원, 1985.

愼鏞廈, 구한말 지식인의 수구의식과 개화의식,『한국의 사회와 문화』5, 한국정신문화연구원, 1985.

愼鏞廈, 金玉均의 개화사상,『동방학지』46・47・48합, 연세대 국학연구원, 1985.

愼鏞廈, 吳慶錫의 개화사상과 개화활동,『역사학보』107, 1985.

梁鎭健, 제주유배인의 개화교학활동 연구,『민족문화연구』23, 고려대 민족문화연구소, 1990.

吳世昌, 개화사상과 개화당의 형성,『한국사학』1, 한국정신문화연구원 사학연구실, 1980.

玉亮錬, 한국근대화와 사회변동의 역사적 모색 - 사상과 운동을 중심으로 - ,『사회과학논총』4 - 2, 부산대사회과학대, 1985.

原田環, 朴珪壽の對日開國論,『人文學報』46, 京都大學, 1979.

原田環, 朝鮮の近代化思想 - 開化思想の形成と展開 - ,『大東文化研究』18, 성균관대 대동문화연구원, 1984.

原田環, 淸における朝鮮の開國近代化論 -「朝鮮策略」と'主持朝鮮外交議',『史學研究』203, 廣島大, 1993 .

月脚達彦, 開化思想の形成と展開 - 兪吉濬の對外觀を中心に - ,『朝鮮史研究會論文集』28, 1991.

柳根鎬, 개화사상의 단계적고찰 - 초기 개화파의 사상적 특질을 중심으로 - ,『갑신정변연구』, 한국정치외교사학회, 1985.

유봉학, 조선후기 開城지식인의 동향과 北學思想 수용 - 崔漢綺와 金澤榮을 중심으로 - ,『규장각』16, 서울대규장각, 1993.

柳承宙, 개화기의 근대화 과정 - 위정척사파・東道西器派・개화당파의 산업관을 중심으로 - ,『근대화와 정치적구심력』, 한국정신문화연구원, 1986.

柳永烈, 李東仁에 관한 SATOW의 문서,『사학연구』31, 1980.

柳永烈, 尹致昊의 근대변혁 방법론,『사학연구』32, 한국사학회, 1981.

柳永烈, 개화초기의 尹致昊연구,『숭실사학』1, 숭전대사학회, 1983.

柳永益, Dynamics of the Korean Enlightenment Movement, 1879~1889 - A Survey with Emphasis on the Roles of the Korean Leaders - ,『淸季自强運動研討會論文集(上)』, 臺北 : 中央研究院, 1988.

柳永益, 1880~90년대 개화파인사들의 개신교 수용양태,『진단학보』70, 1990.

柳永益,「서유견문론」,『한국사시민강좌』7, 일조각, 1990.

尹敎炳, 초기개화파의 현실인식소고,『경희사학』12 · 13합, 1986.

李光麟, 육영공원의 설치와 그 변천에 대하여,『동방학지』6, 연세대 동방학연구소, 1963.

李光麟,「海國圖誌」의 한국전래와 그 영향,『한국개화사연구』, 일조각, 1969.

李光麟, 易言과 한국의 개화사상,『이홍직박사화갑기념 한국사논총』, 1969.

李光麟, 개화사상연구,『한국개화사연구』, 일조각, 1969.

李光麟, 개화당의 형성,『성곡논총』3, 성곡학술문화재단, 1972.

李光麟, 개화사상의 보급,『한국사 16 - 개화척사운동 - 』, 국사편찬위원회, 1975.

李光麟, 개화파의 개신교관,『역사학보』66, 역사학회, 1975.

李光麟, 개화 · 척사사상,『한국사론 5 - 근대 - 』, 국사편찬위원회, 1978.

李光麟, 兪吉濬의 개화사상 - 서유견문을 중심으로 - ,『역사학보』75 · 76합, 역사학회, 1977.

李光麟, 徐載弼의 개화사상,『동방학지』18, 연세대 국학연구원, 1978.

李光麟, 개화사상과 애국계몽운동,『한국학입문』, 학술원, 1983.

李光麟, 개화승 李東仁에 관한 새 사료,『동아연구』6, 서강대 동아연구소, 1985.

李光麟, 구한말 露領 이주민의 한국정계 진출에 대하여 - 金鶴羽의 활동을 중심으로 - ,『역사학보』108, 1985.

李光麟, 개화기 한국인의 아시아연대론,『한국사연구』61 · 62합, 1988

李光麟, 구한말 講舊會 선정의 '愛國死士'에 대하여,『진단학보』65, 1988.

李光麟, 개화사상의 형성과 그 발전,『한국사시민강좌』4, 일조각, 1989.

李起勇, 한국개화사상과 일본문명사상의 비교연구 - 兪吉濬과 福澤諭吉을 중심으로 - ,『한일관계사연구』4, 한일관계사연구회, 1995.

李培鎔, 개화기 明成皇后 閔妃의 정치적 역할,『국사관논총』66, 국사편찬위원회, 1995.

李培鎔, 개화사상 · 갑신정변 · 갑오개혁에 대한 연구현황과 과제,『한국사론 25』, 국사편찬위원회, 1995.

李昞林, 개화사상의 형성에 관한 연구, 동아대 석사논문, 1989.

이병일, 瓛齋 朴珪壽연구, 단국대 석사논문, 1983.

李守龍, 1880년대 개화파의 대외통상론의 성격, 서울대 석사논문, 1983.

李守龍, 한국근대 변혁운동연구의 동향과 국사교과서의 서술,『역사교육』47, 역사교육연구회, 1990.

李玉敬, 19세기중엽 한일근대사상의 비교 - 朴珪壽와 福澤諭吉의 사상을 중심으로 - , 성신여대 석사논문, 1990.

李完宰, 朴珪壽의 생애와 사상,『사학논지』3, 한양대사학과, 1975.

李完宰, 개화사상 소고,『한국학논집』5, 한양대 한국학연구소, 1984.

李完宰, 개화사상의 역사의식,『한국학논집』9, 한양대 한국학연구소, 1986.

李完宰, 초기개화사상의 대청인식,『경희사학』14, 1987.

李完宰, 개화사상의 개념과 분화문제,『한국학논집』13, 한양대 한국학연구소, 1988.

이의환, 개화기 尹致昊와 기독교 개화사상,『한국기독교와 민족운동』, 보성, 1986.

李鍾麟, 한말의 근대화운동 - 개화기에서 광복기까지 - ,『한국사회과학논집』9, 한국사회과학연구원, 1968.

이준일, 위정척사사상과 개화사상의 갈등구조,『한국의 정치와 경제』1, 한국정신문화연구원, 1992.

李太一, 金玉均의 정치사상에 있어서의 현실성의 한계,『한국정치학회보』13, 한국정치학회, 1979.

李鉉淙, 개화기의 사상,『한국학』6, 중앙대 한국학연구소, 1975.

李炫熙, 19세기 후반의 한국개화운동관고 - 개화의 활동을 중심으로 - ,『연구논문집』7, 성신여사대,

1975.

李炫熙, 개화당의 형성,『한국사 16 - 개화척사운동 - 』, 국사편찬위원회, 1975.

李炫熙, 東菴 張孝根의 자강사상 - 「동암일기」를 여측하며 - ,『한국사논총』2, 성신여사대국사교육학회, 1977.

李炫熙, 서울을 중심으로 한 개화운동(1) - 1880년대의 개화운동,『향토서울』35, 1977.

李炫熙, 개항기의 인물과 그 사상 - 默庵비망록을 중심으로 - ,『한국사상』17, 한국사상연구회, 1980.

李炫熙, 서울을 중심으로 한 개화운동(2) - 1890년대 이후의 개화운동 - ,『향토서울』39, 서울시사편찬위원회, 1981.

李炫熙, 한말 중인개화사상가의 개혁운동 - 의식 개혁운동의 시각 - ,『사학연구』34, 한국사학회, 1982.

李炫熙, 서울을 중심으로한 개화운동(3) - 1900년대의 개화운동과 그 실태 - ,『향토서울』42, 서울시사편찬위원회, 1984.

李炫熙, 한말 개화사상의 보급과 갈등문제,『소헌남도영박사화갑기념 사학논총』, 1984.

李熙昇, 兪吉濬 - 근대화를 향한 발돋음 - ,『한국의 인간상 6』, 신구문화사, 1965.

李喜桓, 尹致昊의 개화사상 - 그의 기독교신앙과 관련하여 - ,『한국사연구』44, 한국사연구회, 1984.

田鳳德, 「西遊見聞」と兪吉濬の法律思想,『韓』64, 1977.

田英玉, 朴泳孝의 개화사상과 정치활동 - 을미개혁 평가와 관련하여 - , 이화여대 석사논문, 1986.

鄭大澈, 한성순보 · 주보의 개화방향에 관한 고찰,『한국학논집』5, 한양대 한국학연구소, 1984.

鄭演植 · 채정민, 한말 개화파의 외교활동,『동양문화연구』10, 경북대 동양문화연구소, 1983.

鄭玉子, 신사유람단고,『역사학보』27, 역사학회, 1965.

鄭玉子, 개화파와 갑신정변,『국사관논총』14, 국사편찬위원회, 1990.

鄭濟愚, 金弘集의 생애와 개화사상,『사학연구』36, 한국사학회, 1983.

趙景達, 朝鮮における大國主義と小國主義の相剋 - 初期開化派の思想 - ,『朝鮮史硏究會論文集』22, 1985.

糟谷憲一, 甲申政變 · 開化派硏究の課題,『朝鮮史硏究會論文集』22, 朝鮮史硏究會, 1985.

趙一文, 정치사상으로서의 개화사상고,『학술지(인문사회과학편)』20, 건국대 학술연구원, 1976.

趙載福, 개화사상의 형성과 천주교역할,『논문집』18, 목원대, 1990/『如山柳炳德화갑기념 한국철학종교사상사』, 1990.

曺佐鎬 · 白鍾基 · 閔丙河, 한말의 국권옹호사상과 민족의 자강운동,『인문과학』9, 성균관대 인문과학연구소, 1980.

趙芝薰, 개화사상의 모티브와 그 본질 - 한국의 근대화운동에 대하여 - ,『한국사상』6, 한국사상연구회, 1963.

趙恒來, 庚辰(1880년)修信使와「朝鮮策略」의 파문,『한일연구』2, 한국일본문제연구회, 1973.

朱昇澤, 姜瑋의 개화사상과 외교활동,『한국문화』12, 서울대 한국문화연구소, 1991.

陳明崇, 「海國圖誌」의 조선개화운동에 끼친 영향, 성균관대 석사논문, 1977.

千寬宇, 서평 : 한국개화사연구(이광린 저),『역사학보』42, 1969.

千亨均 · 박순호, 한국민족주의 이념의 전개 - 개화사상의 역사적 성격을 중심으로 - ,『연구보고서』(인문과학계 1 - 6), 문교부, 1972.

靑木功一, 朝鮮開化思想と福澤諭吉の著作 - 朴泳孝上疏における福澤著作の影響 - ,『朝鮮學報』52, 朝鮮學會, 1969.

靑木功一, 朴泳孝の民本主義, 新民論, 民族革命論(1 · 2) - '興復上疏'における變法開化論の性格 - ,『朝鮮學報』80 · 82, 1976 · 1977.

崔敬淑, 온건개화론자들의 개화·교육사상,『고고역사학지』5·6합, 동아대박물관, 1990.
최기한, 토론 : 우리나라에서 부르죠아민족운동의 발단에 대하여,『력사과학』1963 - 5.
崔文衡, 갑신정변전후의 정황과 개화파 - 외세와 연관된 정변의 재평가를 위해 - ,『사학연구』38, 한국사학회, 1984.
崔炳洙, 한말 개화사상의 단계적 발전과 그 한계성에 관한 연구, 원광대 석사논문, 1982.
崔敎鎬, 개화기의 교육이념과 역사교육 목표의식,『사총』20, 고려대사학회, 1976.
崔載賢, 19세기 사회운동의 전략집단,『한국의 사회와 문화』10, 한국정신문화연구원, 1989.
崔埈, 徐載弼 - 개화의 선봉 - ,『인물한국사 5』, 박우사, 1965.
崔震植, 1880년대 온건개화파의 자강론 연구,『민족문화논총』10, 영남대 민족문화연구소, 1989.
韓基範, 한말지식층의 구국운동 - 그 패인의 분석을 중심으로 - ,『논문집』15, 대전실전·중경공전, 1986.
韓晳曦, 開化派と李東仁と東本願寺,『朝鮮民族運動史研究』4, 神戶 : 朝鮮民族運動史研究會, 1987.
韓㳍劤, 개항당시의 위기의식과 개화사상,『한국사연구』2, 한국사연구회, 1968.
許東賢, 1881년 조선朝士 일본시찰단에 관한 일고찰, 고려대 석사논문, 1986.
玄昌厦, 菊初李仁稙の開化思想と文學,『朝鮮學報』21·22合, 朝鮮學會, 1961.
洪碩杓, 초기 개화파의 정치의식 연구 - 개화론의 대두를 중심으로 - , 조선대 석사논문, 1988.
洪性讚, 한말·일제초 향리층의 변동과 문명개화론 - 寶城郡守 吳在永의 경우를 중심으로 - ,『한국사연구』90, 한국사연구회, 1995.
洪一植, 개화사상,『한국현대문화사대계 2 - 학술·사상·종교사 - 』, 고려대 민족문화연구소, 1976.
洪一植, 耕夫 申伯雨의 개화·민족운동 연구,『인문논집』37, 고려대문과대, 1992.
黃善嬉, 1900년대 天道敎의 개화운동,『中齋張忠植화갑논총(역사학편)』, 1992.
Lew Young-ick, Yuan Shih-K'ai(원세개)'s Residency and the korean Enlightenment Movement 1885~94,『The Journal of Korean Studies』Vol. 5, 1984.

(3) 애국계몽운동

姜在彦,『近代朝鮮の思想』, 紀伊國屋書店, 1971/『근대조선의 사상』, 미래사, 1984.
姜在彦,『近代朝鮮の變革思想』, 日本評論社, 1973.
姜在彦,『朝鮮の開化思想』, 岩波書店, 1980/鄭昌烈 역,『한국의 개화사상』, 비봉출판사, 1981.
姜在彦,『근대 한국사상사연구』, 한울사, 1983.
姜在彦,『한국의 근대사상』, 한길사, 1985.
金道泰,『서재필박사자서전』, 보선사, 1948.
金度亨,『大韓帝國期의 정치사상연구』, 지식산업사, 1994.
金鳳烈,『兪吉濬 개화사상의 연구』, 경희대 박사논문, 1989.
金泳謨,『한말지배층연구』, 서울대 한국문제연구소, 1972.
金榮作,『韓末ナショナリスム研究』, 東京大出版會, 1975/ 청계연구소, 1989.
金義煥,『우리나라근대사논고』, 삼협출판사, 1964.
朴贊勝,『한국근대정치사상사연구 - 민족주의 우파의 실력양성운동론 - 』, 역사비평사, 1992.
愼鏞廈,『독립협회의 사회사상연구』, 서울대 한국문화연구소, 1973.
愼鏞廈,『독립협회의 독립문건립과 토론회의 계몽활동』, 서울대 한국문화연구소, 1974.
愼鏞廈,『독립협회의 민족운동연구』, 서울대 한국문화연구소, 1974.

愼鏞廈, 『독립협회와 만민공동회』(춘추문고 7), 한국일보사, 1975.
愼鏞廈, 『독립협회연구 - 독립신문·독립협회·만민공동회의 사상과 운동 - 』, 일조각, 1976.
愼鏞廈, 『독립협회와 개화운동』(교양국사총서 20), 세종대왕기념사업회, 1976.
尹炳喜, 『대한제국말기 兪吉濬의 사상과 활동』, 서강대 박사논문, 1993.
李光麟, 『한국개화사연구』, 일조각, 1969.
李光麟, 『개화당연구』, 일조각, 1973.
李光麟, 『한국개화사상연구』, 일조각, 1979.
李光麟, 『한국개화사의 제문제』, 일조각, 1986.
李光麟, 『개화파와 개화사상연구』, 일조각, 1989.
李光麟, 『개화기의 인물』, 연세대출판부, 1993.
李光麟, 『개화기의 연구』, 일조각, 1994.
李松姬, 『대한제국말기 애국계몽학회 연구』, 이화여대 박사논문, 1986.
李鉉淙, 『한말에 있어서의 중립화론』, 국토통일원, 1978.
林在讚, 『구한말 육군무관학교 연구』, 동아대 박사논문, 1990.
鄭灌, 『한말 계몽운동단체 연구』, 효성여대 박사논문, 1992.
鄭灌, 『舊韓末期 民族啓蒙運動 硏究』, 형설, 1995.
朱鎭五, 『19세기 후반 개화개혁론의 구조와 전개 - 독립협회를 중심으로 - 』, 연세대 박사논문, 1995.

姜大敏, 한말일본유학생들의 애국계몽사상, 『논문집(인문, 사회과학편)』 7, 부산산업대, 1986.
具滋赫, 張志淵(1864~1921)의 실업구국론, 『논문집』 25, 춘천교대, 1985/『韋庵張志淵의 사상과 활동』,
    민음사, 1993.
權寧珉, 애국계몽시대의 소설개혁운동, 『한국문화』 5, 서울대 한국문화연구소, 1984.
權熙英, 1930년대초 언론기관의 농촌계몽운동 - 동아일보사의 하기계몽운동을 중심으로 - , 『해군제2사
    관학교논문집』, 1979.
金光洙, 朴殷植의 계몽사상, 『水邨朴永錫화갑논총 한민족독립운동사논총』, 1992.
金光重, 개화기 애국계몽운동의 고찰, 건국대 석사논문, 1980.
金光重, 한말 애국계몽운동기의 尙武교육에 대하여 - 신문논설과 교과서를 중심으로 - , 『국사관논총』
    23, 국사편찬위원회, 1991.
金光重, 한말 애국계몽운동기의 신교육구국론 - 신문논설을 중심으로 - , 『사학연구』 43·44합, 1992.
金淇周, 한말 在日 한국유학생의 사회계몽사상, 『사회교육』 3, 호남대 사회교육연구소, 1991.
金度亨, 한말 계몽운동의 정치론 연구, 『한국사연구』 54, 1986.
金度亨, 한말 계몽운동의 지방지회, 『孫寶基정년기념 한국사학논총』, 지식산업사, 1988.
金福壽, 한말 개화계몽운동과 한국언론, 『한국의 사회와 문화』 19, 한국정신문화연구원, 1992.
金信在, 애국계몽기의 국가형태론, 『芝村金甲周화갑기념 사학논총』, 1994.
金鍾德, 한말 계몽운동의 사회사, 『가라문화』 6, 경남대 가라문화연구소, 1988.
金鍾德, 한말 계몽운동의 계보와 성격, 『한국의 사회와 문화』 10, 한국정신문화연구원, 1989.
김종호, 서북학회 월보에 나타난 애국계몽사상, 경북대 석사논문, 1985.
南宮勇權, 翰西 南宮檍사상의 고찰, 『논문집』 4, 관동대, 1976.
盧武志, 矩堂 兪吉濬의 민족적계몽운동에 대한 고찰, 『사회과학논집』 4, 국제대 사회과학연구소, 1988.
朴贊勝, 한말 자강운동론의 각 계열과 그 성격, 『한국사연구』 68, 한국사연구회, 1990.
邊勝雄, 한말 사립학교 설립동향과 애국계몽운동, 『국사관논총』 18, 국사편찬위원회, 1990.

宋建鎬, 徐載弼 - 독립문의 초석 - ,『한국의 인간상 6』, 신구문화사, 1965.

申淳鐵, 애국계몽운동기의 유교개혁사상·운동,『한국종교』8, 원광대 종교문제연구소, 1983.

愼鏞廈, 朴殷植의 애국계몽사상연구,『성곡논총』7, 성곡학술문화재단, 1976.

愼鏞廈, 周時經의 애국계몽사상,『한국사회학연구』1, 서울대 사회학연구회, 1977.

愼鏞廈, 한말 애국계몽사상과 운동,『한국사학』1, 한국정신문화연구원 사학연구실, 1980.

愼鏞廈, 申采浩의 애국계몽사상(상·하),『한국학보』19·20, 일지사, 1980.

愼鏞廈, 朴殷植의 애국계몽사상,『한국의 사상』(윤사순·고익진 편), 열음사, 1984.

沈一燮, 한말의 사회개혁사상과 종교적 구국독립운동 - 南岡 李昇薰 편 - ,『논문집』8, 강남사회복지학
    교, 1981.

양문규, 崔南善 계몽주의의 역사적 한계,『역사비평』10, 1990.

梁潤模, 白凡 金九의 애국계몽사상 성립배경 - 白凡逸志에 나타난 의식변화를 중심으로 - ,『尹炳奭화
    갑기념 한국근대사논총』, 1990.

오길보, 19세기말 ～20세기초 애국문화계몽사상가들의 자주적 경제건설론,『력사과학』1963 - 5.

吳周煥, 계몽과 저항의 전위 - 한말의 신문 - ,『한국현대사 2』, 신구문화사, 1969.

月脚達彦, 愛國啓蒙運動の文明觀·日本觀,『朝鮮史研究會論文集』26, 1989.

柳永烈, 한말 애국계몽운동과 尹致昊,『사학연구』38, 한국사학회, 1984.

柳永烈, 대한자강회의 애국계몽운동,『한국근대민족주의운동사연구』, 일조각, 1987.

柳永烈, 대한협회의 애국계몽사상,『이재룡환력기념 한국사학논총』, 1990.

柳永烈, 애국계몽파의 민족운동론,『국사관논총』15, 국사편찬위원회, 1990.

尹慶老, 島山의 국내행적과 구국계몽활동(1907～1910),『한성사학』6·7합, 한성대사학과, 1994.

李光麟, 개화사상과 애국계몽운동,『한국학입문』, 학술원, 1983.

이만형, 구한말 애국계몽운동의 대의병관 - 대한매일신보를 중심으로 - ,『해사논문집』18, 해군사관학교,
    1983.

李秉根, 애국계몽주의시대의 국어관 - 주시경의 경우 - ,『한국학보』12, 1978.

李尙根, 국채보상운동에 관한 연구,『국사관논총』18, 국사편찬위원회, 1990.

李尙根, 영남지역의 국채보상운동,『일제의 한국침략과 영남지방의 반일운동』, 한국근대사연구회, 1995.

李松姬, 한말 국채보상운동에 관한 일연구,『이대사원』15, 이화여대사학과, 1978.

李松姬, 한말 서우학회의 애국계몽운동과 사상,『한국학보』26, 일지사, 1982.

李松姬, 한말 서북학회의 애국계몽운동(상·하),『한국학보』31·32, 일지사, 1983.

李松姬, 한말 애국계몽사상과 사회진화론,『부산여대사학』1, 부산여대사학회, 1984.

李守龍, 한국근대 변혁운동연구의 동향과 국사교과서의 서술,『역사교육』47, 역사교육연구회, 1990.

李章雨, 대한제국기「가家뎡庭잡雜지誌」에 대한 일고찰 - 애국계몽운동의 일단면 - ,『서지학연구』4, 서
    지학회, 1989.

李鍾麟, 한말의 근대화운동 - 개화기에서 광복기까지 - ,『한국사회과학논집』9, 한국사회과학연구원,
    1968.

이종철, 翰西 南宮檍의 민족운동에 대한 고찰,『논문집』14, 서울여대, 1985.

李太一, 애국계몽운동기의 한국정치사상에 관한 연구,『동아논총(인문, 사회, 자연과학편)』19, 동아대,
    1982.

李鉉淙, 민족운동의 새로운 전개,『자유아카데미연구논총』2, 자유아카데미, 1977.

林雄介, 愛國啓蒙運動の農業重視論について - 西友學會, 西北學會の實業論を中心に,『朝鮮史研究會
    論文集』29, 1991.

田口容三, 愛國啓蒙運動期の時代認識,『朝鮮史研究會論文集』15, 1978.

田口容三, 李朝末期の國債報償運動について,『朝鮮學報』128, 1988.

鄭灌, 구한말 애국계몽단체의 활동과 성격,『대구사학』20·21합, 1982.

鄭灌, 구한말 계몽단체운동에 나타난 민족운동의 성격,『碧史李佑成정년기념 민족사의 전개와 그 문화(하)』, 1990.

鄭昌烈, 애국계몽사상의 역사의식,『국사관논총』15, 국사편찬위원회, 1990.

趙珖, 安重根의 애국계몽운동과 독립전쟁,『교회사연구』9, 한국교회사연구소, 1994.

趙東杰, 독립운동의 이념과 方略 - 한말 구국운동의 논리 -,『한국사학』10, 한국정신문화연구원, 1989.

趙東杰, 한말계몽주의의 구조와 독립운동상의 위치,『한국학논총』11, 국민대 한국학연구소, 1989.

趙恒來, 애국계몽운동에서 본 甲辰개화혁신운동,『芝村金甲周화갑기념 사학논총』, 1994.

崔起榮, 安國善(1879-1926)의 생애와 계몽사상(상·하),『한국학보』63·64, 일지사, 1991.

崔炳鈺, 韋庵 張志淵의 사회사상연구 - 애국계몽사상을 중심으로 -,『홍익사학』2, 1985/『韋庵張志淵의 사상과 활동』, 민음사, 1993.

崔載賢, 19세기 사회운동의 전략집단,『한국의 사회와 문화』10, 한국정신문화연구원, 1989.

崔埈, 국채보상운동과 프레스 캠페인,『백산학보』3, 백산학회, 1967.

Lee Hyo-chae, Protestant Missionary Work and Enlightenment of Korean Women,『Korea Journal』17-11, Korean National Commission for Unesco, Nov. 1977.

Shin Yong-ha, Enlightenment Thought of Sin Ch'ae ho,『Korea Journal』Vol. 20 No. 11, Korean National Commission for Unesco, 1980.

(4) 정치단체활동

김항구,『대한협회(1907~1910) 연구』, 단국대 박사논문, 1993.

朴榮喆,『時中會취지의 강령』, 1934.

朴泰遠,『若山과 의열단』, 백양당, 1947.

申福龍,『대동단실기』, 양영각, 1982.

愼鏞廈,『독립협회의 사회사상연구』, 서울대 한국문화연구소, 1973.

愼鏞廈,『독립협회의 독립문건립과 토론회의 계몽활동』, 서울대 한국문화연구소, 1974.

愼鏞廈,『독립협회의 민족운동연구』, 서울대 한국문화연구소, 1974.

愼鏞廈,『독립협회와 만민공동회』(춘추문고 7), 한국일보사, 1975.

愼鏞廈,『독립협회연구 - 독립신문·독립협회·만민공동회의 사상과 운동 - 』, 일조각, 1976.

愼鏞廈,『독립협회와 개화운동』(교양국사총서 20), 세종대왕기념사업회, 1976.

尹慶老,『105인 사건과 신민회연구』, 일지사, 1990.

李均永,『신간회연구』, 역사비평사, 1993.

李松姬,『대한제국말기 애국계몽학회 연구』, 이화여대 박사논문, 1986.

이영신,『비밀결사 白衣社』(상·중), 도서출판 알림문, 1993.

李庭植·스칼라피노 외,『신간회 연구』, 동녘, 1983.

李鍾範,『의열단副將李種岩傳』, 광복회, 1970.

李炫熙,『한국개화백년사』, 을유문화사, 1976.

李炫熙,『한국근대여성개화사』, 이우출판사, 1978.

鄭灌,『한말 계몽운동단체 연구』, 효성여대 박사논문, 1992.

趙恒來, 『한말사회단체사논고』, 형설출판사, 1972.
趙恒來, 『일진회 연구』, 아세아문화사, 1992.
朱鎭五, 『19세기 후반 개화개혁론의 구조와 전개 - 독립협회를 중심으로 - 』, 연세대 박사논문, 1995.

姜大敏, 대한학회에 관한 일고찰, 『부산사총』 1, 부산산업대사학회, 1985.
康允浩, 개화기의 학회 및 교육회 설립과 교과용 도서편찬의 경위 - 광무·융희년간의 교과용도서편찬
    고(2) - , 『이화여대80주년기념논문집(인문과학편)』, 1966.
權熙英, 대한자강회의 사회사상과 민족운동, 『논문집』 2, 해군제2사관학교, 1980.
金淇周, 대한학회에 대하여, 『변태섭박사화갑기념 사학논총』, 삼영사, 1985.
金淇周, 대한흥학회에 관한 고찰, 『전남사학』 1, 전남사학회, 1987.
金洛完, 기호흥학회에 대한 일고찰, 전북대 석사논문, 1990.
金東冕, 협성회의 사상적연구, 『사학지』 15, 단국대사학회, 1981.
金東冕, 협성회 활동에 관한 고찰 - 토론회와 기관지 간행를 중심으로 - , 『한국학보』 24, 일지사, 1981.
金東明, 一進會と日本 - ‘政合邦’と倂合, 『朝鮮史硏究會論文集』 31, 朝鮮史硏究會, 1993.
金祥起, 한말 태극학회의 사상과 활동, 『교남사학』 1, 영남대국사학회, 1985.
김성렬, 대한협회 설립의 성격과 그 변화, 한양대 석사논문, 1985.
金永上, 한성부민회에 대한 고찰, 『향토서울』 31, 서울시사편찬위원회, 1967.
金容達, 韓末 韓國中央農會에 관한 연구, 『백산학보』 42, 백산학회, 1993.
金源模, 貞洞구락부의 親露反日 정책, 『水邨朴永錫화갑논총 한국사학논총(하)』, 1992.
金稔子, 한국여성단체성립략고, 『이대사원』 7, 1968.
김종호, 서북학회 월보에 나타난 애국계몽사상, 경북대 석사논문, 1985.
金淸壽, 신민회연구, 영남대 석사논문, 1985.
金項勼, 대한협회의 설립과 조직, 『龍巖車文燮화갑기념 사학논총』, 1989.
金項勼, 한말 大韓協會의 自强독립론, 『교수논총』 7 - 2, 한국교원대, 1991.
金項勼, 大韓自强會의 자강독립론에 대한 고찰, 『동서사학』 1, 한국동서사학회, 1995.
金熙泰, 한말 호남학회에 관한 고찰, 『현암신국주박사화갑기념 한국학논총』, 동국대출판부, 1985.
馬淵貞利, 近代朝鮮における變革主體, 抵抗主體の形成と展開, 『歷史學硏究別冊 - 特集 : 1975大會報
    告 - 』, 歷史學硏究會, 1975/『갑신갑오기의 근대변혁과 민족운동』, 청아, 1983
睦貞均, 동학운동의 구심력과 원심작용 - 동학교단의 컴뮤니케이숀을 중심으로 - , 『한국사상』 13, 한국
    사상연구회, 1975.
朴成壽, 애국계몽단체의 합방반대운동, 『숭의논총』 5, 숭의여전, 1981.
朴容玉, 만민공동회, 『한국사 18 - 독립협회의 활동 - 』, 국사편찬위원회, 1973.
朴在元, 신민회의 활동, 『한국사 19 - 대한제국의 종말과 의병항쟁 - 』, 국사편찬위원회, 1976.
朴贊勝, 한말 호남학회 연구, 『국사관논총』 53, 국사편찬위원회, 1994.
山邊健太郎, 日本の韓國倂合と一進會, 『日本の韓國倂合』, 太平出版社, 1966.
愼鏞廈, 만민공동회의 자주민권자강운동, 『한국사연구』 11, 한국사연구회, 1975.
愼鏞廈, 신민회의 창건과 그 국권회복운동(상·하), 『한국학보』 8·9, 1977.
愼鏞廈, 한말 ‘自新會’의 「취지서」, 「동맹서」 등, 『한국학보』 13, 일지사, 1978.
愼鏞廈, 신민회와 대한매일신보의 민족운동, 『산운사학』 4, 산운학술문화재단, 1990.
申惠暻, 대한제국기 국민교육회 연구, 『이화사학연구』 20·21합, 이화사학연구소, 1993.
玉亮鍊, 한국근대화와 사회변동의 역사적 모색 - 사상과 운동을 중심으로 - , 『사회과학논총』 4 - 2, 부산

　　대사회과학대, 1985.

柳永烈, 관민공동회소고 - 헌의6조 분석을 중심으로 - ,『편사』4, 국사편찬위원회 편사회, 1972.

柳永烈, 대한자강회의 신구학 절충론,『최영희화갑기념 한국사학논총』, 탐구당, 1987.

柳永烈, 대한자강회의 애국계몽운동,『한국근대민족주의운동사연구』, 일조각, 1987.

柳永烈, 대한협회의 애국계몽사상,『이재룡환력기념 한국사학논총』, 1990.

尹慶老, 신민회의 지방조직에 대하여,『한성사학』4, 한성대사학회, 1986.

尹慶老, 신민회의 창립과정,『사총』30, 1986.

尹慶老, 新民會활동의 경제적 기반,『水邨朴永錫화갑논총 한민족독립운동사논총』, 1992.

尹炳喜, 한성府民會에 관한 일고찰,『동아연구』17, 서강대 동아연구소, 1989.

尹炳喜, 兪吉濬의 興士團 운영,『국사관논총』23, 국사편찬위원회, 1991.

李今㮢, 일진회에 대한 연구, 성균관대 석사논문, 1969.

李東宇, 대한학회에 관한 소고,『최영희화갑기념 한국사학논총』, 탐구당, 1987.

李亮 , 對韓政策の一側面 - 一進會の位置 - ,『九州史學』84, 1985.

李玟源, 대한제국의 성립과 '광무개혁', 독립협회에 대한 연구성과와 과제,『한국사론 25』, 국사편찬위원
　　회, 1995.

李普鏴, 서북학회 연구, 단국대 석사논문, 1982.

李尙根, 애국계몽단체의 교육구국운동 - 大韓自强會와 新民會를 중심으로 - ,『水邨朴永錫화갑논총 한
　　민족독립운동사논총』, 1992.

李松姬, 한말 서우학회의 애국계몽운동과 사상,『한국학보』26, 일지사, 1982.

李松姬, 한말 서북학회의 애국계몽운동(상·하),『한국학보』31·32, 일지사, 1983.

李松姬, 한말 漢北興學會의 조직과 활동에 관한 고찰,『이화사학연구』15, 이화사학연구소, 1984.

李松姬, 대한제국말기 계몽단체의 여성교육론,『이대사원』28, 이화여대사학회, 1995.

李載順, 한말 신민회에 관한 연구,『이대사원』14, 1977.

이정식, 구한말 정당논의 논고 - 1890~1910년대의 정당이론과 사상 - ,『성곡논총』26 - 상, 성곡학술문
　　화재단, 1995.

李志雨, 대한자강회의 활동에 대하여,『경희사학』9·10합, 경희대사학회, 1982.

李志雨, 대한자강회의 시대인식에 대하여 - 대한자강회월보의 논설 및 연설문의 분석을 중심으로 - ,『경
　　대사론』3, 경남대, 1987.

李鉉淙, 구한말정치사회단체일반,『김두종희수논문집』, 1966.

李鉉淙, 구한말 정치 사회 학회 회사 언론 단체조사자료,『아세아학보』2, 아세아학술연구회, 1966.

李鉉淙, 대한자강회에 대하여,『진단학보』29·30합집, 진단학회, 1966.

李鉉淙, 畿湖興學會에 대하여,『사학연구』21, 한국사학회, 1969.

李鉉淙, 대한협회에 관한 연구,『아세아연구』13 - 3, 고려대 아세아문제연구소, 1970/『韓』48·49, 東京
　　: 韓國研究院, 1975·1976.

李鉉淙, 호남학회에 대하여,『진단학보』33, 1972.

李鉉淙, 학회의 활동,『한국사 20 - 근대문화의 발생 - 』, 국사편찬위원회, 1974.

田口容三, 大韓自强會·大韓協會の日本人顧問に對する評價をめぐって,『朝鮮史研究會會報』, 1982.

田口容三, 國民教育會および興士團について,『朝鮮學報』145, 1992.

丁曘淑, 대한제국기 進明婦人會의 조직과 사상,『대한제국연구 5』, 이화여대 한국문화연구소, 1986.

丁曘淑, 대한제국기 여자교육회의 조직과 구성원연구 - 조직형성기를 중심으로 - ,『정신문화연구』34,
　　한국정신문화연구원, 1988.

鄭灌, 대한자강회월보에 관한 일고찰, 『역사교육논집』 1, 경북대사대역사과, 1980.

鄭灌, 구한말 재일본 한국유학생 단체운동, 『대구사학』 25, 1984.

鄭灌, 교남교육회에 대하여, 『역사교육논집』 10, 경북대역사교육학회, 1987.

鄭英憙·金炯睦, 한말 漢城府民會의 활동과 지방자치론, 『민족문화연구논총』 1, 인천대 민족문화연구소, 1994.

趙東杰, 구한말 국민연설회 소고, 『한국학논총』 4, 국민대 한국학연구소, 1982.

趙恒來, 일진회의 매국활동에 대한 일고찰, 『공업학보』 2, 영남대병설공업고등전문학교, 1969.

趙恒來, 일본의 대한침략정책과 구한말친일단체(1·3·4) - 일진회조직과정의 시대적 배경과 활동상 -, 『동양문화』 10·11·12, 영남대 동양문화연구소, 1969·1970·1971.

趙恒來, 일본의 대한침략정책과 구한말친일단체(2) - 일진회조직과정의 시대적 배경과 행적 -, 『霞汀徐廷德화갑기념학술논총』, 1970.

趙恒來, 일제의 대한침략정책과 구한말친일단체의 행적상황연구, 『연구보고서』 15, 문교부, 1971.

趙恒來, 一進會의 주변단체와 그 연계성, 『두계이병도박사구순기념 한국사학논총』, 지식산업사, 1987.

趙恒來, 일진회의 배후관계, 『논문집』 28, 숙명여대, 1988.

朱鎭五, 1898년 독립협회운동의 주도세력과 지지기반, 『역사와 현실』 15, 한국역사연구회, 1995.

車文燮, 매국의 앞잡이 - 일진회 -, 『한국현대사』 5, 신구문화사, 1969.

崔起榮, 구한말 헌정연구회에 관한 일고찰, 『尹炳奭화갑기념 한국근대사논총』, 1990.

崔起榮, 구한말 美洲의 大同保國會에 관한 일고찰, 『水邨朴永錫화갑논총 한민족독립운동사논총』, 1992.

崔起榮, 舊韓末 共進會에 관한 일고찰, 『세종사학』 1, 세종대사학회, 1993.

崔起榮, 한말 국민교육회의 설립에 관한 검토, 『한국근현대사연구』 1, 한국근현대사연구회, 1994.

崔德壽, 한말 유학생 단체연구 - 그 1 -, 『논문집(사회과학편)』 21, 공주사대, 1983.

崔鍾庫, 한말과 일제하 법학협회의 활동, 『애산학보』 2, 애산학회, 1982.

韓圭茂, 尙洞청년회에 대한 연구 - 1897~1914 -, 『역사학보』 126, 1990.

韓相俊, 西友학회에 대하여, 『역사교육논집』 1, 경북대사대역사과, 1980.

황공률, 독립협회의 활동과 대중적 정치운동으로서의 만민공동회, 『력사과학』 1962 - 6.

Chandra, Vipin, An Outline Study of the Ilchin-hoe(Advancement Society) of Korea, 『Occasional Papers on Korea』 2, 1974.

Shin Yong-ha, The Sinminhoe's Independence Movement during the Last Years of the Chosôn Dynasty, 『Seoul Journal of Korean Studies』 Vol. 7, 서울대 한국학연구소, 1994.

(5) 독립협회

국사편찬위원회, 『한국사 18 - 근대 독립협회의 활동 - 』, 1977.

金道泰, 『서재필박사자서전』, 보선사, 1948.

金度亨, 『大韓帝國期의 정치사상연구』, 지식산업사, 1994.

金容燮, 『한국근대농업사연구』, 일조각, 1975.

金容燮, 『증보판 한국근대농업사연구』(상·하), 일조각, 1984.

愼鏞廈, 『독립협회의 사회사상연구』, 서울대 한국문화연구소, 1973.

愼鏞廈, 『독립협회의 독립문건립과 토론회의 계몽활동』, 서울대 한국문화연구소, 1974.

愼鏞廈, 『독립협회의 민족운동연구』, 서울대 한국문화연구소, 1974.

愼鏞廈,『독립협회와 만민공동회』(춘추문고 7), 한국일보사, 1975.

愼鏞廈,『독립협회연구 - 독립신문·독립협회·만민공동회의 사상과 운동 - 』, 일조각, 1976.

愼鏞廈,『독립협회와 개화운동』(교양국사총서 20), 세종대왕기념사업회, 1976.

유영렬,『개화기의 윤치호연구』, 한길사, 1985.

朱鎭五,『19세기 후반 개화개혁론의 구조와 전개 - 독립협회를 중심으로 - 』, 연세대 박사논문, 1995.

姜英心, 독립협회의 신분제 잔재 철폐운동에 관한 고찰,『이대사원』26, 이화여대사학회, 1992.

姜在彦, 獨立新聞·獨立協會·萬民共同會 - 1890年代後半期におけるブルジョア的變革運動,『朝鮮史研究會論文集』9, 1972.

金淑子, 독립협회의 교육사상 - 독립신문의 교육논설 분석 - ,『한국사연구』30, 한국사연구회, 1980.

金淑子, 독립협회의 역사인식 - 독립신문 논설을 중심으로 - ,『호서사학』8·9합, 호서사학회, 1980.

金淑子, 독립협회의 斥俄사상 - 민족자주의식의 시각 - ,『인문과학연구』1, 성신여대 인문과학연구소, 1981.

金淑子, 독립협회의 교육구국운동,『한국사논총』4, 성신여대 국사학회, 1981.

金淑子, 19세기말 한로교섭에 관한 일연구 - 러시아의 한반도침략과 독립협회의 저항 - ,『한국학보』26, 일지사, 1982.

金淑子, 구한말(1896~1910) 민권운동에 대한 일고찰,『한국사연구』40, 한국사연구회, 1983.

金淑子, 독립협회의 과학기술 구국운동 - 서울지역을 중심으로 - ,『향토서울』43, 서울시사편찬위원회, 1985.

金信在, 독립협회의 정치사상연구 - 정체론을 중심으로 - , 동국대 석사논문, 1988.

金信在, 독립협회의 中樞院 개편운동과 그 성격,『경주사학』10, 동국대국사학회, 1992.

金容燮, 서평 : 독립협회연구(신용하 저),『한국사연구』12, 한국사연구회, 1976.

閔丙學, 한중양국의 정치적 개혁운동 비교연구(1) - 독립협회운동과 무술변법운동의 배경을 중심으로 - ,『논문집(인문사회과학)』32, 충북대, 1986.

朴性根, 독립협회의 사상적 연구,『이홍직박사화갑기념 한국사논총』, 1969.

박영신, 독립협회 지도세력의 상징적 의식구조,『동방학지』20, 연세대 국학연구원, 1978.

박용옥, 만민공동회,『한국사 18 - 독립협회의 활동』, 1973.

朴宗烈, 독립협회활동에 나타난 근대민족주의이념,『논문집』1, 춘천교대, 1964.

朴宗烈, 독립협회의 민중계몽운동에 대한 고찰,『논문집』11, 춘천교대, 1972.

朴鍾源, 독립협회 운동의 사회적 성격, 경희대 석사논문, 1980.

朴亨杓, 독립협회의 업적과 그 약사,『건대사학』1, 1971.

裵姬淑, 독립협회사상의 연구, 효성여대 석사논문, 1984.

서영희, 개화파의 근대국가 구상과 그 실천,『근대국민국가와 민족문제』, 지식산업사, 1995.

송경원, 한말 안동수의 정치경제 활동 연구, 이화여대 석사논문, 1993.

愼鏞廈, 독립협회의 사회사상,『한국사연구』8, 한국사연구회, 1973.

愼鏞廈, 독립협회와 황국중앙총상회의 상권수호운동,『아세아연구』52, 1974.

愼鏞廈, 독립협회의 독립문 건립과 토론회의 계몽활동,『한국문화연구총서』16, 1974.

愼鏞廈, '독립신문'의 창간과 그 계몽적 역할,『한국사론』2, 서울대 국사학과, 1975.

愼鏞廈, 만민공동회의 자주민권자강운동,『한국사연구』11, 1975.

愼鏞廈, 독립협회의 창립과 조직,『창작과 비평』31, 1976.

愼鏞廈, 동학·독립협회·기타제단체,『한국사론 5 - 근대 - 』, 국사편찬위원회, 1978.

愼鏞廈, 독립협회와 월남 이상재,『月南李商在연구』, 路출판, 1986.
愼鏞廈, 독립협회 토론회규칙,『한국학보』 55, 일지사, 1989.
柳永烈, 관민공동회 소고,『편사』 4, 1972.
柳永烈, 독립협회의 민권사상연구,『사학연구』 22, 한국사학회, 1973.
柳永烈, 독립협회의 민권운동전개과정,『사총』 17・18합, 고려대사학회, 1973.
柳永烈, 獨立協會の民權思想(1・2),『韓』 62・64, 1977.
柳永烈, 독립협회의 성격,『한국사연구』 73, 한국사연구회, 1991.
尹炳奭, 독립협회의 사상,『한국사 18 - 독립협회의 활동 - 』, 국사편찬위원회, 1973.
尹炳奭, 독립협회의 활동,『한국사 18 - 독립협회의 활동 - 』, 국사편찬위원회, 1973.
이광린, 서재필의 '독립신문' 간행에 대하여,『한국학』 6, 1975.
이광린, 서재필의 개화사상,『동방학지』 18, 1978.
李玟源, 독립협회의 이권양여반대운동과 열강의 반응, 한국정신문화연구원 석사논문, 1984.
李玟源, 독립협회에 대한 열국공사의 간섭,『청계사학』 2, 한국정신문화연구원 청계사학회, 1985.
李元淳, 서평 : 독립협회연구(신용하 저),『한국학보』 2, 1976.
장하진, 윤치호의 민족주의와 근대화의식,『인문과학연구소 논문집』, 충남대, 1981.
鄭英熹, 독립협회의 창립과 계몽활동,『논문집(인문, 사회과학편)』 7, 인천대, 1984.
朱鎭五, 독립협회의 대외문제에 대한 인식과 대응 - 국제관계와 관련하여 - , 연세대 석사논문, 1984.
朱鎭五, 독립협회의 경제체제개혁 구상과 그 성격,『한국민족주의론 3』, 창작과 비평사, 1985.
朱鎭五, 독립협회의 대외인식의 구조와 전개,『학림』 8, 연세대사학연구회, 1987.
朱鎭五, 독립협회의 사회사상과 사회진화론,『孫寶基정년기념 한국사학논총』, 지식산업사, 1988.
朱鎭五, 한국근대 부르조아지의 형성과정과 위로부터의 개혁,『주종환박사화갑기념논총 - 한국자본주
    의론』, 한울, 1990.
朱鎭五, 독립협회의 주도세력과 참가계층 - 독립문건립추진위원회 시기를 중심으로 - ,『동방학지』 77・
    78・79합, 연세대 국학연구원, 1993.
朱鎭五, 독립협회와 대한제국의 경제정책 비교연구,『국사관논총』 41, 국사편찬위원회, 1993.
朱鎭五, 독립협회운동,『한국사 11』, 한길사, 1994.
朱鎭五, 1898년 독립협회운동의 주도세력과 지지기반,『역사와 현실』 15, 1995.
池川英勝, 獨立協會の自由民權思想について,『史淵』 116, 九州大學, 1979.
車承均, 독립협회의 경제사상연구 - 산업개발론을 중심으로 - , 홍익대 석사논문, 1986.
千寬宇, 독립협회의 의회개설운동,『신태양』 5 - 6, 1958.
崔德壽, 독립협회의 정체론 및 외교론 연구 - 독립신문을 중심으로 - ,『민족문화연구』 13, 고려대 민족문
    화연구소, 1978.
崔永禧, 자주와 민권운동 - 독립협회 - ,『한국현대사 2』, 신구문화사, 1969.
崔埈, 고종시대 커뮤니케이션 형성과 고찰 - 특히 독립신문과 독립협회시대를 중심으로 - ,『사학연구』
    3, 한국사학회, 1959.
한철호, 갑오경장 중 정동파의 개혁활동과 그 의의,『국사관논총』 36, 1992.
韓興壽, 독립협회의 정치집단화과정,『사회과학논집』 3, 연세대 사회과학연구소, 1970.
韓興壽, 독립협회 회보의 내용분석,『사회과학논집』 6, 1973.
韓興壽, 자주적 정치사관 시론 - 독립협회의 정치이념을 중심으로 - ,『학술연구조성비 연구보고서』(사
    회과학계 113), 문교부, 1974.
황공률, 독립협회의 활동과 대중적 정치활동으로서의 만민공동회,『력사과학』 6, 1962.

Chandra, Vipin, The Independence Club and Korea's First Proposal for a National Legislative Assembly,
『Occasional Papers on Korea』 4, 1975.

3) 정권

국사편찬위원회, 『한국사 19 - 근대 대한제국의 종말과 의병항쟁 - 』, 1978.

金度亨, 『大韓帝國期의 정치사상연구』, 지식산업사, 1994.

金泳謨, 『한말지배층연구』, 서울대 한국문제연구소, 1972.

金泳謨, 『한국사회계층연구』, 일조각, 1982.

金榮作, 『韓末ナショナリスム硏究』, 東京大出版會, 1975/ 청계연구소, 1989.

김영작·김용욱·김혜승·문희수·신국주·이달순·이재석, 『한국 근대정치사의 쟁점』, 집문당, 1995.

金容燮, 『한국근대농업사연구』, 일조각, 1975.

金容燮, 『증보판 한국근대농업사연구』(상·하), 일조각, 1984.

이화여대 한국문화연구원 편, 『대한제국연구』(3~5), 1985·1986

한국사연구회 편, 『근대국민국가와 민족문제』, 지식산업사, 1995.

한국역사연구회 근대사분과토지대장연구반, 『대한제국의 토지조사사업』, 민음사, 1995.

姜萬吉, 대한제국시기의 상공업문제, 『아세아연구』 16 - 2, 고려대 아세아문제연구소, 1973.

姜萬吉, 대한제국의 성격, 『창작과 비평』 48, 1978.

金度亨, 대한제국의 개혁사업과 농민층 동향, 『한국사연구』 41, 한국사연구회, 1983.

金度亨, 대한제국시기의 외래상품·자본의 침투와 농민층 동향, 『학림』 6, 연세대 사학연구회, 1984.

金炳佑, 대원군의 정치세력과 농민항쟁수습책, 계명대 석사논문, 1986.

金炳佑, 대원군집권기 정치세력의 성격, 『계명사학』 2, 계명사학회, 1991.

金世恩, 대원군집권기 군사제도의 정비, 『한국사론』 23, 서울대국사학과, 1990.

金洋植, 대한제국기 驛·屯土에서의 抗租 연구 - 內藏院 관리기(1899~1905)를 중심으로 - , 『역사학보』
    131, 역사학회, 1991.

金泳植, 대한제국의 대불외교관계 1897~1905, 『한불외교사 1886~1986』, 평민사, 1987.

金龍德, 대한제국의 종말, 『한국사 19 - 대한제국의 종말과 의병항쟁 - 』, 국사편찬위원회, 1976.

金雲泰, 통감부시대의 대한제국통치체제의 구조와 기능, 『행정논총』 9 - 1, 서울대행정대학원, 1971.

金允嬉, 대한제국기 皇室재정운영과 그 성격 - 度支部 예산외 지출과 內藏院 재정운영을 중심으로 - ,
    『한국사연구』 90, 1995.

金仁德, 일본의 정한론과 대원군정권의 대응, 성균관대 석사논문, 1987.

金幸子, 민비집권기 韓廷대외관계의 국제정치적 고찰, 이화여대 석사논문, 1966.

羅愛子, 대한제국의 권력구조와 광무개혁, 『한국사 11』, 한길사, 1994.

南美惠, 大院君 집권기(1864~1873) 宗親府 진흥책의 성격, 『동대사학』 1, 동덕여대국사학과, 1995.

魯仁華, 대한제국시대의 한성전기회사에 관한 연구 - 광무개혁과 미국측 이권의 양태 - , 『이대사원』 17,
    이화여대사학과, 1980.

藤間生大, 大院君政權の歷史的意義 - 東アジア近代史の方法論と關聯して(1·2) - , 『歷史評論』 254·
    255, 1971.

朴宗根, 朝鮮における1894·5年の金弘集政權(開化派政權)の考察(1·2) - 1894年の改革との關聯で - ,
    『歷史學硏究』 415·417, 1974.

裵翰權, 金弘集내각의 성격에 대하여 - 을미사변의 처리책을 중심으로 - , 『논문집』 2, 마산교대, 1971.

邊勝雄, 대한제국정부의 經本藝參정책과 유생층의 신교육참여, 『건대사학』 7, 건국대사학회, 1989.

成大慶, 대원군 집정의 원인적 제상황에 대하여, 『인문과학』 10, 성균관대 인문과학연구소, 1981.

成大慶, 대원군정권의 정책, 『대동문화연구』 18, 성균관대 대동문화연구원, 1984.

成大慶, 大院君 李昰應 그는 보수정치가였다, 『쟁점 한국근현대사』 1, 한국근대사연구소, 1992.

송언더기, 대원군집정기의 재정정책 - 逋欠者에 대한 정책을 중심으로 - , 『숙대사론』 13·14·15, 숙명여대사학과, 1989.

安外順, 大院君執政期 인사정책과 지배세력의 성격, 『동양고전연구』 1, 동양고전학회, 1993.

안외순, 大院君집정의 정치사회적 배경, 『온지논총』 1, 온지학회, 1995.

延甲洙, 大院君 집정의 성격과 권력구조의 변화, 『한국사론』 27, 서울대국사학과, 1992.

延甲洙, 高宗 초중기(1864~1894) 정치변동과 규장각, 『규장각』 17, 서울대규장각, 1994.

原田環, 1880年代前半の閔氏政權と金允植 - 對外政策を中心として - , 『朝鮮史研究會論文集』 22, 1985.

李求鎔, 대한제국의 성립과 열강의 반응 - 칭제건원 논의를 중심으로 - , 『강원사학』 1, 강원대사학회, 1985.

李求鎔, 대한제국의 칭제건원 논의에 대한 열강의 반응, 『최영희화갑기념 한국사학논총』, 탐구당, 1987.

李玟源, 稱帝논의의 전개와 대한제국의 성립, 『청계사학』 5, 한국정신문화연구원 청계사학회, 1988.

李玟源, 대한제국의 성립과정과 열강과의 관계, 『한국사연구』 64, 1989.

李玟源, 대한제국의 성립과 '광무개혁', 독립협회에 대한 연구성과와 과제, 『한국사론 25』, 국사편찬위원회, 1995.

李壽允, 쇄국시대의 근대화과정 - 대원군 집권의 의미를 중심으로 - , 『근대화와 정치적 구심력』, 한국정신문화연구원, 1986.

李榮昊, 대한제국시기의 토지제도와 농민층분화의 양상 - 경기도 용인군 이동면 「광무양안」과 「토지조사簿」의 비교분석 - , 『한국사연구』 69, 1990.

李炫熙, 흥선대원군의 정치개혁과 결과, 『인문과학연구』 14, 성신여대 인문과학연구소, 1995.

李薰玉, 민비의 정치참여과정과 대외정책, 『아세아학보』 15, 아세아학술연구회, 1981.

井上和枝, 大院君의 지방통치정책에 관하여 - 고종조 土豪別單의 재검토 - , 『碧史李佑成정년기념 민족사의 전개와 그 문화(상)』, 1990.

糟谷憲一, 大院君政權の權力構造, 『東洋史研究』 49 - 2, 東京 : 東洋史研究會, 1990.

糟谷憲一, 閔氏政權上層部の構成に關する考察, 『朝鮮史研究會論文集』 27, 1990.

糟谷憲一, 閔氏政權後半期の權力構造 - 政權上層部の構成に關する分析 - , 『朝鮮文化研究』 2, 東京大 朝鮮文化研究室, 1995.

朱鎭五, 독립협회와 대한제국의 경제정책 비교연구, 『국사관논총』 41, 국사편찬위원회, 1993.

陳德奎, 대한제국의 권력구조 연구(2) - 중추원의 분석적 고찰 - , 『대한제국연구 2』, 이화여대 한국문화연구소, 1984.

崔炳鈺, 大院君의 下野에 대하여, 『西巖趙恒來화갑기념 한국사학논총』, 1992.

崔震植, 대원군집권기의 禦洋論 연구, 『교남사학』 4, 영남대국사학회, 1988.

韓哲昊, 閔氏戚族政權期(1885~1894) 내무부의 조직과 기능, 『한국사연구』 90, 한국사연구회, 1995.

洪淳昶, 大院君 李昰應 그는 개혁정치가였다, 『쟁점 한국근현대사』 1, 한국근대사연구소, 1992.

洪淳鎬, 대한제국시대의 한·불관계, 『대한제국연구 2』, 이화여대 한국문화연구소, 1984.

洪淳鎬, 대한제국시대의 한·독관계, 『대한제국연구 3』, 이화여대 한국문화연구소, 1985.

4) 정치개혁 · 정책

국사편찬위원회,『한국사 17 - 근대 동학농민봉기와 갑오개혁 - 』, 1977.

金信在,『한국근대의 정치체제개혁론 연구』, 동국대 박사논문, 1994.

이화여대 한국문화연구원 편,『대한제국연구』(3~5), 1985 · 1986

한국사연구회 편,『근대국민국가와 민족문제』, 지식산업사, 1995.

姜德相, 甲午改革における新式貨幣發行章程の研究,『朝鮮史研究會論文集』3, 1967.

姜在彦, 서평 : 갑오경장 연구 (유영익 저),『역사학보』131, 1991.

宮嶋博史, 近代アジアの政治變革と君主制,『歷史評論』438, 1986.

權泰檍, 갑오개혁 이후 공문서 체계의 변화,『규장각』17, 서울대규장각, 1994.

金度亨, 대한제국의 개혁사업과 농민층 동향,『한국사연구』41, 한국사연구회, 1983.

金明燮, 제1차 갑오농민전쟁기 정부의 개혁추진과정,『한국근현대사연구』3, 한국근현대사연구회, 1995.

金祥起, 갑오경장과 甲午 · 乙未의병,『국사관논총』36, 국사편찬위원회, 1992.

金世民, 개항기 쇄국론과 정한론의 성격연구, 강원대 석사논문, 1989.

金信在, 독립협회의 中樞院 개편운동과 그 성격,『경주사학』10, 동국대국사학회, 1992.

金信在, 개화기의 政體개혁론의 추이와 성격,『동국사학』28, 동국사학회, 1994.

金泳謨, 갑오개혁의 법제적양상과 일제의 간섭,『한국의 사회와 문화』13, 한국정신문화연구원, 1990.

金雲泰, 갑오개혁에 관한 고찰,『한국정치학회보』3, 한국정치학회, 1969.

金益魯, 1894년 교정청의 설치와 국정개혁운동 - 중도개혁파의 사상을 중심으로 - , 동국대 석사논문,
    1986.

金仁順, 조선에서의 1894년 내정개혁의 연구,『東大國際關係論연구』3, 1968/『갑신갑오기의 근대변혁과
    민족운동』, 청아, 1983.

金在煥, 급진 개화파의 개화정책에 관한 연구, 경희대 석사논문, 1976.

金正起, 1880년대 기기국 · 기기창의 설치,『한국학보』10, 1978.

金昌坤, 갑오경장추진기구의 성립과정,『사총』4, 고려대사학회, 1959.

羅愛子, 대한제국의 권력구조와 광무개혁,『한국사 11』, 한길사, 1994.

魯仁華, 대한제국시대의 한성전기회사에 관한 연구 - 광무개혁과 미국측 이권의 양태 - ,『이대사원』17,
    이화여대사학과, 1980.

閔丙學, 갑오개혁의 개화운동사적 고찰,『논문집(인문, 사회과학편)』27, 충북대, 1984.

朴成壽, 韓國近代改革政治史 序說,『于江權兌遠정년논총 民族文化의 제문제』, 1994.

朴宗根, 日淸戰爭と朝鮮の甲午改革,『國際政治 - 日韓關係の展開 - 』, 有斐閣, 1963.

朴宗根, 朝鮮における近代的改革の推移 - 1884(甲申)と1894(甲午)年の改革をめぐって - ,『歷史學硏
    究』300, 1965/『甲申甲午期의 近代變革과 民族運動』, 청아, 1983.

朴宗根, 朝鮮における1894 · 5年の金弘集政權(開化派政權)の考察(1 · 2) - 1894年の改革との關聯で - ,
    『歷史學硏究』415 · 417, 1974.

白鍾基, 정치사의 관점에서 고찰한 갑오개혁의 연구,『대동문화연구』4, 성균관대 대동문화연구원, 1967.

森山茂德, 甲午改革における借款問題 - 井上馨の關與した第2次改革と朝鮮指導者層の對應を中心と
    して - ,『東洋學報』56 - 2~4, 1976.

徐榮姬, 1894~1904년의 정치체제 변동과 宮內府,『한국사론』23, 서울대국사학과, 1990.

成大慶, 대원군정권의 정책,『대동문화연구』18, 성균관대 대동문화연구원, 1984.

成大慶, 대원군의 서원훼철,『천관우선생환력기념 한국사학논총』, 정음문화사, 1985.

孫禎睦, 갑오경장과 도시의 제도상변화,『향토서울』35, 1977.

宋炳基, 광무개혁연구 - 그 성격을 중심으로 -, 『사학지』 10, 단국대사학회, 1976.

宋炳基, 광무년간의 개혁, 『한국사 19 - 대한제국의 종말과 의병전쟁 - 』, 국사편찬위원회, 1976.

宋炳基, 聯美論의 진전과 초기의 개화정책, 『藍史鄭在覺박사고희기념 동양학논총』, 1984.

申福龍, 조선조 말기 개혁사상의 맥락, 『현대사회』 1983년 봄호, 현대사회연구소.

愼鏞廈, 개화정책, 『한국사 16 - 개화척사운동 - 』, 국사편찬위원회, 1975.

愼鏞廈, 1894년의 사회신분제의 폐지, 『규장각』 9, 서울대도서관, 1985.

愼鏞廈, 갑오경장과 신분제의 폐지, 『한국의 사회와 문화』 6, 한국정신문화연구원, 1986.

安秉直, 朝鮮近代史研究上의 問題點 - ブルジョア變革についての諸説検討 -, 『思想』 570, 1971.

吳瑛燮, 갑오개혁 및 개혁주체세력에 대한 보수파인사들의 비판적 반응 - 그들의 상소문을 중심으로 -, 『국사관논총』 36, 국사편찬위원회, 1992.

元裕漢, 갑오개혁, 『한국사 17 - 동학농민봉기와 갑오개혁 - 』, 국사편찬위원회, 1973.

柳永烈, 청일전쟁·갑오개혁과 尹致昊, 『藍史鄭在覺박사고희기념 동양학논총』, 1984.

柳永益, 갑오경장을 圍繞한 일본의 대한정책 - 갑오경장 타율론에 대한 수정적비판 -, 『역사학보』 65, 역사학회, 1975.

柳永益, 갑오경장추진세력의 사상과행동 - 갑오개화파관료의 배경과 개혁구상을 중심으로 -, 『논문집 (인문사회)』 5, 한림대, 1987.

柳永益, 甲午·乙未년간(1894~1895) 朴泳孝의 개혁활동, 『국사관논총』 36, 국사편찬위원회, 1992.

柳永益, 甲午更張과 사회제도 개혁 - 개혁주체·개혁안 및 更張의 역사적의의에 관한 통설의 재검토 -, 『한국사회발전사론』, 일조각, 1992.

李康七, 갑오개혁이후의 훈장제도에 대하여, 『고문화』 7, 한국대학박물관협회, 1969.

李培鎔, 개화사상·갑신정변·갑오개혁에 대한 연구현황과 과제, 『한국사론 25』, 국사편찬위원회, 1995.

李瑄根, 갈등속의 개혁 - 갑오경장 -, 『한국현대사 1』, 1969, 신구문화사.

李潤相, '광무개혁' 연구의 현황과 과제, 『역사와 현실』 8, 1992.

李離和, 폐정개혁과 갑오개혁의 연관성 규명, 『동학농민혁명과 사회변동』, 동학농민혁명기념사업회, 1993.

李鉉淙, 갑진개화 혁신운동의 전말, 『한국사상』 12, 한국사상연구소, 1974.

全海宗, 통리기무아문설치의 경위에 대하여, 『역사학보』 17·18합, 1962.

鄭昌烈, 갑오농민전쟁과 갑오개혁의 관계, 『인문논총』 5, 아주대 인문과학연구소, 1994.

曹廣海, 근대국가형성기의 정치·행정개혁 비교연구 - 조선말 갑오경장·일본 明治維新·청말 무술변법운동을 중심으로 -, 『정신문화연구』 37, 한국정신문화연구원, 1989.

曹中屛, 갑오경장 소론, 『한국학연구』 5, 인하대 한국학연구소, 1993.

朱鎭五, 갑오개혁의 새로운 이해, 『역사비평』 26, 역사문제연구소, 1994.

채백, 갑오개혁과 한국 근대신문의 발전에 관한 연구, 『사회과학논총』 11 - 2, 부산대사회과학대, 1992.

崔敬洛, 第1次甲午更張考 - 高宗實錄から見た制度改革內容とその運營 -, 『朝鮮學報』 46, 朝鮮學會, 1968.

崔德壽, 朴泳孝의 내정개혁론 및 외교론연구, 『민족문화연구』 21, 고려대 민족문화연구소, 1988.

崔德壽, 갑신정변과 갑오개혁, 『한국사 11』, 한길사, 1994.

韓哲昊, 갑오경장중(1894~1896) 貞洞派의 개혁활동과 그 의의, 『국사관논총』 36, 국사편찬위원회, 1992.

許鍾玉·김영수, 갑오개혁의 본질과 국가권력의 존재형태, 『법학연구』 12 - 1, 부산대, 1970.

Choe Yong-ho, 서평 : Politics and policy in Traditional Korea(Palais James 저), 『Korean Studies』 1, Hawaii Univ. 1977.

Lew Young-ick, Korean-Japanese behind the Kabo-Ulmi Reform Movement 1894 to 1895, 『The Journal of Korean Studies』 3, Society for Korean Studies, 1981.

Quinones, C. Kenneth, The Impact of the Kabo Reforms upon Political Role Allocation in Yi Korea 1884~1902, 『Occasional Papers on Korea』 4, 1975.

5) 정치이념 · 사상

姜在彦, 『近代朝鮮の思想』, 紀伊國屋書店, 1971/『근대조선의 사상』, 미래사, 1984.

姜在彦, 『近代朝鮮の變革思想』, 日本評論社, 1973.

姜在彦, 『朝鮮の攘夷と開化』, 平凡社, 1977.

姜在彦, 『朝鮮の開化思想』, 岩波書店, 1980/鄭昌烈 역, 『한국의 개화사상』, 비봉출판사, 1981.

姜在彦, 『근대 한국사상사연구』, 한울사, 1983.

姜在彦, 『한국의 근대사상』, 한길사, 1985.

金度亨, 『대한제국말기의 국권회복운동과 그 사상』, 연세대 박사논문, 1988.

金度亨, 『大韓帝國期의 정치사상연구』, 지식산업사, 1994.

金鳳烈, 『兪吉濬 개화사상의 연구』, 경희대 박사논문, 1989.

金榮作, 『韓末ナショナリズム硏究』, 東京大出版會, 1975/청계연구소, 1989.

朴起緒, 『兪吉濬과 福澤諭吉의 정치사상 비교연구』, 홍익대 박사논문, 1989.

朴贊勝, 『한국근대정치사상사연구 - 민족주의 우파의 실력양성운동론 - 』, 역사비평사, 1992.

愼鏞廈, 『독립협회의 사회사상연구』, 서울대 한국문화연구소, 1973.

尹炳喜, 『대한제국말기 兪吉濬의 사상과 활동』, 서강대 박사논문, 1993.

李完宰, 『초기개화사상연구』, 민족문화사, 1989.

李光麟, 『한국개화사상연구』, 일조각, 1979.

崔昌圭, 『근대한국정치사상사』, 일조각, 1972.

유영렬, 『개화기의 윤치호연구』, 한길사, 1985.

Chandra, Vipan, 『Nationalism and Popular Participation in Government in Late 19th Ct. Korea - The Contribution of the Independence Club(1896~1898) - 』, Harvard Ph. D., 1977.

康智漢, 개화당의 민권사상, 『평화연구』 9, 경북대 평화문화연구소, 1984.

橋谷弘, 韓國史における近代と反近代, 『歷史評論』 500, 東京 : 歷史科學協議會, 1991.

具範謨, 개화기 정치의식 상황 - 1876년부터 1910년까지의 개화과정에 대한 정치사적 고찰 - , 『한국정치학회보』 3, 1969.

金敬泰, 개항 초기의 정치사상 상황 - 논점정리를 위한 시고 - , 『이대사원』 15, 이화여대사학과, 1978.

金敬泰, 중화체제 · 만국공법질서의 착종과 정치세력의 분열, 『한국사 11』, 한길사, 1994.

金基承, 白岩 朴殷植의 대동주의 연구, 고려대 석사논문, 1985.

金度亨, 毅菴 柳麟錫의 정치사상연구, 『한국사연구』 25, 한국사연구회, 1979.

金度亨, 海鶴 李沂의 정치사상연구, 『동방학지』 31, 연세대 국학연구원, 1982.

金度亨, 한말 계몽운동의 정치론 연구, 『한국사연구』 54, 1986.

金度亨, 日帝침략초기(1905~1919) 親日勢力의 政治論 연구, 『계명사학』 3, 계명사학회, 1992.

金度亨, 한국근대사에서 자주 · 독립의 의미, 『역사비평』 29, 역사문제연구소, 1995.

金淑子, 구한말(1896~1910) 민권운동에 대한 일고찰, 『한국사연구』 40, 한국사연구회, 1983.

金信在, 兪吉濬의 政體改革 구상과 그 특질 - 「西遊見聞」과 「政治學」을 중심으로 - , 『경주사학』 11, 경

주사학회, 1992.

金信在, 朴泳孝의 政體 구상과 그 성격 - 上疏를 중심으로 -, 『素軒南都泳고희기념 역사학논총』, 민족문화사, 1993.

金榮國, 의병활동을 통해서 본 최근세 한국정치의식의 분석 - 병오(1906)유림 의병운동과 그 척사사상의 배경을 중심으로 -, 『문교부연구보고서』 26(사회과학계 7), 1968.

金麟坤, 동학운동의 정치이념, 『평화연구』 9, 경북대 평화문화연구소, 1984.

金項勾, 大韓自强會의 자강독립론에 대한 고찰, 『동서사학』 1, 한국동서사학회, 1995.

藤間生大, 李朝末期の思想的課題 - 特に朝鮮國自立の意識と思想を中心として -, 『朝鮮史研究會論文集』 9, 1972.

朴秀明, 한국근대정치사상의 사상적 정향 - 상황인식과 전개형태 -, 『사대논문집(인문, 자연과학편)』 19, 부산대사대, 1989.

徐仲錫, 서평 : 한국근대정치사상연구(박찬승 저), 『쟁점 한국근현대사』 1, 한국근대사연구소, 1992.

孫炯富, 19세기 초·중엽의 海防論과 朴珪壽, 『전남사학』 7, 전남사학회, 1993.

宋炳基, 19세기말 근대의식의 성장, 『한국사학』 1, 한국정신문화연구원 사학연구실, 1980.

宋二朗, 개화기의 학술지에 나타난 한국정치사상에 관한 연구, 『동아논총』 18, 동아대, 1982.

愼鏞廈, 朴殷植의 유교求新론·양명학론·대동세상, 『역사학보』 73, 역사학회, 1977.

愼鏞廈, 19세기 한국의 근대국가형성문제와 입헌공화국수립운동, 『한국의근대국가형성과 민족문제』(한국사회사연구회논문집 1), 1986.

吳世萬, 동학의 정치사상적 고찰 - 崔濟愚의 사상을 중심으로 -, 고려대 석사논문, 1962.

原田環, 1860年前後における朴珪壽の政治思想, 『朝鮮學報』 86, 1978.

原田環, 朝鮮の近代化構想 - 兪吉濬と朴泳孝の獨立思想 -, 『史學研究』 143, 廣島大學, 1979.

兪炳勇, 大公主義 정치사상 연구, 『한국근현대사연구』 2, 한국근현대사연구회, 1995.

柳承均, 兪吉濬의 정치·경제사상연구, 계명대 석사논문, 1986.

柳楊善, 구한말 사회사상의 소설화 양상, 『진단학보』 59, 1985.

柳永烈, 독립협회의 민권사상연구, 『사학연구』 22, 한국사학회, 1973.

柳永烈, 독립협회의 민권운동전개과정, 『사총』 17·18합, 고려대사학회, 1973.

柳永烈, 獨立協會の民權思想(1·2), 『韓』 62·64, 1977.

柳永烈, 尹致昊의 근대변혁 방법론, 『사학연구』 32, 한국사학회, 1981.

尹炳喜, 兪吉濬의 입헌군주제론 - 미정고 「정치학」을 중심으로 -, 『동아연구』 13, 서강대 동아연구소, 1988.

李輔根, 동학의 정치의식, 서울대 석사논문, 1971.

李相一, 雲養 金允植의 정치사상연구, 『태동고전연구』 6, 한림대 태동고전연구소, 1990.

李瑄根, 한국 최근세사에 있어서의 사상계의 변천, 『아세아학보』 8, 아세아학술연구소, 1968.

李載錫, 勉菴 崔益鉉의 정치사상, 『논문집(인문, 사회과학편)』 11, 인천대, 1987.

李朝洙, 兪吉濬의 君主論 연구 -「西遊見聞」과 「政治學」을 중심으로 -, 『동아연구』 22, 서강대 동아연구소, 1991.

李太一, 金玉均의 정치사상에 있어서의 현실성의 한계, 『한국정치학회보』 13, 한국정치학회, 1979.

李太一, 애국계몽운동기의 한국정치사상에 관한 연구, 『동아논총(인문, 사회, 자연과학편)』 19, 동아대, 1982.

李澤徽, 重菴정치사상 논고 - 한말 척사위정운동의 성격과 金平默의 정치이념 -, 『논문집』 10, 서울교대, 1977.

李澤徽, 조선조말기의 정치사상연구(1) - 개항100년간의 정치체계의 보수주의적 정향 - ,『서울교육대논
    문집』13, 서울교대, 1980.
李薰玉, 張志淵의 국가관과 정치개혁안 연구,『인하사학』1, 인하역사학회, 1993.
林承豹, 兪吉濬과 鄭觀應의 정치관 비교 -「서유견문」과「易言」·「盛世危言」을 중심으로 - ,『홍익사
    학』3, 1986.
장석만, 19세기말~20세기초 한·중·일 삼국의 政敎분리담론,『역사와 현실』4, 한국역사연구회, 1990.
鄭英憙·金炯睦, 한말 漢城府民會의 활동과 지방자치론,『민족문화연구논총』1, 인천대 민족문화연구
    소, 1994.
鄭鎭午, 동학의 정치사상,『논문집(사회과학편)』20, 제주대, 1985.
鄭鎭午, 孫秉熙의 정치사상에 대한 연구,『논문집(사회과학)』22, 제주대, 1986.
鄭昌烈, 근대국민국가 인식과 내셔널리즘의 형성과정,『한국사 11』, 한길사, 1994.
趙一文, 정치사상으로서의 개화사상고,『학술지(인문사회과학편)』20, 건국대 학술연구원, 1976.
趙宰坤, 대한제국기 洪鍾宇의 근대화 개혁론,『擇窩許善道정년기념 한국사학논총』, 1992.
池川英勝, 獨立協會の自由民權思想について,『史淵』116, 九州大學, 1979.
車基璧, 민족주의와 정치사상,『한국사상』13, 한국사상연구회, 1975.
靑木功一, 朴泳孝の民本主義·新民論·民族革命論(1·2) - '興復上疏'における變法開化論の性格 - ,
    『朝鮮學報』80·82, 1976·1977.
崔起榮, 한말「國民須知」의 간행과 立憲君主論,『西巖趙恒來화갑기념 한국사학논총』, 1992.
崔德壽, 독립협회의 정체론 및 외교론 연구 - 독립신문을 중심으로 - ,『민족문화연구』13, 고려대 민족문
    화연구소, 1978.
洪碩杓, 초기 개화파의 정치의식 연구 - 개화론의 대두를 중심으로 - , 조선대 석사논문, 1988.
洪淳昶, 근대국민국가 수립운동,『한국현대사의 전개』, 한국사연구협의회, 1988.

2. 관제·법제

1) 관제·관직

金龍德,『한국제도사연구』, 일조각, 1983.
김운태,『조선왕조행정사 - 근대편』, 일조각, 1970.
內田達孝,『朝鮮行政法槪要』, 1933.
孫禎睦,『한국지방제도·자치사연구』(상·하), 일지사, 1992.
宋炳基·朴容玉·朴漢卨 공편,『한말근대법령자료집』(1~9), 국회도서관, 1971~1972.
宋炳基,『통감부법령자료집』(상·중·하), 국회도서관, 1972~1973.
朝鮮總督府,『中樞院改革に關する意見書』, 1931.
度支部大臣官房文書課,『韓國官制通覽』, 京城, 1910.

金南信, 한말 개화추진기구의 설치와 변천 - 통리기무아문을 중심으로 - , 조선대 석사논문, 1988.
金益魯, 1894년 교정청의 설치와 국정개혁운동 - 중도개혁파의 사상을 중심으로 - , 동국대 석사논문,
    1986.
金正起, 1880년대 기기국·기기창의 설치,『한국학보』10, 1978.

徐榮姬, 1894~1904년의 정치체제 변동과 宮內府, 『한국사론』 23, 서울대국사학과, 1990.
延甲洙, 高宗 初中期(1864~1894) 정치변동과 奎章閣, 『규장각』 17, 서울대규장각, 1994.
柳永益, 군국기무처 議案의 분석, 『청일전쟁과 한일관계』, 일조각, 1985.
李光麟, 통리기무아문의 조직과 기능, 『학술원논문집(인문사회과학)』 26, 1987/『이화사학연구』 17 · 18
    합, 1988.
李相寔, 한말 민중운동의 일고 - 中樞院의 변천과정을 중심으로 - , 『翠英洪南淳고희논총』, 1983/『논문
    집』 29, 전남대, 1984.
李鍾春, 통리기무아문에 대한 고찰, 『논문집』 3, 청주교대, 1963.
李鉉淙, 監理署연구, 『아세아연구』 11 - 3, 고려대 아세아문제연구소, 1969.
李鉉淙, 고종 때 減省廳 설치에 대하여, 『김재원박사회갑기념논총』, 1969.
田美蘭, 統理교섭통상사무아문에 관한 연구, 『이대사원』 24 · 25합, 이화여대사학회, 1990.
全海宗, 통리기무아문 설치의 경위에 대하여, 『역사학브』 17 · 18합, 1962.
陳德奎, 대한제국의 권력구조 연구(2) - 중추원의 분석적 고찰 - , 『대한제국연구 2』, 이화여대 한국문화
    연구소, 1984.
韓哲昊, 統理軍國事務衙門(1882~1884)의 조직과 운영, 『이기백고희기념 한국사학논총(하)』, 일조각,
    1994.
韓哲昊, 閔氏戚族政權期(1885~1894) 내무부의 조직과 기능, 『한국사연구』 90, 한국사연구회, 1995.

2) 지방제 · 지방관

古庄逸夫, 『朝鮮地方制度講義』, 1925.
김운태, 『조선왕조행정사 - 근대편』, 일조각, 1970.
내무부, 『지방행정구역요람』, 1978/1980.
東亞法制新聞社, 『朝鮮地方行政大講座 1 - 改正邑面制釋義 - 』, 京城, 1931.
朴慶龍, 『개화기의 漢城府 연구』, 숭실대 박사논문, 1994.
孫禎睦, 『한국지방제도 · 자치사연구』(상 · 하), 일지사, 1992.
朝鮮總督府, 『朝鮮行政一班』, 1918.
朝鮮總督府, 『朝鮮における地方制度の沿革』, 1930.
朝鮮總督府, 『施政25年史』, 京城, 1935.

김광우, 대한제국시기의 도시계획 - 한성부 도시개조사업 - , 『향토서울』 50, 1991.
김영상, 한성부민회에 대한 고찰, 『향토서울』 31, 1967.
金鎭鳳 · 吳甲均 · 孫弘烈 · 李榮德, 지방행정구역 변천의 정치 사회적 배경에 대한 연구, 『호서문화연
    구』 1, 충북대 호서문화연구소, 1981.
손정목, 갑오경장과 도시의 제도상 변화, 『향토서울』 35, 1975.
손정목, 구한말 통감정치하의 도시제도, 『서울산업대 논문집』 20, 1978.
손정목, 한국개항기 도시변화과정연구, 일지사, 1982.
安龍植, 한말 지방관의 治績評定에 관한 연구, 『동방학지』 73, 연세대 국학연구원, 1991.
元永煥, 경성부연구, 『향토서울』 38, 서울시사편찬위원회, 1980.
윤병희, 한성부민회에 관한 일고찰, 『동아연구』 17, 1989.
尹貞愛, 한말 지방제도 개혁의 연구, 『역사학보』 105, 1985.
李相燦, 1906~1910년의 지방행정제도 변화와 지방자치 논의, 『한국학보』 42, 일지사, 1986.

李相燦, 1894~5년 지방제도 개혁의 방향 - 향회의 법제화 시도를 중심으로 - ,『진단학보』67, 1989.

李相燦, 한말 지방자치 실시 논의와 그 성격,『역사비평』13, 역사문제연구소, 1991.

李榮昊, 갑오개혁이후 지방사회의 개편과 城津民擾,『국사관논총』41, 국사편찬위원회, 1993.

이현종, 감리서연구,『아세아연구』11 - 3, 1968.

井上和枝, 大院君의 지방통치정책에 관하여 - 고종조 土豪別單의 재검토 - ,『碧史李佑成정년기념 민족
    사의 전개와 그 문화(상)』, 1990.

朝鮮研究會, 面及洞에 관한 제도 - 舊慣조사 - ,『조선연구자료』3, 조선연구회, 1934.

趙燦錫, 인천시 행정구역의 변천 - 특히 1883~1945년을 중심으로 - ,『기전문화연구』특집호, 인천교대,
    1983.

趙燦錫, 인천직할시 행정기구의 변천 - 특히 1883~1945년을 중심으로 - ,『기전문화연구』18, 인천교대
    기전문화연구소, 1989.

3) 행정 · 경찰

김운태,『조선왕조행정사 - 근대편』, 일조각, 1970.

내무부,『지방행정구역요람』, 1978/1980.

내무부 치안국,『조선경찰사 1』, 1972.

藤沼武男,『朝鮮行政警察法總論』, 1917.

朴慶龍,『개화기의 漢城府 연구』, 숭실대 박사논문, 1994.

朴範來,『한국경찰사』, 경찰대, 1988.

徐基榮,『한국경찰행정사』, 법문사, 1976.

孫禎睦,『한국지방제도 · 자치사연구』(상 · 하), 일지사, 1992.

宋炳基 · 朴容玉 · 朴漢卨 공편,『한말근대법령자료집』(1~9), 국회도서관, 1971~1972.

宋炳基,『통감부법령자료집』(상 · 중 · 하), 국회도서관, 1972~1973.

朝鮮總督府,『朝鮮における地方制度の沿革』, 1930.

朝鮮總督府,『中樞院改革に關する意見書』, 1931.

玄圭柄,『한국경찰제도사』, 국립경찰전문학교, 1955.

權泰檍, 갑오개혁 이후 공문서 체계의 변화,『규장각』17, 서울대규장각, 1994.

權鎬浚, 1930년대 일제의 조선인 하급행정관료에 대한 정책, 고려대 석사논문, 1995.

김민철, 식민통치와 경찰,『역사비평』24, 역사문제연구소, 1994.

金容旭, 근대 개항기 부산행정 - 1876~1910년을 중심으로 - ,『항도부산』11, 부산시사편찬위원회, 1994.

金雲泰, 조선왕조의 개항이후에 있어서의 행정 근대화과정에 관한 연구,『행정논총』7 - 2, 서울대행정대
    학원, 1969.

金雲泰, 통감부시대의 대한제국통치체제의 구조와 기능,『행정논총』9 - 1, 서울대행정대학원, 1971.

金泰雄, 갑오개혁기 전국 邑事例 편찬과 '新定事例'의 마련,『국사관논총』66, 국사편찬위원회, 1995.

盧貞鉉, 일제한국행정개혁에 관한 연구 - 갑오경장에서 통감부시대를 중심으로 - ,『연세논총』4, 연세대
    대학원, 1967.

朴範來, 경찰상의 시대적 조명,『치안논총』1, 국립경찰대 치안연구소, 1984.

松田利彦, 朝鮮植民地化の過程における警察機構(1904~1910年),『朝鮮史研究會論文集』31, 朝鮮史研
    究會, 1993.

申相俊, 조선(갑오개혁 이후) 및 대한제국의 행정조직에 관한 연구(1),『논문집』4, 청주여사대, 1975.

安龍植, 일제하의 중앙과 지방의 관계, 『한국행정학보』 4, 한국행정학회, 1970.

李相助, 경찰제도에 관한 연구 - 국가경찰과 자치경찰의 비교고찰 -, 『논문집』 5, 외국어대, 1972 .

李延馥, 구한국경찰고(1894~1901) - 일제침략에 따른 경찰권 피탈과정소고 -, 『논문집』 4, 서울교대, 1971.

李榮昊, 대한제국시기 內藏院의 外劃운영과 상업활동, 『역사와 현실』 15, 한국역사연구회, 1995.

鄭求先, 갑오개혁기 관리임용제도 개혁에 관한 일고찰 - 과거제 폐지 및 薦擧制 수용을 중심으로 -, 『경주사학』 12, 1993.

鄭求先, 高宗朝의 관리임용정책에 관한 일연구 - 山林의 徵召와 薦擧制의 운용을 중심으로 -, 『素軒南都泳고희기념 역사학논총』, 1993.

鄭振煥, 한국경찰인사제도의 연원적 고찰 - 근대제도의 확립과 행정사적의의를 중심으로 -, 『논문집(인문사회)』 5, 인천대, 1983.

崔起榮, 근대한국경찰행정구조에 관한 연구(1894~1945), 『논문집』 10, 동국대, 1972.

崔泰鎬, 개항후의 한국海關과 관세행정 - 관세행정 조직의 변천과정을 중심으로 -, 『경제논총』 2, 국민대 경제연구소, 1980.

4) 법률 · 형정

廣池千九郎, 『支那法制史餘論 - 韓國親族法規等制度の研究 - 』, 1909.

南基正, 『일제의 한국사법부 침략실화』, 육법사, 1978.

藤沼武男, 『朝鮮行政警察法總論』, 1917.

明倫館法令編纂部, 『現行日韓法令全集』, 東京, 1910.

사법협회, 『조선소작조정령집』, 1933.

宋炳基 · 朴容玉 · 朴漢卨 공편, 『한말근대법령자료집』(1~9), 국회도서관, 1971~1972.

宋炳基, 『통감부법령자료집』(상 · 중 · 하), 국회도서관, 1972~1973.

愼鏞廈, 『사법품보』(1~5), 아세아문화사, 1987.

鈴木敬夫, 『法을 통한 朝鮮植民地 지배에 관한 研究』, 고려대 민족문화연구소, 1989.

李光信, 『우리나라 민법상의 성씨제도연구』, 법문사, 1973.

田東三, 『朝鮮親族法相續法 - 主として朝鮮高等法院判例中心として考察 - 』, 1933.

朝鮮統監府, 『朝鮮に關する條約及法令』, 1906.

崔鍾庫, 『한국의 서양법수용사』, 박영사, 1982.

최홍규, 『안중근사건 공판기』, 정음사, 1975.

度支部, 『현행한국법전』, 경성, 1910.

丘秉朔, 법학교육 및 연구저에 관한 연구 - 공법분야 -, 『근대서구학문의 수용과 普專』, 고려대출판부, 1986.

김봉진, 한성주보의 발행과 조선의 만국공법수용, 『한국전통사회의 구조와 변동』(한국사회사연구회논문집 4), 문학과 지성사, 1986.

金聲均, 일본의 한국사법권탈취사건, 『백산학보』 8, 백산학회, 1970.

金龍德, 3 · 1운동이전의 笞刑, 『삼일운동50주년기념논집』, 동아일보사, 1969.

김희수, 개화기 근대적 민사법제의 형성에 관한 연구, 서울대 석사논문, 1986.

南興祐, 일제의 한국침략에 있어서의 법규범과 그 적용에 관한 문제, 『아세아연구』 12 - 14, 고려대 아세아문제연구소, 1969.

도면회, 갑오·광무연간의 재판제도,『역사와 현실』14, 한국역사연구회, 1994.

朴秉濠, 구한국시대의 형사입법의 연혁,『법제월보』7-11, 1965.

朴秉濠, 개화기의 법제,『한국학』7, 중앙대 한국학연구소, 1975.

鈴木敬夫, '倂合'以前の治安法 - 保安法の判例にみる抗日運動彈壓 - ,『박병호교수환갑기념 한국법사
　　학논총 2』, 1991.

尹大成, 일제의 한국慣習調査사업과 民事慣習法,『논문집』13, 창원대, 1991.

尹大成, 일제의 한국관습조사사업과 傳貰관습법,『박병호교수환갑기념 한국법사학논총 2』, 1991.

李丙洙, 우리나라 근대화와 형법대전의 頒示 - 가족법을 중심으로 - ,『법사학연구』2, 한국법사학회,
　　1975.

李元淳, 서평 : 한국의 서양법수용사(최종고 저),『한국학보』27, 1982.

李漢基, 한국 및 일본의 개국과 국제법,『학술원논문집(인문, 사회과학편)』19, 학술원, 1980.

李熙鳳, 한말법령소고,『학술원논문집(인문, 사회과학편)』19, 학술원, 1980.

張根世, 한말 형사법제에 관한 고찰, 충남대 석사논문, 1981.

張根世, 한말 근대적 법률의 수용과정,『호서사학』10, 호서사학회, 1982.

田鳳德, 徐載弼의 법률사상,『한국사연구』10, 한국사연구회, 1974/『韓』5-4, 東京 : 韓國硏究院, 1975.

田鳳德,「西遊見聞」と兪吉濬の法律思想,『韓』64, 1977.

田鳳德, 서평 : 근대한국재판사(김병화 저),『법사학연구』5, 1977.

田鳳德, 일제의 사법권 강탈과정의 연구,『애산학보』2, 애산학회, 1982.

全昌祿, 식민지 피지배기 법제의 기초,『법제연구』통권 8, 한국법제연구원, 1995.

鄭肯植, 한말法律起草機關에 관한 소고,『박병호교수환갑기념 한국법사학논총 2』, 1991.

鄭肯植, 개화기 서구법의 수용과 의의,『법제연구』통권 8, 한국법제연구원, 1995.

鄭東鎬, 개화기의 가족법규범에 관한 일고찰 - 형법대전의 규범을 중심으로 - ,『강원대논문집』13, 강원
　　대, 1979.

諸成鎬, 구한말 萬國公法의 인식과 수용 - 급진 개화파 인사를 중심으로 - ,『박병호교수환갑기념 한국
　　법사학논총 2』, 1991.

崔鍾庫, 묄렌도르프와 한국법(1) - 한국법문화의 초기접촉으로서 - ,『한독법학』1, 한독법률학회, 1979.

崔鍾庫, 법학을 통한 한독관계사,『한독법학』2, 한독법률학회, 1980/『비교문화연구』1, 한양대 비교문화
　　연구소, 1982.

崔鍾庫, 개화기의 법학교육과 한국법률가의 형성 - 법관양성소와 普專의 교과와 교수진을 중심으로 - ,
　　『법학』22-1, 서울대, 1981.

崔鍾庫, 개화기의 한국법문화 - 법학교육과 법률가의 형성 - ,『한국학보』24, 일지사, 1981.

崔鍾庫, 한국의 서양법사상 수용과정고,『한국문화』2, 서울대 한국문화연구소, 1981.

崔鍾庫, 한말과 일제하 법학협회의 활동,『애산학보』2, 애산학회, 1982.

崔鍾庫, 한말의 서양인법률고문제도,『동방학지』32, 연세대 국학연구원, 1982.

崔鍾庫, 개화기의 한국법제사료,『한국학문헌연구의 현황과 전망』, 아세아문화사, 1983.

崔鍾庫, 한국법사상의 근대화과정 - 개화기 법학을 중심으로 - ,『법사학연구』7, 한국법사학회, 1983.

崔鍾庫, 개화기의 한국민법학,『威廷이재철박사화갑기념논문집 현대민상법의 연구』, 법문사, 1984.

崔鍾庫, 한국법문화의 근대화과정,『석당논총』9, 동아대 석당전통문화연구소, 1984.

崔鍾庫, 법학을 통한 한불관계 100년,『한불외교사 1886~1986』, 평민사, 1987.

崔鍾庫, 서양법학동점고 - 명치·고종대의 서양법학 번역서를 중심으로 - ,『규장각』10, 서울대도서관,
　　1987.

崔鍾庫, 한국 근대법의 형성과정, 『한국문화』 15, 서울대 한국문화연구소, 1994.

崔宗一, 日韓治安刑法の史的考察, 『上智法學論叢』 29 - 1, 1986.

Baker, Edward J., The Role of Legal Reforms in the Japanese Annexation and Rule of Korea(1905~1919), 『Studies on Korea in Transition, Occasional Papers』 9, Center for Korean Studies, Univ. of Hawaii, 1979.

3. 대외관계

1) 일본

姜東鎭, 『일제언론계의 한국관』, 일지사, 1982.

고려대 아세아문제연구소, 『구한국외교문서』(22권), 1965.

고려대 아세아문제연구소, 『구한국외교문서』(전9권), 1972~1974.

고려대 아세아문제연구소, 『한일관계자료집 2』, 1977.

高柄翊 외, 『일본의 현대화와 한일관계』, 문학과 지성사, 1992.

關善次 편, 『日淸戰役外交始末』, 1900.

具汶烈, 『제국주의와 언론 - 裴說 · 대한매일신보 및 한 · 영 · 일 관계 - 』, 이화여대출판부, 1986.

菊池謙讓, 『朝鮮最近外交史』, 京城, 1910.

국회도서관입법조사국 편간, 『한국근대외교사연표』, 1966.

국회도서관입법조사국 편간, 『한국외교연표』, 1974.

김기주 · 김원수 역, 『청 · 일 · 한외교관계사』, 민족문화사, 1991.

金玉烈, 『한국과 미 · 일관계론』, 일조각, 1974.

金容旭, 『한국개항사』(서문문고 201), 서문당, 1976.

金義煥, 『조선대일교섭사연구 - 강화도조약과 부산개항을 중심으로 - 』, 통문각, 1966.

金義煥, 『조선을 둘러싼 근대노일관계의 연구』, 통문관, 1974.

金義煥, 『조선근대대일관계사연구』, 경인문화사, 1974.

金正明 편, 『日韓外交資料集成』(1~8), 東京 : 嚴南堂書店, 1962~1967.

金鎬逸, 『한국개항전후사』, 한국방송사업단, 1982.

나카스카 아키라 저, 김승일 역, 『근대한국과 일본』, 범우사, 1995.

內田實, 『日淸韓條約要覽』, 1894.

渡邊勝美, 『朝鮮開國外交史』, 普成專門學校, 1934.

渡邊勝美, 『朝鮮開國外交史硏究』, 東光堂書店, 1941.

武田勝藏, 『明治15年朝鮮事變と花房公使』, 東京, 1929.

朴琪淙, 『한말외교비록』, 성진문화사, 1972.

裵鍾茂, 『木浦開港史』, 느티나무, 1994.

白鍾基, 『근대한일교섭사연구』, 정음사, 1977.

釜山甲寅會, 『日鮮通交史 - 附, 釜山史 - 』, 1916.

釜山稅關, 『開港場と附近市場との經濟及交通關係 1권 - 釜山稅關報告 - 』, 1909.

三宅英利 저, 孫承喆 역, 『근세한일관계사 연구』, 이론과 실천, 1991.

徐紘一 · 東巖 共編, 『間島史新論 - 선구자와 '친일파'들과의 싸움 - 』, 도서출판 우리들의 편지, 1993.

孫承喆, 『근세한일관계사』, 강원대출판부, 1987.

宋鍾復, 『日帝의 한국産業權 侵奪과 그 저항에 관한 연구』, 성신여대 박사논문, 1993.

市川正明, 『日韓外交史料 2 - 壬午事變篇 - 』, 東京 : 原書房, 1979.

申國柱, 『근대조선외교사』, 탐구당, 1965.

申國柱, 『近代朝鮮外交史硏究』, 東京 : 維新堂, 1966.

申基碩, 『동양외교사』, 동국문화사, 1955.

야마다 쇼오지 외 저, 샘기획 역, 『근현대사속의 한국과 일본』, 돌베개, 1992.

역사학회, 『노일전쟁전후 일본의 한국침략』, 일조각, 1986.

吳允台 역, 『한일기독교교류사』, 혜선문화사, 1980.

奧平武彦, 『日鮮交涉史』, 1941.

운노 후쿠주 저, 연정은 역, 『일본의 양심이 본 한국병합』, 새길, 1995.

兪仁浩, 『한일경제 100년의 현장』, 일월서각, 1984.

柳子厚, 『海牙밀사』, 1949.

李奇範, 『한일합방사』, 민중조선사, 1946.

伊藤博文 편, 『朝鮮外交資料』(상 · 중 · 하), 1936.

李培鎔, 『구한말 광산이권과 열강』, 한국연구원, 1984.

李培鎔, 『한국근대광업침탈사연구』, 일조각, 1989.

李用熙, 『근세한국외교문서총목(외국편)』, 국회도서관, 1966.

이태진, 『일본의 대한제국 강점』, 까치, 1995.

李鉉淙, 『한국개항장연구』, 일조각, 1975.

李鉉淙, 『한말에 있어서의 중립화론』, 국토통일원, 1978.

李鉉淙, 『개항장 監理署와 거류지 치폐에 관한 연구』, 동국대 박사논문, 1978.

李炫熙, 『征韓論의 배경과 영향』, 대왕사, 1986.

日本國際政治學會 編, 『國際政治 - 日韓關係의 展開 - 』, 東京 : 有斐閣, 1963.

田保橋潔, 『近代日支鮮關係의 硏究 - 天津條約より日支開戰に至る - 』, 京城帝國大, 1930.

田保橋潔, 『近代日鮮關係의 硏究』(上 · 下), 朝鮮總督府中樞院, 1940.

鄭珖鎬, 『근대 한일불교관계사 연구 - 일제의 식민지정책과 관련 - 』, 경희대 박사논문, 1989.

鄭在貞, 『일제의 한국철도침략과 한국인의 대응(1892~1945년)』, 서울대 박사논문, 1992.

趙恒來, 『개항기 대일관계사연구』, 형설출판사, 1973.

趙恒來, 『한일교섭사연구』, 숙명여대, 1982.

周鳳南, 『한일관계사료집 - 국제연맹제출 - 』, 1981.

中塚明, 『近代日本と朝鮮』, 三省堂, 1969.

織田純一郎, 『日淸韓交涉錄』, 東京, 1895.

鐵壁城史, 『日淸韓近世葛藤始末』, 1894.

崔文衡, 『열강의 동아시아정책』, 일조각, 1979.

彭澤周, 『明治初期日韓淸關係의 硏究』, 塙書房, 1969.

한국사연구회, 『청일전쟁과 한일관계』, 일조각, 1985.

한국정신문화연구원, 『청일전쟁을 전후한 한국과 열강』, 1984.

한국출판문화원, 『일본의 한국침략자료총서』(1~10), 1988 ; (11~20), 1989.

韓日關係史硏究會, 『한일관계사논저목록』, 현음사, 1993.

Ku Dae-yeol, 『Korean Resistance to Japanese Colonialism - The March First Movement of 1919 and Britain's Role in Its Outcome - 』, London Ph. D., 1979.

──────, 韓滿에 관한 일로교섭관계이견서,『한일관계연구소기요』8, 영남대 한일관계연구소, 1978.

姜德相, 李氏朝鮮開港直後の朝日貿易の展開,『歷史學研究』265, 歷史學研究, 1962.

姜萬吉, 개화기의 일본측 경제관계자료 - 영사보고와 일·한통상협회 보고 -,『한국학문헌연구의 현황과 전망』, 아세아문화사, 1983.

姜英心, 서평 : 일제의 한국침략정책사(강동진 저),『이대사원』17, 1980.

姜昌一, 일본 대륙낭인의 한반도침략 - 일본우익의 대아시아주의에 대한 이해를 위하여 -,『역사비평』28, 역사문제연구소, 1995.

高橋秀直, 壬午事變と明治政府 - 江華條約より壬午事變までの朝鮮政策の展開 -,『歷史學研究』601, 1989.

高橋秀直, 壬午事變後の朝鮮問題,『史林』72 - 5, 1989.

高橋秀直, 征韓論政變と朝鮮政策,『史林』75 - 2, 京都大學文學部 史學研究會, 1992.

高秉雲, 日本帝國主義朝鮮植民地化過程の鐵道敷設をめぐる諸問題,『歷史評論』140·141合, 東京 : 歷史科學協議會, 1962.

고성애, 임오군란과 한·청·일 외교관계의 연구, 경희대 석사논문, 1980.

高承濟, 일본 대륙팽창정책의 진출과 조선은행의 역할,『백산학보』8, 백산학회, 1970.

廣瀨貞三, 19세기말 일본의 조선鑛山이권획득기도 - 1882~1894 -,『사총』28, 고려대사학회, 1984.

廣瀨貞三, 19世紀末日本の朝鮮鑛山利權獲得について - 忠淸道稷山金鑛を中心に -,『朝鮮史研究會論文集』22, 1985.

廣瀨靖子, 江華島事件の周邊,『國際政治』37, 1968.

廣瀨靖子, 江華條約の立成をめぐって,『國際政治』41, 1970.

具汰烈, 일본의 초기 대한 식민정책 형성과정 - 1904~1907년간을 중심으로 -,『대한제국연구 4』, 이화여대 한국문화연구소, 1986.

具仙姬, 후쿠자와 유키치(福澤諭吉)의 대조선문화정략,『국사관논총』8, 국사편찬위원회, 1989.

君島和彦, 日露戰爭下朝鮮における土地掠奪計劃とその反對鬪爭,『旗田巍古稀記念　朝鮮歷史論集(下)』, 東京 : 龍溪書舍, 1979.

堀和生, 日本帝國主義の朝鮮植民地化過程におけるの財政改革,『日本史研究』217, 1980.

堀和生, 1905年日本の竹島領土編入,『朝鮮史研究會論文集』24, 1987.

宮田節子, 日韓倂合による植民地時代の開幕,『歷史公論』30 - 11, 1985.

權泰檍, 1904~1910년 일제의 한국침략구상과 '시정개선',『한국사론』31, 서울대국사학과, 1994.

權泰檍, 통감부 설치기 일제의 조선 근대화론,『국사관논총』53, 국사편찬위원회, 1994.

旗田巍, 明治期の日本と朝鮮,『國際政治 - 日朝關係の展開』, 有斐閣, 1963.

旗田巍, 日本の東洋史家の朝鮮觀 - 滿鮮史の虛像 -,『朝鮮研究』34, 日本朝鮮研究所, 1964/『日本人の朝鮮觀』, 勁草書房, 1969.

旗田巍, 大東合邦論と樽井藤吉,『日本人の朝鮮觀』, 勁草書房, 1969.

旗田巍, 世界史敎科書にあらわれた近代朝鮮,『日本人の朝鮮觀』, 勁草書房, 1969.

吉岡吉典, 明治社會主義者と朝鮮 - 日韓會談反對鬪爭によせて -,『歷史評論』178, 歷史科學協議會, 1965.

吉岡吉典, 日朝連帶の歷史研究によせて(上·下),『朝鮮研究』53·54, 1966.

吉野誠, '大東合邦論'の朝鮮觀,『文明研究』4, 1986.

吉野誠, 吉田松陰と朝鮮,『朝鮮學報』128, 1988.

吉野誠, 福澤諭吉の朝鮮論,『朝鮮史研究會論文集』26, 1989.

吉田東伍, 韓半島を合倂せる大局面,『歷史地理(朝鮮號)』, 日本歷史地理學會, 1910.

吉田和起, 日本帝國主義の朝鮮倂合 - 國際關係を中心に - ,『朝鮮史硏究會論文集』2, 朝鮮史硏究會, 1966.

吉田和起, 日英同盟と日本の朝鮮侵略 - 日淸戰爭から日露戰爭への一過程 - ,『日本史硏究』84, 1966.

金景昌, 갑오변란후의 한일 청일교섭시말,『논문집』8, 경희대, 1974.

金景昌, 갑신정변에 관한 정치외교사적 연구,『松岩김경창박사화갑기념논문집 정치와 외교』, 松岩김경창박사화갑기념논문집간행위원회, 1985.

金景昌, 갑신정변의 선후처리를 위한 청·일간의 외교교섭 시말,『갑신정변연구』, 한국정치외교사학회, 1985.

金炅春, 한일의정서 조인경위와 일제의 한국침략,『소헌남도영박사화갑기념 사학논총』, 1984.

金敬泰, 대일불평등조약 개정문제발생의 일전제 - 개항전기의 米穀문제에서 본 외압의 실태 - ,『이대사원』10, 1972.

金敬泰, 불평등조약개정교섭의 전개 - 1880년전후의 대일 민족문제 - ,『한국사연구』11, 한국사연구회, 1975.

金敬泰, 갑오이전 防穀令事件과 일본의 不當賠償 요구,『국사관논총』53, 국사편찬위원회, 1994.

金炅宅, 일제의 한국침략정책,『한국사 13』, 한길사, 1994.

金光洙, 露日戰爭의 배경과 한반도에 미친 영향에 관한 연구,『학술논총』17, 단국대대학원, 1994.

金光玉, 근대 개항기 일본의 琉球·조선정책,『항도부산』11, 부산시사편찬위원회, 1994.

金基赫, 근대초기에 있어서 한·청·일 관계의 전개 - 갑신정변에 미친 영향을 중심으로 - ,『사상과 정책』1 - 4, 경향신문사, 1984.

金東明, 一進會と日本 - '政合邦'と倂合,『朝鮮史硏究會論文集』31, 朝鮮史硏究會, 1993.

金福壽, 日帝의 對韓半島 언론침탈과정 연구,『한국의 사회와 문화』17, 한국정신문화연구원, 1991.

金聲均, 일본의 한국사법권탈취사건,『백산학보』8, 백산학회, 1970.

金聲均, 19세기말 조선의 대청일관계,『한국사 17 - 동학농민봉기와 갑오개혁 - 』, 국사편찬위원회, 1973.

金淳碩, 개항기 일본불교종파들의 한국침투 - 일본사찰과 別院 및 布敎所설치를 중심으로 - ,『한국독립운동사연구』8, 독립기념관 한국독립운동사연구소, 1994.

金泳謨, 갑오개혁의 법제적 양상과 일제의 간섭,『한국의 사회와 문화』13, 한국정신문화연구원, 1990.

金泳鎬, 개항기 한일간의 사상적 대응형태 - 자본주의 세계시스템의 반주변과 주변관계의 일 유형 - ,『일본의 침략정책사연구』, 역사학회, 1984.

金龍德, 왜성대의 흙한들 - 통감부 - ,『한국현대사 3』, 신구문화사, 1969.

金源模, 청일전쟁전후기 미국의 대극동정책이 일본의 한국침략에 끼친 영향,『청일전쟁과 한일관계』, 일조각, 1985.

金元洙, 용암포사건과 일본의 대응,『노일전쟁전후 일본의 한국침략』, 일조각, 1986.

金元洙, 의주 開市를 둘러싼 노일의 각축 - 개전요인으로서의 개시문제 - ,『논문집』20, 서울교대, 1987.

金義煥, 일제의 조선침략과 초기의병투쟁고,『동국사학』9·10합, 1966/『한국근대사연구논집』, 1972.

金義煥, 조선을 둘러싼 근대노일관계연구 - 마산포사건과 항민의 저항을 중심으로 - ,『아세아연구』11 - 3, 1968.

金義煥, 近代日鮮關係の硏究(田保橋潔 著)の著述刊行の動機とその內容について,『朝鮮學報』88, 1978.

金仁德, 일본의 정한론과 대원군정권의 대응, 성균관대 석사논문, 1987.

金一勉, 韓國倂合と朝鮮總督府,『現代の眼』23 - 7, 1982.

金正起, 갑오경장기 일본의 대조선경제정책 - 일본의 차-관정책을 중심으로 -,『한국사연구』47, 한국사
　　연구회, 1984.

金正起, 金玉均에 반영된 명치일본신문의 대한관,『동원김홍배박사고희기념논문집』, 1984.

金正起, 청일전쟁전후 일본의 대조선경제정책 - 일본의 차관정책을 중심으로 -,『청일전쟁과 한일관계』,
　　일조각, 1985.

金町洛, 일제침략과 한국의 주권상실에 관한 고찰,『논문집』11, 대구보건전문대·대구전문대, 1988.

金鍾先, 목포항에 있어서의 日·露간의 조차지취득과정,『목포대논문집』5, 1983.

金昌洙, 청일전쟁전후 일본의 한반도 군사침략정책,『청일전쟁과 한일관계』, 일조각, 1985.

南興祐, 일제의 한국침략에 있어서의 법규범과 그 적용에 관한 문제,『아세아연구』12 - 14, 고려대 아세
　　아문제연구소, 1969.

內山進, 閔妃虐殺事件と日本言論界,『史報』7, 1986.

盧啓鉉, 일본의 한국병합과 열강의 반응,『국제법학회논총』15 - 1, 대한국제법학회, 1970.

多胡圭一, 日本による朝鮮植民地化過程についての一考察 - 1904～10年における - (1～3),『大阪法學』
　　90·94·101, 1974·1975·1977.

大森音吉, 維新以降に於ける日韓の交渉,『歷史地理(朝鮮號)』日本歷史地理學會, 1910.

大畑篤四郎, 日露戰爭と滿鮮問題,『近代日本史研究』5·6合, 早稻田大, 1958.

大畑篤四郎, 일본의 근대화와 한국 - 외교사의 시각에서 -,『일본문제』1973년 봄호.

董德模, 보호조약부터 합방까지의 한일관계,『연구보고서』23, 문교부, 1970.

董德模, 청일전쟁과 한국 - 청일양국의 파병을 중심으로 -,『학술연구조성비에 의한 연구보고서』(사회
　　과학계 4 - 8), 문교부, 1973.

董德模, 한국과 20세기초의 국제정세,『한국사 19 - 대한제국의 종말과 의병항쟁 - 』, 국사편찬위원회,
　　1976.

藤村道生, 日韓議定書の成立過程, - 大三輪長兵衛韓國關係文書「諸事抄錄」,「渡韓始末錄」の史料解說
　　として -,『朝鮮學報』61, 1971.

馬淵貞利, 日韓併合を正當化した'脫亞論',『歷史公論』30 - 11, 1985.

馬淵貞利, 朝鮮半島の宗主權を決定した日淸戰爭,『歷史公論』30 - 11, 1985.

木村健二, 近代日朝關係下の在朝日本人 - 朝鮮實業協會の組織と活動を中心に -,『朝鮮史研究會論
　　文集』23, 1986.

武田勝藏, 明治15年朝鮮事變と錦繪(上·下),『中央史壇』13 - 5·6, 1927.

武田勝藏, 明治15年朝鮮事變の回顧,『史學』6 - 2, 慶應義塾大文學部三田學會, 1927.

閔丙彩, 한일경제관계 - 일본의 대한경제침략과 일본무역의 변천 -,『한일문화』1, 부산대 한일문화연구
　　소, 1962.

朴敬子, 개항초 대일통상조약상의 관세문제 - 한일무역구칙과 통상장정을 중심으로 -,『숙대사론』5,
　　1970.

朴九秉, 19세기말 한일간의 어업에 적용된 영해 3해리 원칙에 대하여,『한일연구』1, 한국일본문제연구
　　회, 1972.

朴起緖·金敏喆, 일제의 조선경찰권 침탈과정에 대한 연구,『경희사학』19, 경희대사학회, 1995.

朴萬圭, 한말 일제의 철도 부설·지배와 한국인 동향,『한국사론』8, 서울대국사학과, 1982.

朴萬圭, 보호국체제의 성립과 통감정치,『한국사 11』, 한길사, 1994.

朴羊信, 일본제국주의의 팽창과 조선침략의 성격,『역사비평』3, 1988.

朴英宰, 1890년대 일본의 외교와 외교론 - 무츠 무네미츠(陸奧宗光)을 중심으로 -,『국사관논총』60, 국

　　사편찬위원회, 1994.·

朴日根, 淸日兩國的朝鮮政策與英國的東亞細亞政策, 『韓國學報』 9, 臺北 : 臺灣韓國硏究學會, 1990.

朴宗根, 閔妃虐殺事件の處理策をめぐる諸問題, 『東アジア近代史の硏究』, 大塚史學會編, 1967.

朴宗根, 1894年における日本軍撤兵問題と朝鮮內政改革案登場の背景, 『朝鮮史硏究會論文集』 5, 朝鮮
　　史硏究會, 1968.

朴宗根, 日淸開戰における日本軍の朝鮮王宮占領事件の考察(上・下), 『歷史評論』 302・304, 1975.

朴宗根, 日淸開戰における日本軍の朝鮮王宮占領事件に對する朝鮮人民の反抗鬪爭, 『歷史評論』 316,
　　歷史科學協議會, 1976.

朴宗根, 日淸戰爭下の日本の對朝鮮政策 - 朝鮮における日本の經濟的利權を中心として - , 『旗田巍古
　　稀記念 朝鮮歷史論集(下)』, 1979.

朴俊圭, 청일전쟁과 열국외교 - Krasny Archives를 중심으로 - , 『동아문화』 2, 서울대 동아문화연구소,
　　1964.

朴贊一, 노일전쟁 이전 일본의 대한경제적 침략과 한국의 변모 - 식민지시장화 조건으로서의 금시장장
　　악 및 금광업침략을 중심으로 - , 『노일전쟁전후 일본의 한국침략』, 일조각, 1986.

朴賢洙, 일제의 침략을 위한 사회·문화 조사활동, 『한국사연구』 30, 한국사연구회, 1980.

朴亨杓, 노일각축과 국모시해사건, 『학술지』 12, 건국대 학술연구원, 1971.

朴熙琥, 露·日 開戰의 外因 연구 - 開戰에 미친 歐·美列强의 영향력에 주목하여 - , 『사학연구』 48,
　　1994.

飯沼二郎, 李朝末 日本資本浸透の一事例, 『朝鮮民族運動史硏究』 5, 朝鮮民族運動史硏究會, 1988.

飯田鼎, '脫亞論'以後福澤諭吉の淸國および朝鮮觀 - 福澤諭吉におけるアジア認識の變遷 - , 『三田學
　　會雜誌』 78 - 5, 1985.

芳賀藤, 幕末 명치초기에 있어서의 일본인의 한국관, 『제1회한국학국제학술회의논문집』, 한국정신문화
　　연구원, 1980.

裵成東, 한일관계와 일본국내정치의 전개 - 임오사변과 갑신정변을 중심으로 - , 『학술연구조성비에 의
　　·한 연구보고서』(사회과학계 121), 문교부, 1974.

裵鍾茂, 일제의 木浦경제 침탈에 관한 연구 - 고하도 토지침략 사례를 중심으로 - , 『인문과학』 2, 목포
　　대, 1985.

白奇寅, 明治初 한국침략에 대한 일본군부의 역할, 『군사』 30, 국방군사연구소, 1995.

白鍾基, 임오군란때의 일본의 대한정책에 관한 연구, 『논문집』 10, 성균관대, 1965.

白鍾基, 한일수호조약에 관한 사적고찰, 『논문집』 13, 성균관대, 1968.

白鍾基, 동학란때의 일본의 對韓정책에 관한 사적 고찰, 『논문집(인문사회계)』 19, 성균관대, 1974.

白鍾基, 金玉均암살사건을 에워싼 한일간의 외교분쟁과 일본의 항청운동, 『대동문화연구』 11, 성균관대
　　대동문화연구원, 1976.

北川修, 日淸戰爭までの日鮮貿易, 『歷史科學』 1 - 1, 白揚社, 1932.

山口宗雄, 荒無地開拓問題をめぐる對韓イメ-ジの形成, 流布過程について - , 『史學雜誌』 87 - 10,
　　1978.

山邊健太郎, 江華島事件と朝鮮の開國, 『日本の韓國倂合』, 太平出版社, 1966.

山邊健太郎, 東學亂と日本人, 『日本の韓國倂合』, 太平出版社, 1966.

山邊健太郎, 日本の韓國倂合と一進會, 『日本の韓國倂合』, 太平出版社, 1966.

山邊健太郎, 征韓論と日本のナシヨナリズム - 序論にかえて - , 『日本の韓國倂合』, 太平出版社, 1966.

山田昭次, 征韓論・自由民權論・文明開化論 - 江華島事件と自由民權運動 - , 『朝鮮史硏究會論文集』

7, 1970.

山脇重雄, 日淸戰爭と朝鮮問題,『日本史硏究』66, 日本史硏究會, 1963.

森山茂德, 甲午改革における借款問題 - 井上馨の關與した第2次改革と朝鮮指導者層の對應を中心として -,『東洋學報』56 - 2～4, 1976.

森山茂德, 日淸·日露戰間期における日韓關係の一側面 - 在日朝鮮人亡命者の處遇問題 -,『東京大 東洋文化硏究所創立40周年紀念論集 3』, 東京大 東洋文化硏究所, 1982.

森山茂德, 日韓倂合 - 日本の朝鮮保護政治について -,『東洋文化硏究所紀要』96, 東京大 東洋文化硏究所, 1984.

森山茂德, 日韓倂合の國際關係 - 朝鮮問題と滿洲問題の聯關 -,『日本外交の危機認識』1985.

森山茂德, 1890년대 일본의 대한국정책,『인문논총』5, 아주대 인문과학연구소, 1994.

杉井六郎, 壬午にいたる日鮮關係 - 英國領事報告を通して -,『國史硏究』4, 弘前大學, 1957.

上野隆夫, 陸奧外交における朝鮮政策の變容,『國際學論集』10, 上智大, 1983.

上野隆夫, 幕末·維新期の朝鮮政策と對馬藩,『日本外交の危機認識』(日本近代硏究會 篇), 1985.

石田岩, 朝鮮と福澤諭吉,『三田商學硏究』29 - 2, 1986.

小松綠, 韓國倂合事情(上·中·下),『史林』4 - 1～3, 京都帝國大史學硏究會, 1919.

孫承喆, 1872年 日本의 倭館占領과 조선침략,『軍史』28, 국방군사연구소, 1994.

宋麟在, 韓滿을 중심한 열강간의 관계(1895～1909),『연구논문집』7, 성신여사대 인문과학연구소, 1975.

宋麟在, 한반도를 위요한 열강간의 교섭관계(1805～1902),『성곡논총』7, 성곡학술문화재단, 1976.

宋忠植, 청일전쟁전야 한반도를 둘러싼 국제관계 - 철병문제를 중심으로 -,『한국학보』19, 일지사, 1980.

植田捷雄, 韓國倂合をめぐる國際關係 - 韓國獨立運動史序說 -,『朝鮮中國の民族運動と國際環境』, 岩南堂書店, 1967.

申國柱, 東學黨問題と日淸開戰,『日本外交史硏究 - 日淸日露戰爭 -』, 東京, 1962.

申國柱, 청일전쟁의 본질에 대한 고찰 - 한국의 독점적 지배권을 위요하여 -,『无涯梁柱東博士華誕기념 논문집』, 1963.

申國柱, 江華條約直後の日韓外交,『國際政治 - 日韓關係の展開 -』, 有斐閣, 1963.

申基碩, 갑신정변과 한청일외교관계,『국제법학회논총』4 - 1, 대한국제법학회, 1959.

申基碩, 한국을 둘러싼 일·로의 각축 - 1894～1903 -,『心村추헌수교수회갑기념논문집 한·중 정치의 전통과전개』, 대왕사, 1984.

申福龍, 청일전쟁 이전의 조선에 대한 청·일양국의 이해관계와 開戰,『西巖趙恒來화갑기념 한국사학 논총』, 1992.

申福龍, 한·일관계의 역사적 배경과 현실 - '한국은 왜 일본에게 멸망했는가'라는 물음의 시각에서 -, 『水邨朴永錫화갑논총 한국사학논총(하)』, 1992.

信夫淸三郎, 日淸戰爭外交史,『歷史科學』2 - 4, 1933.

申相溶, 영일동맹과 일본의 한국침략,『노일전쟁전후 일본의 한국침략』, 일조각, 1986.

深谷博治, 遣韓大使伊藤博文復命書について,『近代日本史硏究』1～4, 早稻田大, 1956.

安岡昭男, 江華府談判と日本の出兵準備,『玄岩申國柱博士華甲紀念韓國學論叢』, 동국대출판부, 1985.

安岡昭男, 明治前期日韓交涉雜考,『韓』115, 東京 : 韓國硏究院, 1989.

安藤彦太郎, 日本帝國主義と朝鮮 - 日·朝·中の過去と現在 -,『朝鮮硏究月報』19, 日本朝鮮硏究所, 1963.

安秉珆, 朝鮮の經濟的開化運動と日本帝國主義形成の特質 - 朝鮮の官僚商人と政商ブルジョアジ居留日本人商人の活動を中心に - ,『經濟學論集』13 - 3, 龍谷大學, 1974.

櫻井義之, 近代日韓關係資料解題,『國際政治 - 日韓關係の展開 - 』, 有斐閣, 1963.

梁榮煥, 일제의 침략구조,『한국사 21 - 3·1운동 전후의 사회와 경제 - 』, 국사편찬위원회, 1976.

梁泰鎭, 청일전쟁은 왜 한반도에서 일어나야 했는가,『군사』29, 국방군사연구소, 1994.

오세창, 일본의 대조선관과 조선침략,『일제의 한국침략과 영남지방의 반일운동』, 한국근대사연구회, 1995.

遠山茂樹, 征韓論·自由民權論·封建論,『歷史學研究』143, 145, 歷史學研究會, 1950.

柳璲鉉, 역사적 과정에서 본 일본의 한반도 정책 - 노일전쟁과 그 전후처리를 중심으로 - ,『부산대논문집』27, 부산대, 1979.

柳永益, 갑오경장을 圍繞한 일본의 대한정책 - 갑오경장 타율론에 대한 수정적 비판 - ,『역사학보』65, 역사학회, 1975.

柳永益, 청일전쟁중 일본의 대한침략정책 - 井上馨공사의 조선보호국화 기도를 증심으로 - ,『청일전쟁을 전후한 한국과 열강』, 한국정신문화연구원, 1984.

劉元東, 한말 일본의 차관공세와 광산접근에 관한 연구,『국사관논총』20, 국사편찬위원회, 1990.

劉元東, 근대 한일관계사 연구의 현상과 과제 - 사회경제사적 분야를 중심으로 - ,『朴成壽화갑논총 한국독립운동사의 인식』, 1991.

柳在坤, 일제통감 伊藤博文의 對韓침략정책(1906~1909),『청계사학』10, 한국정신문화연구원 청계사학회, 1993.

柳在坤, 일본의 國體論과 대외침략론,『청계사학』11, 청계사학회, 1994.

柳海信, 노일전쟁기 일본군의 한국주둔과 저항, 서울대 석사논문, 1989.

尹慶老, 통감부시기 일제의 기독교정책과 '조선전도론',『민족문화』4, 한성대 민족문화연구소, 1989.

尹明憲, 近代東アジアと日本植民史 - 朝鮮を中心として - ,『大阪市大論集』50, 1986.

尹炳奭, 구한말 주한일본군에 대하여 - 노일전쟁 이후의 대한 군사적 침략 - ,『향토서울』27, 서울시사편찬위원회, 1966.

尹炳奭, 일제의 한국주권 침탈과정,『한국사 19 - 대한제국의 종말과 의병항쟁 - 』, 국사편찬위원회, 1976.

李亮, 對韓政策の一側面 - 一進會の位置 - ,『九州史學』84, 1985.

李命壽, 구한말의 대청일외교관계, 동국대 석사논문, 1965.

李培鎔, 澁澤榮一과 대한경제침략,『국사관논총』6, 국사편찬위원회, 1989.

李瑄根, 노일전쟁이후 일제대한침략의 기본방향 - 한일의정서와 을미5조약체결의 경위 - ,『사학연구』18, 한국사학회, 1964.

李瑄根, 江華開港條約前後の國際情勢,『韓』56, 東京 : 韓國研究院, 1977.

李在茂, いわゆる日韓併合 - 强占前における日本帝國主義による朝鮮植民地化の基礎的諸指標 - ,『社會科學研究』9 - 6, 東京大, 1958.

李鎭昊, 일제의 한반도 測量침략 - 陸地測量部를 중심으로 - ,『영토사랑』1, 토문회, 1993.

李昌植, 光武년대의 日軍동향 - 「各司謄錄」을 통해 본 畿甸지방의 이동실태 - ,『기전문화』9, 수원 : 기전향토문화연구회, 1992.

李炫熙, 한국침략의 제조건 - 그 시대적 배경과 평화를 가장한 제조건을 중심으로 - ,『한국사상』8, 한국사상연구회, 1966.

李炫熙, 동학혁명운동과 청일의 반응,『사학연구』38, 한국사학회, 1984.

李炫熙, 일제의 한국교육·종교 침략정책의 연구 - 20세기 전후반사에 나타난 문화침략책 - ,『최영희화갑기념 한국사학논총』, 1987.

林敏, 日露戰爭直後における滿州問題 - 韓國統監伊藤博文に對する一分析,『史學研究』197, 廣島史學研究會, 1992.

林正和, 間島問題に關する日淸交涉の經緯,『駿台史學』10, 明治대史學地理學會, 1960.

長田彰文, ‘桂・タフト協定’に關する一考察 - 韓國との關係を中心に -,『朝鮮史研究會論文集』 28, 1991.

長節子, 對馬島宗氏領國支配の發展と朝鮮關係諸權益,『朝鮮學報』39・40合, 朝鮮學會, 1966.

前島省三, 日淸日露戰爭に於けるの對韓政策,『日本外交史研究 - 日淸日露戰爭 1 -』, 1962.

田保橋潔, 近代日鮮關係史の一節 - 公使駐京及び國書捧呈に就いて -,『靑丘學叢』 15, 靑丘學會, 1934.

田鳳德, 일제의 사법권 강탈과정의 연구,『애산학보』2, 애산학회, 1982.

田中愼一, 保護國問題 - 有賀長雄・立作太郎の保護國論爭 -,『社會科學研究』28 - 2, 東京代社會科學研究所, 1976.

田中愼一, 保護國の歷史的位置 - 古典的研究の檢討 -,『東洋文化研究所紀要』71, 東京大東洋文化研究所, 1977.

田中直吉, 日鮮關係の一斷面 - 京城壬午の變 -,『日本外交史研究 - 明治時代 -』, 1957.

田川孝三, 竹島領有に關する歷史的考察,『東洋文庫書報』20, 東洋文庫, 1989.

정광하, 청일전쟁을 전후한 일본의 대한반도정책에 관한 고찰,『한국과 국제정치』11 - 1, 경남대 극동문제연구소, 1995.

井口和起, 朝鮮併合,『岩波講座日本歷史 17 - 近代 4 -』, 1976.

井上淸, 日本の朝鮮侵略と帝國主義,『朝鮮史研究會論文集』5, 朝鮮史研究會, 1968.

丁原鈺, 1904・5년 일제의 대한외교정책 - 노일개전에서 을사조약 체결까지의 한국외교권침략 문제를 중심으로 -,『사학연구』21, 1969.

丁原鈺, 일제의 한만국경경비일고,『하성이선근박사고희기념논집 한국학논총』, 1974.

井原潤次郎, 東亞の情勢と朝鮮,『朝鮮講演』61, 朝鮮講演會, 1936.

鄭在貞, 井上馨 - 명치정부에서의 역할과 조선침략의 실천 -,『국사관논총』1, 국사편찬위원회, 1989.

鄭昌烈, 倭使일기에 대해서,『한국학문헌연구의 현황과 전망』, 아세아문화사, 1983.

諸洪一, 西鄕隆盛과 征韓論政變,『국사관논총』44, 국사편찬위원회, 1993.

趙璣濬, 개화기 일제의 경제침략,『일본의 침략정책사연구』, 역사학회, 1984/『노산유원동박사화갑기념논총 한국근대사회경제사연구』, 정음문화사, 1985.

趙正夫, 아관파천과 한・노・일 관계, 중앙대 석사논문, 1985.

趙漢吉, 청일전쟁시 일본의 외교정책 결정과정에 대한 소고,『해양전략』86, 해군대, 1995.

趙恒來, 일본의 대한침략정책과 구한말친일단체(1・3・4) - 일진회조직과정의 시대적 배경과 활동상 -,『동양문화』10・11・12, 영남대 동양문화연구소, 1969・1970・1971.

趙恒來, 일본의 대한침략정책과 구한말친일단체(2) - 일진회조직과정의 시대적 배경과 행적 -,『霞汀徐廷德화갑기념학술논총』, 1970.

趙恒來, 일제의 대한침략정책과 구한말친일단체의 행적상황연구,『연구보고서』15, 문교부, 1971.

趙恒來, A Study of Korea-Japan Relation in the Opening Korea,『대구사학』7・8합, 대구사학회, 1973.

趙恒來, 일본국수주의 단체의 일연구 - 玄洋社를 중심으로 -,『일본의 침략정책사연구』, 역사학회, 1984.

趙恒來, 玄洋社의 대외침투행적,『변태섭박사화갑기념 사학논총』, 삼영사, 1985.

趙恒來, 玄洋社의 성립과 국권론,『천관우선생환력기념 한국사학논총』, 정음문화사, 1985.

趙恒來, 일본의 한국침략정책, 『정책논총』 1, 서울대행정대학원, 1986.

趙恒來, 內田良平의 한국併呑행적, 『국사관논총』 3, 국사편찬위원회, 1989.

趙恒來, 露日전쟁(1904)을 전후한 韓日관계 - 고교 일본사교과서에 기술된 韓國史像을 중심으로 - , 『논문집』 32, 숙명여대, 1992/『何石金昌洙화갑논총 한국민족독립운동사의 제문제』, 1992.

趙恒來, 임오군란은 일본의 한국침략에 어떠한 작용을 하였는가, 『쟁점 한국근현대사』 1, 한국근대사연구소, 1992.

佐藤三郎, 日淸日露戰爭の性格, 『歷史敎育』 2 - 2, 歷史敎育硏究會, 1954

中島昭二, 井上毅と朝鮮問題, 『國學院法制論叢』 6, 1985.

中塚明, 日本帝國主義の形成と朝鮮問題, 『朝鮮史硏究會論文集』 1, 朝鮮史硏究會, 1965.

中塚明, 日本近代史の展開と朝鮮史像 - とくに參謀本部と歷史硏究のかかわりについて - , 『朝鮮史硏究會論文集』 11, 1974.

中塚明, 日淸戰爭硏究と朝鮮硏究, 『歷史評論』 288, 1974.

中塚明, 日本近代史における'陸奧外交'の意味, 『日本史硏究』 283, 1986.

中塚明, 日淸戰爭と明治天皇, 『碧史李佑成停年紀念 - 民族史の 展開와 그 文化(下)』, 1990.

池川英勝, 日韓同志會について, 『朝鮮學報』 135, 1990.

蔡中默, 왜관을 접촉점으로 한 한일외교교섭사 연구 - 일본명치유신부터 운양함의 강화침공 전까지 - , 『전북대논문집』 16, 1974.

崔圭鎭, 雲揚號사건의 기인에 관한 일고찰, 성균관대 석사논문, 1986.

崔東熙, 갑신정변을 전후해서의 일본의 아세아관, 『춘천교대논문집』 19, 춘천교대, 1979.

崔文衡, 歐美列强의 극동정책과 日本의 한국병합 - 1898년을 전후한 露日의 상호견제를 중심으로 - , 『역사학보』 59, 1973.

崔文衡, 노일전쟁전후 미국의 동아시아 정책과 일본의 한국침략, 『노일전쟁전후 일본의 한국침략』, 일조각, 1986.

崔永禧, 노일전쟁전의 한일비밀조약에 대하여, 『백산학보』 3, 백산학회, 1967.

崔永禧, 한일의정서에 관하여, 『사학연구』 29, 한국사학회, 1968.

崔永禧, 국치의 그날 - 경술합방 - , 『한국현대사 3』, 신구문화사, 1969.

崔永禧, 보호라는 이름의 침략 - 을사조약 - , 『한국현대사 2』, 신구문화사, 1969.

崔永禧, 강화도조약의 체결과 그 영향, 『한국사 16 - 개화척사운동 - 』, 국사편찬위원회, 1975.

崔埈, 을미망명자의 拿還문제 - 한일양국간의 외교분쟁 - , 『백산학보』 8, 백산학회, 1970.

崔泰鎬, 개항초기에 있어서의 韓日關稅협정경위와 일본의 英約稅則均霑, 『학술원논문집(인문사회과학편)』 14, 학술원, 1975.

湯淺晃, 近代日朝關係の一考察 - ブルジョアジの對朝鮮政策を中心として, 『朝鮮學報』 24, 朝鮮學會, 1962.

坂田吉雄, 江華島事件當時の日本政府, 『韓』 56, 東京 : 韓國硏究院, 1977.

彭澤周, 江華島事件をめぐる諸問題, 『明治初期日韓淸關係の硏究』, 塙書房, 1969.

彭澤周, 壬午事變と日淸兩國の對策, 『明治初期日韓淸關係の硏究』, 塙書房, 1969.

彭澤周, 朝鮮市場をめぐる日淸の貿易競爭 - 明治10年代から日淸戰爭までを中心として - , 『明治初期日韓淸關係の硏究』, 塙書房, 1969.

平瀬徹也, 新渡戶稻造の植民思想, 『紀要』 47, 東京女子大 比較文明硏究所, 1986.

平野邦雄, 日・朝・中三國關係論についての覺之書, 『東京女子大學比較文化硏究所紀要』 41, 東京女大 比較文化硏究所, 1980.

平野義太郎, 日中朝交渉史について - 特に近代史に關して -, 『歷史敎育』2 - 2, 歷史敎育硏究會, 1954.

弊原坦, 征韓軍京城占領論, 『韓國硏究會談話錄』3, 韓國硏究會, 1903.

河村一夫, 靑木外相の韓國に關聯する對露强硬政策發展と日英同盟の成立との關係(上・下), 『朝鮮學報』54・55, 1970.

河村一夫, 近衛篤麿'朝鮮問題に關する特別日誌'を讀みて, 『朝鮮學報』69, 1973.

河村一夫, 內田康哉傳記草稿所收の朝鮮關係一覺書について, 『朝鮮學報』83, 1977.

河村一夫, 滿韓に關する日露交涉關係意見書の構成について, 『日本歷史』12, 1977.

河村一夫, 小村外相の滿韓に關する日露交涉關係意見書について, 『朝鮮學報』101, 朝鮮學會, 1981.

河村一夫, 日淸戰爭と陸奧外交 - 金玉均暗殺事件の處理をめぐって -, 『韓』115, 東京 : 韓國硏究院, 1989.

河村一夫, 朝鮮國王族李埈鎔の來日について(1), 『朝鮮學報』133, 1989.

鶴園裕, 調査の時代 - 明治期日本における朝鮮硏究の一點描 -, 『千葉史學』7, 1985.

韓沽劤, 개국후 일본인의 한국침투, 『동아문화』1, 서울대 동아문화연구소, 1963.

海野福壽, 1905年第2次日韓協約, 『駿台史學』91, 駿台史學會, 1994.

許東賢, 1881년 朝士視察團의 明治 일본정치제도 이해 - 朴定陽의 내무성 「視察記」와 「見聞事件」類 등을 중심으로 -, 『한국사연구』86, 한국사연구회, 1994.

許東賢, 1881년 朝士視察團의 활동에 관한 연구, 『국사관논총』66, 국사편찬위원회, 1995.

洪景萬, 春生門사건, 『이재룡환력기념 한국사학논총』, 1990.

洪性勳, 개항기 한・일 관계사 연구, 중앙대 석사논문, 1988.

洪英基, 1907~8년 일제의 自衛團조직과 한국인의 대응 -, 『한국근현대사연구』3, 한국근현대사연구회, 1995.

洪以燮, 한국근세사에 있어 일본의 침략문제, 『지양신기석박사화갑기념논문집』, 1968.

黃炳茂, 일본이 시행한 군제개혁과 京軍 - 갑오 을미년개혁을 중심으로 -, 『논문집』5, 육군사관학교, 1967.

檜山幸夫, 伊藤內閣の朝鮮出兵に對する政略論的檢討 - 日淸戰爭前史として(上・下) -, 『中京法學』18 - 1~3, 中京大, 1984.

檜山幸夫, 第1次朝鮮出兵事件について, 『中京法學』20 - 3・4, 1986.

檜山幸夫, 7・23京城事件と日韓外交, 『韓』115, 東京 : 韓國硏究院, 1989.

Baker, Edward J., The Role of Legal Reforms in the Japanese Annexation and Rule of Korea(1905~1919), 『Studies on Korea in Transition, Occasional Papers』9, Center for Korean Studies, Univ. of Hawaii, 1979.

Lee Sung-whoan, A Study on the Past and Future of Korean-Japanese Relations : Focusing on Vestiges of Japanese Colonial Occupation, 『일본학보』13, 계명대 일본문화연구소, 1993.

Lew Young-ick, Korean-Japanese behind the Kabo-Ulmi Reform Movement 1894 to 1895, 『The Journal of Korean Studies』3, Society for Korean Studies, 1981.

Synn Seung-kwon, Korean-Japanese Relations, 1894~1904(1・2), 『Korea Journal』21 - 2・3, Korean National Commission for Unesco, 1981.

2) 청・중국

姜尙雲, 『근대외교사』, 민중서관, 1954.

고려대 아세아문제연구소, 『구한국외교문서』(22권), 1965.

고려대 아세아문제연구소, 『구한국외교문서』(전9권), 1972~1974.

關善次 편,『日淸戰役外交始末』, 1900.
국회도서관입법조사국 편간,『한국근대외교사연표』, 1966.
국회도서관입법조사국 편간,『한국외교연표』, 1974.
權錫奉,『청말 대조선정책사연구』, 일조각, 1986.
김기주·김원수 역,『청·일·한외교관계사』, 민족문화사, 1991.
金東和,『중국조선족독립운동사』, 느티나무, 1991.
金容旭,『한국개항사』(서문문고 201), 서문당, 1976.
金源模,『근대한국외교사년표』, 단국대출판부, 1984.
金鎬逸,『한국개항전후사』, 한국방송사업단, 1982.
內田實,『日淸韓條約要覽』, 1894.
渡邊勝美,『朝鮮開國外交史』, 普成專門學校, 1934.
渡邊勝美,『朝鮮開國外交史硏究』, 東光堂書店, 1941.
董德模,『한국의 개국과 국제관계』, 서울대출판부, 1980/1993.
滿鐵東亞經濟調査局,『間島問題の經緯』(東亞 1冊 第10), 東京, 1931.
朴琪淙,『한말외교비록』, 성진문화사, 1972.
부산대 중국문제연구소,『근대한국관계 영·미·중외교자료집 - 1887~1897 - 』, 1984.
宋炳基,『근대한중관계사연구 - 19세기말의 聯美論과 朝淸교섭 - 』, 단국대출판부, 1985.
申基碩,『한국외교사연구 - 청한종속관계 - 』, 일조각, 1967.
伊藤博文 편,『朝鮮外交資料』(상·중·하), 1936.
李鉉淙,『한국개항장연구』, 일조각, 1975.
李鉉淙,『한말에 있어서의 중립화론』, 국토통일원, 1978.
田保橋潔,『近代日支鮮關係の硏究 - 天津條約より日支開戰に至る - 』, 京城帝國大, 1930.
全海宗,『한국근세대외관계문헌비요』, 서울대 동아문화연구소, 1966.
趙中孚·張存武·胡春惠 편,『近代中韓關係史資料彙編 1冊』, 國史館, 1987.
鐵壁城史,『日淸韓近世葛藤始末』, 1894.
崔文衡,『열강의 동아시아정책』, 일조각, 1979.
한국사연구회,『청일전쟁과 한일관계』, 일조각, 1985.
한국일본문제연구회 편,『조선외교사무서』 9책, 성진문화사, 1971.
한국정신문화연구원,『청일전쟁을 전후한 한국과 열강』, 1984.

姜尙雲, 한국의 문호개방을 위요한 국제관계의 연구 - 中韓종속 관계의 시말을 중심으로 - , 중앙대 석사
　　논문, 1960.
고성애, 임오군란과 한·청·일 외교관계의 연구, 경희대 석사논문, 1980.
權錫奉, 李鴻章의 대조선列國立約勸導策에 대하여,『역사학보』 21, 역사학회, 1963.
權錫奉, 임오군변시 청측개입의 배경,『숙대사론』 6, 1971.
權錫奉, 대원군 被囚문제에 대한 재검토(상·하),『인문학연구』 3, 4·5합, 중앙대 인문학연구소, 1976·
　　1977.
權錫奉,「조선책략」과 청측의도,『전해종박사회갑기념 사학논총』, 일조각, 1979.
權錫奉, 淸廷에 있어서의 대원군과 그의 환국(상·하),『동방학지』 27·28, 연세대 국학연구원, 1981.
權錫奉, 청 同治년대 洋務관료의 대일관,『일본의 침략정책사연구』, 역사학회, 1984.
權錫奉, 청일전쟁이후의 한청관계연구(1894~1898),『청일전쟁을 전후한 한국과 열강』, 한국정신문화연

구원, 1984.

權錫奉, 한·청 통상조약의 체결,『동방학지』54·55·56합, 연세대 국학연구원, 1987.

權錫奉, 同治·光緖初洋務官僚之朝鮮觀,『淸季自强運動硏討會論文集(上)』, 臺北 : 中央硏究院 近代 史硏究所, 1988.

權錫奉, 防穀索賠妥結에 있어서의 청측 개입,『중앙사론』6, 중앙대사학회, 1989.

權錫奉, 임오군란에 있어서 淸의 개입은 정당한 것이었는가,『쟁점 한국근현대사』1, 한국근대사연구소, 1992.

金景昌, 청한종속문제를 중심으로 한 극동국제관계의 연구,『정경논집』3, 경희대정경대, 1964.

金景昌, 갑오변란후의 한일 청일교섭시말,『논문집』8, 경희대, 1974.

金景昌, 갑신정변에 관한 정치외교사적 연구,『松岩김경창박사화갑기념논문집 정치와 외교』, 1985.

金景昌, 갑신정변의 선후처리를 위한 청·일간의 외교교섭 시말,『갑신정변연구』, 한국정치외교사학회, 1985.

金淇森, 조·미수호조약 체결시 야기된 청국에 대한 조선의 속방문제,『국사연구』, 조선대 국사연구소, 1978.

金基赫, 근대초기에 있어서 한·청·일 관계의 전개 - 갑신정변에 미친 영향을 중심으로 - ,『사상과 정책』1 - 4, 경향신문사, 1984.

金達中, 중국의 대한간섭 및 통제정책 - 1880년대를 중심으로 - ,『사회과학논집』12, 연세대 사회과학연구소, 1981.

金聲均, 초기의 朝淸경제관계교섭약고,『사학연구』5, 한국사학회, 1961.

金聲均, 19세기말 조선의 대청일관계,『한국사 17 - 동학능민봉기와 갑오개혁 - 』, 국사편찬위원회, 1973.

김영숙, 일본자본주의의 조선침략과 조중관계,『력사과학』1958 - 1.

金源模, 원세개의 한반도 안보책 1886,『동양학』16, 단국대 동양학연구소, 1986.

金源模, 슈펠트·李鴻章의 조선개항 교섭시말(1882),『국사관논총』44, 국사편찬위원회, 1993.

金源模, 李鴻章의 列國立約通商권고책과 조선의 대응(1879~1881) - 朝美修交교섭 중심으로 - ,『동양학』24, 단국대 동양학연구소, 1994.

金元石, 중국조선족의 遷入起點에 대하여,『한국사학』15, 한국정신문화연구원, 1995.

金裕庭, 독립신문의 대청인식과 자주성 문제, 이화여대 석사논문, 1987.

金麟坤·尹錞甲, 조·청관계의 특성과 그 변화요인,『사회과학』5, 경북대사회대, 1986.

金正起, 西路電線(인천 - 한성 - 의주)의 가설과 反淸의식의 형성,『김철준박사화갑기념 사학논총』, 1983.

金正起, 청의 조선에 대한 군사정책과 종주권 - 1878~1894 - ,『변태섭박사화갑기념 사학논총』, 삼영사, 1985.

金正起, 淸의 조선宗主權문제와 내정간섭,『역사비평』3. 역사문제연구소, 1988.

金正起, 대원군 납치와 반청의식의 형성 1882~1894,『한국사론』19, 서울대국사학과, 1988.

金鍾圓, 청의 대조선적극책의 機緣 - 임오군변시의 파병둔제를 중심으로 - ,『이해남박사화갑기념 사학논총』, 1970.

金昌洙, 동학농민봉기와 청국의 반응,『현암신국주박사화갑기념 한국학논총』, 동국대출판부, 1985.

董德模, 청일전쟁과 한국 - 청일양국의 파병을 중심으로 - ,『학술연구조성비에 의한 연구보고서』(사회과학계 4 - 8), 문교부, 1973.

董德模, 한국과 20세기초의 국제정세,『한국사 19 - 대한제국의 종말과 의병항쟁 - 』, 국사편찬위원회, 1976.

朴日根, 고종기의 對華차관책 - 馬建忠의 알선을 중심으로 - , 『논문집』 15, 부산대, 1973.

朴日根, 이홍장의 對朝정책 - 英艦의 거문도사건을 중심으로 - , 『사회과학논총』 1 - 1, 부산대사회과학대, 1982.

朴日根, 淸日兩國的朝鮮政策與英國的東亞細亞政策, 『韓國學報』 9, 臺北 : 臺灣韓國硏究學會, 1990.

朴俊圭, 청일전쟁과 열국외교 - Krasny Archives를 중심으로 - , 『동아문화』 2, 서울대 동아문화연구소, 1964.

山脇重雄, 日淸戰爭と朝鮮問題, 『日本史硏究』 66, 日本史硏究會, 1963.

成大慶, 대원군의 保定府談草 - 吳汝綸 대담기 - , 『향토서울』 40, 서울시사편찬위원회, 1982.

宋炳基, 소위 三端에 대하여 - 근대 한청관계사의 한 연구 - , 『사학지』 6, 단국대사학회, 1972.

宋炳基, 주일청국공사 何如璋의 主持朝鮮外交議에 대하여, 『동양학』 11, 단국대 동양학연구소, 1981.

宋炳基, 金允植 李鴻章의 保定・天津회담 - 조미조약체결(1882)을 위한 조청교섭(상・하) - , 『동방학지』 44・45, 연세대 국학연구원, 1984.

宋麟在, 韓滿을 중심한 열강간의 관계(1895~1909), 『연구논문집』 7, 성신여사대 인문과학연구소, 1975.

宋麟在, 한반도를 위요한 열강간의 교섭관계(1805~1902), 『성곡논총』 7, 성곡학술문화재단, 1976.

宋忠植, 청일전쟁전야 한반도를 둘러싼 국제관계 - 철병문제를 중심으로 - , 『한국학보』 19, 일지사, 1980.

申國柱, 청일전쟁의 본질에 대한 고찰 - 한국의 독점적 지배권을 위요하여 - , 『无涯梁柱東博士華誕기념논문집』, 1963.

申基碩, 갑신정변과 한청일외교관계, 『국제법학회논총』 4 - 1, 대한국제법학회, 1959.

申基碩, 청한종속관계 - 임오군란을 전후한 - , 『아세아연구』 2 - 1, 고려대 아세아문제연구소, 1959.

申基碩, 조선국의 美歐派使에 대한 청국의 간섭, 『학술원논문집』 2, 1960.

申基碩, 청일전쟁과 청한종속관계, 『논문집』 8, 부산대, 1967.

申福龍, 청조의 대한외교정책 연구 - 1876~1910 - , 『국사관논총』 5, 국사편찬위원회, 1989.

申福龍, 청일전쟁 이전의 조선에 대한 청・일양국의 이해관계와 開戰, 『西巖趙恒來화갑기념 한국사학논총』, 1992.

信夫淸三郞, 日淸戰爭外交史, 『歷史科學』 2 - 4, 1933.

辛勝夏, 淸季 중국조야의 조선경제문제에 대한 인식, 『사총』 17・18합, 고려대사학회, 1973.

辛勝夏, 淸季 중국조야의 조선문제인식 - 문호개방을 중심으로 - , 『사학지』 7, 단국대, 1973.

辛太甲, 通信線의 가설문제를 통해서 본 한중관계, 『고고역사학지』 5・6합, 동아대박물관, 1990.

沈星求, 韓淸관계에 있어서의 종주권의 근대적 추이, 동국대 석사논문, 1963.

梁泰鎭, 청일전쟁은 왜 한반도에서 일어나야 했는가, 『군사』 29, 국방군사연구소, 1994.

禹澈九, 韓露외교관계연구(1) - 청국이 韓露접근과정에끼친 영향을 중심으로 - , 『한일관계연구소기요』 3・4합, 영남대, 1973.

禹澈九, 韓露외교관계연구(2) - 수호통상조약 체결의 경위와 조약내용을 중심으로 - , 『논문집(사회과학편)』 7, 영남대, 1974.

原田環, 淸における朝鮮の開國近代化論 - 「朝鮮策略」と'主持朝鮮外交議', 『史學硏究』 203, 廣島大, 1993.

原田環, 朝鮮の開國近代化と淸, 『靑丘學術論集』 7, 韓國文化硏究振興財團, 1995.

柳栽澤, 한중관계의 변화와 조선의 淸에대한 反從屬論 - 데니의 淸韓論을 중심으로 - , 『中齋張忠植화갑논총(역사학편)』, 1992.

李求鎔, 조선에서의 唐紹儀의 활동과 그 역할 - 청일전쟁 전・후기를 중심으로 - , 『藍史鄭在覺박사고희기념 동양학논총』, 1984.

李命壽, 구한말의 대청일외교관계, 동국대 석사논문, 1965.

李玟洙, 한말 개국에 끼친 李鴻章의 역할에 대한 소고,『대구사학』18, 대구사학회, 1980.

李炳柱, 李鴻章의 대한정책 - 주로 19세기 후반기의 외고정책을 중심으로 -,『논문집』2, 육군사관학교, 1965.

李瑄根, 江華開港條約前後の國際情勢,『韓』56, 東京 : 韓國研究院, 1977.

李聖根, 중국의 근대 내쇼널리즘 형성에 미친 한국의 역할(1·2),『논문집』7·8, 명지대, 1974·1975.

李陽子, 袁世凱의 재한시의 활동과 그 배경, 서울대 석사논문, 1966.

李陽子, 청의 대조선 정책과 원세개,『부대사학』5, 부산대사학과, 1981.

李陽子, 청의 대조선 경제정책과 원세개,『부산사학』8, 부산사학회, 1984.

李陽子, 청의 대조선 경제정책과 원세개 - 해관·차관·전선·윤선문제를 중심으로 -,『동의사학』3, 동의대사학회, 1987.

李完宰, 개화기의 淸·朝 종속문제에 대하여,『한국학논집』12, 한양대 한국학연구소, 1987.

이정숙, 한일수호조약(1876병자)에 관한 연구, 이화여대 석사논문, 1962.

李炫熙, 동학혁명운동과 청일의 반응,『사학연구』38, 한국사학회, 1984.

이호은, 한미조약 전후에 한청교섭자 - 한국에 있어서의 牽日防俄를 위한 청의 연미론을 중심으로 -, 경희대 석사논문, 1965.

李薰玉, 민비의 정치참여과정과 대외정책,『아세아학보』15, 아세아학술연구회, 1981.

任桂淳, 韓·露밀약과 청의 대응,『청일전쟁을 전후한 한국과 열강』, 한국정신문화연구원, 1984.

林明德, 갑신정변전후 중국의 대한정책,『사상과 정책』1-4, 경향신문사, 1984.

林正和, 間島問題に關する日淸交涉の經緯,『駿台史學』10, 明治大史學地理學會, 1960.

林秋山, 近世朝鮮과 袁世凱와의 關係에 대한 研究,『정경논총』3, 경희대, 1964.

장설지, 청일전쟁전후 李鴻章의 외교정책에 대한 일고찰, 부산대 석사논문, 1989.

長存武, 朝鮮對淸外交機密費之研究,『近代史研究所集刊』5, 中央研究院, 1976.

中塚明, 日淸戰爭研究と朝鮮研究,『歷史評論』288, 1974.

池田勝, 朝鮮市場における日淸兩國の抗爭,『世界史研究』3, 1953.

崔東熙, 중국의 대한반도 기본입장에 관한 연구 - 청의 조선적극책을 중심으로 -,『논문집』11, 춘천교대, 1972.

秋月望, 朝中間の三貿易章呈の締結經緯,『朝鮮學報』115, 朝鮮學會, 1985.

秋月望, 朝中勘界交涉の發端と展開 - 朝鮮側の理念と論理 -,『朝鮮學報』132, 朝鮮學會, 1989.

彭澤周, 壬午事變と日淸兩國の對策,『明治初期日韓淸關係の研究』, 塙書房, 1969.

彭澤周, 朝鮮市場をめぐる日淸の貿易競爭 - 明治10年代から日淸戰爭までを中心として -,『明治初期日韓淸關係の研究』, 1969.

平野義太郎, 日中朝交涉史について - 特に近代史に關して -,『歷史敎育』2-2, 歷史敎育研究會, 1954.

馮鴻志, 13年間 朝鮮에서의 袁世凱 소행,『水邨朴永錫華甲論叢 한국사학논총(하)』, 1992.

河村一夫, 日淸戰爭と陸奧外交 - 金玉均暗殺事件の處理をめぐって -,『韓』115, 東京 : 韓國研究院, 1989.

韓圭茂,「中國朝鮮商民水陸貿易章程」(1882)과 淸·朝鮮間 宗屬關係의 明文化,『이기백고희기념 한국사학논총(하)』, 일조각, 1994.

Lee Yur-bok, Politics over Economics ; China's Domination of Korea through Extension of Financial Loans,『水邨朴永錫화갑기념논총 한국사학논총(하)』, 1992.

Lew Young-ick, Yuan Shih-K'ai(원세개)'s Residency and the Korean Enlightenment Movement 1885～94,『The Journal of Korean Studies』Vol. 5, 1984.

3) 구미제국

고려대 아세아문제연구소 편간,『구한국외교문서』(전22권), 1965.
고려대 아세아문제연구소 편간,『구한국외교문서』(전9권), 1972～1974.
구대열,『한국국제관계사 연구 1 - 일제시기 한반도의 국제관계 - 』, 역사비평사, 1995.
국가보훈처,『해외의 한국독립운동사료 12 - 러시아편 2 - 』, 국가보훈처, 1995.
국회도서관입법조사국 편간,『한국근대외교사연표』, 1966.
국회도서관입법조사국 편간,『한국외교연표』, 1974.
金源模,『근대한국외교사년표』, 단국대출판부, 1984.
동아일보사,『한미수교 100년사 - 관계자료 및 연표 - 』, 신동아 1982년 1월 별책.
부산대 중국문제연구소,『근대한국관계 영·미·중외교자료집 - 1887～1897 - 』, 1984.
申福龍 외,『O. N. 데니문서·묄렌도르프문서』, 평민사, 1987.
申星麗,『하와이이민 略史』, 고려대, 1988.
외무부정무국,『구한말외교문서 - 미국관계편 - 』, 1960.
伊藤博文 편,『朝鮮外交資料』(상·중·하), 1936.
李民植,『19세기말 韓美관계 연구』, 한국교원대 박사논문, 1994.
李玟源,『俄館播遷 전후의 韓露관계 1895～1898』, 한국정신문화연구원 박사논문, 1994.
李用熙,『근세한국외교문서총목 - 외국편 - 』, 국회도서관, 1966.
全海宗,『한국근세대외관계문헌비요』, 서울대 동아문화연구소, 1966.
崔奭祐,『한불관계자료 - 1846～1887 - 』, 한국교회사연구소, 1986.
Park Il-keun,『Anglo-American Diplomatic Materials Relating To Korea 1866～1886』, 신문당, 1982.
Swartout Jr., Robert R.,『An American Adviser in Late Yi Korea : The Letters of Owen Nickerson Denny』, The Univ. of Alabama Press, 1984.

────, 한불관계자료(1846～1856),『교회사연구』1, 한국교회사연구소, 1977.
────, 韓滿에 관한 일로교섭관계이견서,『한일관계연구소기요』8, 영남대 한일관계연구소, 1978.
────, 한불관계자료 - 병인양요(1866～1867) - ,『교회사연구』2, 한국교회사연구소, 1979.
姜光植, 영국의 대한반도정책 전개양식에 관한 연구,『정신문화연구』28, 한국정신문화연구원, 1986.
姜英心, 구한말 러시아의 삼림이권 획득과 삼림회사의 채벌실태,『이화사학연구』17·18합, 1988.
姜周鎭, 한국과 러시아의 외교사적 고찰,『대구사학』12·13합, 1977.
高野雄一, カイロ宣言と朝鮮の獨立,『國際法外交雜誌(朝鮮問題特輯號)』50‐1, 1951.
高珽烋, 3·1운동과 미국,『3·1민족해방운동연구 - 3·1운동70주년기념논문집 - 』, 한국역사연구회, 1989.
廣瀬靖子, 日清戰爭前のイギリス極東政策の一考察 - 朝鮮問題を中心として - ,『國際政治』51, 日本 國際政治學會, 1974.
具汏烈, 일제침략기 영국의 대한정책 - 3·1운동에서 간도사변까지의 기간을 중심으로 - ,『한영수교 100년사』, 한국사연구협의회, 1984.
具汏烈, 영국의 대한정책,『한국독립운동과 열강관계』, 한국정치외교사학회, 1985.
具汏烈, 李漢應과 한·영 관계 - 그의 한반도 중립화안을 중심으로 - ,『성곡논총』16, 1985.

具汰烈, 일제식민지시기 한반도의 국제관계 - 영·일관계와 영국의 대한인식을 중심으로 - ,『국제정치논총』29 - 1, 한국국제정치학회, 1989.

丘秉朔, 한로외교관계연구 - 1860~1888년 - , 서울대 석사논문, 1953.

權寧培, 한말 조선에 대한 중립화논의와 그 성격,『역사교육논집』17, 역사교육학회, 1992.

權熙英, 아관파천과 한로관계,『한민족과 북방과의 관계사 연구』, 한국정신문화연구원, 1995.

吉田和起, 日英同盟と日本の朝鮮侵略 - 日淸戰爭から日露戰爭への一過程 - ,『日本史硏究』84, 1966.

金景昌, 노일개전 전의 미국의 극동정책,『논문집』5, 경희대, 1967.

金景昌, 미국상선 제너럴쉬어맨호 사건과 미함대의 조선원정시말,『정경연구』155, 정경연구소, 1978.

金景昌, 영국의 거문도점령을 위요한 외교교섭시말,『心村추헌수교수회갑기념논문집 한·중 정치의 전통과 전개』, 대왕사, 1984.

金敬泰, 동아시아 3국의 分岐와 제국주의 세계체제,『이화사학연구』15, 이화사학연구소, 1984.

金敬泰, 1925년의 蘇·日협약과 소련의 조선정책,『한국사학』13, 한국정신문화연구원, 1993.

金光洙, 이조말기에 있어서 한독경제관계(1),『논문집』4, 숭전대, 1973.

金光洙, 露日戰爭의 배경과 한반도에 미친 영향에 관한 연구,『학술논총』17, 단국대대학원, 1994.

金淇森, 조·미수호조약 체결시 야기된 청국에 대한 조선의 속방문제,『국사연구』, 조선대 국사연구소, 1978.

金淇烈, 초기 한영 교섭의 전개 과정,『사학지』17, 단국대사학회, 1983.

金基正, 1901~1905년간의 미국의 對韓정책연구(1) - 데오도르 루스벨트의 세계관의 분석을 중심으로 - ,『동방학지』66, 1990.

金基正, 1901~1905년간의 미국의 對韓정책연구(2) - 대통령과 국무성관료들의 역할의 비교분석 - ,『동방학지』80, 1993.

金大商, 絶影島조차문제를 둘러싼 노일경쟁,『항도부산』7, 부산시사편찬위원회, 1969.

金炳來, 러시아의 극동진출과 노일전쟁,『군사』8, 국방부 전사편찬위원회, 1984.

金相洙, 英美의 '우의'와 문호개방정책 1895~1902, 한양대 석사논문, 1984.

金相洙, 청일전쟁과 독일의 동아시아정책 - 그것이 한국정황에 미친 영향과 관련하여 - ,『한독수교 100년사』, 한국사연구협의회, 1984.

김세르게이, 러시아혁명이 한국사회에 미친 영향 - 조선에서의 혁명러시아의 메아리(1918~22) - ,『水邨 朴永錫화갑논총 한민족독립운동사논총』, 1992.

金淑子, 19세기말 한로교섭에 관한 일연구 - 러시아의 한반도침략과 독립협회의 저항 - ,『한국학보』26, 일지사, 1982.

金曜顯, 朝米關係史敍述でのいくつかの問題點について,『社會科學論文集』(朝鮮學術通報 別冊), 1984.

金容旭, 마산포 滋福洞·月影洞 및 栗九味의 토지사건 - 露國단독조계를 중심으로 - ,『법사학연구』6, 1981.

金雲泰, 조선조의 주권상실과 열강관계,『한국독립운동과 열강관계』, 한국정치외교사학회, 1985.

金源模, 미국의 對韓 居中조정(1882~1905),『사학지』8, 단국대사학회, 1974.

金源模, 초기한미교섭의 전개(1852~66),『논문집(인문과학편)』10, 단국대, 1976.

金源模, 미국의 조선원정과 제1차 조·미전쟁(1871),『동양학』8, 단국대 동양학연구소, 1978.

金源模, 견미사절 洪英植 복명문답기,『사학지』15, 단국대사학회, 1981.

金源模, 圖解新라루스 한국기사에 관한 연구,『향토서울』39, 서울시사편찬위원회, 1981.

金源模, 로저스함대의 내침과 魚在淵의 항전(1871),『동방학지』29, 연세대 국학연구원, 1981.

金源模, 딜톤의 강화도참전수기,『동방학지』31, 연세대 국학연구원, 1982.

金源模, 한·미전쟁고(1872),『군사』4, 국방부 전사편찬위원회, 1982.

金源模, 로즈함대의 내침과 양헌수의 항전 - 1866 - ,『동양학』13, 단국대 동양학연구소 , 1983.

金源模, 슈펠트의 탐문항행과 조선개항계획(1867),『동방학지』35, 연세대 국학연구원, 1983.

金源模, 청일전쟁전후기 미국의 대극동정책이 일본의 한국침략에 끼친 영향,『청일전쟁과 한일관계』, 일
조각, 1985.

金源模, 루스벨트양의 서울방문과 대한제국의 운명 1905,『향토서울』44, 1987.

金源模, 임오군란때 미국의 對韓정책은 어떠한 것이었나,『쟁점 한국근현대사』1, 한국근대사연구소,
1992.

金源模, 슈펠트·李鴻章의 조선개항 교섭시말(1882),『국사관논총』44, 국사편찬위원회, 1993.

金源模, 19세기말 미국의 대한정책(1894~1905),『국사관논총』60, 국사편찬위원회, 1994.

金源模, 李鴻章의 列國立約通商권고책과 조선의 대응(1879~1881) - 朝美修交교섭 중심으로 - ,『동양
학』24, 단국대 동양학연구소, 1994.

金元洙, 청일전쟁 및 삼국간섭과 러시아의 대한정책,『한로관계 100년사』, 한국사연구협의회, 1984.

金元洙, 의주 開市를 둘러싼 노일의 각축 - 개전요인으로서의 개시문제 - ,『논문집』20, 서울교대, 1987.

金元洙, 英·露의 對日간섭과 淸日開戰 - 공동철병문제를 중심으로 - ,『논문집』25, 서울교대, 1992.

金銀姬, 구한말 중립화문제에 관한 한미관계연구, 이화여대 석사논문, 1984.

金義煥, 조선을 둘러싼 근대노일관계연구 - 마산포사건과 항민의 저항을 중심으로 - ,『아세아연구』11
- 3, 1968.

金利珍, 고종기 한미관계의 재고찰 - 특히 이권문제 실리면에 나타난 미국의 대한정책을 중심으로 - , 이
화여대 석사논문, 1967.

金鍾先, 목포항에 있어서의 日·露간의 조차지취득과정,『목포대논문집』5, 1983.

金鎭萬, 광복이후의 한영관계(2) - 문화 - ,『한영수교 100년사』, 한국사연구협의회, 1984.

金昌順, 3·1운동에 대한 소련의 반향,『삼일운동50주년기념논집』, 동아일보사, 1969 .

金幸福, 신미양요를 위요한 한미관계 - 군사적인 면을 중심으로 - ,『육군제3관학교논문집』13, 1981.

金顯叔, 한말 고문관 J. McLeavy Brown에 대한 연구,『한국사연구』66, 한국사연구회, 1989.

김희일, 1868년 조선에 대한 미국의 침략조직과 그 실패,『력사과학』1956 - 2.

나종일, 광복이후의 한·영관계(1) - 정치·경제 - ,『한영수교 100년사』, 한국사연구협의회, 1984.

盧啓鉉, 한로외교관계연구 - 보호밀약사건을 중심으로 - ,『국제법학회논총』4, 대한국제법학회, 1962.

盧啓鉉, 묄렌도르프가 한국외교에 끼친 영향,『비교문화연구』1, 한양대 비교문화연구소, 1982.

盧吉明, 개항기 제국주의열강의 조선공략에 대한 프랑스선교사들의 태도,『崔在錫정년기념논총 한국의
사회와 역사』, 1991.

渡邊勝美, 巨文島の外交,『朝鮮研究』7 - 8·9·10, 朝鮮研究社, 1934.

渡邊勝美, 巨文島外交史,『普專學會論集』1, 普成專門學校, 1934.

渡邊勝美, 鮮米修好通商條約交涉史,『普成專門學會論集』2, 普成專門學校, 1935.

董德模, 한국과 20세기초의 국제정세,『한국사 19 - 대한제국의 종말과 의병항쟁 - 』, 국사편찬위원회,
1976.

閔丙河, 穆麟德과 한국전통사회,『소헌남도영박사화갑기념 사학논총』, 1984.

朴京淑, 제너럴 셔먼호사건을 중심으로 한 한·미외교관계의 사적 고찰, 성균관대 석사논문, 1979.

박미하일, 러시아 10월혁명과 한국,『水邨朴永錫화갑논총 한민족독립운동사논총』, 1992.

朴雪子, 거문도점령사건의 국제정치적 의의, 숙명여대 석사논문, 1971.

朴日根, 이홍장의 對朝정책 - 英艦의 거문도사건을 중심으로 - ,『사회과학논총』1 - 1, 부산대사회과학
　　대, 1982.

朴日根, 초기 영국의 對朝외교정책 연구 - 이홍장의 속방정책을 중심으로 - ,『사회과학논총』2 - 1, 부산
　　대사회과학대, 1983.

朴日根, 李鴻章과 穆麟德의 재한외교활동에 대한 소고,『사회과학논총』4 - 1, 부산대사회과학대, 1985.

朴日根, 淸日兩國的朝鮮政策與英國的東亞細亞政策,『韓國學報』9, 臺北 : 臺灣韓國硏究學會, 1990.

朴贊一, 개항초기(1882~1886) 한독 국제경제 관계에 대한 일연구,『한독수교 100년사』, 한국사연구협의
　　회, 1984.

朴泰根, 러시아의 동방경략과 수교이전의 한러교섭 - 1861년 이전 - ,『한로관계 100년사』, 한국사연구협
　　의회, 1984.

朴太星, 구한말 韓露關係史,『슬라브연구』7, 외국어대 소련 및 동구문제연구소, 1991.

朴亨杓, 노일각축과 국모시해사건,『학술지』12, 건국대 학술연구원, 1971.

朴熙琥, 대한제국기(1836~1898)의 한·러 관계 - 한국조야의 반러화과정과 러시아의 대응책을 중심으
　　로 - ,『사총』31, 1988.

朴熙琥, 露·日 開戰의 外因 연구 - 開戰에 미친 歐·美列强의 영향력에 주목하여 - ,『사학연구』48,
　　1994.

裵進, 한말의 한미관계에 관한 연구 - 미국의 극동정책이 한국의 주권상실과정에 미친 영향 및 그 정책
　　적 배경을 중심으로 - , 고려대 석사논문, 1966.

白光一, 초기 한·미관계의 연구,『心村추헌수교수회갑기념논문집 한·중 정치의 전통과 전개』, 대왕사,
　　1984.

白鍾基, 병인양요에 관한 사적 고찰,『대동문화연구』12, 성균관대 대동문화연구원, 1978.

孫寶基, 3·1운동에 대한 미국의 반향,『삼일운동50주년기념논집』, 동아일보사, 1969.

宋麟在, 韓滿을 중심한 열강간의 관계(1895~1909),『연구논문집』7, 성신여사대 인문과학연구소, 1975.

宋麟在, 한반도를 위요한 열강간의 교섭관계(1805~1902),『성곡논총』7, 성곡학술문화재단, 1976.

申基碩, 조선국의 美歐派使에 대한 청국의 간섭,『학술원논문집』2, 1960.

申基碩, 한국을 둘러싼 일·로의 각축 - 1894~1903 - ,『心村추헌수교수회갑기념논문집 한·중 정치의
　　전통과 전개』, 대왕사, 1984.

申相溶, 영국의 대한수교 모색 배경,『한영수교 100년사』, 한국사연구협의회, 1984.

申相溶, 영일동맹과 일본의 한국침략,『노일전쟁전후 일본의 한국침략』, 일조각, 1986.

辛承權, 한말의 한로관계 고찰,『군사』8, 국방부 전사편찬위원회, 1984.

辛承權, 독립운동과 한로관계,『한국독립운동과 열강관계』, 한국정치외교사학회, 1985.

辛承權, 구한말 한·로관계의 조망 - 협상과정을 중심으로 - ,『국사관논총』4, 국사편찬위원회, 1989.

申喆均, 국제정치상의 근대 한미관계를 논함 - 1882년부터 1910년까지의 한국에 있어서의 외래세력의
　　消長을 중심으로 - , 고려대 석사논문, 1961.

沈相冕, 한영관계 - 1882 - 1905 - , 서울대 석사논문, 1961.

沈載錄, 영국의 극동정책과 거문도점령의 의의,『정치학논총』8, 연세대정치학회, 1967.

알랭, 쟝 끌로드, 고종 재위기간의 불·한 관계 1864~1907,『한불외교사 1886~1986』, 평민사, 1987.

梁敎錫, 병인양요의 일고찰,『사총』29, 고려대사학회, 1985.

吳正雨, 한말의 對美관계 일고 ,『역사학연구』12, 전남대사학회, 1993.

禹澈九, 韓露외교관계연구(1) - 청국이 韓露접근과정에 끼친 영향을 중심으로 - ,『한일관계연구소기요』
　　3·4합, 영남대, 1973.

禹澈九, 韓露외교관계연구(2) - 수호통상조약 체결의 경위와 조약내용을 중심으로 - ,『논문집(사회과학
    편)』7, 영남대, 1974.
禹澈九, 한·미수호조약에 대한 재음미 - 미국의 대한정책과 관련하여 - ,『군사』4, 국방부 전사편찬위
    원회, 1982.
禹澈九, 청일전쟁을 전후한 프랑스와 한국,『한불수교 100년사』, 한국사연구협의회, 1986.
禹澈九, 19C 후반 영국의 對韓정책 - 1883년 韓英조약체결을 전후하여 - ,『국사관논총』44, 국사편찬위
    원회, 1993.
元裕漢, 남해의 영국포대 - 거문도사건 - ,『한국현대사 2』, 신구문화사, 1969.
元裕漢, 영국군의 거문도 점령사건,『군사』7, 국방부 전사편찬위원회, 1983.
兪炳勇, 3·1운동과 한국독립문제에 대한 미국언론의 반향,『김철준박사회갑기념 사학논총』, 1983.
柳璿鉉, 3·1운동의 성격과 해외반향 - 해외신문논조을 중심으로 - ,『부산대개교30주년기념논집』, 1971.
柳永益, 한미조약(1882)과 초기 한미관계의 전개,『동양학』13, 단국대 동양학연구소 , 1983.
尹昌基, 초기한미외교관계에 관한 연구, 성균관대 석사논문, 1974.
李萬烈, 한말 歐美諸國의 對韓 선교정책에 관한 연구 - 선교사들의 한국 정치상황에 대한 자세와 관련
    - ,『동방학지』84, 1994.
李民植, 미국의 對朝鮮親日政策의 출현 - 청일전쟁기를 중심으로 - ,『사총』40·41합, 고려대사학회,
    1992.
李民植, 한·미관계사에 있어서 미국의 친일적태도의 탐색,『水邨朴永錫화갑논총 한국사학논총(하)』,
    1992.
李民植, 프레링후이센의 對韓觀 형성과 푸트공사를 통한 정책추진,『宋甲鎬정년기념논문집』, 1993.
李玟源, 독립협회에 대한 열국공사의 간섭,『청계사학』2, 한국정신문화연구원 청계사학회, 1985.
李玟源, 아관파천기의 朝露교섭 - 閔泳煥특사의 활동을 중심으로 - ,『尹炳奭화갑기념 한국근대사논총』,
    1990.
李玟源, 고종의 환궁에 관한 연구 - 러시아의 군사교관 派韓意圖와 관련하여 - ,『한국근현대사연구』1,
    한국근현대사연구회, 1994.
李玟源, 三國干涉 직후 閔妃의 引俄拒日策과 그 성격 - 러시아의 對韓방침과 관련하여 - ,『청대사림』
    6, 청주대사학회, 1994.
李邦錫·申福龍, 동학혁명을 전후한 한미관계의 연구,『학술지』14, 건국대 학술연구원, 1972.
李培鎔, 구한말 미국의 雲山금광채굴권 획득에 대하여,『역사학보』50·51합, 역사학회, 1971.
李普珩, 이조말기에 있어서의 한국과 미국,『아세아연구』10-2, 고려대 아세아문제연구소, 1967.
李普珩, Shufeldt제독과 1880년의 한미교섭,『역사학보』15, 역사학회, 1969.
李瑄根, 江華開港條約前後의 國際情勢,『韓』56, 東京 : 韓國硏究院, 1977.
李瑄根, 신미양란의 재음미 - 한·미수교100주년을 앞두고 - ,『군사』2, 국방부 전사편찬위원회, 1981.
李承憲, 한미관계의 역사적 전개 - 안보문제를 중심으로 한 고찰 - ,『국방학보』4, 한국국방학회, 1970.
李陽子, 韓露의 접근과 通商章程의 체결경위에 대하여,『동의사학』1, 동의대사학회, 1984.
李玉, 3·1운동에 대한 불·영의 반향,『삼일운동50주년기념논집』, 동아일보사, 1969.
李用熙, 거문도점령외교종고,『이상백박사회갑기념논총』, 1964.
李用熙, 영국의 거문도 점거,『한영수교 100년사』, 한국사연구협의회, 1984.
李愚振, 미국의 對韓정책 - T. Roosvelt시대를 중심으로 - ,『국사관논총』6, 국사편찬위원회, 1989.
李元淳,「外務督辦金與法使談草」,『한국학보』24, 일지사, 1981.
李元淳, 병인양요일고,『한불수교 100년사』, 한국사연구협의회, 1986.

李鍾萬, 조선의 분할안을 圍繞한 열강국의 외교정책연구, 성균관대 석사논문, 1973.

李昌訓, 20세기초 프랑스의 대한정책,『한불외교사 1886〜1986』, 평민사, 1987.

李昌訓, 러시아의 극동침략정책과 조선,『역사비평』3, 1988.

李泰永, 한·독수호통상조약의 성립,『한독수교 100년사』, 한국사연구협의회, 1984.

李鉉, 개항기 동Asia의 국제관계,『가라문화』4, 경남대 가라문화연구소, 1986.

李鉉淙, 러시아공관에서 370일 - 아관파천 - ,『한국현대사 2』, 신구문화사, 1976.

李鉉淙, 아관파천,『한로관계 100년사』, 한국사연구협의회, 1984.

이혜석, 한말 미국의 극동정책과 선교사의 활동, 연세대 석사논문, 1988.

이호은, 한미조약 전후에 한청교섭자 - 한국에 있어서의 牽日防俄를 위한 청의 연미론을 중심으로 - , 경희대 석사논문, 1965.

任桂淳, 韓·露밀약과 청의 대응,『청일전쟁을 전후한 한국과 열강』, 한국정신문화연구원, 1984.

任桂淳, 韓·露밀약과 그 후의 한로관계,『한로관계 100년사』, 한국사연구협의회, 1984.

長岡祥三, ア-ネスとサとウと日淸戰爭後の朝鮮問題,『韓』115, 東京 : 韓國硏究院, 1989.

張東一, 1940년대의 미국의 대한정책,『논문집』18, 건국대대학원, 1984.

長田彰文, ‘桂·タフと協定’に關する一考察 - 韓國との關係を中心に - ,『朝鮮史硏究會論文集』 28, 1991.

全旌海, 대한제국 초 韓露관계와 韓露銀行,『水邨朴永錫화갑논총 한국사학논총(하)』, 1992.

전정환, 노·일전쟁과 프랑스의 대한정책,『한불수교 100년사』, 한국사연구협의회, 1986.

鄭東貴, 20세기 초두에 있어서의 미국의 대한정책과 한국의 대응 - 태프트·桂협정을 중심으로 - ,『한국정치학회보』16, 한국정치학회, 1982.

丁淳睦, 열강의 동북아에 대한 교육경략,『민족문화논총』12, 영남대 민족문화연구소, 1991.

諸宰馨, 한미수호통상조약교섭에 관한 사적 고찰, 성균관대 석사논문, 1963.

趙基貞, 미국 군사교관 초빙을 통한 한·미관계(1833〜1899), 이화여대 석사논문, 1980.

趙正夫, 아관파천과 한·노·일 관계, 중앙대 석사논문, 1985.

朱鎭五, 미국제국주의의 조선침략과 친미파,『역사비평』3, 1988.

重吉萬次, 鮮露保護密約締結の企に就いて - 1884年より1886年至る - ,『稻葉博士還曆紀念滿鮮史論叢』, 1938.

池田勝, 朝鮮市場における日淸兩國の抗爭,『世界史硏究』3, 1953.

崔敬洛, 근대국제정치에 있어서의 美·露의 대한외교정칙연구,『정치학논총』1, 연세대정치학회, 1957.

崔文衡, 歐美列强의 극동정책과 日本의 한국병합 - 1898년을 전후한 露日의 상호견제를 중심으로 - ,『역사학보』59, 1973.

崔文衡, 열강의 대한정책에 대한 일연구 - 임오군란과 갑신정변을 중심으로 - ,『역사학보』92, 1981.

崔文衡, 미국의 대한정책(1882〜1905),『군사』4, 국방부 전사편찬위원회, 1982.

崔文衡, 열강의 대한정책과 한말의 정황 - 특히 1882년〜1894년의 한·영·러의 태도를 중심으로 - ,『청일전쟁을 전후한 한국과 열강』, 한국정신문화연구원, 1984.

崔文衡, 청일전쟁전후 영국의 동아시아정책과 한국,『한영수교 100년사』, 한국사연구협의회, 1984.

崔文衡, 한로수교의 배경과 경위,『한로관계 100년사』, 한국사연구협의회, 1984.

崔文衡, 한영수교와 그 역사적 의의,『한영수교 100년사』, 한국사연구협의회, 1984.

崔文衡, 노일전쟁전후 미국의 동아시아 정책과 일본의 한국침략,『노일전쟁전후 일본의 한국침략』, 일조각, 1986.

崔文衡, 英露대결의 추이 - 한국에 고취된 恐露의식과 관련하여 - ,『서양사론』29·30합, 1988.

崔文衡, 러시아의 동아시아정책과 조선,『한국사학』13, 한국정신문화연구원, 1993.

崔文衡, 청일전쟁 전후 러시아의 대한정책,『국사관논총』60, 국사편찬위원회, 1994.

崔奭祐, 한불교섭사 - 1493~1887 - ,『업적보고서(1963~64)』, 서울대 동아문화연구위원회, 1965.

崔奭祐, 한불조약의 체결과 그후의 양국관계,『한불수교 100년사』, 한국사연구협의회, 1986.

崔奭祐, 한불조약 체결 이전의 양국관계,『한불수교 100년사』, 한국사연구협의회, 1986.

崔永禧, 구미세력의 침투,『한국사 16 - 개화척사운동 - 』, 국사편찬위원회, 1975.

崔鍾庫, 법학을 통한 한독관계사,『한독법학』2, 한독법률학회, 1980/『비교문화연구』1, 한양대 비교문화
　연구소, 1982.

崔鍾庫, 한독수교 100주년의 군사적 의의 - 한말의 초기교섭사를 중심으로 - ,『군사』7, 국방부 전사편찬
　위원회, 1983.

崔鍾庫, 구한말의 한독관계 - 정치적, 문화적 측면 - ,『한독수교 100년사』, 한국사연구협의회, 1984.

崔鍾庫, 독립운동과 한독관계,『한국독립운동과 열강관계』, 한국정치외교사학회, 1985.

崔鍾庫, 법학을 통한 한불관계 100년,『한불외교사 1886~1986』, 평민사, 1987.

崔埈, 독립신문판권과 한 미교섭,『논문집』13, 중앙대, 1968.

河村一夫, 滿韓に關する日露交涉關係意見書の構成について,『日本歷史』12, 1977.

韓㳓劤, Shufeldt제독의 한미수호조약 교섭추진 연유에 대하여,『진단학보』24, 진단학회, 1963.

許榮珍, 대원군집정기 Oppert사건 연구, 이화여대 석사논문, 1989.

許寅, 韓伊修交소고,『논문집』18, 외국어대, 1985.

洪淳鎬, 대한제국 법률고문 L. Cremazy의 임명과정 분석 - 프랑스 외무성 未刊외교문서에 의하여 - ,『한
　국문화연구원논총』36, 이화여대 한국문화연구소, 1980.

洪淳鎬, 대한제국시대의 한 · 불관계,『대한제국연구 2』, 이화여대 한국문화연구소, 1984.

洪淳鎬, 대한제국시대의 한 · 독관계,『대한제국연구 3』, 이화여대 한국문화연구소, 1985.

洪淳鎬, 독립운동과 한불관계 - 1906에서 1945년까지 - ,『한국독립운동과 열강관계』, 한국정치외교사학
　회, 1985.

洪淳鎬, 韓佛 인사교류와 프랑스고문관의 내한 - 1886~1910 - ,『한불수교 100년사』, 한국사연구협의회,
　1985.

洪淳鎬, 한불수교 100년의 회고와 전망,『한불외교사 1886~1986』, 평민사, 1987.

Hamilton, Andrew W., British Interest in Korea(1886~1884),『Korea Journal』22 - 1, Korean National
　Commission for Unesco, 1982.

Ku Dae-yeol, British Policy towards Korea during the Protectorate Period 1904~1910,『Korean Science Journa
　l』ⅩⅢ, Korean Social Science Research Council Korean Natl. Com. Unesco, 1987.

Lew Young-ick, The Shufeldt Treaty and Early Korean-American Interaction 1882~1905,『The Journal of
　Asiatic Studies』Vol. 25 No. 1, 고려대 아세아문제연구소, 1982.

Pak, M. N., Wayne Patterson, Russian Policy toward Korea before and during the Sino-Japanese War of 1894~
　95,『The Journal of Korean Studies』Vol. 5, 1984.

Sin Sung-gwon, Russian Policy toward Korea(1894~1895),『Korea Journal』21 - 11, Korean National
　Commission for Unesco, 1981.

van Baarle, R. C., 체결되지 못한 朝 · 蘭 통상조약,『한국학연구』2, 인하대 한국학연구소, 1990.

Vogtherr, Thomas, The Development of German-Korean Relation up to 1910,『Korea Journal』Vol. 19 No. 6,
　The Korean National Commission for Unesco, June 1979.

Walter, G. D., 1883년 미합중국에 파견된 대조선국특별사절단에 관한 연구,『아세아학보』5, 아세아학술

연구회, 1969.

Yoo Hyung-jin, Centennial History of Korean-American Educational Interchange,『교육논총』1, 한양대 한국
교육문화연구소, 1984.

Yoo Byong-yong, The Korean Independence and International Relations, 1941～1943 - With Special Reference
to the Policies of the United Kingdom - ,『강원사학』5, 강원대사학회, 1989.

Yoo Byong-yong, A Reappraisal of Korean Questions in International Relations, 1945 - With Special Referance
to the British Diplomatic Papers - ,『西巖趙恒來화갑기념 한국사학논총』, 1992.

4) 외교정책 · 조약

고려대 아세아문제연구소 편간,『구한국외교문서』(전 22권), 1965.
고려대 아세아문제연구소 편간,『구한국외교문서』(전 9권), 1972～1974.
국회도서관입법조사국 편간,『한국근대외교사연표』, 1966.
국회도서관입법조사국 편간,『한국외교연표』, 1974.
金源模,『근대한국외교사년표』, 단국대출판부, 1984.
宋炳基 · 朴容玉 · 朴漢卨 공편,『한말근대법령자료집』(1～9), 국회도서관, 1971～72.
伊藤博文 편,『朝鮮外交資料』(상 · 중 · 하), 1936.
李用熙,『근세한국외교문서총목 - 외국편 - 』, 국회도서관, 1966.
이종범 · 최원규 편,『자료 한국근현대사입문』, 혜안, 1995.
全海宗,『한국근세대외관계문헌비요』, 서울대 동아문화연구소, 1966.
丁海植 편,『구한말조약휘찬 - 1876～1945 - 』(상 · 중 · 하), 국회도서관입법조사국, 1964～65.
朝鮮統監府,『朝鮮に關する條約及法令』, 1906.
崔鍾庫,『한국의 法律家像』, 길안사, 1995.

姜周鎭, 개화기의 정치외교,『한국학』7, 중앙대 한국학연구소, 1975.
高柄翊, 露皇대관식에의 使行과 韓露교섭,『역사학보』24, 역사학회, 1965.
高珽烋, 제2차세계대전기 在美韓人사회의 동향과 駐美외교위원부의 활동,『국사관논총』49, 국사편찬
위원회, 1993.
高珽烋, 독립운동기 李承晩의 외교노선과 제국주의,『역사비평』31, 역사문제연구소, 1995.
廣瀨貞三, 李容翊の政治活動(1904～7)について - その外交活動を中心に - ,『朝鮮史研究會論文集』25,
1988.
具汏烈, 대한제국시대의 국제관계,『대한제국연구 3』, 이화여대 한국문화연구소, 1985.
具汏烈, 李漢應과 한 · 영 관계 - 그의 한반도 중립화안을 중심으로 - ,『성곡논총』16, 1985.
具汏烈, 일제식민지시기 한반도의 국제관계 - 영 · 일관계와 영국의 대한인식을 중심으로 - ,『국제정치
논총』29 - 1, 한국국제정치학회, 1989.
丘秉朔, 한로외교관계연구 - 1860～1888년 - , 서울대 석사논문, 1953.
菊池謙讓, 朝鮮王の局外中立と國防同盟,『新朝鮮』, 朝鮮研究會, 1916.
權錫奉, 한 · 청 통상조약의 체결,『동방학지』54 · 55 · 56합, 연세대 국학연구원, 1987.
金景昌, 조선속방론이 근대 극동국제관계에 미친 영향,『논문집』7, 경희대, 1972.
金景昌, 갑오변란후의 한일 청일교섭시말,『논문집』8, 경희대, 1974.
金炅春, 한일의정서 조인경위와 일제의 한국침략,『소헌남도영박사화갑기념 사학논총』, 1984.
金敬泰, 대일불평등조약 개정문제 발생의 일전제 - 개항전기의 米穀문제에서 본 외압의 실태 - ,『이대사

원』 10, 1972.

金敬泰, 병자개항과 불평등조약관계의 구조,『이대사원』 11, 1973.

金敬泰, 불평등조약 개정 교섭의 전개 - 1880년 전후의 대일 민족문제 - ,『한국사연구』 11, 한국사연구회, 1975.

金光男, 湖岩 文一平의 외교인식,『사학연구』 38, 한국사학회, 1984.

金光洙, 이조말기에 있어서 한독경제관계(1),『논문집』 4, 숭전대, 1973.

金淇烈, 초기 한영 교섭의 전개 과정,『사학지』 17, 단국대사학회, 1983.

金淇烈, 한영수교의 성립과 그 배경,『영미연구』 2, 단국대 영미문화연구소, 1983.

金基赫, 강화도조약의 역사적 배경과 국제적환경,『국사관논총』 25, 국사편찬위원회, 1991.

金聲均, 초기의 朝淸경제관계교섭약고,『사학연구』 5, 한국사학회, 1961.

金時泰, 黃遵憲의「조선책략」이 한말정국에 끼친 영향 - 혁신적인 정책면을 중심으로 - ,『사총』 8, 고려대사학회, 1963.

金泳植, 대한제국의 대불외교관계 1897~1905,『한불외교사 1886~1986』, 평민사, 1987.

金容善, 고종시대의 韓露관계, 연세대 석사논문, 1961.

金源模, 朴定陽의 대미자주외교와 상주공사관 개설,『藍史鄭在覺박사고희기념 동양학논총』, 1984.

金源模, 조선보빙사의 미국사행(1883)연구(상·하),『동방학지』 49·50, 연세대 국학연구원, 1985·1986.

金源模, 한미외교사연구 - 민영익의 대미자주외교와 세계일주항행 - ,『龍巖車文燮화갑기념 사학논총』, 1989.

金源模, 貞洞구락부의 親露反日정책,『水邨朴永錫화갑논총 한국사학논총(하)』, 1992.

金源模, 朝美조약 체결연구,『동양학』 22, 단국대 동양학연구소, 1992.

金源模, 李鴻章의 列國立約通商勸告策과 조선의 대응(1879~1881) - 조선수교교섭을 중심으로 - ,『동양학』 24, 단국대, 1994.

金源模, 遣美사절 洪英植 연구,『사학지』 28, 단국대사학회, 1995.

金元洙, 1896년에 있어서 한로교섭에 관한 일고 - 尹致昊 일기를 중심으로 - , 한양대 석사논문, 1979.

金銀姫, 구한말 중립화문제에 관한 한미관계연구, 이화여대 석사논문, 1984.

金正起, 兵船章程의 강행(1888.2)에 대하여,『한국사연구』 24, 한국사연구회, 1979.

金鍾圓, 조·청 통상장정 체결경위에 관한 소고, 서울대 석사논문, 1966.

金鍾圓, 朝中商民수륙무역장정에 대하여,『역사학보』 32, 역사학회, 1966.

金鍾圓, 朝 淸상민수륙무역장정의 체결과 그 영향,『한국사 16 - 개화척사운동 - 』, 국사편찬위원회, 1975.

金幸子, 민비집권기 韓廷대외관계의 국제정치적 고찰, 이화여대 석사논문, 1966.

金炫吉, 구한국 주권 상실과정에 있어서의 외교관계, 성균관대 석사논문, 1963.

羅家倫, 大韓民國誕生過程中的一段外交史,『問題與硏究』 1 - 10, 1962.

盧啓鉉, 동학란의 국제정치에 미친 영향,『국제법학회논총』 7 - 2, 대한국제법학회, 1962.

盧啓鉉, 간도협약에 관한 외교사적 고찰,『국제법학회논총』 11 - 1, 대한국제법학회, 1966.

盧武志, 19세기 한반도의 중립화론에 관한 고찰,『何石金昌洙화갑논총 한국민족독립운동사의 제문제』, 1992.

大畑篤四郎, 江華島條約の條約史的考察,『韓』 56, 東京 : 韓國硏究院, 1977.

渡邊勝美, 鮮米修好通商條約交涉史,『普專學會論集』 2, 普成專門學校, 1935.

渡邊勝美, 朝鮮開國外交史,『普專學會論集』 3, 普成專門學校, 1937.

稲生典太郎, 大山梓, 近代東アジアにおける不平等條約體制の成立,『紀要』 28, 中央大, 1983.

董德模, 伊藤博文과 海牙밀사사건,『아세아학보』1, 아세아학술연구회, 1965.

藤村道生, 日韓議定書の成立過程 - 大三輪長兵衛韓國關係文書「諸事抄錄」,「渡韓始末錄」の史料解說
    として -,『朝鮮學報』61, 1971.

리청원, 강화조약의 력사적 교훈과 체결 당시의 국내외 정세,『력사제문제』1, 1948.

閔斗基, 19세기후반 조선왕조의 대외위기의식 - 제1차, 제2차 중영전쟁과 이양선 출몰에의 대응 -,『동
    방학지』52, 1986.

朴敬子, 개항초 대일통상조약상의 관세문제 - 한일무역규칙과 통상장정을 중심으로 -,『숙대사론』5,
    1970.

朴性鳳, 구한국 대외관계 자료의 정비와 그 문제점,『경희사학』1, 1967.

朴性鳳, 구한국 외교문서 日案編纂本의 종합정리,『경희사학』2, 1970.

朴日根, 한불조약 체결과정에 대한 연구,『한불외교사 1886~1986』, 평민사, 1987.

朴俊圭, 청일전쟁이후의 한반도 국제정치의 연구,『학술연구조성비에 의한 연구보고서(사회과학)』, 문교
    부, 1974.

박창종, 한말수호조약, 서울대 석사논문, 1951.

朴泰根, 1860년 북경조약과 韓·露국경의 성립 - 金景遂手本과 李錫永牒呈을 중심으로 -,『영토문제연
    구』1, 고려대 민족문화연구소, 1983.

朴亨杓, 침략과 쇄국,『漢坡李相玉박사화갑기념논문집』, 1969.

朴熙琥, 대한제국기(1836~1898)의 한·러 관계 - 한국 조야의 반러화과정과 러시아의 대응책을 중심으
    로 -,『사총』31, 1988.

朴熙琥, 대한제국의 戰時局外中立宣言始末,『국사관논총』60, 국사편찬위원회, 1994.

白鍾基, 한일수호조약에 관한 사적 고찰,『논문집』13, 성균관대, 1968.

四方博, 朝鮮開國の前後,『經濟科學』1 - 204, 名古屋大, 1951.

徐仲錫, 근대 극동 국제관계와 한국 영세중립국론에 대한 연구,『논문집』4, 경희대, 1965.

小田省吾, 江華條約締結當時の寫眞と遺蹟に就いて,『靑丘學叢』4, 靑丘學會, 1931.

孫炯富, 朴珪壽의 熱河使行(1861)과 대서양외교론의 성립,『전남사학』3, 전남사학회, 1989.

宋炳基, 李儁 - 돌아오지 않는 밀사 -,『한국의 인간상 6』, 신구문화사, 1965.

宋炳基, 19세기말의 연미론서설 - 李鴻章의 密函을 중심으로 -,『사학지』9, 고려대사학회, 1975.

宋炳基, 19세기말의 聯美論 연구,『사학연구』28, 한국사학회, 1978.

宋炳基, 金允植 李鴻章의 保定·天津회담 - 조미조약 체결(1882)을 위한 조청교섭(상·하) -,『동방학
    지』44·45, 연세대 국학연구원, 1984.

宋炳基, 聯美論의 진전과 초기의 개화정책,『藍史鄭在覺박사고희기념 동양학논총』, 1984.

申基碩, 조선문제에 관한 露淸외교관계 - 韓露밀약사건을 중심으로 -,『학술원논문집』, 1, 학술원, 1959.

申載洪, 대한민국임시정부의 외교활동 - 구미외교를 중심으로 -,『사학연구』22, 한국사학회, 1973.

申載洪, 대한민국 임시정부 외교사연구,『사학연구』29, 한국사학회, 1979.

申載洪, 대한민국임시정부와 구미와의 관계,『한국사론 10 - 대한민국임시정부 -』, 국사편찬위원회,
    1981.

申載洪, 제2차세계대전기 대한민국임시정부의 對歐美외교활동,『水邨朴永錫화갑논총 한민족독립운동
    사논총』, 1992.

申載洪, 세계2차대전기 臨政의 外交活動史,『배달문화』12, 민족사바로찾기국민회의, 1994.

申芝鉉, 세계에 호소하다 - 고종의 밀사 -,『한국현대사 3』, 신구문화사, 1969.

安基成, 구한국정부의 외교와 교육,『교육논총』14, 고려대교육대학원, 1984.

安外順, 大院君집정기 고종의 대외인식 - 遣淸 回還使 召見을 중심으로 - ,『동양고전연구』3, 동양고전학회, 1994.

禹澈九, 韓露외교관계연구(1) - 청국이 韓露접근과정에 끼친 영향을 중심으로 - ,『한일관계연구소기요』 3 · 4합, 영남대, 1973.

禹澈九, 韓露외교관계연구(2) - 수호통상조약 체결의 경위와 조약내용을 중심으로 - ,『논문집(사회과학편)』7, 영남대, 1974.

禹澈九, 한 · 미수호조약에 대한 재음미 - 미국의 대한정책과 관련하여 - ,『군사』4, 국방부 전사편찬위원회, 1982.

原田環, 1880年代前半の閔氏政權と金允植 - 對外政策を中心として - , 『朝鮮史硏究會論文集』 22, 1985.

劉明喆, 조선조 말기에 있어 중립화의 가능조건 충족문제,『논문집』35, 진주교대, 1991.

柳永益, 한미조약(1882)과 초기 한미관계의 전개,『동양학』13, 단국대 동양학연구소 , 1983.

尹炳奭, 乙巳五條約의 신고찰,『국사관논총』23, 국사편찬위원회, 1991.

李求鎔, 대한제국의 성립과 열강의 반응 - 칭제건원 논의를 중심으로 - ,『강원사학』1, 강원대사학회, 1985.

李基鐸, 민족의식과 대외반응(외교)의 역사적 성격,『한국의 정치법률행정의 토착화에 관한 연구』, 연세대 사회과학연구소, 1972.

李東宇, 고종의 海牙특사 파견에 관한 소고,『문산김삼룡박사화갑기념 한국문화와 원불교사상』, 원광대출판국, 1985.

李玟源, 대한제국의 성립과정과 열강과의 관계,『한국사연구』64, 1989.

李玟源, 三國干涉직후 閔妃의 引俄拒日策과 그 성격 - 러시아의 對韓방침과 관련하여 - ,『청대사림』6, 청주대사학회, 1994.

李炳柱, 李鴻章의 대한정책 - 주로 19세기 후반기의 외교정책을 중심으로 - ,『논문집』2, 육군사관학교, 1965.

李普珩, 구미제국에 대한 통상수호조약체결,『한국사 16 - 개화척사운동 - 』, 국사편찬위원회, 1975.

李相燦, 을사조약과 병합조약은 성립하지 않았다,『역사비평』31, 역사문제연구소, 1995.

李瑄根, 庚辰수신사 金弘集과 黃遵憲저「조선책략」에 관한 재검토 - 金弘集 자필사본「조선책략」을 보며 - ,『동아논총』1, 1963.

李瑄根, 구한말 궁정외교와 중요기밀문서의 행방,『아세아학보』2, 아세아학술연구회, 1966.

李延馥, 대한민국 임시정부의 對蘇외교,『水邨朴永錫화갑논총 한민족독립운동사논총』, 1992.

李元淳, 한불조약과 종교자유의 문제,『교회사연구』5, 한국교회사연구소, 1987.

李在方, 黃遵憲「조선책략」에 대한 연구, 성균관대 석사논문, 1968.

이정숙, 한일수호조약(1876 병자)에 관한 연구, 이화여대 석사논문, 1962.

李鉉淙, 기유조약내용의 史書별 종람검토,『대구사학』7 · 8합, 1973.

李鉉淙, 쇄국과 개국 · 구미관계,『한국사론 5 - 근대 - 』, 국사편찬위원회, 1978.

李炫熙, 태평양회의에의 한국외교 후원문제,『한국사논총』1, 성신여사대국사교육과, 1976.

李炫熙, 대한민국 임시정부의 외교정책연구 - 구미 · 소와의 외교정책을 중심으로 - ,『한국사학』7, 한국정신문화연구원, 1986.

李炫熙, 대한민국 임시정부의 대중국 외교정책 연구,『한민족과 북방과의 관계사 연구』, 한국정신문화연구원, 1995.

李黃玉, 민비의 정치참여 과정과 대외정책, 인하대 석사논문, 1979.

田保橋潔, 丙子修信使とその意義,『靑丘學叢』13, 靑丘學會, 1933.

鄭演植・채정민, 한말 개화파의 외교활동,『동양문화연구』10, 경북대 동양문화연구소, 1983.

鄭用大, 趙素昻의 유럽외교활동의 연구,『三均主義연구논집』10, 삼균학회, 1988.

鄭用大, 駐파리위원부의 유럽외교활동에 관한 연구,『西巖趙恒來화갑기념 한국사학논총』, 1992/『三均主義연구논집』13, 1993.

諸宰馨, 한미수호통상조약교섭에 관한 사적 고찰, 성균관대 석사논문, 1963.

趙在瓘, 한일수호조약에 관한 국제정치사적 고찰,『학슬지』4, 건국대 학술연구원, 1962.

趙恒來, 黃遵憲의「朝鮮策略」에 대한 검토 - 고종 17・18년의 遣日使節에 관련하여 -,『논문집』3, 대구대, 1962.

趙恒來, 병자수신사 金綺秀사행고 - 그의 저「日東記遊」의 검토와 관련하여 -,『대구사학』1, 1969.

趙恒來, 병자수신사 金綺秀사행고 추보 - 航韓必携의 검토와 관련하여 -,『柳洪烈박사화갑기념논총』, 1971.

趙恒來, 庚辰(1880년) 修信使와「朝鮮策略」의 파문,『한일연구』2, 한국일본문제연구회, 1973.

趙恒來, 對日修好後의 丙子(1876) 修信使行에 대하여,『조선학보』84, 조선학회, 1977.

趙恒來, 병자수교후의 대일관계 일고,『대구사학』15・16합, 1978.

趙恒來,「朝鮮策略」을 통해 본 防俄策과 聯美論 연구,『김철준박사회갑기념 사학논총』, 1983.

朱昇澤, 姜瑋의 개화사상과 외교활동,『한국문화』12, 서울대 한국문화연구소, 1991.

重吉萬次, 鮮露保護密約締結の企に就いて - 1884年より1886年至る -,『稻葉博士還曆紀念滿鮮史論叢』, 1938.

崔德壽, 독립협회의 정체론 및 외교론 연구 - 독립신문을 중심으로 -,『민족문화연구』13, 고려대 민족문화연구소, 1978.

崔德壽, 朴泳孝의 내정개혁론 및 외교론연구,『민족문화연구』21, 고려대 민족문화연구소, 1988.

崔文衡, 한로수교의 배경과 경위,『한로관계 100년사』, 한국사연구협의회, 1984.

崔文衡, 한영수교와 그 역사적 의의,『한영수교 100년사』, 한국사연구협의회, 1984.

崔文衡, 노일전쟁전후 미국의 동아시아 정책과 일본의 한국침략,『노일전쟁전후 일본의 한국침략』, 일조각, 1986.

崔奭祐, 한불조약의 체결과 그후의 양국관계,『한불수교 100년사』, 한국사연구협의회, 1986.

崔奭祐, 한불조약 체결 이전의 양국관계,『한불수교 100년사』, 한국사연구협의회, 1986.

崔奭祐, 한불조약의 체결과정,『한불외교사 1886~1986』, 평민사, 1987.

崔榮, 구한말과 한국의 국제정치 역학구조 비교,『사상과 정책』1 - 4, 경향신문사, 1984.

崔永禧, 노일전쟁전의 한일비밀조약에 대하여,『백산학보』3, 백산학회, 1967.

崔永禧, 한일의정서에 관하여,『사학연구』29, 한국사학회, 1968.

崔永禧, 보호라는 이름의 침략 - 을사조약 -,『한국현대사 2』, 신구문화사, 1969.

崔永禧, 강화도조약의 체결과 그 영향,『한국사 16 - 개화척사운동 -』, 국사편찬위원회, 1975.

秋月望, 朝中間の三貿易章呈の締結經緯,『朝鮮學報』115, 朝鮮學會, 1985.

秋憲樹, 한국임시정부의 외교에 관한 고찰,『연세논총』10, 연세대대학원, 1973.

秋憲樹, 대한민국임시정부와 중국과의 관계,『한국사론 10 - 대한민국임시정부 -』, 국사편찬위원회, 1981.

韓沽劤, Shufeldt제독의 한미수호조약 교섭추진 연유에 대하여,『진단학보』24, 진단학회, 1963.

韓興壽, 주불공사관 설치과정,『한불외교사 1886~1986』, 평민사, 1987.

許東賢, 1881년 조선朝士 일본시찰단에 관한 일고찰, 고려대 석사논문, 1986.

許東賢, 1881년 조선朝士 일본시찰단에 관한 일연구 - 「聞見事件類」와 「隨聞錄」을 중심으로 - , 『한국사연구』 52, 1986.

許寅, 韓伊修交소고, 『논문집』 18, 외국어대, 1985.

洪以燮, 한국외교사 - 19세기 후반 이후의 국제관계를 중심으로 - , 『한국문화사대계 2』, 고려대 민족문화연구소, 1965.

van Baarle, R. C., 체결되지 못한 朝·蘭 통상조약, 『한국학연구』 2, 인하대 한국학연구소, 1990.

Walter, G. D., 1883년 미합중국에 파견된 대조선국특별사절단에 관한 연구, 『아세아학보』 5, 아세아학술연구회, 1969.

5) 이권침탈 · 租界 · 거류민

姜英心, 구한말 러시아의 삼림이권 획득과 삼림회사의 채벌실태, 『이화사학연구』 17·18합, 1988.

高秉雲, 日本帝國主義朝鮮植民地化過程の鐵道敷設をめぐる諸問題, 『歷史評論』 140·141合, 東京 : 歷史科學協議會, 1962.

廣瀨貞三, 19세기말 일본의 조선鑛山이권 획득기도 - 1882~1894 - , 『사총』 28, 고려대사학회, 1984.

廣瀨貞三, 19世紀末日本の朝鮮鑛山利權獲得について - 忠淸道稷山金鑛を中心に - , 『朝鮮史硏究會論文集』 22, 1985.

具良根, 근대 일본의 조선內地行商 문제, 『사학연구』 38, 한국사학회, 1984.

權錫奉, 李善得의 친일과 청측개입 - 특히 濟州漁採永罷交涉을 중심으로 - , 『백산학보』 8, 백산학회, 1970.

權錫奉, 한말 在朝鮮 淸商에 관한 연구 - 1900년 초의 韓·淸兵民紛爭案을 중심으로 - , 『국사관논총』 60, 국사편찬위원회, 1994.

金光洙, 이조말기에 있어서 한독경제관계(1), 『논문집』 4, 숭전대, 1973.

金大商, 絶影島조차문제를 둘러싼 露日경쟁, 『항도부산』 7, 부산시사편찬위원회, 1969.

金大商, 부산항에 있어서의 각국의 조계 및 조차지 형성과정, 『박원표선생회갑기념 부산사연구논총』 1970.

金柄夏, 개항기의 거류일본인과 그 직업, 『경희대논문집』 7, 1972.

金錫禧·朴容淑, 개항초기(1876~1885)의 일본인의 상업활동 - 부산항을 중심으로 - , 『논문집』 15, 부산대, 1976.

김영숙, 일본자본주의의 조선침략과 조중관계, 『력사과학』 1958 - 1.

金容旭, 부산租界고 - 특히 일본조계의 성격 및 토지소유관계를 중심으로 - , 『한일문화』 1, 부산대 한일문화연구소, 1962.

金容旭, 한국租界에 관한 연구, 『업적보고서』, 동아문화연구위원회, 1965.

金容旭, 부산개항후 한국각항에 관한 연구 - 주로 일본租界를 중심으로 - , 『항도부산』 6, 부산시사편찬위원회, 1967.

金容旭, 마산포 滋福洞·月影洞 및 栗九味의 토지사건 - 露國단독조계를 중심으로 - , 『법사학연구』 6, 1981.

金義煥, 개항후 부산 일본전관거류지 설정에 관한 연구 - 부산시 형성에 미친 영향을 중심으로 - , 『한일연구』 2, 한국일본문제연구회, 1973.

金正起, 개항기 자본주의 · 제국주의침략연구의 동향과 국사교과서의 서술, 『역사교육』 47, 역사교육연구회, 1990.

金正起, 자본주의열강의 이권침탈 연구 - 19세기말 20세기초 미·일·러·청의 이권침략 총정리 - , 『역사비평』 11, 1990.

金鍾先, 暗使日商民 務安監理署 난입점거에 관한 고찰,『목포대논문집』 4, 1982.

金鍾先, 목포항에 있어서의 日·露간의 조차지 취득과정,『목포대논문집』 5, 1983.

金炫希, 한말 제주도의 通漁문제에 대하여,『제주사학』 3, 제주대사학과, 1987.

羅愛子, 개항후 청·일의 해운업침투와 조선의 대응,『이화사학연구』 17·18합, 1988.

羅愛子, 개항후 외국상인의 침투와 조선상인의 대응,『1894년 농민전쟁연구 1』, 한국역사연구회, 1991.

盧榮澤, 개항지 인천의 일본인 발호,『기전문화연구』 5, 인천교대 기전문화연구소, 1974.

盧榮澤, 일제하 일인들의 인천 침탈상,『기전문화연구』 7, 인천교대 기전문화연구소, 1976.

魯仁華, 대한제국시대의 한성전기회사에 관한 연구 - 광무개혁과 미국측 이권의 양태 -,『이대사원』 17,
　　이화여대사학과, 1980.

都秉權, 지정학적으로 본 조선말의 한반도정세 연구,『청주교대논문집』 14, 1978.

董德模, 한국과 20세기초의 국제정세,『한국사 19 - 대한제국의 종말과 의병항쟁 - 』, 국사편찬위원회,
　　1976.

藤村道生, 朝鮮における日本特別居留地の起源,『名古屋大學文學部研究論集』 35, 1965.

木村健二, 近代日朝關係下の在朝日本人 - 朝鮮實業協會の組織と活動を中心に -,『朝鮮史研究會論
　　文集』 23, 1986.

朴廣成, 인천항의 租界에 대하여,『기전문화연구』 20, 인천교대 기전문화연구소, 1991.

朴九秉, 한말 동해捕鯨業을 둘러싼 露日의 각축,『아세아연구』 13 - 2, 고려대 아세아문제연구소, 1970.

朴萬圭, 개항이후의 금광업실태와 일제침략,『한국사론』 10, 서울대국사학과, 1984.

朴性根, 京仁線 부설권과 美日관계,『소헌남도영박사화갑기념 사학논총』, 1984.

朴成鎬, 한국의 개항장에 관한 회귀분석적 연구 - 무역액과 무역량을 중심으로 -,『논문집』 7 - 1, 인천교
　　대, 1973.

朴贊一, 露日戰爭 이전 일본의 대한경제적 침략과 한국의 변모 - 식민지시장화 조건으로서의 금시장장
　　악 및 금광업침략을 중심으로 -,『露日戰爭전후 일본의 한국침략』, 일조각, 1986.

裵鍾茂, 목포租界에 관한 고찰, 건국대 석사논문, 1981.

裵鍾茂, 일제의 木浦경제 침탈에 관한 연구 - 고하도 토지침략 사례를 중심으로 -,『인문과학』 2, 목포
　　대, 1985.

白淳在, 3·1운동과 在韓日人의 동향,『삼일운동50주년기념논집』, 동아일보사, 1969.

孫禎睦, 개항기의 한성내 외국인거류 경위,『한국사연구』 28, 한국사연구회, 1980.

孫禎睦, 개항기 일본인에 의한 도시지역의 부동산 침탈,『서울산업대논문집』 13, 서울산업대, 1980.

孫禎睦, 개항기 일본인의 내지침투·내지행상과 불법정착의 과정,『한국학보』 21, 일지사, 1980.

孫禎睦, 개항기 한국거류 일본인의 직업과 매춘업·고리대금업,『한국학보』 18, 일지사, 1980.

孫禎睦, 개항기 한성 외국인거류의 과정과 실태,『향토서울』 38, 서울시사편찬위원회, 1980.

宋炳基, 한말 이권침탈에 관한 연구 - 獨島문제의 일고찰 : 鬱陵島의 지방관제 편입과 石島 -,『국사관
　　논총』 23, 국사편찬위원회, 1991.

安田吉實, 書評 : 韓國開港場研究(이현종 著),『朝鮮學報』 78, 朝鮮學會, 1976.

呂博東, 일제하 統營·巨濟 지역의 日本人 移住漁村 형성과 漁業組合,『일본학지』 14, 계명대 일본문
　　화연구소, 1994.

奧平武彦, 朝鮮の條約港と居留地,『朝鮮社會法制史研究』, 岩波書店, 1937.

禹澈九, 한말租界의 기원과 발전 - 특히 일본인조계를 중심으로 -,『사회과학』 3, 영남대 사회과학연구
　　소, 1971.

尹炳奭, 문명을 앞세운 침략 - 열강의 이권쟁탈 -,『한국현대사 2』, 신구문화사, 1969.

尹炳奭, 열강의 이권침탈,『한국사 18 - 독립협회의 활동 - 』, 국사편찬위원회, 1973.

李培鎔, 구한말 미국의 운산금광채굴권획득에 대하여,『역사학보』 50 · 51합, 역사학회, 1971.

李培鎔, 개항후 한국의 광업정책과 열강의 광산탐사,『이대사원』 10, 1972.

李培鎔, 구한말 독일의 광산이권과 堂峴금광,『이화사학연구』 11 · 12합, 이화사학연구소, 1981.

李培鎔, 구한말 영국의 금광이권 획득에 대한 제문제,『역사학보』 96, 1982.

李培鎔, 개항기 일본의 한국광산침탈에 대한 연구,『이대사원』 20, 이화여대 사학회, 1983.

李培鎔, 이권,『한영수교 100년사』, 한국사연구협의회, 1984.

李培鎔, 구한말 광업권 수호운동의 제양상,『이화사학연구』 17 · 18합, 1988.

李培鎔, 澁澤榮一과 대한경제침략,『국사관논총』 6, 국사편찬위원회, 1989.

李培鎔, 열강의 이권침탈과 조선의 대응,『한국사시민강좌』 7, 일조각, 1990.

李培鎔, 1880年代 열강의 이권외교에 나타난 제특성,『이기백고희기념 한국사학논총(하)』, 일조각, 1994.

李炳天, 개항기 외국상인의 內地상권 침입 - 淸商 · 日商을 중심으로 -,『경제사학』 9, 경제사학회, 1985.

李瑄根, 江華開港條約前後의 國際情勢,『韓』 56, 東京 : 韓國硏究院, 1977.

李宇榮, 한말 일본인거류지의 설정과 그 역할,『논문집』 13, 경북대, 1969.

李宇榮, 한말일본인거류지의 역할과 해운업에 관한 연구,『연구보고서(사회과학계)』 29, 문교부, 1969.

李潤相, 열강의 이권침탈과 경제의 예속화과정,『한국사 11』, 한길사, 1994.

李志雨, 개항기 마산포 조계지의 설정에 관하여 - 특히 노 · 일의 각축상을 중심으로 -,『가라문화』 4, 경
    남대 가라문화연구소, 1986.

李憲昶, 한국개항장의 상품유통과 시장권 - 한국개항기에서의 시장구조의 변동을 초래한 일차적 요인 -,
    『경제사학』 9, 1985.

李鉉淙, 구한말 인천 청국거류지 치폐고,『동국사학』 9 · 10합, 1966.

李鉉淙, 구한말 외국인거류지내 조직체에 대하여,『역사학보』 34, 역사학회, 1967.

李鉉淙, 구한말 외국인거류지의 종별과 성격,『진단학보』 31, 진단학회, 1967.

李鉉淙, 한말 일본인 거류민단의 치폐경위,『편사』 1, 국사편찬위원회 편사회, 1967.

李鉉淙, 개항장 開市場 開放地 雜居地,『편사』 2, 국사편찬위원회 편사회, 1968.

李鉉淙, 구한말 외국인거류지내 상황,『사총』 12 · 13합, 고려대사학회, 1968.

李鉉淙, 합병후 재한 각국거류지철폐고,『진단학보』 32, 진단학회, 1969.

李鉉淙, 개항장내 외국인영업,『사학연구』 27, 한국사학회, 1977.

李炫熙, 19세기말 일제의 한국철도 부설권 쟁취문제 - 청일침략전쟁 전후의 철도부설권문제 -,『건대사
    학』 3, 1973.

林承豹, 개항장거류 일본인의 직업과 영업활동 - 1876년~1895년 釜山 · 元山 · 仁川을 중심으로 -,『홍
    익사학』 4, 홍익대사학회, 1990.

田保橋潔, 國際關係思想の朝鮮鐵道利權,『歷史地理』 57 - 4, 日本歷史地理學會, 1931.

田中喜男, 明治後期朝鮮拓植への地方的關心 - 石川縣農業株式會社の設立を通して -,『朝鮮史研究
    會論文集』 4, 1968.

鄭在貞, 京釜철도의 부설에 나타난 일본의 한국침략 정책의 성격,『한국사연구』 44, 한국사연구회, 1984.

鄭在貞, 한말 京釜 · 京義철도부지의 수용과 沿線주민의 저항운동,『이원순화갑기념 사학논총』, 교학사,
    1986.

趙璣濬, 개화기 일제의 경제침략,『일본의 침략정책사연구』, 역사학회, 1984.

趙璣濬, 개화기 일제의 경제침략,『노산유원동박사화갑기념논총 한국근대사회경제사연구』, 정음문화사,

1985.

趙雄, 한말 木浦지역 미국선교사들의 활동,『裵鍾茂총장퇴임기념 사학논총』, 1994.

趙仁成, 개항기 마산포 조계의 설정과 주민의 저항,『가라문화』4, 경남대 가라문화연구소, 1986.

池田勝, 朝鮮市場における日淸兩國の抗爭,『世界史硏究』3, 1953.

河元鎬, 개항후 방곡령실시의 원인에 관한 연구(상·하),『한국사연구』49, 50·51합, 1985.

河村一夫, 在仁川釜山元山淸國專管居留地に關する日淸交涉,『朝鮮學報』59, 朝鮮學會, 1971.

河村一夫, 明治30年代初期の韓國各地日本人居留民營業表戶口月表,『朝鮮學報』90, 1979.

韓沽劤, 개국후 일본인의 한국침투,『동아문화』1, 서울대 동아문화연구소, 1963.

韓沽劤, 동학란기인에 관한 연구(상·하) - 특히 일본의 경제적 침투와 관련하여 - ,『아세아연구』7 - 3
  · 4, 1964.

韓沽劤, 개항후 일본어민의 침투(1860~1894),『동양학』1, 단국대 동양학연구소, 1971.

玄季順, 한말 韓日漁採문제의 일연구 - 濟州漁採문제를 중심으로 - , 서울대 석사논문, 1964.

洪淳權, 한말호남지역 경제구조의 특질과 일본인의 토지침탈 - 호남의병운동의 경제적 배경 - ,『한국문
  화』11, 서울대 한국문화연구소, 1990.

6) 개국 · 개항

김용욱,『한국개항사』, 서문당, 1976.

김호일,『한국개항전후사』, 한국방송사업단, 1982.

동덕모,『한국의 개국과 국제관계』, 서울대출판부, 1980.

동아일보사 편,『개항100년연표자료집』, 동아일보사, 1976.

손정목,『한국개항기 도시변화과정연구』, 일지사, 1982.

오두환,『한국개항기의 화폐제도 및 유통에 관한 연구』, 서울대 박사논문, 1985.

이배용,『한국근대농업침탈사연구』, 일조각, 1989.

이병천,『개항기 외국상인의 침입과 한국상인의 대응』, 서울대 박사논문, 1985.

이현종,『한국개항장연구』, 일조각, 1975.

인천직할시 편,『인천개항100년사』, 인천직할시, 1983.

조항래,『개항기 대일관계사연구』, 형설출판사, 1973.

최태호,『개항전기의 한국관세제도 - 1880년대를 중심으로 - 』, 한국연구원, 1976.

한우근,『한국개항기의 상업연구』, 일조각, 1970.

姜在彦, 朝鮮の開國と壬午軍亂,『季刊三千里』30, 1982

金景昌, 조선개국의 정치사적 과정,『동북아』창간호, 동북아문화연구원, 1995.

金敬泰, 병자개항과 불평등조약관계의 구조,『이대사원』11, 1973.

金基赫, 개항을 둘러싼 국제정치,『한국사시민강좌』7, 일조각, 1990.

金良奎, 群山개항과 抗日運動史,『군산문화』8, 군산문화원, 1994.

金榮作, 한·중·일 삼국의 개국에 관한 비교연구,『동북아』창간호, 동북아문화연구원, 1995.

金榮作, 한·중·일 삼국의 개국 반응에 관한 자료 해설,『동북아』2, 동북아문화연구원, 1995.

金源模, 슈펠트의 탐문항행과 조선개항계획(1867),『동방학지』35, 연세대 국학연구원, 1983.

金義煥, 부산개항의 연구(상·중·하),『항도부산』3·4·5, 부산시사편찬위원회, 1963·1964·1966.

金鍾先, 목포개항에 관한 고찰 - 주로 부두노동자의 분쟁을 중심으로 - ,『목포대논문집』3, 1981.

朴慶植, 開國と甲午農民戰爭,『歷史學硏究別冊 - 朝鮮史の諸問題 - 』, 歷史學硏究會, 1953.

朴廣成, 인천개항과 연안방비책에 대하여,『기전문화연구』11, 인천교대 기전문화연구소, 1980.

朴明圭, 개항과 한국의 사회경제적 변화,『동북아』창간호, 동북아문화연구원, 1995.

四方博, 朝鮮開國の前後,『經濟科學』1 - 204, 名古屋大, 1951.

成滉鏞, 개국의 역사적 의의,『동북아』창간호, 동북아문화연구원, 1995.

孫禎睦, 용암포개항·의주 개시와 신의주·청진 개시,『서울산업대논문집』11, 1977.

孫禎睦, 개항장·조세제도의 개념과 성격 - 한반도 개항사의 올바른 인식을 위하여 - ,『한국학보』26, 일
　　지사, 1982.

申國柱, 韓國の開國,『日本外交史研究 - 幕府維新時代 - 』, 1961.

原田環, 朝鮮の開國近代化と淸,『靑丘學術論集』7, 韓國文化研究振興財團, 1995.

兪仁浩, 1876년 개항과 사회경제의 변화,『한국의 사회경제사』(한길역사강좌 5), 한길사, 1987.

李光麟, 서평 : Confucian Gentlemen and Barbarian Envoys - The Opening of Korea 1875~1885 - (M.
　　Deuchler),『역사학보』80, 1978.

李潤相, 한국근대사에서 개항의 역사적 위치,『역사와 현실』9, 역사비평사, 1993.

李漢基, 한국 및 일본의 개국과 국제법,『학술원논문집(인문, 사회과학편)』19, 학술원, 1980.

李憲昶, 개항과 제국주의침략에 대한 연구성과와 과제,『한국사론 25』, 국사편찬위원회, 1995.

李鉉淙, 쇄국과 개국·구미관계,『한국사론 5 - 근대 - 』, 국사편찬위원회, 1978.

李弘稙, 포화로 열린 문 - 개항 - ,『한국현대사 1』, 신구문화사, 1969.

林仁榮, 한말의 개항과 대외무역 - 강화도조약에서 한일합방까지 - ,『한국정치경제연구논문집』1, 숙명
　　여대, 1971.

田保橋潔, 近代朝鮮における開港の研究,『小田先生頌壽紀念朝鮮論集』, 1934.

趙恒來, A Study of Korea-Japan Relation in the Opening Korea,『대구사학』7·8합, 대구사학회, 1973.

崔洛彌, 군산항개항과 지역사회경제의 구조적관계에대한 연구 - 전북 농촌의 사회경제구조의 변화를 중
　　심으로 - ,『전라문화연구』3, 전북향토문화연구소, 1988.

秋保一郎, 釜山開港を繞る若干の論議,『東洋文化研究』11, 1949.

韓㳓劤, 개항 당시의 위기의식과 개화사상,『한국사연구』2, 한국사연구회, 1968.

韓哲昊, 한말(1897~1910) 목포 개항과 무역구조에 관한 연구, 고려대 석사논문, 1988.

7) 전쟁 · 영토분쟁

滿鐵東亞經濟調査局,『間島問題の經緯』(東亞 1冊 第10), 東京, 1931.

岡義武, 日淸戰爭と當時における對外意識(1·2),『國家學會雜誌』68 - 3·4·5·6, 1954.

姜昌錫, 통감부의 간도정책 연구 - 통감부의 간도문제 관여를 중심으로 - ,『동의논집(인문사회과학편)』
　　14, 동의대, 1987.

姜昌錫, 통감부의 간도정책 연구 - 통감부의 간도적극책을 중심으로 - ,『동의사학』3, 동의대사학회,
　　1987.

姜昌錫, 통감부의 간도정책 연구 - 간도영유권 교섭과정을 중심으로 - ,『동의사학』4, 동의대사학회,
　　1988.

堀和生, 1905年日本の竹島領土編入,『朝鮮史研究會論文集』24, 1987.

權九熏, 일제의 統監府間島派出所 설치와 성격,『한국독립운동사연구』6, 독립기념관 한국독립운동사
　　연구소, 1992.

金炅春, 두만강 하류의 KOREA IRREDENTA에 대한 일고,『백산학보』30·31합, 1985.

金炅春, 두만강 하류역에 있어서의 국경분쟁 - 長鼓峰사건 중심으로 -,『동국사학』19 · 20합, 1986.

金相洙, 청일전쟁과 독일의 동아시아정책 - 그것이 한국정황에 미친 영향과 관련하여 -,『한독수교 100
년사』, 한국사연구협의회, 1984.

金聲均, 일본의 대륙침략 - 청일전쟁 -,『한국현대사 1』, 신구문화사, 1969.

金源模, 미국의 조선원정과 제1차 조 · 미전쟁(1871),『동양학』8, 단국대 동양학연구소, 1978.

金源模, 로저스함대의 내침과 魚在淵의 항전(1871),『동방학지』29, 연세대 국학연구원, 1981.

金源模, 딜톤의 강화도참전수기,『동방학지』31, 연세대 국학연구원, 1982.

金源模, 한 · 미전쟁고(1872),『군사』4, 국방부 전사편찬위원회, 1982.

金源模, 로즈함대의 내침과 양헌수의 항전 - 1866 -,『동양학』13, 단국대 동양학연구소, 1983.

金元洙, 청일전쟁 및 삼국간섭과 러시아의 대한정책,『한로관계 100년사』, 한국사연구협의회, 1984.

金元洙, 의주 開市를 둘러싼 노일의 각축 - 개전요인으로서의 개시문제 -,『논문집』20, 서울교대, 1987.

金燦奎, 間島의 영유권,『한국북방학회논집』창간호, 한국북방학회, 1995.

金幸福, 신미양요를 圍繞한 한미관계 - 군사적인 면을 중심으로 -,『육군제3관학교논문집』13, 1981.

南とく子, 日淸戰爭と朝鮮貿易,『歷史學硏究』149, 歷史學硏究會, 1951.

盧啓鉉, 동간도 귀속문제를 논함, 연세대 석사논문, 1958.

盧啓鉉, 간도협약에 관한 외교사적 고찰,『대한국제법학회논총』11 - 1, 대한국제법학회, 1966.

盧啓鉉, 간도 영유권문제에 관한 연구,『세림한국학논총』1, 세림장학회, 1977.

大畑篤四郎, 日露戰爭と滿鮮問題,『近代日本史硏究』5 · 6合, 早稻田大, 1958.

董德模, 청일전쟁과 한국 - 청일양국의 파병을 중심으로 -,『학술연구조성비에 의한 연구보고서』(사회
과학계 4 - 8), 문교부, 1973.

馬淵貞利, 朝鮮半島の宗主權を決定した日淸戰爭,『歷史公論』30 - 11, 1985.

梶村秀樹, 竹島=獨島問題と日本國家,『朝鮮硏究』182, ヨ本朝鮮硏究所, 1978.

朴廣成, 운양함 포격사건에 대하여,『기전문화연구』8, 인천교대 기전문화연구소, 1977.

朴容玉, 간도문제,『한국사론 5 - 근대 - 』, 국사편찬위원회, 1978.

朴宗根, 日淸戰爭と朝鮮の甲午改革,『國際政治 - 日韓關係の展開 - 』, 有斐閣, 1963.

朴俊圭, 청일전쟁과 열국외교 - Krasny Archives를 중심으로 -,『동아문화』2, 서울대 동아문화연구소,
1964.

朴俊圭, 청일전쟁 이후의 한반도 국제정치의 연구,『학술연구조성비에 의한 연구보고서』(사회과학계),
문교부, 1974.

朴泰根, 1860년 북경조약과 한 · 노국경의 성립 - 金景遂手本과 李錫永牒呈을 중심으로 -,『영토문제연
구』1, 고려대 민족문화연구소, 1983.

白鍾基, 병인양요에 관한 사적 고찰,『대동문화연구』12, 성균관대 대동문화연구원, 1978.

山脇重雄, 日淸戰爭と朝鮮問題,『日本史硏究』66, 日本史硏究會, 1963.

宋炳基, 일본의 '량고도(獨島)' 영토편입과 울릉도군수 沈興澤 보고서,『尹炳奭화갑기념 한국근대사논
총』, 1990.

宋炳基, 한말 이권침탈에 관한 연구 - 獨島문제의 일고찰 : 鬱陵島의 지방관제편입과 石島 -,『국사관논
총』23, 국사편찬위원회, 1991.

申國柱, 東學黨問題と日淸開戰,『日本外交史硏究 - 日淸日露戰爭 - 』, 東京, 1962.

申國柱, 청일전쟁의 본질에 대한 고찰 - 한국의 독점적 지배권을 위요하여 -,『无涯梁柱東박사화탄기념
논문집』, 1963.

申基碩, 안보보장과 한말정국 - 임오군란 청일전쟁 -,『유진오박사회갑기념논문집 국제법학회논총』, 대

한국제법학회, 1966.

申基碩, 청일전쟁과 청한종속관계,『논문집』8, 부산대, 1967.

信夫淸三郎, 日淸戰爭外交史,『歷史科學』2 - 4, 1933.

愼鏞廈, 조선왕조의 독도영유와 일본제국주의의 독도침략 - 독도영유에 대한 실증적 연구 - ,『한국독립
　　운동사연구』3, 독립기념관 한국독립운동사연구소, 1989.

櫻井榮孝, 朝鮮の近代化と日淸戰爭,『歷史敎育』10 - 2, 歷史敎育硏究會, 1962.

梁敎錫, 병인양요의 일고찰,『사총』29, 고려대사학회, 1985.

梁泰鎭, 한로국경선상의 鹿屯島,『한국학보』19, 일지사, 1980.

梁泰鎭, 한로국경형성의 배경과 鹿屯島상실,『백산학보』26, 1981.

梁泰鎭, 두만강 국경하천론고,『군사』6, 국방부 전사편찬위원회, 1983.

梁泰鎭, 두만강 하류연안의 新·舊土字碑와 北方三角지대의 국경영토 문제에 관한 논고,『水邨朴永錫
　　화갑논총 한국사학논총(하)』, 1992.

禹澈九, 병인양요소고,『동방학지』49, 연세대 국학연구원, 1985.

禹澈九, 청일전쟁을 전후한 프랑스와 한국,『한불수교 100년사』, 한국사연구협의회, 1986.

原田環, 朴珪壽と洋擾,『旗田巍古稀記念 朝鮮歷史論集(下)』, 東京 : 龍溪書舍, 1979.

劉鳳榮, 백두산정계비와 간도문제,『백산학보』13, 백산학회, 1972.

柳永烈, 청일전쟁·갑오개혁과 尹致昊,『藍史鄭在覺박사고희기념 동양학논총』, 1984.

柳永博, 鹿屯島의 귀속문제,『학술원논문집(인문사회과학)』15, 1976.

柳永博, 鹿屯島의 연륙과정과 국경분쟁의 미결유산 - 녹둔도의 귀속문제(2) - ,『진단학보』44, 1977.

柳永益, 청일전쟁중 일본의 대한침략정책 - 井上馨 공사의 조선보호국화 기도를 중심으로 - ,『청일전쟁
　　을 전후한 한국과 열강』, 한국정신문화연구원, 1984.

柳海信, 노일전쟁기 일본군의 한국주둔과 저항, 서울대 석사논문, 1989.

李北滿, 日淸戰爭論,『歷史科學』2 - 4, 1966.

李瑄根, 백두산과 간도문제 - 회상되는 우리강역의 역사적 수난 - ,『역사학보』17·18합, 1962.

李瑄根, 신미양란의 재음미 - 한·미수교 100주년을 앞두고 - ,『군사』2, 국방부 전사편찬위원회, 1981.

李元淳, 병인양요일고,『한불수교 100년사』, 한국사연구협의회, 1986.

日本朝鮮硏究所, 獨島關係資料,『朝鮮硏究』182, 日本朝鮮硏究所, 1978.

林正和, 間島問題に關する日淸交涉の經緯,『駿台史學』10, 明治大史學地理學會, 1960.

長存武, 間島說的形成,『동방학지』23·24합, 연세대 국학연구원, 1980.

田保橋潔, 李太王丙寅洋擾と日本國の調停,『靑丘學叢』11, 靑丘學會, 1933.

田川孝三, 竹島領有に關する歷史的考察,『東洋文庫書報』20, 東洋文庫, 1989.

井上學, 日本帝國主義と間島問題,『朝鮮史硏究會論文集』10, 1973.

정진상, 갑오농민전쟁 과정에서의 청일전쟁의 의미,『한국근현대의 민족문제와 노동운동』(한국사회사연
　　구회논문집 15), 1989.

鄭鎭午, 동학혁명과 청일전쟁,『논문집(인문, 사회과학편)』27, 제주대, 1988.

鄭昌烈, 露日戰爭에 대한 한국인의 반응,『露日戰爭전후 일본의 한국침략』, 일조각, 1986.

鄭泰鴻, 북방국경선과 鹿屯島,『박물관지』4, 충청전문대박물관, 1995.

趙珖, 실학 및 개화기의 영토문제연구 - 영토문제연구사(1) - ,『영토문제연구』1, 고려대 민족문화연구
　　소, 1983.

崔文衡, 국제관계를 통해 본 청·일개전의 동인과 경위,『역사학보』99·100합, 1983.

秋月望, 統監府 間島派出所의 설치 동기,『사총』26, 고려대사학회, 1982.

秋月望, 鴨綠江北岸の統巡會哨について,『東洋史論集』11, 九州大學大學部東洋史研究會, 1983.

洪淳昶, 쇄국양이와 위정척사사상 - 병인양요와 신미양요의 경우 -,『영남사학』5·6합, 1976.

Lim Ki-yop, The Issue of Territorial Sovereignty over Tok-do - A General Overview -,『Korea and World Affairs』1 - 1, Research Center for Peace and Unification, Seoul, Spr. 1977.

8) 외국에 대한 인식

叢成義,『위정척사파와 개화파 지식인의 대외인식 변화 비교연구』, 고려대 박사논문, 1994.

郭信煥, 華西 李恒老의 서학관,『논문집(인문과학편)』16, 숭실대, 1986.

旗田巍, 近代における朝鮮人の日本觀 - 衛正斥邪論を中心として -,『思想』520, 1967/『日本人の朝鮮觀』, 勁草書房, 1969.

金龍德, 한국인의 미국관(1880~1918),『중앙사론』1, 중앙대 사학연구회, 1972.

金河元, 초기 개화파의 대외인식 - 吳慶錫을 중심으로 -,『부대사학』17, 부산대사학회, 1993.

金興洙, 19세기말 한국인의 서양에 대한 인식,『龍巖車文燮화갑기념 사학논총』, 1989.

渡部學, 舊韓末在鄉處士の外勢事件對應,『多賀秋五郎古稀記念論文集』, 1983.

박노준,「海游歌」(일명 西游歌)의 세계인식,『한국학보』64, 일지사, 1991.

裵亢燮, 개항기(1876~1894) 민중들의 일본에 대한 인식과 대응,『역사비평』27, 역사비평사, 1994.

裵亢燮, 한국근대민족운동(1876~1894년)의 분화요인과 전개양상 - 대일관의 차이가 미친 영향을 중심으로 -,『軍事硏究』, 95 - 2, 국방군사연구소, 1995.

孫炯富,「關衛新編評語」와「地勢儀銘幷序」에 나타난 朴珪壽의 서양론,『역사학보』127, 1990.

吳瑛燮, 毅菴 柳麟錫의 對西洋認識,『이기백고희기념 한국사학논총(하)』, 일조각, 1994.

月脚達彦, 愛國啓蒙運動の文明觀·日本觀,『朝鮮史研究會論文集』26, 1989.

이시와따 노브오, 한국의 중학교 국사교과서에 보이는 근대 일본상,『외대사학』3, 외국어대 사학연구소, 1990.

李完宰, 초기개화사상의 대청인식,『경희사학』14, 1987

李昊宰, 노일전쟁을 전후한 한국인의 대외인식변화,『사회과학논집』6, 1977.

李昊宰, 2차대전중 한국인의 대외인식과 주장 - 신한민보의 내용을 중심으로 -,『아세아연구』68, 고려대 아세아문제연구소, 1982.

李昊宰, 春園 李光洙의 대외인식과 주장분석,『사회과학논집』14, 고려대경상대, 1988.

張寅性, 쇄국·개국 공간의 대외 사유 - 사상사적 고찰 -,『동북아』2, 동북아문화연구원, 1995.

鄭應洙, 근대문명과의 첫 만남 -「日東記游」와「航海日記」를 중심으로 -,『한국학보』63, 일지사, 1991.

朱鎭五, 독립협회의 대외인식의 구조와 전개,『학림』8, 연세대사학연구회, 1987.

陳德奎, 한말 지배층의 대외인식에 대한 비판적 인식,『국사관논총』60, 국사편찬위원회, 1994.

崔起榮, 國譯 越南亡國史에 관한 일고찰,『동아연구』6, 서강대 동아연구소, 1985.

崔起榮, 韓末 지식인의 反帝國主義論 - 卞榮晚(1889~1954)을 중심으로 -,『국사관논총』47, 국사편찬위원회, 1993.

崔德壽, 한말 일본유학생의 대외인식 연구 1905~1910,『논문집(사회과학편)』22, 공주사대, 1984.

河政植, 태평천국에 대한 조선정부의 인식,『역사학보』107, 1985.

韓哲昊, 초대 駐美전권대사 朴定陽의 미국관 -「美俗拾遺」를 중심으로 -,『한국학보』66, 일지사, 1992.

許東賢, 1881년 朝士시찰단의 明治日本정치제도 이해 - 朴定陽의 內務省 '視察記'와 '見聞事件'類 등을 중심으로 -,『한국사연구』86, 1994.

洪淳昶, 개화기에 있어서의 한국인의 일본관 - 勉菴과 重菴의 척화론을 중심으로 - , 『사총』 17 · 18합,
　　고려대사학회, 1973.
黃性模, 일제하 대일감정의 정치사회학적 평가, 『동방사상논고』(道原柳承國화갑기념논문집), 1983/『한
　　국사회와 사상』, 한국정신문화연구원, 1984.
Hahm Pyong-choon, Korean Perception of America, 『사학지』 17, 단국대사학회, 1983.
Hahn Bae-ho, Issues and National Images in Korean-Japan Relation, 『The Journal of Asiatic Studies』 21 - 1,
　　Asiatic Research Center Korea Univ., 1978.
Lee Ho-jeh, Changes in the Perception of Foreign Affairs since the Years of the Opening of Korea, 『Korea
　　Journal』 18 - 8, The Korean National Commission for Unesco, Aug. 1978.

9) 외국인의 한국관 · 여행기

姜光植, 福澤諭吉의 한국관에 관한 연구, 서울대 석사논문, 1972.
高崎宗司, 柳宗悅と朝鮮 - 1920年代を中心に - , 『朝鮮史叢』 1, 1979.
고문석, 일본인의 대한관에 대한 정치사적 고찰, 『사회과학논총』 5, 한양대사회대, 1986.
宮嶋博史, 近代克服指向形ナショナリズムと新しい朝鮮史像, 『歷史批判』 3, 1986.
宮原兎一, 西歐人のみた天道敎 - 朝鮮近代史の一側面 - , 『朝鮮學報』 39 · 40合, 朝鮮學會, 1966.
宮原兎一, 現在の歷史敎育における朝鮮 - 中學敎科書の內容分析 - , 『朝鮮史硏究會論文集』 2, 朝鮮史
　　硏究會, 1966.
宮田節子, 朝鮮總督宇垣一成, 『調査硏究報告』 24, 東京, 1990.
旗田巍, 明治期の日本と朝鮮, 『國際政治 - 日朝關係の展開』, 有斐閣, 1963.
旗田巍, 日本の東洋史家の朝鮮觀 - 滿鮮史の虛像 - , 『朝鮮硏究』 34, 日本朝鮮硏究所, 1964.
旗田巍, ‘滿鮮史’の虛像 - 日本東洋史家の朝鮮觀 - , 『日本人の朝鮮觀』, 勁草書房, 1969.
旗田巍, 世界史敎科書にあらわれた近代朝鮮, 『日本人の朝鮮觀』, 勁草書房, 1969.
吉岡吉典, 明治社會主義者と朝鮮 - 日韓會談反對鬪爭によせて - , 『歷史評論』 178, 歷史科學協議會,
　　1965.
吉野誠, ‘大東合邦論’の朝鮮觀, 『文明硏究』 4, 1986.
吉野誠, 福澤諭吉の朝鮮論, 『朝鮮史硏究會論文集』 26, 1989.
金昐奎, 福澤諭吉와 조선 개화파 - 그의 對조선관과 개화파에 대한 원조를 중심으로 - , 『실학사상연구』
　　2, 무악실학회, 1991.
金源模, 圖解新라루스 한국기사에 관한 연구, 『향토서울』 39, 서울시사편찬위원회, 1981.
金正起, 金玉均에 반영된 명치일본신문의 대한관, 『동원김홍배박사고희기념논문집』, 1984.
金振珉, 묄렌도르프의 조선문명개화론, 『역사교육』 46, 역사교육연구회, 1989.
欄木壽男, 大正期における朝鮮觀の一典型 - ‘朝鮮通’細井肇を中心にして - , 『日本近代史硏究』 8, 法
　　政大近代史硏究會, 1965.
瀧澤秀樹, 內村鑑三と朝鮮, 『甲南經濟學論集』 25 - 4, 1985.
渡部學, J. S. ゲールの朝鮮印象記 - 19世紀末朝鮮敎育の實情 - , 『朝鮮學報』 7, 朝鮮學會, 1955.
武市英雄, ジャーナリスト內村鑑三の對韓觀 - 日淸 · 日露兩戰を中心に - , 『コミュニケーション硏究』
　　15, 上智大, 1985.
朴成壽, 일본역사교과서의 ‘進出’사관을 비판한다 - 壬午軍亂에서 淸日戰爭까지 - , 『水邨朴永錫화갑논
　　총 한국사학논총(하)』, 1992.
朴英宰, 근대 일본의 한국인식, 『일본의 침략정책사연구』, 역사학회, 1984.

朴鐘大, 일본의 對韓國史像 연구 - 강화조약이후 왜곡사 형성과정을 중심으로 -, 『가라문화』1, 경북대 가라문화연구소, 1982.

朴晋雨, 서평 : 近代日本の朝鮮認識(中塚明 저) , 『歷史學研究』656, 東京, 1994.

朴忠錫, 일본지식인의 대한관, 『청일전쟁과 한일관계』, 일조각, 1985.

飯田鼎, ‘脫亞論’以後福澤諭吉の淸國および朝鮮觀 - 福澤諭吉におけるアジア認識の變遷 -, 『三田學 會雜誌』78 - 5, 1985.

라이퍼, 발터, 묄렌도르프가 본 갑신정변, 『갑신정변연구』, 한국정치외교사학회, 1985.

芳賀藤, 幕末 명치초기에 있어서의 일본인의 한국관, 『제1회한국학국제학술회의논문집』, 한국정신문화 연구원, 1980.

白樂濬, 3 · 1운동까지의 외국인의 대한여론, 『삼일운동50주년기념논집』, 동아일보사, 1969.

森山浩二, 日本近代史と日本人キリスト者矢內原忠雄, 『私學研修』125, 東京 : 私學研修福祉會, 1992.

徐正敏, 內村鑑三의 한국관과 그 해석문제, 『水邨朴永錫화갑논총 한국사학논총(하)』, 1992.

石坂浩一, 日本人社會主義者の朝鮮認識 - 1910年代についての考察 -, 『日本學』8 · 9, 동국대 일본학 연구소, 1989.

邵台新, 中國對韓國‘三一運動’的報導與評論, 『西巖趙恒來화갑기념 한국사학논총』, 1992.

小澤有作, 戰前の敎育における朝鮮觀, 『朝鮮史研究會論文集』2, 朝鮮史研究會, 1966.

水野明, 福澤諭吉の朝鮮 · 中國觀の檢證, 『如山柳炳德華甲紀念 韓國哲學宗敎思想史』, 1990.

申澄植, 일제초기 미국선교사의 한국관 - Griffis의 「Corea, The Hermit Nation」을 중심으로 -, 『일본식민 지지배초기의 사회분석 1』, 이화여대 한국문화연구소, 1987.

櫻井義之, 明治期における對鮮意識の一考察, 『朝鮮學會會報』21, 朝鮮學會, 1954.

呂東贊, 개화기 불란서 선교사들의 한국관, 『교회사연구』5, 한국교회사연구소, 1987.

幼方直吉, 日本人の朝鮮觀 - 柳宗悅を通して -, 『歷史像再構成の課題』, 御茶の水書房, 1966.

柳在坤, 對韓침략구상에서 본 일본인의 한국관, 『朴成壽화갑논총 한국독립운동사의 인식』, 1991.

尹慶老, Homer B. Hulbert의 한국관 연구 - 한국민족과 역사이해를 중심으로 -, 『한국사상』18, 한국사상 연구회, 1981.

李光麟, ‘비숍’여사의 여행기, 『진단학보』71 · 72합, 진단학회, 1991.

李萬烈, 19세기말 일본의 한국사연구, 『청일전쟁과 한일관계』, 일조각, 1985.

李民植, 프레링후이센의 對韓觀 형성과 푸트공사를 통한 정책추진, 『宋甲鎬정년기념논문집』, 1993.

李周鉉, 王韜의 조선관 - 임오군란을 전후한 시기의 「循環日報」 논설을 중심으로 -, 『동아사의 비교연 구』, 일조각, 1987.

李進熙, 柳宗悅の朝鮮美術觀, 『旗田巍古稀記念 朝鮮歷史論集(下)』, 東京 : 龍溪書舍, 1979.

李讚熙, 일본사교과서에 나타난 한국근대사인식, 『何石金昌洙화갑논총 한국민족독립운동사의 제문제』, 1992.

田中愼一, Nitobe Inazo and Korea, 『Hokudai Economic paper』Vol. 10, Hokudai Economic, Sapporo, 1981.

鄭東貴, 미국인의 대한국관, 태도, 『현암신국주박사화갑기념 한국학논총』, 동국대출판부, 1985.

趙庭京, J. S. Gale의 한국인식과 재한활동에 관한 일연구, 『한성사학』3, 1985.

靑木功一, 福澤諭吉の朝鮮觀 - その初期より脫亞論’に至るまで, 『旗田巍古稀記念 朝鮮歷史論集(下)』, 東京 : 龍溪書舍, 1979.

崔德壽, 청일전쟁전후 일본의 한국관 - 福澤諭吉을 중심으로 -, 『사총』30, 1986.

崔德壽, 대한제국기 일본인의 朝鮮論 연구, 『宋甲鎬정년기념논문집』, 1993.

坂本孝夫, 植民地下朝鮮知識人とわれわれ - 李光洙と申采浩を中心に -, 『朝鮮研究』81, 日本朝鮮研究所, 1969.

坂井俊樹, 日本歷史敎科書의 批判 - 壬午軍亂부터 下關條約까지의 기술을 중심으로 - , 『朴成壽華甲論叢韓國獨立運動史의 인식』, 1991.

洪以燮, 서울에 왔던 구미인, 『향토서울』 1, 서울시사편찬위원회, 1957.

洪以燮, 구미인의 한국여성관 - 19세기 한국관계 문헌을 중심으로 - , 『아세아여성연구』 1, 숙명여대 아세아여성문제연구소, 1962.

洪以燮, 벽안에 비친 한국 - 구미인의 한국연구 - , 『한국현대사 6』, 신구문화사, 1971.

Hahn Bae-ho, Issues and National Images in Korean-Japan Relation, 『The Journal of Asiatic Studies』 21 - 1, Asiatic Research Center Korea Univ., 1978.

10) 외국인의 활동

Swartout Jr., Robert R., 『An American Adviser in Late Yi Korea : The Letters of Owen Nickerson Denny』, The Univ. of Alabama Press, 1984.

姜昌一, 天佑俠と'朝鮮問題' - '朝鮮浪人'の東學農民戰爭への對應と關聯して - , 『史學雜誌』 97 - 8, 東京, 1988.

高柄翊, 穆麟德의 顧聘과 그 배경, 『진단학보』 25 · 26 · 27합, 진단학회, 1964.

高柄翊, 조선海關과 청국海關과의 관계 - 메릴과 하트를 중심으로 - , 『동아문화』 4, 서울대 동아문화연구소, 1965.

金源模, 에케르트 군악대와 대한제국 애국가, 『최영희화갑기념 한국사학논총』, 탐구당, 1987.

金源模, 서울에서의 스티븐즈의 친일외교활동, 『향토서울』 46, 서울시사편찬위원회, 1988.

金源模, 알렌의 한국독립보전정책(1903), 『동양학』 20, 단국대 동양학연구소, 1990.

金源模, 손탁양의 親露反日운동, 『中齋張忠植화갑논총(역사학편)』, 1992.

김정옥, 일제하 프랑스 선교사의 활동, 『교회사연구』 5, 한국교회사연구소, 1987.

金項勾, 大垣丈夫 연구 - 大韓自强會와 大韓協會 顧問으로서의 활동을 중심으로 - , 『中齋張忠植화갑논총(역사학편)』, 1992.

金顯叔, 한말 고문관 J. McLeavy Brown에 대한 연구, 『한국사연구』 66, 한국사연구회, 1989.

金弘基, 한 · 미문화관계의 초기단계 - 1904년까지의 미국선교사들의 활동 - , 『제3회국제학술회의논문집』, 한국정신문화연구원, 1985.

盧啓鉉, 묄렌도르프가 한국외교에 끼친 영향, 『비교문화연구』 1, 한양대 비교문화연구소, 1982.

盧吉明, 구한말 프랑스 선교사의 사회 문화활동 - 그 성격과 한계성을 중심으로 - , 『교회사연구』 5, 한국교회사연구소, 1987.

盧明信, 한말 · 일제하 샬트르 성 바오로수녀회의 육영사업, 『한국천주교회창설200주년기념 한국교회사논문집 1』, 한국교회사연구소, 1984.

盧明信, 한국에서의 프랑스 여자수도회의 활동, 『교회사연구』 5, 한국교회사연구소, 1987.

閔庚培, 3 · 1운동과 외국선교사들의 관여문제, 『동방학지』 59, 연세대 국학연구원, 1988.

閔丙河, 穆麟德과 한국전통사회, 『소헌남도영박사화갑기념 사학논총』, 1984.

박영신, 초기 개신교선교사의 선교운동전략, 『동방학지』 46 · 47 · 48합, 연세대 국학연구원, 1985.

朴日根, 李鴻章과 穆麟德의 재한외교활동에 대한 소고, 『사회과학논총』 4 - 1, 부산대 사회과학대학, 1985.

부세, D., 한국학의 선구자 모리스 꾸랑(상 · 하), 『동방학지』 51 · 52, 연세대 국학연구원, 1986.

吳世完, 한국에서의 프랑스 선교사들의 출판 언론활동,『교회사연구』5, 한국교회사연구소, 1987.

禹澈九, 한말 고빙군사고문(교관)이 군부지도층의 정치적 태도에 미친 영향,『사회과학연구』1-1·2, 영남대 사회과학연구소, 1981.

禹澈九, 한말재정고문의 역할(1) - McLeavy Brown의 역할과 업적 - ,『사회과학연구』11-1, 영남대 사회과학연구소, 1991.

禹澈九, 한말 雇聘軍事교관(및 顧問)의 역할,『水邨朴永錫화갑논총 한국사학논총(하)』, 1992.

尹慶老, Homer B. Hullbert 연구 - 그의 한국에서의 활동을 중심으로 - ,『역사교육』29, 역사교육연구회, 1981.

李光麟, 미국군사교관의 초빙과 鍊武公院,『진단학보』28, 진단학회, 1965.

李洸浩, 초기 개신교선교사들의 교육활동과 성격에 관한 연구 - 1888~1895를 중심으로 - ,『원우논총』15, 연세대대학원, 1987.

李萬烈, 기독교 선교초기의 의료사업,『동방학지』46·47·48합, 연세대 국학연구원, 1985.

李萬烈, 아펜젤러의 교육활동,『노산유원동박사화갑기념논총 한국근대사회경제사연구』, 정음문화사, 1985.

李碩崙 역, 탁지부고문 目賀田種太郎(상·하) - 한말 일제의 식민지적 금융재정제도의 확립,『한국경제사문헌자료』8, 경희대, 1978.

李元淳, 한말雇聘歐美人綜鑑 - 외국인 고빙문제연구 서설 - ,『한국문화』10, 서울대 한국문화연구소, 1989.

李元淳, 한말 일본인 雇聘문제연구 - 한말외국인고빙문제 연구서설 - ,『한국문화』11, 서울대 한국문화연구소, 1990.

李春蘭, 한국에 있어서 미국 선교 의료활동 1884~1934,『이대사원』10, 1972.

李鉉淙, 구한말 외국인顧聘고,『한국사연구』8, 한국사연구회, 1972.

이혜석, 한말 미국의 극동정책과 선교사의 활동, 연세대 석사논문, 1988.

李姬載, 모리스 꾸랑과 한국서지에 관한 고찰,『논문집』28, 숙명여대, 1988.

李姬載, 모리스 꾸랑(Maurice Courant : 1865~1935)의 한국학연구,『이재룡환력기념 한국사학논총』, 1990.

田口容三, 大韓自強會·大韓協會の日本人顧問に對する評價をめぐって,『朝鮮史研究會會報』, 1982.

趙基貞, 미국 군사교관 초빙을 통한 한·미관계(1833~1899), 이화여대 석사논문, 1980.

趙雄, 한말 木浦지역 미국선교사들의 활동,『裵鍾茂총장퇴임기념 사학논총』, 1994.

趙恒來, 日本 國粹主義團體 玄洋社의 韓國侵略行蹟,『한일관계사연구』1, 한일관계사연구회, 1993.

池川英勝, 大垣丈夫について - 彼の前半期 - ,『朝鮮學報』117, 1985.

池川英勝, 大垣丈夫の研究 - 大韓自強會との關聯を中心にして - ,『朝鮮學報』119·120合, 1986.

陳永肅, 한국에 있어서 19세기 외국선교사의 포교활동에 관한 연구 - Moubant, Chastan, Imbert를 중심으로 - , 숙명여대 석사논문, 1970.

崔鍾庫, 한말의 서양인법률고문제도,『동방학지』32, 연세대 국학연구원, 1982.

崔鍾庫, 묄렌도르프와 한국선교문제,『교회사연구』6, 한국교회사연구소, 1988.

한규무, 게일(James S. Gale)의 한국 인식과 한국 교회에 끼친 영향 - 1898~1910년을 중심으로 - ,『한국기독교와 역사』4, 한국기독교역사연구소, 1995.

洪淳鎬, 대한제국 법률고문 L. Cremazy의 임명과정 분석 - 프랑스 외무성 未刊외교문서에 의하여 - ,『한국문화연구원논총』36, 이화여대 한국문화연구소, 1980.

洪淳鎬, 韓佛 인사교류와 프랑스고문관의 내한 - 1886~1910 - ,『한불수교 100년사』, 한국사연구협의회,

1985.

Davies, Daniel M., Henry Gerhard Appenzeller - His Contribution to Korean Independence, Democracy, and Modernization - , 『동방학지』 57, 연세대 국학연구원, 1988.

Hong Soohn-ho, Foreign Advisers in the Late Korean Monarchy - Dr. Laurent Cremazy - , 『Korea Journal』 Vol. 20 No. 10, Korean National Commission for Unesco, 1980.

4. 식민지배

1) 식민지배 · 정책

葛生能久 편, 『日韓合邦秘史』(상 · 하), 黑龍會, 1930/原書房, 1966.

姜德相 · 琴秉洞 編, 『關東大震災と朝鮮人』, みすず書房, 1963.

姜德相, 『關東大震災』, 中央公論社, 1975.

강덕상 저, 홍진희 역, 『조선인의 죽음』, 동쪽나라, 1995.

姜東鎭, 『日本の朝鮮支配政策史研究』, 東京大學出版會, 1979/『일제의 한국침략정책사』, 한길사, 1980.

姜東鎭, 『한국을 장악하라 - 통감부의 조선침략사 - 』, 아세아문화사, 1995.

姜秉植, 『日帝時代의 서울의 土地研究』, 민족문화사, 1994.

姜渭祚, 『일본통치하 한국의 종교와 정치』, 대한기독교회, 1977.

姜怡守, 『1930년대 면방대기업 여성노동자의 상태에 대한 연구』, 이화여대 박사논문, 1992.

姜在彦, 『일제하 40년사』, 풀빛, 1984.

姜在彦, 『朝鮮における日窒コンツェルン』, 東京 : 不二出版株式會社, 1985.

고려대 아세아문제연구소, 『일제의 문화침탈사』, 1970.

高承濟, 『植民地金融政策의 史的分析』, 御茶の水書房, 1972.

關東大震災50周年朝鮮人犧牲者調査追悼事業實行委員會, 『かくされていた歴史 - 關東大震災と埼玉の朝鮮人虐殺事件 - 』, 1974.

具汶烈, 『제국주의와 언론 - 裴說 · 대한매일신보 및 한 · 영 · 일 관계 - 』, 이화여대출판부, 1986.

국사편찬위원회, 『일제침략하한국36년사』(1~13), 1966~78.

宮田節子, 『朝鮮民衆と皇民化政策』, 未來社, 1985.

貴田忠衛, 『朝鮮統治の回顧と批判』, 朝鮮新聞社, 1936.

金圭煥, 『일제의 對韓언론 · 선전정책』, 이우출판사, 1978.

金大商, 『일제하 강제인력수탈사』(정음문고 78), 정음사, 1975.

金文植 · 韓昌浩 · 崔泰鎬 · 權斗榮 · 車軒權 공저, 『일제의 경제침탈사』, 민중서관, 1971.

金善鎭, 『일제의 학살만행을 고발한다』, 미래문화사, 1983.

金良洙, 『일제치하 언론출판의 실태』, 중앙대출판부, 1974.

金泳福 편, 『근대 동아시아와 일본제국주의』, 한밭출판사, 1983.

金玉根, 『日帝下 朝鮮財政史論攷』, 일조각, 1994.

김정도, 일제조선통치정책에 대한 분석(1920~1930), 『력사제문제』 7, 1949.

김정면 저, 임종국 역, 『정신대』, 일월서각, 1992.

金正柱, 『日本の韓國侵略史』, 新韓學術研究會, 1955.

金正柱 편, 『朝鮮統治史料』(1~10), 東京 : 韓國史料研究所, 1970~1971.

金鍾範·金東雲 공저,『해방이후의 조선진상 1 - 총독정치의 죄악폭로 - 』, 1945.

金昌憲,『일본의 극동침략비사』, 백양당, 1949.

나홍주,『민비암살(角田房子 저) 비판』, 미래문화사, 1990.

南基正,『일제의 한국사법부 침략실화』, 육법사, 1978.

동아일보사,『일제하의 금서 33권』, 1977.

文定昌,『근대일본의 조선침탈사』, 상문당, 1964.

文定昌,『군국일본 조선강점36년사』(상·중·하), 백문당, 1967.

米昇右,『일제농림수탈사』, 녹원출판사, 1983.

朴慶植,『朝鮮人强制連行の記錄』, 未來社, 1965.

朴慶植,『日本帝國主義の朝鮮支配』(상·하), 靑木書店 1973/『일본제국주의의 조선지배』, 청아, 1986.

朴慶植 외,『天皇制と朝鮮』, 神戶 : 學生·靑年センタ出版部, 1989.

朴春琴,『朝鮮統治の禍根』, 1927.

副島道正,『朝鮮統治に就て』, 1924.

사계절편집부,『한국근대경제사연구 - 이조말기에서 해방까지 - 』, 사계절, 1983.

山邊健太郞,『日本の韓國倂合』, 太平出版會, 1966.

山邊健太郞,『日韓倂合小史』, 岩波書店, 1966.

山邊健太郞,『日本統治下の朝鮮』, 岩波書店, 1971.

山邊健太郞,『韓國近代史』, 도서출판 까치, 1982.

山田龜甲,『韓國倂合史』, 神戶, 1910.

上田務,『朝鮮統治論 - 附 朝鮮現狀の硏究資料 - 』, 大連, 1920.

釋尾春芿,『朝鮮倂合史』, 京城, 1926.

石森久彌,『朝鮮統治の批判』, 1926.

石森久彌,『朝鮮統治の根本對策』, 1928.

石森久彌,『朝鮮統治の目標』, 1934.

센다 가꼬오 저, 다물편집부 역,『증언 - 여자정신대 8만 명의 고발 - 』, 다물, 1992.

小松綠,『朝鮮倂合之裏面』, 中外新論社, 1920.

宋建鎬,『한국현대사』, 두레, 1986.

宋鍾復,『日帝의 한국産業權 侵奪과 그 저항에 관한 연구』, 성신여대 박사논문, 1993.

愼英弘, 『近代朝鮮社會事業史硏究 - 京城における方面委員制度の歷史的展開 - 』, 東京 : 綠蔭書房, 1984.

愼鏞廈 외,『일제경제침략과 국채보상운동』, 아세아문화사, 1994.

申政植,『일제의 조선인 강제수탈사』, 비봉출판사, 1982.

阿部薰,『朝鮮統治の解剖』, 京城 : 民衆時論社, 1927.

阿部薰,『朝鮮統治の批判』, 1929.

阿部薰,『朝鮮統治新論』, 1934.

아세아문화사 편,『구한말일제침략사자료총서 - 정치편 - 』(1~8), 1984.

아세아문화사 편,『통감부임시간도파출소기요』, 1984.

安秉珆,『朝鮮社會の構造と日本帝國主義』, 龍溪書舍, 1977.

安秉珆,『한국근대경제와 일본제국주의』, 백산서당, 1982.

岩瀨健三郞,『朝鮮倂合10年史』, 大東出版協會, 1921.

梁相卿,『한말피압박애사』, 인물연구소, 1983.

御手洗辰雄, 『南總督の朝鮮統治』, 1942.

역사학회, 『일본의 침략정책사연구』, 일조각, 1984.

鈴木敬夫, 『法을 통한 朝鮮植民地 지배에 관한 硏究』, 고려대 민족문화연구소, 1989.

遠山茂樹 외, 『일제하 한국사회구성체론 서설 - 일본학계의 성과를 중심으로 - 』, 청아, 1986.

兪仁浩, 『한일경제 100년의 현장』, 일월서각, 1984.

李膺福, 『朝鮮統治改革論』, 京城 : 鮮光印刷株式會社, 1933.

李膺福, 『朝鮮統治政策論』, 大邱府, 1933.

李在銑, 『한말일제하의 금서 1』(춘추문고 5), 한국일보사, 1975.

李鍾植, 『朝鮮統治策に關する學說 1』, 京城, 1926.

이종식, 『朝鮮統治問題論文集』, 京城 : 朝鮮思想通信社, 1929.

이화여대 한국문화연구원, 『일본식민지 지배초기의 사회분석 1』, 1987.

林鍾國, 『일제하의 사상탄압』, 평화출판사, 1985.

林鍾國, 『일본군의 조선침략사』(1 · 2), 일월서각, 1988 · 1989.

在外朝鮮人事情硏究會, 『關東震災と朝鮮人』, 1923.

田保橋潔, 『朝鮮統治史論考』, 朝鮮史編修會, 1944/成進文化社, 1972.

전석담 · 김기수 · 김한주 공저, 『일제하의 조선경제사』, 한국금융조합연합회, 1947.

鄭珖鎬, 『근대 한일불교관계사 연구 - 일제의 식민지정책과 관련하여 - 』, 경희대 박사논문, 1989.

井上蘇人 · 峰岸淸之 共著, 『植民統治史』, 1932.

정운현 편, 『創氏改名』, 학민글발, 1994.

鄭在貞, 『일제의 한국철도침략과 한국인의 대응(1892~1945년)』, 서울대 박사논문, 1992.

鄭在哲, 『일제의 대한국식민지교육정책사』, 일지사, 1985.

朝鮮公論社, 『うらから見た朝鮮統治史』, 京城, 1930.

朝鮮總督府, 『朝鮮の保護及併合』, 1918.

朝鮮總督府, 『朝鮮行政一班』, 1918.

朝鮮總督府, 『朝鮮統治に關する詔書 · 諭告 · 訓示其他』, 1920.

朝鮮總督府, 『併合の由來と朝鮮の現象』, 1923.

朝鮮總督府, 『朝鮮における地方制度の沿革』, 1930.

朝鮮總督府, 『統監府時代における間島韓民族保護に關する施設』, 1930.

朝鮮總督府, 『施政25年史』, 京城, 1935.

朝鮮總督府警務局, 김봉우 역, 『日帝植民統治秘史』, 청아, 1989.

朝鮮總督府學務局, 『朝鮮の敎育』, 1928.

朝鮮統監府, 『韓國併合顚末書』, 1910.

佐伯有義, 『韓國併合の趣旨』, 1910.

中川信夫, 『日本軍國主義と朝鮮』, 田畑書店, 1973.

中村玄濤, 『外地統治史』, 釜山, 1936.

池田秋旻 편, 『日韓合邦小史』, 1910.

車基璧 외, 『일제의 한국 식민통치』, 정음사, 1985.

淺田喬二, 『日本帝國主義と舊植民地地主制』, 御茶の水書房, 1968.

靑柳綱太郎, 『朝鮮統治論』, 京城, 1923.

村山智順, 『內鮮問題に對する朝鮮人の聲』, 朝鮮總督府, 1925.

崔鳳實, 『일본식민지하의 초등교육정책에 관한 연구』, 1969.

波形昭一, 『日本植民地金融政策史の研究』, 早稻田大出版部, 1985.

河合和男, 『朝鮮における産米增殖計劃』, 未來社, 1986.

한국사연구회, 『한국근대사회와 제국주의』, 삼지원, 1985.

한국사회과학연구협의회, 『일제식민지정책자료목록』, 1979.

한국사회사연구회, 『한국근대농촌사회와 일본제국주의』(한국사회사연구회논문집 2), 1986.

한국정신대문제대책협의회·정신대연구회, 『강제로 끌려간 조선인 군위안부 증언집 1』, 한울, 1993.

한국출판문화원, 『일본의 한국침략자료총서』(1~10), 1988 ; (11~20), 1989.

韓相一, 『일본제국주의 한 연구』, 도서출판 까치, 1980.

韓晳曦, 『日本の朝鮮支配と宗敎政策』, 東京 : 未來社, 1988.

한일문제연구원, 『빼앗긴 조국, 끌려간 사람들』, 아세아문화사, 1995.

黑龍會, 『조선통치문제』, 1921.

Gragrt, Edwin Harold, 『Landownership Change in Korea under Japanese Colonial Rule - 1900~1935 - 』, Columbia, Ph. D., 1982.

加藤マコミ, 東亞日報に現れた日本の植民地政策に對する批判, 『歷史學研究』 321, 歷史學研究會, 1967.

康吉秀, 서평 : 일제의 대한국식민지교육정책사(정재철 저), 『한국학보』 43, 1986.

姜吉遠, 조선총독부의 新施政에 대한 고찰, 『원광사학』 1, 원광대사학과, 1981.

姜德相, 日本帝國主義の3·1運動彈壓政策に關して, 『日本史研究』 90, 1967.

姜德相, 日本帝國主義の朝鮮支配とロジア革命, 『歷史學研究』 329, 1967.

姜德相, 日本の朝鮮支配と3·1獨立運動, 『岩波講座 世界歷史 25 - 現代 2 - 』, 1970.

姜德相, 皇民化政策下の呂運亨, 『調査研究報告』 24, 學習院大學東洋文化研究所, 1990.

姜秉植, 일제의 토지조사와 토지실태에 대한 연구 - 1910년대 서울(경성부)을 중심으로 - , 『한성사학』 4, 한성대사학회, 1986.

姜英心, 일제하의 '朝鮮林野調査事業'에 관한 연구(상·하), 『한국학보』 33·34, 일지사, 1983.

강정숙, 일제말(1937~1945) 조선 여성정책 - 탁아정책을 중심으로 - , 『아시아문화』 9, 한림대 아시아문화연구소, 1993.

姜鎭甲, 한말 일제의 토지침탈에 관한 일연구 - 1905·6년간의 영종도사례를 중심으로 - , 『한국학논집』 10, 한양대 한국학연구소, 1986.

姜昌一, 일제의 조선지배정책 - 식민지 유산문제와 관련하여 - , 『역사와 현실』 12, 한국역사연구회, 1994.

姜泰景, 동양척식주식회사의 소작정책과 이농, 『한국학논집』 19, 계명대 한국학연구원, 1992.

姜泰景, 東洋拓殖株式會社의 農地 收奪目的, 『일본학지』 14, 계명대 일본문화연구소, 1994.

姜薰德, 일제의 사회정책과 그 잔재청산, 『한국근현대사』 2, 한국근대사연구소, 1993.

廣瀬貞三, 水豊發電所建設による水沒地問題, 『朝鮮學報』 139, 1991.

具英姬, 朝鮮植民地時代における地方自治制, 『史學研究』 182, 廣島大, 1989.

君島和彦, 東洋拓殖株式會社の設立過程(上·下), 『歷史評論』 282·285, 1973.

君島和彦, 朝鮮における戰爭動員體制の展開過程, 『日本ファシズムと東アジア』, 靑木書店, 1977.

君島和彦, 日露戰爭下朝鮮における土地掠奪計劃とその反對鬪爭, 『旗田巍古稀記念 朝鮮歷史論集(下)』, 東京 : 龍溪書舍, 1979.

堀內稔, 長津江水電と土地紛爭, 『朝鮮民族運動史研究』 2, 1985.

堀和生, 植民地朝鮮の電力業と統制政策 - 1930年以降を中心に-,『日本史研究』265, 1984.

堀和生, 日本帝國主義の植民地支配史試論 - 朝鮮における本源的蓄積の一側面 -,『日本史研究』281, 日本史研究會, 1986.

宮嶋博史, 土地調査事業の歴史的前提條件の形成,『朝鮮史研究會論文集』12, 1975/『韓國近代經濟史研究』, 사계절, 1983.

宮嶋博史, 朝鮮土地調査事業研究の新たな前進のために,『東洋史研究』38 - 2, 京都大 東洋史研究會, 1977.

宮嶋博史, 朝鮮'土地調査事業'研究序說,『アジア經濟』 19 - 9, 1978/『韓國近代經濟史研究』, 사계절, 1983.

宮嶋博史, 量案から「土地臺帳」へ - 朝鮮土地調査事業における帳簿體系の變革 -,『朝鮮民族運動史研究』5, 朝鮮民族運動史研究所, 1988.

宮嶋博史, 朝鮮における水利組合事業の新たな展開(1937～1945.8.15),『創立50周年記念論集 1』, 東京大東洋文化研究所, 1992.

宮田節子, 朝鮮における志願兵制度の展開とその意義,『旗田巍古稀記念 朝鮮歴史論集(下)』, 東京: 龍溪書舍, 1979.

宮田節子, (文部省の教科書檢定見解批判)3・1運動・强制連行・創氏改名,『歴史評論』391, 1982.

宮田節子, '內鮮一體'の構造 - 日中戰下朝鮮支配政策についての一考察,『歴史學研究』503, 1982.

宮田節子, 朝鮮民衆の日中戰爭觀 - 流言蜚語を通して -,『朝鮮史研究會會報』, 1982.

宮田節子, 皇民化政策と民族抵抗 - 朝鮮における徵兵制度の展開を中心にして -,『近代日本の統合と抵抗 4 - 1931～1945 - 』, 1982.

宮田節子, 朝鮮總督宇垣一成,『調査研究報告』24, 東京, 1990.

宮田節子, 創氏改名について(上・下),『歴史評論』486・487, 1990.

宮田節子, 皇民化政策の構造,『朝鮮史研究會論文集』29, 1991.

權寧旭, 舊植民地經濟研究ノート - 日本帝國主義下の朝鮮を中心として -,『歴史學研究』310, 歴史學研究會, 1966.

權寧旭, 大邱地方における經濟的動向 - 日本帝國主義による植民地經濟への編成過程 -,『朝鮮學報』43, 朝鮮學會, 1967.

權寧旭, 東洋拓殖株式會社と宮三面事件,『朝鮮研究』68, 1968.

權泰檍, 일제의 陸地棉재배 확장정책 - 1904～1911년간을 중심으로 -,『진단학보』55, 1983.

權泰檍, 일제의 陸地綿재배 강제정책,『변태섭박사화갑기념 사학논총』, 삼영사, 1985.

權泰檍, 통감부시기 일제의 대한 농업시책,『露日戰爭전후 일본의 한국침략』, 일조각, 1986.

權泰檍, 식민지초기 일제의 경제정책과 조선인 상공업,『3・1민족해방운동연구』, 한국역사연구회, 1989.

權赫泰, 日本帝國主義と植民地朝鮮の蠶絲業 - 植民地特質としての二重構造 -,『朝鮮史研究會論文集』28, 1991.

權鎬浚, 1930년대 일제의 조선인 하급행정관료에 대한 정책, 고려대 석사논문, 1995.

金子文夫, 1920年代の朝鮮産業政策の形成 - 産業調査委員會を中心に -,『中村治兵衛古稀紀念東洋史論叢』, 刀水書房, 1986.

金景林, 1930년대 식민지 조선의 電氣事業,『사학연구』42, 한국사학회, 1990.

김경림, 일제말 전시하 조선의 전력통제정책,『국사관논총』66, 국사편찬위원회, 1995.

金光雲, 1930년 전후 조선의 자본・임노동관계와 일제의 노동통제정책,『국사관논총』38, 국사편찬위원회, 1992.

金奎昌, 일제하 언어교육과 학제와의 정책적 관련구조에 관한 연구 - 1911년대 조선교육령(구교육령)을 중심으로 - ,『서울교대논문집』 15, 서울교대, 1982.

金根洙, 일제하 언론탄압의 실태,『한국학』 26, 중앙대 한국학연구소, 1982.

金根洙, 일제 40년의 공과검토,『한국학』 29, 중앙대 한국학연구소, 1983.

金基泰, 일제식민지 교육정책과 한민족의 교육적 저항,『논문집(교육편)』 17, 인천교대, 1983.

金基勳, '滿洲國'시대 일제의 對滿 조선인 농업이민정책사연구,『학예지』 3, 육사육군박물관, 1993.

金基勳, 關東軍의 入滿 조선인 放任정책 형성과정 1932~1933,『陸士논문집(인문사회과학편)』 46, 1994.

金洛年, 일본제국주의 식민지지배의 특질,『한국사 13』, 한길사, 1994.

金南善, 일제의 대한식민지 교육정책, 단국대 석사논문, 1985.

金大濬, 1911년부터 1920년까지 조선총독부 특별회계의 추이분석,『연세논총(사회과학)』 12, 1975.

김도균, 서평 : 법을 통한 조선식민지 지배에 관한 연구(鈴木敬夫 저),『법사학연구』 10, 1989.

金度亨, 일제의 비료정책과 그 성격(1910~1934),『한국딘족운동사연구』 4, 한국민족운동사연구회, 1989.

金度亨, 勸業模範場의 식민지 농업지배,『한국근현대사연구』 3, 한국근현대사연구회, 1995.

金旻榮, 일제하 南平지역의 사회경제상태와 일본인 이민에 관한 연구 - 1920~30년대를 중심으로 - ,『논문집(경상편)』 33, 전남대, 1988.

김민철, 식민통치와 경찰,『역사비평』 24, 역사문제연구소, 1994.

金錫俊, 동양척식주식회사의 사업전개과정,『한국근대농촌사회와 일본제국주의』(한국사회사연구회논문집 2), 문학과 지성사, 1986.

金錫俊, 동양척식주식회사의 농장확장과 그 경영형태,『한국의 사회와 문화』 9, 한국정신문화연구원, 1988.

金善美, 1930년대 미곡정책과 식민지지주제의 전개,『부대사학』 18, 부산대사학회, 1994.

金聲均, 齋藤實문화정책의 일단면,『삼일운동50주년기념논집』, 동아일보사, 1969.

金承台, 1940년대 日帝의종교탄압과 한국교회의 대응 - 전남順天노회 박해사건을 중심으로 - ,『西巖趙恒來화갑기념 한국사학논총』, 1992.

金然泰, 대한제국 후기 일제의 농업식민론과 이주식민정책,『한국문화』 14, 서울대 한국문화연구소, 1993.

金英玉, 日帝の朝鮮語抹殺政策,『統一評論』, 統一評論社, 1976.

金龍德, 서평 : 군국일본 조선강점36년사(상 · 중 · 하) (믄정창 저),『역사학보』 28, 역사학회, 1965.

金雲泰, 일제식민통치사연구 서론,『대구사학』 12 · 13합, 1977.

金雲泰, 일본제국주의의 한국통치,『국사관논총』 1, 국사편찬위원회, 1989.

金雲泰, 일제 식민통치체제의 확립,『한국의 사회와 문화』 11, 한국정신문화연구원, 1990.

金二흔, 일제의 교육간섭과 민족교육의 전개,『적십자간호』 1, 서울적십자간호전문, 1978.

金仁鎬, 1930년대 전반기 '조선인공업화'에 관한 연구,『사총』 42, 고려대사학회, 1993.

金仁鎬, 태평양전쟁기(1940~1945) 일제의 조선공업통제와 생산력확충,『한국사연구』 90, 한국사연구회, 1995.

金在祐, 일제통감부의 한국교육정책에 관한 분석적 연구,『논문집』 12, 동양공전, 1989.

金在益, 일제의 대한식민지정책의 일양상 - 宇垣 조선통치시기의 한일무역을 중심으로 - , 서울대 석사논문, 1964.

金載勳, 한말 · 일제의 토지점탈에 관한 연구, 한국정신문화연구원 석사논문, 1984.

金靜美, 朝鮮農村女性に對する日帝の政策,『朝鮮史叢』 3, 朝鮮史叢編輯委員會, 1980.

金俊輔, 식민지 개발과 地代의 이윤화기구 - 3 · 1운동후의 지대 사적발전상 - ,『사회과학논집』 2, 고려대, 1973.

金俊輔, 농지개혁의 地代史的 논리 - 특히 일제하의 토지조사사업과의 관련에서 - , 『학술원논문집』 13, 1974.

金昌洙, 1910년대의 武斷통치와 민족독립운동 - 고교 일본사교과서 서술과 관련 - , 『朴永錫화갑논총 한민족독립운동사논총』, 1992.

金泰雄, 1910년대 전반 조선총독부의 取調局·參事官室과 '舊慣制度調査事業', 『규장각』 16, 서울대규장각, 1993.

김한주, 조선에서의 일제의 식민지적 토지정책에 대하여(1), 『력사과학』, 1955 - 1..

金惠水, 일제하 製絲독점자본의 養蠶농민 재편성구조, 『경제사학』 13, 경제사학회, 1989.

金惠水, 일제하 식민지 공업화정책과 조선인 자본 - 製絲, 絹織業을 중심으로 - , 『이대사원』 26, 이화여대사학회, 1992.

羅貞淑, 조선産米增殖계획의 시행과 그 영향, 『水邨朴永錫화갑논총 한국사학논총(하)』, 1992.

內海愛子, 太平洋戰爭下における朝鮮人軍屬 - 蘭印法廷における朝鮮人戰犯問題 - , 『旗田巍古稀記念 朝鮮歷史論集(下)』, 東京, 1979.

內海愛子, 聯合國捕虜と朝鮮人軍屬, 『靑丘學術論集』 6, 韓國文化硏究振興財團, 1995.

盧榮澤, 일제하 사설학술강연회에 대한 통제책, 『사학지』 10, 단국대사학회, 1976.

盧貞鉉, 일제한국행정개혁에 관한 연구 - 갑오경장에서 통감부시대를 중심으로 - , 『연세논총』 4, 연세대 대학원, 1967.

多胡圭一, 朝鮮植民地支配における軍事的性格 - 日露戰爭下およびその直後を中心に - , 『日本近代國家の法構造』, 木鐸社, 1983.

도면회, 일제 침략정책(1905~1910년)에 대한 연구성과와 과제, 『한국사론 25』, 국사편찬위원회, 1995.

木村健二, 明治期日本人の朝鮮進出の社會經濟的背景, 『土地制度史學』 101, 1983.

문옥표, 일제의 식민지 문화정책, 『한국의 사회와 문화』 14, 한국정신문화연구원, 1990.

梶村秀樹, 植民地朝鮮での日本人, 『地方文化の日本史』 9, 文一總合出版, 1978.

閔庚培, 일본의 한국침략통치와 일본기독교회의 對韓태도, 『한국학보』 23, 일지사, 1981.

박강, 일본제국주의의 아편정책 - 중일전쟁기 내몽고지역 아편정책의 수립배경을 중심으로 - , 『역사학보』 129, 역사학회, 1991.

朴慶植, 일제 전시하의 민족수난, 『한국독립운동과 尹奉吉의사』, 1992.

朴慶植, 일제의 황민화정책, 『한국사 13』, 한길사, 1994.

박노보, '조선총독부특별회계' 분석을 통한 일본의 조선통치정책 연구 - 재정의 변천과정과 세입구조 분석을 중심으로 - , 『일본학연보』 3, 대구 : 일본문화연구회, 1991.

朴明圭, 일제의 자작농創定계획에 관한 고찰, 『한국학보』 37, 일지사, 1984.

朴文奎, 農村社會分化の起點としての土地調査事業について, 『朝鮮社會經濟史研究』, 京城帝大法文學會, 1933.

박섭, 식민지조선에 있어서 1930년대의 농업정책에 관한 연구 - 농촌진흥운동과 조선농지령을 중심으로 - , 『한국근대농촌사회와 농민운동』, 열음사, 1988.

朴ソブ, 植民地朝鮮における小作關係政策の展開 - '朝鮮農地令'を中心として - , 『日本史研究』 353, 京都 : 日本史研究會, 1992.

朴晟義, 일제하의 언어 문자정책, 『일제의 문화침탈사』, 고려대 아세아문제연구소, 1970.

朴秀炫, 식민지시대 수리조합반대운동 - 1920~34년을 중심으로 - , 『중앙사론』 7, 중앙대 사학연구회, 1991.

朴永錫, 일제하의 在滿한인박해문제 - 在滿동포옹호동맹의 활동을 중심으로 -, 『아세아연구』 15 - 4, 고려대 아세아문제연구소, 1972.

朴正義, 일본식민지시대의 재일한국인 여공 - 방적, 제사여공 -, 『논문집』 17, 원광대, 1983.

朴宗烈, 일제식민주의 대한 교육정책의 성격, 『논문집』 8, 춘천교대, 1970.

朴贊勝, 일제하의 자치운동과 그 성격, 『역사와 현실』 2, 한국역사연구회, 1989.

朴贊勝, 일제하 '지방자치제도'의 실상, 『역사비평』 13, 역사문제연구소, 1991.

朴賢緖, 東拓설립에 대한 한국민의 반응, 『李海男화갑기념 사학논총』, 1970.

박현수, 일제의 조선문화연구 - '文裝的 武備'論과 '內地延長主義' -, 『민속학연구』 2, 국립민속박물관, 1995.

飯沼二郎, 山梨總督疑獄事件と米穀取引所, 『朝鮮民族運動史研究』 3, 神戶, 1986.

方善柱, 미국자료에 나타난 한인 '從軍慰安婦'의 고찰, 『국사관논총』 37, 국사편찬위원회, 1992.

方用賢, 日帝下の南次郎總督の敎育政策 - 第3次朝鮮敎育令に關聯して -, 『學術論文集』 5, 朝鮮獎學會, 東京, 1975.

芳井硏一, 植民地治安維持體制と軍部 - 朝鮮軍の場合 -, 『季刊現代史』 7, 現代社會, 1976.

裵基完, 日政下의 한국水利사업의 변천과정, 『논문집』 4, 단국대, 1970.

裵城浚, 1930년대 일제의 '조선공업화'론 비판, 『역사비평』 28, 역사문제연구소, 1995.

裵英淳, 일제하 국유지정리조사사업에 있어서의 소유권분쟁의 발생과 전개과정, 『인문연구』 5, 영남대 인문과학연구소, 1984.

裵英淳, 조선토지조사사업기간의 국유지분쟁에 있어서 소유권의 정리방향, 『일제의 한국식민통치』, 정음사, 1985.

裵英淳, 조선토지조사사업에 있어서 김해군의 토지신고와 소유권사정에 대한 실증적 검토, 『인문연구』 8 - 2, 영남대 인문과학연구소, 1987.

竝木眞人, 植民地期朝鮮の政治參加について - 解放後史との關聯において -, 『朝鮮史研究會論文集』 31, 조선사연구회, 1993.

富田晶子, 農村振興運動下の中堅人物の養成 - 準戰時體制期を中心に -, 『朝鮮史研究會論文集』 18, 朝鮮史研究會, 1981.

飛田雄一 외, 朝鮮人戰時動員に關する基礎研究, 『靑丘學術論集』 4, 東京 : 韓國文化研究振興財團, 1994.

山田昭次, 朝鮮人·中國人强制連行研究史試論, 『旗田巍古稀記念 朝鮮歷史論集(下)』, 東京 : 龍溪書舍, 1979.

山中遠人, 朝鮮'同化政策'と社會學的同化 - ジャナリズムを通してみた日韓倂合時の民族政策論の構造, 『紀要』 46, 關南大, 1983.

徐景洙, 일제의 불교정책 - 사찰령을 중심으로 -, 『불교학보』 19, 동국대 불교문화연구소, 1982.

徐承甲, 일제하 수리조합구역내 增收糧의 분배와 농민운동 - 臨益·益沃수리조합을 중심으로 -, 『사학연구』 41, 1990.

徐承甲, 일제하 穀物검사제의 강화와 반대운동, 『水邨朴永錫화갑논총 한국사학논총(하)』, 1992.

徐榮姬, 통감부시기 일제의 권력장악과 규장각자료의 정리, 『규장각』 17, 서울대규장각, 1994.

徐壬貞, 토지조사사업 이후의 계층이동 연구 - 농민계층을 중심으로 -, 이화여대 석사논문, 1977.

細川嘉六原 著, 宮塚利雄 譯, 植民史(朝鮮), 『韓國經濟史文獻資料』 5, 경희대 한국경제사연구소, 1974.

小林英夫, 朝鮮總督府の勞動力政策について, 『經濟と經濟學』 34, 都立大學, 1974.

小林英夫, '會社令'研究ノート, 『海峽』 3, 朝鮮問題研究會, 1975.

小峰和夫, 植民地支配と拓殖農業 - 東洋拓殖の役割 - , 『日本多國籍企業の史的展開(上)』, 大月書房, 1979.

小野一郎, 第1次大戰後の植民政策論 - 朝鮮問題をめぐって - , 『兩大戰間期のアジアと日本』, 大月書店, 1979.

孫仁銖, 식민지하 宇垣총독의 농업교육정책과 농업교육의 질 『개교50주년기념논문집』, 서울대농과대, 1968.

孫禎睦, 일제하 충남도청 이전의 과정과 결과 - 식민정책 강행에 대한 민족항거의 한 단면 - , 『천관우선생환력기념 한국사학논총』, 정음문화사, 1985.

孫仁銖, 일제식민지 교육정책의 성격, 『일제하의 교육이념과 그 운동』, 한국정신문화연구원, 1986.

孫禎睦, 일제하 경남도청 이전의 과정과 결과 - 치열한 반대운동의 근저에 있던 것 - , 『이원순화갑기념 사학논총』, 교학사, 1986.

孫禎睦, 일제하 부여신궁 造營과 소위 부여신도건설, 『한국학보』 49, 1987.

孫禎睦, 조선총독부의 神社보급·신사참배 강요정책연구, 『한국사연구』 58, 1987.

孫禎睦, 일제하 태평양전쟁기의 지방제도 - 지방선거와 의회운영을 중심으로 - , 『연구논총』 16, 서울시립대 수도권개발연구소, 1990.

孫禎睦, 이른바 '문화정치'하에서의 도시·지방제도연구 - 京城府협의회를 중심으로 - , 『향토서울』 50, 서울시사편찬위원회, 1991.

孫禎睦, 일제강점중기(1921~1930)의 도시화과정 연구 - 농촌이탈자의 移住定着地 추적을 통하여 - , 『향토서울』 52, 서울시사편찬위원회, 1992.

宋圭振, 舊韓末·日帝初(1904~1918) 일제의 未墾地정책에 관한 연구, 『사총』 39, 고려대사학회, 1991.

宋敏鎬, 일제하의 한국저항문학, 『일제하의 문화운동사』, 고려대 아세아문제연구소, 1970.

松本武祝, 朝鮮における水利組合事業の展開 - '産米增殖計劃期'を中心に - , 『農業經濟研究』 57 - 4, 1986.

松本武祝, 植民地朝鮮の農業政策と村落, 『朝鮮史研究會論文集』 29, 1991.

宋升錫, 조선총독교육방침 비판 - 훈시·유고 등을 중심으로 - , 『논문집』 2, 광주교대, 1967.

宋鍾復, 植民統治에 대한 韓民族의 저항과 自救相 - 日帝의 營農權 탈취를 중심으로 - , 『부대사학』 18, 부산대사학회, 1994.

松村高夫, 日本帝國主義下における'滿洲'への朝鮮人移動について, 『三田學會雜誌』 63 - 6, 慶應大, 1970.

松村順子, 朝鮮における'皇國臣民化'政策の展開 - '皇國'靑年の養成を中心に - , 『史觀』 86·87, 早稻田大, 1973.

申圭燮, 日本の間島政策と朝鮮人社會 - 1920年代前半までの懷柔政策を中心として - , 『朝鮮史研究會論文集』 31, 1993.

愼英弘, 植民地期朝鮮社會事業史, 『研究紀要』 2, 大阪市大, 1983.

愼鏞廈, 식량의 증산과 약탈, 『한국사 21 - 3·1운동 전후의 사회와 경제 - 』, 국사편찬위원회, 1976.

愼鏞廈, 일제하의 '조선토지조사사업'에 대한 일연구, 『한국사연구』 15, 1977/『한국근대사론 1』, 지식산업사, 1977.

愼鏞廈, 일제의 조선토지조사사업에 있어서의 국유지 창출과 驛屯土조사, 『경제논집』 17 - 4, 서울대 경제연구소, 1978.

愼鏞廈, '토지조사사업'의 실시와 농촌사회 경제의 변화, 『한국의 사회와 문화』 11, 한국정신문화연구원, 1990.

申正熙, 일제하 鄕約을 통한 지방통치에 대한 소고 - 關北향약의 내용과 분석을 중심으로 - ,『西巖趙恒來화갑기념 한국사학논총』, 1992.

深川博史, 1920年代朝鮮・臺灣における日本帝國主義 - 矢內原忠雄の植民政策論 - ,『經濟論究』 62, 九州大, 1985.

阿部洋, 日本統治期朝鮮の敎育 - 硏究史的考察 - ,『韓』 33, 東京 : 韓國硏究院, 1974.

安基成, 왜국의 대 한반도 식민지 교육책략과 그 법제,『교육논총』 22, 고려대교육대학원, 1992.

安基成, 왜국식민지 초등교육법제와 그 전개,『민족문화연구』 26, 고려대 민족문화연구소, 1993.

安秉直, 일제식민지통치의 경제적 유산에 관한 연구,『경제논집』 4 - 4, 서울대 한국경제연구소, 1965.

安秉直, 서평 : 식민지 금융정책의 사적 분석(高承濟 저),『경제논집』 11 - 4, 서울대 한국경제연구소, 1972.

안병태 저, 金泰永 역, 동양척식주식회사의 토지수탈에 대하여,『한국경제사문헌자료』 8, 경희대한국경제사연구소, 1978.

安秉珆, 조선인 지주와 東洋拓殖株式會社의 토지경영방식의 차이,『한국근대경제와 일본제국주의』, 백산서당, 1982.

安商元, 日政下 한국에 있어서 視學기관에 관한 연구,『학술지(인문사회과학편)』 10, 건국대 학술연구원, 1969.

安錫敎, 일본의 대한 식민정책,『경제연구』 1, 한양대 경제연구소, 1979.

安裕林, 1930년대 總督 宇垣一成의 식민정책 - 北鮮수탈정책을 중심으로 - ,『이대사원』 27, 이화여대사학회, 1994.

안태정, 일제의 상공업정책과 그 잔재청산,『한국근현대사』 2, 한국근대사연구소, 1993.

櫻井浩, 日本植民地下朝鮮農業の封建制論について,『アジア經濟』 13 - 3, 1972.

野田公夫, 서평 : 近代朝鮮水利組合の硏究(宮嶋博史 外 著),『歷史學硏究』 656, 東京, 1994.

梁榮煥, 1930년대 조선총독부의 농촌진흥운동,『숭실사학』 6, 숭실대사학회, 1990.

呂博東, 일제 식민통치하의 거문도의 교육사정,『일본학지』 12, 계명대 일본문화연구소, 1992.

吳世昌, 일제말기의 식민지정책,『한국사 22 - 민족운동의 전개 - 』, 국사편찬위원회, 1976.

吳世昌, 일본의 間島지방 한국독립운동 근거지 剿討作戰,『西巖趙恒來화갑기념 한국사학논총』, 1992.

吳世昌, 일본의 대조선관과 조선침략,『일제의 한국침략과 영남지방의 반일운동』, 한국근대사연구회, 1995.

吳海鎭, 일제시대의 경작지 소작화에 대한 고찰,『사학연구』 17, 한국사학회, 1964.

友邦協會, 總督統治終末期の實態,『朝鮮近代史料硏究集成』(1・3), 東京 : 友邦協會, 1958・1960.

羽鳥敬彦, 朝鮮産米增殖計劃とその實積,『朝鮮民族運動史硏究』 5, 朝鮮民族運動史硏究會, 1988.

遠藤公嗣, 戰時下の朝鮮人勞動者連行政策の展開と勞資關係,『歷史學硏究』 567, 1987.

幼方直吉, 朝鮮參政權問題の歷史的意義,『東洋文化硏究所紀要』 36, 東京大 東洋文化硏究所, 1964.

劉奉鎬, 일본통치시대 초・중고등학교 교육과정 변천에 관한 연구,『한국문화연구원논총』 39, 이화여대, 1981.

柳璲鉉, 일본의 초기 대한식민지정책,『학술연구조성비에 의한 연구보고서』(사회과학계 8 - 5), 문교부, 1972.

劉願淑, 1930년대 일제의 조선인 만주이민정책 연구,『부대사학』 19, 부산대사학회, 1995.

兪仁浩, 토지조사사업의 토지제도사적 의의,『조기준회갑기념논문집』, 1977.

柳濟憲, 호남평야에 있어서 지역구조의 식민지적 변용과정,『지리학』 42, 대한지리학회, 1990.

劉準基, 1910년대 日帝의 儒林친일화정책 - 孔子敎와 大同敎를 중심으로 - ,『건대사학』 8, 건국대사학회, 1993.

尹大成, 일제의 한국慣習調査사업과 民事慣習法,『논문집』13, 창원대, 1991.

尹海東, 일제의 지배정책과 촌락재편,『역사비평』28, 역사문제연구소, 1995.

依田憙家, 第2次大戰下朝鮮人强制連行と勞動對策,『社會科學討究』17-3, 早稻田大, 1972.

李康允, 일제의 '朝鮮國有林經營'에 관한 연구, 동국대 석사논문, 1984.

李景珉, 朝鮮總督府終焉期の政策,『思想』734, 1985.

李求鎔, 일제통치하의 토지약탈과정 - 주로 토지조사사업을 중심으로 - ,『연구논문집』4, 강원대, 1970.

李基勳, 1910~1920년대 일제의 농정 수행과 地主會,『한국사론』33, 서울대국사학과, 1995.

伊藤一彦, 日本の在滿朝鮮人政策,『東京女子大學比較文化硏究所紀要』53, 東京 : 東京女子大學 比較
    文化硏究所, 1992.

이만형, 일제의 산미증식계획(1920~1934)이 식민지 조선의 농업경제에 미친 영향, 고려대 석사논문,
    1981.

李明花, 조선총독부의 유교정책(1910~1920년대),『한국독립운동사연구』7, 독립기념관 한국독립운동사
    연구소, 1993.

李明花, 조선총독부의 언어동화정책 - 황민화 시기 일본어상용운동을 중심으로 - ,『한국독립운동사연
    구』9, 독립기념관 한국독립운동사연구소, 1995.

李福淑, 일인의 한민족에 대한 학대와 차별에 관한 조사연구 - 식민지지배하의 우리민족의 강제연행과
    학대에 관한 기록을 중심으로 - ,『학술지』21, 건국대 학술연구소, 1977.

李瑄根, 일제총독부의 헌병정치와 사상탄압,『한국사상』8, 한국사상연구회, 1966.

李瑄根, 3·1운동을 전후한 일본 對韓식민정책의 변모과정,『삼일운동50주년기념논집』, 동아일보사,
    1969.

李承妍, 1905~1930년대초 일제의 酒造業정책과 조선 주조업의 전개,『한국사론』32, 서울대국사학과,
    1994.

李愛淑, 일제하 수리조합의 설립과 운영,『한국사연구』50·51합, 한국사연구회, 1985.

이영수, 일제하 토지조사사업이 한국경제에 미친 영향, 대구대 경제학석사논문, 1984.

李永鶴, 1910년대 일제의 연초정책과 조선인의 대응,『한국사연구』65, 한국사연구회, 1989.

李永鶴, 1920~1930년대 연초전매제 실시와 조선인의 저항,『尹炳奭화갑기념 한국근대사논총』, 1990.

李英俠, 총독통치 종말기의 실상,『정경논총』10, 건국대법경대, 1975.

이영훈, 토지조사사업의 수탈성 재검토,『역사비평』22, 역사문제연구소, 1993.

李玉卿, 일제하 '문화정치'에 대한 비판적 연구, 이화여대 석사논문, 1975.

李在茂, 朝鮮における'土地調査事業'の實體,『社會科學硏究』7-5, 東京大 社會科學硏究所, 1956.

李庭植, 일제말기 兵站基地化정책의 유산,『水邨朴永錫화갑논총 한국사학논총(하)』, 1992.

이정옥, 일제하 한국의 경제활동에서의 민족별차이와 성별차이,『한국사회의 여성과 가족』(한국사회사
    연구회논문집 20), 1990.

李廷銀, 일제의 지방통치체제 수립과 그 성격,『한국독립운동사연구』6, 독립기념관 한국독립운동사연
    구소, 1992.

李鍾範, 1930년대 초의 '窮民구제토목사업'의 성격,『전남사학』2, 전남사학회, 1988.

李鍾浩, 일본제국주의의 토지수탈과 그 특징,『연구보고』5-2, 부산교대, 1970.

李喆雨, 토지조사사업과 토지소유법제의 변천,『박병호교수환갑기념 한국법사학논총 2』, 1991.

李忠浩, 일제의 문화적 식민지정책 - 同仁會의 활동을 중심으로 - ,『역사교육논집』16, 역사교육학회,
    1991.

李鉉淙, 일본 대한이민정책의 분석,『삼일운동50주년기념논집』, 동아일보사, 1969.

李炫熙, 식민정치, 대한민국임시정부의 정책,『한국사론 5 - 근대 - 』, 국사편찬위원회, 1978.

李炫熙, 일본의 문화침략정책과 그 실제 - 특히 교육·종교분야를 중심으로 - ,『정신문화연구』25, 한국
　　정신문화연구원, 1985.

李炫熙, 일제의 문화침략정책과 그 실제,『한국사학』8 한국정신문화연구원, 1986.

李炫熙, 일제말기의 전시동원·수탈정책,『春田李泰永화갑논총 전환기의 동서사학』, 1992.

李炫熙, 日帝강점이 한국인 의식구조상에 남긴 영향,『한국근현대사』2, 한국근대사연구소, 1993.

李炫熙, 日帝强占下 韓國人의 同化策 研究,『배달문화』12, 민족사바로찾기국민회의, 1994.

林炳潤, 産米增殖계획 - 그 추진주체의 성격규정을 중심으로 - ,『일제의 한국식민통치』, 정음사, 1985.

林鍾國·엄영식, 빼앗기고 끌려가고 - 징용·징병·공출 - ,『한국현대사 5』, 신구문화사, 1969.

林鍾國, 일제하 식민지문화의 생성과 발달,『문예중앙』1989년 겨울호.

任軒永, 일제하 식민문화정책,『한국독립운동사연구』6, 독립기념관 한국독립운동사연구소, 1992.

張秉吉, 조선총독부의 종교정책,『정신문화연구』25, 한국정신문화연구원, 1985.

蔣尙煥, 일제하 농수산업정책과 그 잔재청산,『한국근현대사』2, 한국근대사연구소, 1993.

張錫興, 일제의 식민지언론정책과 총독부기관지「每日申報」의 성격,『한국독립운동사연구』6, 독립기념
　　관 한국독립운동사연구소, 1992.

張世胤, 일제의 京城帝國大學 설립과 운영,『한국독립운동사연구』6, 독립기념관 한국독립운동사연구
　　소, 1992.

藏田雅彦, 天皇制國家の朝鮮植民地支配と文化, 宗敎政策,『朝鮮史硏究會論文集』29, 1991.

田剛秀, 농업공황기의 미곡·미가정책에 관한 연구 - 식민지 米移(出)入통제대책을 중심으로 - ,『경제
　　사학』13, 경제사학회, 1989.

田剛秀, 일제하 水利조합사업과 식민지지주제 - 산미증식계획기를 중심으로 - ,『秋堰權丙卓화갑논총
　　한국근대경제사 연구의 성과 2』, 1989.

전석담, 일제하 조선산업의 식민지적 편파성,『력사과학』1955 - 5.

全遇容, 1930년대 '조선공업화'와 중소공업,『한국사론』23, 서울대국사학과, 1990.

全雲聖, 토지조사사업과 그 성격,『東村朱宗桓화갑기념논문집 한국자본주의론』, 1989.

田中愼一, 韓國財政整理における徵稅臺帳整備について - 朝鮮土地調査事業史硏究序說 - ,『土地制度
　　史學』63, 1974.

田中愼一, 朝鮮における土地調査事業の世界史的位置 - 帝國主義·植民地的土地政策の特殊日本=朝
　　鮮的性格 - ,『社會科學硏究』29 - 3, 30 - 2, 東京大 社會科學硏究所, 1977·1978.

田中愼一, 土地調査事業史の一斷面,『旗田巍古稀記念 朝鮮歷史論集(下)』, 東京 : 龍溪書舍, 1979.

鄭珖鎬, 일제의 종교정책과 식민지불교,『한국사학』3, 한국정신문화연구원 사학연구실, 1980.

鄭德基, 일제시대 한국의 糧政연구,『사총』21·22합, 고려대사학회, 1977.

鄭文鍾, 産米增殖계획과 농업생산력정체에 관한 연구,『한국근대농촌사회와 농민운동』, 열음사, 1988.

鄭世鉉, 식민지 교육에 대한 저항운동,『항일학생민족운동사연구』, 1975.

鄭然泰, 1910년대 일제의 농업정책과 식민지 지주제 - 이른바 '米作개량정책'을 중심으로 - ,『한국사론』
　　20, 서울대국사학과, 1988.

鄭然泰, 1930년대 조선농지령과 일제의 농촌통제,『역사와 현실』4, 한국역사연구회, 1990.

鄭然泰, 1930년대 '自作農地設定事業'에 관한 연구,『한국사론』26, 서울대국사학과, 1991.

鄭然泰, 1940년대 전반 日帝의 토지정책,『西巖趙恒來화갑기념 한국사학논총』, 1992.

鄭然泰, 1940년대 전반 일제의 한국농업 재편책 - '농업재편성정책'을 중심으로 - ,『국사관논총』38, 국

사편찬위원회, 1992.

鄭然泰, 1930년대 일제의 식민농정에 대한 재검토,『역사비평』28, 역사문제연구소, 1995.

鄭在貞, 京義철도의 부설과 일본의 한국縱貫철도 지배정책,『논문집』3, 방송통신대, 1984.

鄭在貞, 식민지기의 小運送業과 日帝의 통제정책,『역사교육』48, 역사교육연구회, 1990.

鄭在哲, 한국에서의 일본식민주의 교육정책과 한국민족의 교육적 저항에 관한 연구,『성곡논총』6, 1975/『한국근대사론 1』, 1977.

井田泉, 神社參拜と朴寬俊 - 日本統治下朝鮮キリスト者の軌跡,『キリスト敎學』24, 1982.

鄭濟愚, 조선총독 寺內正毅論,『한국독립운동사연구』6, 독립기념관 한국독립운동사연구소, 1992.

鄭泰憲, 1930년대 식민지 농업정책의 성격전환에 관한 연구,『일제말 조선사회와 민족해방운동』, 한국근현대사회연구회, 1991.

鄭泰憲, 식민지시대 제1종(法人)소득세제도의 도입과 시행과정,『한국사연구』79, 1992.

鄭泰憲, 일제하 酒稅제도의 시행 및 酒造業의 集積 集中 과정에 대한 연구,『국사관논총』40, 국사편찬위원회, 1992.

趙璣濬, 일제의 경제정책,『한국사 21 - 3·1운동전후의 사회와 경제 - 』, 국사편찬위원회, 1976.

趙璣濬, 일인 농업이민과 동양척식주식회사,『한국근대사론 1』, 지식산업사, 1977.

趙東杰, 서평 : 조선토지조사사업연구(신용하 저),『역사학보』99·100합, 1983.

趙文淵, 日本帝國主義のいわゆる'文化政治'の本質,『歷史評論』248, 1971.

趙錫坤, 조선토지조사사업에 있어서 소유권 조사과정에 대한 연구 - 김해군의 사례를 중심으로 - ,『한국근대농촌사회와 농민운동』, 열음사, 1988.

趙錫坤, 토지조사사업과 식민지지주제,『한국사 13』, 한길사, 1994.

趙英烈, 일제의 대선교사정책 - George Kennan의 활동을 중심으로 - ,『사학연구』39, 1987.

趙載福, 일제시대 식민주의에 관한 재평가,『논문집』16, 목원대, 1989.

조재희, 일제초기 식민지국가기구의 형성과 그 성격,『3·1민족해방운동연구』, 한국역사연구회·역사문제연구소, 1989.

趙恒來, 한말 일제의 농지침탈과 그 실제,『又仁金龍德정년기념 사학논총』, 1988.

佐佐木隆爾, 朝鮮における日本帝國主義の養蠶業政策 - 第1次大戰期を中心に - ,『人文學報』114, 東京都立大人文學部, 1976.

朱奉圭, 일제하 토지조사사업과 영국의 토지圍繞운동에 관한 비교연구,『인문사회과학』19, 서울대, 1974.

朱奉圭, 東拓의 移民사업추진에 관한 연구,『동아문화』29, 서울대 동아문화연구소, 1991.

朱宗桓, 쌀이 없는 증산 - 농업 - ,『한국현대사 4』, 신구문화사, 1969.

中塚明, 日本帝國主義と植民地,『岩波講座日本歷史 19』, 岩波書店, 1976.

池秀傑, 1932~1935년간의 조선농촌진흥운동 - 식민지 체제유지정책으로서의 기능에 관하여 - ,『한국사연구』46, 1984.

車基璧, 일본제국주의 식민정책의 형성배경과 그 전개과정 - 대한정책을 중심으로 - ,『일제의 한국식민통치』, 정음사, 1985.

蔡永國, 3·1운동 전후 일제 '朝鮮軍'(駐韓日本軍)의 동향,『한국독립운동사연구』6, 독립기념관 한국독립운동사연구소, 1992.

千葉了, 朝鮮文化政治の由來及び展望,『東洋』34 - 12, 東洋學會, 1931.

淺田喬二, 日本帝國主義と植民地問題 - 代表的見解の批判的檢討 - ,『歷史評論』309, 1976.

淺田喬二, 舊植民地(朝鮮)における日本人大地主の存在形態 - 石川縣農業株式會社の事例分析 - ,『旗

田巍古稀記念 朝鮮歷史論集(下)』, 1979.

淺田喬二, 最近における日本植民地研究の動向,『土地制度史學』103, 1984.

靑野正明, 植民地期朝鮮における農村再編成政策の位置付け - 農村振興運動期を中心に -,『朝鮮學報』136, 1990.

崔敬淑, 일제의 식민지교육정책 - 제1차 교육령시대 -,『동의사학』3, 동의대사학회, 1987.

崔吉城, 日本植民地統治理念の研究 - 朝鮮總督府調査資料に現われた文化政策の考察 -,『일본학연보』, 대구 : 일본문화연구회, 1989.

崔洛彌, 일본의 식민지정책의 전개과정에 관한 고찰,『논문집』18, 전북대 산업경제연구소, 1988.

崔炳憲, 일제불교의 침투와 한용운의「朝鮮佛敎維新論」,『震山韓基斗화갑기념 한국종교사상의 재조명(상)』, 원광대, 1993.

崔元奎, 1920·30년대 일제의 한국농업식민책과 일본인 自作농촌건설사업 - 不二농촌사례 -,『동방학지』82, 연세대 국학연구원, 1993.

崔元奎, 일제의 초기 한국식민책과 일본인 '농업이민',『동방학지』77·78·79합, 연세대 국학연구원, 1993.

崔元奎, 1900년대 일제의 토지권 침탈과 그 관리기구,『부대사학』19, 부산대사학회, 1995.

崔由利, 일제말기 언론정책의 성격 - 東亞·朝鮮日報의 폐간을 중심으로 -,『이화사학연구』20·21합, 이화사학연구소, 1993.

崔由利, 일제말기 참정권논의와 그 성격,『이대사원』28, 이화여대사학회, 1995.

崔由利, 일제말기 황민화정책의 성격 - 일본어 보급운동을 중심으로 -,『한국근현대사연구』2, 한국근현대사연구회, 1995.

崔埈, 군국일본의 대한언론정책 - 언론유형상의 절대주의형 -,『아세아연구』4 - 1, 고려대 아세아문제연구소, 1961.

최태진, 일제의 천도교 분열와해책동과 그 후과,『갑오농민전쟁100돌기념논문집』/집문당, 1995.

崔泰鎬, 조선총독부의 재정정책,『한국독립운동사연구』6, 독립기념관 한국독립운동사연구소, 1992.

崔虎鎭, 일본통치하(1910~1945)의 조선관세정책연구,『동양학』4, 단국대 동양학연구소, 1974.

河合和男, 朝鮮産米增殖計劃と植民地農業の展開,『朝鮮史叢』2, 靑丘文庫, 1979/『韓國近代經濟史研究』, 사계절, 1983.

河合和男, 朝鮮産米增殖計劃の立案について - 日本の食糧·米價問題との關聯から -,『朝鮮史叢』7, 朝鮮史叢編輯委員會, 1983.

河合和男, 植民地期における朝鮮工業化について,『奈良産業大學開學紀念論文集』, 1985.

韓敬熙, 일제말기의 對韓체육정책과 민족적 항일운동,『논문집』8, 한양여전, 1985.

한국역사연구회 근대사분과토지대장연구반, 서평 : 朝鮮土地調査事業史の研究(宮嶋博史 저),『역사와 현실』7, 한국역사연구회, 1992.

韓基彦, 일제의 동화정책과 한민족의 교육적 저항,『일제의 문화침탈사』, 고려대 아세아문제연구소, 1970.

한도현, 1930년대 농촌진흥운동의 성격,『한국근대농촌사회와 일본제국주의』(한국사회사연구회논문집 2) 문학과 지성사, 1986.

韓培浩, 3·1운동 직후의 조선 식민지정책 - 齋藤의 '문화정치'의 본질을 중심으로 -,『일제의 한국식민통치』, 정음사, 1985.

韓哲曦, 戰時下朝鮮の神社參拜强要とキリスト者の抵抗,『朝鮮史叢』5·6合, 朝鮮史叢編輯委員會, 1982.

許粹烈, 1930년대 군수공업화정책과 일본독점자본의 진출, 『일제의 한국식민통치』, 정음사, 1985.

許粹烈, 조선인 노동력의 강제동원의 실태 - 조선 내에서의 강제동원정책의 전개를 중심으로 - , 『일제의 한국식민통치』, 정음사, 1985.

許英蘭, 일제시기 '市場'정책과 재래시장상업의 변화, 『한국사론』 31, 서울대국사학과, 1994.

現代史の會編輯部, 朝鮮人の皇民化と國語敎育, 『季刊現代史』 8, 現代史の會, 1976.

洪性讚, 일제하 금융자본의 農企業지배 - 朝鮮開拓(株)의 경영변동과 朝鮮殖産銀行 - , 『국사관논총』 36, 국사편찬위원회, 1992.

洪性讚, 일제하 朝鮮開拓(株)의 농장지배, 『동방학지』 77·78·79합, 연세대 국학연구원, 1993.

洪以燮, 나라잃고 36년 - 조선총독부 - , 『한국현대사 4』, 신구문화사, 1969.

黃明水, 일제하 不二興業회사와 농민수탈 - 수리사업을 중심으로 - , 『산업연구』 4, 단국대 산업연구소, 1982.

黃明水, 일제하 水利조합과 농민투쟁 - 不二興業산하 농장을 중심으로 - , 『秋堰權丙卓화갑논총 한국근대경제사 연구의 성과 2』, 1989.

黃性模, 한국사회의 붕괴과정 - 일제의 토지수탈에 관련하여 - , 『한국사상』 8, 한국사상연구회, 1966.

黃性模, 일제하 지식인의 사회사 - 知識人의 소외현상을 중심으로 - , 『한국의 사회와 문화』 11, 한국정신문화연구원, 1990.

黃正德, 주체적 史觀에 따른 일제의 鎭海軍港 설치에 관한 연구, 『경남향토사논총』, 김해 : 경남향토사연구협의회, 1992.

黃夏鉉, 일제의 대한식민지 지배구조의 형성과정 - 目賀田개혁을 중심으로 - , 『동양학』 12, 단국대 동양학연구소, 1982.

黑瀨郁二, 日露戰爭後の朝鮮經營と東拓, 『朝鮮史硏究會論文集』 12, 1975.

Ban Sung-hwan, Growth of Korean Agriculture under Japanese Colonialism, 『Economic Review』 Vol. 17, The Institute of Economic Research Seoul National University, 1983.

Toby, Ronald, Education in Korea under the Japanese : Attitudes and Manifestations, 『Occasional Papers on Korea』 1, 1972.

2) 식민통치기구

姜東鎭, 『한국을 장악하라 - 통감부의 조선침략사 - 』, 아세아문화사, 1995.

姜昌錫, 『조선통감부 연구』, 국학자료원, 1994.

서울대행정대학원 편간, 『조선총독부기구해설』, 1960.

아세아문화사 편, 『통감부임시간도파출소기요』, 1984.

朝鮮總督府, 『統監府時代における間島韓民族保護に關する施設』, 1930.

朝鮮總督府, 『中樞院改革に關する意見書』, 1931.

姜德相, 憲兵政治下の朝鮮, 『歷史學硏究』 321, 1967.

姜昌錫, 통감부연구 - 그 지위와 성격을 중심으로 - , 『부산사학』 8, 부산사학회, 1984.

姜昌錫, 통감부연구 - 이사청의 조직과 성격을 중심으로 - , 『부산사학』 13, 1987.

姜昌錫, 통감부의 간도정책연구 - 통감부의 간도문제 관여를 중심으로 - , 『동의논집(인문사회과학편)』 14, 동의대, 1987.

姜昌錫, 통감부의 간도정책연구 - 통감부의 간도적극책을 중심으로 - , 『동의사학』 3, 동의대사학회, 1987.

姜昌錫, 통감부의 간도정책 연구 - 간도영유권 교섭과정을 중심으로 - ,『동의사학』 4, 1988.

姜昌錫, 통감부연구 - 그 설치와 외국의 반응을 중심으로 - ,『부산사학』 14 · 15합, 부산사학회, 1988.

姜昌錫, 조선통감부 연구,『국사관논총』 53, 국사편찬위원회, 1994.

權九熏, 일제의 統監府間島派出所 설치와 성격,『한국독립운동사연구』 6, 독립기념관 한국독립운동사
연구소, 1992.

金性玟, 조선사편수회의 조직과 운용,『한국민족운동사연구』 3, 한국민족운동사연구회, 1989.

金龍德, 헌병경찰제도의 성립,『김재원박사회갑기념논총』, 1969.

金雲泰, 일제시대 정치행정연구 - 1910~1919의 총독정치체제를 중심으로 - ,『행정논총』 10 - 1, 서울대
행정대학원, 1972.

金雲泰, 일제후기(1919~1930) 정치행정의 역사적 고찰,『성곡논총』 5, 성곡학술문화재단, 1974.

金雲泰, 일제 식민통치체제의 확립,『한국의 사회와 문화』 11, 한국정신문화연구원, 1990.

金雲泰, 조선총독부의 수탈조직과 기능,『한국독립운동사연구』 6, 독립기념관 한국독립운동사연구소,
1992.

金一勉, 韓國併合と朝鮮總督府,『現代の眼』 23 - 7, 1982.

金泰雄, 1910년대 전반 조선총독부의 取調局 · 參事官室과 '舊慣制度調査事業',『규장각』 16, 서울대규
장각, 1993.

朴慶龍, 統監府 理事廳 연구 - 京城理事廳을 중심으로 - ,『한국사연구』 85, 한국사연구회, 1994.

朴光洙, 일제총독정치의 역사적고찰 - 초기의 총독정치의 성격을 중심으로 - , 단국대 석사논문, 1971.

朴萬圭, 보호국체제의 성립과 통감정치,『한국사 11』, 한길사, 1994.

朴賢洙, 조선총독부 중추원의 사회 · 문화 조사활동,『한국문화인류학』 12, 한국문화인류학회, 1980.

孫禎睦, 일제침략초기 총독 통치체제와 헌병경찰제도,『연구논총』 11, 서울시립대 수도권개발연구소,
1983.

申相俊, 한일합방에 따른 조선총독부의 설치와 조선총독의 지위 및 권한에 관한 행정사적 연구,『논문
집』 2, 청주여사대, 1973.

申相俊, 일제통감부의 통치조직에 관한 연구,『논문집』 2, 한국사회사업대병설전문대, 1977.

安商元, 日政下 한국에 있어서 視學기관에 관한 연구,『학술지(인문사회과학편)』 10, 건국대 학술연구
원, 1969.

安炫信, 1920년대 조선총독부의 통치체제연구 - 민족운동 탄압책을 중심으로 - , 숙명여대 석사논문,
1988.

呂博東, 조선총독부 중추원의 조직과 조사편찬사업에 관한 연구,『일본학연보』 4, 계명대 일본문화연구
회, 1992.

吳世昌, 조선총독의 지위와 권한에 대하여,『편사』 1, 국사편찬위원회 편사회, 1967.

柳永益, 조선총독부 초기의 구조와 기능,『3 · 1운동50주년기념논집』, 동아일보사, 1969.

柳漢喆, 일제 韓國駐箚軍의 한국침략과정과 조직,『한국독립운동사연구』 6, 독립기념관 한국독립운동
사연구소, 1992.

尹德重, 日帝 식민통치의 관료제와 韓人관료,『한국의 사회와 문화』 17, 한국정신문화연구원, 1991.

李明花, 조선총독부 學務局의 기구변천과 기능,『한국독립운동사연구』 6, 독립기념관 한국독립운동사연
구소, 1992.

李瑄根, 일제총독부의 헌병정치와 사상탄압,『한국사상』 8, 한국사상연구회, 1966.

李延馥, 일제의 헌병경찰소고,『하성이선근박사고희기념논집 한국학논총』, 1974.

李太一, 식민지 통치기구의 정비와 운용,『일제의 한국식민통치』, 정음사, 1985.

李漢九, 동양척식주식회사의 식민지 전개과정,『민중』1, 청사, 1983.

李炫熙, 3·1운동 이전의 헌병경찰제의 성격,『삼일운동50주년기념논집』, 동아일보사, 1969.

鄭在貞, 조선총독부철도국의 고용구조에 관한 연구,『논문집』9, 방송통신대, 1988.

鄭濟愚, 조선총독 寺內正毅論,『한국독립운동사연구』6, 독립기념관 한국독립운동사연구소, 1992.

趙凡來, 조선총독부 中樞院의 초기구조와 기능,『한국독립운동사연구』6, 독립기념관 한국독립운동사연구소, 1992.

조재희, 일제초기 식민지국가기구의 형성과 그 성격,『3·1민족해방운동연구』, 청년사, 1989.

陳德奎, 일제식민지시대의 총독부 중추원에 관한 고찰,『일본식민지지배초기의 사회분석 1』, 이화여대 한국문화연구소, 1987.

靑野正明, 舊朝鮮總督府中樞院と儀禮準則の制定,『日本學年報』2, 日本文化硏究會, 1989.

靑野正明, 舊朝鮮總督府中樞院と朝鮮の儀禮,『韓』114, 東京 : 韓國硏究院, 1989.

秋月望, 統監府 間島派出所의 설치 동기,『사총』26, 고려대사학회, 1982.

河村一夫, 齋藤實總督の朝鮮總督府中樞院官制改革關係史料,『朝鮮學報』90, 1979.

洪淳權, 일제시기의 지방통치와 조선인 관리에 관한 일고찰 - 일제시기의 군 행정과 조선인 군수를 중심으로 - ,『국사관논총』64, 국사편찬위원회, 1995.

3) 附日輩

金三雄 외,『친일파 그 인간과 논리』, 학민사, 1990.

金三雄·정운현,『친일파 2 - 일본 신국가주의 전개와 친일파의 부활 - 』, 학민사, 1992.

金三雄·정운현,『친일파 3 - 일제하 기득권자들의 좌절과 변절 - 』, 학민사, 1993.

김삼웅,『친일정치 100년사』, 동풍, 1995.

김삼웅,『친일파 100인 100문』, 돌베개, 1995.

김삼웅·임혜봉·김승태·김순석·정운현,『친일변절자 33인』, 가람기획, 1995.

김학민·정운현,『親日派죄상기』, 학민사, 1993.

김형국,『1910년대 이광수의 문명론과 준비론 연구』, 한국정신문화연구원 박사논문, 1995.

반민족문제연구소,『친일파 99인』(전3권), 돌베개, 1993.

반민족문제연구소,『친일 그 과거와 현재』, 아세아문화사, 1994.

반민족문제연구소,『청산하지 못한 역사 - 한국현대사를 움직인 친일파 60』(1~3), 청년사, 1994.

역사문제연구소,『인물로 보는 친일파 역사』, 역사비평사, 1993.

林鍾國,『일제침략과 친일파』, 청사, 1982.

林鍾國,『친일논설선집』, 실천문학사, 1987.

김경택, 일진회의 정치활동과 친일논리,『순국』23, 1992.

金度亨, 일제침략기 반민족지배집단의 형성과 민족개량주의,『역사비평』6, 역사문제연구소, 1989.

金度亨, 日帝침략초기(1905~1919) 親日勢力의 政治論 연구,『계명사학』3, 계명사학회, 1992.

金源模, 春園의 친일과 민족보존론 - 日文 春園書簡을 중심으로 - ,『何石金昌洙화갑논총 한국민족독립운동사의 제문제』, 1992.

朴慶植, 日帝時期における'協和會'について,『季刊現代史』5, 現代史の會, 1975.

朴永錫, 李完用연구 - 親美·親露·親日派로서의 행위를 중심으로 - ,『국사관논총』32, 국사편찬위원회, 1992.

李基東, 일본통치하 한국인 고급장교의 운명 - 1930년대 만주·上海에서의 洪思翊 - ,『한국민족독립운동사의 제문제』, 1992.

임대식, 이완용의 변신과정과 재산축적,『역사비평』22, 1993.

林鍾國, 일제말 친일군상의 실태,『해방전후사의 인식 1』, 한길사, 1979.

임혜봉, 불교계의 친일인맥,『역사비평』22, 1993.

장하진, 여류명사들의 친일행적,『역사비평』9, 1990.

조항래, 일본의 대한침략정책과 구한말친일단체 - 일진회조직과정의 시대적 배경과 그 활동상 - ,『동양문화』10, 1969.

조항래, 일본의 대한침략정책과 구한말 친일정책 - 일진회 그 행적,『동양문화』11·12합, 1970.

趙恒來, 李容九의 일제침략·併呑 앞잡이 행각,『국사관논총』28, 국사편찬위원회, 1991.

陳德奎, 일제초기 친일관료 엘리트의 형성과 성격분석,『현상과 인식』2 - 1, 1978.

車文燮, 3·1운동을 전후한 受爵者와 친일한인의 동향,『삼일운동50주년기념논집』, 동아일보사, 1969.

崔德壽, 구한말 일본유학과 친일세력의 형성,『역사비평』15, 1991.

5. 저항운동

1) 의병투쟁

강원의병운동사연구회,『강원의병운동사』, 강원대출판부, 1987.

국방부 전사편찬위원회,『의병항쟁사』, 1984.

국사편찬위원회,『한국사 19 - 근대 대한제국의 종말과 의병항쟁 -』, 1978.

국사편찬위원회,『한국독립운동사논저목록』, 국사편찬위원회, 1984.

국사편찬위원회,『한국독립운동사자료 13 - 의병편 6 -』, 1984.

金度亨,『대한제국말기의 국권회복운동과 그 사상』, 연세대 박사논문, 1989.

金祥起,『甲午·乙未 義兵연구』, 한국정신문화연구원 박사논문, 1990.

金義煥,『의병운동사 - 한말을 중심으로 -』(박영문고 40), 박영사, 1974.

金義煥,『항일의병장열전』(정음문고 91), 정음사, 1975.

金義煥 외,『근대조선의 민중운동 - 갑오농민전쟁과 반일의병운동 -』, 풀빛, 1982.

金鎬城,『한말 의병운동사연구』, 고려원, 1987.

민용호,『관동창의록』(한국사료총서 30), 국사편찬위원회, 1984.

민족문화협회,『姜振遠 의병장 약전』, 횃불사, 1981.

朴殷植,『한국독립운동지혈사』, 서울신문사출판국, 1946/경인문화사, 1974.

朴殷植 저, 이현배·김정기 역,『한국독립운동지혈사』, 일우문고, 1973.

朴殷植 저, 남만성 역,『한국독립운동지혈사』(상·하) (서문문고 191·192), 서문당, 1975.

嚴恒燮,『屠倭實記』, 국제문화협회, 1923/경성일보사, 1946.

영광향토문화연구회,『의병실기 - 통령 金容球 -』, 1988.

영남대 민족문화연구소,『경북 의병사』, 경상북도, 1990.

柳洪烈,『항일선언창의문집』(서문문고 199), 서문당, 1975.

尹炳奭,『의병과 독립군』(교양국사총서 26), 세종대왕기념사업회, 1977.

李東宇,『을미 의병운동에 관한 연구』, 성균관대 박사논문, 1992.

이석재,『의병대장 雲崗 李康秊 - 일제침략에 항거 격전 13년 -』, 청권사, 1993.

李兒龍,『의병찾아 가는 길』, 도서출판 다물, 1992.

李兒龍,『의병 찾아가는 길 2』, 다물, 1995.

전북향토문화연구회,『전북의병사(상)』, 1990.

鄭喬,『大韓季年史』(상·하), 국사편찬위원회, 1957.

鄭濟愚,『구한말 의병장 李康秀 연구』, 인하대 박사논문, 1992.

趙東杰,『의병들의 항쟁』, 민족문화협회, 1980.

趙東杰,『한말 의병전쟁』, 독립운동사연구소, 1989.

한국민족운동사연구회,『의병전쟁연구(상)』, 지식산업사, 1990.

洪淳權,『韓末 湖南地域 義兵運動史 研究』, 서울대출판부, 1994.

洪英基,『대한제국시대 호남의병 연구』, 서강대 박사논문, 1993.

姜吉遠, 한말 호남의병장 정재 李錫庸의 항일투쟁,『원광사학』 2, 원광대사학회, 1982.

姜吉遠, 海山 全垂鏞의 항일투쟁,『역사학보』 101, 1984.

姜吉遠, 後隱 金容球의 항일투쟁,『인문논총』 16, 전북대 인문과학연구소, 1986.

姜吉遠, 澹山 安圭洪의 항일투쟁,『孫寶基정년기념 한국사학논총』, 지식산업사, 1988.

姜吉遠, 省齋 奇參衍의 항일투쟁,『水邨朴永錫화갑논총 한민족독립운동사논총』, 1992.

姜吉仲, 한말 호남의병의 일연구, 경희대 석사논문, 1984.

姜大敏, 一峰 金大池의 항일독립운동,『부대사학』 19, 부산대사학회, 1995.

姜秉植, 한말 군대해산 이후의 의병활동에 대한 일연구 - 1907~1908 - ,『한성사학』 2, 한성대사학회, 1984.

姜秉植, 한말 洪州성 의병에 대한 연구 - 의병장 閔宗植을 중심으로 - ,『민족사상』 2, 한성대 민족사상연구소, 1984.

姜在彦, 反日義兵戰爭の歷史的展開,『朝鮮近代史研究』, 1970.

具玩會, 1896년 堤川의병의 可興전투와 金伯善,『조선사연구』 4, 조선사연구회, 1995.

權九熏, 정미의병의 참가계층과 그 동향 - 구한말 의병활동의 성격변화에 관하여(1907~1910) - , 건국대 석사논문, 1985.

權九熏, 한말 의병의 참가계층과 그 동향 - 후기의병의 성격변화와 관련하여 - ,『한국독립운동사연구』 5, 한국독립운동사연구소, 1991.

權寧培,「의병문서」를 통해 본 구한말 전기 의병항쟁,『대구사학』 49, 대구사학회, 1995.

權大雄, 金山義陣考 - 1896년 경상도 서북부지방의 항일의병 - ,『尹炳奭화갑기념 한국근대사논총』, 1990.

權大雄, 乙未義兵期 경북 북부지역의 醴泉會盟,『민족문화논총』 14, 영남대 민족문화연구소, 1993.

權寧培, 山南義陣(1906~1908)의 조직과 활동,『역사교육논집』 16, 역사교육학회, 1991.

權寧培, 한말 義將 李淸魯와 宜寧의병의 金海전투,『조선사연구』 3, 복현조선사연구회, 1994.

權寧培, 한말 '義兵文書'를 통해 본 중기의병항쟁의 논리와 성격,『조선사연구』 4, 조선사연구회, 1995.

旗田巍, 義兵將崔益鉉の生涯,『玄岩申國柱博士華甲紀念 韓國學論叢』, 동국대출판부, 1985.

金康壽, 한말 의병장 碧山 金道鉉의 의병활동,『북악사론』 2, 국민대국사학과, 1990.

金庚星, 後隱 金容球의 의병운동에 대한 고찰 - 義所日記를 중심으로 - , 원광대 석사논문, 1989.

김경수, 갑오농민군의 반일투쟁,『갑오농민전쟁100돌기념논문집』/집문당, 1995.

金炅春, 己酉年 日帝의 南韓義兵大掃討작전,『素軒南都泳고희기념 역사학논총』, 민족문화사, 1993.

김광수, 조선인민의 반일의병투쟁(1905~1910),『력사과학』 1960 - 6.

金度亨, 한말 의병전쟁의 민중적 성격,『한국민족주의론 3』, 창작과 비평사, 1985.

金度亨, 한말 의병전쟁의 사상적 성격,『한국민족운동사연구』5, 한국민족운동사연구회, 1991.

金度亨, 농민항쟁과 의병전쟁,『한국사 12』, 한길사, 1994.

金文基, 여성의병 尹熙順의 歌辭고찰,『한국의 철학』22, 경북대 퇴계연구소, 1994.

金邦, 李東輝의 국권회복운동(1905~1910)에 관한 일그찰,『水邨朴永錫화갑논총 한민족독립운동사논총』, 1992.

金祥起, 한말 을미의병운동의 기점에 대한 소고 - 文錫鳳의 懷德의병을 중심으로 - ,『한국민족운동사연구』2, 1988.

金祥起, 조선말 갑오의병전쟁의 전개와 성격,『한국민족운동사연구』3, 한국민족운동사연구회, 1989.

金祥起, 1895~1896년 洪州의병의 사상적 연원과 전개,『尹炳奭화갑기념 한국근대사논총』, 1990.

金祥起, 1895~1896년 堤川의병의 사상적 연원,『朴成壽화갑논총 한국독립운동사의 인식』, 1991.

金祥起, 조선말 洪州乙未의병의 문화적기반과 전개,『한국민족운동사연구』5, 한국민족운동사연구회, 1991.

金祥起, 갑오경장과 甲午·乙未의병,『국사관논총』36, 국사편찬위원회, 1992.

金祥起, 조선말 文錫鳳의 儒城義兵,『역사학보』134·135합, 1992.

金祥起, 조선말 洪州의병의 봉기원인과 전개,『水邨朴永錫화갑논총 한민족독립운동사논총』, 1992.

金祥起, 의병전쟁에 대한 연구성과와 과제,『한국사론 25』, 국사편찬위원회, 1995.

金祥起, 충청지역 의병전쟁의 성격,『대전문화』4, 대전광역시사편찬위원회, 1995.

金世圭, 한말 경북지방의 의병항쟁,『경주사학』4, 동국대국사학회, 1985.

金順德, 경기지방 義兵의 조직과 활동(1907~1911),『역사연구』1, 구로역사연구소, 1992.

김순덕·윤대원·이상찬·홍순권,『한말 의병관계문헌 해제집』(대우학술총서), 민음사, 1993.

金榮國, 의병활동을 통해서 본 최근세 한국정치의식의 븐석 - 병오(1906)유림 의병운동과 그 척사사상의 배경을 중심으로 - ,『문교부연구보고서』26(사회과학계 7), 1968.

金榮國, 한말 의병의 사상적 고찰 - 병오(1906) 유림의병운동과 그 척사사상의 배경을 중심으로 - ,『한국사회과학논집』10, 한국사회과학연구원, 1969.

金義煥, 한말의병운동의 분석 - 李康秊의병부대를 중심으로 - ,『한일문화』1 - 2, 부산대 한일문화연구소, 1962/『한국근대사연구논집』, 1972.

金義煥, 의병운동의 사상적 측면,『한국사상』8, 한국사상연구회, 1966.

金義煥, 정미년(1907) 조선군대해산과 반일의병투쟁 - 서울시민의 반일투쟁과 아울러 - ,『향토서울』26, 1966.

金義煥, 일제의 조선침략과 초기의병투쟁고,『동국사학』9·10합, 1966/『한국근대사연구논집』, 1972.

金義煥, 의병운동의 사상적 한계성, 1907년 말 전국연합의병운동의 성격에 관련하여 - 유생의병장들의 근본사상문제의 검토와 아울러 - ,『한국사상』10, 1972.

金義煥, 1909년의 항일의병부대의 항전 - 남한폭도대토벌기념사진첩 발견에 즈음하여 - ,『민족문화논총』8, 영남대 민족문화연구소, 1987.

金貞美, 한말 경상도 寧海지방의 의병전쟁,『대구사학』42, 1991.

金鍾生, 한말 영남지방의 의병항쟁에 관한 고찰, 경상대 석사논문, 1984.

金鎭植, 경기지역 초기 의병항쟁의 전개,『기전문화연구』5, 인천교대 기전문화연구소, 1974.

金鎭植, 1907~1910년 경기지역 의병항쟁의 성격,『기전문화연구』6, 인천교대 기전문화연구소, 1975.

金項勾, 한말 을미의병 봉기의 배경 및 원인분석,『이운순화갑기념 사학논총』, 교학사, 1986.

金鎬城, 한말 의병운동의 사상사적 배경,『조선조정치사상연구』, 한국정치외교사학회, 1987.

金鎬城, 한말 의병운동과 농민,『水邨朴永錫화갑논총 한민족독립운동사논총』, 1992.

金喜坤, 영남지방의 의병전쟁 - 경북지방을 중심으로 - ,『일제의 한국침략과 영남지방의 반일운동』, 한 국근대사연구회, 1995.

大和和明, 日淸戰爭と朝鮮 - 朝鮮人民の反日抵抗 - ,『歷史學硏究』531, 1984.

뒤바보, 의병전,『한국학보』1, 일지사, 1975.

藤原藜子, 義兵運動 - 1906～1910 - ,『歷史學硏究』187, 歷史學硏究會, 1955.

文聖惠, 毅菴 柳麟錫의 의병항쟁,『청주사학』1, 청주대사학과, 1985.

文元祥, 한말초기 의병전쟁의 일고찰 - 경북지방을 중심으로 - , 동아대 석사논문, 1983.

朴文榮, 毅菴 柳麟錫의 의병활동에 대한 일연구 - 그의 위정척사론을 중심으로 - ,『성신사학』7, 성신여 대사학회, 1989.

朴敏泳, 강릉의병장 閔龍鎬의 생애와 擧義 논리,『尹炳奭화갑기념 한국근대사논총』, 1990.

朴敏泳, 閔龍鎬의 江陵의병 항쟁에 대한 연구,『한국민족운동사연구』5, 한국민족운동사연구회, 1991.

朴敏泳, 愼菴 盧應奎의 晋州의병항전 연구,『朴成壽화갑논총 한국독립운동사의 인식』, 1991.

朴敏泳, 한말 연해주의병에 대한 고찰,『인하사학』1, 인하역사학회, 1993.

朴成壽, 1907～10년간의 의병전쟁에 대하여,『한국사연구』1, 한국사연구회, 1968.

朴成壽, 항일의 전선 - 의병 - ,『한국현대사 3』, 신구문화사, 1969.

朴成壽, 구한말 의병전쟁과 유교적 애국사상,『대동문화연구』6 · 7합, 1970.

朴成壽, 의병전쟁의 신분 · 의식구조,『한국사학』2, 한국정신문화연구원 사학연구실, 1980.

朴成壽, 1907年の義兵戰爭,『韓』9 - 4 · 5合, 東京：韓國硏究院, 1980/『군사』2, 국방부 전사편찬위원회, 1981.

朴成壽, 의병전쟁의 역사적 의의,『군사』5, 국방부 전사편찬위원회, 1982.

朴成壽, 한말의병전쟁의 민족사적의의,『강원의병운동사』, 강원의병운동사연구회, 1987.

朴成壽, 의병전쟁의 민족사적 의의,『국학연구』1, 국학연구소, 1988.

朴成壽, 한말 의병장의 배경과 의병전쟁,『한국의 사회와 문화』13, 한국정신문화연구원, 1990.

박성진, 許蔿의 현실인식과 國權회복운동,『청계사학』9, 한국정신문화연구원 청계사학회, 1992.

朴容玉, 민중의 항쟁,『한국사 19 - 대한제국의 종말과 의병항쟁 - 』, 국사편찬위원회, 1976.

朴贊勝, 活貧黨의 활동과 그 성격,『한국학보』35, 일지사, 1984.

朴漢卨, 정미의병발발의 원인에 관하여,『편사』5, 국사편찬위원회 편사회, 1974.

朴漢卨, 尹熙順 의병가연구,『강원의병운동사』, 강원의병운동사연구회, 1987.

裵勇一, 山南義陣考 - 鄭煥直 · 정용기 부자 의병장활동을 중심으로 - ,『논문집』6, 포항실업전문대, 1982.

裵勇一, 山南義陣과 崔世允 의병장,『논문집』7, 포항실업전문대, 1983.

裵勇一, 崔世允 의병장고,『사총』31, 고려대사학회, 1987.

裵勇一, 山南義陣考,『한국민족운동사연구』5, 한국민족운동사연구회, 1991.

裵亢燮, 한국근대민족운동(1876～1894년)의 분화요인과 전개양상 - 대일관의 차이가 미친 영향을 중심 으로 - ,『軍事硏究』, 95 - 2, 국방군사연구소, 1995.

裵亨植, 毅菴 柳麟錫의 학통과 의병활동, 인하대 석사논문, 1986.

白永基, 海山 金基泓의 생애와 의병활동, 한양대 석사논문, 1984.

山邊健太郎, 日本帝國主義の朝鮮侵略と朝鮮人民の反抗鬪爭,『歷史學硏究別冊』, 歷史學硏究會, 1953.

徐慶源, 習齊 李昭應의 의병운동, 인하대 석사논문, 1981.

成大慶, 정미왜란 창의록 - 權淸隱歷誌 - ,『창작과 비평』 46, 1977.

申圭秀, 한말민족운동의 연구 - 遯軒 林炳璨을 중심으로 - ,『원불교사상』 10·11합, 1987.

申東根, 구한말 의병항쟁에 대하여, 연세대 석사논문, 1971.

申奭鎬, 한말의병의 개황,『사총』 1, 고려대사학회, 1955.

申奭鎬, 한말의 의병,『한국사상』 6, 한국사상연구회, 1963.

愼鏞廈, 한말의병장 閔肯鎬의 公翰,『한국학보』 34, 일지사, 1984.

愼鏞廈, 전국'13도창의大陣所'의 연합의병운동,『한국독립운동사연구』 1, 독립기념관 한국독립운동사연구소, 1987.

愼鏞廈, 閔肯鎬의병부대의 항일무장투쟁,『한국독립운동사연구』 4, 한국독립운동사연구소, 1990.

愼鏞廈, 許蔿의병부대의 항일무장투쟁,『水邨朴永錫화갑논총 한민족독립운동사논총』, 1992.

오길보, 홍범도의병대에 대한 연구,『력사과학』 1962 - 6.

오길보, 의병장 류린석의 애국적 활동,『력사과학』 1965 - 3.

오길보, 19세기말~20세기초 반일의병투쟁의 성격,『력사과학』 1966 - 6.

吳世昌, 활빈당고 - 1900~1904 - ,『사학연구』 21, 한국사학회, 1969.

吳世昌, 碧濤 梁濟安의 항일구국운동,『尹炳奭화갑기념 한국근대사논총』, 1990.

吳煐燮, 을미의병운동의 정치·사회적 배경,『국사관논총』 65, 국사편찬위원회, 1995.

兪炳勇, 柳麟錫 제천의병항쟁의 제한적 성격과 역사적의의,『강원의병운동사』, 강원의병운동사연구회, 1987.

柳振秀, 일제의 침략과 의병운동,『현암신국주박사화갑기념 한국학논총』, 동국대출판부, 1985.

柳漢喆, 金河洛 義陣의 의병활동,『한국독립운동사연구』 3, 한국독립운동사연구소, 1989.

柳漢喆, 홍주성 義陣(1906)의 조직과 활동,『한국독립운동사연구』 4, 한국독립운동사연구소, 1990.

柳漢喆, 1907~1910년 강원도의병진과 활동,『한국독립운동사연구』 5, 독립기념관 한국독립운동사연구소, 1991.

柳漢喆, 1896~1900년간 柳麟錫의 西行, 渡滿과 그 성격,『擇窩許善道정년기념 한국사학논총』, 1992.

柳漢喆, 중기義兵시기(1904~1907) 柳麟錫의 시국대책론,『한국독립운동사연구』 7, 한국독립운동사연구소, 1993.

柳漢喆, 柳麟錫의 의병근거지론 - 1907년 이후를 중심으토 - ,『한국독립운동사연구』 8, 한국독립운동사연구소, 1994.

柳漢喆, 中期義兵史(1904~1907)연구의 성과와 과제,『한국근현대사연구』 1, 한국근대사연구회, 1994.

尹炳奭, 의병전 해제,『한국학보』 1, 일지사, 1975.

尹炳奭, 의병의 봉기,『한국사 19 - 대한제국의 종말과 의병항쟁 - 』, 국사편찬위원회, 1976.

尹炳奭, 의병의 항일전,『한국사 19 - 대한제국의 종말과 의병항쟁 - 』, 국사편찬위원회, 1976.

尹炳奭, 13도의군의 편성,『사학연구』 36, 한국사학회, 1983.

尹炳奭, 일본제국주의 침략에 대한 저항 - 한말 의병의 항전을 중심으로 - ,『한국학입문』, 학술원, 1983.

尹炳奭, 구한말 군인의 抗日義戰의 의의,『朴成壽화갑논총 한국독립운동사의 인식』, 1991.

尹炳奭, 면암 최익현의 위정척사론과 호남의병,『水邨朴永錫화갑논총 한민족독립운동사논총』, 1992.

李康五, 의병대장 이규홍의 항일투쟁,『군사』 6, 국방부 전사편찬위원회, 1983.

李康勳, 安重根의사와 독립운동,『나라사랑』 34(안중근 특집호), 외솔회, 1979.

李求鎔, 한말의병연구 - 강원도를 중심으로 - ,『학술연구조성비에 의한 연구보고서』(사회과학계 1 - 3), 문교부, 1973.

李求鎔, 한말의병연구,『사총』 19, 고려대사학회, 1975.

李求鎔, 강원도지방의 의병항쟁,『강원의병운동사』, 강원의병운동사연구회, 1987.

李求鎔, 한말의병항쟁에 대한 고찰 - 의병진압의 단계적 수습대책 -,『국사관논총』23, 국사편찬위원회, 1991.

李東宇, 의병장 柳麟錫의 의병운동고,『성대사림』2, 1977.

李東宇, 한말의병에 대하여,『군사』2, 국방부 전사편찬위원회, 1981.

李東宇, 의병장 金河洛의 의병운동고 - 경기지방을 중심으로 -,『尹炳奭華甲기념 한국근대사논총』, 1990.

李東宇, 乙未年 충청지방의 의병운동연구,『국사관논총』28, 국사편찬위원회, 1991.

이만형, 구한말 애국계몽운동의 대의병관 - 대한매일신보를 중심으로 -,『해사논문집』18, 해군사관학교, 1983.

李相寔, 한말의 민족운동 - 장성지방의 의병활동을 중심으로 -,『인문과학』2, 목포대 인문과학연구소, 1986.

李相寔, 한말의 의병항쟁 - 전남지방을 중심으로 -,『전남사학』4, 전남사학회, 1990.

李相寔, 의병전쟁연구 - 전남 동·남지역을 중심으로 -,『국사관논총』23, 국사편찬위원회, 1991.

李相寔, 한말 호남의병의 역사적 의미,『호남문화연구』22, 전남대 호남문화연구소, 1994.

李相周, 유생 송주형의 괴산갈읍 의병산성 축조와 의병장 이강년의 칠성전투 현장,『괴향문화』2, 괴산향토사연구회, 1994.

李榮昊, 한국근대 민중운동연구의 동향과 국사교과서의 서술,『역사교육』47, 역사교육연구회, 1990.

李離和, 한말 유생층의 현실인식과 의병투쟁 - 崔益鉉의 사상과 정치활동을 중심으로 -,『국사관논총』15, 국사편찬위원회, 1990.

李載錫, 乙未의병운동의 사상적 고찰,『논문집』1, 한국정신문화연구원대학원, 1986.

李鍾春, 한말 초기 의병운동에 관한 연구 - 柳麟錫의 을미기의를 중심으로 -,『청주교대논문집』18, 청주교대, 1982.

張錫奎, 한말 의병운동의 성격연구 - 의병과 사회제계층과의 관계를 중심으로 -,『군사』8, 국방부 전사편찬위원회, 1984.

田文鎭, 한말 李康秊 의병부대의 조직과 활동,『부대사학』19, 부산대사학회, 1995.

田炳喆, 한말 洪州의병의 성격,『한성사학』2, 한성대사학회, 1984.

정오룡, 구한말 의병의 성격 -「從義錄」을 중심으로 -,『종합논문집』1, 조선대, 1975.

鄭在貞, 대한제국기 철도건설노동자의 동원과 沿線住民의 항쟁운동,『한국사연구』73, 한국사연구회, 1991.

鄭濟愚, 李康秊의 생애와 사상,『朴成壽華甲논총 한국독립운동사의 인식』, 1991.

鄭濟愚, 한말 황해도지역 義兵의 항전,『한국독립운동사연구』7, 한국독립운동사연구소, 1993.

鄭濟愚, 李鎭龍 의병장의 항일무장투쟁,『한국독립운동사연구』8, 한국독립운동사연구소, 1994.

鄭濟愚, 한말중기 의병의 성격 - 노일전쟁 이후 '을묘오조약'을 전후하여 -,『한국독립운동사연구』9, 독립기념관 한국독립운동사연구소, 1995.

糟谷憲一, 初期義兵運動について,『朝鮮史研究會論文集』14, 1977.

糟谷憲一, 甲午改革後の民族運動と崔益鉉,『旗田巍古稀記念 朝鮮歷史論集(下)』, 東京 : 龍溪書舍, 1979.

趙東杰, 安重根의사 재판기록상의 인물 - 구한말 연해주지방 의병사의 단면 -,『논문집』7, 춘천교대 학술연구회, 1969.

趙東杰, 의병운동의 한국민족주의상의 위치(상·하),『한국민족운동사연구』(1·3), 한국독립운동사연구회, 1986 · 1989.

趙東杰, 척사의병의 민족주의상의 위치,『강원의병운동사』, 강원의병운동사연구회, 1987.

趙東杰, 雙山義所(和順)의 義兵城과 무기제조소 유지,『한국독립운동사연구』4, 한국독립운동사연구소, 1990.

趙東元, 한말 의병에 대한 「국사」교과서 서술내용의 분석,『건대사학』8, 건국대사학회, 1993.

趙恒來, 구한말 의병 사회단체의 저항운동(1) - 일본조종하의 단체에대한 규탄과 관련 - ,『동양문화』13, 영남대 동양문화연구소, 1972.

蔡茂松, 韓末抗日義兵與儒學,『韓國學報』1期, 中華民國 韓國研究學會, 1981.

崔根茂, 을사 · 경술간(1905~1910) 의병전쟁에 관한 일연구 - 전북지방을 중심으로 - ,『논문집』16, 전주교대, 1980.

崔根茂, 의병대장 金東臣에 관한 연구 - 1906.1~1908.5 간의 의병활동을 중심으로 - ,『논문집』18, 전주교대, 1982.

崔根茂, 의병대장 金東臣의 사상에 관한 연구,『논문집』19, 전주교대, 1983.

崔根茂, 의병대장 李錫庸에 관한 연구 - 1907~1908 양년간의 의병전쟁을 중심으로 - ,『논문집』21, 전주교대, 1985.

崔槿默, 勉菴 崔益鉉의 의병활동,『백제연구』14, 충남대 백제연구소, 1983.

崔富洵, 毅菴 柳麟錫의 독립운동에 관한 일연구, 홍익대 석사논문, 1988.

崔永禧, 을미조약체결을 전후한 한국민의 항일투쟁,『사총』12 · 13합, 고려대사학회, 1968.

崔昌圭, 의병운동을 통해서 본 민족의식의 성장과정,『한국정치학회보』3, 한국정치학회, 1969.

崔翠秀, 1910년전후 강화지역 의병운동의 성격,『한국민족운동사연구』2, 한국민족운동사연구회, 1988.

河善姬, 한말 경북지방의 의병운동에 관한 연구, 효성여대 석사논문, 1984.

한상국, 항일의병운동의 민족주의적 성격,『동국역사교육』3, 동국대 역사교육과, 1991.

洪淳權, 을사조약이후 호남지방 의병운동의 발전과 의병장들의 성격,『한국학보』57, 일지사, 1989.

洪淳權, 한말 의병운동의 투쟁양상 - 1906~1909년 호남지역의 의병운동을 중심으로 - ,『尹炳奭화갑기념 한국근대사논총』, 1990.

洪淳權, 한말호남지역 경제구조의특질과 일본인의 토지침탈 - 호남의병운동의 경제적 배경 - ,『한국문화』11, 서울대 한국문화연구소, 1990.

洪淳權, 奎章閣 소장의 한말의병운동 관계자료에 대한 조사보고,『규장각』14, 서울대도서관, 1991.

洪淳權, 한말 호남지역 의병운동의 참가층과 사회적 기반,『역사연구』1, 구로역사연구소, 1992.

洪淳權, 1909년 가을의 이른바 '남한대토벌작전'에 대하여,『고고역사학지』9, 동아대박물관, 1993.

洪淳權, 을미의병운동을 재평가한다,『역사비평』29, 역사문제연구소, 1995.

洪淳鈺, 의병 李康秊부대 전투고(1907~1908) - 일본군의 기록과 비교하여(상) - ,『군사』5, 국방부 전사편찬위원회, 1982.

洪淳昶, 韓末義兵運動とその性格,『韓』77, 東京 : 韓國研究院, 1978.

洪淳昶, 순창12의사에 관한 소고,『영남사학』10 · 11합, 영남대사학회, 1981.

洪淳昶, 한말의병운동의 성격 - 1905년 이후의 의병운동을 중심으로 - ,『아세아학보』17, 아세아학술연구회, 1983.

洪英基, 安圭洪의병의 조직과 그 활동 - 구한말 호남의병의 일례 - ,『한국학보』49, 1987.

洪英基, 구한말 金東臣 의병에 대한 일고찰,『한국학보』56, 일지사, 1989.

洪英基, 구한말 沈南一 의병의 조직과 그 활동,『동아연구』17, 서강대 동아연구소, 1989.

洪英基, 구한말 雙山義所에 대한 몇 가지 문제,『尹炳奭화갑기념 한국근대사논총』, 1990.

洪英基, 구한말 전라남도 도서지방 의병에 대한 일고찰 - 특히 완도·해남지역을 중심으로 - ,『동아연구』 21, 서강대 동아연구소, 1990.

洪英基, 구한말 '湖南倡義所'에 대한 몇 가지 문제,『한국민족운동사연구』 5, 한국민족운동사연구회, 1991.

洪英基, 구한말 호남의병에 관한 한국측 자료의 검토,『水邨朴永錫화갑논총 한민족독립운동사논총』, 1992.

洪英基, 구한말 호남의병의 倡義성격,『호남문화연구』 22, 전남대 호남문화연구소, 1994.

洪英基, 1896년 羅州義兵의 결성과 활동,『이기백고희기념 한국사학논총(하)』, 일조각, 1994.

洪英基, 1907~8년 일제의 自衛團조직과 한국인의 대응,『한국근현대사연구』 3, 한국근현대사연구회, 1995.

2) 민족해방운동

(1) 개설

姜德相 편,『現代史資料 27 - 朝鮮獨立運動 3 - 』, みずず書房, 1970.

姜萬吉,『한국민족운동사론』, 한길사, 1985.

강원도항일독립운동사편찬위원회,『강원도항일독립운동사 2』, 광복회강원도지부, 1992.

姜在彦,『朝鮮近代史硏究』, 日本評論社, 1970/『한국근대사연구』, 한울, 1982/한밭출판사, 1982.

姜在彦·飯沼二郎,『식민지시대 한국의 사회와 저항』, 백산서당, 1983.

姜興秀,『조선독립혈투사』, 고려문화사, 1946.

고려대 아세아문제연구소,『일제하의 문화운동사』, 1970.

고려대아 세아문제연구소,『일제하의 민족운동사』, 1971.

固城향토사료연구회,『固城의 독립운동사』, 1992.

高峻石,『韓國言論抵抗史』, 東京 : 二月社, 1974.

高峻石,『抗日言論鬪爭史』, 東京 : 新泉社, 1976.

高峻石, 日本の侵略と民族解放鬪爭,『朝鮮革命運動史』 1, 社會評論社, 1983.

광복회 대구·경북연합지부,『대구·경북 항일독립운동사』, 광복회 대구·경북연합지부, 1991.

국가보훈처,『독립유공자공훈록』(1~5), 1987·1988.

국가보훈처,『대한민국독립유공인물록 - 1949~1992년도 포상자 - 』, 국가보훈처, 1993.

국가보훈처,『한국독립운동사』, 독립유공자공훈록편찬위원회, 1993.

국가보훈처,『독립유공자공훈록 11 - 1993~1994년도 포상자 - 』, 국가보훈처, 1994.

국사편찬위원회 편간,『한국독립운동사』(1~5), 1965~1969.

국사편찬위원회,『일제침략하한국36년사』(1~13), 1966~1978.

국사편찬위원회 편간,『한국독립운동사 - 자료편 1~7 - 』, 1970~1977.

국사편찬위원회,『한국사 22 - 근대 민족운동의 전개 - 』, 1978.

국사편찬위원회,『한국독립운동사논저목록』, 국사편찬위원회, 1984.

국사편찬위원회,『한국독립운동사자료 13 - 의병편 6 - 』, 1984.

金敬泰,『근대 한국의 민족운동과 그 사상』, 이화여대출판부, 1994.

金根洙, 한국독립선언서 소고,『한국학』 28, 중앙대 한국학연구소, 1983.

金秉祚,『한국독립운동사략』, 아세아문화사, 1977.

金三雄 편,『항일민족선언』, 한겨레, 1989.

金相德, 『조선독립운동사』, 조선출판문화창립사무소, 1946.

金相賢, 『실록 민족의 저항』(1~5), 한샘문화사, 1977.

金承學 편, 『한국독립사』, 독립문화사, 1965/통일문제연구회, 1972.

金泳鎬 편, 『항일운동가의 일기』(서문문고 195), 서문당, 1975.

金義煥, 『우리나라근대사논고』, 삼협출판사, 1964.

金正明 編, 『朝鮮獨立運動』(1·2·3·5), 原書房, 1967.

김정희, 『한국근대사회와 사상』, 중원문화사, 1984.

金鍾範·金東雲 공저, 『해방이후의 조선진상 1 - 총독정치의 죄악폭로 - 』, 1945.

金鍾範·金東雲 공저, 『해방이후의 조선진상 2 - 독립운동과 정당 및 인물 - 』, 1945.

金昌洙, 『한국 민족운동사 연구』, 범우사, 1995.

金昌順·朴成壽, 『한국독립전사사 - 남북의 시각 - 』, 삼광출판사, 1989.

김한길, 『현대조선력사』, 사회과학원 력사연구소, 1983/일송정, 1988.

金鎬逸 외, 『일제하 식민지시대의 민족운동』, 도서출판 풀빛, 1981.

金厚卿·申載洪 공저, 『대한민국독립운동공훈사』, 한국민족운동연구소, 1971.

金厚卿, 『대한민국독립운동공훈사』, 광복출판사, 1983.

潭陽文化院, 『담양의 맥 - 潭陽地域 愛國志士 - 』, 1993.

大加耶鄕土史硏究會, 『고령지역독립운동사 1』, 大加耶鄕土史硏究會, 1994.

대한독립항일투쟁총사편찬위원회, 『대한독립항일투쟁총사』(상·하), 육지사, 1989.

대한문화정보사 편간, 『독립혈사』, 1956.

독립기념관 한국독립운동사연구소, 『한국독립운동사의 재조명』, 1989.

독립기념관 한국독립운동사연구소, 『한국독립운동의 이해와 평가』(광복50주년기념 4개년 학술대회논문
    집), 한국독립운동사연구소, 1995.

독립운동사편찬위원회, 『독립운동사』(1~10), 원호처, 1969~1978.

독립운동사편찬위원회, 『독립운동사 자료집』(1~14), 1971~1979.

독립운동사편찬위원회, 『독립운동사 자료집 별집』(1~3), 1971~1979.

동아일보사, 『일제하의 금서 33권』, 1977.

리나영, 『조선민족해방투쟁사』, 조선로동당출판사, 1958/朝鮮問題硏究所 譯, 新日本出版社, 1960.

망원한국사연구실 한국근대민중운동사 서술분과, 『한국근대민중운동사』, 돌베개, 1989.

맥켄지, F. A. 저, 황중엽 역, 『조선의 비극(상)』, 영창서관, 1946.

맥켄지, F. A. 저, 이광린 역, 『한국의 독립운동』, , 일조각, 1969.

梶村秀樹 저, 김선경 역, 『韓國近代史槪說 - 민중의 성장과 民族解放運動 - 』, 한울, 1986.

민족운동연구소 편, 『민족독립투쟁사』, 여론사, 1956.

朴慶植 편, 『朝鮮問題資料叢書』(5~8), アジア問題硏究所, 1982·1983.

朴性鳳 외, 『독립운동의 성좌10인』(신구문고 44), 신구문화사, 1975.

朴成壽, 『한국근대사의 재인식』, 1982.

朴成壽, 『알기 쉬운 독립운동사』, 국가보훈처, 1994.

朴永錫, 『민족사의 새시각』, 탐구당, 1986.

朴榮喆, 『時中會취지의 강령』, 1934.

박은식, 『한국독립운동지혈사』, 신문사출판국, 1946.

朴春錫, 『한국민족의 혈루사』, 한민출판사, 1946.

朴泰遠, 『조선독립순국열사전』, 유문각, 1946.

백산학회,『獨立運動 관련 論攷』, 백산자료원, 1995.

卞志燮,『경남독립운동소사(상)』, 삼협인쇄사, 1966.

竝木眞人 외,『1930年代 民族解放運動』- 일제파쇼하의 鬪爭事例 硏究 - 』, 거름, 1984.

覆面儒生,『朝鮮獨立騷擾史論』, 朝鮮獨立騷擾史出版部, 1921.

사회과학원력사연구소 편,『조선근대혁명운동사』, 과학원출판사, 1961/한마당, 1988.

과학원력사연구소,『조선통사(하)』, 1958/오월, 1989.

徐仲錫,『한국근현대의 민족문제연구』, 지식산업사, 1989.

徐仲錫,『한국현대민족운동연구』, 역사비평, 1991.

素石學人,『조선독립운동비사』, 근역출판사, 1945.

所安항일운동사료편찬위원회,『所安항일운동사료집』, 所安항일운동사료편찬위원회, 1990.

손규성,『하늘의 북을 친 사람들』, 문예방, 1994.

宋建鎬,『한국현대사』, 두레, 1986.

수촌박영석교수회갑기념논총간행위원회,『수촌박영석교수회갑기념논총 한민족독립운동사논총』, 1992.

申東漢 편,『항일민족시집』(서문문고 193), 서문당, 1976.

愼鏞廈,『한국민족독립운동사연구』, 을유문화사, 1985.

愼鏞廈,『한국근대의 선구자와 민족운동』, 집문당, 1994.

安秉直·愼鏞廈 외,『변혁시대의 한국사』, 동평사, 1979.

安秉直·朴成壽 외,『한국근대민족운동사』, 돌베개, 1980.

애국동지원호회,『한국독립운동사』, 1956,

역사문제연구소,『한국근현대연구입문』, 역사비평사, 1988.

吳在植,『항일순국의열사전』, 행정신문사출판국, 1959.

沃溝문화원,『沃溝지방항일운동사』, 옥구문화원, 1993.

용인군,『내고장 용인 독립항쟁사』, 용인군, 1995.

원호처,『독립유공자포상자명단』, 원호처, 1983.

원호처 독립운동사편찬위원회,『광복30주년기념 독립운동심포지움논문집』, 1975.

柳洪烈,『한국독립사상사고』, 정음사, 1948.

윤대원,『식민지시대 민족해방운동』, 한길사, 1990.

윤명숙,『大韓英雄傳 1』, 국가보훈처, 1995.

尹炳奭·金昌順,『재발굴 한국독립운동사 1』, 한국일보사, 1987.

윤보현,『영남출신독립운동가略傳 1』, 광복선열추모회, 1961.

李康勳,『항일독립운동사』(정음문고 20), 정음사, 1974.

李康勳,『독립운동대사전』, 대한민국광복회, 1985.

李求鎔·崔昌熙·金興洙,『강원도항일독립운동사 3』, 광복회강원도지부, 1992.

李民樹,『독립운동가 30인전』(서문문고 196), 서문당, 1975.

李磐松 저, 한대희 역,『植民地時代社會運動』, 한울림, 1986.

이병천 편,『북한학계의 한국근대사논쟁』, 창작과비평사, 1989.

李石薰,『순국혁명가열전』, 조선출판사, 1947.

李瑄根,『한국독립운동사』, 상문원, 1956.

李離和·이영희 외,『민족·통일·해방의 논리』, 형성사, 1984.

李離和,『한국근대인물의 해명』, 학민사, 1985.

이재화 편,『한국근대민족해방운동사 1』, 백산서당, 1986.

이재화·한홍구 편, 『한국민족해방운동사자료총서』(1~5), 京沉文化社(영인본), 1987.

李海煥, 『조선독립사』, 菊露사, 1945.

李海煥 편, 『개정 조선독립혈사』(상·하), 국노사, 1946.

李炫熙, 『한국근대사의 모색』, 이우출판사, 1979.

李炫熙, 『한민족광복투쟁사』, 정음문화사, 1989.

李炫熙, 『광복투쟁의 선구자 - 孝昌園순국선열7위투쟁사 - 』, 동방도서, 1990.

李炫熙, 『이야기 독립운동사』, 청아, 1994.

李炫熙, 『한국민족운동사의 재인식』, 자작 아카데미, 1994.

임영태 편, 『식민지시대 한국사회와 운동』, 사계절출판사, 1985.

林春元, 『한국독립사』(상·하), 통일문제연구회, 1971.

張道斌, 『한국독립사와 독립운동지사들의 얼굴』, 국사원, 1954.

在上海日本總領事館警察部2課, 『朝鮮民族運動年鑑』, 동문사서점, 1946.

정신문화연구원, 『한국독립운동증언자료집』, 정신문화연구원, 1986.

趙東杰, 『태백항일사』, 강원일보사, 1977.

趙東杰, 『한국민족주의의 성립과 독립운동사연구』, 지석산업사, 1989.

조선과학자동맹 편, 『조선해방사』, 문우인서관, 1946.

조선사편찬위원회 편, 『조선민족해방투쟁사』, 1949.

朝鮮駐箚軍司令部, 『朝鮮暴徒討伐誌』, 京城, 1913.

朝鮮總督府, 『(秘)韓國人獨立鬪爭史』, 成進文化社(영인본), 1975.

朝鮮總督府官房庶務部調査課, 『朝鮮の獨立思想及運動』, 1924.

朝鮮總督府法務局, 『朝鮮獨立思想運動の變遷』, 京城, 1931.

朝鮮憲兵隊司令部, 『朝鮮騷擾事件狀況』, 東京 : 極東研究所出版會, 1919.

趙靈岩, 『순국선열전서』, 협동출판사, 1965.

趙一文, 『한국독립운동문류』, 건국대출판부, 1976.

趙一文, 『한국민족운동사연구논총』, 영남대출판부, 1988.

趙芝薰, 『한국민족운동사』, 나남, 1993.

佐佐木春隆, 『朝鮮戰爭前史としての韓國獨立運動の研究』, 東京 : 國書刊行會, 1985.

陳德奎·鄭昌烈 외, 『19세기 한국전통사회의 변모와 민중의식』, 고려대 민족문화연구소, 1982.

淺田喬二, 『日本帝國主義下の民族革命運動』, 未來社, 1973.

靑柳綱太郎, 『朝鮮獨立騷擾史論』, 1921.

村山智順, 『朝鮮の獨立思想及運動』, 朝鮮總督府, 1924.

총무처 정부기록보존소, 『국권회복운동 판결문집』, 총무처 정부기록보존소, 1995.

崔南善, 『조선독립운동소사』, 동명사, 1946.

최형우, 『(해외)조선혁명운동소사』, 동방문화사, 1945.

추경화, 『항일투사열전』, 청학사, 1995.

추헌수, 『한국독립운동사』, 『한국현대문화사대계』 IV, 고대민족문화연구소, 1978.

켄달, C. W., 『한국독립운동의 진상』(탐구신서 85), 탐구당, 1975.

何石金昌洙교수회갑기념사학논총간행위원회, 『何石金昌洙교수회갑기념사학논총 한국민족독립운동사의 제문제』, 범우사, 1992.

한국근대사연구회, 『일제의 한국침략과 영남지방의 반일운동』, 한국근대사연구회, 1995.

한국근현대사연구회 1930년대연구반, 『일제말 조선사회와 민족해방운동』, 1991.

한국독립유공자협회, 『한국독립투쟁사』, 1983.

한국사학회, 『한국현대사론 - 한국독립운동의 전개와 근대민족국가의 수립 - 』, 을유문화사, 1986.

한국사학회, 『한국현대사의 제문제』(1·2), 을유문화사, 1987.

한국사회사연구회, 『한국의 근대국가형성과 민족문제』(한국사회사연구회논문집 1), 1986.

한국일보사, 『재발굴 한국독립운동사 2』, 1988.

한국정치외교사학회, 『한국독립운동과 열강관계』, 평민사, 1985.

韓弘禎, 『독립선언서해의』, 청구문화사, 1955.

湖北社 편간, 『朝鮮解放運動史(1919～1953)』, 東京, 1976.

洪永鎬, 『한국독립운동사』, 애국동지원호회, 1956.

Chandra, Vipan, 『Nationalism and Popular Participation in Government in Late 19th Ct. Korea - The Contribution of the Independence Club(1896～1898) - 』, Harvard, Ph. D., 1977.

Hu Chuen-huey, 『The Korean Independence Movement and the Relationship between Korea and China』, National Chengchi, Ph. D., 1972.

姜德相, 獨立運動と大正デモクラシ, 『歷史公論』 30 - 11, 1985.

姜萬吉, 한국독립운동의 역사적 성격, 『아세아연구』 21 - 1, 고려대 아세아문제연구소, 1978.

姜萬吉, 民族運動史の側面から見に1920年代の朝鮮史, 『紀要』 46, 東京女大 比較文化研究所, 1985.

姜萬吉, 한국민족해방투쟁사 연구현황과 과제, 『한국근현대연구입문』, 역사비평사, 1988.

姜萬吉, 일제식민지시기 민족해방운동의 전개와 성격, 『한국사 15』, 한길사, 1994.

權熙英, 일제하의 민족운동과 그 사상, 『한국사상사대계 6』, 정신문화연구원, 1993.

金炅一, 북한학계의 1920·30년대 민족해방운동연구, 『창작과 비평』 1989년 가을호, 창작과 비평사.

金奉雨, 민족해방의 과제와 노동운동, 『한국민족주의론 3』, 창작과 비평사, 1985.

金錫俊, 1920년대의 사회경제적 상황과 민족운동의 과제, 『사대논문집(인문, 자연과학편)』 10, 부산대사대, 1985.

金勝, 蘇庭 崔天澤의 抗日民族志士로서의 평가, 『한일연구』 5, 서울 : 한국일본문제연구회, 1992.

金良奎, 群山개항과 抗日運動史, 『군산문화』 8, 군산문화원, 1994.

金榮國, 한말민족운동의 계보적연구, 『한국정치학회보』 3, 한국정치학회, 1969.

김영근, 1920년대의 민족해방운동, 『원우론집』 15 - 2, 연세대대학원학생회, 1988.

金泳謨, 한국독립운동의 사회적성격 - 독립투사의 배경분석을 중심으로 - , 『아세아연구』 21 - 1, 고려대 아세아문제연구소, 1978.

金義煥, 근대마산항민의 저항운동 - 1910년대를 중심으로 - , 『漢坡이상옥박사회갑기념논문집』, 1964.

金仁德, 식민지시대 여수지역 민족해방운동에 대한 일고찰, 『성대사림』 7, 성균관대사학과, 1991.

김창만, 조선로동당 력사연구에서 제기되는 몇 가지 문제 『력사과학』1962년 제1호, 1962.

金昌洙, 북한史書의 抗日民族運動史 서술, 『汕耘史學』 5, 산운학술문화재단, 1991.

金昌洙, 韓國獨立運動史의 연구사적 검토, 『산운사학』 6, 산운학술문화재단, 1991.

金昌洙, 1910년대의 武斷통치와 민족독립운동 - 고교 일본사교과서 서술과 관련 - , 『朴永錫화갑논총 한민족독립운동사논총』, 1992.

金鎬逸, 독립운동, 『한국사 22 - 민족운동의 전개 - 』, 국사편찬위원회, 1976.

金喜坤, 독립운동 정당의 형성과정, 『西巖趙恒來화갑기념 한국사학논총』, 1992.

도진순, 북한역사학계에서 근현대사 시기구분논쟁과 그 변화 , 『역사와 현실』 창간호, 한울, 1989.

梶村秀樹, 朝鮮の社會狀況と民族解放鬪爭, 『世界歷史 27』, 岩波書店, 1971.

朴南勳, 1920~30년대 민족해방운동에 대한연구 - 林民鎬(1904~1970)의 활동을 중심으로 - ,『관동사학』 5·6합, 관동대사학회, 1994.

朴秀明, 1920년대 한국민족운동의 분열적 특징의 원인분석,『사대논문집』 8, 부산대, 1984.

朴秀明, 1920년대초기 한국민족운동의 특성 - 조직과 통합의 이념과 그 실태 - ,『사회과학논총』 4 - 1, 부산대사회과학대, 1985.

朴秀明, 일제하 한국독립운동의 정치사상적 主潮,『사대논문집』 28, 부산대, 1994.

朴承奎, 진주시의 항쟁운동과 그 의식에 관한 고찰 - 근대격동기를 중심으로 - ,『진주문화』 7, 진주교대 진주문화권연구소, 1986.

朴永錫, 서평 : 한국독립운동사연구(신용하 저),『역사학보』 107, 1985.

朴永錫, 독립운동 방략,『한국현대사의 제문제 1』, 을유문화사, 1987.

朴永錫, 한국독립운동의 방략,『한민족독립운동사 10』, 국사편찬위원회, 1991.

朴容玉, 민족운동의 새단계,『한국사 22 - 민족운동의 전개 - 』, 국사편찬위원회, 1976.

朴贊勝, 한국근대 민족해방운동연구의 동향과 국사교과서의 서술,『역사교육』 47, 역사교육연구회, 1990.

朴贊勝, 일제하 所安島의 항일 민족운동,『도서문화』 11, 목포대 도서문화연구소, 1993.

朴贊勝, 일제하 助藥島의 항일민족운동,『도서문화』 12, 목포대 도서문화연구소, 1994.

朴玄埰, 일제하 민족해방운동의 과제와 농민운동,『한국민족주의론 3』, 창작과 비평사, 1985.

朴玄埰, 일제식민지시대 민족운동을 보는 시각,『일제ㅅ민지시대의 민족운동』(한길역사강좌 11), 한길사, 1988.

竝木眞人, 植民地期民族運動の近代觀 - その方法論的考察 - ,『朝鮮史硏究會論文集』 26, 1989.

小野田求, 第2次大戰中における朝鮮人民の反日獨立鬪爭の經濟的背景,『現代アジア政治における地域と民衆』, 大阪外大, 1983.

孫炯富, 식민지시대 宋乃浩·琪浩형제의 민족해방운동,『국사관논총』 40, 국사편찬위원회, 1992.

水野直樹, 民族解放鬪爭史 ,『新朝鮮史入門』, 龍溪書舍, 1983/『새로운 한국사입문』, 돌베개, 1981.

愼鏞廈, 한국독립운동의 역사적 의의와 평가,『한민족독립운동사』 10, 국사편찬위원회, 1991.

申一澈, 한국독립운동의 사상사적 성격,『아세아연구』 21 - 1, 고려대 아세아문제연구소, 1978.

申載洪, 주권수호운동(2),『한국사 19 - 대한제국의 종말과 의병항쟁 - 』, 국사편찬위원회, 1976.

申載洪, 국내외의 독립운동,『한국사론 5 - 근대 - 』, 국사편찬위원회, 1978.

申載洪, 민족운동의 전개,『한국현대사의 전개』, 한국사연구협의회, 1988.

安秉直, 19세기말~20세기초의 사회경제와 민족운동,『창작과 비평』 8 - 4, 1973.

楊萬鼎, 항일독립운동가 高平의 생애와 업적,『전라문화연구』 2, 전라문화연구회, 1988.

柳準基, 한국근대민족운동사와 민족正氣,『西巖趙恒來화갑기념 한국사학논총』, 1992.

尹炳奭 외, 독립운동관계 재판문목록(1),『편사』 4, 국사편찬위원회 편사회, 1972.

尹炳奭, 1910년대 한국독립운동시론,『사학연구』 27, 한국사학회, 1977/『한국근대사론 2』, 지식산업사, 1977.

李求鎔, 주권수호운동(1),『한국사 19 - 대한제국의 종말과 의병항쟁 - 』, 국사편찬위원회, 1976.

李求鎔, 일제침탈에 대한 한국민의 주권수호운동 - 특히 1904 - 05년간을 중심으로 - ,『강원대논문집』 11, 1977.

李圭洙, 朝鮮民衆運動史硏究史論 - 硏究狀況及び展望 - ,『一橋硏究』 11 - 1, 1986.

李達淳, 독립투사의 정치의식에 관한 연구,『학술연구조성비에 의한 연구보고서』(사회과학계 12 - 2), 문교부, 1973.

李達淳, 일제하 독립운동의 정치사적 평가,『한국독립운동과 열강관계』, 한국정치외교사학회, 1985.

李完範, 1940년대 전반기 국내독립운동사 연구 시론,『水邨朴永錫화갑논총 한민족독립운동사논총』, 1992.

李鐘哲, 일제시대 江陵지방 항일운동 연구,『영동문화』5, 관동대 영동문화연구소, 1994.

李炫熙, 민중의 사상과 행동,『정경연구』169, 정경연구소, 1979.

張昇淳, 일제하 瑞山지방의 지역사회운동 연구,『滄海朴秉國정년기념 사학논총』, 1994.

張矢遠, 서평 : 식민지기 조선의 사회와 저항(飯沼二郞 저),『경제사학』6, 1983.

전상숙, 세계대공황기 민족해방운동사 연구동향,『역사와 현실』10, 한국역사연구회, 1993.

정용욱, 남북한 역사학계의 민족해방운동사 인식의 특징,『남북한역사인식비교강의』, 일송정, 1989.

趙東杰, 8·15직전의 독립운동과 그 시련,『해방전후사의 인식 1』, 한길사, 1979.

趙東杰, 독립운동사 연구의 회고와 과제,『정신문화연구』25, 정신문화연구원, 1985.

趙東杰, 일제식민지시대 국내독립운동의 이해와 과제,『일제식민지시대의 민족운동』(한길역사강좌 11), 한길사, 1988.

趙東杰, 1930년대 국내 독립운동,『한국독립운동과 尹奉吉의사』, 1992.

趙芝薰, 한국민족운동사,『한국문화사대계 1』, 고려대 민족문화연구소, 1964.

中塚明, 朝鮮の民族解放鬪爭と大正デモクラシ,『歷史學研究』355, 歷史學研究會, 1969.

池秀傑, 1930년대의 사회화운동,『일제말 조선사회와 민족해방운동』, 한국근현대사회연구회, 1991.

千寬宇, 서평 : 한민족독립운동사연구(박영석 저),『역사학보』93, 1982.

崔根茂, 피침하의 항일운동,『전주교대논문집』, 1978.

崔根茂, 일제하 항일민족운동에 관한 일연구,『논문집』17, 전주교대, 1981.

崔永禧, 민족항일독립운동의 주류,『일제하의 민족운동사』, 고려대 아세아문제연구소, 1971.

崔昌圭, 근대민족운동의 전개,『자유아카데미연구논총』2, 자유아카데미, 1977.

최창무, 조선민족해방운동에 대한 사적 고찰,『력사제문제』6, 1949.

崔洪奎, 수원지방과 항일민족운동의 정신사적 맥락,『기전문화』4, 기전향토문화연구회, 1988.

秋憲樹, 조선민족운동 개관,『동방학지』8, 연세대 동방학연구소, 1967.

秋憲樹, 한국독립운동의 민족정신적 이해,『心村추헌수교수회갑기념논문집 한·중 정치의 전통과 전개』, 대왕사, 1984.

秋憲樹, 자료소개 : 金鉉九著「玉溪金鴻基略傳」,『水邨朴永錫화갑논총 한민족독립운동사논총』, 1992.

韓敬熙, 일제말기의 對韓체육정책과 민족적 항일운동,『논문집』8, 한양여전, 1985.

한국현대사편집위원회, 민족의 저항은 끊이지 않았다 - 통감부에서 새로운 기술문명까지 - ,『한국현대사 3』, 신구문화사, 1969.

洪以燮, 한국독립운동사의 한 과제,『한국사상』10, 한국사상연구회, 1972.

Yun Pyong-sog, Korea's Independence Movement in the 1910's,『Journal of Social Sciences and Humanities』46, The Korean Research Center, Dec. 1977.

(2) 3·1운동

3·1여성동지회,『한국여성독립운동사 - 3·1운동 60주년기념 - 』, 1980.

3·1정신선양회경상북도본부 편간,『3·1운동사』, 1955.

加藤房藏,『朝鮮騷擾の眞相』, 1920.

계림학인,『3·1운동과 대한민국임시정부』, 국민출판사, 1946.

국사편찬위원회, 『한국독립운동사』(2·3), 1966·1967.

국사편찬위원회, 『한국사 21 - 근대 3·1운동 전후의 사회와 경제 - 』, 1978.

국사편찬위원회, 『한민족독립운동사 3』, 1988.

近藤釖一 편, 『萬歲騷擾事件 - 3·1運動 - 』(1~3), 友邦協會 朝鮮史料編纂會, 1964.

궁허전기편찬위원회 편간, 『안악사건과 3·1운동과 나』, 1970.

金南天, 『3·1운동』, 아문각, 1947.

金義煥, 『영남3·1운동사연구』, 독립운동사편찬위원회, 1971.

김준보, 『한국자본주의사연구 1 - 3·1운동과 경제사적 단계규정 - 』, 일조각, 1970.

金鎭鳳, 『3·1운동』(교양국사총서 31), 세종대왕기념사업회, 1977/민족문화협회, 1980.

金亨錫, 『一齋 金秉祚의 민족운동』, 남강문화재단출판부, 1993.

동아일보사, 『3·1운동과 민족통일』, 동아일보사, 1989.

동아일보사 편간, 『3·1운동50주년기념논집』, 1969.

朴慶植, 『朝鮮3·1獨立運動』, 平凡社, 1976.

박은식, 『韓國獨立運動之血史』, 上海 : 유신사, 1920.

裴鎬吉, 『3·1운동실기』, 동아문화사, 1953.

保勳研修院, 『통일을 위한 독립운동사 재조명 - 3·1운동에 대한 북한시각의 분석 - 』, 1994.

사회과학원력사연구소 편, 『3·1운동 40주년기념 론문집』, 1959.

사회과학원력사연구소 편, 『3·1운동 자료집』, 1960.

서울 Y.M.C.A., 『2·8독립선언 70주년기념집』, 1989.

素石學人, 『기미년학생운동의 전모』, 근역출판사, 1946.

愼鏞厦, 『3·1독립운동의 사회사』, 현암사, 1984.

愼鏞厦, 『3·1독립운동』, 독립운동사연구소, 1989.

新人間社 편, 『3·1재현운동지』, 1969.

安秉直, 『3·1운동』(춘추문고 208), 한국일보사, 1975.

淵上福之助, 『朝鮮と33人』, 鹿兒島新聞京城支局, 1933.

吳在植, 『민족대표 33인전』, 동방문화사, 1959.

尹炳奭, 『3·1운동사』(정음문고 100), 정음사, 1975.

義菴孫秉熙선생기념사업회, 『義菴孫秉熙선생전기』, 대한교과서주식회사, 1967.

李根直, 『3·1운동사』, 3·1정신선양회경북본부, 1955.

李炳憲, 『3·1운동비사』, 시사시보사출판국, 1959.

李龍洛, 『3·1운동실록』, 3·1동지회, 1969.

李龍洛 편, 『3·1운동 實錄』, 부산 : 금정, 1994.

李鐘律, 『3·1운동과 민족의 함성』, 인문당, 1984.

李炫熙, 『3·1운동사론』, 동방도서, 1979.

李炫熙, 『3·1독립운동과 임시정부의 법통성』, 동방도서, 1987.

張道斌, 『3·1독립운동사』, 국사원, 1960.

全榮澤, 『柳寬順전』, 익선사, 1948.

鄭光鉉, 『3·1독립운동사』, 법문사, 1978.

조선과학자동맹 편, 『조선3·1운동』, 조선정연사, 1946.

조선과학자동맹 편, 『조선해방과 3·1운동』, 청년사, 1946.

조선일보사 편, 『3·1운동과 대한민국임시정부 수립의 현대적 해석』, 1989.

朝鮮憲兵隊司令部 編,『朝鮮 3・1獨立騒擾事件 - 槪況思想及運動 - 』, 1969.

조종오,『조선최근삼대운동사』, 한성인쇄소, 1946.

중앙일보사 편,『3・1운동주요자료집』, 중앙일보사, 1969.

池中世,『3・1운동 때 외국신문에 나타난 조선』, 신광출판사, 1949.

파이버, 다니엘,『3・1운동의 진상』, 혁신사, 1946.

한국역사연구회・역사문제연구소 편,『3・1민족해방운동연구』, 청년사, 1989.

한국출판문화원,『극비한국독립운동사료총서 - 3・1운동편 - 』(1~12), 한국출판문화원, 1989.

Shabshina, F. I.,『Narodnoe vosstanie 1919 goda v koree』, Moskva, Izd-vo AN SSSR, 1952.

Ku Dae-yeol,『Korean Resistance to Japanese Colonialism - The March First Movement of 1919 and Britain's
　　Role in Its Outcome - 』, London, Ph. D., 1979.

姜德相, 日本帝國主義の3・1運動彈壓政策に關して,『日本史研究』1967.

姜德相, 日本帝國主義の朝鮮支配とロシア革命,『歷史學研究』329, 1967.

姜德相, 3・1運動における'民族代表'と朝鮮人民,『思想』537, 1969.

姜德相, 日本の朝鮮支配と3・1獨立運動,『岩波講座世界歷史 25 - 現代 2 - 』, 1970.

姜德相, 2・8宣言と東京留學生,『季刊三千里』17, 1979.

姜東鎭, 3・1운동 이후의 노동운동,『삼일운동50주년기념논집』, 동아일보사, 1969/『한국근대사론 3』,
　　1977.

康成銀, 3・1運動における民族代表の活動に關する一考察,『朝鮮學報』130, 1989.

강영주, 벽초 홍명희(2) - 3・1운동에서 신간회 운동까지 - ,『역사비평』24, 역사문제연구소, 1994.

姜在彦, 近代朝鮮史上の3・1運動,『近代朝鮮の思想』, 1971.

姜在彦, 思想史からみた3・1運動,『朝鮮史叢』5・6合, 朝鮮史叢編輯委員會, 1982/『식민지시대 한국의
　　사회와 저항』, 백산서당, 1983.

高承濟, 3・1운동 전후 민족자본의 생태분석 - 은행업을 중심으로 - ,『삼일운동50주년기념논집』, 동아일
　　보사, 1969.

高珽烋, 3・1운동과 미국,『3・1민족해방운동연구 - 3・1운동 70주년기념논문집 - 』, 한국역사연구회,
　　1989.

丘冀錫, 3・1운동을 지도한 엘리트연구 - 민족대표 33인의 공판기록을 중심으로 - , 서울대 석사논문,
　　1965.

堀越智, 市民的ナショナリジュム*形成と發展 - アイランドと朝鮮の場合 ,『朝鮮史研究會論文集』5,
　　1968.

宮田節子, 3・1運動について,『朝鮮近代史料研究集成』3, 朝鮮史料研究會, 1960.

宮田節子, 3・1運動の實態とその現代的意義,『歷史評論』157, 1963.

宮田節子, 3・1運動研究における阪谷文書の意義,『駿台史學』14, 1964.

宮田節子, 3・1運動(軍政か民政か) - 朝鮮における民族解放運動 - ,『エコノミスト』46 - 12, 1968.

宮田節子, (文部省の敎科書檢定見解批判)3・1運動・强制連行・創氏改名,『歷史評論』391, 1982.

權大雄, 淸道郡 雲門面의 3・1독립운동,『西巖趙恒來화갑기념 한국사학논총』, 1992.

權丙卓, 3・1운동의 경제적 기반(상),『연구보고서』28(사회과학계), 문교부, 1969.

權丙卓, 3・1운동의 경제적 기반(하) - 토지문제를 중심으로 - ,『산업경제』4, 영남대 산업경제연구소,
　　1970.

金原左門, 3・1運動と日本,『朝鮮史研究會論文集』17, 1980.

吉岡吉典, 植民地朝鮮に於ける1918年 - 米騷動と朝鮮 -,『歷史評論』216, 1968.

吉永長生, 3·1運動を考える,『朝鮮研究』83, 1969.

金光洙, 3·1독립운동에 대한 중국언론계의 반응,『何石金昌洙화갑논총 한국민족독립운동사의 제문제』, 1992.

金南洙, 전북지방의 3·1운동에 대한 연구, 고려대 석사논문, 1988.

金大商, 3·1운동과 학생층,『삼일운동50주년기념논집』, 동아일보사, 1969.

金大商, 3·1운동기 부산지방의 독립운동,『향토부산』2, 1970.

金東和, 3·13 항일독립시위운동에 대하여,『何石金昌洙화갑논총 한국민족독립운동사의 제문제』, 1992.

金東煥, 무오독립선언의 역사적의의,『국학연구』2, 국학연구소, 1988.

金斗憲, 독립선언서의 사상사적검토,『삼일운동50주년기념논집』, 동아일보사, 1969.

김명모·형민, 3·1운동의 경험교훈과 력사적 의의,『력사과학』1962 - 2.

金文子, 3·1運動と金允植 - 獨立請願書事件を中心に -,『寧樂史苑』29, 1984.

김복출, 3·1운동과 기독교회 - 新敎를 중심으로 -, 단국대 석사논문, 1973.

金庠基, 3·1운동이후 해외의 민족운동,『삼일운동50주년기념논집』, 동아일보사, 1969.

金相鉉, 韓龍雲과 공약3장,『동국사학』19·20합, 1986.

金相鉉, 3·1운동에서의 韓龍雲의 역할,『李箕永고희기념논총 불교와 역사』, 한국불교연구원, 1991.

김석규, 3·1운동에 대한 평가,『한국근대의 사회와 사상』, 중원문화사, 1983.

김성식, 외국학생운동과 3·1학생운동과의 비교,『삼일운동50주년기념논집』, 동아일보사, 1969.

김성식, 한국학생운동의 사상적 배경 - 특히 2·8독립선언을 중심으로,『아세아연구』12 - 1, 1969.

金成俊, 3·1운동이전 북간도의 민족교육,『삼일운동50주년기념논집』, 동아일보사, 1969.

김승화, 3·1운동 전야의 국내외 정세,『력사제문제』6, 1949.

김승화, 일본제국주의의 식민지통치의 제1기와 3·1독립운동 ,『력사제문제』6, 1949.

金良善, 3·1운동과 기독교계,『삼일운동50주년기념논집』, 동아일보사, 1969.

金泳謨, 3·1운동의 사회계층 분석,『아세아연구』12 - 1, 고려대 아세아문제연구소, 1969.

金泳鎬, 3·1운동에 나타난 경제적 민족주의,『삼일운동50주년기념논집』, 동아일보사, 1969.

金龍德, 일제의 경제적 수탈과 민요 - 1910~1918 -,『역사학보』41·42, 1969.

金龍德, 3·1운동과 국제환경,『柳洪烈박사화갑기념논총』, 1971.

金源模, 서울에서의 3·1운동 - 신발굴자료 :「조선과 일본」-,『향토서울』49, 서울시사편찬위원회, 1990.

金元錫, 안동지역 3·1운동의 성격,『안동문화』15, 안동대 안동문화연구소, 1994.

金允植, 3·1운동과 문인들의 저항운동 - 문학운동과 정치운동의 관련양상(1) -,『한국독립운동사연구』1, 독립기념관 한국독립운동사연구소, 1987.

金義煥, 3·1운동후 민족독립운동의 성격 - 1920년대 국내운동을 중심으로 -,『논문집』8, 부산공전, 1969.

金義煥, 대구 3·1독립운동의 고찰,『대구사학』7·8합, 1973.

金宗鉉, 1919년 전후 일본경제의 동향,『삼일운동50주년기념논집』, 동아일보사, 1969.

김준보, 3·1운동의 경제사적 의의,『삼일운동50주년기념논집』, 동아일보사, 1969.

김준보, 3·1운동의 시대사적 배경 ,『한국자본주의사 연구』, 일조각, 1974.

김중열, 3·1운동과 노동조직 ,『충청문예』95, 1986.

金鎭鳳, 3·1운동과 민중,『삼일운동50주년기념논집』, 동아일보사, 1969.

金鎭鳳, 3·1운동의 전개,『한국사학』3, 정신문화연구원 사학연구실, 1980.

金鎭鳳, 서울의 3·1운동,『서울육백년사 4』, 서울시사편찬위원회, 1981.

金鎭鳳, 관서지방의 3·1운동,『최영희화갑기념 한국사학논총』, 탐구당, 1987.

金鎭鳳, 호서지방 3·1운동의 성격,『한국독립운동사연구』1, 독립기념관 한국독립운동사연구소, 1987.

金鎭鳳, 3·1운동의 성격,『한국현대사의 전개』, 한국사연구협의회, 1988.

金昌洙, 3·1운동 연구사론,『동국사학』14, 1977.

金昌順, 3·1운동에 대한 소련의 반향,『삼일운동50주년기념논집』, 동아일보사, 1969.

金亨錫, 서북방의 3·1운동, 단국대 석사논문, 1983.

金亨錫, 南岡 李昇薰 연구 - 3·1운동을 중심으로 - ,『동방학지』46·47·48합, 연세대 국학연구원, 1985.

金亨錫, 한국기독교와 3·1운동 - 서북지방의 기독교 민족운동과의 관계를 중심으로 - ,『한국기독교와 민족운동』, 보성, 1986.

金亨錫, 3·1운동과 남강 李昇薰,『南岡 李昇薰과 민족운동』, 남강문화재단, 1988.

金亨錫, 一齋 金秉祚(1877~1947)의 민족운동,『水邨朴永錫화갑논총 한민족독립운동사논총』, 1992.

金鎬逸, 3·1운동,『한국사론 5 - 근대 - 』, 국사편찬위원회, 1978.

金鎬逸, 3·1운동고,『인문학연구』12·13합, 중앙대 인문학연구소, 1986.

南富熙, 3·1운동과 유교계의 성격 - 서당 참가와 관련하여 - ,『경대사론』3, 경남대사학회, 1987.

南富熙, 3·1운동 재판기록과 유교계,『경대사론』4·5, 경남대사학회, 1990.

渡部學, 3·1運動の思想史的位相,『思想』537, 1969.

리청원, 3·1운동과 조선민족해방운동,『력사과학』1955 - 3.

馬三樂(Moffett, S.), 3·1운동과 외국인선교사,『삼일운동50주년기념논집』, 동아일보사, 1969.

馬淵貞利, 第1次大戰期朝鮮農業の特質と3·1運動 - 農業的商品生産と植民地形地主制 - ,『朝鮮史研究會論文集』12, 1975.

馬淵貞利, 現代歷史學における3·1運動,『朝鮮史研究會論文集』17, 朝鮮史研究會, 1980.

文仁鉉, 3·1운동과 개신교지도자 연구,『사총』20, 고려대사학회, 1976.

閔庚培, 3·1운동과 외국선교사들의 관여문제,『동방학지』59, 연세대 국학연구원, 1988.

朴杰淳, 3·1운동기 국내 비밀결사운동에 대한 시론,『한국독립운동사연구』2, 독립기념관 한국독립운동사연구소, 1988.

朴杰淳, 3·1독립선언서 공약3장 기초자를 둘러싼 논의,『한국독립운동사연구』8, 한국독립운동사연구소, 1994.

朴杰淳, 沃坡 李鍾一의 사상과 민족운동,『한국독립운동사연구』9, 독립기념관 한국독립운동사연구소, 1995.

朴慶植, 3·1獨立運動の歷史的前提 - 主體的條件の把握をために - ,『思想』550, 岩波書店, 1970.

朴慶植, 3·1獨立運動研究の諸問題 - 民族主義者の評價について - ,『思想』556, 1970.

朴慶植, 3·1獨立運動研究序說,『未來』43, 1970.

朴慶植, 일본에서의 3·1독립운동,『西巖趙恒來화갑기념 한국사학논총』, 1992.

朴成壽, 3·1운동에 있어서 폭력과 비폭력,『삼일운동50주년기념논집』, 동아일보사, 1969/『한국근대사론 2』, 1977.

朴成壽, 朴殷植의 '血史'에 나타난 3·1운동관,『尹炳奭화갑기념 한국근대사논총』, 1990.

朴成壽, 3·1독립운동에 관한 한일 역사교과서의 기술내용 검토,『何石金昌洙화갑논총 한국민족독립운동사의 제문제』, 1992.

朴成壽, 3·1운동 - 朴殷植의「血史」를 중심으로 - ,『한국의 사회와 문화』20, 정신문화연구원, 1993.

朴秀明, 한국민족주의운동과 그 지향성에 관한 고찰 - 3·1운동을 중심으로 -, 부산대 석사논문, 1971.

朴榮圭, 3·1운동이후 재일한인학생의 독립운동, 『삼일운동50주년기념논집』, 동아일보사, 1969.

박영신, 사회운동으로서 3·1운동의 구조와 과정 - 사회학적 역사인식의 기초작업으로 -, 『현상과 인식』 3 - 1, 한국인문사회과학원, 1979.

朴泳周, 3·1독립운동의 중심지도자 - 남강 李昇薰 편 -, 『논문집』 8, 강남사회복지학교, 1981.

朴容玉, 3·1운동 이전의 여성운동, 『삼일운동50주년기념논집』, 동아일보사, 1969.

박재홍, 3·1운동의 발전적 전개에 관한 일고찰, 서울대 석사논문, 1981.

朴贊勝, 3·1운동의 사상적 기반, 『3·1민족해방운동연구 - 3·1운동 70주년기념논문집 - 』, 한국역사연구회·역사문제연구소, 1989.

朴漢卨, 3·1운동 주도체형성에 관한 고찰, 『삼일운동50주년기념논집』, 동아일보사, 1969.

朴賢緒, 3·1운동과 천도교계, 『삼일운동50주년기념논집』, 동아일보사, 1969.

朴亨杓, 3·1운동 당시 露領의 韓僑, 『삼일운동50주년기념논집』, 동아일보사, 1969.

飯沼二郎, 3·1萬歲事件と日本組合教會, 『人文學報』 34, 京都大, 1972.

方善柱, 在美 3·1운동 총사령관 白一圭의 투쟁일생, 『水邨朴永錫화갑논총 한민족독립운동사논총』, 1992.

方用賢, 3·1運動後のわが民族運動について, 『學術論文集』 3, 朝鮮獎學會, 1973.

白樂濬, 3·1운동까지의 외국인의 대한여론, 『삼일운동50주년기념논집』, 동아일보사, 1969.

白淳在, 3·1운동과 在韓日人의 동향, 『삼일운동50주년기념논집』, 동아일보사, 1969.

白鍾基, 3·1운동에 대한 일본의 군사적 만행과 국제여론의 반향, 『아세아학보』 11, 아세아학술연구회, 1975.

白鍾基, 3·1운동에 대한 일제의 무력탄압과 세계 중요제국의 여론, 『대동문화연구』 19, 성균관대 대동문화연구원, 1985.

白鍾基, 3·1독립운동이 중국의 5·4운동에 미친 충격, 『현암신국주박사화갑기념 한국학논총』, 동국대 출판부, 1985.

볼드윈, 프랭크, 윌슨·민족자결주의·3·1운동, 『삼일운동50주년기념논집』, 동아일보사, 1969.

볼드윈, 프랭크, 3·1운동과 미국선교사, 『한국학 국제학술회의 논문집』, 한국정신문화연구원, 1980.

富田晶, 3·1運動と日本帝國主義, 『近代日本の統治と抵抗 3 - 1911~1931 - 』, 1982.

北山康夫, 朝鮮3·1獨立運動について, 『大阪教育大學紀要』 16 - 2, 1968.

寺延澄子, 日本帝國主義下の朝鮮におけるの教育 - 3·1運動と日本帝國主義の教育政策 -, 『寧樂史苑』 16, 奈良女大史學會, 1968.

山邊健太郎, 3·1運動について(1·2), 『歷史學研究』 184·185, 歷史學研究會, 1955.

山邊健太郎, 3·1運動について, 『朝鮮中國の民族運動と國際環境』, 巖南堂書店, 1967.

成大慶, 3·1운동 시기의 한국노동자의 활동에 대하여, 『역사학보』 41, 역사학회, 1969/『한국근대사론 2』, 지식산업사, 1977.

小島晋治, 3·1運動と5·4運動 - その聯關性 -, 『朝鮮史研究會論文集』 17, 朝鮮史研究會, 1980.

小野信爾, 3·1運動と5·4運動, 『朝鮮史叢』 5·6合, 朝鮮史叢編輯委員會, 1982/『식민지시대 한국의 사회와 저항』, 백산서당, 1983.

邵台新, 中國對韓國'三一運動'的報導與評論, 『西巖趙恒來화갑기념 한국사학논총』, 1992.

孫寶基, 3·1운동에 대한 미국의 반향, 『삼일운동50주년기념논집』, 동아일보사, 1969.

宋建鎬, 3·1운동 후의 민심사 - 동아일보의 지면 분석 -, 『창작과 비평』 10 - 2, 1975.

申國柱, 3·1운동과 일본언론의 반향, 『삼일운동50주년기념논집』, 동아일보사, 1969.

申福龍, 3·1운동사 연구에 있어서의 몇 가지 문제점,『건국대논문집(사회과학편)』3, 1976.

申奭鎬, 3·1운동의 전개 - 2·8독립선언문·3·1독립선언전문 - ,『삼일운동50주년기념논집』, 동아일보사, 1969.

愼鏞廈, 3·1운동의 주체성과 민족자결주의,『한국사상』15, 한국사상연구회, 1977.

愼鏞廈, 3·1운동 발발의 경위 - 초기 조직화단계의 기본과정 - ,『한국근대사론 2』, 1977.

愼鏞廈, 3·1독립운동의 사회사(상·하),『한국학보』30·31, 일지사, 1983.

愼鏞廈, 3·1운동과 그 민족사적 의의,『한국현대사의 제문제 1』, 을유문화사, 1987.

愼鏞廈, 3·1독립운동,『한국민족운동사연구논총』, 영남대출판부, 1988.

愼鏞廈, 3·1운동의 사회·경제적 배경,『국사관논총』1, 국사편찬위원회, 1989.

愼鏞廈, 3·1독립운동의 역사적 동인과 내인·외인론의 제문제,『한국학보』58, 일지사, 1990.

申一澈, 삼일운동의 민족관,『통일정책』3 - 4, 1977.

申一澈, 3·1운동의 역사해석,『한국사상』19, 한국사상연구회, 1982.

安啓賢, 3·1운동과 불교계,『삼일운동50주년기념논집』, 동아일보사, 1969.

安秉直, 3·1운동에 참가한 사회계층과 그 사상,『역사학보』41, 역사학회, 1969.

楊昭全, 現代中朝友誼關係史的開端 - 三一運動和五四運動期間兩國人民相互支援的事實 - ,『世界歷史』1979 - 3.

揚雲, 韓國3·1獨立運動の歷史的背景,『東西文化』9, 1968.

吳世昌, 만세, 독립운동 - 3·1운동 - ,『한국현대사 4』, 신구문화사, 1969.

吳世昌, 滿州 韓人의 3·1 독립운동,『水邨朴永錫화갑논총 한민족독립운동사논총』, 1992.

原口由夫, 3·1運動彈壓事例の研究 - 警務局日次報告の批判的檢討を中心として - ,『朝鮮史研究會論文集』23, 1986.

柳根鎬, 3·1운동과 지식인의 사상,『정경연구』169, 정경연구소, 1979.

兪炳勇, 3·1운동과 한국독립문제에 대한 미국언론의 반향,『김철준박사회갑기념 사학논총』, 간행준비위원회, 1983.

柳璔鉉, 3·1운동의 성격과 해외반향 - 해외신문논조를 중심으로 - ,『부산대개교30주년기념논집』, 1971.

유청하, 3·1운동의 역사적 성격,『한국근대민족운동사』, 돌베개, 1980.

柳洪烈, 3·1운동이후 국내의 민족운동,『3·1운동50주년기념논집』, 동아일보사, 1969.

尹炳奭, 독립운동가요拾遺 - 3·1운동시 불리우던 가요를 중심으로 - ,『편사』1, 국사편찬위원회 편사회, 1967.

尹炳奭, 3·1운동관계 일지,『삼일운동50주년기념논집』, 동아일보사, 1969.

尹炳奭, 3·1운동에 대한 일본정부의 정책,『삼일운동50주년기념논집』, 동아일보사, 1969/『한국근대사론 2』, 1977.

이경자, 3·1운동의 사회사적 분석,『사회학연구』1, 이화여대사회학과, 1962.

李均永, 순천의 3·1만세운동,『동대사학』1, 동덕여대국사학과, 1995.

李侖禧, 3·1운동과 항일여성운동,『경희사학』19, 경희대사학회, 1995.

李萬烈, 기독교와 3·1운동(1),『현상과 인식』3 - 1, 한국인문사회과학원, 1979.

이방웅, 경북지방 3·1운동에 대한 연구, 계명대 석사논문, 1983.

李範錫, 3·1운동에 대한 중국의 반향,『삼일운동50주년기념논집』, 동아일보사, 1969.

李丙燾, 3·1운동의 민족사적 의의,『삼일운동50주년기념논집』, 동아일보사, 1969.

李炳憲, 내가 본 3·1운동의 일단면,『삼일운동50주년기념논집』, 동아일보사, 1969.

李普珩, 3·1운동에 있어서의 민족자결주의의 도입과 이해,『삼일운동50주년기념논집』, 동아일보사,

1969.

李相玉, 3·1운동 당시의 流言,『삼일운동50주년기념논집』, 동아일보사, 1969.

李相一, 雲養 金允植과 3·1運動,『태동고전연구』 10, 한림대 태동고전연구소, 1993.

李瑄根, 3·1운동을 전후한 일본 對韓식민정책의 변모과정,『삼일운동50주년기념논집』, 동아일보사, 1969.

李聖根, 韓國の3·1獨立運動が中國の5·4愛國運動におよぼしたインペクト,『新韓學報』 15, 東京, 1969/『韓』 33, 1974.

李英俠, 3·1운동을 전후한 일본자본주의와 한국,『삼일운동50주년기념논집』, 동아일보사, 1969.

李玉, 3·1운동에 대한 불, 영의 반향,『삼일운동50주년기념논집』, 동아일보사, 1969.

李龍範, 3·1운동에 대한 중국의 반향,『삼일운동50주년기념논집』, 동아일보사, 1969.

李源鈞, 3·1운동 당시 영남유림의 활동,『부대사학』 4, 부산대사학회, 1980.

이원설, The Post 'Samil' Generation Leadership in Korea,『경희사학』 4, 경희대사학회, 1973.

李元植, 韓國三一運動的歷史背景,『東亞文化』 9, 1968.

李潤相, 평안도지방의 3·1운동,『3·1민족해방운동연구 - 3·1운동70주년기념논문집 - 』, 한국역사연구회·역사문제연구소, 1989.

이윤상·이지원·정연태, 3·1운동의 전개과정과 참가계층,『3·1민족해방운동연구』, 청년사, 1989.

李在國, 3·1獨立運動の今日的意義,『統一評論』 202, 1982.

李廷銀, 安城郡 元谷·陽城의 3·1운동,『한국독립운동사연구』 1, 독립기념관 한국독립운동사연구소, 1987.

李廷銀, 昌寧郡 靈山의 3·1운동,『한국독립운동사연구』 2, 독립기념관 한국독립운동사연구소, 1988.

李廷銀, 경남 陜川의 3·1운동,『한국독립운동사연구』 3, 한국독립운동사연구소, 1989.

李廷銀, 3·1운동의 지방확산 배경과 성격,『한국독립운동사연구』 5, 독립기념관 한국독립운동사연구소, 1991.

이정은, 3·1운동기 학생층의 선전활동,『한국독립운동사연구』 7, 한국독립운동사연구소, 1993.

이정은, 화성군 장안면·우정면 3·1운동,『한국독립운동사연구』 9, 독립기념관 한국독립운동사연구소, 1995.

이지원, 경기도지방의 3·1운동,『3·1민족해방운동연구 - 3·1운동70주년기념논문집 - 』, 한국역사연구회·역사문제연구소, 1989.

이지원, 3·1운동,『한국사 15』, 한길사, 1994.

李喆輝, 襄陽지방 3·1만세운동의 연구,『영동문화』 4, 관동대 영동문화연구소, 1992.

李兌榮, 3·1운동 이후의 여성운동,『삼일운동50주년기념논집』, 동아일보사, 1969.

李鉉淙, 서평 : 3·1운동사론(이현희 저),『동국사학』 14, 1980.

李炫熙, 3·1운동 재판기록을 통해서 본 천도교대표들의 태도분석,『한국사상』 12, 한국사상연구회, 1974.

李炫熙, 3·1독립운동에 관한 연구 - 특희 그 배경과 민중연합과정을 중심으로 - ,『성신여대논문집』 12, 성신여대출판부, 1979.

李炫熙, 역사적으로 본 3·1운동,『신인간』 365, 신인간사, 1979.

李炫熙, 한국여성의 항일투쟁과 일제의 탄압고 - 3·1운동시의 여성항쟁을 중심으로 - ,『사학연구』 31, 한국사학회, 1980.

日本朝鮮研究所, 3·1獨立運動と日本人,『朝鮮研究特輯』 83, 1969.

長久保宏人, 2·8獨立宣言への道 - 1910年代後半の在日朝鮮人留學生運動 - ,『福大史學』 29, 福島大,

1980.

長久保宏人, 2・8宣言から3・1獨立運動へ－ソウルを舞臺とした朝鮮人日本留學生の動きを中心に－,
　　『福大史學』31, 福島大, 1981.

張龍鶴, 3・1운동의 발달경위에 대한 고찰,『삼일운동50주년기념논집』, 동아일보사, 1969.

全寶三, 韓龍雲의 3・1독립정신에 관한 일고찰,『伽山李智冠화갑논총 한국불교문화사상사(하)』, 1992.

田鳳德, 서평 : 판례로 본 3・1운동사(정광현 저),『법사학연구』5, 1979.

전우용, 3・1운동 관계 주요 자료・논저 목록,『3・1민족해방운동연구』, 청년사, 1989.

田中美智子, 3・1運動と日本人－日本國內の新聞報道をめぐって－,『朝鮮史研究會論文集』21, 朝鮮
　　史研究會, 1984.

鄭光鉉, 3・1운동관계 피검자에 대한 적용법령,『삼일운동50주년기념논집』, 동아일보사, 1969.

鄭珖鎬, 3・1운동이후의 민족운동과 외세,『삼일운동50주년기념논집』, 동아일보사, 1969.

鄭世鉉, 3・1항쟁기의 한국학생운동,『논문집』8, 숙명여대, 1968.

鄭世鉉, 학생운동으로 본 3・1운동과 중국의 5・4운동,『삼일운동50주년기념논집』, 동아일보사, 1969.

鄭世鉉, 3・1학생독립운동,『항일학생민족운동사연구』, 1975/『한국근대사론 2』, 1977.

鄭然泰, 경남지방의 3・1운동,『3・1민족해방운동연구－3・1운동70주년기념논문집－』, 한국역사연구회
　　・역사문제연구소, 1989.

丁堯燮, 3・1운동과 여성,『삼일운동50주년기념논집』, 동아일보사, 1969/『한국근대여성연구』, 숙명여대
　　아세아여성문제연구소, 1987.

鄭容郁, 3・1운동에 나타난 노동자・농민의 진출,『역사비평』4, 역사문제연구소, 1989.

趙璣濬, 경제사에서 보는 한국근현대사 문제,『국사관논총』50, 국사편찬위원회, 1993.

趙東杰, 3・1운동의 지방사적 성격－강원도지방을 중심으로－,『역사학보』47, 역사학회, 1970.

趙東杰, 3・1운동 때 지방민의 참여문제－양양・강릉의 경우－,『논문집』9, 춘천교대 학술연구회, 1971.

趙東杰, 독립운동의 지도이념－3・1운동 이후 변화상의 의미와 맥락－,『석우논문집』3, 춘천교대, 1975.

趙東杰, 임시정부 수립을 위한 1917년의 ‘대동단결선언’,『한국학논총』9, 국민대, 1987.

趙東杰, 3・1운동 전후 한국지성의 성격,『尹炳奭화갑기념 한국근대사논총』, 1990.

조병창, 수원지방을 중심으로 한 3・1운동 소고, 단국대 석사논문, 1972.

趙英烈, 한국독립운동과 在韓선교사들의 동향－3・1운동기를 중심으로－,『水邨朴永錫화갑논총 한민
　　족독립운동사논총』, 1992.

趙容萬, 독립선언서의 성립경위,『삼일운동50주년기념논집』, 동아일보사, 1969.

趙載福, 3・1운동에 나타난 萬海 韓龍雲의 구국사상, 원광대 석사논문, 1984.

趙恒來, 서평 : 3・1운동사론(이현희 저),『한국사상』17, 1980.

趙恒來, 3・1독립선언서의 이념적 배경,『汕耘史學』5, 산운학술문화재단, 1991.

趙恒來, 大韓獨立宣言書 發表時期의 經緯,『三均主義연구논집』13, 삼균학회, 1993.

中塚明, 日本帝國主義と朝鮮－三一運動と文化政治－,『日本史研究』83, 1966, 3.

池秀傑, 3・1운동의 역사적 의의와 오늘의 교훈,『3・1민족해방운동연구』, 한국역사연구회・역사문제연
　　구소, 1989.

池川英勝, 3・1運動에 對한 一考察－指導者와 民衆－, 서울대 석사논문, 1970.

陳德奎, 3・1운동의 민족주의적 인식,『외대』15, 외국어대, 1980.

車基璧, 식민지 독립운동으로서의 3・1운동의 비교론적 고찰,『현상과 인식』3－1, 한국인문사회과학원,
　　1979.

車文燮, 3・1운동을 전후한 受爵者와 친일한인의 동향,『삼일운동50주년기념논집』, 동아일보사, 1969.

千寬宇, 민중운동으로 본 3·1운동, 『삼일운동50주년기념논집』, 동아일보사, 1969/『한국근대사론 2』, 지식산업사, 1977.

千寬宇, 3·1운동연구사론, 『문학과 지성』 35, 문학과 지성사, 1979.

崔永植, 3·1운동 이후의 민족언론, 『삼일운동50주년기념논집』, 동아일보사, 1969.

崔永浩, 북한에서의 3·1운동평가, 『西巖趙恒來화갑기념 한국사학논총』, 1992.

崔永禧, 3·1운동에 이르는 민족독립운동원류, 『삼일운동50주년기념논집』, 동아일보사, 1969/『한국근대사론 2』, 1977.

崔永禧, 3·1운동, 『한국사 21 - 3·1운동 전후의 사회와 경제 - 』, 국사편찬위원회, 1976.

崔龍水, 조선 3·1운동과 중국 5·4운동의 비교 - 중국사료를 중심으로 하여 - , 『국사관논총』 49, 국사편찬위원회, 1993.

최익한, 3·1운동의 력사적 의의에 대한 재고찰, 『력사제문제』 6, 1949.

崔埈, 3·1운동과 언론의 투쟁, 『삼일운동50주년기념논집』, 동아일보사, 1969.

崔昌圭, 근대민족운동의 전개, 『자유아카데미연구논총』 2, 자유아카데미, 1977.

崔炯鍊, 3·1운동과 중앙학교, 『삼일운동50주년기념논집』, 동아일보사, 1969.

韓基彦, 私學의 발전과 3·1운동 - 私學정신과 교육을 통한 민족독립의 시도 - , 『아세아연구』 12 - 1, 고려대 아세아문제연구소, 1969.

한막스, 소련에서의 3·1독립운동에 대한 인식, 『何石金昌洙화갑논총 한국민족독립운동사의 제문제』, 1992.

韓詩俊, 3·1운동과 대한민국임시정부, 『水邨朴永錫화갑논총 한민족독립운동사논총』, 1992.

韓沽劤, 3·1운동의 역사적 배경, 『삼일운동50주년기념논집』, 동아일보사, 1969.

許善道, 3·1운동과 유교계, 『삼일운동50주년기념논집』, 동아일보사, 1969.

洪淳鈺, 漢城·上海·露領 임시정부의 통합과정, 『삼일운동50주년기념논집』, 동아일보사, 1969.

洪以燮, 3·1운동의 사상사적 위치, 『삼일운동50주년기념논집』, 동아일보사, 1969.

洪一植, 3·1독립선언서 연구, 『한국독립운동사연구』 3, 한국독립운동사연구소, 1989.

和田春樹, 非暴力革命と抑壓民族 - 日本人にとつての3·1運動 - , 『展望』 213, 筑摩書房, 1976.

黃富淵, 충북지방의 3·1운동, 『충북사학』 1, 1987.

黃善嬉, 천도교의 人乃天사상과 3·1운동 연구, 『水邨朴永錫화갑논총 한국사학논총(하)』, 1992.

Kim Yong-mo, The Samil Independence Movement Viewed from the Socio-historical Context, 『Korea Journal』 Vol. 19 No. 3, The Korean National Commission for Unesco, March 1979.

Shin Yong-ha, Re-evaluation of Samil Independence Movement, 『Korea Journal』 Vol. 19 No. 3, The Korean National Commission for Unesco, March 1979.

(3) 임시정부·광복군

姜海公, 『광복군혈투사』, 대동청년단, 1948.

계림학인, 『3·1운동과 대한민국임시정부』, 국민출판사, 1946.

국회도서관, 『대한민국임시정부 의정원문서』, 1974.

金夕影, 『신익희선생의 일대기』, 早稻田大學동창회, 1956.

金錫營, 『조국광복의 대인 - 대한민국 임시정부 주석 石吾 李東寧 일대기 - 』, 진명문화사, 1995.

金河璟 편, 『대한독립운동과 임시정부투쟁사』, 계림사, 1946.

金喜坤·韓相禱·韓詩俊·兪炳勇, 『대한민국임시정부의 좌우합작운동』, 한울, 1995.

盧景彩, 『한국독립당연구』, 고려대 박사논문, 1992.

大韓民國在鄕軍人會, 『광복군전사』, 기문당, 1993.

독립운동사편찬위원회, 『임시정부사 4』, 1972.

沐濤·孫志科 著, 趙一文 역, 『피어린 27년 대한민국 임시정부』, 건국대출판부, 1994.

民心社 편, 『성립당시 재상해 대한민국임시정부의 내용』, 1945.

朴啓周·郭鶴松, 『己未독립운동 - 상해시대 - 』, 삼중당, 1962.

朴英晚, 『광복군』(상·하), 협동출판사, 1967.

孫世一, 『李承晩과 김구』, 일조각, 1970.

宋建鎬, 『金九』, 한길사, 1980.

嚴恒燮, 『김구선생혈투사』, 국제문화협회, 1947.

吳蘇白, 『인간 김구』, 국제문예사, 1949.

尹在賢, 『우리 임시정부』, 광창각, 1923.

李康勳, 『대한민국임시정부사』(서문문고 194), 서문당, 1975.

李延馥, 『대한민국 임시정부(1919~1948) 연구』, 경희대 박사논문, 1983.

李炫熙, 『대한민국 임시정부사』, 집문당, 1982.

李炫熙, 『3·1독립운동과 임시정부의 법통성』, 동방도서, 1987.

李炫熙, 『임정과 李東寧연구』, 일조각, 1989.

李炫熙, 『대한민국임시정부』, 한국민족운동사연구회, 1991.

임시정부, 『대한민국임시정부에 관한 참고문건』, 1946.

정신문화연구원, 『한국독립운동사자료집 - 중국인사 증언 - 』, 1983.

정신문화연구원, 『대한민국임시정부외교사』, 1992.

中央硏究院近代史硏究所 編, 『國民政府與韓國獨立運動史料』, 1988.

崔鍾健, 『대한민국임시정부 문서집람』, 지인사, 1976.

秋憲樹, 『대한민국임시정부사』, 독립운동사연구소, 1989.

韓詩俊, 『韓國光復軍연구』, 일조각, 1993.

―――, 「항전별곡」, 『三均主義연구논문집』 8, 1986.

―――, 대동단결의 선언문, 『三均主義연구논문집』 8, 1986.

―――, 대한민국임시정부 외무부문서, 『三均主義연구논문집』 8, 1986.

姜大敏, 宵海 張建相의 생애와 민족독립운동, 『문화전통논집』 1, 경성대 향토문화연구소, 1993.

강만길, 민족주의, 삼균주의, 조소앙, 『한국근대민족운동사론』, 한길사, 1985.

姜炳文, 상해 임시정부계 「독립신문」의 창간과 사상, 『李元淳정년기념 역사학논총』, 1991.

高永一, 대한민국 임시정부를 논함, 『水邨朴永錫화갑논총 한민족독립운동사논총』, 1992.

權寧建, 대한민국 임시정부와 서구 민주주의 - 그 수용 및 변질과정을 중심으로 - , 『논문집』 6, 안동대, 1984.

權寧建, 대한민국 임시정부와 三均主義 - 채택 배경 및 과정과 한계성을 중심으로 - , 『三均主義연구논집』 12, 삼균학회, 1992.

權寧厚, 李承晩과 대한민국 임시정부(1919~1925), 단국대 석사논문, 1988.

金光彦, 한국광복군 제3지대의 작전개요, 『水邨朴永錫화갑논총 한민족독립운동사논총』, 1992.

金國柱, 나의 光復軍시절 체험기, 『水邨朴永錫화갑논총 한민족독립운동사논총』, 1992.

金得柱, 대한민국임시정부의 국제적 지위, 『아세아학보』 11, 아세아학술연구회, 1975.

金榮範, 한국광복군 간행 「광복」의 독립운동론, 『한국독립운동사연구』 1, 독립기념관 한국독립운동사연구소, 1987.

金榮秀, 대한민국 임시정부헌법의 정통의식에 관한 연구, 『논문집』 6, 충남대 법률행정연구소, 1979.

金榮秀, 대한민국임시정부헌법의 특성과 그 정통의식에 관한 연구, 『성균관대논문집』 31, 성균관대, 1982.

金龍國, 대한민국임시정부의 성립과 초기의 활동, 『삼일운동50주년기념논집』, 동아일보사, 1969.

김용신, 조소앙, 삼균주의의 역사적 위치, 『사총』 23, 1979.

金祐銓, 한국광복군과 미국 O. S. S.의 공동작전에 관한 연구, 『水邨朴永錫화갑논총 한민족독립운동사논총』, 1992.

金祐銓, O.S.S. 特工作用 한글암호표 WK KOREAN CODE TABLE(A)(B), 『한국독립운동사연구』 9, 독립기념관 한국독립운동사연구소, 1995.

金宇鍾, 白凡의 독립운동과 통일노선, 『白凡연구』 3, 백범金九기념사업협회, 1987.

金麟坤·申仁恒, 상해임시정부의 수립경위, 『사회과학』 4, 경북대사회과학대, 1985.

金昌洙, 서평 : 대한민국임시정부사(이현희 저), 『한국사상』 20, 1985.

金鎬逸, 대한민국임시정부의 교육사상 - 건국강령에 나타난 三均主義를 중심으로 - , 『한국사론 10 - 대한민국임시정부 - 』, 국사편찬위원회, 1981.

金喜坤, 1920년대의 임시정부 외곽단체, 『경북사학』 4, 경북대사학과, 1982.

金喜坤, 대한민국 임시의정원의 성격 - 1919년 정부수립기를 중심으로 - , 『한국민족운동사연구』 5, 한국민족운동사연구회, 1991.

金喜坤, 대한민국 임시정부 연구의 성과와 과제, 『한국근현대사연구』 3, 한국근현대사연구회, 1995.

金喜坤, 서평 : 한국광복군연구(韓詩俊 저), 『역사학보』 145, 역사학회, 1995.

盧景彩, 한국독립당의 결성과 그 변천, 『역사와 현실』 1, 한국역사연구회, 1989.

朴萬圭, 三均主義 정립의 민족운동사적 배경 고찰 - 安昌浩와 趙素昻을 중심으로 - , 『변태섭박사화갑기념 사학논총』, 삼영사, 1985.

朴成壽, 한국광복군에 대하여 - 소위 準繩九項을 중심으로 - , 『백산학보』 3, 백산학회, 1967/『한국근대사론 2』, 1977.

朴成壽, 망명지의 정규군 - 광복군 - , 『한국현대사 5』, 신구문화사, 1969.

朴成壽, 石吾 李東寧의 독립사상, 『如山柳炳德화갑기념 한국철학종교사상사』, 1990.

朴永錫, 대한민국임시정부와 국민대표회의 - 서간도지역 독립운동단체 참여와 관련하여 - , 『한국사론 10』, 국사편찬위원회, 1981.

朴永錫, 晚悟 洪震 연구, 『국사관논총』 18, 국사편찬위원회, 1990.

潘炳律, 대한국민의회와 상해임시정부의 통합정부 수립운동, 『한국민족운동사연구』 2, 한국민족운동사연구회, 1988.

裴慶植, '反韓獨黨 세력'의 重慶臨時政府개조운동과 해방후 과도정권수립구상, 성균관대 석사논문, 1995.

孫世一, 대한민국임시정부의 정치지도체계, 『삼일운동50주년기념논집』, 동아일보사, 1969/『한국근대사론 2』, 1977.

孫春日, 上海臨時政府와 中國共産黨창건의 초기활동(1919년 9월~1921년 7월), 『백산학보』 42, 백산학회, 1993.

宋建鎬, 항일독립운동기의 인물 연구 - 金奎植의 일생 - , 『국사관논총』 18, 국사편찬위원회, 1990.

申基碩, 대한민국임시정부의 국제적지위, 『삼일운동50주년기념논집』, 동아일보사, 1969.

申基碩, 임정수립전후의 해외독립운동,『霞汀徐廷德교수화갑기념학술논총』, 1970.
申福龍, 대한민국임시정부와 金九,『한국사론 10 - 대한민국임시정부 - 』, 국사편찬위원회, 1981.
申榮祐, 상해 임시정부 민족주의 계열의 독립사상 연구, 연세대 석사논문, 1980.
申載洪, 대한민국임시정부의 외교활동 - 구미외교를 중심으로 - ,『사학연구』 22, 한국사학회, 1973.
申載洪, 대한민국 임시정부 외교사연구,『사학연구』 29, 한국사학회, 1979.
申載洪, 대한민국임시정부와 구미와의 관계,『한국사론 10 - 대한민국임시정부 - 』, 국사편찬위원회, 1981.
申載洪, 제2차세계대전기 대한민국임시정부의 對歐美외교활동,『水邨朴永錫화갑논총 한민족독립운동사논총』, 1992.
申載洪, 세계2차대전기 臨政의 外交活動史,『배달문화』 12, 민족사바로찾기국민회의, 1994.
신춘식, 상해 임시정부 인식에 문제있다 ,『역사비평』 2, 1988.
安秉煜, 대한민국임시정부와 安昌浩,『한국사론 10 - 대한민국임시정부 - 』, 국사편찬위원회, 1981.
안준섭, 대한민국임시정부하의 후기좌우합작,『한국의 근대국가형성과 민족문제』(한국사회사연구회논문집 1), 문학과 지성사, 1986.
양영석, 대한민국 임시의정원연구 1919~1925,『한국독립운동사연구』 1, 독립기념관 한국독립운동사연구소, 1987.
양영석, 위임통치청원(1919)에 관한 고찰 - 그 비판과 반론 - ,『한국학보』 49, 1987.
양영석, 대한민국 임시의정원연구 1925~1945,『한국독립운동사연구』 2, 독립기념관 한국독립운동사연구소, 1988.
吳世昌, 광복의 상징 - 상해임시정부 - ,『한국현대사 5』, 신구문화사, 1969.
吳世昌, 대한민국임시의정원의 역할,『한국사론 10 - 대한민국임시정부 - 』, 국사편찬위원회, 1981.
兪進善, 대한민국 임시정부의 교통국과 연통제연구, 영남대 석사논문, 1988.
尹世遠, 白凡의 정치사상과 통일노선,『白凡연구』 3, 백범金九기념사업협회, 1987.
李延馥, 초기의 대한민국임시정부 - 대한민국임시정부의 성립과정(상 · 하) - ,『경희사학』 1 · 2, 1970.
李延馥, 대한민국임시정부의 교통국과 연통제,『한국사론 10 - 대한민국임시정부 - 』, 국사편찬위원회, 1981.
李延馥, 대한민국임시정부의 수립과 그 변천(상 · 하),『경희사학』 9 · 10합, 11, 경희대사학회, 1982 · 1983.
李延馥, 대한민국임시정부와 사회문화운동 - 독립신문의 사설분석 - ,『사학연구』 37, 한국사학회, 1983.
李延馥, 서평 : 대한민국임시정부사(이현희 저),『정신문화연구』 1983년 여름호.
李延馥, 대한민국 임시정부와 丹齋,『申采浩의 사상과 민족독립운동』, 단재신채호선생기념사업회, 1986.
李延馥, 대한민국임시정부 駐華대표단에 대하여 - 자료소개를 겸하여 - ,『경희사학』 14, 1987.
李延馥, 대한민국임시정부의 군사활동,『한국독립운동사연구』 3, 한국독립운동사연구소, 1989.
李延馥, 南坡 朴贊翊 연구,『국사관논총』 18, 국사편찬위원회, 1990.
李延馥, 대한민국 임시정부의 對蘇외교,『水邨朴永錫화갑논총 한민족독립운동사논총』, 1992.
李愚振, 임정의 파리강화회의 외교,『한불외교사 1886~1986』, 평민사, 1987.
李鍾學, 대한민국 임시정부 군사제도에 대한 연구,『아세아학보』 11, 아세아학술연구회, 1975.
李鍾學, 대한민국임시정부의 군사활동,『한국사론 10 - 대한민국임시정부 - 』, 국사편찬위원회, 1981.
李鉉淙, 광복군연합대의 인도파견과 활동상황,『아세아학보』 11, 아세아학술연구회, 1975.
李炫熙, 국민대표회의 소집문제 - 통일적 민족단합운동의 시도 - ,『백산학보』 18, 백산학회, 1975.
李炫熙, 식민정치, 대한민국임시정부의 정책,『한국사론 5 - 근대 - 』, 국사편찬위원회, 1978.

李炫熙, 대한민국 임시정부를 통해 본 민족의식의 성장 - 그 초기의 구국운동과 민족사상을 중심으로 -, 『인문과학연구』 1, 성신여대 인문과학연구소, 1981.

李炫熙, 대한민국임시정부의 지도체제, 『한국사론 10 - 대한민국임시정부 - 』, 국사편찬위원회, 1981.

李炫熙, 3·1민주혁명후 임시정부의 성립과 그 성격 - 민주체제형성의 추진 -, 『역사교육』 30·31합, 역사교육연구회, 1982.

李炫熙, 대한민국임시정부와 광복군의 작전, 『군사』 5, 국방부 전사편찬위원회, 1982.

李炫熙, 대한민국 임시정부의 정통성문제 검토 - 민주공화정부수립의 헌정사적 질서 -, 『정신문화연구』 17, 정신문화연구원, 1983.

李炫熙, 白凡의 독립운동과 임정의 법통성 - 임정의 수립과 백범의 위치 -, 『백범연구』 1, 백범金九선생기념사업협회, 1985.

李炫熙, 대한민국임시정부의 지도제와 통치성 - 白凡 金九의 독립이념과 정책을 중심으로 -, 『현암신국주박사화갑기념 한국학논총』, 동국대출판부, 1985.

李炫熙, 대한민국임시정부와 李東寧의 위상, 『노산유원동박사화갑기념논총 한국근대사회경제사연구』, 정음문화사, 1985.

李炫熙, 대한민국임시정부의 수립계획과 천도교 - 천도고의 臨政수립시말과 구국운동 -, 『한국사상』 20, 한국사상연구회, 1985.

李炫熙, 石吾 李東寧의 독립운동과 임시정부의 정책병략, 『동양학』 15, 단국대 동양학연구소, 1985.

李炫熙, 대한민국 임시정부의 외교정책과 그 실제, 『동국사학』 19·20합, 1986.

李炫熙, 대한민국 임시정부의 외교정책 연구 - 구미·스와의 외교정책을 중심으로 -, 『한국사학』 7, 정신문화연구원, 1986.

李炫熙, 대한민국 임시정부의 민족사적 정통성, 『한국현대사의 제문제 1』, 을유문화사, 1987.

李炫熙, 한국독립당의 독립운동과 白凡, 『白凡연구』 3, 백범金九기념사업협회, 1987.

李炫熙, 대한민국임시정부 법통성에 관한 연구 - 민족단일세력의 집중화문제 -, 『又仁金龍德정년기념 사학논총』, 1988.

李炫熙, 한국독립운동사상의 삼균주의와 한국독립당 - 素昻과 관련하여 -, 『三均主義연구논집』 10, 삼균학회, 1988.

李炫熙, 천도교의 대한민간정부 수립 시말 - 서울지방의 민간정부 수립 의지 -, 『향토서울』 48, 서울시사편찬위원회, 1989.

李炫熙, 1920년대 '臨政'의 지도제와 그 성격, 『尹炳奭화갑기념 한국근대사논총』, 1990.

李炫熙, 大倧敎의 광복투쟁과 임정주석 李東寧, 『如山柳炳德화갑기념 한국철학종교사상사』, 1990.

李炫熙, 韓國臨時政府與韓中聯合抗日鬪爭 - 1920年代的韓中親善運動 -, 『韓國學報』 9, 臺北 : 臺灣韓國研究學會, 1990.

李炫熙, 일제하 대한민국 임시정부 연구, 『한국의 사회와 문화』 14, 정신문화연구원, 1990.

李炫熙, 李東寧의 革命家像 연구, 『汕耘史學』 5, 산은학술문화재단, 1991.

李炫熙, 重慶臨政과 한국광복군 연구 - 그 성립과 편제 -, 『군사』 22, 국방부 전사편찬위원회, 1991.

李炫熙, 한성임시정부의 수립과 민족운동, 『향토서울』 50, 서울시사편찬위원회, 1991.

李炫熙, 대한민국임시정부와 李裕弼연구, 『국사관논총』 47, 국사편찬위원회, 1993.

李炫熙, 上海時代의 臨政과 민족통일전선운동 - 좌우합작운동의 시도를 중심으로 -, 『쟁점 한국근현대사』 4, 한국근대사연구소, 1994.

李炫熙, 대한민국 임시정부의 대중국 외교정책 연구, 『한민족과 북방과의 관계사 연구』, 정신문화연구원, 1995.

任桂淳, 대한민국 임시정부에 대한 중국정부의 지원, 『한국사학』 8, 정신문화연구원, 1986.

張錫興, 대한독립애국단연구, 『한국독립운동사연구』 1, 독립기념관 한국독립운동사연구소, 1987.

張世胤, 중일전쟁기 대한민국 임시정부의 대중국외교 - 광복군문제를 중심으로 - , 『한국독립운동사연구』 2, 독립기념관 한국독립운동사연구소, 1988.

張乙炳, 조국통일을 위한 이념정립과 三均主義, 『三均主義연구논집』 12, 삼균학회, 1992.

程崇美, 韓國光復軍史料選譯, 『國史館館刊』 復刊第6期, 臺北 : 國史館, 1989.

趙東杰, 대한민국 임시정부, 『한국사 21 - 3 · 1운동전후의 사회와 경제 - 』, 국사편찬위원회, 1976.

趙東杰, 대한민국임시정부의 조직, 『한국사론 10 - 대한민국임시정부 - 』, 국사편찬위원회, 1981.

趙東杰, 대한민국 임시정부의 조직과 변천, 건국대 석사논문, 1981.

趙東杰, 임시정부수립을 위한 1917년의 대동단결선언, 『한국학논총』 9, 국민대 한국학연구소, 1987.

趙凡來, 한국독립당 연구 1919~1945, 『한국민족운동사연구』 2, 한국민족운동사연구회, 1988.

趙凡來, 상해 한국독립당의 조직변천과 활동에 대하여, 『한국독립운동사연구』 3, 한국독립운동사연구소, 1989.

趙凡來, 재건 한국독립당 연구, 『한국독립운동사연구』 5, 한국독립운동사연구소, 1991/『三均主義연구논집』 12, 1992.

趙一文, 임시정부의 법통계승에 관하여, 『三均主義연구논집』 13, 삼균학회, 1993.

趙恒來, 서평 : 대한민국임시정부사(이현희 저), 『한국사연구』 41, 1983.

趙恒來, 항일독립운동의 맥락에서 본 韓國軍의 정통성, 『한국민족운동사연구』 6, 한국민족운동사연구회, 1992.

崔埈, 대한민국임시정부의 언론활동, 『한국사론 10 - 대한민국임시정부 - 』, 국사편찬위원회, 1981.

秋憲樹, 臨政과 三均主義에 관한 소고, 『교육논집』 6, 연세대교육대학원, 1973.

秋憲樹, 한국임시정부의 외교에 관한 고찰, 『연세논총』 10, 연세대대학원, 1973.

秋憲樹, 중일전쟁과 임정의 군사활동, 『아세아학보』 11, 아세아학술연구회, 1975.

秋憲樹, 대한민국 임시정부의 정치사적 의의, 『한국사학』 3, 정신문화연구원 사학연구실, 1980.

秋憲樹, 대한민국임시정부와 중국과의 관계, 『한국사론 10 - 대한민국임시정부 - 』, 국사편찬위원회, 1981.

韓相禱, 金九의 한인군관학교(1934~35)의 운영과 그 입교생 - 중국내 한국독립운동의 계열화 과정과 관련 - , 『한국사연구』 58, 1987.

韓相禱, 金九의 항일특무조직과 활동(1934~1935) - 중국중앙육군군관학교 입교생 모집활동을 중심으로 - , 『한국민족운동사연구』, 1989.

韓相禱, 대한민국 임시정부의 초기 군사활동과 在滿獨立軍, 『西巖趙恒來화갑기념 한국사학논총』, 1992.

韓相禱, 黃埔軍官학교와 韓人독립운동, 『국사관논총』 41, 국사편찬위원회, 1993.

韓詩俊, 대한민국임시정부의 광복후 민족국가 건립론 - 대한민국건국강령을 중심으로 - , 『한국독립운동사연구』 3, 1989.

韓詩俊, 상해한국독립당연구, 『龍巖車文燮화갑기념 사학논총』, 1989.

韓詩俊, ‘重慶한국독립당’의 성립배경 및 과정, 『尹炳奭화갑기념 한국근대사논총』, 1990.

韓詩俊, 3 · 1운동과 대한민국임시정부, 『水邨朴永錫화갑논총 한민족독립운동사논총』, 1992.

韓詩俊, ‘上海韓國獨立黨’연구, 『三均主義연구논집』 12, 삼균학회, 1992.

韓詩俊, 中國의 軍官학교를 통한 군사간부 양성, 『西巖趙恒來화갑기념 한국사학논총』, 1992.

韓詩俊, 韓國獨立黨의 변천과 성격, 『中齋張忠植화갑논총(역사학편)』, 1992.

韓詩俊, 한국광복군의 창설배경, 『동양학』 22, 단국대 동양학연구소, 1992.

韓詩俊, ‘重慶韓國獨立黨’의 성립배경 및 과정,『三均主義연구논집』12, 삼균학회, 1992.

韓詩俊, 한국광복군과 중국군사위원회와의 관계,『국사관논총』47, 국사편찬위원회, 1993.

韓詩俊, 중경시대 임시정부와 통일전선운동,『쟁점 한국근현대사』4, 한국근대사연구소, 1994.

韓詩俊, 한국광복군 支隊의 편성과 조직,『사학지』28, 단국대사학회, 1995.

韓沽劤, 해설 : 상해임시정부 한국독립선언문 - 자료(2) - ,『역사학보』22, 역사학회, 1964.

韓興壽, 임시정부 빠리위원부 통신국이 발행한 월간지 LA COREE LIBRE(1920~21)에 대하여,『한불연
     구』8, 연세대 한불문화연구소, 1991.

胡春惠, 韓國獨立運動在中國,『中華民國史料研究中心』, 中國, 1976.

洪淳鈺, 漢城・上海・露領 임시정부의 통합과정,『삼일운동50주년기념논집』, 동아일보사, 1969.

洪淳鈺, 대한민국임시정부의 성립과정,『삼일운동50주년기념논집』, 동아일보사, 1969/『한국근대사론 2』,
     지식산업사, 1977.

洪淳鈺, 임시정부 제4단계 헌법의 복원시도 - 국무위원제 임시약헌(1927~1940) - ,『논문집』11, 동국대,
     1973.

洪淳鈺, 대한민국임시정부의 제5단계(주석제) 헌법(1940) 문안에 관한 연구,『논문집』13, 동국대, 1974.

洪淳鈺, 대한민국임시정부의 대중국외교(1940~45) 시론 - 광복군과 임시정부승인 문제를 중심으로 - ,
     『한국독립운동과 열강관계』, 한국정치외교사학회, 1985.

洪淳鈺, 대한민국 임시정부의 의미 - 역사적 정통성의 해명 - ,『한국현대사의 전개』, 한국사연구협의회,
     1988.

黃苗嬉, 重慶임시정부의 議政院 연구(1940~1945),『성신사학』10, 성신여대사학회, 1992.

(4) 공산주의・사회주의운동

姜在彦,『滿洲の朝鮮人パルチザン - 1930年代の東滿, 南滿を中心として』, 東京 : 靑木書店, 1993.

京畿道,『(秘)學生事件に伴い高麗共産靑年會組織發覺の件』, 1929.

高峻石 편,『朝鮮革命テゼ - 歷史的文獻と解說 - 』, 拓殖書房, 1979.

高峻石 저, 김영철 역,『朝鮮共産黨과 코민테른』, 공동체, 1989.

金森襄作,『1920年代朝鮮の社會主義運動史』, 未來社, 1985.

김경일,『이재유연구』, 창작과 비평사, 1994.

金南植・沈之淵,『박헌영노선비판』, 세계, 1986.

김봉우,『일제하사회주의운동사자료집』(1~6), 한울아카데미, 1989.

金錫根,『1930년대 한국농촌사회와 공산주의 운동』, 정신문화연구원 박사논문, 1992.

김인걸,『1920년대 조선에서의 맑스・레닌주의의 보급과 노동운동의 발전』, 1964/『일제하 조선노동운동
     사』, 일송정, 1989.

金俊燁・金昌順 공저,『한국공산주의운동사』(1~5), 고려대 아세아문제연구소, 1967・1969・1974/청계
     연구소, 1986.

김창순,『한국공산주의운동사』(한국현대문화사대계 5), 고대민족문화연구소, 1980.

리청원,『조선에 있어서 프로레타리아트 헤게모니를 위한 투쟁』, 1956.

모피예비치, 마뜨베이 찌 저, 이준형 역,『일제하 극동시베리아의 한인사회주의자들』, 역사비평사, 1990.

文部省學生部,『朝鮮獨立運動と共産主義運動との關係槪要』, 京城, 1932.

방기중,『한국근현대사상사연구 : 1930~40년대 백남운의 학문과 정치경제사상』, 역사비평사, 1992.

배성찬 편역,『식민지시대 사회운동론 연구』, 돌베개, 1987.

사회과학원력사연구소 편,『조선근대혁명운동사』, 과학원출판사, 1961/ 한마당, 1988.
徐大肅 著, 金進 譯,『朝鮮共産主義運動史』, コリア評論社, 1970/『한국공산주의운동사』, 화다, 1986.
스칼라피노, 로버트 저, 李庭植 역,『한국공산주의 운동의 기원』, 한국연구도서관, 1961.
신주백 편,『1930년대 민족해방운동론연구 1』, 새길, 1989.
역사문제연구소 편,『한국근현대지역운동사』(1,2), 여강, 1993.
이기하,『한국공산주의운동사 1』, 국토통일원, 1980.
이기하,『해방전 정당·사회단체연구 참고자료 - 초기공산주의운동을 중심으로』, 국토통일원, 1980.
李萬珪,『여운형투쟁사』, 총문각, 1946.
李英石,『竹山 曺奉岩』, 원음출판사, 1983.
이정식 외,『한국공산주의운동의 기원』, 한국연구도서관, 1961.
李庭植·스칼라피노 저, 한홍구 역,『한국공산주의운동사 1 - 식민지시대 편 -』, 돌베개, 1986.
李庭植·韓洪九,『항전별곡 - 조선독립동맹자료 1 -』, 거름, 1986.
이준식,『농촌사회변동과 농민운동 : 일제침략기 함경남도의 경우』, 민영사, 1993.
李炫熙,『趙東祐 항일투쟁사 - 급진적 항일투쟁가의 일생 - 』, 청아출판사, 1992.
임경석,『고려공산당연구』, 성균관대 박사논문, 1993.
임영태 편,『식민지시대 한국사회와 운동』, 사계절, 1985.
林鍾國,『일제하의 사상탄압』, 평화출판사, 1985.
張德順,『조국광복회운동사』, 지양사, 1989.
張福成,『조선공산당파쟁사』(현대사자료집 3), 돌베개, 1984.
朝鮮總督府警務局,『5·30間島事件以後に於ける在滿共匪暴動一覽表』, 京城, 1930.
지수걸,『일제하 농민조합운동연구』, 역사비평사, 1993.
池中世 編,『朝鮮思想犯檢擧實話集』, 1946.
한국역사연구회,『일제하 사회주의 운동사』, 한길사, 1991.
한창수,『한국공산주의 운동사』, 지양사, 1984.
和田春樹 저, 이종석 역,『김일성과 만주항일전쟁』, 창작과 비평사, 1992.

곽동진, 일제하 민족해방에서 조선공산당의 노선변화에 관한 연구, 성균관대 석사논문, 1987.
堀內稔, 1930年代朝鮮共産黨の再建運動, 1982/『1930년대 민족해방운동연구』, 거름, 1984.
權大雄, 權五卨의 생애와 활동,『안동문화연구』 6, 안동문화연구회, 1992.
權熙英, 코민테른의 민족·식민지논쟁과 한국의 민족해방운동,『역사비평』 3, 역사문제연구소, 1988.
權熙英, 고려공산당 이론가 박진순의 생애와 사상,『역사비평』 4, 역사문제연구소, 1989.
權熙英, 제1차 극동노력자대회 및 극동혁명청년대회에서의 한국혁명의 문제,『정신문화연구』 40, 정신
     문화연구원, 1990.
權熙英, 고려공산당연구(1920~1922),『한국사학』 13, 정신문화연구원, 1993.
權熙英, 조선공산당 성립과 코민테른(1923~25),『한국사학』 13, 정신문화연구원, 1993.
金森襄作, 滿洲における中朝共産黨の合同と間島5·30蜂起について,『朝鮮史叢』 7, 朝鮮史叢編輯委
     員會, 1983.
김경일, 1930년대 전반기 서울의 반제운동과 노동운동,『한국의 민족문제와 일본제국주의』(한국사회사
     연구회논문집 34), 1992.
金基承, 1920년대 안광천의 방향전환론과 민족해방운동론,『역사와 현실』 6, 한국역사연구회, 1991.
김남식, 한국공산주의운동사 연구를 위한 전제,『역사비평』 1, 1987.

金度亭, 金泉지방의 사회주의운동과 조선공산당 재건운동 - '김천그룹'을 중심으로 - ,『북악사론』3, 국
  민대국사학과, 1993.

金明久, 코민테른의 대한정책과 신간회(1927~1931), 고려대 석사논문, 1982.

김민철, 일제하 사회주의자들의 전향논리,『역사비평』28, 역사문제연구소, 1995.

김인덕, 조선공산당의 투쟁과 해산 : 당대회를 중심으로,『일제하 사회주의 운동사』, 한길사, 1991.

김인식, 신간회운동기 ML계의 부르조아 민주주의 혁명론,『중앙사론』7, 중앙대 사학연구회, 1991.

김재현, 일제하, 해방직후의 맑시즘 수용 - 신남철을 중심으로 - ,『철학연구』1988년 겨울호, 철학연구회.

金點淑, 1930년대 전반기 전남지방 조선공산당 재건운동연구, 이화여대 석사논문, 1990.

金點淑, 1930년대 전남지방 조선공산당 재건운동연구,『한국사연구』74, 1991.

金點淑, 1920년~1930년대의 영동지역 사회운동,『역사와 현실』9, 역사비평사, 1993.

金昌洙, 고려혁명당의 조직과 활동 - 1920년대 중국 동북지방에서의 항일독립운동 - ,『산운사학』4, 산
  운학술문화재단, 1990.

金昌順, 코민테른과 한인공산주의 운동,『동아연구』7, 서강대 동아연구소, 1986.

金昌順, 일제하의 좌파운동,『한국현대사의 제문제 1』, 을유문화사, 1987.

金昌順, 반일독립운동에서 좌파운동의 위상,『북한학보』12, 북한연구소, 1988.

金蕙卿, 신간회에 참여한 사회주의자들의 반제통일전선론 연구, 이화여대 석사논문, 1989.

金喜坤, 1930년대 초 상해지역 한인공산주의자의 동향 - 留滬韓國獨立運動者同盟을 중심으로 - ,『국사
  관논총』47, 1993.

김후선, 반당종파분자들의 반맑스주의적 사상의 반동성과 해독성,『력사과학』1958 - 3.

노치준, 일제하 한국 YMCA의 기독교 사회주의 사상연구,『한국의 종교와 사회변동』(한국사회사연구회
  논문집 7), 1987.

都珍淳, 북한의 종파문제와 1920년대 민족해방투쟁에 대한 인식,『역사비평』6, 역사문제연구소, 1989.

리종현, 1920년대 전반기 맑스 - 레닌주의 보급 ,『력사과학』1963 - 2.

리청원, 조선에 있어서 프롤레타리아트계급의 형성과 그 특징,『과학원통보』, 1954.

문성환, 한국 초기공산주의운동의 성격에 관한 연구, 국민대석사학위논문, 1988.

梶村秀樹, 朝鮮共産黨 - 斷章,『季刊三千里』27, 1981.

朴慶植, 思想團體北星會一月會について,『海峽』8, 1978.

朴秀明, 1920년대 한국의 민족운동의 향방에 관한 연구 - 사회주의운동과 민족주의운동의 관점에서 - ,
  『사회과학논총』2 - 1, 부산대사회과학대, 1983.

박종린, 1920년대 '통일'조선공산당의 결성과정에 관한 연구, 연세대 석사논문, 1993.

朴贊勝, 1910년대말~1920년대 여운형의 민족해방운동론,『역사와 현실』6, 한국역사연구회, 1991.

朴贊勝, 국내 민족주의 좌우파 운동,『한국사 15』, 한길사, 1994.

朴喆奎, 일제하 사회운동론 연구 - 1920년대를 중심으로 - ,『민족문제논총』1, 부산대 민족문제연구소,
  1990.

朴喆奎, 1920년대 조선공산당의 조직적 전개와 활동 - 제3차 조선공산당을 중심으로 - ,『부대사학』17,
  부산대사학회, 1993.

朴哲河, 1920년대 조선공산당 창립과정에 대한 연구, 숭실대 석사논문, 1991.

朴哲河, 1920년대 전반기 사회주의 청년운동과 고려공산청년회,『역사와 현실』9, 역사비평사, 1993.

朴哲河, 1920년대 전반기 조선공산당 창립선언 - 꼬르뷰로 국내부를 중심으로 - ,『숭실사학』8, 숭실대
  사학회, 1994.

박한용, 경성제대 반제동맹사건 연구,『일제말 조선사회와 민족해방운동』, 일송정, 1991.

朴垣, 조선공산무정부주의자연맹의 결성 - 崔甲龍의 사례를 중심으로 - ,『국사관논총』41, 국사편찬위
    원회, 1993.
潘炳律, 김알렉산드라 페트로브나(스탄케비치)의 생애와 활동 - 조선인 최초의 공산주의자의 약전 - ,
    『尹炳奭화갑기념 한국근대사논총』, 1990.
潘炳律, 한인사회당의 조직과 활동(1918~1920),『한국학연구』5, 인하대 한국학연구소, 1993.
卞鎭興, 1930년대 한국 카톨릭교회의 공산주의 인식,『최석우신부회갑기념 한국교회사논총』, 한국교회
    사연구소, 1982.
森川展昭, 1930年代の在中國朝鮮革命と中國觀 - 關內の朝鮮共産主義者(朝鮮民族革命黨と朝鮮獨立
    同盟)の反日民族解放運動と中國共産黨を中心に - ,『朝鮮史硏究會論文集』26, 1989.
샵쉬나, 화니 이사꼬브나, 한국 공산주의운동과 민족해방운동(1918~1945)에 대한 러시아 한국학자들의
    견해,『한국독립운동사연구』9, 독립기념관 한국독립운동사연구소, 1995.
徐大肅, 한국공산당과 민주주의 개념,『동아연구』15, 서강대 동아연구소, 1988.
徐仲錫, 일제시대 사회주의자들의 민족관과 계급관 - 1920년대를 중심으로 - ,『한국민족주의론 3』, 창작
    과 비평사, 1985.
徐仲錫, 일제시기・미군정기의 좌우대립과 토지문제,『한국사연구』67, 한국사연구회, 1989.
徐仲錫, 일제시기 국내 공산주의자들의 혁명노선의 성격 - 코민테른의 12월테제와 국내공산주의자들의
    '부르조아민주주의혁명' 노선을 중심으로 - ,『아시아문화』7, 한림대 아시아문화연구소, 1991
小林英夫, 朝鮮共産黨,『歷史評論』256, 1971.
水野直樹, コミンテルンと朝鮮 - 各大會の朝鮮代表の檢討を中心に - ,『朝鮮民族運動史硏究』1, 靑丘
    文庫, 1984.
水野直樹, 코민테른의 민족통일전선론과 신간회운동,『역사비평』2, 역사문제연구소, 1988.
辛珠栢, 박헌영과 경성콤그룹,『역사비평』13, 역사문제연구소, 1991.
辛珠栢, 조선공산당 재건운동의 조직방침,『일제하 사회주의 운동사』, 한길사, 1991.
辛珠栢, 1926~28년 시기 간도지역 한인사회주의자들의 반일독립운동론 - 민족유일당운동과 청년운동
    을 중심으로 - ,『한국사연구』78, 1992.
辛珠栢, 1929~30년 시기 間島지역 韓人 사회운동의 방향전환에 관한 연구(상・하),『사학연구』46・47,
    한국사학회, 1993.
辛珠栢, 김일성의 만주항일유격운동에 대한 연구,『역사와 현실』12, 한국역사연구회, 1994.
辛珠栢, 1930년대 사회주의운동 연구 - 1929~30년대 전반기 당재건운동을 중심으로 - ,『국사관논총』
    64, 국사편찬위원회, 1995.
申春植, 조직주체를 중심으로 본 '朝鮮共産黨' 창건과정,『성대사림』8, 성균관대사학회, 1992.
申亨澈, 한인공산주의 운동에 관한 사적 고찰 - 기원과 그 변천과정을 중심으로 - ,『논문집(인문과학
    편)』8 - 1, 부산산업대, 1987.
안태정, 1930년대 서울지역의 조선공산당 재건운동,『일제말 조선사회와 민족해방운동』, 한국근현대사
    회연구회, 1991.
안태정, 자주적 공산주의자 이재유의 혁명노선과 '좌익전선'운동,『역사비평』14, 역사문제연구소, 1991.
梁好民, 일제시대 공산주의운동,『일제식민지시대의 민족운동』(한길역사강좌 11), 한길사, 1988.
廉仁鎬, 일제하 제주지방의 사회주의운동의 방향전환과 '제주 야체이카'사건,『한국사연구』70, 1990.
廉仁鎬, 화북조선독립동맹과 통일전선운동,『쟁점 한국근현대사』4, 한국근대사연구소, 1994.
吳美一, 일제시기 사회주의자들의 농업문제 인식 - 1920년대 후반기 방향전환・민족협동전선논쟁과 관
    련하여 - ,『역사비평』7, 1989.

우동수, 1920년대 말~30년대 한국 사회주의자들의 신국가건설론에 관한 연구, 『한국사연구』 72, 1991.

우동수, 조선공산당 재건운동과 코민테른 : 동방노력자공산대학 졸업자의 활동을 중심으로, 『일제하 사회주의운동사』, 한길사, 1991.

園部裕之, 在朝日本人の參加した共産主義運動 - 1930年代における - , 『朝鮮史研究會論文集』 26, 1989.

柳冀瑞, 한국에서의 독립운동과 초기 공산주의운동과의 관계, 『논문집』 8, 명지실업전문대, 1984.

유기철, 1920년대말 만주지방 한인공산주의운동의 방침전환에 관하여, 『원우론집』 14 - 2, 연세대대학원 원우회, 1987.

兪炳勇, 1920년대 사회주의 정치사상에 관한 일고찰, 『인문학연구』 20, 강원대 인문학연구편집위원회, 1984.

유승렬, 1920년대 조선공산당의 조직위상에 대한 비판, 『역사비평』 7, 1989.

柳時賢, 1920년대 전반기 조선의 사회주의사상 수용과 발전, 『碧史李佑成정년기념 민족사의 전개와 그 문화(하)』, 1990.

劉載天, 일제하 한국신문의 공산주의 수용에 관한 연구 그 1, 『동아연구』 7, 서강대 동아연구소, 1986.

劉載天, 일제하 한국잡지의 공산주의수용에 관한 연구, 『동아연구』 15, 서강대 동아연구소, 1988.

劉孝鐘, 極東ロシアにおける10月革命と朝鮮人社會, 『ロシア研究』 45, 1987.

劉孝鐘, 2月革命と極東ロシアの朝鮮人社會, 『ロシアと日本』 3, 1992.

윤경호, 일제하 국내공산주의자들의 민족문제 인식과 민족협동전선론, 연세대 석사논문, 1987.

尹錫水, 조선공산당과 6 · 10항일시위운동, 『역사비평』 4, 역사문제연구소, 1989.

尹錫水, 조선공산당 2차재건과정에 대한 비판적 검토 - '통일조공당' 결성과 1950년대 말 북한학계논의를 중심으로 - , 『碧史李佑成정년퇴직기념논총(하)』, 1990.

尹鍾一, 1920년대 민족협동전선을 둘러싼 사회주의자들의 제 논쟁 검토, 『경희사학』 16 · 17합, 1991.

尹鍾一, 1920년대 초 사회주의의 수용과 발전, 『水邨朴永錫화갑논총 한국사학논총(하)』, 1992.

李景珉, 社會主義者と朝鮮の解放 - 朝鮮共産黨の再建過程 - , 『朝鮮民族運動史研究』 5, 朝鮮民族運動史研究會, 1988.

李均永, 김철수연구, 『역사비평』 3, 1988.

李均永, 민란 · 농민전쟁의 전통 이은 광양의 공산주의운동, 『사회와 사상』 1989년 7월호.

李均永, 新幹會支會의 해소운동과 조선공산당 재건운동조직, 『국사관논총』 40, 국사편찬위원회, 1992.

李均永, 코민테른 제6회대회와 식민지조선의 민족문제, 『역사와 현실』 7, 한국역사연구회, 1992.

李德一, 일제하 조선공산당과 소련과의 관계 - 코민테른을 중심으로 - , 『숭실사학』 8, 숭실대사학회, 1994.

이애숙, 이재유그룹의 당재건운동(1933~36), 『일제하 사회주의 운동사』, 한길사, 1991.

이애숙, 세계공황기 사회주의진영의 전술전환과 신간회 해소문제, 『역사와 현실』 11, 1994.

이재화, 식민지시대 한국공산주의운동사상에 대한 비판적 재검토, 『현실과 과학』 1, 1988.

이종민, 당재건운동의 개시(1929~31), 『일제하 사회주의 운동사』, 한길사, 1991.

李卓, 치타 韓族공산당의 실체와 성격분석, 『국학연구』 3, 국학연구소, 1990.

李賢周, 신간회에 참여한 사회주의자들의 운동론 - ML당계를 중심으로 - , 『한국민족운동사연구』 4, 한국민족운동사연구회, 1989.

林京錫, 국내공산주의운동의 전개과정과 그 전술(1937~45), 『일제하 사회주의 운동사』, 한길사, 1991.

林京錫, 일제하 공산주의자들의 국가건설론, 『대동문화연구』 27, 성균관대 대동문화연구원, 1992.

林京錫, 20년대 중국 동북지역의 조선인 만주공청그룹, 『五松李公範정년기념 동양사논총』, 지식산업사,

1993.

林京錫, 조선공산당 재건운동, 『한국사 15』, 한길사, 1994.

林大植, 사회주의 운동과 조선공산당, 『한국사 15』, 한길사, 1994.

장상수, 일제하 1920년대의 민족문제논쟁, 『한국의 근대국가형성과 민족문제』(한국사회사연구회논문집 1), 문학과 지성사, 1986.

張錫興, 조선학생과학연구회의 초기 조직과 6·10만세운동, 『한국독립운동사연구』8, 한국독립운동사연구소, 1994.

장신, 1920년대 민족해방운동과 치안유지법, 연세대 석사논문, 1994.

전상숙, 한국 초기사회주의 지도세력에 관한 고찰 - 조선공산당을 중심으로 -, 이화여대 석사논문, 1987.

정용욱, 1920년대 공산주의운동연구, 『남북한역사인식 비교강의』, 일송정, 1989.

趙京美, 1920년대 사회주의 성격에서 본 槿友會, 『숙명한국사론』1, 숙명여대한국사학과, 1993.

池秀傑, 1930년대 초반기(1930~33) 사회주의자들의 민족개량주의운동 비판, 『80년대한국인문사회과학의 현단계와 전망』, 1988.

陳德奎, 한국민족운동에서의 코민테른의 영향에 대한 고찰, 『한국독립운동사연구』2, 독립기념관 한국독립운동사연구소, 1988.

陳德奎, 1920년대 사회주의 민족진영의 성격에 대한 고찰 - 조선노농총동맹을 중심으로 -, 『한국독립운동사연구』5, 1991.

최규진, 코민테른의 스탈린주의와 우리나라 사회주의운동의 '좌우편향', 『역사연구』3, 역사학연구소, 1994.

崔洪俊, 1930년대 江陵지역 조선공산당 재건운동 연구, 『북악사론』3, 국민대국사학과, 1993.

鐸木昌之, 亡れられた共産主義者たち - 華北朝鮮獨立同盟をめぐって -, 『法學研究』57 - 4, 慶應大, 1984.

河元鎬, 1930년대 사회주의자의 농업·농민문제 인식, 『민족문화』4, 한성대 민족문화연구소, 1989.

河元鎬, 1930년대 사회주의자들의 농업·농민론, 『일제말 조선사회와 민족해방운동』, 한국근현대사회연구회, 1991.

韓相龜, 1926~28년 사회주의 세력의 운동론과 新幹會, 『한국사론』32, 서울대국사학과, 1994.

韓洪九, 조선독립동맹의 활동과 조직에 대하여, 『국사관논총』23, 국사편찬위원회, 1991.

胡春惠, 中共與韓共之早期關係, 『歷史學報』4期, 臺北 : 國立政治大 歷史研究所, 1987.

洪闐晶, 榴亭 趙東祜 연구, 『성신사학』10, 성신여대사학회, 1992.

홍정선, 카프와 사회주의 운동단체와의 관계, 『역사적 삶과 비평』, 문학과 지성사, 1986.

黃敏鎬, 1930년 在滿韓人사회주의자들과 중국공산당의 합동에 관한 연구, 『역사학보』141, 역사학회, 1994.

황장엽·김후선, 이청원저 「조선에 있어서 프로레타리아트의 헤게모니를 위한 투쟁」에 관하여, 『근로자』12, 1957.

Suh Dae-sook, The Korean Communist Movement - Some Basic Characteristics -, 『동아연구』7, 서강대 동아연구소, 1986.

(5) 의열투쟁

김시우, 『이몸 하나로 일본제국을 깨런다』, 윤문, 1991.

金龍國, 『의사와 열사들』, 민족문화협회, 1980.

金春光, 『安重根史記』, 영인서관, 1949.
金學俊, 『梅軒尹奉吉평전』, 매헌윤봉길의거60주년기념사업추진위원회, 민음사, 1992.
나카노 야스오 저, 양억관 역, 『동양평화의 사도 안중근』, 하소, 1995.
朴性綱, 『안중근선생공판기』, 경향잡지사, 1946.
朴烈 저, 서석연 역, 『신조선혁명론』, 범우사, 1989.
朴泰遠, 『若山과 의열단』, 백양당, 1947.
선열기념사업회 편간, 『勇加 宋千欽義士실기』, 1966.
孫世昌, 『순국열사李漢應선생유사』, 문예홍보사, 1957.
沈玄, 『李鴻來義士 소전』, 청림각, 1979.
安秉直, 『申采浩』, 한길사, 1979.
安鶴植, 『안중근의사전기』, 해동문화사, 1963.
廉仁鎬, 『김원봉 연구』, 창작과 비평사, 1993.
尹南儀, 『윤봉길일대기』(정음문고 76), 정음사, 1975.
李康勳, 『이강훈역사증언록』, 인물연구소, 1994.
李民樹, 『윤봉길전』(서문문고 205), 서문당, 1976.
이영신, 『비밀결사 白衣社』(상·중), 도서출판 알림문, 1993.
李元珪, 『매국노암살사건』, 한홍출판사, 1946.
李全, 『안중근혈투기』, 정천중기성회, 1949.
李庭植·金學俊, 『혁명가들의 항일회상 - 김성숙·장건상·정화암·이강훈 - 』, 민음사, 1988.
李鍾範, 『의열단副將李種岩傳』, 광복회, 1970.
林重彬, 『尹奉吉의사일대기』, 범우사, 1993.
崔洪奎, 『안중근선생공판기』(정음문고 79), 정음사, 1975.

權大雄, 白山 禹在龍의 항일독립운동, 『향토문화』 4, 향토문화연구회, 1988.
金祥起, 復菴 李偰의 항일민족운동에 대한 고찰, 『于江權兌遠정년논총 民族文化의 제문제』, 1994.
金勝坤, 조선의열단의 창립과 투쟁, 『군사』 5, 국방부 전사편찬위원회, 1982.
金良善, 安重根 - 하르빈에 울린 총성 - , 『한국의 인간상 6』, 신구문화사, 1965.
金榮範, 1930년대 의열단의 항일청년투사 양성에 관한 연구 - 의열단 간부학교를 중심으로 - , 『한국독립운동사연구』 3, 1989.
金榮範, 義烈團의 창립과 초기 노선에 대하여, 『한국학보』 69, 일지사, 1992.
金榮範, 1920년대중반 민족혁명운동의 한·중 연대와 義烈團 - 의열단의 동향과 조직·이념변천을 중심으로 - , 『한국학보』 78, 1995.
金義煥, 宋學善의 金虎門의거에 대한 고찰, 『南溪曹佐鎬화갑논총 현대사학의 제문제』, 1977.
金昌洙, 1920년대에 있어서의 민족운동의 일양상 - 민족운동으로서의 의열단의 활동보유 - , 『아세아학보』 12, 아세아학술연구소, 1976.
金昌洙, 민족운동으로서의 義烈團의 활동, 『삼일운동50주년기념논집』, 동아일보사, 1969/『한국근대사론 2』, 지식산업사, 1977.
金昌洙, 한인애국단의 성립과 활동, 『한국독립운동사연구』 2, 독립기념관 한국독립운동사연구소, 1988.
金昌洙, 항일독립운동사에서의 義烈투쟁의 성격, 『한국학연구』 2, 숙명여대 한국학연구소, 1992.
金喜坤, 李陸史와 義烈團, 『안동사학』 1, 안동대사학회, 1994.
盧景彩, 金元鳳의 독립운동과 그 사상, 『백산학보』 30·31합, 1985.

朴成壽, 義烈團연구,『논문집』2, 정신문화연구원 한국학대학원, 1987.

山脇重雄, 安重根事件關係書類,『歷史敎育』4 - 2, 歷史敎育硏究會, 1959.

宋友惠, 독립운동가 安定根의 생애,『水邨朴永錫화갑논총 한민족독립운동사논총』, 1992.

愼鏞廈, 安重根의 사상과 국권회복운동,『한국사학』2, 정신문화연구원 사학연구실, 1980.

愼鏞廈, 申采浩의 무정부주의 독립사상,『동방학지』38, 연세대 국학연구원, 1983.

愼鏞廈, 申采浩의 민족독립운동론의 특징,『신채호의 사상과 민족독립운동』, 단재신채호선생기념사업
  회, 1986.

愼鏞廈, 尹奉吉의 上海義擧와 그 의의,『한국독립운동과 尹奉吉의사』, 1992.

申載洪, 순국의 결사대 - 애국의사 - ,『한국현대사』5, 신구문화사, 1969.

廉仁鎬, 후기 義烈團의 국내 대중운동(1926~1935),『李元淳정년기념 역사학논총』, 1991.

廉仁鎬, 상해시기 義烈團(1922~1925)의 활동과 노선 - 진보적 민족주의노선의 성립 - ,『擇窩許善道정
  년기념 한국사학논총』, 1992.

吳世昌, 安重根 - 민족혼의 화신 - ,『인물한국사 4』, 박우사, 1965.

吳章煥, 의열단사상에 관한 연구 - 사상적 경향과 변천을 중심으로(1919~29) - , 건국대 석사논문, 1983.

劉準基, 金相玉의 抗日義烈투쟁,『한국학연구』2, 숙명여대 한국학연구소, 1992.

尹炳奭, 李相卨의 유문과 李儁·張仁煥·田明雲의 의열,『한국독립운동사연구』2, 독립기념관 한국독
  립운동사연구소, 1988.

尹炳奭, 1932년 '上海義擧' 전후의 국제정세와 독립운동의 방향,『西巖趙恒來화갑기념 한국사학논총』,
  1992.

李康勳, 여러 각도에서 본 虹口義擧,『水邨朴永錫화갑논총 한민족독립운동사논총』, 1992.

李康勳, 尹奉吉義烈의 論贊과 민족정신,『한국독립운동과 尹奉吉의사』(매헌윤봉길의사의거 제60주년
  기념 국제학술회의), 1992.

李炫熙, 한국인애국단의 炸彈의거 - 尹奉吉의사의 4·29投彈사례 - ,『사총』31, 고려대사학회, 1987.

李炫熙, 安敬信의 義烈투쟁,『한국학연구』2, 숙명여대 한국학연구소, 1992.

張錫興, 1920년대초 국내 비밀결사의 성격,『한국독립운동사연구』7, 한국독립운동사연구소, 1993.

趙恒來, 趙明河의 臺灣義擧와 그 의의,『한국학연구』2, 숙명여대 한국학연구소, 1992.

韓相禱, 1920년대 義烈團의 노선 재정비과정 - 金元鳳의 활동을 중심으로 - ,『何石金昌洙화갑논총 한
  국민족독립운동사의 제문제』, 1992.

胡春惠, 尹奉吉 義擧가 韓國獨立運動 및 中國社會에 미친 影響,『한국독립운동과 尹奉吉義士』, 1992.

洪英基, 東吾 安國泰의 민족운동 연구,『국사관논총』40, 국사편찬위원회, 1992.

(6) 국내 민족주의·실력양성운동

古堂전평양지간행회 편,『古堂曺萬植』, 평남민보사, 1966.

高峻石,『韓國言論抵抗史』, 東京 : 二月社, 1974.

高峻石,『抗日言論鬪爭史』, 東京 : 新泉社, 1976.

公報室 편,『월남이상재선생약전』, 1956.

국가보훈처,『石麟 閔弼鎬 선생』, 나남, 1995.

權三雄,『1920년대 평양지방 민족운동 연구』, 고려대 박사논문, 1995.

金度亨,『대한제국말기의 국권회복운동과 그 사상』, 연세대 박사논문, 1989.

金世漢,『翰西 南宮檍선생의 생애』, 한서남궁억선생기념사업회, 1960.

金淑子, 『한국근대 민권운동에 관한 연구』, 경희대 박사논문, 1988.

金永義, 『佐翁윤치호선생약전』, 기독교조선감리회총리원, 1934.

金乙漢 편, 『월남이상재일대기』(정음문고 142), 정음사, 1976.

김준연, 『독립노선』(현대사자료집 4), 돌베개, 1984.

김항구, 『대한협회(1907~1910) 연구』, 단국대 박사논문, 1993.

南岡문화재단, 『南岡李昇薰과 민족운동』, 1988.

南富熙, 『儒林의 독립운동연구』, 경북대 박사논문, 1993.

도산사상연구회, 『도산 안창호의 사상과 민족운동』('도산 : 코리안 아메리칸' 국제학술회의보고서), 학문
    사, 1995.

島山安昌浩선생기념사업회 편, 『島山안창호』, 1947.

朴贊勝, 『일제하 실력양성운동론 연구』, 서울대 박사논문, 1990.

朴贊勝, 『한국근대정치사상사연구』, 역사비평사, 1992.

鮮于輝, 『민족의 수난 - 105인사건 진상 -』, 국민정신보급회, 1954.

宋相燾, 『騎驢隨筆』, 국사편찬위원회, 1955.

愼鏞廈 외, 『일제경제침략과 국채보상운동』, 아세아문화사, 1994.

心山기념사업준비위원회, 『心山金昌淑선생투쟁사』, 태을출판사, 1966.

安秉煜, 『島山사상』, 대성문화사, 1970.

安秉直, 『한용운』, 한길사, 1979.

역사학회 편, 『한국 근대민족주의운동사 연구』, 일조각, 1987.

尹慶老, 『105인 사건과 신민회연구』, 일지사, 1990.

李光洙, 『島山安昌浩』(상·하), 대성문화사, 1975.

이성근, 『1905~1945년까지의 민족의식의 전개과정』, 정신문화연구원, 1985.

李時玩, 『月南李商在』, 중앙서관, 1926.

張利郁, 『島山의 인격과 생애』, 대성출판사, 1976.

鄭灌, 『한말 계몽운동단체 연구』, 효성여대 박사논문, 1992.

鄭晋錫, 『일제하 한국언론투쟁사』, 정음사, 1975.

趙恒來, 『1900년대의 애국계몽운동연구』, 아세아문화사, 1993.

朱耀翰, 『安島山傳』, 삼중당, 1975.

朱耀翰, 『安島山전서』, 삼중당, 1971.

진덕규, 『분단사회의 민족주의론 - 부르죠아민족주의와 프롤레타리아사회주의 - 』, 박영사, 1984.

崔民之·金民珠, 『일제하민족언론사론』, 일월서각, 1978.

Robinson, M. E. 저, 김민환 역, 『일제하 문화적 민족주의』, 나남, 1988.

加藤マコミ, 東亞日報に現れた日本の植民地政策に對する批判, 『歷史學研究』 321, 歷史學研究會,
    1967.

강동진, 문화주의의 기본성격, 『한국사회연구』 2, 한길사, 1984.

姜英心, 조선국권회복단의 결성과 활동, 『한국독립운동사연구』 4, 한국독립운동사연구소, 1990.

강영심, 1920년대 조선물산장려운동의 전개와 성격, 『국사관논총』 47, 1993.

姜在彦, 獨立新聞·獨立協會·萬民共同會 - 1890年代後半期におけるブルジョア的變革運動 -, 『朝鮮
    史研究會論文集』 9, 1972.

高珽烋, 태평양문제연구회 조선지회와 조선사정연구회, 『역사와 현실』 6, 한국역사연구회, 1991.

堀和生, 朝鮮人民族資本論,『朝鮮近代の歷史象』, 日本評論社, 1988.

權奇勳, 心山 金昌淑의 민족독립운동, 건국대 석사논문, 1989.

權大雄, 조선국권회복단 연구,『민족문화논총』9, 영남대 민족문화연구소, 1988.

權大雄, 대한독립단 국내지단의 조직과 활동,『교남사학』5, 영남대 국사학회, 1990.

權大雄, 한말 在京 영남유림의 구국운동,『일제의 한국침략과 영남지방의 반일운동』, 한국근대사연구회,
    1995.

琴章泰, 일본강점기 유교의 독립운동,『한민족독립운동사』9, 국사편찬위원회, 1991.

吉野誠, 朝鮮史における內在的發展論,『東海大學文學部記要』47, 1987.

김상태, 1920~30년대 동우회·흥업구락부 연구,『한국사론』28, 서울대 국사학과, 1992.

金淑子, 新民會연구 - 사상분석을 중심으로 - ,『국사관논총』32, 국사편찬위원회, 1992.

金容燮, 한말일제하의 지주제 - 사례4 : 고부김씨가의 지주경영과 자본전환,『한국사연구』19, 1978.

김의환, 3·1운동 이후 민족독립운동의 성격 - 1920년대 국내 운동을 중심으로 ,『부산공업전문대학논
    문집』8, 1969.

김정인, 1910~25년간 천도교계의 동향과 민족운동, 서울대 석사논문, 1994.

김창수, 1920년대 민족운동의 일 양상,『일제하 식민지시대의 민족운동』, 풀빛, 1981.

金昌洙, 불교,『한민족독립운동사』9, 국사편찬위원회, 1991.

金昌洙, 일제하 불교계의 항일민족운동,『伽山李智冠화갑논총 한국불교문화사상사(하)』, 1992.

김현수, 1920년대 전반기 국내민족운동의 성격에 관한 연구, 연세대 석사논문, 1986.

金顯叔, 일제하의 문자보급운동 연구,『성신사학』7, 성신여대사학회, 1989.

김희일, 민족개량주의의 계급적 기초는 예속부르조아지이다,『력사과학』1966 - 4.

南富熙, 金允植의 독립청원서에 대하여,『경희사학』14, 1987.

南富熙, 제2차 儒林團義擧 연구(2),『경희사학』19, 경희대사학회, 1995.

노영택, 민립대학설립운동연구,『국사관논총』11, 1990.

노인화, 애국계몽운동,『한국사 12』, 한길사, 1994.

朴明圭, 島山 安昌浩의 사회사상,『한국학보』33, 일지사, 1983.

朴成壽, 1920년대초 독립운동의 제문제 - 독립준비론의 문제 - ,『한국사학』14, 정신문화연구원, 1994.

박수명, 1920년대 한국 민족운동의 분열적 특징의 원인 분석,『사대논문집』8, 부산대, 1984.

朴永錫, 대한광복회연구 - 朴尙鎭祭文을 중심으로 - ,『한국민족운동사연구』1, 한국독립운동사연구회,
    1986.

朴在元, 탄압의 제일막 - 안악 신민회사건 - ,『한국현대사 4』, 신구문화사, 1969.

朴贊勝, 일제하의 자치운동과 그 성격,『역사와 현실』2, 한국역사연구회, 1989.

朴贊勝, 1910년대 신지식층의 '실력양성론' 연구,『尹炳奭화갑기념 한국근대사논총』, 1990.

朴贊勝, 항일운동기 부르주아민족주의 세력의 신국가 건설구상,『대동문화연구』27, 성균관대 대동문화
    연구원, 1992.

朴贊勝, 1920년대 중반~1930년대초 민족주의좌파의 신간회운동론,『한국사연구』80, 1993.

朴贊勝, 국내 민족주의 좌우파 운동,『한국사 15』, 한길사, 1994.

朴昌昱, 국민회를 논함 - 1919~1920년 국민회의 역사작용을 위주로 하여 - ,『국사관논총』15, 국사편찬
    위원회, 1990.

朴昌昱, 1920~1930년대 제반 민족주의계열의 반일민족운동,『역사비평』27, 역사비평사, 1994.

卞鎭興, 1930년대 한국 카톨릭교회의 공산주의 인식,『최석우신부회갑기념 한국교회사논총』, 한국교회
    사연구소, 1982.

徐紘一, 1920년대 사회운동과 남강,『南岡 李昇薰과 민족운동』, 남강문화재단, 1988.

서중석, 한말 일제하의 자본주의 근대화론의 성격 — 도산 안창호 사상을 중심으로,『한국근현대의 민족문제연구』, 지식산업사, 1989.

신재홍, 일제치하에서의 민족자립경제운동,『아세아학보』11, 1975.

辛周炫, 1920년대 기독교인들의 민족운동에 대한 일고찰 — 경제사회운동을 중심으로 — , 숙명여대 석사논문, 1987.

안태정, 1920년대 일제의 조선사회지배논리와 이광수의 민족개량주의논리,『사총』35, 1989.

吳美一, 1910~1920년대 평양지역 민족운동과 조선인 자본가층,『역사비평』28, 역사문제연구소, 1995.

吳世昌, 민족을 지키는 보루 — 국내의 독립운동 — ,『한국현대사 5』, 신구문화사, 1969.

유효종, 일제하 자치운동에 관한 사회학적 고찰,『연세사학회』3, 1981.

유홍렬, 3·1운동 이후의 국내의 민족운동,『3·1운동 50주년 기념논집』, 동아일보사, 1.969.

尹慶老, 105인 사건의 일연구 — 기소자 122인의 인물분석을 중심으로 — ,『한성사학』1, 한성대사학회, 1983.

尹慶老, 105인 사건의 일연구 — 기소자 122인의 인물분석을 중심으로 — ,『민족사상』2, 한성대 민족사상연구소, 1984.

尹慶老, 105인사건에 연루된 상공업자의 활동 — 기소자 중 상공업자의 업종과 활동을 중심으로 — ,『한국사연구』56, 1987.

尹慶老, 梁起鐸과 민족운동,『국사관논총』10, 국사편찬위원회, 1989.

尹炳奭, 안악사건·신민회사건판결문,『한국학보』8, 일지사, 1977.

윤해동, 일제하 물산장려운동의 배경과 그 이념,『한국사론』27, 서울대 국사학과, 1992.

李均永, 1920년대 각종사회단체의 형성과 민족운동,『일제식민지시대의 민족운동』(한길역사강좌 11), 한길사, 1988.

李明花, 民立대학 설립운동의 배경과 성격,『한국독립운동사연구』5, 독립기념관 한국독립운동사연구소, 1991.

李明花, 興士團 遠東임시위원부와 島山 安昌浩의 민족운동,『한국독립운동사연구』8, 한국독립운동사연구소, 1994.

李炳赫, 1894 — 1919년간의 민족운동의 지도계층 분석,『사회학보』12, 서울대사회과학, 1971.

李載順, 신민회와 寺內총독암살음모사건,『현상과 인식』2 — 3, 한국인문사회과학원, 1978.

이지원, 일제하 安在鴻의 현실인식과 민족해방운동론,『역사와 현실』6, 한국역사연구회, 1991.

이지원, 1930년대 민족주의계열의 古蹟보존운동,『동방학지』77·78·79합, 연세대 국학연구원, 1993.

李海暢, 한말 국권회복운동과 민족언론,『한국사학』2, 정신문화연구원 사학연구실, 1980.

이현종, 민족운동의 새로운 전개,『자유아카데미논총』2, 자유아카데미, 1977.

李炫熙, 1920년대 초의 민족실력양성운동 — 자작회·물산장려회의 활동 — ,『대구사학』7·8, 1973.

李炫熙, 1920년대 국내민족운동연구,『백산학보』20, 백산학회, 1976.

李炫熙, 흥업구락부 사건을 통해 본 1930년대의 의미 — 한국인 기자의 항일의식 — ,『성신여대연구논문집』14, 1981.

林鍾國, 일제시대 민족개량주의운동의 계보와 논리,『일제식민지시대의 민족운동』(한길역사강좌 11), 한길사, 1988.

張錫興, 대한민국 청년외교단 연구,『한국독립운동사연구』2, 독립기념관 한국독립운동사연구소, 1988.

張錫興, 대한국민회 연구,『한국독립운동사연구』4, 한국독립운동사연구소, 1990.

장시원, 일제하 조선인 대지주의 자본전환에 관한 연구,『방통대 논문집』7, 1987.

전우용, 일제하 민족자본가의 존재양태와 민족주의,『역사비평』16, 1992.

鄭崇敎, 1904~1910년 자강운동의 국민교육론,『한국사론』33, 서울대국사학과, 1995.

趙景達, 朝鮮における大國主義と小國注意の相剋,『朝鮮史硏究會論文集』22, 1985.

조기준, 조선물산장려운동의 전개과정과 그 역사적 성격,『역사학보』40, 1969.

趙東杰, 독립운동의 지도이념 - 3·1운동 이후 변화상의 의미와 맥락 - ,『석우논문집』3, 춘천교대, 1975.

趙恒來, 구한말 항일구국여성운동,『여성문제연구』5·6합, 효성여대, 1976.

趙恒來, 국채보상운동,『한민족독립운동사연구』1, 국사편찬위원회, 1987.

朱鎭五, 독립협회운동,『한국사 11』, 한길사, 1994.

池明觀, 安昌浩 - 민족의 철인 - ,『한국의 인간상 6』, 신구문화사, 1965.

지수걸, 서평 : '선실력양성론 후독립론'의 실상과 허상, 한국근대정치사상연구(박찬승 저),『역사비평』
    17, 1992.

지수걸, 1930년대 전반기 부르주아민족주의자의 민족경제건설전략 - 조선공업화와 원블럭재편정책에 대
    한 인식을 중심으로 - ,『국사관논총』51, 1994.

진덕규, 1920년대 국내 민족주의운동에 관한 고찰,『한국민족주의론 1』, 1982.

崔敬淑, 한말 경북지역의 애국계몽운동,『일제의 한국침략과 영남지방의 반일운동』, 한국근대사연구회,
    1995.

崔起榮, 한말 애국계몽운동의 연구현황과 전망,『한국사론 25』, 국사편찬위원회, 1995.

鶴本幸子, 所謂'寺內總督暗殺未遂事件'について,『朝鮮史硏究會論文集』10, 1973.

韓俊光, 일본제국주의의 '황민화'정책과 '황민화'를 반대하여 진행한 조선족인민의 투쟁,『水邨朴永錫화
    갑논총 한민족독립운동사논총』, 1992.

허장만, 반일민족해방운동에서 민족개량주의자들의 반동적 책동과 그를 반대한 공산주의자들의 투쟁,
    『력사과학』1963 - 6.

허장만, 토론 : 1920년대 민족개량주의의 계급적 기초 해명에서 제기되는 몇가지 문제,『력사과학』1966
    - 3.

(7) 노농운동

⇒ 사회분야 2. 노농운동 편 참조.

(8) 학생·청년운동, 6·10운동

6·10만세기념사업회,『6·10독립만세운동』, 1991.

京畿道,『(秘)學生事件に伴い高麗共産靑年會組織發覺の件』, 1929.

광주학생독립운동동지회 편,『광주학생독립운동사』, 국제문화사, 1974.

金淇周,『한말 재일한국유학생의 민족운동』, 느티나무, 1993.

金成植,『일제하한국학생독립운동사』(정음문고 43), 정음사, 1974.

金義煥,『부산근대교육사 - 附 부산학생항일운동사자료 - 』, 태화출판사, 1967.

金正義,『한국소년운동사』, 민족문화사, 1992.

金鎬逸,『한국근대 학생운동 연구 - 1920년대를 중심으로 - 』, 단국대 박사논문, 1988.

대구사범학생독립운동동지회,『대구사범학생독립운동』, 1993.

민족운동총서편찬위원회,『학생운동』, 민족문화협회, 1981.

부산학생사건정사편찬위원회 편,『부산학생사건정사』, 아성출판사, 1967.

素石學人, 『기미년학생운동의 전모』, 근역출판사, 1946.

梁東柱, 『광주학생독립운동사』, 호남출판사, 1956.

梁東柱, 『항일학생사』, 청파출판사, 1956.

兪海濬, 『민족학생독립운동의 이념』, 조선민족청년단, 1948.

鄭世鉉, 『항일학생민족운동사연구』, 일지사, 1975.

朝鮮總督府, 『韓國學生抗日鬪爭史』, 1929.

조종오, 『조선최근삼대운동사』, 한성인쇄소, 1946.

한정일, 『일제하 광주학생민족운동사』, 전예원, 1981.

한국역사연구회 근현대청년운동사연구반, 『한국근현대청년운동사』, 풀빛, 1995.

姜聖祚, 1920년대 전반기 학생운동 소고, 『논문집(인문, 사회과학편)』 7, 인천대, 1984.

姜昌錫, 일제하 학생운동의 사상적 일고찰, 동아대 석사논문, 1981.

高淑和, 衡平靑年前衛同盟사건에 대하여, 『국사관논총』, 64, 국사편찬위원회, 1995.

金森襄作, 朝鮮靑年會運動史 - 朝鮮における民族主義と階級主義 -, 『朝鮮學報』 85, 1977.

金淇周, 구한말 재일한국유학생의 항일운동, 『전남사학』 3, 전남사학회, 1989.

金淇周, 한말 在日 한국유학생단체 '태극학회', '대한유학생회'의 성립과 활동, 『裵鍾茂총장퇴임기념 사학논총』, 1994.

金大商, 3·1운동과 학생층, 『삼일운동50주년기념논집』, 동아일보사, 1969.

金東春, 1920년대 학생운동과 맑스주의, 『역사비평』 6, 역사문제연구소, 1989.

김상룡, 위대한 사회주의 10월혁명의 영향하에 전개된 1920년대 말까지의 조선학생운동, 『력사과학』 1957 - 5.

金聖甫, 광주학생운동과 사회주의 청년·학생조직, 『역사비평』 4, 역사문제연구소, 1989.

金成植, 젊음의 분노는 물결처럼 - 학생운동 -, 『한국현대사 4』, 신구문화사, 1969.

金成植, 한국 학생운동의 사상적 배경 - 특히 2·8독립선언을 중심으로 -, 『아세아연구』 12 - 1, 1969/『한국근대사론 3』, 지식산업사, 1977.

金成植, 일제하 한국학생운동, 『일제하의 민족운동사』, 고려대 아세아문제연구소, 1971.

金成植, 광주학생운동, 『일제하의 민족운동사』, 고려대 아세아문제연구소, 1971/『한국근대사론 3』, 지식산업사, 1977.

金素眞, 光州학생운동에 관한 일연구 - 光州학생운동과 社會團體와의 관계를 중심하여 -, 『숙명한국사론』 1, 1993.

金義煥, 일제하 부산의 학생항일독립운동, 『尹炳奭화갑기념 한국근대사논총』, 1990.

김인덕, 학우회의 조직과 활동, 『국사관논총』 66, 국사편찬위원회, 1995.

金正義, 근대 소년운동의 배경고찰, 『논문집』 2, 한양여전, 1985.

金正義, 근대소년운동연구(1) - 초기소년회 운동을 중심으로 -, 『논문집』 10, 한양여전, 1987.

金正義, 한국 근대소년운동연구(2) - 초기 소년단운동을 중심으로 -, 『논문집』 11, 한양여전, 1988.

金正義, 한국근대소년운동사의 역사적 배경에 관한 연구, 『朴成壽화갑논총 한국독립운동사의 인식』, 1991.

金正義, 국외에서의 한인소년운동고 - 1910~1930년대를 중심으로 -, 『何石金昌洙화갑논총 한국민족독립운동사의 제문제』, 1992.

金正義, 한국근대소년운동의 노선갈등과 일제탄압고, 『실학사상연구』 3, 무악실학회, 1992.

金漢九, 한국 학생운동의 사회인류학적 고찰, 『한국학논집』 15, 한양대 한국학연구소, 1989.

金鎬逸, 일제하의 학생운동연구 - 1920~1926 - , 중앙대 석사논문, 1965.

金鎬逸, 일제하 학생단체의 조직과 활동,『사학연구』22, 한국사학회, 1973.

金鎬逸, 일제하 학생운동의 한 형태 - 1920년대 동맹휴학을 중심으로 - ,『아세아학보』11, 아세아학술연구회, 1975.

金鎬逸, 학생운동,『한국사 22 - 민족운동의 전개 - 』, 국사편찬위원회, 1976.

金鎬逸, 한국근대 개화·애국계몽기의 학생운동에 대한 일고찰,『인문학연구』14, 중앙대 인문과학연구소, 1987.

金鎬逸, 1910년대 학생운동에 대한 고찰,『우인 김용덕박사 정년기념 사학논총』, 1988.

金鎬逸, 1930년대 항일학생운동의 연구,『한국독립운동사연구』3, 한국독립운동사연구소, 1989.

金鎬逸, 일제하 '6·10학생운동'고,『尹炳奭화갑기념 한국근대사논총』, 1990.

金鎬逸, 1920년대 抗日 학생운동의 성격,『朴成壽화갑논총 한국독립운동사의 인식』, 1991.

金鎬逸, 1940년대 항일학생운동연구 - 黑白黨의 활동을 중심으로 - ,『중앙사론』7, 중앙대 사학연구회, 1991.

盧榮澤, 일제하 인천의 청소년운동에 관한 연구,『기전문화연구』4, 인천교대 기전문화연구소, 1974.

리종현, 광주학생운동 - 광주학생운동 30주년에 제하여,『력사과학』1959 - 6.

리종현, 반일 6·10만세시위투쟁,『력사과학』1965 - 3.

리종현, 강좌 : 반일광주학생운동,『력사과학』1965 - 5.

朴性植, 1930년대 대구지방 학생운동의 전개,『교남사학』1, 영남대국사학회, 1985.

朴榮圭, 3·1운동 이후 재일한인학생의 독립운동,『삼일운동50주년기념논집』, 동아일보사, 1969.

朴贊勝, 광주항일학생운동의 정치사상적 배경 - 1920년대 중후반 학생운동의 양상과 학생운동론 - ,『전남사회운동사연구』, 광주 : 한국현대사사료연구소, 1992.

박한용, 경성제대 반제동맹 사건 연구,『일제말 조선사회와 민족해방운동』, 한국근현대사회연구회, 1991.

박한용, 1930년대 전반기 민족협동전선론과 학생반제동맹,『한국근현대청년운동사』, 풀빛, 1995.

宋百憲, 대전중학교 독립운동 발자취,『대전문화』4, 대전광역시사편찬위원회, 1995.

申載洪, 일정치하에서의 한국소년운동고,『사학연구』33, 한국사학회, 1981.

申載洪, 1920년대 한국청소년운동,『인문과학연구』2, 성신여대 인문과학연구소, 1983.

申載洪, 소년운동,『한민족독립운동사』9, 국사편찬위원회, 1991.

심상훈, 1920년대 경북북부 지역의 청년운동,『안동문화연구』8, 안동문화연구회, 1994.

吳世昌, 일제하 한국소년운동사 연구,『민족문화논총』13, 영남대 민족문화연구소, 1992.

兪道鎭, 일제하의 청년학생운동사,『한국의 사회와 문화』9, 정신문화연구원, 1988.

劉永模, 일제하 강원도지방의 항일학생운동연구, 강원대 석사논문, 1987.

柳永益, 한국학생운동사 개관,『아세아연구』77, 고려대 아세아문제연구소, 1987.

원종규, 일제침략자를 반대하여 싸운 광주학생운동,『력사과학』1979 - 4.

윤석수, 조선공산당과 6.10항일시위운동,『역사비평』4, 1989.

李相寔, 1920년대의 광주지방과 학생운동 - 광주학생독립운동을 중심으로 - ,『국사관논총』64, 국사편찬위원회, 1995

李世賢, 3·1운동을 전후한 학생층의 항일독립투쟁의 일단면,『논문집』10, 군산교대, 1976.

李信行, 청년운동가 월남 이상재 - 기독교청년회운동을 중심해서 본 그의 사회변화와 사회조직에 대한 이해 - ,『月南 李商在연구』, 路출판, 1986.

이애숙, 1930년대초 청년운동의 동향과 조선청년총동맹의 해소,『한국근현대청년운동사』, 풀빛, 1994.

李在鳳, 한국학생운동의 연구경향과 역사적 전개에 관한 연구,『교육연구』8, 춘천교대 초등교육연구소,

1990.

이정은, 3·1운동기 학생층의 선전활동,『한국독립운동사연구』7, 한국독립운동사연구소, 1993.

李海英, 한국학생운동의 사적 전개, 성균관대 석사논문, 1976.

李鉉淙, 구한말의 청년운동,『청년연구』1, 유네스코한국위원회, 1979.

李鉉淙, 일제 침략하 청년운동 - 1920년 전후 중심으로 -,『청년연구』3, 유네스코한국위원회, 1981.

李炫熙, 6·10독립만세운동고 - 한국민족주의 운동의 승화를 위한 시론 -,『아세아연구』12 - 1, 고려대 아세아문제연구소, 1969.

李喜桓, 한국학생운동의 역사적 개관,『논문집』14, 군산대, 1987.

李喜桓, 한국학생운동의 역사적 성격,『논문집』16, 군산대, 1989.

張錫興, 광주학생운동의 사회경제적 배경 - 영산포를 중심으로 -,『역사비평』6, 역사문제연구소, 1989.

張錫興, 조선학생과학연구회의 초기 조직과 6·10만세운동,『한국독립운동사연구』8, 한국독립운동사연구소, 1994.

鄭世鉉, 서울을 중심한 항일학생운동에 대하여,『향토서울』14, 서울시사편찬위원회, 1962.

鄭世鉉, 3·1항쟁기의 한국학생운동,『논문집』8, 숙명여대, 1968.

鄭世鉉, 6·10운동론 - 학생운동을 중심으로 -,『논문집』7, 숙명여대, 1968.

鄭世鉉, 2·8학생운동에 대하여,『숙대사론』4, 1969.

鄭世鉉, 학생운동으로 본 3·1운동과 중국의 5·4운동,『삼일운동50주년기념논집』, 동아일보사, 1969.

鄭世鉉, 광주학생민족운동의 전국적 확대에 대하여,『논문집』13, 숙명여대, 1973.

鄭世鉉, 근세한국학생계층의 형성 - 초기 학생운동과 관련하여 -,『논문집(인문사회과학편)』14, 숙명여대, 1974.

鄭世鉉, 일제말기의 항일학생운동,『숙대사론』8, 1974.

鄭世鉉, 식민지 교육에 대한 저항운동,『항일학생민족운동사연구』, 1975.

鄭世鉉, 3·1학생독립운동,『항일학생민족운동사연구』, 1975/『한국근대사론 2』, 1977.

鄭世鉉, 6, 10 만세운동,『항일학생민족운동사연구』, 1975/『한국근대사론 2』, 1977.

趙東杰, 한국근대학생운동조직의 성격변화,『한국근대민족주의운동사연구』, 일조각, 1987.

趙鍾煥,『朴殷植의 애국계몽적 국권회복사상연구』, 경희대 박사논문, 1992.

趙燦錫, 1920년대 경기지방의 청년운동,『기전문화연구』6, 인천교대 기전문화연구소, 1975.

趙燦錫, 1920년대 경기지방의 소년운동,『기전문화연구』7, 인천교대 기전문화연구소, 1976.

趙燦錫, 1920년대 경상북도지방의 소년운동,『晴嵐김판영박사화갑기념논문집』, 동아출판사, 1983.

趙燦錫, 1920년대 한국의 청년운동,『논문집(인문, 사회과학편)』12, 인천교대, 1984.

趙燦錫, 1920년대 한국의 청년운동,『心村추헌수교수회갑기념논문집 한·중 정치의 전통과 전개』, 대왕사, 1984.

趙燦錫, 1920년대 경상남도지방의 청년운동,『논문집(인문·사회·자연과학편)』19, 인천교대, 1985.

趙燦錫, 1920년대 전라남도지방의 청년운동,『논문집(인문·사회·자연과학편)』21, 인천교대, 1987.

趙燦錫, 1920년대 전라북도지방의 청년운동,『논문집(인문·사회편)』22, 인천교대, 1988.

趙燦錫, 1920년대 호남지방의 소년운동,『논문집』24, 인천교대, 1990.

趙燦錫, 청년운동,『한민족독립운동사』9, 국사편찬위원회, 1991.

池秀傑, 충남 禮山공립농업학교 학생비밀결사 조직사건에 대한 일고찰,『滄海朴秉國정년기념 사학논총』, 1994.

秦東赫, 광주학생독립운동의 주역 王在一에 관한 새 발굴자료 연구,『동양학』17, 1987.

최근무, 일제하의 항일학생운동 - 1940년대 전북지방의 항일학생운동을 중심으로 -,『전주교대논문집』

13, 1977.

崔根茂, 일제하 전북지방의 항일 학생민족운동에 관한 연구,『논문집』15, 전주교대, 1979.

韓詩俊, 국권회복운동기 일본유학생의 민족운동,『한국독립운동사연구』2, 독립기념관 한국독립운동사
　연구소, 1988.

洪錫律, 1940~45년 학생운동의 성격변화,『한국사론』24, 서울대국사학과, 1991.

洪錫律, 일제하 청년학생운동,『한국사 15』, 한길사, 1994.

洪善杓, 일제하 경기지방의 학생운동 - 동맹휴학을 중심으로 - ,『한국독립운동사연구』9, 독립기념관 한
　국독립운동사연구소, 1995.

(9) 신간회 · 민족협동전선운동

姜萬吉,『조선민족혁명당과 통일전선』, 화평사, 1991.

김희곤,『중국관내한국독립운동단체연구』, 지식산업사, 1995.

李均永,『신간회연구』, 역사비평사, 1993.

李庭植 · 스칼라피노 외,『신간회 연구』, 동녘, 1983.

姜萬吉, 식민지시대 민족통일전선운동의 역사적 의의,『쟁점 한국근현대사』4, 한국근대사연구소, 1994.

姜萬吉, 중국관내 민족해방운동전선의 통일전선론,『한국사 16』, 한길사, 1994.

姜萬吉, 1930년대 중국관내 민족해방운동의 통일전선론,『한국사연구』90, 한국사연구회, 1995.

岡本三郎, 抗日民族統一戰線の形成過程,『歷史學硏究』138, 歷史學硏究會, 1949.

강영주, 벽초 홍명희(2) - 3 · 1운동에서 신간회 운동까지 - ,『역사비평』24, 역사문제연구소, 1994.

강영주, 벽초 홍명희(3) - 신간회 활동과 임꺽정 기필 - ,『역사비평』25, 역사문제연구소, 1994.

姜惠卿, 1930년대 후반 경남 삼천포지역의 인민전선전술의 수용,『숙명한국사론』1, 숙명여대 한국사학
　과, 1993.

高珽烋, 태평양문제연구회 조선지회와 조선사정연구회,『역사와 현실』6, 한국역사연구회, 1991.

金森襄作, 論爭を通じてみた新幹會 - 新幹會をめぐる民族主義と階級主義の對立 - ,『朝鮮學報』 93,
　朝鮮學會, 1979.

金明久, 코민테른의 대한정책과 신간회(1927~1931), 고려대 석사논문, 1982.

金勝, 新幹會 위상을 둘러싼 '兩黨論' · '淸算論' 논쟁연구,『부대사학』17, 부산대사학회, 1993.

김승환, 양주동의 절충주의와 신간회의 민족협동전선론과의 상관관계에 관한 고찰,『한국학보』49, 1987.

金榮範, 1920년대 후반기의 민족유일당운동에 대한 재검토 - 중국 關內지역에서의 경과와 귀추를 중심
　으로 - ,『한국근현대사연구』1, 한국근현대사연구회, 1994.

金仁植, 신간회운동기의 부르조아민주주의혁명론, 중앙대 석사논문, 1989.

김인식, 신간회운동기 ML계의 부르조아 민주주의 혁명론,『중앙사론』7, 중앙대사학연구회, 1991.

김형국, 1920년대 식민지조선의 사회운동론과 '淸算論',『청계사학』10, 정신문화연구원 청계사학회,
　1993.

金蕙卿, 신간회에 참여한 사회주의자들의 반제통일전선론 연구, 이화여대 석사논문, 1989.

金鎬逸, 統一戰線운동의 시대적 배경,『쟁점 한국근현대사』4, 한국근대사연구소, 1994.

南和淑, 1920년대 여성운동에서의 협동전선론과 槿友會,『한국사론』25, 서울대국사학과, 1991.

東京歷史科學協議會, 1930年代東アジアにおける統一戰線の形成,『歷史評論』257, 1971.

梶村秀樹, 新幹會研究のためのノート,『勞動運動史研究』49, 1968.

朴慶植, 朝鮮民族解放運動と民族統一戰線,『ファシズム下の抵抗と運動』, 東京大社會科學硏究所, 1980/『신간회 연구』, 동녘, 1983.

朴永錫, 민족유일당운동 - 1920년대 후반 중국·만주지역을 중심으로 -,『경희사학』14, 1987.

朴永錫, 민족유일당 연구 - 1920년대 후반 중국·만주지역을 중심으로 -,『한국현대사의 전개』, 한국사연구협의회, 1988.

朴贊勝, 1920년대 중반~1930년대초 민족주의 좌파의 신간회운동론,『한국사연구』80, 한국사연구회, 1993.

박한용, 1930년대 전반기 민족협동전선론과 학생반제동맹,『한국근현대청년운동사』, 풀빛, 1995.

徐元龍, 1920年代の民族運動 - 新幹會を中心に -,『季刊三千里』11·12, 1977.

水野直樹, 新幹會運動に關する若干の問題,『朝鮮史硏究會論文集』14, 1977.

水野直樹, 新幹會東京支會の活動について,『朝鮮史叢』1, 1979.

水野直樹, 코민테른의 민족통일전선론과 신간회운동,『역사비평』2, 역사문제연구소, 1988.

申榮淑, 槿友會에 관한 일연구, 이화여대 석사논문, 1978.

申載洪, 일제하 재일한국인의 민족유일당운동,『편사』4, 국사편찬위원회, 1972.

辛珠栢, 1930년대 반일민족통일전선운동의 전개과정,『역사와 현실』2, 한국역사연구회, 1989.

辛珠栢, 1926~28년 시기 간도지역 한인사회주의자들의 반일독립운동론 - 민족유일당운동과 청년운동을 중심으로 -,『한국사연구』78, 1992.

辛珠柏, 1927·28년 시기 재만한인 민족운동의 동향 - 民族唯一黨 및 自治문제를 중심으로 -,『阜村申延澈정년기념 사학논총』, 1995.

梁愛梨, 槿友會에 대한 고찰, 성신여대 석사논문, 1983.

염인호, 해방전후 민족혁명당의 민족통일전선운동,『역사연구』1, 1992.

염인호, 화북조선독립동맹과 통일전선운동,『쟁점 한국근현대사』4, 한국근대사연구소, 1994.

兪炳勇, 신간회운동의 이데올로기적 경향,『한국독립운동과 열강관계』, 한국정치외교사학회, 1985.

兪炳勇, 일제하 정치이데올로기의 분열과 좌우합작운동 - 신간회 운동을 중심으로 -,『통일논총』81, 국토통일원, 1986.

윤상호, 한국독립운동에 나타난 민족연합전선,『원우론집』15 - 2, 연세대대학원학생회, 1988.

尹鍾一, 1920년대 민족협동전선을 둘러싼 사회주의자들의 제 논쟁 검토,『경희사학』16·17합, 1991.

이경란, 일제하 식민지시대의 통일전선논의에 대하여,『원우론집』15 - 2, 연세대대학원학생회, 1988.

李均永, 신간회에 대하여 - 그 배경과 창립을 중심으로 -, 한양대 석사논문, 1982.

李均永, 신간회의 창립에 대하여,『한국사연구』37, 한국사연구회, 1982.

李均永, 신간회의 결성에 따른 양당론과 청산론 검토,『한국학논집』7, 한양대 한국학연구소, 1985.

李均永, 조선民興會와 신간회를 둘러싼 제 논의의 검토,『한국근대민족주의운동사연구』, 일조각, 1987.

李均永, 지회설립에 따른 신간회의 조직형태 검토,『한국학논집』11, 한양대 한국학연구소, 1987.

李均永, 신간회의 複대표대회와 민중대회사건,『한국독립운동사연구』4, 한국독립운동사연구소, 1990.

李均永, 신간회지회의 설립과 활동,『尹炳奭화갑기념 한국근대사논총』, 1990.

李均永, 新幹會 群山支會의 설립과 구성원,『西巖趙恒來화갑기념 한국사학논총』, 1992.

李均永, 新幹會支會의 해소운동과 조선공산당 재건운동조직,『국사관논총』40, 국사편찬위원회, 1992.

李均永, 新幹會 平壤支會의 조직과 활동,『水邨朴永錫화갑논총 한민족독립운동사논총』, 1992.

李均永, 신간회운동,『한국사 16』, 한길사, 1994.

李均永, 신간회의 분열과 해소운동,『쟁점 한국근현대사』4, 한국근대사연구소, 1994.

李文遠, 신간회의 사회교화,『한국학』26, 중앙대 한국학연구소, 1982.

李文遠, 신간회와 월남 이상재,『月南 李商在연구』, 路출판, 1986.

李文遠, 新幹會의 사회민주주의적 성격에 대한 검토,『水邨朴永錫화갑논총 한민족독립운동사논총』, 1992.

李文遠, 신간회의 노선과 활동,『쟁점 한국근현대사』4, 한국근대사연구소, 1994.

李賢周, 신간회에 참여한 사회주의자들의 운동론 - ML당계를 중심으로 - ,『한국민족운동사연구』4, 한국민족운동사연구회, 1989.

李賢周, 新幹會의 창립과 조직,『쟁점 한국근현대사』4, 한국근대사연구소, 1994.

李賢周, 신간회운동 연구의 성과와 과제,『한국근현대사연구』2, 한국근현대사연구회, 1995.

李炫熙, 신간회의 조직과 항쟁 - 일제치하의 민족유일당운동 - ,『사총』15 · 16합, 고려대사학회, 1971.

李炫熙, 上海時代의 臨政과 민족통일전선운동 - 좌우합작운동의 시도를 중심으로 - ,『쟁점 한국근현대사』4, 한국근대사연구소, 1994.

장상수, 신간회의 창립배경에 대하여,『논문집(인문사회과학편)』8, 순천대, 1989.

鄭僑溶, 신간회에 관한 일고찰, 성균관대 석사논문, 1984.

鄭大澈, 신간회와 민간지의 관계에 대한 고찰 - 조선 · 동아 · 중외일보를 중심으로 - ,『언론학보』2, 한양대 언론문화연구소, 1981.

鄭大澈, 신간회에 대한 동아일보의 태도,『언론학보』5, 한양대 언론문화연구소, 1984.

鄭世鉉, 槿友會조직의 전개,『아세아여성연구』11, 숙명여대 아세아여성문제연구소, 1972.

鄭容郁, 신간회조직의 한계와 반제민족통일전선,『역사비평』7, 역사문제연구소, 1989.

정원옥, 재만항일운동단체의 전민족유일당운동,『백산학보』19, 1975.

정학섭, 일제하 해외민족운동의 좌우합작과 三均主義,『한국의 근대국가형성과 민족문제』(한국사회사연구회논문집 1), 1986.

趙京美, 1920년대 사회주의 성격에서 본 槿友會,『숙명한국사론』1, 숙명여대한국사학과, 1993.

車基璧, '민족협동전선'의 시각에서 본 신간회운동,『일제의 한국식민통치』, 정음사, 1985.

崔圭鎭, 통일전선의 개념과 운용방식,『阜村申延澈교수정년퇴임기념 사학논총』, 일월서각, 1995.

崔原榮, 新幹會 해소의 배경과 과정,『충북사학』6, 충북대 사학회, 1993.

韓相龜, 1926~28년 민족주의 세력의 운동론과 新幹會,『한국사연구』86, 한국사연구회, 1994.

韓相龜, 1926~28년 사회주의 세력의 운동론과 新幹會,『한국사론』32, 서울대국사학과, 1994.

韓相禱, 한국대일전선통일동맹과 민족협동전선운동,『尹炳奭화갑기념 한국근대사논총』, 1990.

黃敏湖, 만주지역 민족유일당운동에 관한 연구 - 유일당촉성회의를 중심으로 - ,『숭실사학』5, 1988.

黃敏湖, 만주지역 民族唯一黨運動과 三府統合運動,『쟁점 한국근현대사』4, 한국근대사연구소, 1994.

(10) 해외운동 · 무장투쟁

姜萬吉,『조선민족혁명당과 통일전선』, 화평사, 1991.

국가보훈처,『해외의 한국독립운동사료 12 - 러시아편 2 - 』, 국가보훈처, 1995.

국민회군사편찬위원회 편,『항일국민회군』, 공산권문제연구소, 1974.

국방부 전사편찬위원회,『독립군항쟁사』, 1985.

국사편찬위원회,『한국독립운동사자료 13 - 의병편 6 - 』, 1984.

국회도서관,『한국민족운동사료 2 - 중국편 : 일본외무성육해군성문서』, 1976.

金東和,『중국조선족독립운동사』, 느티나무, 1991.

김준엽 · 김창순,『한국공산주의운동사 4』, 청계연구소, 1986.

金必子, 『양기탁의 민족운동』, 지구문화사, 1988.

金喜坤, 『중국관내 한국독립운동단체연구』, 지식산업사, 1995.

남현우, 『항일무장투쟁사』, 대동, 1988.

旦洲柳林先生紀念事業會, 『旦洲柳林 資料集 1』, 1991.

독립기념관 한국독립운동사연구소, 『震光·조선민족전선·조선의용대』, 1988.

독립유공자협회, 『러시아지역의 韓人社會와 民族運動史』, 교문사, 1994.

朴慶植, 『在日朝鮮人運動史』, 東京 : 三一書房, 1978.

朴成壽, 『독립운동사연구』, 창작과 비평사, 1980.

朴成壽, 『한국독립운동사적 - 중국편 - 』, 국민보훈처, 1992.

朴永錫, 『萬寶山사건연구』, 아세아문화사, 1978/東京 : 第一書房, 1980.

朴永錫, 『한민족독립운동사연구 - 만주지역을 중심으로 - 』, 일조각, 1982.

朴永錫, 『한 독립군병사의 항일전투 - 북로군정서병사 李雨錫의 사례 - 』, 박영사, 1984.

朴永錫, 『일제하 독립운동사연구 - 만주·노령지역을 중심으로 - 』, 일조각, 1984.

朴永錫, 『재만한인독립운동사연구』, 일조각, 1988.

朴永錫, 『만주·노령지역의 독립운동』, 독립운동사연구소, 1989.

박환, 『만주韓人민족운동사연구』, 일조각, 1991.

박환, 『러시아한인민족운동사』, 탐구당, 1995.

方善柱, 『재미한인의 독립운동』, 한림대출판부, 1989.

白南喆, 『조선인 반란』, 도서출판 국문, 1981.

申福龍, 『대동단실기』, 양영각, 1982.

申載洪, 『독립군의 전투』, 민족문화협회, 1980.

역사문제연구소, 『인물로 보는 항일무장투쟁사』, 역사비평사, 1995.

염인호, 『김원봉 연구』, 창작과 비평사, 1993.

염인호, 『조선의용군 연구 - 민족운동을 중심으로 - 』, 국민대 박사논문, 1994.

吳世昌, 『재만한인의 항일독립운동사연구 - 1910~1920년의 독립운동단체를 중심으로 - 』, 성균관대 박
    사논문, 1988.

웨일즈, 님 저, 조우화 역, 『아리랑』, 동녘, 1984.

웨일즈, 님, 『아리랑 2』, 학민사, 1986.

柳子厚, 『海牙밀사』, 1949.

尹炳奭, 『의병과 독립군』(교양국사총서 26), 세종대왕기념사업회, 1977.

尹炳奭, 『국외韓人사회와 민족운동』, 일조각, 1990.

尹炳奭, 『독립군사 - 鳳梧洞·靑山里의 독립전쟁 - 』, 지식산업사, 1990.

尹炳奭, 『한국독립운동사자료집 - 中國集 - 』, 정신문화연구원, 1993.

尹炳奭, 『한국독립의 해외탐방기』, 지식산업사, 1994.

李康勳, 『무장독립운동사』(서문문고 197), 서문당, 1975.

李恩淑, 『민족운동가 아내의 수기 - 서간도시종기 - 』(정음문고 65), 정음사, 1975.

이재화, 『한국근현대 민족해방운동사 - 항일무장투쟁사편 - 』, 백산서당, 1988.

李庭植·韓洪九, 『항전별곡 - 조선독립동맹자료 1 - 』, 거름, 1986.

이정식 저, 허원 역, 『만주혁명운동과 통일전선』, 사계절, 1989.

이준형 역, 『일제하 극동시베리아의 한인사회주의자들』, 역사비평사, 1990.

李勳求, 『만주와 조선인』, 평양숭실전문학교 경제학연구실, 1933.

정신문화연구원,『한국독립운동사자료집 - 중국인사 증언 - 』, 박영사, 1983.

趙東杰,『독립군의 길따라 대륙을 가다』, 지식산업사, 1995.

朝鮮總督府警務局,『5・30間島事件以後に於ける在滿共匪暴動一覽表』, 京城, 1930.

朱耀翰,『秋汀 李甲』, 대성문화사, 1964.

中央硏究院近代史硏究所 編,『國民政府與韓國獨立運動史料』(中央硏究院近代史硏究所史料叢刊 7),
    1988.

지복영,『역사의 수레를 끌고 밀며 - 항일무장 독립운동과 백제 지청천 장군 - 』, 문학과 지성사, 1995.

蔡根植,『무장독립운동비사』, 공보처, 1949.

村井吉敬・內海愛子 저, 이현희 역,『적도하에서 韓國人의 抗日鬪爭』, 대광출판사, 1986.

崔衡宇,『해외조선혁명운동소사 1』, 동방문화사, 1945.

秋憲樹,『정치외교투쟁』, 민족문화협회, 1980.

韓相禱,『在中韓人軍官학교연구 - 김원봉・김구의 항일운동과 관련(1919～1935) - 』, 건국대 박사논문,
    1993.

韓相禱,『한국독립운동과 中國軍官학교』, 문학과 지성사, 1994.

현용순 등,『조선족 백년사화』(1～4), 거름편집부, 1989.

胡春惠,『韓國獨立運動在中國 - 中華民國史料硏究中心 - 』, 臺北, 1965.

胡春惠 저, 신승하 역,『中國 안의 韓國獨立運動』, 단국대출판부, 1978.

洪相杓,『간도독립운동소사』, 한광중고등학교, 1966.

和田春樹 저, 이종석 역,『김일성과 만주항일전쟁』, 창작과 비평사, 1992.

角田玲子, 抗日武裝鬪爭をめぐる諸問題 - 1930前半の間島 -,『朝鮮硏究』79, 日本朝鮮硏究所, 1968.

姜德相, 海外における朝鮮獨立運動の發展,『東洋文化硏究所紀要』51, 1970/『朝鮮民族運動史硏究』2,
    1985.

姜萬吉, 조선민족혁명당 성립의 배경,『한국사연구』61・62합, 1988.

姜萬吉, 조선민족혁명당의 성립과 그 역사성,『한국독립운동사연구』4, 한국독립운동사연구소, 1990.

姜萬吉, 중국관내 민족해방운동전선의 통일전선론,『한국사 16』, 한길사, 1994.

姜萬吉, 1930년대 중국관내 민족해방운동의 통일전선론,『한국사연구』90, 한국사연구회, 1995.

姜英心, 申圭植의 생애와 독립운동,『한국독립운동사연구』1, 독립기념관 한국독립운동사연구소, 1987.

姜英心, 신한청년단의 결성과 활동,『한국독립운동사연구』2, 독립기념관 한국독립운동사연구소, 1988.

姜英心, 조선국민회연구,『한국독립운동사연구』3, 한국독립운동사연구소, 1989.

姜龍權, 민족독립운동과 서일,『水邨朴永錫화갑논총 한민족독립운동사논총』, 1992.

姜在彦, 朝鮮獨立運動の根據地問題 - 1910年前後における二つの思想的對應 -,『朝鮮民族運動史硏
    究』1, 靑丘文庫, 1984.

姜在彦, 在滿朝鮮人の抗日武裝鬪爭 - 南滿における東北人民革命軍第1軍を中心に -,『朝鮮民族運動
    硏究』5, 1988.

姜在彦, 南滿韓人의 항일무장투쟁 - 東北人民革命軍 제1군을 중심으로 -,『水邨朴永錫화갑논총 한민
    족독립운동사논총』, 1992.

姜昌錫, 대한인국민회의 조직과 활동에 관한 연구,『동의사학』1, 동의대사학회, 1984.

慶倫昊, 조선혁명당의 성격 연구,『부대사학』19, 부산대사학회, 1995.

高珽烋, 歐美駐箚한국위원회의 초기조직과 활동,『역사학보』134・135합, 1992.

高珽烋, 독립운동기 李承晩의 외교노선과 제국주의,『역사비평』31, 역사문제연구소, 1995.

堀內稔, 韓族總聯合會について,『朝鮮民族運動史硏究』9, 朝鮮民族運動史硏究會, 1993.

權大雄, 大東靑年團연구,『水邨朴永錫화갑논총 한민족독립운동사논총』, 1992.

權熙英, 자유시사변 연구,『한국사학』14, 정신문화연구원, 1994.

金森襄作, 滿洲における中朝共産黨の合同と間島5·30蜂起について,『朝鮮史叢』7, 朝鮮史叢編輯委員會, 1983.

金森襄作, 1930年の'間島蜂起'について,『朝鮮民族運動史硏究』3, 神戶, 1986.

金康寧, 신흥무관학교 연구, 성신여대 석사논문, 1989.

金光載, 朝鮮民族戰線聯盟의 성립과 변천,『芝村金甲周화갑기념 사학논총』, 1994.

金東和, 중국 동북조선족과 '琿春事件',『水邨朴永錫화갑논총 한국사학논총(하)』, 1992.

金邦, 李東輝 연구,『국사관논총』18, 국사편찬위원회, 1990.

金邦, 李東輝의 국외에서의 항일투쟁(1911~1916)에 관한 일고찰,『건대사학』8, 건국대사학회, 1993.

金庠基, 3·1운동이후 해외의 민족운동,『삼일운동50주년기념논집』, 동아일보사, 1969.

金成俊, 3·1운동 이전 북간도의 민족교육,『삼일운동50주년기념논집』, 동아일보사, 1969.

金勝一, 동북항일근거지의 사회경제적 기초,『산운사학』7, 산운학술문화재단, 1993.

金榮範, 조선의용대 연구,『한국독립운동사연구』2, 독립기념관 한국독립운동사연구소, 1988.

金榮範, 民族革命黨의 결성과 그 革命運動路線,『쟁점 한국근현대사』4, 한국근대사연구소, 1994.

金榮範, 서평 : 중국관내 한국독립운동 단체 연구(김희곤 저), 한국광복군연구(한시준 저),『한국근현대사연구』3, 1995.

金龍國, 대종교와 독립운동,『노산이은상박사고희기념논문집 민족문화논총』, 1973.

金義煥, 만주에 있어서 초기 독립전쟁의 고찰 - 1910년 전후에서 3·1운동전을 중심으로 -,『이선근고희논총 - 한국학논총 - 』, 1974.

金仁德, 1920년대말 재일조선인 민족해방운동의 해체 논의에 대한 검토,『阜村申延澈교수정년퇴임기념 사학논총』, 일월서각, 1995.

金靜美, 朝鮮獨立運動史上における1920年10月 - 靑山里戰鬪の歷史的意味を求めて -,『朝鮮民族運動史硏究』3, 神戶, 1986.

金昌洙, 고려혁명당의 조직과 활동 - 1920년대 중국 동북지방에서의 항일독립운동 -,『산운사학』4, 산운학술문화재단, 1990.

金昌順·李鉉淙, 해외에서의 독립운동과 항일투쟁,『자유아카데미연구논총』2, 자유아카데미, 1977.

金昌順, 만주抗日聯軍연구,『국사관논총』11, 국사편찬위원회, 1990.

김철수, 홍범도장군의 전략전술사상에 대하여,『水邨朴永錫화갑논총 한민족독립운동사논총』, 1992.

金春善, 1920년대 한민족반일무장투쟁연구에 관한 재조명 - 鳳梧洞·靑山里戰役을 중심으로 -,『水邨朴永錫화갑논총 한민족독립운동사논총』, 1992.

金泰國, 중국동북지구 조선족反日민족운동이 반제국반봉건운동에로의 전환,『水邨朴永錫화갑논총 한민족독립운동사논총』, 1992.

김택, 왜곡된 청산리전투사의 진상을 논함 - 홍범도장군의 주도적 역할을 중심으로 -,『水邨朴永錫화갑논총 한민족독립운동사논총』, 1992.

金喜坤, 한국유일독립당촉성회에 대한 일고찰 - 중국내 제1차 좌우합작의 시도 -,『한국학보』33, 일지사, 1983.

金喜坤, 동제사의 결성과 활동,『한국사연구』48, 한국사연구회, 1985.

金喜坤, 한국勞兵會의 결성과 독립전쟁준비방략,『尹炳奭화갑기념 한국근대사논총』, 1990.

金喜坤, 上海 大韓人民團의 성립과 독립운동,『水邨朴永錫화갑논총 한민족독립운동사논총』, 1992.

金喜坤, 旦洲 柳林의 독립운동과 사상,『안동문화연구』6, 안동문화연구회, 1992.

金熙泰, 무장항일독립운동에 대한 延邊사학계의 시각,『한국독립운동사연구』5, 독립기념관 한국독립운
　　동사연구소, 1991.

盧景彩, 일제하 독립운동 정당의 성격 - 민족혁명당과 한국국민당을 중심으로 - ,『한국사연구』47, 한국
　　사연구회, 1984.

盧景彩, 金元鳳의 독립운동과 그 사상,『백산학보』30 · 31합, 1985.

盧景彩, 국외민족운동의노선과 이념의 변화과정 - 1920년대 중국지역을 중심으로 - ,『3 · 1민족해방운동
　　연구』, 한국역사연구회, 1989.

盧景彩, 1920년대의 중국관내 민족해방운동,『한국사 16』, 한길사, 1994.

鹿嶋節子, 朝鮮義勇隊の成立と活動 - 金元鳳の動向を中心に - ,『朝鮮民族運動史研究』4, 神戶 : 朝鮮
　　民族運動史研究會, 1988.

鹿嶋節子, 朝鮮民族戰線連盟について,『朝鮮民族運動史研究』7, 靑丘文庫, 1991.

譚譯 · 王駒 · 邵宇春, 9 · 18사변후 동북의용군과 한국독립군의 聯合抗日逑略 - 1931.9～1933.9 - ,『국사
　　관논총』44, 1993.

稻葉强, 太平洋戰爭中の在米朝鮮人運動,『朝鮮民族運動史研究』7, 靑丘文庫, 1991.

東尾和子, 琿春事件と間島出兵,『朝鮮史研究會論文集』14, 1977.

朴杰淳, 1920년대초 국내무장투쟁단체의 활동과 추이 - 평북거점 天摩山隊 · 普合團을 중심으로 - ,『한
　　국독립운동사연구』3, 1989.

朴杰淳, 대한통의부연구,『한국독립운동사연구』4, 한국독립운동사연구소, 1990.

박, 보리스 D., 국권피탈 전후시기 在蘇韓人의 항일투쟁 - 러시아망명 韓人들의 항일투쟁 참가 - ,『水邨
　　朴永錫화갑논총 한민족독립운동사논총』, 1992.

朴成壽, 한국독립운동과 대륙기지 문제,『한민족과 북방과의 관계사 연구』, 정신문화연구원, 1995.

朴永錫, 萬寶山사건으로 인한 중국에서의 배일운동,『건대사학』4, 1974.

朴永錫, 일제하 在滿한인의 독립운동과 민족의식 - 耕學社의 설립경위와 그 취지서를 중심으로 - ,『사
　　학연구』33, 1981.

朴永錫, 대종교의 민족의식과 항일민족독립운동 - 壬午敎變을 중심으로 - ,『건대사학』6, 건국대 사학
　　회, 1982.

朴永錫, 일제하 만주 · 노령지역에서의 항일민족독립운동(상 · 하) - 북로군정서 독립군병사 이우석의 활
　　동을 중심으로 - ,『동방학지』34 · 35, 연세대 국학연구원, 1982 · 1983.

朴永錫, 대종교의 민족의식과 항일민족독립운동(상 · 하),『한국학보』31 · 32, 일지사, 1983.

朴永錫, 일제하 서간도지역 공화적 민족주의 계열 한국독립운동단체에 관한 연구 - 그 맥락과 정치이념
　　을 중심으로 - ,『성곡논총』14, 성곡학술문화재단, 1983.

朴永錫, 정의부 연구 - 민주공화정체를 중심으로 - ,『김준엽교수화갑기념 중국학논총』, 중국학논총편집
　　위원회, 1983.

朴永錫, 중국동북(만주)지구 한민족독립운동사 연구의 새로운 시각,『사학연구』38, 한국사학회, 1984.

朴永錫, 洪範圖장군 연구,『천관우선생환력기념 한국사학논총』, 정음문화사, 1985.

朴永錫, 일제하 滿洲 · 露領지역에서의 항일민족독립운동에 관한 연구 - 복벽적 민족주의계열의 맥락과
　　정치이념을 중심으로 - ,『한국사학』6, 정신문화연구원, 1985.

朴永錫, 일제하 在滿한국인 기독교도의 항일민족독립운동 - 1910년대의 서간도지역을 중심으로 - ,『한
　　국사연구』48, 1985.

朴永錫, 해외독립운동의 기본구조 - 1920년대 후반 만주지역 '혁신의회'를 중심으로 - ,『한국사학』8, 정

신문화연구원, 1986.

朴永錫, 劉一憂 일가의 민족독립운동,『최영희화갑기념 한국사학논총』, 탐구당, 1987.

朴永錫, 한인소년병학교 연구 - 헤스팅스 한인소년병학교를 중심으로 - ,『한국독립운동사연구』1, 독립기념관 독립운동사연구소, 1987.

朴永錫, 중국동북지역(南滿洲) 抗日독립운동전적지 닫사기,『汕耘史學』5, 산운학술문화재단, 1991.

朴永錫, 白冶 金佐鎭將軍硏究,『국사관논총』51, 국사편찬위원회, 1994.

朴英姬, 조선민족혁명당의 건립과정과 반일투쟁,『사학연구』42, 한국사학회, 1990.

朴英姬, 長白縣에서 劉一憂의 反日募金활동 - 韓僑董事會를 중심으로 - ,『水邨朴永錫화갑논총 한민족독립운동사논총』, 1992.

朴英姬, 長白縣에서의 劉一憂와 反日人士들간의 관계 - 1910년대를 중심으로 - ,『西巖趙恒來화갑기념 한국사학논총』, 1992.

朴英姬, 長白縣에서 劉一憂의 반일독립운동,『한국학연구』3, 숙명여대 한국학연구소, 1993.

朴容玉, 독립운동의 기지 - 간도 - ,『한국현대사 3』, 신구문화사, 1969.

朴容玉, 1930년대 만주지역 抗日 女戰士 연구 - 30女戰士의 傳記들을 중심으로 - ,『교육연구』29, 성신여대 교육문제연구소, 1995.

朴昌昱, 朝鮮革命軍과 遼寧民衆抗日自衛軍의 연합작전,『水邨朴永錫화갑논총 한민족독립운동사논총』, 1992.

朴賢淑, 북간도 대한군정서의 연구, 이화여대 석사논문, 1988.

박현옥, 만주 항일 무장투쟁하에서의 여성해방 정책과 농민여성,『아시아문화』9, 한림대 아시아문화연구소, 1993.

朴亨杓, 露領沿海州의 한인독립운동,『우석사학』2, 으석대, 1969.

朴桓, 신민부에 대한 일고찰『역사학보』108, 1985.

朴桓, 대한광복회에 관한 새로운 사료 - 「義勇實記」- ,『한국학보』44, 1986.

朴桓, '한족총연합회'의 결성과 그 활동,『한국사연구』52, 1986.

朴桓, 재만 한국독립당에 대한 일고찰,『한국사연구』59, 1987.

朴桓, 1920년대 재중한국인의 무정부주의운동과 「奪還」의 간행,『한국학보』52, 일지사, 1988.

朴桓, 대한독립단의 조직과 활동 - 복벽주의계열의 독립운동단체 일사례 - ,『한국민족운동사연구』3, 한국민족운동사연구소, 1989.

朴桓, 만주지역의 신흥무관학교,『사학연구』40, 1989.

朴桓, 서로군정서의 성립과 그 활동,『한국학보』55, 일지사, 1989.

朴桓, 북간도 대한국민회의 성립과 활동,『尹炳奭화갑기념 한국근대사논총』, 1990.

朴桓, 북로군정서의 성립과 활동,『국사관논총』11, 국사편찬위원회, 1990.

朴桓, 南華韓人청년연맹의 결성과 그 활동,『水邨朴永錫화갑논총 한민족독립운동사논총』, 1992.

朴桓, 만주지역 대한청년당연합회의 성립과 활동,『何石金昌洙화갑논총 한국민족독립운동사의 제문제』, 1992.

박환, 1910년대 大韓人國民會 시베리아지방총회의 성립과 활동,『산운사학』7, 산운학술문화재단, 1993.

박환, 대한인국민회 시베리아지방총회 기관지 - 「대한인경교보」- ,『이기백고희기념 한국사학논총(하)』, 일조각, 1994.

潘炳律, 김알렉산드라 페트로브나(스탄케비치)의 생애와 활동 - 조선인 최초의 공산주의자의 약전 - ,『尹炳奭화갑기념 한국근대사논총』, 1990.

潘炳律, 李東輝와 한말 민족운동,『한국사연구』87, 한국사연구회, 1994.

潘炳律, 李東輝와 1910년대 해외민족운동 - 만주·노령연해주 지역에서의 활동(1913~1918) -,『한국사론』33, 서울대국사학과, 1995.

潘石英, 第二次國共合作後的朝鮮獨立運動,『水邨朴永錫華甲論叢 한민족독립운동사논총』, 1992.

方相鉉, 만주독립군의 경신대첩,『백산학보』30·31합, 1985.

方善柱, 1930~40년대 歐美에서의 독립운동과 열강의 반응,『한국독립운동과 尹奉吉의사』, 1992.

박, 블라지미르, 在蘇 고려민족의 항일운동,『한국독립운동과 尹奉吉의사』, 1992.

森川展昭, 朝鮮獨立同盟の成立と活動について,『朝鮮民族運動史研究』1, 靑丘文庫, 1984.

森川展昭, 1930年代の在中國朝鮮革命と中國觀 - 關內の朝鮮共産主義者(朝鮮民族革命黨と朝鮮獨立同盟)の反日民族解放運動と中國共産黨を中心に -,『朝鮮史研究會論文集』26, 1989.

徐紘一, 1910년대 북간도의 민족주의 교육운동(1·2) - 기독교학교의 교육을 중심으로 -,『백산학보』29, 30·31합, 1984·1985.

徐紘一, 북간도 기독교인들의 민족운동연구 - 1906~1921 -,『한국기독교와 민족운동』, 보성, 1986.

徐紘一, 北間島 기독교 민족운동가 鄭載冕,『水邨朴永錫화갑논총 한민족독립운동사논총』, 1992.

宋友惠, 북간도 '대한국민회'의 조직형태에 관한 연구,『한국민족운동사연구』1, 한국독립운동사연구회, 1986.

宋友惠, 대한독립선언서(세칭 '무오독립선언서'의 실체) - 발표시기의 규명과 내용 분석 -,『역사비평』계간창간호, 1988.

宋友惠, 간도 무장독립투쟁과 조선총독부의 언론정책,『역사비평』2, 역사문제연구소, 1988.

송우혜, 최근의 홍범도 연구 오류·헛점 많다,『역사비평』3, 1988.

水野直樹, コミンテルン第7會大會と在滿韓人'祖國光復會'覺え書き,『歷史評論』423, 1985.

水野直樹, 黃布軍官學校と朝鮮の民族解放運動,『朝鮮民族運動史研究』6, 1989.

申圭秀, 大韓獨立義軍府에 대하여,『변태섭박사화갑기념 사학논총』, 삼영사, 1985.

愼鏞廈, 신민회의 독립군기지 창건운동,『한국문화』4, 서울대 한국문화연구소, 1983.

愼鏞廈, 독립군의 청산리독립전쟁의 전투들의 구성,『사학연구』38, 한국사학회, 1984.

愼鏞廈, 독립군의 청산리전투,『군사』8, 국방부 전사편찬위원회, 1984.

愼鏞廈, 洪範圖의 대한독립군의 항일무장투쟁,『한국학보』43, 1986.

愼鏞廈, 신한청년단의 독립운동,『한국학보』44, 1986.

愼鏞廈, 洪範圖 의병부대의 항일무장투쟁,『한국민족운동사연구』1, 한국독립운동사연구회, 1986.

愼鏞廈, 대한(북로)軍政署 독립군의 연구,『한국독립운동사연구』2, 독립기념관 한국독립운동사연구소, 1988.

愼鏞廈, 대한신민단 독립군의 연구,『동양학』18, 단국대 동양학연구소, 1988.

申一澈, 중국의「조선족항일열사전」연구 - 동북항일聯軍에서의 한인들을 중심으로 -,『한국독립운동사연구』2, 독립기념관 한국독립운동사연구소, 1988.

申載洪, 일제하 재일한국인의 민족유일당운동,『편사』4, 국사편찬위원회, 1972.

申載洪, 자유시 참변에 대하여,『백산학보』14, 1973.

申載洪, 1910년대 국외에서의 민족운동,『한국사 21 - 3·1운동전후의 사회와 경제 -』, 국사편찬위원회, 1976.

申載洪, 독립군의 항전,『한국사 21 - 3·1운동 전후의 사회와 경제 -』, 국사편찬위원회, 1976.

申載洪, 북간도에서의 무장항일운동 - 북로군정서를 중심으로 -,『한국사학』3, 정신문화연구원, 1980.

申載洪, 독립군의 편성과 활동『군사』5, 국방부 전사편찬위원회, 1982.

申載洪, 吳東振연구,『국사관논총』4, 국사편찬위원회, 1989.

申載洪, 在滿抗日獨立軍의 편성과 맥락,『汕耘史學』5, 산운학술문화재단, 1991.

辛珠栢, 1926~28년 시기 간도지역 한인사회주의자들의 반일독립운동론 - 민족유일당운동과 청년운동을 중심으로 - ,『한국사연구』78, 1992.

辛珠栢, 1929~30년 시기 間島지역 韓人 사회운동의 방향전환에 관한 연구(상·하),『사학연구』46·47, 한국사학회, 1993.

辛珠柏, 1932~36년 시기 間島지역에서 전개된 反民生團투쟁연구,『성대사림』9, 성균관대사학회, 1993.

辛珠柏, 1930년대의 만주지역 항일무장투쟁,『한국사 16』, 한길사, 1994.

辛珠柏, 1935~38년 시기 在滿韓人 민족운동의 새로운 모색 - 東南滿지역을 중심으로 - ,『한국사연구』84, 한국사연구회, 1994.

辛珠栢, 김일성의 만주항일유격운동에 대한 연구,『역사와 현실』12, 한국역사연구회, 1994.

辛珠柏, 1927·28년 시기 재만한인 민족운동의 동향 - 民族唯一黨 및 自治문제를 중심으로 - ,『卓村申延澈정년기념 사학논총』, 1995.

辛珠栢, 1920년대 중후반 재만한인 청년운동,『한국근현대청년운동사』, 풀빛, 1995.

安鍾海, 露領內의 한인독립운동에 관한 일고찰, 영남대 석사논문, 1975.

楊昭全, 中國 關內地區에서의 韓國獨立運動(1937~1945),『한국독립운동과 尹奉吉義士』, 1992.

楊昭全, 1931~1937年韓國反日獨立運動團體與中國東北軍民共抗日寇,『한국독립운동사연구』7, 한국독립운동사연구소, 1993.

楊昭全·李輔溫,『朝鮮義勇軍抗日戰史』, 고구려, 1995.

양영석, 1940년대 조선민족혁명당의 활동,『한국독립운동사연구』3, 한국독립운동사연구소, 1989.

양영석, 조선민족해방동맹의 노선과 활동,『한국독립운동사연구』4, 한국독립운동사연구소, 1990.

여환연, 1920년대 在日한인의 민족운동 - '협동전선운동'을 중심으로 - , 이화여대 석사논문, 1982.

廉仁鎬, 1930~45년의 중국관내 민족해방운동,『한국사 16』, 한길사, 1994.

廉仁鎬, 조선의용군,『역사비평』26, 역사문제연구소, 1994.

廉仁鎬, 화북조선독립동맹과 통일전선운동,『쟁점 한국근현대사』4, 한국근대사연구소, 1994.

廉仁鎬, 華北朝鮮獨立同盟의 敵區據點 건립운동,『국사관논총』54, 국사편찬위원회, 1994.

吳世昌, 재만한인의 항일독립운동사(1),『동양문화』17, 영남대 동양문화연구소, 1976.

吳世昌, 한인의 美州이민과 항일운동,『민족문화논총』6, 영남대 민족문화연구소, 1984.

吳世昌, 1910년대 만주독립운동 기지의 건설,『한민족독립운동사 4』, 국사편찬위원회, 1988.

吳世昌, 만주 한국독립군의 편성과 활동,『何石金昌洙화갑논총 한국민족독립운동사의 제문제』, 1992.

吳世昌, 일본의 間島지방 한국독립운동 근거지 剿討作戰,『西巖趙恒來화갑기념 한국사학논총』, 1992.

吳章煥, 1920년대 在中國韓人 무정부주의운동 - 무정부주의 이념의 수용과 독립투쟁이론을 중심으로 - ,『국사관논총』25, 1991.

牛口順二, 間島5·30蜂起後の組織再編成運動,『海峽』13, 1985.

原暉之, 極東ロシアにおける朝鮮獨立運動と日本,『季刊三千里』17, 1979.

劉秉虎, 1920년대 중기 南滿지역의 반일민족운동에 관한 연구 - 參議府와 正義府의 반일근거지를 중심으로 - ,『水邨朴永錫화갑논총 한민족독립운동사논총』, 1992.

劉秉虎, 1920년 중기 남만주에서의 '自治'와 '共和政體' - 정의부와 참의부의 항일근거지 중심으로 - ,『역사비평』17, 1992.

劉準基, 1920년대 재만독립운동단체에 관한 연구 - 참의부를 중심으로 - ,『한국민족운동사연구』2, 한국민족운동사연구회, 1988.

劉準基, 韓溪 李承熙의 민족의식과 독립운동 - 독립운동의 기지 韓興洞건설을 중심으로 - ,『尹炳奭화갑기념 한국근대사논총』, 1990.

劉孝鍾, 極東ロシアにおける朝鮮民族運動 - 韓國併合から第一次世界大戰の勃發まで, 『朝鮮史研究會
  論文集』 22, 1985.

尹炳奭, 1928・9년대에 정의・신민・참의부의 통합운동, 『사학연구』 21, 한국사학회, 1969.

尹炳奭, 參議・正義・新民府의 성립과정, 『백산학보』 7, 백산학회, 1969/『한국근대사론 2』, 지식산업사,
  1977.

尹炳奭, 1910년대 독립군의 기반설정, 『군사』 6, 국방부 전사편찬위원회, 1983.

尹炳奭, 勸業會의 성립과 권업신문의 간행, 『천관우선생환력기념 한국사학논총』, 정음문화사, 1985.

尹炳奭, 외국에서의 한국독립운동 - 20세기초 국외한인사회의 동향과 조국독립운동 - , 『제3회국제학술
  회의논문집』, 정신문화연구원, 1985.

尹炳奭, 1910년대 연해주지방에서의 한국독립운동, 『한국사학』 8, 정신문화연구원, 1986.

尹炳奭, 1910년대 미주지역 한인사회의 동향과 조국독립운동 - 한인 소년병학교와 숭무학교・대조선국
  민군단사관학교를 중심으로 - , 『두계이병도박사구순기념 한국사학논총』, 1987.

尹炳奭, 1910년대 서북간도 한인단체의 민족운동, 『한국근대민족주의운동사연구』, 일조각, 1987.

尹炳奭, 1910년대 국외에서의 독립운동, 『일제식민지시대의 민족운동』(한길역사강좌 11), 한길사, 1988.

尹炳奭, 1920년대후기 만주에서의 민족운동과 독립군, 『한국학연구』 1, 인하대 한국학연구소, 1989.

尹炳奭, 연해주에서의 민족운동과 新韓村, 『한국민족운동사연구』 3, 한국민족운동사연구회, 1989.

尹炳奭, 한국독립군의 鳳梧洞勝捷 소고, 『한국민족운동사연구』 4, 한국민족운동사연구회, 1989.

尹炳奭, 韓國獨立軍在中國東北開戰小考, 『韓國學報』 9, 臺北 : 臺灣韓國研究學會, 1990.

尹炳奭, 서간도 白西農庄과 대한광복군정부, 『한국학연구』 3, 인하대 한국학연구소, 1991.

尹炳奭, 韓人(조선족)의 間島개척과 민족운동, 『何石金昌洙화갑논총 한국민족독립운동사의 제문제』,
  1992.

尹炳奭, 李東輝의 생애와 「李東輝 誠齋先生」, 『진단학보』 78, 진단학회, 1994.

李康勳, 청산리 독립전투, 『군사』 5, 국방부 전사편찬위원회, 1982.

이덕일, 민생단 사건이 동북항일연군2군에 미친 영향, 『한국사연구』 91, 한국사연구회, 1995.

李東彦, 一松 金東三 연구, 『한국독립운동사연구』 7, 한국독립운동사연구소, 1993.

李命英, 재만한인 조국광복회 연구, 『연구보고서』(사회과학계 13 - 25), 문교부, 1972/『논문집(인문사회
  편)』 17, 성균관대, 1972.

李命英, 일제의 만주침략과 반만항일운동, 『논문집(인문사회편)』 18, 성균관대, 1973.

李命英, 1930년대 재만한인의 항일무장투쟁, 『아세아학보』 11, 아세아학술연구회, 1975.

李明花, 露領지역에서의 한인 민족주의 교육운동, 『한국독립운동사연구』 3, 한국독립운동사연구소,
  1989.

李明花, 興士團 遠東임시위원부와 島山 安昌浩의 민족운동, 『한국독립운동사연구』 8, 한국독립운동사
  연구소, 1994.

李相燦, 大韓獨立義軍府에 대하여, 『이재룡환력기념 한국사학논총』, 1990.

李樹鳳, 裵說의 독립당 포고문고, 『호서문화연구』 4, 충북대 호서문화연구소, 1984.

이종석, 북한지도집단과 항일무장투쟁, 『해방전후사의 인식 5』, 한길사, 1989.

李鍾學, 청산리 전투의 군사적 의의, 『나라사랑』 41, 외솔회, 1981.

李鐵環, 조선독립동맹과 조선의용군, 『水邨朴永錫화갑논총 한민족독립운동사논총』, 1992.

李卓, 1920년대 在露한인 독립운동의 분화 과정 - 이동휘의 활동을 중심으로 - , 영남대 석사논문, 1988.

이현호, 재만무장독립단체에 관한 연구 - 복벽주의단체의 이념과 활동을 중심으로 - , 인하대 석사논문,

1990.

李炫熙, 망명의 대열에서 - 해외의 독립운동 - , 『한국현대사 5』, 신구문화사, 1969.

李炫熙, 제2독립선언서의 역사적 의의 - 자주독립선언문의 분석 - , 『신인간』 368, 신인간사, 1979.

李炫熙, 金佐鎭의 항일 독립사상, 『나라사랑』 41, 외솔회, 1981.

李炫熙, 제2독립선언서의 사적 의미 - 독립선언문의 민족사적분석 - , 『동국사학』 15・16합, 동국사학회, 1981.

李炫熙, 미주에서의 한국독립운동 - 군사활동을 중심으로 - , 『군사』 4, 국방부 전사편찬위원회, 1982.

李炫熙, 1920년대 한・중연합 항일운동, 『국사관논총』 1, 국사편찬위원회, 1989.

李炫熙, 瑞甸書塾의 창립운영과 石吾의 위상, 『성신사학』 7, 성신여대사학회, 1989.

林能士, 從朱家驊檔案看韓國獨立運動, 『何石金昌洙華甲論叢 - 한국민족독립운동사의 제문제 - 』, 1992.

임황주, 만주지역의 무장독립운동에 관한 연구 - 1920년대의 청산리운동을 중심으로 - , 건국대 석사논문, 1982.

張錫興, 朝鮮民族大同團 연구, 『한국독립운동사연구』 3, 한국독립운동사연구소, 1989.

張世胤, 한국독립군의 항일무장투쟁연구, 『한국독립운동사연구』 3, 한국독립운동사연구소, 1989.

張世胤, 조선혁명군연구 - 몇 가지 쟁점에 대한 비판적 검토 - , 『한국독립운동사연구』 4, 한국독립운동사연구소, 1990.

張世胤, 「洪範圖日誌」를 통해 본 홍범도의 생애와 항일무장투쟁, 『한국독립운동사연구』 5, 한국독립운동사연구소, 1991.

張世胤, 「解放日報」에 보도된 華北朝鮮獨立同盟의 활동, 『五松李公範정년기념 동양사논총』, 지식산업사, 1993.

張世胤, 許亨植 연구, 『한국독립운동사연구』 7, 한국독립운동사연구소, 1993.

張世胤, 李紅光연구 - 항일유격대 및 동북인민혁명군내 주요 韓人지도자의 활동사례 검토 - , 『한국독립운동사연구』 8, 1994.

張世胤, 중국지역 韓人 민족해방운동사 연구의 과제와 전망, 『阜村申延澈정년기념 사학논총』, 일월서각, 1995.

전 뷔또르, 1920년대초 연해주에서의 고려인의 민족운동 - 김승빈과 남만춘의 자료 중심으로 - , 『한국학연구』 5, 인하대 한국학연구소, 1993.

鄭用大, 구주에서의 한국독립운동 사료발굴의 당면과제, 『한국민족운동사연구』 4, 한국민족운동사연구회, 1989.

鄭用大, 駐파리위원부의 유럽외교활동에 관한 연구, 『西巖趙恒來화갑기념 한국사학논총』, 1992/『三均主義연구논집』 13, 1993.

鄭容郁, 1920년대의 만주지역 민족해방운동, 『한국사 16』, 한길사, 1994.

丁原鈺, 재만국민부의 항일독립운동 - 국민부・조선혁명당・조선혁명군의 조직과 활동을 중심으로 - , 『아세아학보』 11, 1974.

丁原鈺, 재만항일독립운동단체의 전민족유일당운동, 『백산학보』 20, 백산학회, 1975.

丁原鈺, 재만 정의부의 항일독립운동, 『한국사연구』 34, 한국사연구회, 1981.

丁原鈺, 재만 대한독립군의 항일독립운동, 『사학연구』 38, 한국사학회, 1984.

丁原鈺, 재만 대한통의부의 항일독립운동, 『한국학보』 36, 일지사, 1984.

丁原鈺, 육군駐滿참의부의 조직과 독립전투, 『경희사학』 14, 1987.

丁原鈺, 梁世奉 - 조선혁명군 총사령의 연구, 『국사관논총』 8, 국사편찬위원회, 1989.

丁原鈺, 대한광복군總營의 조직과 독립전투,『尹炳奭화갑기념 한국근대사논총』, 1990.

丁原鈺, 북간도 독립군의 편성과 독립전투,『이재룡환력기념 한국사학논총』, 1990.

丁原鈺, 한국독립군의 조직과 독립전투,『사학연구』 43·44합, 1992.

정학섭, 일제하 해외민족운동의 좌우합작과 三均主義,『한국의 근대국가형성과 민족문제』(한국사회사연
　구회논문집 1), 1986.

趙東杰, 안동유림의 渡滿경위와 독립운동상의 성향,『대구사학』 15·16합, 1978.

趙東杰, 신한촌 건설과 대한 광복회,『나라사랑』 41, 외솔회, 1981.

趙東杰, 대한광복회 연구,『한국사연구』 42, 한국사연구회, 1983.

趙東杰, 대한광복회의 결성과 그 선행조직,『한국학논총』 5, 국민대 한국학연구소, 1983.

趙東杰, 중국조선족 민족해방운동사 논저목록,『한국학논총』 16, 국민대 한국학연구소, 1993.

趙凡來, 국민부의 결성과 활동,『한국독립운동사연구』 2, 독립기념관 한국독립운동사연구소, 1988.

趙凡來, 한국국민당연구,『한국독립운동사연구』 4, 한국독립운동사연구소, 1990.

趙凡來, 丙寅義勇隊 연구,『한국독립운동사연구』 7, 한국독립운동사연구소, 1993.

趙恒來, 일본에 있어서의 독립운동,『한국민족운동사연구논총』(조일문 편), 영남대출판부, 1988.

趙恒來, 戊午대한독립선언서의 발표경위와 그 의의에 관한 검토,『尹炳奭화갑기념 한국근대사논총』,
　1990.

趙恒來, 항일독립운동사에서의 대한독립선언의 위상,『朴成壽화갑논총 한국독립운동사의 인식』, 1991.

趙恒來, 대한독립선언서 발표시기의 경위,『水邨朴永錫화갑논총 한민족독립운동사논총』, 1992.

佐佐木隆爾, 朝鮮の抗日武裝鬪爭,『歷史評論』 232, 1969.

진해준, 한족회의 민족독립운동에 관한 일고찰, 건국대 석사논문, 1989.

車成琶, 獐岩洞慘案에 관한 연구 - 獐岩洞慘案 情形에 대한「小史」의 說法에 대한 鑑別 - ,『何石金昌
　洙화갑논총 한국민족독립운동사의 제문제』, 1992.

蔡永國, 3·1운동이후 서간도지역 독립군단 연구 - 대한독립단·대한독립준비단·광복군總營을 중심으
　로 - ,『윤병석화갑기념 한국근대사논총』, 1990.

蔡永國, 1920년 '琿春사건'전후 독립군의 동향,『한국독립운동사연구』 5, 독립기념관 한국독립운동사연
　구소, 1991.

蔡永國, '庚申慘變'(1920년) 후 독립군의 재기와 항전,『한국독립운동사연구』 7, 한국독립운동사연구소,
　1993.

蔡永國, 1920년대 중반 남만지역 독립군단의 정비와 활동,『한국독립운동사연구』 8, 한국독립운동사연
　구소, 1994.

蔡永國, 正義府의 지방조직과 對民정책,『한국독립운동사연구』 9, 독립기념관 한국독립운동사연구소,
　1995.

千敬化,『일제하 재만한국인 민족교육에관한 연구 - 1906~1920년대를 중심으로 - 』, 건국대 박사논문,
　1988.

崔敬鶴, 조선혁명당 연구,『고고역사학지』 9, 동아대박물관, 1993.

崔峰龍, 在滿조선인 반일민족독립운동에서의 종교의 역사적 지위에 대하여 - 1910~1920년대를 중심으
　로 - ,『何石金昌洙화갑논총 한국민족독립운동사의 제문제』, 1992/『水邨朴永錫화갑논총 한민족독립
　운동사논총』, 1992.

崔鳳春, 중산대학과 1920년대 조선인의 혁명운동,『사학연구』 48, 1994.

崔永浩,「戰鼓」: 朝鮮義勇隊의 문화활동,『水邨朴永錫화갑논총 한민족독립운동사논총』, 1992.

崔鍾庫, 독립운동과 한독관계,『한국독립운동과 열강관계』, 한국정치외교사학회, 1985.

崔洪彬, 20세기초 중국동북지방에서의 반일민족독립운동,『국사관논총』 15, 국사편찬위원회, 1990.
崔洪彬, 長白에서의 민족독립운동과 劉一憂,『水邨朴永錫화갑논총 한민족독립운동사논총』, 1992.
秋憲樹, 한국독립운동을 통해서 본 자주의식 - 중일전쟁과 한중군사협정을 중심으로 - ,『한국정치학회
　　보』 3, 한국정치학회, 1969.
鐸木昌之, 亡れられた共産主義者たち - 華北朝鮮獨立同盟をめぐって - ,『法學研究』 57 - 4, 慶應大,
　　1984.
韓相福, 독립운동가 가문의 사회적 배경 - 友堂 李會榮일가의 사례연구 - ,『한국독립운동사연구』 3, 한
　　국독립운동사연구소, 1989.
韓相燾, 金元鳳의 조선혁명군사정치간부학교 운영(1932~35)과 그 입교생,『한국학보』 57, 일지사, 1989.
韓相燾, 金元鳳의 생애와 항일 역정,『국사관논총』 18, 국사편찬위원회, 1990.
韓相燾, 한국대일전선통일동맹과 민족협동전선운동,『尹炳奭화갑기념 한국근대사논총』, 1990.
韓相燾, 중국軍閥정권 군사학교와 한국독립운동,『水邨朴永錫화갑논총 한민족독립운동사논총』, 1992.
韓相燾, 日帝하 在中한인독립운동의 국제적 배경 - 중국군벌정권 및 국민당정부와의 관계를 중심으로
　　- ,『건대사학』 8, 1993.
韓詩俊, 조선민족혁명당의 성립과 변천과정,『朴成壽화갑논총 한국독립운동사의 인식』, 1991.
韓俊光 著, 森川展昭 譯, 墾島(間島)における洪範圖將軍,『朝鮮民族運動史研究』 6, 1989.
韓洪九, 조선독립동맹의 활동과 조직에 대하여,『국사관논총』 23, 국사편찬위원회, 1991.
韓洪九, 華北朝鮮獨立同盟の組織と活動,『青丘學術論集』 1, 東京 : 韓國文化研究振興財團, 1991.
許東粲, 在滿韓人祖國光復會 선언과 강령의 성립경위,『水邨朴永錫화갑논총 한민족독립운동사논총』,
　　1992.
胡春惠, 在華期間의 韓國獨立運動 및 三均主義 - 趙素昻先生을 中心으로 - ,『三均主義연구논집』 10,
　　삼균학회, 1988.
胡春惠, 朱家驊與韓國獨立運動 ,『水邨朴永錫華甲論叢 한민족독립운동사논총』, 1992.
洪善杓, 徐載弼의 독립운동(1919~1922) 연구,『한국독립운동사연구』 7, 한국독립운동사연구소, 1993.
洪淳鎬, 독립운동과 한불관계 - 1906에서 1945년까지 - ,『한국독립운동과 열강관계』, 한국정치외교사학
　　회, 1985.
黃敏湖, 만주지역 민족유일당운동에 관한 연구 - 유일당촉성회의를 중심으로 - ,『숭실사학』 5, 1988.
黃敏湖, 만주지역 民族唯一黨運動과 三府統合運動,『쟁점 한국근현대사』 4, 한국근대사연구소, 1994.
黃龍國, '조선혁명군'역사에 대하여,『국사관논총』 15, 국사편찬위원회, 1990.
黃龍國, 조선독립군의 무장항쟁(1931~1937),『朴成壽화갑논총 한국독립운동사의 인식』, 1991.
黃龍國, 朝鮮革命軍의 근거지문제에 관하여,『水邨朴永錫화갑논총 한민족독립운동사논총』, 1992.
黃龍國, 중국 동북지방에서의 항일운동 - 조선혁명군의 근거지문제 - ,『한국독립운동과 尹奉吉의사』,
　　1992.
黃有福, 정의부연구(상) - 사회적배경을 중심으로 - ,『국사관논총』 15, 국사편찬위원회, 1990.

(11) 여성 · 문화운동

高峻石,『韓國言論抵抗史』, 東京 : 二月社, 1974.
高峻石,『抗日言論鬪爭史』, 東京 : 新泉社, 1976.
朴容玉,『한국근대여성운동사연구』, 정신문화연구원, 1984.
朴容玉,『한국여성독립운동』, 독립운동사연구소, 1989.

아세아문제연구소 편,『일제하의 문화운동사』(일제하의 한국연구총서3), 1970.

李萬烈,『한말기독교와 민족운동』, 평민사, 1980.

李萬烈,『종교·교육투쟁』, 민족문화협회, 1981.

李萬烈,『한국기독교와 민족운동』, 보성, 1986.

全榮澤,『柳寬順전』, 익선사, 1948.

정진석,『일제하 한국언론투쟁사』(정음문고83), 정음사, 1975.

丁堯燮,『한국여성운동사 - 일제치하의 민족운동을 중심으로 - 』, 일조각, 1971.

趙容萬,『일제하 한국신문화운동사』(정음문고 67), 정음사, 1975.

崔恩喜,『조국을 찾기까지 - 한국여성활동비사 - 』(상·중·하), 탐구당, 1973.

崔一秀,『언론·학예투쟁』, 민족문화협회, 1981.

加藤マコミ, 東亞日報に現れた日本の植民地政策に對する批判,『歷史學硏究』 321, 歷史學硏究會, 1967.

강인순, 식민지시대의 여성운동에 관한 소고 - 1920년대를 중심으로,『가라문화』6, 경남대 가라문화연구소, 1988.

金光植, 일제하 禪學院의 운영과 성격,『한국독립운동사연구』8, 한국독립운동사연구소, 1994.

김덕호, 1932년 제주도 해녀들의 반일투쟁,『력사과학』1962 - 4.

김순석, 조선불교회 연구(1920~1930),『한국독립운동사연구』 9, 독립기념관 한국독립운동사연구소, 1995.

김철자·조찬석, 1920년대 서울지방의 여성운동,『인천교대논문집』13, 인천교대, 1979.

김철자·조찬석, 1920년대 영남지방의 여성운동,『인천교대논문집』14, 1980.

김철자·조찬석, 1920년대 평안남북도지방의 여성운동,『인천교대논문집』17, 1983.

나승만, 민족운동노래의 현지조사방법,『전남문화재』6, 전라남도, 1994.

南和淑, 1920년대 여성운동에서의 협동전선론과 槿友會,『한국사론』25, 서울대국사학과, 1991.

藤永壯, 1932年濟州道海女のたたかい,『朝鮮民族運動史硏究』6, 1989.

朴永錫, 南慈賢의 민족독립운동,『한국학연구』2, 숙명여대 한국학연구소, 1992.

朴容玉, 대한민국애국부인회와 김마리아,『나라사랑』30(김마리아 특집호), 외솔회, 1978.

朴容玉, 1920년대 한국여성단체운동,『한국근대여성연구』, 숙명여대 아세아여성문제연구소, 1987.

朴容玉, 槿友會의 여성운동과 민족운동,『한국근대민족주의운동사연구』, 일조각, 1987.

朴容玉, 美洲 한인여성단체의 광복운동 지원연구 - 大韓女子愛國團을 중심으로 - ,『진단학보』78, 진단학회, 1994.

朴容玉, 1930년대 만주지역 抗日 女戰士 연구 - 30女戰士의 傳記들을 중심으로 - ,『교육연구』29, 성신여대 교육문제연구소, 1995.

박현옥, 만주 항일 무장투쟁하에서의 여성해방 정책과 농민여성,『아시아문화』9, 한림대 아시아문화연구소, 1993.

서형실, 식민지시대 여성노동운동에 관한 연구 - 1930년대 전반기 고무제품제조업과 제사업을 중심으로 , 이화여대 석사논문, 1990.

송연옥, 1920년대 조선여성운동과 그 사상 - 근우회를 중심으로,『한국 근대 사회와 사상』, 중원문화사, 1981.

申榮淑, 槿友會에 관한 일연구, 이화여대 석사논문, 1978.

申載洪, 1920년대 抗日女性운동단체 소고,『西巖趙恒來화갑기념 한국사학논총』, 1992.

梁愛梨, 槿友會에 대한 고찰, 성신여대 석사논문, 1983.

李順愛, 水野直樹 譯, 槿友會東京支會第3回總會文獻(1929年), 『在日朝鮮人史研究』 2, 1978.

李順愛, 在日朝鮮人女性運動 - 槿友會を中心に(上～下) - , 『在日朝鮮人史研究』 3 · 4, 1978.

李炫熙, 槿友會의 자립적 계몽운동, 『연구논문집』 11, 숙명여대 인문과학연구소, 1973.

李炫熙, 일제치하 근우회의 계몽적 자치운동, 『성신여대논문집』 6, 1973.

李炫熙, 한국의 독립사상과 문화운동, 『역사교육』 22, 역사교육연구회, 1977.

李炫熙, 金瑪利亞의 생애와 애국활동, 『한국사논총』 3, 성신여대국사교육학회, 1978.

李炫熙, 한국여성의 항일투쟁과 일제의 탄압고 - 3 · 1운동시의 여성항쟁을 중심으로 - , 『사학연구』 31,
    한국사학회, 1980.

李惠求, 독립운동과 민족음악, 『한국사학』 3, 정신문화연구원, 1980.

鄭世鉉, 槿友會조직의 전개, 『아세아여성연구』 11, 숙명여대 아세아여성문제연구소, 1972.

정진석, 일제하 언론의 항일문화운동, 『인문과학연구』 2, 성신여대, 1983.

丁堯燮, 한국여성의 민족운동에 관한 연구 - 3 · 1운동을 중심으로 - , 『아세아여성연구』 10, 숙명여대 아
    세아여성문제연구소, 1971.

丁堯燮, 韓國女性の民族運動に關する硏究 - 3 · 1運動を中心として(上 · 下), 『アジア女性交流史硏究』
    15 · 16, 1974.

丁堯燮, 한국여성운동사 서설 논고, 『한국근대사회경제사연구 - 노산 유원동박사 화갑기념논총』, 정음
    문화사, 1985.

조경미, 1920년대 여성단체운동에 관한 연구, 숙명여대 석사논문, 1990.

조경미, 1920년대 사회주의 성격에서 본 槿友會, 『숙명한국사론』 1, 숙명여대한국사학과, 1993.

조성윤, 소래 김중건의 사회사상과 독립운동, 『한국의 사회와 문화』 14, 정신문화연구원, 1990.

趙恒來, 李相和의 생애와 항일의식, 『素軒南都泳화갑논총』, 1983.

韓昇助, 한국독립운동과 신흥민족종교, 『한민족독립운등사』 9, 국사편찬위원회, 1991.

현정은, 근우회 이념 소고, 이화여대 석사논문, 1979.

황공률, 일제강점초기 부르죠아민족주의자들이 벌인 반일민족교육운동, 『력사과학』 1980 - 2.

6. 군사

朴成壽 · 申載洪 외, 『현대사속의 국군』, 전쟁기념사업회, 1990.

林在讚, 『구한말 육군무관학교 연구』, 동아대 박사논문, 1990.

崔炳鈺, 『개화기의 군사정책 연구』, 홍익대 박사논문, 1988.

權正義, 申櫶의 군제개혁론, 전남대 석사논문, 1987.

金世恩, 대원군집권기 군사제도의 정비, 『한국사론』 23, 서울대국사학과, 1990.

金世恩, 개항 이후 군사제도의 개편과정, 『군사』 22, 국방부 전사편찬위원회, 1991.

金義煥, 정미년(1907) 조선군대 해산과 반일의병투쟁 - 서울시민의 반일투쟁과 아울러 - , 『향토서울』 26,
    1966.

金幸福, 신미양요를 圍繞한 한미관계 - 군사적인 면을 증심으로 - , 『육군제3관학교논문집』 13, 1981.

朴贊殖, 申櫶의 국방론, 『역사학보』 117, 1988.

成大慶, 한말의 군대해산과 그 봉기, 『성대사림』 1, 성균관대사학회, 1965.

禹澈九, 한말 고빙군사고문(교관)이 군부지도층의 정치적 태도에 미친 영향,『사회과학연구』1 - 1 · 2, 영남대 사회과학연구소, 1981.

李康七, 임오군란 後 親軍制度와 軍服에 대한 小考,『학예지』3, 육사육군박물관, 1993.

李光麟, 미국군사교관의 초빙과 鍊武公院,『진단학보』28, 진단학회, 1965.

李相一, 雲養 金允植(1835~1922)의 國防論,『何石金昌洙화갑논총 한국민족독립운동사의 제문제』, 1992.

李鍾學, 대한민국 임시정부 군사제도에 대한 연구,『아세아학보』11, 아세아학술연구회, 1975.

李鍾學, 대한민국임시정부의 군사활동,『한국사론 10 - 대한민국임시정부 - 』, 국사편찬위원회, 1981.

林在讚, 구한말 육군무관학교에 대하여,『경북사학』4, 경북대사학과, 1982.

林在讚, 개화기 군제개편에 대하여,『고고역사학지』5 · 6합, 동아대박물관, 1990.

張學根, 구한말 해양방위정책 - 해군창설과 군함구입을 중심으로 - ,『사학지』19, 단국대사학회, 1986.

車文燮, 구한말 육군무관학교연구,『아세아연구』16 - 2, 고려대 아세아문제연구소, 1973.

車文燮, 구한말 군사제도의 변천,『군사』5, 국방부 전사편찬위원회, 1982.

車俊會, 한말군제개편에 대하여 - 군대해산에 이르는 과정 - ,『역사학보』22, 역사학회, 1964.

崔炳鈺, 교련병대(속칭 倭別技)연구,『군사』18, 국방부 전사편찬위원회, 1989.

崔炳鈺, 조선조말의 武衛所연구,『군사』21, 전사편찬위원회, 1990.

崔炳鈺, 임오군란후 親軍制의 성립과 그 모순,『군사』26, 국방군사연구소, 1993.

崔鍾庫, 한독수교 100주년의 군사적 의의 - 한말의 초기교섭사를 중심으로 - ,『군사』7, 국방부 전사편찬위원회, 1983.

秋憲樹, 한국독립운동을 통해서 본 자주의식 - 중일전쟁과 한중군사협정을 중심으로 - ,『한국정치학회보』3, 한국정치학회, 1969.

秋憲樹, 중일전쟁과 임정의 군사활동,『아세아학보』11, 아세아학술연구회, 1975.

洪培植, 구한말 진위대 연구, 단국대 석사논문, 1980.

黃炳茂, 일본이 시행한 군제개혁과 京軍 - 갑오 을미년개혁을 중심으로 - ,『논문집』5, 육군사관학교, 1967.

Ⅲ. 경제

1. 경제

1) 경제구조 · 정책 · 사상

姜在彦 외,『봉건사회 해체기의 사회경제구조 - 최근 일본에서의 한국사연구의 성과 - 』, 청아, 1982.
京城帝大法文學會,『朝鮮社會經濟史研究』, 1933/이문사, 1978.
국사편찬위원회,『한국사 21 - 근대 3 · 1운동 전후의 사회와 경제 - 』, 1978.
權泰燮,『조선경제의 기본구조』, 조선시론사, 1947.
金敬泰,『한국근대경제사연구』, 창작과 비평사, 1994.
金大煥,『자본주의 이행논쟁』, 광민사, 1980.
金容燮,『증보판 한국근대농업사연구』(상 · 하), 일조각, 1984.
金容燮,『한국근현대농업사연구』, 일조각, 1992.
瀧澤秀樹 저, 김용관 역,『韓國民族主義論 - 民衆經濟論의 形成과 發展 - 』, 未來社, 1985.
服部暢,『朝鮮及朝鮮人の經濟生活』, 京城, 1931.
釜山稅關,『開港場と附近市場との經濟及交通關係(1) - 釜山稅關報告 - 』, 1909.
사계절편집부 편,『한국근대경제사연구 - 이조말기에서 해방까지 - 』, 사계절, 1983.
山本有造,『日本植民地經濟硏究』, 名古屋大學出版會, 1992.
小林英夫,『大東亞共榮圈の形成と崩壞』, お茶の水書房, 1975.
小林英夫,『植民地への企業進出 - 朝鮮會社令の分析』, 柏書房, 1994.
安秉直 等 編,『朝鮮近代の歷史像』, 日本評論社, 1988.
安秉直 等 編,『근대조선의 경제구조』, 비봉출판사, 1989.
安秉直 等 編,『근대조선 공업화의 연구 - 1930～1945년』, 일조각, 1993.
安秉珆,『한국근대경제와 일본제국주의』, 백산서당, 1982.
우대형,『한국경제의 구조 - 민족경제의 발전과 왜곡 - 』, 학민사, 1985.
李培鎔,『한국근대광업침탈사연구』, 일조각, 1989.
이한구,『일제하 한국기업설립운동사』, 청사, 1989.
李洪洛,『일제하 조선민중의 재생산활동과 그 경제적 기반 - ‘민족경제’권 해명의 일환으로 - 』, 神奈川大
　　學 박사논문, 1995.
張矢遠,『식민지반봉건사회론』, 미래사, 1984.
전석담 · 김기수 · 김한주 공저,『일제하의 조선경제사』, 한국금융조합연합회, 1947.
全錫淡,『현대조선사회경제사』, 신학사, 1948.
최윤규,『조선근대 및 현대경제사 - 19세기 중엽～1945.8 - 』, 과학백과사전출판사, 1986/갈무지, 1988.
한국정신문화연구원,『식민지시대의 사회체제와 의식구조』, 1988.

高秉雲, 朝鮮における資本主義の發展と日本帝國主義 - 交通運輸部門を中心に - ,『歷史學硏究』431,

歷史學研究會, 1976.

高承濟, 경제,『한국사론 5 - 근대 - 』, 국사편찬위원회, 1978.

高承濟, 개항 100년의 사회경제사적 고찰,『행정문제연구』 3, 한양대 행한국정신문화연구원, 1982.

橋谷弘, 兩大戰間期の日本帝國主義と朝鮮經濟,『朝鮮史研究會論文集』 20, 1983.

權丙卓, 3・1운동의 경제적 기반(상),『연구보고서』 28(사회과학계), 문교부, 1969.

權丙卓, 3・1운동의 경제적 기반(하) - 토지문제를 중심으로 - ,『산업경제』 4, 영남대 산업경제연구소, 1970.

權丙卓, 해방전(1936~45) 한국의 제가격 통제에 관한 연구(상),『경영논총』 16, 영남대 경영연구소, 1980.

權寧旭, 舊植民地經濟研究ノ-ト - 日本帝國主義下の朝鮮を中心として - ,『歷史學研究』 310, 歷史學研究會, 1966.

權寧旭, 大邱地方における經濟的動向 - 日本帝國主義による植民地經濟への編成過程 - ,『朝鮮學報』 43, 朝鮮學會, 1967.

金敬泰, 대한제국시기의 米穀통상구조 - 제국주의 형성기의 미곡문제 - ,『대한제국연구 4』, 이화여대 한국문화연구소, 1986.

金基承, 일제하 민족협동전선론자의 식민지 경제현실인식,『일제말 조선사회와 민족해방운동』, 한국근현대사회연구회, 1991.

金柄夏, 兪吉濬의 경제사상,『동양학』 4, 단국대 동양학연구소, 1974.

金三守, 서평 : 한국근대경제사연구(유원동 저),『한국학보』 7, 일지사, 1977.

김영숙, 김옥균의 근대적인 경제건설론에 대하여,『력사과학』 1964 - 2.

金泳鎬, 개항이후의 근대경제사상 - 東道西器論을 중심으로 - ,『한국학입문』, 학술원, 1983.

金載珍, 일제통치하의 한국경제,『한국사시대구분론』, 한국경제사학회, 1970.

金俊輔, 3・1운동의 경제사적 의의,『삼일운동50주년기념논집』, 동아일보사, 1969.

金俊輔, 백동화 인플레이션과 농업공황기구,『사회과학논집』 4, 고려대, 1974.

金俊輔, 한일합방 초기의 인플레이션과 농업공황,『사회과학논집』 5, 고려대, 1975/『한국근대사론 1』, 지식산업사, 1977.

金峻憲, 1905년경 大邱地方의 경제상황,『사회과학연구』 13, 영남대 사회과학연구소, 1993.

金昌洙, 개화기에 있어서 金炳始와 그의 경제관 - 蓉菴김병시연구(1) - ,『동국사학』 12, 1973.

金昌洙, 개화기에 있어서 金炳始와 그의 경제관 - 蓉菴김병시연구(2) - ,『南溪曺佐鎬화갑기념논총 현대사학의 제문제』, 1977.

김한주, 이조말기의 금유출과 외국인토지소유의 의의,『민족문화』 3, 민족문화연구소, 1947.

김한주, 조선에 있어서의 자본주의발달사 서론(상・하),『력사제문제』 10・11, 1949.

盧榮澤, 일제하 농민의 경제운동연구 - 禁酒斷煙운동의 목적을 중심으로 - ,『변태섭박사화갑기념 사학논총』, 삼영사, 1985.

라국순, 1930년대 조선로동계급의 구성에 대하여,『력사과학』 1963 - 4.

文炳鍒, 개화기 한국경제의 전개과정,『한국학』 7, 중앙대 한국학연구소, 1975.

梶村秀樹, 東アジア地域における帝國主義體制への移行,『發展途上經濟の研究』, 世界書院, 1981/『한국근대경제사연구』, 사계절, 1983.

梶村秀樹, 舊植民地社會構成體論,『發展途上經濟の研究』, 世界書院, 1981/『한국근대경제사연구』, 사계절, 1983.

梶村秀樹, 舊韓末 北關지역 경제와 내외교역,『秋堰權丙卓화갑논총 한국근대경제사 연구의 성과 2』,

1989.

閔俊植, 일제 및 미군정시대의 경제정책과 경제구조,『한국의 사회와 문화』8, 한국정신문화연구원, 1987.

朴光淳, 근대 光州경제의 성장단계 - 하나의 시론 - ,『경제사학』2, 경제사학회, 1978.

朴明圭, 개항과 한국의 사회경제적 변화,『동북아』창간호, 동북아문화연구원, 1995.

朴承奎, 이조말 경제구조면에서 본 개화운동저지의 요인에 관한 소고,『논문집』1, 진주교대, 1967.

朴元國, 초기 일제통치하의 한국경제에 관한 연구,『논문집』2, 성신여대, 1973.

朴贊勝, 동학농민전쟁의 사회·경제적 지향,『한국민족주의론 3』, 창작과 비평사, 1985.

朴贊一, 개항초기(1882~1886) 한독국제경제관계에 대한 일연구,『한독수교 100년사』, 한국사연구협의회, 1984.

方基中, 일제하 白南雲의 한국자본주의발달사론,『동방학지』77·78·79합, 연세대 국학연구원, 1993.

白文圭, 한말의 경제조직과 경제단위에 관한 연구,『학술지(개교10주년)』, 정치대, 1957.

竝木眞人 外, 植民地期朝鮮社會經濟の統計的研究(1),『學會志』136, 東京經大, 1984.

寺崎康博, 植民地時代の朝鮮における個人消費支出の推計 - 1913~37 - ,『紀要』, 長崎大敎養, 1984.

徐相喆, 日政下 한국경제의 성장과 이중경제,『삼일운동50주년기념논집』, 동아일보사, 1969.

徐仲錫, 한말 일제침략하의 자본주의 근대화론의 성격 - 島山 安昌浩사상을 중심으로 - ,『孫寶基정년기념한국사학논총』, 1988.

成煥一, 근대한국 자본주의발전에 관한 연구 - 특히 근대적 관점에서 - , 동국대 석사논문, 1966.

小林英夫, 1910年代後半期朝鮮社會經濟狀態,『日本史研究』118, 日本史研究會, 1971.

新納豊, 植民地下の民族經濟をめぐって - 直接耕作農民を中心に - ,『朝鮮史研究會論文集』20, 朝鮮史研究會, 1983.

辛勝夏, 淸季 중국조야의 조선경제문제에 대한 인식,『사총』17·18합, 고려대사학회, 1973.

安秉直, 일제식민지통치의 경제적 유산에 관한 연구,『경제논집』4 - 4, 서울대 한국경제연구소, 1965.

安秉直, 19세기말~20세기초의 사회경제와 민족운동,『창작과 비평』8 - 4, 1973.

安秉直, 일제식민지의 경제적유산과 민족해방의 의의,『한국경제론』, 까치, 1987.

安秉珆, 朝鮮の經濟的開化運動と日本帝國主義形成の特質 - 朝鮮の官僚商人と政商ブルジョアジ居留日本人商人の活動を中心に - ,『經濟學論集』13 - 3, 龍谷大學, 1974.

安台鎬, 우리나라 식민지경제의 형성내용과 무역추이에 대한 고찰,『논문집』6, 외국어대, 1973.

吳斗煥, 갑오개혁기의 부세 金納化에 관한 연구,『경제사학』7, 경제사학회, 1984.

吳斗煥, 개항기의 상품생산과 경제구조의 변모,『경제사학』9, 경제사학회, 1985.

吳斗煥, 식민지조선의 경제구조,『東村朱宗桓화갑기념논문집 한국자본주의론』, 1989.

吳美一, 1910~1920년대 공업발전단계와 조선인 자본가층의 존재양상,『한국사연구』87, 한국사연구회, 1994.

禹英煥, 자본주의의 外在的 형태에 관한 고찰 - 産米增産計劃(1920~1930)을 중심으로 - ,『논문집』25, 단국대, 1991.

柳承均, 兪吉濬의 정치·경제사상연구, 계명대 석사논문, 1986.

兪和, 韓國における財政安定計劃の成立,『朝鮮史研究會論文集』29, 1991.

李基洙, 일제하의 조선사회경제사 - 경제사 - ,『일제하의 조선사회경제사』1 - 1, 조선금융조합연합회, 1947.

李玟洙, 일제하 한·일인의 경제생활에 관한 연구 - 한반도 거주인 중심으로 - ,『새마을운동연구』3, 韓社大 새마을운동연구소, 1981.

李邦煥, 근대초 전환기에 있어서의 한국경제, 『논문집』 15, 전북대 산업개발연구소, 1985.

李炳華, 白凡의 경제사상 성립배경, 『白凡연구』 3, 백범金九기념사업협회, 1987.

李相一, 雲養 金允植의 사회·경제사상, 『태동고전연구』 9, 한림대 태동고전연구소, 1993.

李常薰, 개성부기의 양식과 부기법에 대하여, 『경제논집』 3-3, 서울대 한국경제연구소, 1964.

李潤相, 열강의 이권침탈과 경제의 예속화과정, 『한국사 11』, 한길사, 1994.

이정옥, 일제하 한국의 경제활동에서의 민족별차이와 성별차이, 『한국사회의 여성과 가족』(한국사회사 연구회논문집 20), 1990.

李憲昶, 갑오·을미개혁기의 산업정책, 『한국사연구』 90, 한국사연구회, 1995.

林元澤, 일본제국주의하에 있어서의 조선경제, 『세림한국학논총』 1, 세림장학회, 1977.

林鍾哲, 동학혁명에 대한 경제사적 평가, 『한국사상』 16, 한국사상연구회, 1978.

林鍾哲, 동학의 경제이념, 『정신문화연구』 25, 한국정신문화연구원, 1985.

林鍾哲, 8·15광복의 경제사적 의의, 『移山趙璣濬고희기념논문집 한국자본주의 성격논쟁』, 대왕사, 1988.

張秉志, 일제하 한국물가사연구(1·2) - 전국 소비자물가지수 추계를 중심으로 -, 『논문집(인문사회과학)』 19-1, 21, 경기대, 1986·1987.

張矢遠, 한국근대사에 있어서 '식민지반봉건사회론'의 적용을 둘러싼 이론적·실증적 제문제, 『한국자본주의 성격논쟁』, 대왕사, 1988.

田剛秀, 농업공황기의 미곡·미가정책에 관한 연구 - 식민지米 移(出)入통제대책을 중심으로 -, 『경제사학』 13, 경제사학회, 1989.

全錫淡, 일제하의 조선사회경제사 - 일반사 -, 『일제하의 조선사회경제사』 1-1, 조선금융조합연합회, 1947.

鄭德基, 일제시대 한국의 糧政연구, 『사총』 21·22합, 고려대사학회, 1977.

鄭德基, 한국사(일제시대) 연구의 성과분석 - 경제사를 중심으로 -, 『정신문화연구』 25, 한국정신문화연구원, 1985.

鄭在貞, 일제통치기 사회경제연구의 동향과 국사교과서의 서술, 『역사교육』 47, 역사교육연구회, 1990.

鄭泰憲, 일제하 경제사인식의 정립을 위한 시론, 『역사와 현실』 12, 한국역사연구회, 1994.

조경미, 대한제국 홍삼 전매정책에 관한 일연구, 이화여대 석사논문, 1985.

趙璣濬, 한국근대경제발달사, 『한국문화사대계 2』, 고려대 민족문화연구소, 1965.

趙璣濬, 일제의 경제정책, 『한국사 21 - 3·1운동전후의 사회와 경제 -』, 국사편찬위원회, 1976.

趙璣濬, 한국경제의 근대적 발전, 『자유아카데미연구논총』 2, 자유아카데미, 1977.

趙璣濬, 한국자본주의의 역사관, 『경제연구』 4-1, 한양대 경제연구소, 1983.

趙璣濬, 개항전후의 시장경제의 발전과 私商, 『한국자본주의의 형성과 전개』, 한국정신문화연구원, 1984.

趙璣濬, 경제사적 측면에서 본 한국의 근대적 민족의식의 성장, 『해촌박준채박사고희기념논문집』, 1985.

趙璣濬, 한국자본주의형성기의 기업인연구 - 출신계층 및 기업행태 -, 『학술원논문집(인문사회과학)』 26, 1987.

曹永建, 물산장려운동, 『한민족독립운동사』 9, 국사편찬위원회, 1991.

朱鎭五, 독립협회와 대한제국의 경제정책 비교연구, 『국사관논총』 41, 국사편찬위원회, 1993.

池秀傑, 1930년대前半期 부르주아民族主義者의 '民族經濟建設戰略' - 조선공업화와 圓블럭재편정책에 대한 인식을 중심으로 -, 『국사관논총』 51, 1994.

車明洙, 세계농업공황과 일제하 조선경제, 『경제사학』 15, 경제사학회, 1991.

車承均, 독립협회의 경제사상연구 - 산업개발론을 중심으로 -, 홍익대 석사논문, 1986.

村上勝彦 외, 植民地期朝鮮社會經濟の統計的研究, 『學會志』 145, 東京經大, 1986.

崔龍浩, 한국자본주의의 전개과정, 『한국자본주의의 정치·경제학적 연구』 한국정신문화연구원, 1988.

崔千松, 白凡선생과 한국독립당의 현대적 삼균경제 정책, 『白凡연구』 3, 백범金九기념사업협회, 1987.

崔泰鎬, 홍삼전매제도의 성립과정에 관한 연구 - 봉건재정의 해체과정을 중심으로 -, 『경제논총』 5, 국민대 경제연구소, 1983.

崔泰鎬, 光武8년의 황무지 개간사건 소고, 『秋堰權丙卓화갑논총 한국근대경제사 연구의 성과 2』, 1989.

崔泰鎬, 개국 이후의 한국경제, 『동북아』 2, 동북아문화연구원, 1995.

河元鎬, 개항후의 곡가변동에 대하여(1876~1894), 『碧史李佑成정년기념 민족사의 전개와 그 문화(하)』, 1990.

河元鎬, 개항후 제국주의의 침탈과 경제구조의 변동(1876~1894), 『水邨朴永錫화갑논총 한국사학논총 (하)』, 1992.

河元鎬, 개항후 穀價변동연구(1895~1904), 『국사관논총』 53, 국사편찬위원회, 1994.

河元鎬, 개항기 경제구조 연구의 성과와 과제, 『한국사론 25』, 국사편찬위원회, 1995.

韓㳇劤, 개항후 金의 국외유출에 대하여, 『역사학보』 22, 역사학회, 1964.

許粹烈, 일제하 실질임금(변동)推計, 『경제사학』 5, 경제사학회, 1981.

許粹烈, 식민지 경제구조의 변화와 민족자본의 동향, 『한국사 14』, 한길사, 1994.

Kim Pyung-ha, Economic Thought of Yu Kil-chun(1·2), 『Korea Journal』 18-7·8, The Korean National Commission for Unesco, Jul.·Aug. 1978.

McNamara, Dennis L., Toward a Theory of Korean Capitalism : A Study of the Colonial Business Elite, 『제5회 국제학술회의논문집 2』, 한국정신문화연구원, 1988.

2) 재정·금융·화폐·자본

高嶋雅明, 『朝鮮における植民地金融史の研究』, 東京 : 大原新生社, 1977.

高承濟, 『한국 금융사연구』, 일조각, 1970.

高承濟, 『植民地金融政策の史的分析』, 御茶の水書房, 1972.

金大煥, 『자본주의 이행논쟁』, 광민사, 1980.

金玉根, 『日帝下朝鮮財政史論攷』, 일조각, 1994.

金俊輔, 『한국자본주의사연구』(1~3), 일조각, 1970·1974·1977.

농업협동조합중앙회 편간, 『한국농업금융사』, 1963.

대한국중앙금고, 『대한민국화폐정리경과보고(제1~3회)』, 1905.

梶村秀樹, 『朝鮮における資本主義の形成と展開』, 龍溪書舍, 1977.

山本有造, 『日本植民地經濟研究』, 名古屋大學出版會, 1992.

徐光云, 『한국금융백년』, 창조사, 1974.

小林英夫, 『大東亞共榮圈の形成と崩壞』, お茶の水書房, 1975.

小林英夫, 『植民地への企業進出 - 朝鮮會社令の分析』, 柏書房, 1994.

孫禎睦, 『한국개항기 도시사회경제사연구』, 일지사, 1982.

安秉直 等 編, 『朝鮮近代の歷史像』, 日本評論社, 1988.

安秉直 等 編, 『근대조선의 경제구조』, 비봉출판사, 1989.

安秉直 等 編, 『근대조선 공업화의 연구 - 1930~1945년』, 일조각, 1993.

劉元東, 『한국근대경제사연구』, 일지사, 1977.

劉元東화갑기념사학논총간행위원회, 『유원동화갑기념논총　한국근대사회경제사연구』, 정음문화사, 1985.

李昌世, 『한국재정의 근대화 과정』, 박영사, 1971.

李漢九, 『일제하 한국기업설립운동사』, 청사, 1989.

趙璣濬, 『한국경제의 근대화와 민족자본』, 1965.

趙璣濬, 『한국기업가사』, 박영사, 1973.

趙璣濬, 『한국자본주의성립사론』, 고려대 아세아문제연구소, 1973/대왕사, 1977.

趙璣濬, 『한국의 민족기업』(춘추문고 12), 한국일보사, 1975.

趙璣濬, 『한국경제 근대화와 기업인』, 한국방송사업단, 1982.

朝鮮銀行調査局, 『慶尙北道の蠶業と金融』, 1917.

崔虎鎭, 『근대한국경제사연구』, 동국문화사, 1956.

波形昭一, 『日本植民地金融政策史の硏究』, 早稻田大出版部, 1985.

한국정신문화연구원, 『한국자본주의의 형성과 전개』, 1984 .

加藤隆, 李朝末期における幣制改革構想と民族系銀行の設立, 『政經論叢』 51－2, 明治大, 1983.

姜德相, 朝鮮貨幣整理事業に關する硏究ノート, 『駿台史學』 17, 駿台史學會, 1965.

姜德相, 甲午改革における新式貨幣發行章程の硏究, 『朝鮮史硏究會論文集』 3, 1967.

高嶋雅明, 朝鮮における貨幣制度改革と第一銀行券の發行(3・4), 『經濟理論』 153・154, 和歌山大 經濟學會, 1976.

高嶋雅明, 朝鮮における植民地金融史の硏究, 『日本史硏究叢書』, 東京, 1977.

高嶋雅明, 書評：日本植民地金融政策史の硏究(波形昭一 著), 『地方金融史硏究』 17, 1986.

高承濟, 3・1운동 전후 민족자본의 생태분석－은행업을 중심으로－, 『삼일운동50주년기념논집』, 동아일보사, 1969.

高承濟, 일본 대륙팽창정책의 진출과 조선은행의 역할, 『백산학보』 8, 백산학회, 1970.

堀和生, 日本帝國主義の朝鮮植民地化過程におけるの財政改革, 『日本史硏究』 217, 1980.

堀和生, 朝鮮における植民地財政の展開－1910・30年代初頭にかけて－, 『朝鮮史叢』 5・6合, 1982/『식민지시대 한국의 사회와 저항』, 백산서당, 1983

堀和生, 植民地産業金融と經濟構造－朝鮮殖産銀行の分析を通じて－, 『朝鮮史硏究會論文集』 20, 1983.

堀和生, 朝鮮における普通銀行の成立と展開, 『社會經濟史學』 49－1, 社會經濟史學會, 1983.

宮原兎一, 朝鮮に於ける債務支配の一考察－公私債について－, 『朝鮮學報』 6, 朝鮮學會, 1954.

權大雄, 조선식산은행 연구, 영남대 석사논문, 1980.

權斗榮, 일제침략하의 한국금융－개항부터 합방까지－, 『일제의 경제침탈사』, 고려대 아세아문제연구소, 1975.

權泰檍, 경성섬유주식회사의 설립과 경영, 『한국사론』 6, 서울대국사학과, 1980.

金森襄作, 日帝下 朝鮮金融組合과 그 農村經濟에 미친 影響, 『사총』 15・16合, 고려대사학회, 1971.

김경호, 일제시대의 수산금융에 관한 연구, 『부산여대논문집』 10, 부산여대, 1981.

金大濬, 이조말기의 국가예산에 관한 연구－예산분석을 중심으로－, 『경제학연구』 21, 한국경제학회, 1973.

金大濬, 일제하 한국의 예산회계제도의 연구－1910년을 전후한 예산회계제도의 변천을 중심하여－, 『연세논총』 11, 1974.

金大濬, 1911년부터 1920년까지 조선총독부 특별회계의 추이분석, 『연세논총(사회과학)』 12, 1975.

金斗宗, 植民地朝鮮における1920年代の農業金融について－朝鮮殖産銀行·村落金融組合を中心とし
　　て－, 『東京大學經濟學研究』 5, 1965.

김보영, 일제하 전시國債와 조선경제, 『일제말 조선사회와 민족해방운동』, 한국근현대사회연구회, 1991.

金三守, 한국근대보험산업의 성립과정－개항기후 서양보험의 침투와 일제하 보험시장의 수탈을 통하여
　　－, 『魯山유원동박사화갑기념논총 한국근대사회경제사연구』, 정음문화사, 1985.

金聖甫, 일제하 禮山 成氏가의 자본축적 과정과 정치활동, 연세대 석사논문, 1987.

金秀學, 朝鮮金融機關組織に就いて, 『經濟研究』 創刊號, 연희전문 經濟研究會, 1927.

金英愛, 韋庵 張志淵의 사회경제사상 연구－화폐론을 중심으로－, 『홍익사학』 1, 1984/『韋庵張志淵의
　　사상과 활동』, 민음사, 1993.

김영완, 한말화폐정리와 민족자본의 수난, 『학술논총』 6, 단국대대학원, 1982.

金英喜, 1920년대 금융조합의 금융활동, 『숙대사론』 13·14·15합, 숙명여대사학과, 1989.

金允嬉, 대한제국기 皇室재정운영과 그 성격－度支部 예산외 지출과 內藏院 재정운영을 중심으로－,
　　『한국사연구』 90, 1995.

金才淳, 노일전쟁직후 일제의 화폐금융정책과 조선상인층의 대응, 『한국사연구』 69, 1990.

金宗鉉, 금융의 새구조－화폐 금융－, 『한국현대사 7』, 신구문화사, 1969.

金俊輔, 개항기 외래통화와 인프레숀기구, 『한국사연구』 7, 한국사연구회, 1972.

金俊輔, 백동화 인플레이션과 농업공황기구, 『사회과학논집』 4, 고려대, 1974.

金俊輔, 한일합방 초기의 인플레이션과 농업공황, 『사회과학논집』 5, 고려대, 1975/『한국근대사론 1』, 지
　　식산업사, 1977.

金俊輔, 한말의 화폐정리와 농업공황기구, 『한국사연구』 13, 한국사연구회, 1976.

金峻憲, 한국금융조합의 조직－특히 창설기를 중심으로－, 『논문집(인문사회과학)』 7, 청구대, 1964.

金惠貞, 구한말 일제의 엽전정리와 한국민의 균세운동, 『동아연구』 17, 서강대 동아연구소, 1989.

羅愛子, 李容翊의 화폐개혁론과 일본제일은행권, 『한국사연구』 45, 한국사연구회, 1984.

도면회, 갑오개혁이후 화폐제도의 문란과 그 영향(1894～1905), 『한국사론』 21, 서울대국사학과, 1989.

도면회, 화폐유통구조의 변화와 일본금융기관의 침투, 『1894년 농민전쟁연구 1』, 역사비평사, 1991.

藤永壯, 植民地下日本人漁業資本家の存在形態－李堈家漁場をめぐる朝鮮人漁民との葛藤－, 『朝鮮
　　史研究會論文集』 24, 1987.

藤永壯, 開港後の會社設立問題をめぐって－朴琪宗と汽船業·鐵道業－, 『朝鮮學報』 140·141, 1991.

梶村秀樹, 民族資本과 隷屬資本, 『韓國近代經濟史研究』, 사계절, 1983.

梶村秀樹, 近代朝鮮の商業資本等の外壓への諸對應, 『歷史學研究』 增刊號 560, 1986.

박석윤·박석인, 조선후기 재정의 변화시점에 관한 고찰－1779년(정조 3)에서 1881년(고종 18)까지－,
　　『동방학지』 60, 연세대, 1988.

박영호, 한국의 식민지적 자본주의화과정에 관한 일연구－한말 화폐정리사업을 중심으로－, 『東村 朱宗
　　桓화갑기념논문집 한국자본주의론』, 1989.

박영호, 한말의 화폐정리사업과 토착경제의 식민지적 해체, 『한국의 사회와 문화』 13, 한국정신문화연구
　　원, 1990.

朴元善, 회사제도의 근대화와 토착화, 『사회과학논집』 5, 1972.

朴準埰, 한국근대화폐제도확립의 사적연구, 『논문집』 2, 조선대, 1973.

朴準埰, 개항기 금융정책의 사적 분석－외국계은행의 침략을 중심으로－, 『해촌박준채박사고희기념논
　　문집』, 1985.

朴玄埰, 한국자본주의와 민족자본,『한국의 사회경제사』(한길역사강좌 5), 한길사, 1987.

裵永穆, 일제하 한국통화의 기본구조와 그 특질,『논문집(인문사회과학)』32, 충북대, 1986.

裵永穆, 일제하 식민지 화폐제도의 형성과 전개,『경제사학』11, 경제사학회, 1987.

裵永穆, 朝鮮殖産銀行과 농업,『국사관논총』36, 국사편찬위원회, 1992.

徐吉洙, 개항후 利子附자본에 관한 사적고찰(1·2),『국제대논문집』7·8, 국제대 인문사회과학연구소, 1979·1980.

徐榮姬, 개항기 봉건적 국가재정의 위기와 민중수탈의 강화,『1894년 농민전쟁연구 1』, 한국역사연구회, 1991.

小林英夫, 日本の金本位制移行と朝鮮 － 日中兩國の對立と抗爭を中心に －,『旗田巍古稀記念 朝鮮歷史論集(下)』, 龍溪書舍, 1979.

孫禎睦, 개항기화폐의 수출전용 및 위조를 통한 일본인의 치부과정 연구,『학술연구발표』, 서울시립산업대 수도권연구소, 1979.

孫禎睦, 회사령연구,『한국사연구』45, 한국사연구회, 1984.

송언더기, 대원군집정기의 재정정책 － 逋欠者에 대한 정책을 중심으로 －,『숙대사론』13·14·15, 숙명여대사학과, 1989.

辛鍾權, 당백전에 관한 일고찰, 동아대 석사논문, 1984.

申賀宣政 저, 이석륜 역, 近代韓國貨幣及典圜局の沿革,『한국경제사문헌자료』6, 경희대 한국경제사연구소, 1975.

安秉直, 식민지하의 조선국제수지와 자본수출입 － 1910～1945 －,『경제논집』6－4, 7－2, 서울대 한국경제연구소, 1967·1968.

安秉直, 서평 : 식민지 금융정책의 사적 분석(高承濟 저),『경제논집』11－4, 서울대 한국경제연구소, 1972.

安田吉實, 李朝貨幣'交換局'と大二輪文書について,『朝鮮學報』72, 朝鮮學會, 1975.

安田吉實, 朝鮮近代貨と大阪造幣局,『高麗會報』7, 日本, 1978.

吳斗煥, 朝鮮銀行의 발권과 산업금융,『국사관논총』36, 국사편찬위원회, 1992.

오미일, 1910～1920년대 공업발전단계와 조선인자본가층의 존재양상 － 평양지역을 중심으로 －,『한국사연구』87, 한국사연구회, 1994.

禹明東, 일제하의 우리나라 재정분석 그 1,『연구논문집』24, 성신여대, 1986.

羽鳥敬彦, 戰時下(1937～45)朝鮮における通貨とインフレーション,『朝鮮史叢』5·6合, 朝鮮史叢編輯委員會, 1982.

羽鳥敬彦, 朝鮮における植民地幣制の成立(1·2),『彦根論叢』217·218, 1982·1983.

元裕漢, 典圜局考,『역사학보』37, 역사학회, 1968.

元裕漢, 이조말기 독일로부터의 근대조폐기술의 도입에 대하여,『김재원박사화갑기념논총』, 1969.

元裕漢, 한국개화기의 근대화폐제 수용에 대한 고찰,『향토서울』35, 1977.

元裕漢, 矩堂 兪吉濬의 화폐사상,『尹炳奭화갑기념 한국근대사논총』, 1990.

유정현, 1894～1904년 지방財政제도의 개혁과 吏胥層 동향,『진단학보』73, 1992.

尹根鎬, 개성부기에 관한 연구 － 대한천일은행의 장부를 중심으로 －,『논문집』3, 단국대, 1969.

李東彦, 일제하 조선금융조합의 설립과 성격 － 1907～1918년의 지방금융조합을 중심으로 －,『한국독립운동사연구』6, 독립기념관 한국독립운동사연구소, 1992.

李碩崙, 典圜局회고록,『한국경제사문헌자료』1, 경희대 한국경제사연구소, 1970.

李碩崙, 한국의 근대화폐제도에 관한 사적 고찰 － 1876－1910 －, 경희대 석사논문, 1971.

李碩崙 역, 구한말 화폐문제 조사자료,『한국경제사문헌자료』4, 경희대 한국경제사연구소, 1973.

李碩崙 역, 탁지부고문 目賀田種太郞 - 한말 일제의 식긴지적 금융재정제도의 확립,『한국경제사문헌자료』8, 경희대 한국경제사연구소, 1978.

이승렬, 일제하 조선인 고무공업자본,『역사와 현실』3, 한국역사연구회, 1990.

李潤相, 일제에 의한 식민지재정의 형성과정 - 1894~1910년의 세입구조와 징세기구를 중심으로 - ,『한국사론』14, 서울대국사학과, 1986.

李彌佑, 한국의 적자재정구조의 변동과 재정책임 - 1897~1982 - ,『학술지(인문, 사회과학편)』28, 건국대, 1984.

張世基, 일제하의 한국금융기관사에 관한 현황연구,『연구논문집』27, 성신여대, 1988.

張矢遠, 일제하 조선인 대지주의 자본전환에 관한 연구 - 전남의 50정보 이상 토지소유자를 중심으로 - ,『논문집』7, 방통대, 1987.

全旌海, 대한제국 초 韓露관계와 韓露銀行,『水邨朴永錫화갑논총 한국사학논총(하)』, 1992.

鄭奇和, 일제하 한국인자본의 존재영역과 성격에 관한 연구 - 전남지역을 중심으로 - ,『논문집(경상편)』32, 전남대, 1987.

정병욱, 1918~1937년 조선殖産銀行의 자본형성과 금융활동,『한국사연구』79, 1992.

鄭容郁, 1907~1918년 지방금융조합활동의 전개,『한국사론』16, 서울대국사학과, 1987.

정진상, 일제하 한국인 토착자본의 성격,『한국근대농촌사회와 일본제국주의』(한국사회사연구회논문집 2), 문학과 지성사, 1986.

정진상, 일제하 한국인자본의 존재형태와 성격,『한국의 사회와 문화』11, 1990.

鄭天壽, 일제하의 한국재정 구조분석, 동국대 석사논문, 1963.

鄭泰憲, 1910년대 식민농정과 금융수탈기구의 확립과정,『3·1민족해방운동연구』, 한국역사연구회·역사문제연구소, 1989.

趙璣濬, 한국민족자본의 성립에 관한 연구 - 개항부터 한일합방까지 - ,『아세아연구』6 - 1, 고려대아세아문제연구소, 1963.

趙璣濬, 매판자본이란 무엇인가,『한국사회과학논집』1, 한국사회과학연구원, 1965.

趙璣濬, 이조말엽의 재정개혁,『학술원논문집』5, 학술원, 1965.

趙璣濬, 3·1운동 전후의 민족기업의 일유형 - 경성방직주식회사를 중심으로 - ,『삼일운동50주년기념논집』, 동아일보사, 1969.

趙璣濬, 강요된 경제개혁 - 화폐재정의 정리 - ,『한국현대사 2』, 신구문화사, 1969.

趙璣濬, 무너진 민족자본 - 식민지의 공업화 - ,『한국현대사 4』, 신구문화사, 1969.

趙璣濬, 민족자본,『한국사 16 - 개화·척사운동 - 』, 국사편찬위원회, 1975.

趙璣濬, 일제하 민족자본의 형성,『한국사 22 - 민족운동의 전개 - 』, 국사편찬위원회, 1976.

趙璣濬, 일제식민통치하의 민족자본,『한국근대사론 1』, 지식산업사, 1977.

趙璣濬, 한국근대화와 기업인의 의식구조 - 한국자본주의 초기단계에 있어서의 기업인의 의식과 행태를 중심으로 - ,『한국사학』2, 1980.

曹淡, 1930년대 농촌금융의 실태,『전라남도 무안군망운지역 농촌사회구조변동연구』, 전남대 호남문화연구소, 1988.

曹淡, 1930년대 농촌금융의 실태 - 무안군망운지역을 중심으로 - ,『秋堰權丙卓화갑논총 한국근대경제사 연구의 성과 2』, 1989.

朝鮮史料硏究會, 재정금융관계중요문헌,『조선근대사료연구집성 4』, 조선사료연구회, 1961.

曹永建, 일제하 민족자본과 물산장려,『경남대논문집』7, 경남대, 1980.

趙益淳, 四介松都治簿法 - 대한천일은행의 기록과 공개문헌을 중심으로 - , 『논문집(인문사회과학편)』, 15, 고려대, 1969.

趙進夏 역, 한국화폐제도에 관한 청원서, 『한국경제사문헌자료』 3, 경희대 한국경제사연구소, 1973.

趙漢寶, 일제하 금융정책과 한국농촌경제의 분해과정, 『논문집』 9, 인천교대, 1975.

趙恒來, 한말 일제의 화폐금융침략과 그 실제(1·2), 『龍巖車文燮화갑기념 사학논총』, 1989/『역사교육논집』, 1990.

朱益鍾, 일제하 조선인 회사자본의 동향 - 1920·30년대를 중심으로 - , 『경제사학』 15, 경제사학회, 1991.

車軒權, 우리나라 지방재정제도의 근대화과정과 그 성격, 『경제논집』 3 - 1, 서울대 한국경제연구소, 1964.

車軒權, 한국지방재정의 변천과 그 시대적 특징(1910~1940), 『경제논집』 3 - 4, 서울대 한국경제연구소, 1964.

채석현, 조선 식산은행에 대한 연구, 숙명여대 석사논문, 1988.

村上勝彦, 第一銀行朝鮮支店と植民地金融, 『土地制度史學』 61, 1973.

崔明奎, 한국증권시장성립사연구, 『논문집』 9, 한성대, 1985.

崔昌熙, 한말회사설립에 관한 연구 - 1894년 이전을 중심으로 - , 고려대 석사논문, 1971.

崔泰鎬, 개화기의 해관수입과 재정상의 그 역할, 『경제논총』 7, 국민대 경제연구소, 1985.

秋定嘉和, 朝鮮金融組合の機能と構造 - 1930年~40年代にかけて - , 『朝鮮史硏究會論文集』 5, 朝鮮史硏究會, 1968.

波形昭一, 第1次大戰前の植民地金融, 『日本金融論の史的硏究』, 東京大出版會, 1983.

許粹烈, 3·1운동 이후의 민족기업, 『한민족독립운동사』 9, 국사편찬위원회, 1991.

許粹烈, 식민지 경제구조의 변화와 민족자본의 동향, 『한국사 14』, 한길사, 1994.

扈俊秀, 현대한국신용협동조합과 카톨릭과의 관계, 『최석우신부회갑기념 한국교회사논총』, 한국교회사연구소, 1982.

洪性讚, 일제하 금융자본의 농기업 지배 - 不二興業(주)의 경영변동과 조선식산은행 - , 『동방학지』 65, 연세대 국학연구원, 1990.

洪性讚, 일제하 금융자본의 農企業지배 - 朝鮮開拓(株)의 경영변동과 朝鮮殖産銀行 - , 『국사관논총』 36, 국사편찬위원회, 1992.

黃大錫·金容福, 한국기업경영의 근대적 발전과정에 관한 연구, 『학술지』 19, 건국대 학술연구원, 1975.

黑瀨郁二, 第1次大戰期·大戰後の植民地金融, 『日本金融論の史的硏究』, 東京大出版會, 1983.

3) 외국자본의 침투·차관·자본가

李炳天, 『개항기 외국상인의 침입과 한국상인의 대응』, 서울대 박사논문, 1985.

최용, 『한국개화기 客主 연구 : 外商의 침투와 그 대응을 중심으로』, 성균관대 박사논문, 1993.

高嶋雅明, 朝鮮における植民地金融史の研究, 『日本史研究叢書』, 東京, 1977.

金炅一, 韓相龍 - 친일예속자본가의 전형 - , 『한국학보』 71, 일지사, 1993.

金度亨, 대한제국시기의 외래상품·자본의 침투와 농민층 동향, 『학림』 6, 연세대 사학연구회, 1984.

金聖甫, 일제하 조선인지주의 자본전환사례 - 禮山의 成氏家 - , 『한국사연구』 76, 1992.

김영숙, 일본자본주의의 조선침략과 조중관계, 『력사과학』 1958 - 1.

金泳鎬, 한말 차관문제의 제국면, 『현상과 인식』 2 - 1, 1978.

金泳鎬, 구한말 차관문제의 전개구조,『노산유원동박사화갑기념논총 한국근대사회경제사연구』, 정음문
　　화사, 1985.

金正起, 조선정부의 청차관도입(1882~1894),『한국사론』3, 서울대국사학과, 1976.

金正起, 조선정부의 일본차관도입(1882~1894),『韓㳓劤박사정년기념 사학논총』, 지식산업사, 1981.

金正起, 조선정부의 독일차관도입(1883~1894),『한국사연구』39, 1982.

金正起, 갑오경장기 일본의 대조선경제정책 - 일본의 차관정책을 중심으로 - ,『한국사연구』47, 한국사
　　연구회, 1984.

金正起, 청일전쟁전후 일본의 대조선경제정책 - 일본의 차관정책을 중심으로 - ,『청일전쟁과 한일관계』,
　　일조각, 1985.

金泰雄, 서구자본주의의 침투와 위기의식 고양,『한국사 10』, 한길사, 1994.

金惠水, 일제하 식민지 공업화정책과 조선인 자본 - 製絲·絹織業을 중심으로 - ,『이대사원』26, 이화여
　　대사학회, 1992.

도면회, 화폐유통구조의 변화와 일본금융기관의 침투,『1894년 농민전쟁연구 1』, 역사비평사, 1991.

朴日根, 고종기의 對華차관책 - 馬建忠의 알선을 중심으로 - ,『논문집』15, 부산대, 1973.

朴準埰, 개항기 금융정책의 사적분석 - 외국계은행의 촌략을 중심으로 - ,『해촌박준채박사고희기념논문
　　집』, 1985.

飯沼二郎, 李朝末 日本資本浸透の一事例,『朝鮮民族運動史研究』5, 朝鮮民族運動史研究會, 1988.

裵城浚, 1930년대 日帝纖維資本의 침투와 朝鮮 織物業의 재편,『한국사론』29, 서울대국사학과, 1993.

山本有造, 日本の植民地投資 - 朝鮮·臺灣に關する統計的觀察 - ,『社會經濟史學』38 - 5, 1973.

森山茂德,　甲午改革における借款問題 - 井上馨の關與した第2次改革と朝鮮指導者層の對應を中心と
　　して - ,『東洋學報』56 - 2·3·4, 1976.

서재진, 한국산업자본가의 사회적 기원,『현대한국자본주의와 계급문제』(한국사회사연구회논문집 14),
　　문학과 지성사, 1988.

小林英夫, 1930年代日本窒素肥料株式會社の朝鮮進出について,『植民地經濟史の諸問題』, アジア經濟
　　研究所, 1973.

安秉直, 1930년이후 조선에 침입한 일본독점자본의 정체,『경제논집』10 - 4, 서울대 한국경제연구소,
　　1971/『한국근대사론 1』, 지식산업사, 1977.

吳美一, 1910~1920년대 공업발전단계와 조선인자본가층의 존재양상,『한국사연구』87, 한국사연구회,
　　1994.

吳美一, 1910~1920년대 평양지역 민족운동과 조선인 자본가층,『역사비평』28, 역사문제연구소, 1995.

劉元東, 한말 일본의 차관공세와 광산접근에 관한 연구,『국사관논총』20, 국사편찬위원회, 1990.

尹慶老, 신민회와 남강의 경제활동연구,『南岡 李昇薰과 민족운동』, 남강문화재단, 1988.

이승렬, 일제시기 민족자본가논쟁,『역사비평』9, 역사문제연구소, 1990.

李陽子, 청의 대조선 경제정책과 원세개 - 해관·차관·전선·윤선문제를 중심으로 - ,『동의사학』3, 동
　　의대사학회, 1987.

李英俠, 3·1운동을 전후한 일본자본주의와 한국,『삼일운동50주년기념논집』, 동아일보사, 1969.

李宇榮, 한말해운의 실태와 일본해운업의 침투,『법대논총』8, 경북대, 1970.

全遇容, 개항기 韓人자본가의 형성과 성격,『국사관논총』41, 국사편찬위원회, 1993.

糟谷憲一, 戰時經濟と朝鮮における日窒財閥の展開,『朝鮮史研究會論文集』12, 1975.

趙璣濬, 이조말기의 한일차관문제,『아세아연구』8 - 2, 고려대 아세아문제연구소, 1965.

趙璣濬, 朴琪淙의 생애와 기업활동,『박원표회갑기념 부산사연구논총』, 1970.

趙璣濬, 일제자본의 침투, 『한국사 21 - 3·1운동 전후의 사회와 경제 - 』, 국사편찬위원회, 1976.

趙璣濬, 한국근대화와 기업인의 의식구조 - 한국자본주의 초기단계에 있어서의 기업인의 의식과 행태를 중심으로 -, 『한국사학』 2, 1980.

趙璣濬, 한국 민족기업건설의 사상적배경 - 仁村김성수의 민족기업활동 - , 『인촌김성수의 애족사상과 그 실천』, 동아일보사, 1982.

趙璣濬, 한국자본주의 형성기의 기업인연구 - 출신계층 및 기업행태 - , 『학술원논문집(인문사회과학)』 26, 1987.

趙璣濬, 남강 李昇薰선생의 기업활동, 『南岡 李昇薰과 민족운동』, 남강문화재단, 1988.

波形昭一, 第1次大戰前の植民地金融, 『日本金融論の史的研究』, 東京大出版會, 1983.

許粹烈, 1930년대 군수 공업화정책과 일본 독점자본의 진출, 『일제의 한국식민통치』, 정음사, 1985.

黃明水, 한말에 있어서의 외국금융기구의 침략에 관한 연구 - 일본지점은행의 침략을 중심으로 - , 『동양학』 1, 단국대, 1971.

黑瀬郁二, 第1次大戰期·大戰後の植民地金融, 『日本金融論の史的研究』, 東京大出版會, 1983.

Lee Yur-bok, Politics over Economics ; China's Domination of Korea through Extension of Financial Loans, 『水邨朴永錫화갑기념논총 한국사학논총(하)』, 1992.

McNamara, Dennis L., Toward a Theory of Korean Capitalism : A Study of the Colonial Business Elite, 『제5회 국제학술회의논문집 2』, 한국정신문화연구원, 1988.

4) 토지

姜秉植, 『일제하 서울의 토지조사와 토지소유실태연구』, 단국대 박사논문, 1992.

姜秉植, 『日帝時代의 서울의 土地研究』, 민족문화사, 1994.

京畿道, 『小作慣行調査概要』, 1922.

慶尙南道, 『舍音に關する調査』, 1931.

吉田正廣, 『朝鮮における小作に關する基本法規の解說』, 朝鮮農政研究同人會, 1934.

김광진·정영술·손전후, 『조선에서 자본주의적 관계의 발전』, 사회과학출판사, 1973/열사람, 1988.

金洋植, 『대한제국·일제하 驛屯土연구』, 단국대 박사논문, 1992.

金容燮, 『한국근대농업사연구 - 농업개혁론 농업정책 - 』, 일조각, 1975.

金容燮, 『증보판 한국근대농업사연구』(상·하), 일조각, 1984.

金容燮, 『한국근현대농업사연구 - 한말·일제하의 지주제와 농업문제 - 』, 일조각, 1992.

朴文圭, 『조선토지문제논고』, 1946.

裵英淳, 『한말·일제초기의 토지조사와 지세개정에 관한 연구』, 서울대 박사논문, 1988.

사법협회, 『조선소작조정령집』, 1933.

愼鏞廈, 『조선토지조사사업연구』, 한국연구원, 1979.

兪仁浩, 『한국농지제도의 연구』, 백문당, 1975.

李覺鍾, 『朝鮮における小作制度』, 朝鮮總督府, 1923.

李英俠, 『한국근대토지제도사연구』, 보문각, 1968.

印貞植, 『조선의 토지문제』, 경성인쇄주식회사, 1946.

張矢遠, 『일제하 대지주의 존재형태에 관한 연구』, 서울대 박사논문, 1989.

全羅南道內務局, 『小作慣行調査』, 1923.

全羅北道, 『小作慣行調査書』(昭和5年 調査), 1933.

전석담·허종호·홍희유, 『조선에서 자본주의적 관계의 발생』, 사회과학출판사, 1970/이성과 현실, 1989.

朝鮮農會, 『朝鮮の小作慣行』(時代と慣行), 1930.

朝鮮總督府, 『朝鮮における小作制度』, 1925.

朝鮮總督府, 『朝鮮における小作に關する法令』, 1931.

朝鮮總督府, 『朝鮮の小作慣行』(上・下), 1932.

朝鮮總督府, 『農家經濟の概況とその變遷』, 1940.

朝鮮總督府內務局, 『小作慣例及驛屯賭に關する調査書』, 京城, 1928.

朝鮮總督府農林局, 『小作令案(第1稿)』, 京城, 1929.

朝鮮總督府殖産局, 『小作農民に關する調査』, 1928.

朝鮮總督府中樞院, 『小作に關する慣習調査書』, 1930.

朝鮮總督府土地改良部, 『朝鮮の水利組合』, 京城, 1929・1930.

淺田喬二, 『日本帝國主義と舊植民地地主制』, 御茶の水書房, 1968.

度支部, 『소작관례조사』, 1909.

한국역사연구회 근대사분과토지대장연구반, 『대한제국의 토지조사사업』, 민음사, 1995.

허종호, 『우리나라에서의 화폐지대의 발생에 대하여』, 1964.

허종호, 『토지에 관한 몇가지 문제 - 자본주의발생의 력사적 전제현상을 중심으로 - 』, 사회과학출판사, 1966.

Gragrt, Edwin Harold, 『Landownership Change in Korea under Japanese Colonial Rule - 1900~1935 - 』, Columbia, Ph. D., 1982.

姜吉遠, 일본농지회사의 소작계약관행 - 소위 농촌진흥운동기의 전라북도지방을 중심으로 - , 『송준호정년기념논총』, 1987.

姜秉植, 1910년대 서울의 토지소유실태의 연구, 『中齋張忠植화갑논총(역사학편)』, 1992.

姜秉植, 일제하 서울(京城府) 토지소유실태와 사회상에 대한 연구, 『실학사상연구』 3, 무악실학회, 1992.

宮嶋博史, 量案から「土地臺帳」へ - 朝鮮土地調査事業における帳簿體系の變革 - , 『朝鮮民族運動史研究』 5, 朝鮮民族運動史研究所, 1988.

宮田節子, 朝鮮農地令 - その虛像と實像 - , 『季刊現代史』 5, 現代史の會, 1974.

權寧旭, 日本統治下の朝鮮における所謂驛屯土問題の實體, 『朝鮮近代史料研究集成』 3, 朝鮮史料研究會, 1960.

金洋植, 대한제국기 驛・屯土에서의 抗租 연구 - 內藏院 관리기(1899~1905)를 중심으로 - , 『역사학보』 131, 역사학회, 1991.

金洋植, 甲午개혁이후 驛屯土 관리기관의 변동과 조사사업, 『中齋張忠植화갑논총(역사학편)』, 1992.

金容燮, 광무년간의 양전사업에 관한 연구, 『아세아연구』 11 - 8, 고려대 아세아문제연구소, 1968.

金容燮, 수탈을 위한 측정 - 토지조사 - , 『한국현대사 4』, 신구문화사, 1969.

金容燮, 광무양전의 사상기반, 『아세아연구』 15 - 4, 고려대 아세아문제연구소, 1972.

金容燮, 한말 고종조의 토지개혁론, 『동방학지』 41, 연세대 국학연구원, 1984.

김한주, 이조말기의 금유출과 외국인토지소유의 의의, 『민족문화』 3, 민족문화연구소, 1947.

김한주, 조선에서의 일제의 식민지적 토지정책에 대하여(1), 『력사과학』, 1955 - 1.

朴明圭, 낡은 논리의 새로운 형태 - 宮嶋博史의 「朝鮮土地調査事業史の研究」 비판 - , 『한국사연구』 75, 한국사연구회, 1991.

朴秉濠, 한국근세의 토지소유권에 관한 연구(1~3), 『법학』 8 - 1・2, 9 - 1, 서울대 한국법학연구소, 1966・1967.

裵英淳, 한말 驛屯土조사에 있어서의 소유권분쟁 - 광무사검기의 분쟁사례에 대한 분석을 중심으로 -,
  『한국사연구』 25, 1979.
裵英淳, 한말 司宮庄土에 있어서의 導掌의 존재형태, 『한국사연구』 30, 1980.
裵英淳, 일제하 驛屯土불하와 그 귀결, 『사회과학연구』 2 - 2, 영남대 사회과학연구소, 1982.
裵英淳, 일제하 국유지정리조사사업에 있어서의 소유권분쟁의 발생과 전개과정, 『인문연구』 5, 영남대
  인문과학연구소, 1984.
裵英淳, 조선토지조사사업기간의 국유지분쟁에 있어서 소유권의 정리방향, 『일제의 한국식민통치』, 정
  음사, 1985.
裵亢燮, 1894년 동학농민전쟁에 나타난 토지개혁 구상 - 平均分作문제를 중심으로 -, 『사총』 43, 고려대
  사학회, 1995.
徐仲錫, 일제시기·미군정기의 좌우대립과 토지문제, 『한국사연구』 67, 한국사연구회, 1989.
細貝大次郎, 朝鮮の農業土地問題 - 戰前における小作問題とその對策 -, 『報告』 6, 拓植大學海外事情
  研究所, 1970.
愼鏞廈, 茶山 丁若鏞의 토지개혁안과 동학농민군의 토지개혁안, 『이기백고희기념 한국사학논총(하)』,
  일조각, 1994.
愼鏞廈, 동학농민군 執綱所의 사회신분제개혁과 토지개혁정책, 『진단학보』 78, 진단학회, 1994.
安秉珆, 田畓典當·放賣文記の研究 - 土地改革の前提條件形成によせて -, 『社會科學研究年報』 1, 龍
  谷大學, 1970.
安秉珆, 東洋拓植株式會社の土地經營方式と在來朝鮮人地主の經營方式について, 『經營史學』, 東京
  大出版會, 1976.
安秉珆, 東洋拓植株式會社の土地收奪について - 全羅南道舊宮三面土地收奪事件 -, 『社會科學研究
  年報』 7, 龍谷大學, 1976.
鹽田正洪, 朝鮮農地令について - 小作立法とその意義と制定のいきさつ -, 『朝鮮近代史料研究集成』
  3, 友邦協會, 1960.
왕현종, 19세기말 호남지역 지주제의 확대와 토지문제, 『1894년 농민전쟁연구 1』, 역사비평사, 1991.
李基勳, 1910~1920년대 일제의 농정 수행과 地主會, 『한국사론』 33, 서울대국사학과, 1995.
李永鶴, 광무양전사업연구의 동향과 과제, 『역사와 현실』 6, 한국역사연구회, 1991.
李英俠, 質屋(전당포)의 토지점탈에 관한 연구, 『학술지』 7, 건국대 학술연구원, 1966.
李榮昊, 대한제국시기의 토지제도와 농민층분화의 양상 - 경기도 용인군 이동면 「광무양안」과 「토지조
  사簿」의 비교분석 -, 『한국사연구』 69, 1990.
李榮薰, 光武量田에 있어서 '時主'파악의 실상(2) - 경기도·충청남도 光武量案사례 분석 -, 『성곡논총』
  23, 성곡학술재단, 1992.
이종범, 1915~45년 농지소유구조의 변동, 『전라남도 무안군망운지역 농촌사회구조변동연구』, 전남대
  호남문화연구소, 1988.
이종범, 1915~1950년대 농지소유구조의 변동 - 광산군 하남면 사례 -, 『이재룡환력기념 한국사학논총』,
  1990.
이종범, 1908~09년 일제의 과세지조사에 관한 실증적 검토 - 전라남도 구례군 토지면 오미동 사례 -,
  『역사와 현실』 5, 한국역사연구회, 1991.
이종범, 20세기 초 自營(小) 地主의 농업경영과 농민생활 - 求禮郡 吐旨面 五美洞사례 -, 『학림』 16, 연
  세대사학연구회, 1994.
林炳潤, 개항후 전기적 상인자본과 토지소유, 『세림한국학논총』 1, 세림장학회, 1977.

장국종, 우리나라 봉건말기의 전세의 금납에 대하여,『력사과학』1957 - 6.

全雲聖, 식민지하의 토지소유에 관한 고찰 - 자작농적 토지소유의 검토 - ,『사회과학연구』29, 강원대, 1989.

鄭德基, 일제시대의 토지제도 고찰,『호서사학』8 · 9합, 호서사학회, 1980.

鄭昌烈, 한말에 있어서 驛屯土 문제, 서울대 석사논믄, 1968.

趙璣濬, 빼앗긴 생활권 - 토지 · 상권 - ,『한국현대사 2』, 신구문화사, 1969.

崔元奎, 1900년대 일제의 토지권 침탈과 그 관리기구,『부대사학』19, 부산대사학회, 1995.

崔泰鎬, 光武8년의 황무지 개간사건 소고,『秋堰權丙㫓화갑논총 한국근대경제사 연구의 성과 2』, 1989.

허종호, 토론 : 토지에 관한 몇 가지 문제 - 자본주의 발생의 력사적 전제형성을 중심으로 - ,『력사과학』1966 - 6.

5) 지주 · 전호제

이종범,『19세기말 20세기초 향촌사회구조와 조세제도의 개편 : 구례군 토지면 오미동 '유씨가 문서' 분석』, 연세대 박사논문, 1994.

최원규,『한말 일제초기 토지조사와 토지법연구』, 연서대 박사논문, 1994.

姜吉遠, 일본농지회사의 소작계약관행 - 소위 농촌진흥운동기의 전라북도지방을 중심으로 - ,『송준호정년기념논총』, 1987.

姜泰景, 동양척식주식회사의 소작정책과 이농,『한국학논집』19, 계명대 한국학연구원, 1992.

姜薰德, 일제하 소작쟁의의 성격에 대한 일고찰 - 1921~1932년까지의 소작쟁의 분석 중심으로 - ,『한국사논총』4, 성신여대국사학회, 1981.

鏡保之助, 朝鮮における畓の小作慣行の分類,『朝鮮農會報』13 - 2, 朝鮮農會, 1918.

高承濟, 식민지 소작농의 사회적 신분규정,『학술원논문집(인문, 사회과학편)』18, 학술원, 1979.

高承濟, 식민지 예농체제의 전개와 소작쟁의의 사회경제적성격,『학술원논문집(인문, 사회과학편)』21, 학술원, 1982.

宮嶋博史, 植民地下朝鮮人大地主の存在形態に關する試論,『朝鮮史叢』5 · 6合, 1982.

宮嶋博史, 植民地期朝鮮の小作契約文書,『中國朝鮮文書史料硏究』, 東京大東洋文化硏究所 東アジア部門, 1986.

宮田節子, 朝鮮農地令 - その虛像と實像 - ,『季刊現代史』5, 現代史の會, 1974.

金森襄作, 日帝下에 있어서 地主制度硏究 - 特히 地主小作 慣行을 中心으로 - , 연세대 석사논문』, 1970.

金柄夏, 일제하의 농업경영과 소작제도 - 黃尙翼家의 경영과 소작농을 중심으로 - ,『한국학논집』19, 계명대 한국학연구원, 1992.

金善美, 1930년대 미곡정책과 식민지지주제의 전개,『브대사학』18, 부산대사학회, 1994.

金聖甫, 일제하 조선인지주의 자본전환사례 - 禮山의 成氏家 - ,『한국사연구』76, 1992.

金泳謨, 일제시 대지주의 사회적 배경과 이동,『아세아연구』14 - 1, 고려대 아세아문제연구소, 1971.

金泳謨, 일제하의 지주계층,『한국의 사회와 문화』7, 한국정신문화연구원, 1986.

金容燮, 고종기의 均田收賭문제,『동아문화』8, 서울대 동아문화연구소, 1968.

金容燮, 한말 일제하의 지주제 - 사례 1 : 江華金氏가의 추수기를 통해서 본 지주경영 - ,『동아문화』11, 1972.

金容燮, 한말 일제하의 지주제 - 사례 2 : 載寧東拓농장에서의 지주경영의 변동 - , 『한국사연구』 8, 1972/『한국근대사론 1』, 지식산업사, 1977.

金容燮, 한말 일제하의 지주제 - 사례 3 : 羅州李氏가의 지주로의 성장과 그 농장경영 - , 『진단학보』 42, 진단학회, 1976.

金容燮, 한말에 있어서의 中畓主와 驛屯土지주제, 『동방학지』 20, 연세대 국학연구원, 1978.

金容燮, 한말 일제하의 지주제 - 사례 4 : 古阜金氏가의 지주경영과 자본전환 - , 『한국사연구』 19, 1978.

金容燮, 한말 일제하의 지주제 - 사례 5 : 일제하 朝鮮信託의 농장경영과 지주제변동 - , 『동방학지』 70, 연세대 국학연구원, 1991.

金鍾先, 서남해도서지역의 농지분쟁 및 소작쟁의에 관한 연구(1) - 암태도 소작쟁의를 중심으로 - , 『인문과학』 1, 목포대, 1984.

金鍾先, 서남해도서지역의 농지분쟁 및 소작쟁의에 관한 연구(2) - 하의삼도농지분쟁을 중심으로 - , 『논문집(인문과학)』 7, 목포대, 1986.

金鍾先, 서남해도서지역의 농지분쟁 및 소작쟁의에 관한 연구(3), 『목포대논문집』 11 - 2, 1990.

金俊輔, 식민지 개발과 地代의 이윤화기구 - 3 · 1운동후의 지대사적발전상 - , 『사회과학논집』 2, 고려대, 1973.

金俊輔, 한말 봉건지대의 근대적 분화과정, 『동양학』 3, 단국대 동양학연구소, 1973.

金俊輔, 한국소농의 주체성 재평가, 『학술원논문집(인문, 사회과학편)』 19, 학술원, 1980.

馬淵貞利, 第1次大戰期朝鮮農業の特質と3 · 1運動 - 農業的商品生産と植民地形地主制 - , 『朝鮮史研究會論文集』 12, 1975.

文昭丁, 대한제국기 일본인 대지주의 형성, 『한국근대농촌사회와 일본제국주의』, 문학과 지성사, 1986.

朴明圭, 식민지 지주제의 형성배경 - 한말 전북지역을 중심으로 - , 『한국근대농촌사회와 일본제국주의』 (한국사회사연구회논문집 2), 1986.

朴明圭, 일제하 자작농층에 관한 고찰, 『한국의 사회와 문화』 7, 한국정신문화연구원, 1986.

朴ソプ, 植民地朝鮮における小作關係政策の展開 - ‘朝鮮農地令’を中心として - , 『日本史研究』 353, 京都 : 日本史研究會, 1992.

朴性鳳, 구한말 珍島富豪帳簿, 『한국경제사문헌자료』 5, 경희대 한국경제사연구소, 1974.

朴榮喆, 朝鮮に於ける地主, 『朝鮮農會報』 3 - 8, 朝鮮農會, 1929.

朴贊勝, 한말 역토 · 둔토에서의 지주경영의 강화와 抗租, 『한국사론』 9, 서울대국사학과, 1983.

朴千佑, 한말 일제하의 지주제연구, 연세대 석사논문, 1984.

朴千佑, 일제하 지주제와 농민운동, 『東村朱宗桓화갑기념논문집 한국자본주의론』, 1989.

裵基完, 소작농의 발전형태에 관한 고찰 - 일제시대를 중심으로 - , 『상경논총』 9, 단국대, 1970.

裵英淳, 한말 司宮庄土에 있어서의 導掌의 존재형태, 『한국사연구』 30, 1980.

裵英淳, 한말 일제초 일본인 대지주의 농장경영 - 수전농장을 중심으로 - , 『인문연구』 3, 영남대 인문과학연구소, 1983.

裵英淳, 1920~30년대 경북 영천군의 소작제 연구 - 최씨가의 소작지경영을 중심으로 - , 『교남사학』 2, 영남대국사학회, 1986.

裵英淳, 1910~30년대 경상남도지방의 지주제 - 통계지표의 분석을 중심으로 - , 『대구사학』 42, 1991.

細貝大次郎, 朝鮮の農業土地問題 - 戰前における小作問題とその對策 - , 『報告』 6, 拓植大學海外事情研究所, 1970.

愼鏞廈, 한국의 지주제도에 관한 일연구 - 일제하의 토지소작제도에 대하여 - , 『경제논집』 5 - 3, 서울대 한국경제연구소, 1966.

愼鏞廈, 이조말기 賭地權과 일제하의 永小作의 관계 - 소작농도지권의 소유권으로의 성장과 몰락에 대하여 - ,『경제논집』 6 - 1, 서울대 한국경제연구소, 1967.

愼鏞廈, 조선왕조말기의 지주제도와 소작농민층,『曉岡崔文煥追念논문집』, 서울대사회학과, 1977.

愼鏞廈, 일제하의 지주제도와 농민계층의 분화,『한국의 사회와 문화』 9, 한국정신문화연구원, 1988.

岳間澤喜一郎, 地主と小作人に就いて,『朝鮮農會報』 18, 朝鮮農會, 1923.

安秉珆, 東洋拓植株式會社の土地經營方式と在來朝鮮人地主の經營方式について,『經營史學』, 東京大出版會, 1976.

안병태 저, 김기호 역, 동양척식주식회사의 토지경영방식과 재래한국인지주의 경영방식,『한국경제사문헌자료』 9, 경희대, 1979.

安秉珆, 조선인 지주와 東洋拓殖株式會社의 토지경영방식의 차이,『한국근대경제와 일본제국주의』, 백산서당, 1982.

鹽田正洪, 朝鮮農地令について - 小作立法とその意義と制定のいきさつ - , 『朝鮮近代史料硏究集成 3』, 友邦協會, 1960.

吳海鎭, 일제시대의 경작지 소작화에 대한 고찰,『사학연구』 17, 한국사학회, 1964.

왕현종, 19세기말 호남지역 지주제의 확대와 토지문제,『1894년 농민전쟁연구 1』, 역사비평사, 1991.

劉甲壽, 일제하 한국의 소작제도 연구,『논문집』 2, 육군사관학교, 1965.

윤수종, 일제하 일본인 지주회사의 농장경영분석 - 조선흥업주식회사의 사례 - ,『일제하 한국의 사회계급과 사회변동』(한국사회사연구회논문집 12), 문학과 지성사, 1988.

李覺鍾, 朝鮮における小作制度,『朝鮮農會報』 17 - 8・9・10, 朝鮮農會, 1922.

이경란, 일제하 수리조합과 농장지주제 - 沃溝・益山지역의 사례 - ,『학림』 12・13합, 연세대사학과, 1991.

李鳳來, 明治 37년말 경지경영,『편사』 5, 국사편찬위원회 편사회, 1974.

李世永, 개항기 지주제의 변동,『한국사 12』, 한길사, 1994.

李榮薰, 개항기 지주제의 一存在형태와 그 정체적 위기의 실상 - 明禮宮房田에 관한 사례분석 - ,『경제사학』 9, 경제사학회, 1985.

李潤甲, 1894~1910년의 상업적농업의 변동과 지주제 - 경북지역의 농업변동 사례연구 - ,『한국사론』 25, 서울대국사학과, 1991.

李潤甲, 1920년대의 식민지 상업적농업의 전개와 지주제의 확대 - 경상북도지역의 통계분석을 중심으로 - ,『한국사연구』 90, 1995.

李廷仁, 일제하 日人대지주의 농장경영에 관한 연구 - 不二興業주식회사의 사례분석 - , 숙명여대 석사논문, 1989.

李鍾範, 20세기초 自營(小)地主의 농업경영과 농민생활 - 求禮郡 吐旨面 五美洞 사례 - ,『학림』 16, 연세대사학연구회, 1994.

李鍾浩, 한국에 있어서 지주소작관계,『연구보고』 6, 부산교대, 1971.

李漢九, 일제하 민족계 지주 자본의 형성 및 성격에 관한 연구,『논문집』 3, 수원대, 1985.

李勛相, 서평 : 한국근대농촌사회의 변동과 지주층(洪性讚 저),『역사학보』 146, 역사학회, 1995.

張矢遠, 일제하 경영형지주 범주의 설정을 위한 문제제기,『논문집』 1, 방송통신대, 1983.

張矢遠, 식민지하 조선인 대지주 범주에 관한 연구,『경제사학』 7, 1984/『한국근대농촌사회와 농민운동』, 열음사, 1988.

張矢遠, 일제하 조선인 대지주의 자본전환에 관한 연구 - 전남의 50정보 이상 토지소유자를 중심으로 - , 『논문집』 7, 방송통신대, 1987.

張矢遠, 1930년대의 농업생산구조와 지주제의 동향에 관한 일시론,『논문집』12, 방송통신대, 1991.

田剛秀, 일제하 水利조합사업과 식민지지주제 - 산미증식계획기를 중심으로 - ,『秋堰權丙卓화갑논총 한국근대경제사 연구의 성과 2』, 1989.

田中愼一, 朝鮮の小作慣行と植民米に關する一考察,『社會經濟史學』51 - 6, 1986.

鄭然泰, 1910년대 일제의 농업정책과 식민지 지주제 - 이른바 '米作개량정책'을 중심으로 - ,『한국사론』 20, 서울대국사학과, 1988.

鄭泰憲, 서평 : '농민적노선'과 '지주적노선' 대립구도 설정에 대한 검토,「한국근대농촌사회의 변동과 지 주층」(홍성찬 저),『역사와 현실』8, 1992.

趙錫坤, 토지조사사업과 식민지지주제,『한국사 13』, 한길사, 1994.

池秀傑, 1930년대 전반기 조선인 대지주층의 정치적동향,『역사학보』122, 1989.

津曲臧之丞, 改善を要する朝鮮の小作慣行(1・2),『朝鮮農學會』3 - 11, 3 - 12, 朝鮮農會, 1929.

淺田喬二, 舊植民地朝鮮における日本人大地主階級の變貌過程,『農業總合硏究』20 - 1, 1966.

淺田喬二, 舊植民地(朝鮮)における日本人大地主の存在形態 - 石川縣農業株式會社の事例分析,『旗田 巍古稀記念 朝鮮歷史論集(下)』, 1979.

崔元奎, 한말・일제하의 농업경영에 관한 연구 - 해남 윤씨가의 사례 - ,『한국사연구』50・51합, 한국사 연구회, 1985.

崔元奎, 서평 : 한국근대 농촌사회의 변동과 지주층, 전남 화순군 동복면일대의 사례(홍성찬 저),『역사 교육』53, 1993.

崔在錫, 일제하의 지주소작관계,『사총』17・18합, 고려대사학회, 1973.

洪性讚, 한말・일제하의 지주제 연구 - 江華洪氏가의 추수기와 長冊 분석을 중심으로 - ,『한국사연구』 33, 한국사연구회, 1981.

洪性讚, 한말 일제하의 지주제연구 - 谷城曺氏가의 지주로의 성장과 그 변동,『동방학지』49, 연세대 국 학연구원, 1985.

洪性讚, 일제하 기업가적 농장형지주제의 존재형태 - 同福吳氏家의 東皐농장 경영구조 분석 - ,『경제사 학』10, 1986.

洪性讚, 한말 일제하의 지주제연구 - 50정보 지주 寶城李氏가의 지주경영사례 - ,『동방학지』53, 연세대 국학연구원, 1986.

洪性讚, 일제하 기업가적 농장형 지주제의 역사적 성격,『동방학지』63, 연세대 국학연구원, 1989.

Shin Gi-wook, Defensive Struggles or Forward-Looking Efforts? Tenancy Disputes in Colonial Korea,『The Journal of Korean Studies』, 남가주대학 사학과, L. A., 1990.

Shin Yong-ha, Landlordism in the Late Yi Dynasty(1・2),『Korea Journal』18 - 6・7, The Korean National Commission for Unesco, Jun.・Jul. 1978.

Sorensen, Clark W., Land Tenure Class Relations in Colonial Korea,『The Journal of Korean Studies』, 남가주 대학 사학과, L. A., 1990.

6) 식민지경제수탈

강태경,『東洋拓殖會社의 조선경제 수탈사』, 계명대출판부, 1995.

金文植・韓昌浩・崔泰鎬・權斗榮・車軒權 공저,『일제의 경제침탈사』, 민중서관, 1971.

김민영,『일제의 조선인 노동력 수탈 연구』, 한울, 1995.

米昇右,『일제농림수탈사』, 녹원출판사, 1983.

服部暢,『朝鮮及朝鮮人の經濟生活』, 京城, 1931.

宋鍾復,『日帝의 한국産業權 侵奪과 그 저항에 관한 연구』, 성신여대 박사논문, 1993.
愼鏞廈,『조선토지조사사업연구』, 한국연구원, 1979.
李培鎔,『한국근대광업침탈사연구』, 일조각, 1989.
李榮薰 외,『근대조선수리조합연구』, 일조각, 1992.
朝鮮總督府土地改良部,『朝鮮の水利組合』, 京城, 1929·1930.
河合和男,『朝鮮における産米增殖計劃』, 未來社, 1985.

康成銀, 戰時下日本帝國主義の朝鮮農村勞動力收奪政策,『歷史評論』355, 1979.
橋谷弘, 兩大戰間期の日本帝國主義と朝鮮經濟,『朝鮮史硏究會論文集』20, 1983.
權大雄, 일제말기 조선저축운동의 실체,『민족문화논총』7, 영남대 민족문화연구소, 1986.
權寧旭, 朝鮮における日本帝國主義の植民地的森林政策,『歷史學硏究』297, 歷史學硏究會, 1965.
權泰檍, 일제의 陸地綿 수탈정책,『성곡논총』18, 1987.
金斗宗, 植民地朝鮮における1920年代の農業金融について - 朝鮮殖産銀行·村落金融組合を中心とし
    て -,『東京大學經濟學硏究』5, 1965.
金旻榮, 일제하 南平지역의 사회경제상태와 일본인 이민에 관한 연구 - 1920~30년대를 중심으로 -,『논
    문집(경상편)』33, 전남대, 1988.
김보영, 일제하 전시國債와 조선경제,『일제말 조선사회와 민족해방운동』, 한국근현대사회연구회, 1991.
金錫俊, 동양척식주식회사의 사업전개과정,『한국근대 농촌사회와 일본제국주의』(한국사회사연구회논
    문집 2), 문학과 지성사, 1986.
金龍德, 일제의 경제적 수탈과 民擾(상·하),『역사학보』41·42, 역사학회, 1969.
金雲泰, 조선총독부의 수탈조직과 기능,『한국독립운동사연구』6, 독립기념관 한국독립운동사연구소,
    1992.
金才淳, 노일전쟁직후 일제의 화폐금융정책과 조선상인층의 대응,『한국사연구』69, 1990.
大森とく子, 日本の金本位制と朝鮮産金,『歷史學硏究』428, 1976.
文定昌, 군국일본의 한국경제수탈양상,『삼일운동50주년기념논집』, 동아일보사, 1969.
裵基完, 일제의 韓鐵에 대한 투자 및 경영,『논문집』8, 단국대, 1974.
徐承甲, 일제하 수리조합구역내 增收糧의 분배와 농민운동 - 臨益·益沃수리조합을 중심으로 -,『사학
    연구』41, 1990.
小林英夫, 朝鮮産金奬勵政策について,『歷史學硏究』321, 歷史學硏究會, 1967.
小林英夫, ‘會社令’硏究ノート,『海峽』3, 朝鮮問題硏究會, 1975.
愼鏞廈, 식량의 증산과 약탈,『한국사 21 - 3·1운동 전후의 사회와 경제 -』, 국사편찬위원회, 1976.
安秉直, 일본제국주의의 조선인저축의 수탈에 대하여,『학술연구조성비에 의한 연구보고서』(사회과학
    계 12 - 7), 문교부, 1972.
安裕林, 1930년대 總督 宇垣一成의 식민정책 - 北鮮수탈정책을 중심으로 -,『이대사원』27, 이화여대사
    학회, 1994.
吳海鎭, 일제의 조선미곡정책, 연세대 석사논문, 1959.
吳海鎭, 일본의 조선미수탈,『논문집』1, 대전대, 1962.
吳海鎭, 日本の朝鮮米穀政策,『新韓學報』14, 東京 : 新韓學術硏究會, 1967.
禹英煥, 자본주의의 外在的 형태에 관한 고찰 - 産米增産計劃(1920~1930)을 중심으로 -,『논문집』25,
    단국대, 1991.
尹炳奭, 일본인의 황무지개척권 요구에 대하여 - 1904년 長森名儀의 위임계약기도를 중심으로 -,『역사

학보』 22, 1964.

윤수종, 일제하 일본인 지주회사의 농장경영분석 - 조선흥업주식회사의 사례 - , 『일제하 한국의 사회계급과 사회변동』(한국사회사연구회논문집 12), 문학과 지성사, 1988.

李在茂, 朝鮮における‘土地調査事業’の實體, 『社會科學研究』 7 - 5, 東京大 社會科學研究所, 1956.

李鍾範, 1930년대 초의 ‘窮民구제토목사업’의 성격, 『전남사학』 2, 전남사학회, 1988.

李漢九, 동양척식주식회사의 식민지 전개과정, 『민중』 1, 청사, 1983.

李海珠, 일제의 경제침략 전개과정과 그 성격 - 統監府시대 釜山경제를 중심으로 - , 『秋堰權丙卓화갑논총 한국근대경제사 연구의 성과 2』, 1989.

이형진, 일제하 투기와 수탈의 현장 - 米豆·證券시장, 『역사비평』 18, 역사문제연구소, 1992.

張錫興, 일제하 영산포식민기지의 형성, 『한국학보』 58, 일지사, 1990.

全遇容, 원산에서의 식민지수탈체제의 구축과 노동자계급의 성장, 『역사와 현실』 2, 한국역사연구회, 1989.

정근식, 일제하 鐘淵紡績의 蠶絲業지배, 『한국근대농촌사회와 일본제국주의』(한국사회사연구회논문집 2), 문학과 지성사, 1986.

鄭德基, 일제하의 한국미곡수탈 연구요설, 『경희사학』 9·10합, 경희대사학회, 1982.

鄭德基, 일제의 한국농촌 수탈사 연구 - 1940년대 농산물 공출제도를 중심으로 - , 『경희사학』 14, 1987.

정병욱, 1918~1937년 조선殖産銀行의 자본형성과 금융활동, 『한국사연구』 79, 1992.

丁炳烋, 일본의 독점금지정책고찰, 『경제논집』 12 - 1, 서울대 한국경제연구소, 1973.

鄭鎭星, 1920년대의 조선인광부 사용상황 및 사용경비 - 일본 치쿠호(筑豊) 지방의 미쯔비시(三菱系)탄광을 중심으로 - , 『東村朱宗桓화갑기념논문집 한국자본주의론』, 1989.

鄭泰憲, 1910년대 식민농정과 금융수탈기구의 확립과정, 『3·1민족해방운동연구』, 한국역사연구회, 역사문제연구소, 1989.

糟谷憲一, 戰時經濟と朝鮮における日窒財閥の展開, 『朝鮮史研究會論文集』 12, 1975.

趙璣濬, 빼앗긴 생활권 - 토지·상권 - , 『한국현대사 2』, 신구문화사, 1969.

趙東杰, 1920년대의 일제 수탈체제, 『사학연구』 38, 한국사학회, 1984.

趙東杰, 일제말기의 전시수탈 - 식민지조선에서의 실태와 문제, 『천관우선생환력기념 한국사학논총』, 정음문화사, 1985.

趙恒來, 일제의 경제적 침략과 그 실제, 『한국사학』 9, 한국정신문화연구원, 1987.

靑木香代子, 東洋拓植株式會社の設立, 『朝鮮近代史料研究集成 3』, 朝鮮史料研究會, 1960.

村上勝彦, 植民地金吸收と日本産業革命, 『經濟學研究』 16, 東京大經濟學部, 1973.

崔由利, 일제말기 ‘조선增米계획’에 대한 연구, 『한국사연구』 61·62합, 1988.

崔泰鎬, 조선총독부의 재정정책, 『한국독립운동사연구』 6, 독립기념관 한국독립운동사연구소, 1992.

韓相仁, 1930년대초 농촌위기의 형성, 『秋堰權丙卓화갑논총 한국근대경제사 연구의 성과 2』, 1989.

洪性讚, 일제하 朝鮮開拓(株)의 농장지배, 『동방학지』 77·78·79합, 연세대 국학연구원, 1993.

7) 물산장려운동

박찬승, 『한국근대정치사상사연구 - 민족주의우파의 실력양성운동론』, 역사비평사, 1992.

이한구, 『일제하 한국기업설립운동사』, 청사, 1989.

조기준, 『한국자본주의성립사론』, 대왕사, 1973.

조기준, 『한국기업가사연구』, 박영사, 1973.

姜英心, 1920년대 조선물산장려운동의 전개와 성격,『국사관논총』47, 국사편찬위원회, 1993.

堀和生, 日朝鮮人民族資本論,『朝鮮近代の歷史象』, 本評論社, 1988.

宮田節子, 朝鮮における'農業振興運動',『季刊現代史』2, 現代史の會, 1973.

申載洪, 일제치하에서의 민족자립경제운동 - 조선물산운동을 중심으로 -,『아세아학보』11, 아세아학술
    연구회, 1975.

尹海東, 일제하 물산장려운동의 배경과 그 이념,『한국사론』27, 서울대국사학과, 1992.

李侖禧, 일제하 물산장려운동의 조직과 기능,『경희사학』16·17합, 1991.

이현희, 1920년대초의 민족실력 양성운동 - 자작회.조선물산장려회의 활동 -,『대구사학』7·8합, 1973.

趙璣濬, 내살림 내것으로 - 물산장려운동 -,『한국현대사 8』, 신구문화사, 1969.

趙璣濬, 조선물산장려운동의 전개과정과 그 역사적 성격,『역사학보』41, 1969/『한국근대사론 3』, 지식산
    업사, 1977.

趙璣濬, 1920년대 물산장려운동의 현재적 평가,『정신문화강좌』2, 한국정신문화연구원, 1988.

조영건, 일제하 민족자본과 물산장려,『경남대논문집』7, 경남대, 1980.

조영건, 물산장려운동,『한민족독립운동사 9』, 1991.

崔永植, 1920년대의 물산장려운동과 민립대학설치운동,『천관우선생환력기념 한국사학논총』, 정음문화
    사, 1985.

洪淳權, 상권수호와 殖産興業운동,『한국사 12』, 한길사, 1994.

8) 무역 · 海關

朴壽伊,『이조무역정책논고』, 민중서관, 1974.

釜山稅關,『開港場と附近市場との經濟及交通關係(1) - 釜山稅關報告 - 』, 1909.

姜德相, 李氏朝鮮開港直後における朝日貿易の展開,『歷史學研究』265, 1962/『甲申甲午期의 近代變革
    과 民族運動』, 청아, 1983.

姜龍洙, 마산항 무역의 사적 고찰,『논문집』8, 창원대, 1986.

姜龍洙, 한국개항기 무역의 특징에 관한 연구,『논문집』9-1, 창원대, 1987.

姜龍洙, 일제하의 경남무역,『산업경제연구』1, 경남산업경제학회, 1988.

高柄翊, 조선海關과 청국海關과의 관계 - 메릴과 하트를 중심으로 -,『동아문화』4, 서울대 동아문화연
    구소, 1965.

吉野誠, 朝鮮開國後の穀物輸出について,『朝鮮史研究會論文集』12, 1975/『甲申甲午期의 近代變革과
    民族運動』, 청아, 1983.

吉野誠, 李朝末期における米穀輸出の展開と防穀令,『朝鮮史研究會論文集』15, 1978.

吉野誠, 李朝末期における綿製品輸入の展開 - 貿易統計を中心に -,『旗田巍古稀記念 朝鮮歷史論集
    (下)』, 東京 : 龍溪書舍, 1979.

金敬泰, 개항직후의 관세권회복문제 - 부산해관수세사건을 중심으로 -,『한국사연구』8, 한국사연구회,
    1972.

金基萬, 한말 개항기에 있어서 米豆의 일본유출연구, 청주대 석사논문, 1984.

金柄夏, 개항기의 대일무역,『정경논집』3, 경희대, 1964.

金柄夏, 청전역, 조선통상三關무역(1·2),『한국경제사문헌자료』3·4, 경희대 한국경제사연구소, 1972
    ·1973.

金在益, 일제의 대한식민지정책의 일양상 - 宇垣 조선통치시기의 한일무역을 중심으로 - 서울대 석사논

문, 1964.

金俊輔, 개항기 貿穀문제의 전개과정,『학술원논문집(인문사회과학편)』11, 학술원, 1972.

金昌範, 한말의 곡물수출과 방곡령, 성균관대 석사논문, 1985.

南とく子, 日淸戰爭と朝鮮貿易,『歷史學硏究』149, 歷史學硏究會, 1951.

楠原利治, 日本帝國主義統治時期の朝鮮米搬出について,『朝鮮史硏究會論文集』1, 朝鮮史硏究會, 1965.

唐澤たけ子, 防穀令事件,『朝鮮史硏究會論文集』6, 朝鮮史硏究會, 1969.

梶村秀樹, 舊韓末 北關지역 경제와 내외교역,『秋堰權丙卓화갑논총 한국근대경제사 연구의 성과 2』, 1989.

閔丙彩, 한일경제관계 - 일본의 대한경제침략과 일본무역의 변천 - ,『한일문화』1, 부산대 한일문화연구소, 1962.

朴敬子, 개항초 대일통상조약상의 관세문제 - 한일무역규칙과 통상장정을 중심으로 - ,『숙대사론』5, 1970.

朴成鎬, 한국의 개항장에 관한 회귀분석적 연구 - 무역액과 무역량을 중심으로 - ,『논문집』7 - 1, 인천교대, 1973.

朴乙鎬, 한일무역관계론 - 청일전쟁에서 노일전쟁에 이르는 기간의 대한정책을 중심하여 - ,『논문집』1, 공군사관학교, 1966.

朴宗根, 日淸戰爭と朝鮮貿易 - 日本による朝鮮對外貿易の支配過程 - ,『歷史學硏究』536, 歷史學硏究會, 1984.

朴贊一, 개항후기 금수출과 금광경영의 발전 - 일제의 금흡수정책과 관련 - ,『외국어대연구논총1981』, 외국어대 연구소협의회, 1981.

朴贊一, 금수출의 전개와 砂金開採條例의 성립,『경제학연구』30, 한국경제학회, 1982.

박형진, 개항이후 인삼무역의 전개양상 - 주로 日商의 밀무역을 중심으로 - , 한양대 석사논문, 1986.

夫貞愛, 조선해관의 창설경위,『한국사론』1, 서울대국사학과, 1973.

北川修, 日淸戰爭までの日鮮貿易,『歷史科學』1 - 1, 白揚社, 1932.

森克己, 中世末近世初頭における對馬宗氏の朝鮮貿易,『九州文化史學硏究所紀要』1, 1951.

徐龍達, 書評：朝鮮の開港と對外貿易, 韓國近代經濟發達史(趙璣濬 著),『桃山學院大學經濟論集』16 - 1, 1974.

成耆祚, 한국개항기의 각 항구별 무역동향에 관한 연구,『산업경제연구』1, 경남산업경제학회, 1988.

宋炳基, 吉林朝鮮商民隨時貿易章程譯註,『사학연구』21, 한국사학회, 1969.

宋英一, 일제하 한국의 수산경제동향과 수산무역에 관한 소고,『논문집(인문과학)』10, 단국대, 1976.

須川英德, 朝鮮甲午改革以前における海關稅輸入と開化政策の關聯について - 開化政策の財源問題 - ,『朝鮮學報』132, 1989.

愼鏞廈, 19세기말의 한국대외무역의 전개와 상권문제,『아세아연구』17 - 2, 고려대 아세아문제연구소, 1974.

安台鎬, 한국무역의 발달 - 한일합방전을 중심으로 - ,『시연이상훈박사정년기념논문집』, 서울대, 1969.

安台鎬, 우리나라 식민지경제의 형성내용과 무역추이에 대한 고찰,『논문집』6, 외국어대, 1973.

吳京子, 1930년대 조선대외무역의 성격, 이화여대 석사논문, 1989.

吳相洛, 20세기의 한국무역사연구,『업적보고서(1963~64)』, 서울대 동아문화연구위원회, 1965.

吳致富, 강화조약이후의 한·중 및 한·일무역에 대한 연구, 한양대 석사논문, 1972.

元裕漢, 조선통상口岸무역情形論(상·중·하),『사학회지』13·14·15, 연세대사학회, 1969·1970.

劉敎聖, 이조말엽 三關무역고,『사학연구』18, 한국사학회, 1964.

李炳天, 거류지무역기구와 개항장객주,『경제사학』7, 경제사학회, 1984.

李守龍, 1880년대 개화파의 대외통상론의 성격, 서울대 석사논문, 1983.

李陽子, 청의 대조선 경제정책과 원세개 - 해관·차관·전선·윤선문제를 중심으로 - ,『동의사학』3, 동의대사학회, 1987.

林仁榮, 한말의 개항과 대외무역 - 강화도조약에서 한일합방까지 - ,『한국정치경제연구논문집』1, 숙명여대, 1971.

林鍾哲, 세계로 가는 상선 - 무역 - ,『한국현대사 7』, 선구문화사, 1971.

張秉志, 일제하 무역단가지수 및 교역조건의 推計와 分析(1) - 輸移入 단가지수 및 미곡교역조건의 추계를 중심으로 - ,『논문집』36, 경기대, 1995.

田中健夫, 初期日鮮交通と博多貿易商人,『朝鮮學報』4, 朝鮮學會, 1953.

田谷博谷, 特鑄銀考 - 近世の日鮮貿易に關聯して - ,『浪速大學紀要』3, 1955.

鄭道泳, 일제하의 한국무역,『대동문화연구』3, 성균관대 대동문화연구원, 1966.

鄭成一, 개항직전 對日교역품의 특징(1874~1875),『水邨朴永錫화갑논총 한국사학논총(상)』, 1992.

趙璣濬, 인삼무역과 蔘政考,『사회과학논집』4, 고려대, 1974.

趙璣濬, 상업·무역,『한국사 16 - 개화·척사운동 - 』, 국사편찬위원회, 1975.

趙漢寶, 개항후 인천항 무역동태 - 강화도조약체결에서 한일합방까지 - ,『기전문화연구』1, 인천교대 기전문화연구소, 1972.

車軒權, 일제하에 있어서 한국의 무역정책 - 관세정책을 중심으로 - ,『일제의 경제침탈사』, 고려대 아세아문제연구소, 1971.

崔柳吉, 이조개항직후의 한일무역의 동향,『아세아연구』15 - 3, 고려대 아세아문제연구소, 1972.

崔柳吉, 19세기말엽 한일무역에 관한 추계 및 분석,『경제논집』12 - 3, 서울대 경제연구소, 1973.

崔柳吉, 朝鮮の貿易動向(1877~1911) - 輸出入物價指數の推計を中心に - ,『アジア經濟』15 - 1, 東京 : アジア經濟研究所, 1974.

崔泰鎬, 마포海關분국의 설치와 혁파,『경제사학』2, 경제사학회, 1978.

崔泰鎬, 개항이후 海關지배를 둘러 싼 열강의 각축 - 청일전쟁 전후기를 중심으로 - ,『동양학』9, 단국대 동양학연구소, 1979.

崔泰鎬, 개항후의 한국海關과 관세행정 - 관세행정 조직의 변천과정을 중심으로 - ,『경제논총』2, 국민대 경제연구소, 1980.

崔泰鎬, 개화기의 陸接관세제도,『경제논총』6, 국민대 경제연구소, 1984.

崔泰鎬, 개화기의 해관수입과 재정상의 그 역할,『경제논총』7, 국민대 경제연구소, 1985.

崔泰鎬, 개항기의 무역구조와 무역물가에 관한 연구 - 개항기의 穀·綿교환체제를 중심으로 - ,『擇窩許善道정년기념 한국사학논총』, 1992.

崔虎鎭, 개항기에서의 근대적무역관계의 전개와 그의 영향,『학술원논문집(인문사회과학편)』13, 학술원, 1974.

秋月望, 朝中間の三貿易章呈の締結經緯,『朝鮮學報』15, 朝鮮學會, 1985.

幣原喜重郎 述, 朴性鳳 역, 한일무역회고록,『한국경제믄헌자료』2, 경희대 한국경제사연구소, 1971.

浦廉一, 近世における中鮮日間の經濟交流,『文學部紀要』6, 廣島大, 1956.

河元鎬, 곡물의 대일수출과 농민층의 저항,『1894년 농민전쟁연구 1』, 한국역사연구회, 1991.

韓哲昊, 한말(1897~1910) 목포 개항과 무역구조에 관한 연구, 고려대 석사논문, 1988.

洪淳權, 근대 개항기 부산의 무역과 상업,『항도부산』11, 부산시사편찬위원회, 1994.

9) 조세 · 관세

金容燮,『증보판 한국근대농업사연구』(상 · 하), 일조각, 1984.

裵英淳,『한말 · 일제초기의 토지조사와 지세개정에 관한 연구』, 서울대 박사논문, 1988.

成夏國 · 柳興世 · 尹成熙 공저,『한국稅制考』, 1909.

李榮昊,『1894~1910년 地稅제도연구』, 서울대 박사논문, 1992.

李鍾範,『19세기말 20세기초 향촌사회구조와 조세제도의 개편』, 연세대 박사논문, 1994.

崔泰鎬,『개항전기의 한국관세제도』, 한국연구원, 1976.

한국탁지부사세국,『驛屯賭 징세 관행조사』, 1908.

한국농촌경제연구원,『구례유씨가의 지세분정기 - 1914~1941 - 』, 1991.

高東煥, 19세기 賦稅운영의 변화와 그 성격,『1894년 농민전쟁연구 1』, 역사비평사, 1991.

金敬泰, 개항직후의 관세권회복문제 - 부산해관수세사건을 중심으로 - ,『한국사연구』 8, 한국사연구회, 1972.

金大吉, 1910년 평안도지방의 시장세 반대운동,『중앙사론』 7, 중앙대사학연구회, 1991.

金順德, 1876~1905년 관세정책과 관세의 운용,『한국사론』 15, 서울대국사학과, 1986.

金洋植, 대한제국기 驛 · 屯土에서의 抗租 연구 - 內藏院 관리기(1899~1905)를 중심으로 - ,『역사학보』 131, 역사학회, 1991.

金泰雄, 1894~1910년 지방稅制의 시행과 일제의 租稅수탈,『한국사론』 26, 서울대국사학과, 1991.

朴敬子, 개항초 대일통상조약상의 관세문제 - 한일무역규칙과 통상장정을 중심으로 - ,『숙대사론』 5, 1970.

白承鍾, 1893년 전라도 泰仁縣 양인농민들의 租稅부담,『진단학보』 75, 1993.

孫禎睦, 개항장 · 조세제도의 개념과 성격 - 한반도 개항사의 올바른 인식을 위하여 - ,『한국학보』 26, 일지사, 1982.

宋圭振, 일제하 朝鮮에서의 關稅정책에 관한 연구,『滄海朴秉國정년기념 사학논총』, 1994.

宋讚燮, 갑오개혁기 結稅제도의 개혁과 還穀制의 변화,『역사연구』 1, 구로역사연구소, 1992.

吳斗煥, 갑오개혁기의 부세 金納化에 관한 연구,『경제사학』 7, 경제사학회, 1984.

왕현종, 한말(1894~1904) 地稅제도의 개혁과 성격,『한국사연구』 77, 1992.

李鍾範, 1910년전후 地稅문제의 전개과정에 관한 연구 - 전라남도 求禮郡 土旨面 五美洞 사례 - ,『역사연구』 1, 구로역사연구소, 1992.

李鍾範, 19세기후반 戶布制의 운영실태에 대한 검토 - 전라도 求禮縣 사례 - ,『동방학지』 77 · 78 · 79합, 연세대 국학연구원, 1993.

李鍾範, 갑오개혁이후 戶布法의 개정과 그 운영실태,『裵鍾茂총장퇴임기념 사학논총』, 1994.

田中愼一, 韓國財政整理における徵稅臺帳整備について - 朝鮮土地調査事業史研究序說 - ,『土地制度史學』 63, 1974.

田中愼一, 韓國財政整理における'徵稅制度'改革について,『社會經濟史學』 39 - 4, 社會經濟史學會, 1974.

鄭泰憲, 식민지시대(1910~1918) 조선의 자본제적 租稅제도 성립에 관한 연구,『경제사학』 11, 경제사학회, 1987.

鄭泰憲, 식민지시대 제1종(法人)소득세제도의 도입과 시행과정,『한국사연구』 79, 1992.

鄭泰憲, 일제하 酒稅제도의 시행 및 酒造業의 集積 集中 과정에 대한 연구,『국사관논총』 40, 국사편찬위원회, 1992.

車軻權, 우리나라 지방세에 관한 연구 - 道稅의 창설을 중심으로 -,『논문집(인문사회과학)』10, 서울대, 1964.

車軻權, 일제하에 있어서 한국의 무역정책 - 관세정책을 중심으로 -,『일제의 경제침탈사』, 고려대 아세아문제연구소, 1971.

崔泰鎬, 개항초기에 있어서의 韓日關稅협정경위와 일본의 英約稅則均霑,『학술원논문집(인문사회과학편)』14, 학술원, 1975.

崔泰鎬, 개항후의 한국海關과 관세행정 - 관세행정 조직의 변천과정을 중심으로 -,『경제논총』2, 국민대 경제연구소, 1980.

崔泰鎬, 개화기의 陸接관세제도,『경제논총』6, 국민대 경제연구소, 1984.

崔虎鎭, 일본통치하(1910∼1945)의 조선관세정책 연구,『동양학』4, 단국대 동양학연구소, 1974.

2. 산업

1) 산업일반

慶尙南道物産陳列館,『慶尙南道の物産』, 1927.

慶尙北道,『慶尙北道産業調査』, 1912.

京城府,『京城府産業要覽』, 1935.

高承濟,『근세한국산업사연구』대동문화사, 1958·1959.

露國大藏省 조사, 日本農商務省 역,『韓國誌』, 東京, 1905.

大陸社 편,『조선의 산업』, 1926.

北鮮민보사,『경상북도산업지』, 1920·1921.

山本有造,『日本植民地經濟硏究』, 名古屋大學出版會, 1992.

小林英夫,『大東亞共榮圈の形成と崩壞』, お茶の水書房, 1975.

小林英夫,『植民地への企業進出 - 朝鮮會社令の分析』柏書房, 1994.

宋鍾復,『日帝의 한국産業權 侵奪과 그 저항에 관한 연구』, 성신여대 박사논문, 1993.

安秉直 等 編,『朝鮮近代の歷史像』, 日本評論社, 1988.

安秉直 等 編,『근대조선의 경제구조』, 비봉출판사, 1989.

安秉直 等 編,『근대조선 공업화의 연구 - 1930∼1945년』, 일조각, 1993.

李鎬澈,『농업경제사연구』, 경북대출판부, 1992.

朝鮮總督府,『朝鮮の産業』, 1931.

柳承宙, 개화기의 근대화 과정 - 위정척사파·東道西器派·개화당파의 산업관을 중심으로 -,『근대화와 정치적구심력』, 한국정신문화연구원, 1986.

柳承宙, 개항전후 지식인들의 産業觀에 대한 일고찰,『西巖趙恒來화갑기념 한국사학논총』, 1992.

李憲昶, 갑오·을미개혁기의 산업정책,『한국사연구』90, 한국사연구회, 1995.

전석담, 일제하 조선산업의 식민지적 편파성,『력사과학』1955 - 5.

許粹烈, 일제하 조선의 산업구조 - 고용기준 분석을 중심으로 -,『국사관논총』36, 국사편찬위원회, 1992.

2) 농업

加藤末郎,『韓國農業論』, 1904.

京畿慶南平南全南慶南朝鮮農會,『農家經濟調査(昭和5年)』, 1932~1934.

慶尙南道,『慶尙南道農事槪要』, 1927.

高山徹,『朝鮮農業實鑑』, 1931.

久間健一,『朝鮮農業の近代的樣相』, 1935.

久間健一,『朝鮮農政の課題』, 1943.

久間健一,『朝鮮農業經營地帶の研究』, 東京：農林省農業總合研究所, 1950.

吉川祐輝,『韓國農業經營論』, 1904.

金容燮,『한국근대농업사연구 - 농업개혁론 농업정책 - 』, 일조각, 1975.

金容燮,『증보판 한국근대농업사연구』(상・하), 일조각, 1984.

金容燮,『한국근현대농업사연구 - 한말・일제하의 지주제와 농업문제 - 』, 일조각, 1992.

농업협동조합중앙회 편간,『한국농업금융사』, 1963.

米昇右,『일제농림수탈사』, 녹원출판사, 1983.

西鄕靜夫,『朝鮮農政考』, 朝鮮農會, 1937.

小野寺二郎,『朝鮮の農業計劃と農業擴充問題』, 京城：東都書籍株式會社, 1943.

小鳥喜作,『韓國の農業』, 1905.

神戶區雄,『朝鮮農業移民論』, 1910.

李永鶴,『한국근대 연초업에 대한 연구』, 서울대 박사논문, 1990.

李榮薰 외,『근대조선수리조합연구』, 일조각, 1992.

李潤甲,『한국근대의 상업적 농업연구』, 연세대 박사논문, 1991.

李鎬澈,『농업경제사연구』, 경북대출판부, 1992.

李勳求,『조선농업론』, 한성도서주식회사, 1935.

印貞植,『朝鮮の農業機構分析』, 東京, 1937・1939.

印貞植,『朝鮮農業機構』, 白揚社, 1939.

印貞植,『朝鮮の農業地帶』, 東京, 1940.

林炳潤,『植民地における商業的農業の展開』, 東京大學出版會, 1971.

鄭德基,『한국근대농정사연구』, 형설출판사, 1982.

朝鮮農會,『朝鮮農業發達史』(1・2), 1944.

朝鮮總督府,『朝鮮の農業』, 1923~36.

朝鮮總督府殖産局,『朝鮮の農業事情』, 京城, 1923・1927・1930.

朝鮮總督府土地改良部,『朝鮮の水利組合』, 京城, 1929・1930.

朝倉昇,『朝鮮の農業』(農家經濟叢書 5號), 1932.

河田嗣郎,『朝鮮の農業經濟』, 1925.

河合和男,『朝鮮における産米增殖計劃』, 未來社, 1986.

한국농촌경제연구원,『구례유씨가의 농가일기 - 1912~1942 - 』, 1991.

한국농촌경제연구원,『구례유씨가의 지세분정기 - 1914~1941 - 』, 1991.

한국농촌경제연구원,『농촌 및 농업구조 변천에 관한 연구』, 농어촌진흥공사 농어촌연구원, 1991.

加藤末郎 저, 金孝東 역, 한국농업론,『한국경제사문헌자료』6, 경희대 한국경제사연구소, 1975.

姜萬吉, 일제시대의 화전민생활(상・하),『동방학지』27・28, 연세대 국학연구원, 1981.

堀和生, 日本帝國主義の朝鮮における農業政策 - 1920年代植民地地主制の形成 -, 『日本史研究』 171, 日本史研究會, 1976.

宮嶋博史, 朝鮮甲午改革以後の商業的農業 - 三南地方を中心に -, 『史林』 57 - 6, 京都大, 1974/『한국근대경제사연구』, 사계절, 1983.

宮田節子, 朝鮮における'農業振興運動', 『季刊現代史』 2, 現代史の會, 1973.

宮塚利雄, 日帝下의 韓國農村社會와 火田民에 關한 考察, 경희대 석사논문, 1975.

權丙卓 · 서찬수, 1920년대의 농업경영 - 경북지역을 중심으로 -, 『대구사학』 22, 1983.

權泰檍, 통감부시기 일제의 대한 농업시책, 『노일전쟁전후 일본의 한국침략』, 일조각, 1986.

金光彦, 箕山 풍속도의 농기구, 『한국의 농경문화』 3, 경기대박물관, 1991.

金基赫, 일제시대 한반도 농업의 지역구조 연구, 『부산지리』 3, 부산대지리교육과, 1994.

金度亨, 勸業模範場의 식민지 농업지배, 『한국근현대사연구』 3, 한국근현대사연구회, 1995.

金文植, 일제하의 농업공황과 농촌분해에 관한 연구, 『농업경제연구』 12, 1970.

金文植, 일제하의 농업 - 농업기구를 중심으로 -, 『일제의 경제침탈사』, 고려대 아세아문제연구소, 1971.

金柄夏, 일제하의 농민의 성격과 농업경영변동에 관한 연구, 『한국학논집』 18, 계명대 한국학연구원, 1991.

金柄夏, 일제하의 농업경영과 소작제도 - 黃尙翼家의 경영과 소작농을 중심으로 -, 『한국학논집』 19, 계명대 한국학연구원, 1992.

金善美, 1930년대 농업정책과 조선농업의 전개 - 공황하의 미곡정책을 중심으로 -, 부산대 석사논문, 1988.

金洋植, 구한말 연초농업의 추이와 그 성격, 『사학지』 20, 건국대사학회, 1986.

金映徹, 합방 전후의 조선의 농업구조, 『경제사학』 13, 경제사학회, 1989.

金容燮, 갑신 · 갑오개혁기 개화파의 농업론, 『동방학지』 15, 연세대 동방학연구소, 1974.

金容燮, 근대화과정에서의 농업개혁의 두방향, 『移山趙璣濬고희기념논문집 한국자본주의 성격논쟁』, 대왕사, 1988.

金容燮, 일제 강점기의 농업문제와 그 타개방안, 『동방학지』 73, 연세대 국학연구원, 1991.

金俊輔, 개항기 농업공황의 양성과정, 『사회과학논집』 1, 고려대, 1972.

金漢周, 일제하의 한국사회경제사 - 농업사 -, 『일제하의 한국사회경제사』, 조선금융조합연합회, 1947.

馬淵貞利, 第1次大戰期朝鮮農業の特質と3 · 1運動 - 農業的商品生産と植民地形地主制 -, 『朝鮮史研究會論文集』 12, 1975.

馬淵貞利, 李朝末期朝鮮農業の一特質, 『一橋論叢』 75 - 2, 1976/『甲申甲午期의 近代變革과 民族運動』, 청아, 1983.

박섭, 식민지조선에 있어서 1930년대의 농업정책에 관한 연구 - 농촌진흥운동과 조선농지령을 중심으로 -, 『한국근대농촌사회와 농민운동』, 열음사, 1988.

朴ソブ, 植民地朝鮮における肥料消費の高度化, 『朝鮮學報』 143, 1992.

朴鼎均, 조선인과 농업, 『경제연구』 1, 연희전문경제연구회, 1927.

朴玄埰, 일제식민지 통치하의 한국농업 - 1920년부터 1945년까지의 전개과정 -, 『창작과 비평』 25, 1972/『한국근대사론 1』, 1977.

飯沼二郎, 日帝下朝鮮における農業革命, 『朝鮮史叢』 5 · 6合, 1982/『식민지시대 한국의 사회와 저항』, 백산서당, 1983.

飯沼二郎, 日帝下朝鮮における米の'優良品種', 『朝鮮民族運動史研究』 9, 朝鮮民族運動史研究會, 1993.

裵永穆, 朝鮮殖産銀行과 농업,『국사관논총』 36, 국사편찬위원회, 1992.

四方博, 市場を通じて見たる朝鮮農業の展開,『朝鮮經濟の硏究』 2, 京城帝大法文學會, 1929.

笹本武治, 植民地統治における朝鮮農業の展開 - その構造的奇形化を中心として - ,『アジア經濟』 9 -
　　7, 1968.

蘇淳烈, 식민지기 전북에서의 水滔品種의 시험연구와 그보급 - 식민지농업기술의 주체성 해명을 위하여
　　- ,『전라문화논총』 5, 전북대 전라문화연구소, 1992.

孫仁銖, 식민지하 宇垣총독의 농업교육정책과 농업교육의 질,『개교50주년기념논문집』, 서울대농과대,
　　1968.

松本武祝, 朝鮮全羅北道農業の構造變化 - 昭和恐慌期を中心に - ,『日本史硏究』 298, 1987.

松本武祝, 植民地朝鮮の農業政策と村落,『朝鮮史硏究會論文集』 29, 1991.

愼鏞廈, 서평 : 한국근대농업사연구(김용섭 저),『한국사연구』 13, 한국사연구회, 1975.

愼鏞廈, 식량의 증산과 약탈,『한국사 21 - 3 · 1운동 전후의 사회와 경제 - 』, 국사편찬위원회, 1976.

櫻井浩, 日本植民地下朝鮮農業の封建制論について,『アジア經濟』 13 - 3, 1972.

吳美一, 일제시기 사회주의자들의 농업문제 인식 - 1920년대 후반기 방향전환 · 민족협동전선논쟁과 관
　　련하여 - ,『역사비평』 7, 1989.

吳海鎭, 한국농업기구의 남북지역성 - 일제말기를 중심으로 - ,『논문집(인문사회과학편)』 4, 숭전대 인
　　문사회과학연구소, 1974.

吳興秀, 일제하 농업구조의 변화와 농민층분해에 관한 연구,『논문집』 26, 청주교대, 1989.

羽鳥敬彦, 朝鮮産米增殖計劃とその實積,『朝鮮民族運動史硏究』 5, 朝鮮民族運動史硏究會, 1988.

이경란, 일제하 수리조합과 농장지주제 - 沃溝 · 益山지역의 사례 - ,『학림』 12 · 13합, 연세대사학과,
　　1991.

李光麟, 農務목축시험장의 설치에 대하여,『김재원박사화갑기념논총』, 1969.

이만형, 일제의 産米增殖계획(1920~1934)이 식민지 조선의 농업경제에 미친 영향, 고려대 석사논문,
　　1981.

李永鶴, 개항기 연초농업의 전개,『한국사론』 18, 서울대국사학과, 1988.

李永鶴, 1910년대 일제의 연초정책과 조선인의 대응,『한국사연구』 65, 한국사연구회, 1989.

李永鶴, 1920~1930년대 연초전매제 실시와 조선인의 저항,『尹炳奭화갑기념 한국근대사논총』, 1990.

李永鶴, 담배의 사회사 - 조선후기에서 일제시기까지 - ,『역사비평』 12, 역사문제연구소, 1991.

李潤甲, 1894~1910년의 상업적 농업의 변동과 지주제 - 경북지역의 농업변동 사례연구 - ,『한국사론』
　　25, 서울대국사학과, 1991.

李潤甲, 1920년대의 식민지 상업적농업의 전개와 지주제의 확대 - 경상북도지역의 통계분석을 중심으로
　　- ,『한국사연구』 90, 1995.

李鎬澈, 일제침략하의 농업경제를 형성한 역사적 배경에 관한 연구(상 · 하),『한국사연구』 20, 21 · 22합,
　　1978.

李鎬澈, 식민지하 농촌경제 사례구분(1) - 1920년대 평안북도寧邊郡농촌의 농업환경과 그 성격 - ,『경상
　　대논문집』 19, 1980.

李鎬澈, 식민지시대 농업생산력구조와 투田농법,『秋堰權丙卓화갑논총 한국근대경제사 연구의 성과
　　2』, 1989.

임경석, 조선농업의 식민지적 재편과정에 있어서 시장구조의 특질(1905~1919), 성균관대 석사논문,
　　1984.

林炳潤, 産米增殖계획 - 그 추진주체의 성격규정을 중심으로 - ,『일제의 한국식민통치』, 정음사, 1985.

林雄介, 愛國啓蒙運動の農業重視論について－西友學會, 西北學會の實業論を中心に, 『朝鮮史硏究會論文集』 29, 1991.

蔣尙煥, 일제하 농수산업정책과 그 잔재청산, 『한국근현대사』 2, 한국근대사연구소, 1993.

張矢遠, 1930년대의 농업생산구조와 지주제의 동향에 관한 일시론, 『논문집』 12, 방송통신대, 1991.

張矢遠, 산미증식계획과 농업구조의 변화, 『한국사 13』, 한길사, 1994.

全基浩, 일제하 한국농업의 반봉건적 생산관계, 『정경논총』 4, 경희대정경대, 1965.

鄭文鍾, 産米增殖계획과 농업생산력정체에 관한 연구, 『한국근대농촌사회와 농민운동』, 열음사, 1988.

鄭然泰, 1910년대 일제의 농업정책과 식민지 지주제－이른바 ‘米作개량정책’을 중심으로－, 『한국사론』 20, 서울대국사학과, 1988.

鄭然泰, 1940년대 전반 일제의 한국농업 재편책－‘농업재편성정책’을 중심으로－, 『국사관논총』 38, 국사편찬위원회, 1992.

鄭然泰, 1930년대 일제의 식민농정에 대한 재검토, 『역사비평』 28, 역사문제연구소, 1995.

鄭永太, 1920년대 전라북도 농업의 성격과 농민운동, 인하대 석사논문, 1988.

鄭泰憲, 1930년대 식민지 농업정책의 성격전환에 관한 연구, 『일제말 조선사회와 민족해방운동』, 한국근현대사회연구회, 1991.

朱宗桓, 쌀이 없는 증산－농업－, 『한국현대사 4』, 신구문화사, 1969.

朱宗桓, 봉건제로부터 자본주의에로의 이행－한국농업구조의 역사적 분석을 위한 방법론적 고찰－, 『경제학연구』 21, 1973.

崔元奎, 1920·30년대 일제의 한국농업식민책과 일본인 自作농촌건설사업－不二농촌사례－, 『동방학지』 82, 연세대 국학연구원, 1993.

河元鎬, 1930년대 사회주의자의 농업·농민문제 인식, 『민족문화』 4, 한성대 민족문화연구소, 1989.

河元鎬, 1930년대 사회주의자들의 농업·농민론, 『일제말 조선사회와 민족해방운동』, 한국근현대사회연구회, 1991.

河合和男, 朝鮮産米增殖計劃と植民地農業の展開, 『朝鮮史叢』 2, 靑丘文庫, 1979/『한국근대경제사연구』, 사계절, 1983.

河合和男, 朝鮮産米增殖計劃の立案について－日本の食糧·米價問題との關聯から－, 『朝鮮史叢』 7, 朝鮮史叢編輯委員會, 1983.

洪性讚, 일제하 李順鐸의 농업론과 해방직후 立法議院의 토지개혁법안, 『崔虎鎭講壇50주년기념논문집 경제이론과 한국경제』, 박영사, 1993.

洪淳權, 한말시기 개성지방 蔘圃농업의 전개양상(상·하)－1896년 ‘蔘圃摘奸成冊’의 분석을 중심으로－, 『한국학보』 49·50, 1987·1988.

黃明水, 서평 : 식민지에 있어서 상업적농업의 전개(임병윤 저), 『역사학보』 59, 1973.

Ban Sung-hwan, Growth of Korean Agriculture under Japanese Colonialism, 『Economic Review』 Vol. 17, The Institute of Economic Research Seoul National University, 1983.

3) 상업·시장

京畿道, 『京畿道商工一班』, 1927.

京畿道, 『京畿道商工要覽』, 1929.

京畿道, 『京畿道商工水産統計(昭和7年)』, 1933.

慶尙南道, 『慶尙南道の商工業』, 1934.

慶尙南道內務部, 『慶尙南道商工業要覽』, 1928.

慶尙北道,『慶尙北道の商工水産』, 1934・1935.

朴元善,『객주』, 연세대출판부, 1968.

釜山稅關,『開港場と附近市場との經濟及交通關係(1) - 釜山稅關報告 - 』, 1909.

柳承烈,『한말・일제초기 상업변동과 객주』, 서울대 박사논문, 1996.

李炳天,『개항기 외국상인의 침입과 한국상인의 대응』, 서울대 박사논문, 1985.

李潤甲,『한국근대의 상업적 농업연구』, 연세대 박사논문, 1991.

李憲昶,『개항기 시장구조와 그 변화에 관한 연구』, 서울대 박사논문, 1990.

林炳潤,『植民地における商業的農業の展開』, 東京大學出版會, 1971.

최용,『한국개화기 客主 연구 : 外商의 침투와 그 대응을 중심으로』, 성균관대 박사논문, 1993.

韓㳓劤,『개항기 상업구조의 변천』, 서울대 한국문화연구소, 1970.

韓㳓劤,『한국개항기의 상업연구』, 일조각, 1970.

姜萬吉, 대한제국시기의 상공업문제,『아세아연구』16 - 2, 고려대 아세아문제연구소, 1973.

郭址南・金泰永 抄譯, 구한말의 상업관습,『한국경제사문헌자료』2, 경희대 한국경제사연구소, 1971.

具良根, 근대 일본의 조선內地行商 문제,『사학연구』38, 한국사학회, 1984.

宮嶋博史, 朝鮮甲午改革以後の商業的農業 - 三南地方を中心に - ,『史林』57 - 6, 京都大, 1974/『한국
    근대경제사연구』, 사계절, 1983.

權泰檍, 식민지초기 일제의 경제정책과 조선인 상공업,『3・1민족해방운동연구』, 한국역사연구회, 1989.

金敬泰, 갑신・갑오기의 상권회복문제,『한국사연구』50・51합, 한국사연구회, 1985.

金大吉, 1910년 평안도지방의 시장세 반대운동,『중앙사론』7, 중앙대사학연구회, 1991.

金度亨, 갑오이후 인천에서의 미곡유통구조 -「仁川米豆取引所」의 설립을 중심으로 - ,『擇窩許善道정
    년기념 한국사학논총』, 1992.

金鳳烈, 兪吉濬의 상업경제론,『경희사학』14, 1987.

金錫禧・朴容淑, 개항초기(1876~1885)의 일본인의 상업활동 - 부산항을 중심으로 - ,『논문집』15, 부산
    대, 1976.

金正起, 1890년 서울상인의 철시동맹파업과 시위투쟁,『한국사연구』67, 한국사연구회, 1989.

金鎭植, 1894~1897년 인천항 민족상인들의 활동,『기전문화연구』7, 인천교대 기전문화연구소, 1976.

羅愛子, 개항기 유통구조연구의 현황,『역사와 현실』3, 한국역사연구회, 1990.

羅愛子, 개항후 외국상인의 침투와 조선상인의 대응,『1894년 농민전쟁연구 1』, 한국역사연구회, 1991.

朴慶龍, 개화기의 漢城府 상업연구,『향토서울』52, 서울시사편찬위원회, 1992.

朴明圭, 한말 지방사회 상품유통의 구조와 그변화 - 호남지방을 중심으로 - ,『한국 고・중세사회의 구조
    와 변동』(한국사회사연구회논문집 11), 문학과 지성사, 1988.

朴元善, 거간,『연세논총』10, 연세대대학원, 1973.

朴元善, 한국 중간상인에 관한 연구,『성곡논총』4, 성곡학술문화재단, 1973.

朴元善, 坐商 - 한국상법사적고찰 - ,『법사학연구』6, 한국법사학회, 1981.

四方博, 市場を通じて見たる朝鮮農業の展開,『朝鮮經濟の研究』2, 京城帝大 法文學會, 1929.

善生永助, 開城商人と商業慣習,『朝鮮學報』46, 朝鮮學會, 1968.

宋基澈, 조선왕조말과 일제전반기의 상업고등교육에 관한 연구,『한국전통상학연구』4, 1991.

須川英德, 朝鮮19世紀後半期における商業政策 - 國家權力と商業 - ,『朝鮮史研究會論文集』27, 1990.

安秉直, 서평 : 한국개항기의 상업구조(韓㳓劤 저),『역사학보』48, 1970.

安秉珆, 李朝時代の海運業 - その實態と日本海運業の侵入 - ,『日本海運經濟史研究』, 1967.

吳星, 韓末 開城지방의 蔘圃主,『고문서연구』3, 한국고문서학회, 1992.

柳承烈, 한말·일제강점초기의 시장정책과 시장변동,『한국사연구』88, 한국사연구회, 1995.

李光麟, 갑신정변과 보부상,『동방학지』49, 연세대 국학연구원, 1985.

李炳天, 개항기 외국상인의 內地상권 침입 - 淸商·日商을 중심으로 - ,『경제사학』9, 경제사학회, 1985.

李榮昊, 대한제국시기 內藏院의 外劃운영과 상업활동,『역사와 현실』15, 한국역사연구회, 1995.

李潤甲, 1894~1910년의 상업적농업의 변동과 지주제 - 경북지역의 농업변동 사례연구 - ,『한국사론』 25, 서울대국사학과, 1991.

李潤甲, 개항~1894년의 농민적 상품생산의 발전과 갑오농민전쟁 - 경북지역의 농업변동을 중심으로 - , 『계명사학』2, 계명사학회, 1991.

李宗相, 개화기 보부상문서 생산의 정치·사회적 배경 - 문서자료에 의한 사회학적 접근 - ,『사회과학논 총』4 - 2, 부산대사회과학대, 1985.

李鍾日, 光武年間 羅州 古幕浦 船旅閣 文書,『고문서연구』6, 한국고문서학회, 1994.

李喆宇, 개항장 토착상업의 倒産 원인고,『사학지』19, 단국대사학회, 1986.

李憲昶, 한국개항장의 상품유통과 시장권 - 한국개항기에서의 시장구조의 변동을 초래한 일차적 요인, 『경제사학』9, 1985.

李憲昶, 우리나라 근대경제사에서의 시장문제,『태동고전연구』2, 한림대 태동고전연구소, 1986.

임경석, 조선농업의 식민지적 재편과정에 있어서 시장구조의 특질(1905~1919), 성균관대 석사논문, 1984.

林炳潤, 개항후 전기적 상인자본과 토지소유,『세림한국학논총』1, 세림장학회, 1977.

林炳澤, 근대한국 시장발달에 관한 연구,『논문집』9, 목포교대, 1973.

趙璣濬, 빼앗긴 생활권 - 토지·상권 - ,『한국현대사 2』, 신구문화사, 1969.

趙璣濬, 한말의 민족상인단의 성격고 - 인천新商협회를 중심으로 - ,『학술원논문집(인문사회과학편)』 13, 학술원, 1974.

趙璣濬, 상업·무역,『한국사 16 - 개화·척사운동 - 』, 국사편찬위원회, 1975.

趙璣濬, 개항전후의 시장경제의 발전과 私商,『한국자본주의의 형성과 전개』, 한국정신문화연구원, 1984.

趙宰坤, 한말 근대화 과정에서의 褓負商의 조직과 활동,『백산학보』41, 백산학회, 1993.

崔墉, 개항후 私商의 활동, 성균관대 석사논문, 1983.

崔墉, 개항장의 私商(客主)에 관한 고찰,『首善논집』10, 성균관대대학원, 1986.

崔墉, 개화기 私商의 변모 - 客主를 중심으로 - ,『실학사상연구』4, 무악실학회, 1993.

崔珍玉, 한말 보부상의 변천,『정신문화연구』29, 한국정신문화연구원, 1986.

許英蘭, 일제시기 '市場'정책과 재래시장상업의 변화,『한국사론』31, 서울대국사학과, 1994.

4) 공업·광업

姜怡守,『1930년대 면방대기업 여성노동자의 상태에 대한 연구』, 이화여대 박사논문, 1992.

姜在彦,『朝鮮における日窒コンツェルン』, 東京 : 不二出版株式會社, 1985.

京畿道,『京畿道商工一班』, 1927.

京畿道,『京畿道商工要覽』, 1929.

京畿道,『京畿道商工水産統計(昭和7年)』, 1933.

慶尙南道,『慶尙南道の商工業』, 1934.

慶尙南道內務部,『慶尙南道商工業要覽』, 1928.

慶尙北道,『慶尙北道の商工水産』, 1934·1935.

京城府,『京城の工場と工業(昭和3年末)』, 1929.

京城商工會議所,『京城工場表(大正10, 12年)』, 1921·1923.

京城商工會議所,『京城における工場調査』, 1937·1943.

權丙卓,『이조말기의 농촌직물수공업연구』, 영남대 산업경제연구소, 1968.

山本有造,『日本植民地經濟研究』, 名古屋大學出版會, 1992.

小林英夫,『大東亞共榮圈の形成と崩壞』, お茶の水書房, 1975.

小林英夫,『植民地への企業進出 - 朝鮮會社令の分析』, 柏書房, 1994.

安秉直 等 編,『朝鮮近代の歷史像』, 日本評論社, 1988.

安秉直 等 編,『근대조선의 경제구조』, 비봉출판사, 1989.

安秉直 等 編,『근대조선 공업화의 연구 - 1930~1945년』, 일조각, 1993.

李培鎔,『한국근대광업침탈사연구』, 일조각, 1989.

이한구,『일제하 한국기업설립운동사』, 청사, 1989.

조기준,『한국자본주의성립사론』, 대왕사, 1981.

주익종,『일제하 평양의 메리야스공업에 관한 연구』, 서울대박사학위논문, 1994.

川合彰武,『朝鮮工業ノ現段階』, 東洋經濟新報社, 1943.

河合和男·윤명헌,『식민지기 조선의 공업』, 미래사, 1990.

韓昌浩,『일제하의 한국광공업에 관한 연구』, 일신사, 1971.

姜萬吉, 대한제국시기의 상공업문제,『아세아연구』 16 - 2, 고려대 아세아문제연구소, 1973.

堀和生, 植民地戰爭經濟の特質,『戰時日本經濟の研究』, 晃洋書房, 1992.

堀和生, 植民地の獨立と工業の再編成 - 臺灣と韓國の事例,『東アジア資本主義の形成』, 靑木書店, 1994.

權丙卓, 이조말기 청도군솥계용선 수공업에 관한 연구(상),『연구보고서』 22(사회학계 3), 문교부, 1968.

權丙卓, 한말농촌의 직물수공업에 관한 연구 - 토산물적 재래직물의 현지조사자료 분석 -,『동양문화』 8, 영남대 동양문화연구소, 1968.

權丙卓, 이조말기 청도군솥계용선 수공업에 관한 연구(하),『동양문화』 9, 영남대 동양문화연구소, 1969.

權丙卓, 구한말의 철산업 경영 - 청도군 운문산 주변을 중심으로 -,『경제학연구』 30, 한국경제학회, 1982.

權泰檍, 한말·일제초기 서울지방의 직물업,『한국문화』 1, 서울대 한국문화연구소, 1980.

權泰檍, 일제시기의 농촌직물업,『한국사론』 19, 서울대국사학과, 1988.

權泰檍, 식민지초기 일제의 경제정책과 조선인 상공업,『3·1민족해방운동연구』, 청년사, 1989.

權赫泰, 日本帝國主義と植民地朝鮮の蠶絲業 - 植民地特質としての二重構造 -,『朝鮮史研究會論文集』 28, 1991.

金慶南, 1920·30년대 면방대기업의 발전과 노동조건의 변화 - 4대면방대기업을 중심으로 -,『부산사학』 25·26합, 부산사학회, 1994.

金洛年, 식민지 조선의 공업화,『한국사 13』, 한길사, 1994.

김신웅, 이조말의 수공업에 관한 연구 - 울릉도 동백수공업을 중심으로 -, 동국대 석사논문, 1972.

金義煥, 부산근대공업발달사,『항도부산』 6, 부산시사편찬위원회, 1967.

金仁鎬, 식민지시대 조선공장공업의 실태(1911~1928), 고려대 석사논문, 1988.

金仁鎬, 태평양전쟁기(1940~1945) 일제의 조선 공업통제와 생산력 확충,『한국사연구』 90, 한국사연구회, 1995.

金在瑾, 일정시대의 造船業,『학술원논문집(자연과학)』26, 1987.

金炳晧, 청일전쟁이후 한국광업의 발달과정, 고려대 석사논문, 1960.

金惠水, 일제하 製絲독점자본의 養蠶농민 재편성구조,『경제사학』13, 경제사학회, 1989.

金惠水, 일제하 식민지 공업화정책과 조선인 자본 - 製絲, 絹織業을 중심으로 - ,『이대사원』26, 이화여 대사학회, 1992.

金孝東, 한국면방직공업의 사적 고찰,『한국경제사문헌자료』3, 경희대 한국경제사연구소, 1972.

木村光彦, 植民地下朝鮮の紡織工業,『プロト工業化期の經濟と社會』, 日本經濟新聞社, 1983.

梶村秀樹, 日帝時代(前半期)平壤メリヤス工業の展開過程 - 植民地經濟體制下の朝鮮人ブルジョアジ の對應の一例 - ,『朝鮮史研究會論文集』3, 1967.

梶村秀樹, 李朝末期朝鮮の纖維製品の生産及び流通狀況 - 1876年開國直後の綿業のデータを中心に - , 『東洋文化研究所紀要』46, 東京大, 1968/이조말기 綿業의 流通 및 生産構造,『한국근대경제사연구』, 사계절, 1983.

梶村秀樹, 日帝時代(後半期)平壤メリヤス工業の展開過程 - 植民地經濟體制下の朝鮮人ブルジョアジ の對應の一例 - ,『朝鮮史研究會論文集』5, 1968.

朴萬圭, 개항이후의 금광업실태와 일제침략,『한국사론』10, 서울대국사학과, 1984.

朴淳遠, 식민지 공업화기 노동자계급의 성장,『한국사 14』, 한길사, 1994.

朴贊一, 개항후기 금수출과 금광경영의 발전 - 일제의 금흡수정책과 관련하여 - ,『외국어대연구논총 1981』, 외국어대 연구소협의회, 1981.

朴贊一, 금수출의 전개와 砂金開採條例의 성립,『경제학연구』30, 한국경제학회, 1982.

裵城浚, 1930년대 日帝纖維資本의 침투와 朝鮮 織物業의 재편,『한국사론』29, 서울대국사학과, 1993.

裵城浚, 1930년대 일제의 '조선공업화'론 비판,『역사비평』28, 역사문제연구소, 1995.

小林英夫, 1930年代朝鮮工業化政策の發展過程,『朝鮮史研究會論文集』3, 1967/『한국근대경제사연 구』, 사계절, 1983.

小林英夫, 朝鮮産金獎勵政策について,『歷史學研究』321, 歷史學研究會, 1967.

손정목, 회사령연구,『한국사연구』45, 1984.

안태정, 일제의 상공업정책과 그 잔재청산,『한국근현대사』2, 한국근대사연구소, 1993.

오미일, 1910~1920년대 공업발전단계와 조선인자본가층의 존재양상 - 평양지역을 중심으로 - ,『한국사 연구』87, 한국사연구회, 1994.

柳承烈, 일제의 조선광업지배와 노동계급의 성장,『한국사론』23, 서울대국사학과, 1990.

劉元東, 한말 일본의 차관공세와 광산접근에 관한 연구,『국사관논총』20, 국사편찬위원회, 1990.

李培鎔, 개항후 한국의 광업정책과 열강의 광산탐사,『이대사원』10, 1972.

李培鎔, 구한말 독일의 광산이권과 堂峴금광,『이화사학연구』11·12합, 이화사학연구소, 1981.

李培鎔, 구한말 영국의 금광이권 획득에 대한 제문제,『역사학보』96, 1982.

李培鎔, 개항기 일본의 한국광산침탈에 대한 연구,『이대사원』20, 이화여대사학회, 1983.

李培鎔, 일제초기 광업법 개정과 광업침탈 실태,『동아연구』17, 서강대 동아연구소, 1989.

李洪洛, 일제하 '식민지 공업화'에 대한 재고,『동향과 전망』통권 28, 한국사회과학연구소, 1995.

林炳勳, 개항후 한말의 德大制 광업경영 - 함경도 영흥금광 사례 - ,『대구사학』24, 1983.

林炳勳, 개항기·한말 銅광업의 생산과 경영 - 甲山銅鑛을 중심으로 - ,『경북사학』11, 1988.

林鍾哲, 불평등심화과정의 전개로서의 한국의 공업화(1910~1964),『경제논집』3-1, 서울대 한국경제연 구소, 1964.

林鍾哲, 일제하 한국의 공업화에 관한 일고찰,『경제논집』8 - 3, 서울대 한국경제연구소, 1969.

全遇容, 1930년대 '조선공업화'와 중소공업,『한국사론』23, 서울대국사학과, 1990.

정근식, 일제하 전남에서의 면업구조의 형성과 재편성,『한국근현대의 사회조직과 변동』(한국사회사연구회논문집 28), 1991.

鄭奇和, 무안지방의 중소공업의 전개,『전라남도 무안군망운지역 농촌사회구조변동연구』, 전남대 호남문화연구소, 1988.

趙璣濬, 무너진 민족자본 - 식민지의 공업화 - ,『한국현대사 4』, 신구문화사, 1969.

주익종, 일제하 조선인회사자본의 동향,『경제사학』15, 1991.

河合和男, 植民地期における朝鮮工業化について,『奈良産業大學開學紀念論文集』, 1985.

韓昌浩, 일제하의 한국광공업에 관한 연구,『일제의 경제침탈사』, 고려대 아세아문제연구소, 1971.

韓昌浩, 일제말기의 한국공업구조의 분석,『국제대논문집』8, 국제대 인문사회과학연구소, 1980.

許粹烈, 1930년대 군수 공업화정책과 일본 독점자본의 진출,『일제의 한국식민통치』, 정음사, 1985.

許粹烈, 조선인자본의 존재양태,『경제논집』6, 1990.

許粹烈, 일제하 조선인공장의 동향 - 1930년대「조선공장명부」분석을 중심으로,『근대조선공업화의 연구』, 일조각, 1993.

許粹烈, 식민지경제구조의 변화와 민족자본의 동향,『한국사 14』, 한길사, 1994.

黃炳晙, 우리나라 공업화발전율과 공업화단계,『경제논집』6 - 2, 서울대 한국경제연구소, 1967.

5) 기타 산업

京畿道,『京畿道の林業』, 1928.

京畿道,『京畿道商工水産統計(昭和7年)』, 1933.

慶尙南道農務課,『慶尙南道綿作槪要』, 1927.

慶尙南道農務課,『慶尙南道畜産槪要』, 慶尙南道畜産同業組合聯合會, 1927.

慶尙南道綿作係,『慶尙南道の綿』(綿作改良係報 第4號), 1931.

慶尙北道,『慶尙北道の林業』, 1934.

慶尙北道,『慶尙北道の商工水産』, 1934・1935.

慶尙北道農務課,『慶尙北道綿作提要』, 1937.

慶尙北道畜産同業組合聯合會,『慶尙北道畜産要覽』, 1922.

善生永助,『朝鮮の窯業』, 1926.

朝鮮銀行調査局,『慶尙北道の蠶業と金融』, 1917.

朝鮮總督府殖産局,『朝鮮の水産業』, 京城, 1936.

澤村東平,『近代朝鮮の棉作綿業』, 未來社, 1985.

高村直助, 近代日本綿業と韓國,『朝鮮文化研究』1, 東京大朝鮮文化研究室, 1994.

橋谷弘, 書評 : 近代朝鮮の棉作綿業(澤村東平 著),『社會經濟史學』52 - 3, 1986.

權寧旭, 朝鮮における日本帝國主義の植民地的森林政策,『歷史學研究』297, 歷史學研究會, 1965.

權泰檍, 일제의 陸地棉재배 확장정책 - 1904～1911년간을 중심으로 - ,『진단학보』55, 1983.

權泰檍, 일제의 陸地綿재배 강제정책,『변태섭박사화갑기념 사학논총』, 삼영사, 1985.

權泰檍, 일제의 陸地綿 수탈정책,『성곡논총』18, 1987.

金英姬, 대한제국시기의 잠업진흥정책과 민영잠업,『대한제국연구 5』, 이화여대 한국문화연구소, 1986.

金玉卿, 개항후 어업에 관한 일연구 - 대일 수산물무역과 어업경영을 중심으로 - ,『대한제국연구 5』, 이화여대 한국문화연구소, 1986.

金炫希, 한말 제주도의 通漁문제에 대하여,『제주사학』3, 제주대사학과, 1987.

羅愛子, 개항기(1876~1904) 민간해운업,『국사관논총』53, 국사편찬위원회, 1994.

藤永壯, 植民地下日本人漁業資本家の存在形態－李堈家漁場をめぐる朝鮮人漁民との葛藤－,『朝鮮史研究會論文集』24, 1987.

木村光彦, 植民地下朝鮮の棉作について,『アジア研究』30－1, 1983.

木村伊三郎, 朝鮮の漆器業に就いて,『朝鮮研究資料』61, 朝鮮研究會, 1934.

梶村秀樹, 李朝末期朝鮮の纖維製品の生産及び流通狀況－1876年開國直後の綿業のデータを中心に－,『東洋文化研究所紀要』46, 東京大, 1968/이조말기 綿業의 流通 및 生産構造,『한국근대경제사연구』, 사계절, 1983.

朴九秉, 개항 이후의 부산의 수산업,『항도부산』6, 부산시사편찬위원회, 1967.

朴九秉, 바다잃은 어부들－수산업－,『한국현대사 4』, 신구문화사, 1969.

朴九秉, 빼앗긴 생활권－수산업－,『한국현대사 2』, 신구문화사, 1969.

朴九秉, 한말 동해捕鯨業을 둘러싼 露日의 각축,『아세아연구』13－2, 고려대 아세아문제연구소, 1970.

朴九秉, 19세기말 한일간의 어업에 적용된 영해 3해리 원칙에 대하여,『한일연구』1, 한국일본문제연구회, 1972.

朴九秉, 어업권제도와 연안어장 소유·이용형태의 변천에 관한 연구－한말부터 일제시대말까지－,『논문집(인문, 사회과학)』30, 부산수산대, 1983.

宋英一, 일제하 한국의 수산경제동향과 수산무역에 관한 소고,『논문집(인문과학)』10, 단국대, 1976.

須川英德, 開港期朝鮮における絹業について－その商品生産の實狀の解明－,『朝鮮學報』127, 1988.

須川英德, 朝鮮開港後1880年代の生絲輸出の試みについて－內衙門布示と蠶桑公司－,『朝鮮史研究會論文集』26, 1989.

李光麟, 農務牧畜試驗場의 설치에 대하여,『김재원박사화갑기념논총』, 1969.

李承姸, 1905~1930년대초 일제의 酒造業정책과 조선 주조업의 전개,『한국사론』32, 서울대국사학과, 1994.

李永鶴, 개항기 製鹽業에 대한 연구－자본제적 경영을 중심으로－,『한국문화』12, 서울대 한국문화연구소, 1991.

李憲昶, 개항기 한국인 搗精業에 관한 연구,『경제사학』7, 경제사학회, 1984.

李炫熙, 일제침략하 한국어민의 어권수호운동,『연구논문집』8, 성신여사대 인문과학연구소, 1975.

李洪洛, 일제하 韓紙생산과 그 유통－특히 농가경제 및 지역경제와 관련하여－,『秋堰權丙卓화갑논총 한국근대경제사 연구의 성과 2』, 1989.

蔣尙煥, 일제하 농수산업정책과 그 잔재청산,『한국근현대사』2, 한국근대사연구소, 1993.

정근식, 일제하 鐘淵紡績의 蠶絲業지배,『한국근대농촌사회와 일본제국주의』(한국사회사연구회논문집 2), 문학과 지성사, 1986.

佐佐木隆爾, 朝鮮における日本帝國主義の養蠶業政策－第1次大戰期を中心に－,『人文學報』114, 東京都立大人文學部, 1976.

竹性, 농촌사회문제로 본 농촌부업의 지위,『경제연구』1, 연희전문 경제연구회, 1927.

村上勝彦, 日本資本主義による朝鮮綿業の再編成,『日本帝國主義と東アジア』, アジア經濟出版會, 1979.

崔泰鎬, 일제하의 한국수산업에 관한 연구,『일제의 경제침탈사』, 고려대 아세아문제연구소, 1971.

河元鎬, 서평 : 한국근대綿業史연구(권태억 저),『역사교육』48, 역사교육연구회, 1990.

3. 교통·통신

1) 陸運

交通部 편,『한국교통60년약사』, 1960.

釜山稅關,『開港場と附近市場との經濟及交通關係(1) - 釜山稅關報告 - 』, 1909.

松村正彦,『朝鮮鐵道の研究』, 1927.

梁榮煥,『한국철도사』(3권), 철도청, 1979.

鄭在貞,『일제의 한국철도침략과 한국인의 대응(1892~1945년)』, 서울대 박사논문, 1992.

朝鮮總督府,『朝鮮の鐵道』(大正10~昭和12年版), 1912~1937.

朝鮮總督府,『朝鮮道路網圖』, 京城, 1918.

朝鮮總督府內務局,『朝鮮の道路』, 1921·1923·1928.

朝鮮總督府鐵道局,『朝鮮鐵道狀況(明治44年~昭和13年)』, 1911~1938.

朝鮮總督府鐵道局,『朝鮮鐵道沿線市場一斑』, 1912.

朝鮮總督府鐵道局,『朝鮮鐵道史』(全), 1915~1925.

朝鮮總督府鐵道局,『朝鮮鐵道史 1』, 1929.

朝鮮總督府鐵道局,『朝鮮鐵道40年略史』, 1940.

朝鮮總督府鐵道局朝鮮鐵道史編纂委員會,『朝鮮鐵道史 1 - 創始時代 - 』, 1937.

철도건설국 편,『철도건설약사』, 1965.

철도건설국 편,『철도건설사』, 교진사, 1969.

철도청,『한국철도사 1』, 1974.

철도청,『한국철도80년 약사』, 1979.

철도청,『한국철도사』(제5권 상·하), 철도청, 1994.

高秉雲, 日本帝國主義朝鮮植民地化過程の鐵道敷設をめぐる諸問題,『歷史評論』140·141合, 東京: 歷史科學協議會, 1962.

高秉雲, 朝鮮における資本主義の發展と日本帝國主義 - 交通運輸部門を中心に - ,『歷史學研究』431, 歷史學研究會, 1976.

橋谷弘, 朝鮮鐵道の滿鐵への委託經營をめぐって - 第一次大戰前後の日帝植民地政策の一斷面 - ,『朝鮮史研究會論文集』19, 1982.

金景林, 조선철도 12년계획선에 관한 연구, 이화여대 석사논문, 1987.

朴萬圭, 한말 일제의 철도 부설·지배와 한국인 동향,『한국사론』8, 서울대국사학과, 1982.

朴性根, 京仁線 부설권과 美日관계,『소헌남도영박사화갑기념 사학논총』, 1984.

裵基完, 한국철도부설이 일반 지역경제에 미친 영향 - 일제시대를 중심으로 - ,『논문집』7, 단국대, 1973.

本山實, 朝鮮交通の史的考察 - 鐵道を中心として - ,『拓植大論集』52·53, 1966.

本山實, 朝鮮における鐵道の創設と經營主體の變遷,『拓植大論集』104·105, 1976.

石井常雄, 京仁鐵道創設史に關する一覽書 - 朝鮮鐵道創始期の一部 - ,『商學論叢』37 - 2·4·5·6, 明治大, 1954.

孫禎睦, 개항기 도시시설의 도입과정 - 도로의 정비·확장 - ,『도시문제』4, 대한지방행정공제회, 1980.

孫禎睦, 일제강점기 도로와 자동차에 관한 연구,『도시행정연구』4, 서울시립대 도시행정연구실, 1989.

孫禎睦, 일제하의 서울 전차에 관한 연구,『龍巖車文燮화갑기념 사학논총』, 1989.

安台鎬, 일제하의 운수업에 관한 소고,『논문집』5, 외국어대, 1972.

梁敎錫, 편하고 빠른 생활 - 교통·운수 -, 『한국현대사 7』, 신구문화사, 1971.
원제무, 서울시 교통체계 형성에 관한 연구 - 1876년부터 1944년까지의 기간을 중심으로 -, 『서울학연구』 2, 서울시립대 서울학연구소, 1994.
이규목·김한배, 서울 도시경관의 변천과정 연구, 『서울학연구』 2, 서울시립대 서울학연구소, 1994.
李炳天, 구한말 호남철도부설운동(1904~08)에 대하여, 『경제사학』 5, 경제사학회, 1981.
李炫熙, 한국철도부설의 기원과 교섭의 대두 - 한국철도사서설 -, 『사학연구』 21, 한국사학회, 1969.
李炫熙, 19세기말 일제의 한국철도 부설권 쟁취문제 - 청일침략전쟁 전후의 철도부설권 문제 -, 『건대사학』 3, 1973.
田保橋潔, 國際關係思想の朝鮮鐵道利權, 『歷史地理』 57 - 4, 日本歷史地理學會, 1931.
鄭在貞, 한말 일제초기(1905 - 1916)철도운수의 식민지적 성격 - 京釜, 京義철도를 중심으로(상·하) -, 『한국학보』 28·29, 1982.
鄭在貞, 京釜철도의 부설에 나타난 일본의 한국침략 정책의 성격, 『한국사연구』 44, 한국사연구회, 1984.
鄭在貞, 京義철도의 부설과 일본의 한국縱貫철도 지배정책, 『논문집』 3, 방송통신대, 1984.
鄭在貞, 京釜·京義철도의 부설과 한·일토건회사의 청부공사활동, 『역사교육』 37·38합, 역사교육연구회, 1985.
鄭在貞, 한말 京釜·京義철도부지의 수용과 沿線주민의 저항운동, 『이원순화갑기념 사학논총』, 교학사, 1986.
鄭在貞, 조선총독부철도국의 고용구조에 관한 연구, 『논문집』 9, 방송통신대, 1988.
鄭在貞, 식민지기의 小運送業과 日帝의 통제정책, 『역사교육』 48, 역사교육연구회, 1990.
鄭在貞, 일제하 國有鐵道의 운수영업과 물자수송, 『西巖趙恒來화갑기념 한국사학논총』, 1992.
鄭在貞, 철도의 발달과 교통운수의 국가별 특성(1830~1945) - 제10회 國際經濟史會議(1990년)를 중심으로 -, 『전농사론』 1, 서울시립대국사학과, 1995.
井平廣一, 日本植民地下における朝鮮鐵道財政の展開過程, 『經濟學研究』 34 - 4, 北大, 1985.
佐藤豊彦, 朝鮮における鐵道の創業と國有, 『交通學研究』, 日本交通學會, 1974.

2) 海運

交通部 편, 『한국교통60년약사』, 1960.
逵捨藏, 『慶北沿線發展志』, 1931.
羅愛子, 『한국근대 해운업발전에 관한 연구(1876~1904)』, 이화여대 박사논문, 1994.
釜山稅關, 『開港場と附近市場との經濟及交通關係(1) - 釜山稅關報告 - 』, 1909.
仙波正太郎, 『群山と交通機關の變遷』, 朝鮮銀行, 1913.
해군수로부, 『조선수로지』(상·중·하), 東京, 1894·1899·1907.

羅愛子, 개항기(1876~1904) 海運정책과 관영해운업, 『이대사원』 28, 이화여대사학회, 1995.
孫兌鉉, 구한말의 관영기선 海運에 관한 연구, 『동아논총』 7, 동아대, 1971.
孫兌鉉, 한말의 海運에 관한 연구, 『학술연구조성비에 의한 연구보고서』(사회과학계 12 - 16), 문교부, 1972.
孫兌鉉, 한국海運의 선진자본주의 충격기에 관한 연구, 『논문집』 1, 한국해양대 해운연구소, 1982.
新納豊, 철도개통 전후의 洛東江船運, 『秋堰權丙卓화갑논총 한국근대경제사 연구의 성과 2』, 1989.
安秉玲, 李朝時代の海運業 - その實態と日本海運業の侵入 -, 『日本海運經濟史研究』, 1967.
梁敎錫, 편하고 빠른 생활 - 교통·운수 -, 『한국현대사 7』, 신구문화사, 1971.

李宇榮, 한말 일본인거류지의 역할과 해운업에 관한 연구,『연구보고서』29(사회과학계), 문교부, 1969.
李宇榮, 한말 해운의 실태와 일본해운업의 침투,『법대논총』8, 경북대, 1970.

3) 통신 · 체신

吳駿永,『한국우정총국창설과 그 사회학적 배경』, 배문사, 1973.
李柄柱,『한국우정 100년』, 체성회출판부, 1984.
朝鮮總督府,『朝鮮の遞信事業』, 1938.
朝鮮總督府遞信局,『朝鮮遞信事業沿革史』, 1937.
체신부 편,『체신기구연혁사』, 1965.
체신부,『전기통신사업80년사』, 1966.
체신부 편,『한국우정사 1』, 1970.

金景林, 1930년대 식민지 조선의 電氣事業,『사학연구』42, 한국사학회, 1990.
金正起, 西路電線(인천 - 한성 - 의주)의 가설과 반청의식의 형성,『김철준박사회갑기념 사학논총』, 1983.
辛太甲, 通信線의 가설문제를 통해서 본 한중관계,『고고역사학지』5 · 6합, 동아대박물관, 1990.
梁敎錫, 편지전보 그리고 전화 - 통신 - ,『한국현대사 7』, 신구문화사, 1971.

Ⅳ. 사회

1. 사회

1) 향촌 · 사회상태

姜萬吉,『일제시대 빈민생활사연구』, 창작사, 1987.

姜在彦 외,『봉건사회 해체기의 사회경제구조 - 최근 일본에서의 한국사연구의 성과 - 』, 청아, 1982.

姜在彦 · 飯沼二郎,『식민지시대 한국의 사회와 저항』, 백산서당, 1983.

京城帝大法文學會,『朝鮮社會經濟史硏究』, 1933/이문사, 1978.

廣池千九郎,『支那法制史餘論 - 韓國親族法規等制度の硏究 - 』, 1909.

金宅圭,『동족부락의 생활구조연구 - 반촌문화조사연구 - 』, 청구대출판부, 1964.

露國大藏省 조사, 日本農商務省 譯,『韓國誌』, 東京, 1905.

綠旗聯盟,『今日の朝鮮問題講座』(1~7), 1939.

愼英弘, 『近代朝鮮社會事業史硏究 - 京城における方面委員制度の歷史的展開 - 』, 東京 : 綠蔭書房,
    1984.

愼鏞廈,『한국근대사와 사회변동』, 문학과 지성사, 1980.

愼鏞廈,『한국근대사회사연구』, 일지사, 1987.

愼鏞廈,『한국근대사회의 구조와 변동』, 일지사, 1994.

安秉珆,『朝鮮社會の構造と日本帝國主義』, 龍溪書舍, 1977.

劉元東박사화갑기념사학논총간행위원회,『劉元東박사화갑기념논총 한국근대사회경제사연구』, 정음문
    화사, 1985.

李光信,『우리나라 민법상의 성씨제도연구』, 법문사, 1973.

李鍾範,『19세기말 20세기초 향촌사회구조와 조세제도의 개편』, 연세대 박사논문, 1994.

이화여대 한국문화연구원,『일본식민지 지배초기의 사회분석 1』, 1987.

張矢遠,『식민지반봉건사회론』, 미래사, 1984.

張矢遠 외,『한국근대 농촌사회와 농민운동』, 열음사, 1988.

全錫淡,『현대조선사회경제사』, 신학사, 1948.

한국농촌경제연구원,『구례군 사회조직문서 - 1871~1935 - 』, 1991.

한국농촌경제연구원,『구례유씨가의 생활일기 - 1851~1936 - 』(상 · 하), 1991.

한국농촌경제연구원,『농촌 및 농업구조 변천에 관한 연구』, 농어촌진흥공사 농어촌연구원, 1991.

한국사회과학연구소,『한국사회론』, 민음사, 1980.

한국사회사연구회,『한국근대농촌사회와 일본제국주의』(한국사회사연구회논문집 2), 1986.

한국사회사연구회,『한국사회의 신분계급과 사회변동』(한국사회사연구회논문집 8), 1987.

한국사회사연구회,『일제하 한국의 사회계급과 사회변동』(한국사회사연구회논문집 12), 1988.

한국사회사연구회,『한국의 사회제도와 농촌사회의 변동』(한국사회사연구회논문집 33), 1992.

한국사회사연구회,『한국사회운동의 기반과 새 경향』, 문학과 지성사, 1994.

한국사회사연구회,『한말일제하의 사회사상과 사회운동』(한국사회사연구회논문집 42), 1994.

한국정신문화연구원,『식민지시대의 사회체제와 의식구조』, 1988.

洪性讚,『한국근대농촌사회의 변동과 地主層』, 지식산업사, 1992.

黃性模,『한국사회사론 - 동학혁명에서 해방후까지 - 』, 심설당, 1984.

姜萬吉, 일제하 농촌빈민증가의 원인,『동양학』14, 단국대 동양학연구소, 1984.

姜萬吉, 일제시대의 도시빈민생활 - 土幕民을 중심으로 - ,『한국사연구』53, 1986.

姜萬吉, 일제시대의 실업자문제,『아세아연구』77, 고려대 아세아문제연구소, 1987.

姜秉植, 일제하 서울(京城府) 토지소유실태와 사회상에 대한 연구,『실학사상연구』3, 무악실학회, 1992.

姜秉植, 일제하 한국에서의 결혼과 이혼 및 출산 실태 연구,『사학지』28, 단국대사학회, 1995.

高承濟, 근세 향촌제도의 성립과 촌락사회의 구조적 변화,『백산학보』18, 백산학회, 1975.

高承濟, 일제시대 촌락제도의 사회사적 분석,『경제학연구』23, 한국경제학회, 1975.

橋谷弘, 1930 · 40年代の朝鮮社會の性格をめぐって,『朝鮮史硏究會論文集』27, 1990.

金炅一, 일제하 도시빈민층의 형성 - 경성부의 이른바 土幕民을 중심으로 - ,『한국의 사회신분과 사회
　　계층』, 문학과지성사, 1986.

金度亨, 한말 · 일제초기의 변혁운동과 星州지방지배층의 동향,『한국학논집』18, 계명대 한국학연구원,
　　1991.

金東哲, 19세기 말 함안지방의 鄕戰,『한국문화연구』2, 부산대 한국문화연구소, 1989.

金泳謨, 1910년 이전의 사회,『한국사론 5 - 근대 - 』, 국사편찬위원회, 1978.

金泳謨, 1910년 이후의 사회,『한국사론 5 - 근대 - 』, 국사편찬위원회, 1978.

金洪喆, 구한말 사회상황연구,『원불교사상』2, 원광대 불교사상연구원, 1975.

南縈佑, 일제하 경성부의 土幕村 형성,『문화역사지리』1, 한국문화역사지리연구회, 1989.

盧榮澤, 일제시기의 文盲率 推移,『국사관논총』51, 국사편찬위원회, 1994.

大村益夫, 第2次世界大戰下における朝鮮の文化狀況,『社會科學硏究』15 - 3, 早稻田大學社會科學硏
　　究所, 1970.

리종현, 일제 강점하(1920년대) 조선로동계급의 생활상태,『력사과학』1961 - 2.

文昭丁, 일제하 농촌가족에 관한 연구 - 1920 · 30년대 소작빈농층을 중심으로 - ,『일제하 한국의 사회계
　　급과 사회변동』(한국사회사연구회논문집 12), 문학과 지성사, 1988.

梶村秀樹, 朝鮮の社會狀況と民族解放鬪爭,『世界歷史 27』, 岩波書店, 1971.

朴慶龍, 개화기의 한성부 사회상 - 한성부 '去文'을 중심으로 - ,『사학지』28, 단국대사학회, 1995.

朴贊勝, 活貧黨의 활동과 그 성격,『한국학보』35, 일지사, 1984.

徐吉洙, 일본침략과 한말의 사회변동,『한국의 사회와 문화』13, 한국정신문화연구원, 1990.

愼鏞廈, 두레공동체와 농민문화,『현대자본주의와 공동체이론』, 한길사, 1987.

申正熙, 일제하 鄕約을 통한 지방통치에 대한 소고 - 關北향약의 내용과 분석을 중심으로 - ,『西巖趙恒
　　來화갑기념 한국사학논총』, 1992.

오세철, 구한말 사회변동과 사회심리체계의 상호작용에 대한 분석 - 梅泉野錄을 중심으로 - ,『동방학
　　지』29, 연세대 국학연구원, 1981.

柳時中, 한국인의 渡日 상황과 일본에서의 생활실태 - 해방전을 중심으로 - ,『동양문화연구』1, 경북대
　　동양문화연구소, 1974.

尹源鎬, 19세기 古阜의 사회경제,『전라문화논총』7, 전북대 전라문화연구소, 1994.

尹海東, 일제의 지배정책과 촌락재편,『역사비평』28, 역사문제연구소, 1995.

李善榮, 일제식민지시대의 소설과 사회,『한국사학』3, 한국정신문화연구원, 1980.
李樹煥, 陶山書院 院任職 疏通을 둘러싼 嫡·庶간의 鄕戰 - 1884년「庶類事變時日記」를 중심으로 - ,
　　『민족문화논총』12, 영남대 민족문화연구소, 1991.
李時載, 일제말의 조선인流言의 연구,『한국사회학』20, 한국사회학회, 1987.
李眞榮, 19세기 후반 전라도 古阜의 사회사상,『전라문화논총』7, 전북대 전라문화연구소, 1994.
李海濬, 求禮 雲鳥樓 柳氏家의 생활일기고 - 한말·일제시기의 촌락과 농민생활상 - ,『전남문화재』4,
　　전라남도, 1992.
李惠恩, 일제침략기 서울의 민족별 거주지분포,『향토서울』52, 서울시사편찬위원회, 1992.
李洪洛, 식민지의 사회구조,『한국사 14』, 한길사, 1994.
李羲權, 19세기 후반 古阜의 사회조직구조,『전라문화논총』7, 전북대 전라문화연구소, 1994.
田東三,『朝鮮親族法相續法 - 主として朝鮮高等法院判例中心として考察 - 』, 1933.
鄭震英, 19세기 향촌사회 지배구조와 대립관계,『1894년 농민전쟁연구 1』, 역사비평사, 1991.
崔己性, 19세기 후반 古阜의 弊政실태,『전라문화논총』7, 전북대 전라문화연구소, 1994.
崔允榛, 1930년대 조선의 동족부락과 동족집단 - 丹城지역 동족부락의 형성과정을 통해서 본 조선후기
　　향촌사회의 단면 - ,『전라문화논총』5, 전북대 전라문화연구소, 1992.
洪性讚, 1894년 執綱所期 設包下의 향촌사정 - 扶餘 大方面 일대를 중심으로 - ,『동방학지』39, 연세대
　　국학연구원, 1983.

2) 풍속·혼인·복식

朝鮮總督府,『朝鮮舊慣制度調査事業槪要』, 1938.
朝鮮總督府法典調査局取調局,『慣習調査報告書』1910~1913, 京城, 1910.
村山智順,『朝鮮の服裝』, 朝鮮總督府, 1927.

姜秉植, 일제하 한국에서의 결혼과 이혼 및 출산 실태 연구,『사학지』28, 단국대사학회, 1995.
高昌鉉, 한국의 법률혼주의의 확립과정과 입법론적 고찰 - 특히 사실혼의 보호책을 중심으로 - ,『논문
　　집』2, 조선대, 1973.
金用濟, 한중양국의 현대 혼인법의 비교연구,『논총』26, 이화여대 한국문화연구원, 1975.
申榮淑, 일제하 신여성의 연애·결혼문제,『한국학보』45, 일지사, 1986.
李琦烈, 식탁의 변혁 - 식생활의 변모 - ,『한국현대사 7』, 신구문화사, 1971.
李美娜, 대한제국시대 육군장병 服裝製式과 大元帥 禮·常服에 대하여,『학예지』4, 육군사관학교 육군
　　박물관, 1995.
李丙洙, 조선民事令에 관하여 - 제11조의 관습을 중심으로 - ,『법사학연구』4, 한국법사학회, 1977.
趙孝順, 居家雜服攷를 통해 본 朴珪壽의 복식관,『한국복식』7, 단국대 석주선기념민속박물관, 1989.

3) 가족·친족제

文昭丁, 일제하 농촌가족에 관한 연구 - 1920·30년대 소작빈농층을 중심으로 - ,『일제하 한국의 사회계
　　급과 사회변동』(한국사회사연구회논문집 12), 문학과 지성사, 1988.
劉明基, 동족집단의 구조에 관한 연구 - 전라남도 나주군山浦面明好里의 사례 - ,『인류학논문집』3, 서
　　울대인류학연구회, 1977.
李光信, 한일가족법의 비교연구,『논문집』7, 단국대, 1973.

李吉鎭, 흔들리는 대가족 - 가족제도의 변화 - ,『한국현대사 7』, 신구문화사, 1971.
李丙洙, 우리나라 근대화와 형법대전의 頒示 - 가족법을 중심으로 - ,『법사학연구』 2, 한국법사학회, 1975.
李相旭, 일제하 전통가족법의 왜곡,『박병호교수환갑기념 한국법사학논총 2』, 1991.
李昌基, 동족조직의 변화에 관한 연구 - 3개 동족집단의 사례조사를 중심으로 - ,『한국학보』 21, 일지사, 1980.
鄭東鎬, 개화기의 가족법규범에 관한 일고찰 - 형법대전의 규범을 중심으로 - ,『강원대논문집』 13, 강원대, 1979.
崔允榛, 1930년대 조선의 동족부락과 동족집단 - 丹城지역 동족부락의 형성과정을 통해서 본 조선후기 향촌사회의 단면 - ,『전라문화논총』 5, 전북대 전라문화연구소, 1992.
崔在錫, 한국가족의 근대화 과정,『이상백박사화갑기념논총』, 1964.
崔在錫, 일제하의 족보와 동족집단,『아세아연구』 12 - 4, 고려대 아세아문제연구소, 1969.
秋憲樹, 근세한국의 정신구조와 근대화에 관한 연구 - 家의식의 변용을 중심으로 - ,『사회과학논문집』 8, 연세대, 1977.

4) 여성

3 · 1여성동지회,『한국여성독립운동사 - 3 · 1운동 60주년기념 - 』, 1980.
姜怡守,『1930년대 면방대기업 여성노동자의 상태에 대한 연구』, 이화여대 박사논문, 1992.
金玉姬,『한국천주교여성사』(1 · 2), 한국인문과학원, 1983.
金應祚,『천도교여성회 60년사』, 천도교여성회본부, 1984.
朴容玉,『한국근대여성운동사연구』, 한국정신문화연구원, 1984.
朴容玉,『한국여성독립운동』, 독립운동사연구소, 1989.
숙명여대 아세아여성문제연구소,『한국근대여성연구』, 1987.
李侖禧,『일제하 한국여성운동에 관한 연구』, 원광대 박사논문, 1994.
이윤희,『한국민족주의와 여성운동』, 신서원, 1995.
李炫熙,『한국근대여성개화사』, 이우출판사, 1978.
이화여대출판부,『한말여성지』, 1981.
이화여대 한국여성연구소,『한국여성관계자료집 - 근대편 - 』(상 · 하), 1979 · 1980.
丁堯燮,『한국여성운동사 - 일제치하의 민족운동을 중심으로 - 』, 일조각, 1971.
崔恩喜,『조국을 찾기까지 - 한국여성활동비사 - 』(상 · 중 · 하), 탐구당, 1973.
崔華星,『조선여성독본 - 여성해방운동사 - 』, 백우사, 1947.
한국여성연구회 여성사분과,『한국여성사 - 근대편 - 』, 풀빛, 1992.
힉스, 조지 저, 전경자 · 성은애 역,『위안부』, 창작과 비평사, 1995.

姜淑子, 한국여성 근대화의 보편성과 특수성 - 영국여성 근대화 과정과의 대비 - ,『인문과학연구』 9, 성신여대 인문과학연구소, 1990.
姜怡守, 1930년대 여성노동자의 실태 - 면방직업을 중심으로 - ,『국사관논총』 51, 국사편찬위원회, 1994.
강인순, 식민지시대의 여성운동에 관한 소고 - 1920년대를 중심으로 - ,『가라문화』 6, 경남대 가라문화연구소, 1988.
강정숙, 일제말(1937~1945) 조선 여성정책 - 탁아정책을 중심으로 - ,『아시아문화』 9, 한림대 아시아문화연구소, 1993.

김경애, 동학·천도교의 남녀평등사상에 관한 연구 - 경전·역사서·기관지를 중심으로 - , 『여성학논집』 1, 이화여대 한국여성연구소, 1984.

金景姬, 한국근대女性私學의 전개과정에 관한 연구 - 1898~1910 - , 『연구논문집』 21, 성신여대, 1985.

金文基, 여성의병 尹熙順의 歌辭 고찰, 『한국의 철학』 22, 경북대 퇴계연구소, 1994.

金淑子, 독립신문에 나타난 여성개화의 의지, 『한국사연구』 54, 1986.

金淑子, 한말(1906~1908) 여성지의 과학정신, 『경희사학』 14, 1987.

金淑子, 구한말 여성지의 구국교육론, 『한국민족운동사연구』 2, 한국민족운동사연구회, 1988.

金英宇, 한국개화기의 여성교육에 관한 연구, 『공주사대논문집(사회과학편)』 19, 공주사대, 1981.

金稔子, 한국여성단체성립략고, 『이대사원』 7, 1968.

金靜美, 朝鮮農村女性に對する日帝の政策, 『朝鮮史叢』 3, 朝鮮史叢編輯委員會, 1980.

金貞姬, 한말 일제하 여성운동연구, 효성여대 석사논문, 1984.

金疇洙, 한국근대여성의 법률상의 지위, 『한국근대여성연구』, 숙명여대 아세아여성문제연구소, 1987.

金昌洙, 서평 : 한국근대여성개화사(이현희 저), 『한국사상』 16, 1978.

金千鎰, 조선말기의 개화사상과 근대학교성립 및 여성교육의 변천, 『여성문제연구』 15, 효성여대 한국여성문제연구소, 1987.

金哲子·趙燦錫, 1920년대 서울지방의 여성운동, 『인천교대논문집』 13, 인천교대, 1979.

金哲子·趙燦錫, 1920년대 영남지방의 여성운동, 『인천교대논문집』 14, 인천교대, 1980.

金哲子·趙燦錫, 1920년대 평안남북도지방의 여성운동, 『논문집(인문, 사회과학편)』 17, 인천교대, 1983.

金幸子, 개화기 여성교육과 자녀교육, 『건국대학술지(자연과학, 예술체육가정학편)』 26, 건국대, 1982.

金賢玉, 동학의 여성개화운동 연구 - 海月의 여성관을 중심으로 - , 『성신사학』 6, 성신여대사학회, 1988.

金洪喆, 한국신종교의 여성운동 고찰, 『如山柳炳德화갑기념 한국철학종교사상사』, 1990.

南和淑, 1920년대 여성운동에서의 협동전선론과 槿友會, 『한국사론』 25, 서울대국사학과, 1991.

盧榮澤, 일제하의 여자야학, 『사학지』 9, 단국대사학회, 1975.

魯仁華, 한말 개화자강파의 여성교육관, 『한국학보』 27, 일지사, 1982.

박마리아, 기독교와 한국여성 40년사, 『金活蘭박사교직근속40년기념 한국여성문화논총 1』, 金活蘭박사교직근속40년기념사업위원회, 1958.

朴永錫, 서평 : 한국근대여성개화사(이현희 저), 『아세아여성연구』 17, 1978.

朴容玉, 3·1운동 이전의 여성운동, 『삼일운동50주년기념논집』, 동아일보사, 1969.

朴容玉, 구한말의 여성교육 - 관립한성여자고등학교 설립을 중심으로 - , 『사학연구』 21, 한국사학회, 1969.

朴容玉, 1896~1910년 부녀운동의 연구, 『한국사연구』 6, 한국사연구회, 1971.

朴容玉, 한국여성개화사서설 - 특히 萌芽와 수용과정을 중심으로 - , 『柳洪烈박사화갑기념논총』, 1971.

朴容玉, 개화파의 여성개화사상, 『사총』 25, 고려대사학회, 1981.

朴容玉, 동학의 남녀평등사상, 『역사학보』 91, 1981.

朴容玉, 養成院의 조직과 활동, 『사학연구』 34, 한국사학회, 1982.

朴容玉, 1920년대 한국여성단체운동, 『한국근대여성연구』, 숙명여대 아세아여성문제연구소, 1987.

朴容玉, 槿友會의 여성운동과 민족운동, 『한국근대민족주의운동사연구』, 일조각, 1987.

朴容玉, 美洲 한인여성단체의 광복운동 지원연구 - 大韓女子愛國團을 중심으로 - , 『진단학보』 78, 진단학회, 1994.

朴恩惠, 한국여성교육40년, 『金活蘭박사교직근속40년기념 한국여성문화논총』, 金活蘭박사교직근속40년기념위원회, 1958.

朴正義, 일본식민지시대의 재일한국인 여공 - 방적·제사여공 - ,『논문집』17, 원광대, 1983.

박현옥, 만주 항일 무장투쟁하에서의 여성해방 정책과 농민여성,『아시아문화』9, 한림대 아시아문화연구소, 1993.

朴喜順, 천도교의 여성계몽운동 -「萬歲報」와「開闢」誌를 중심으로 - ,『상명사학』1, 祥明사학회, 1993.

方善柱, 미국자료에 나타난 한인 '從軍慰安婦'의 고찰,『국사관논총』37, 국사편찬위원회, 1992.

송인자, 개화기 여성교육론의 의의와 한계,『한국교육사학』17, 한국교육학회 교육사연구회, 1995.

申南洙, 개화기 여성연구 - 사회참여를 중심으로 - ,『한국여성학회지』1, 한국여성교양학회, 1994.

申榮淑, 槿友會에 관한 일연구, 이화여대 석사논문, 1978.

申榮淑, 일제하 신여성의 연애·결혼문제,『한국학보』45, 일지사, 1986.

申榮淑, 한국근대여성사회사 연구방법의 고찰,『이대사원』22·23합, 1988.

申載洪, 1920년대 抗日女性운동단체 소고,『西巖趙恒來화갑기념 한국사학논총』, 1992.

梁愛梨, 槿友會에 대한 고찰, 성신여대 석사논문, 1983.

尹惠源, 근세한일여성의 사회적 처우에 관한 비교연구 - 주로 그 사상적 배경을 중심으로 - ,『아세아여성연구』12, 숙명여대 아세아여성문제연구소, 1973.

尹惠源, 한일개화기 여성의 비교연구 - 자아의식의 근대화 과정을 중심으로 - ,『아세아여성연구』14, 숙명여대 아세아여성문제연구소, 1975.

尹惠源, 개화기 한일여성운동의 비교연구 - 기독교주의 여성교육운동을 중심으로 - ,『아세아여성연구』21, 숙명여대 아세아여성문제연구소, 1981.

尹惠源, 개화기 여성교육,『한국근대여성연구』, 숙명여대 아세아여성문제연구소, 1987.

李侖禧, 開化期 언론을 통해서 본 여성교육론,『백산학보』41, 백산학회, 1993.

李侖禧, 3·1운동과 항일여성운동,『경희사학』19, 경희대사학회, 1995.

李培鎔, 한국 근대 여성의식 변화의 흐름 - 개화기에서 일제시기까지 - ,『한국사시민강좌』15, 일조각, 1994.

李松姬, 1920년대 여성해방교육론에 관한 일고찰,『부산여대사학』12, 부산여대사학회, 1994.

李松姬, 1920년대 여성해방론에 관한 연구,『부산사학』25·26합, 부산사학회, 1994.

李松姬, 대한제국 말기 계몽단체의 여성교육론,『이대사원』28, 이화여대사학회, 1995.

李英燮, 법적으로 본 한국현대여성 40년사,『金活蘭박사교직근속40주년기념 한국여성문화논총 1』, 金活蘭박사교직근속40주년기념사업위원회, 1958.

이지원, 1920년대 여성운동의 이념과 활동,『한민족독립운동사』9, 국사편찬위원회, 1991.

李兒榮, 3·1운동 이후의 여성운동,『삼일운동50주년기념논집』, 동아일보사, 1969.

李炫熙, 槿友會의 조직과 계몽운동 - 日治下의 부녀운동일반 - ,『편사』2, 국사편찬위원회 편사회, 1968.

李炫熙, 槿友會의 자립적 계몽운동,『연구논문집』11, 숙명여대 인문과학연구소, 1973.

李炫熙, 동학사상과 한국여성의 개화시각 - 동학사상의 태동과 여성의 근대화 - ,『신인간』9 - 381, 신인간사, 1980.

李炫熙, 한국여성의 항일투쟁과 일제의 탄압고 - 3·1운동시의 여성항쟁을 중심으로 - ,『사학연구』31, 한국사학회, 1980.

李效再, 일제하의 한국여성노동문제연구,『한국학보』4, 일지사, 1976/『한국근대사론 3』, 지식산업사, 1977.

李效再, 개신교 선교와 한국여성 개화,『한국의 근대화와 기독교』, 숭전대 기독교문화연구소, 1983.

林仁榮, 한국근대여성의 경제활동의 참여사 - 개항에서 해방까지 - ,『한국근대여성연구』, 숙명여대 아세아여성문제연구소, 1987.

장명욱, 李鍾一선생과 여성교육,『신인간』372, 신인간사, 1979.

丁曉淑, 天道敎여성단체에 대한 일연구 - 1920년대를 중심으로 - ,『이화사학연구』9, 1976.

丁曉淑, 대한제국기 進明婦人會의 조직과 사상,『대한제국연구 5』, 이화여대 한국문화연구소, 1986.

丁曉淑, 대한제국기 여자교육회의 조직과 구성원연구 - 조직형성기를 중심으로 - ,『정신문화연구』34,
    한국정신문화연구원, 1988.

鄭世鉉, 한국여성의 신문화운동 - 1920년대 여성문화운동을 중심으로 - ,『아세아여성연구』10, 숙명여대
    아세아여성문제연구소, 1971.

鄭世鉉, 槿友會조직의 전개,『아세아여성연구』11, 숙명여대 아세아여성문제연구소, 1972.

丁堯燮, 기독교가 한국여성의 개화에 미친 영향,『아세아여성연구』, 숙명여대 아세아여성문제연구소,
    1968.

丁堯燮, 일제치하에 있어서 한국여성에 대한 교육정책과 그 저항운동에 관한 연구,『아세아여성문제』
    10, 숙명여대 아세아여성문제연구소, 1971.

丁堯燮, 한국여성의 민족운동에 관한 연구 - 3 · 1운동을 중심으로 - ,『아세아여성연구』10, 숙명여대 아
    세아여성문제연구소, 1971.

丁堯燮, 한국여성의 사회적 지위 - 일제치하를 중심으로 - ,『일제하의 민족운동사』, 고려대 아세아문제
    연구소, 1971.

丁堯燮, 韓國女性の民族運動に關する硏究 - 3 · 1運動を中心として(上 · 下),『アジア女性交流史硏究』
    15 · 16, 1974.

丁堯燮, 한국여성운동사서설,『노산유원동박사화갑기념논총 한국근대사회경제사연구』, 정음문화사,
    1985.

丁堯燮, 3 · 1운동과 여성,『삼일운동50주년기념논집』, 동아일보사, 1969/『한국근대여성연구』숙명여대
    아세아여성문제연구소, 1987.

鄭昌均, 일제하의 여성운동에 관한 연구, 중앙대 석사논문, 1974.

鄭忠良 · 李效再, 일제하 여성노동자 취업실태와 노동운동에 관한 연구,『논총』22, 이화여대 한국문화
    연구원, 1973.

鄭忠良, 독립신문의 개화기 여성의 교육개발 진흥 및 사회참여에 미친 영향에 관한 연구,『논총』26, 이
    화여대 한국문화연구소, 1975.

趙京美, 1920년대 여성단체운동에 관한 연구, 숙명여대 석사논문, 1990.

趙京美, 1920년대 사회주의 성격에서 본 槿友會,『숙명한국사론』1, 숙명여대한국사학과, 1993.

趙善娥, 독립신문의 여성개화론 연구, 한양대 석사논문, 1986.

趙恒來, 구한말 항일구국여성운동,『여성문제연구』5 · 6합, 효성여대, 1976.

趙恒來, 독립신문의 여성교육論調攷,『여성문제연구』10, 효성여대, 1981.

趙恒來, 서평 : 한국천주교여성사(1 · 2) (김옥희 저),『한국사연구』45, 1984.

崔明仁, 한국개화기의 여성교육에 관한 연구 - 독립신문을 중심으로 - ,『논문집』3, 성신여사대, 1970.

崔秀璟, 沃坡 李鍾一의 여성교육론 연구, 경희대 석사논문, 1990.

崔淑卿, 한국여성해방사상의 성립,『한국사학』1, 한국정신문화연구원, 1980.

崔恩喜, 여권에서 애국으로 - 여성운동 - ,『한국현대사 4』, 신구문화사, 1969.

洪以燮, 구미인의 한국여성관 - 19세기 한국관계 문헌을 중심으로 - ,『아세아여성연구』1, 숙명여대 아
    세아여성문제연구소, 1962.

Lee Hyo-chae, Protestant Missionary Work and Enlightenment of Korean Women,『Korea Journal』17 - 11,
    Korean National Commission for Unesco, Nov. 1977.

5) 호적 · 인구

京城府,『戶口統計(昭和7 · 8年)』, 1933.
渡邊彰,『京城の人口に關する硏究』, 京城, 1934.
朝鮮總督府,『昭和8 · 9年朝鮮の人口統計』, 1935.
朝鮮總督府,『昭和13年朝鮮人口動態統計』, 1940.
朝鮮厚生協會,『朝鮮に於ける人口に關する諸統計』, 京城, 1943.
韓國政府財政顧問部,『韓國戶口表』, 京城, 1907.
咸慶南道,『昭和8年咸慶南道人口統計』, 1934.

吉田光男, 戶籍から見た20世紀初頭ソウルの人と家 - 京都大所藏漢城府戶籍の基礎的分析 -,『朝鮮學
  報』147, 1993.
吉田光男, 大韓帝國期ソウルの住民移動 -「漢城府戶籍」の分析を通して -,『朝鮮文化硏究』1, 東京大
  朝鮮文化硏究室, 1994.
朴秉濠, 일제시대의 호적제도,『고문서연구』3, 한국고문서학회, 1992.
森田芳夫, 戰前における在日朝鮮人の人口統計,『朝鮮學報』48, 朝鮮學會, 1968.
石南國, 李朝末期以降1925年に至る朝鮮人口の推計について,『函館大學論究』2, 1967.
善生永助, 日韓合邦前後における朝鮮の人口集落,『朝鮮學報』21 · 22合, 朝鮮學會, 1961.
孫禎睦, 개항기의 도시인구 규모,『한국사연구』39, 1982.
孫禎睦, 일제강점초(1911~20)의 도시인구수,『한국사연구』49, 1985.
松村平一郎, 韓國人口史に關する一考察 - 日本植民地時代の人口流出について -,『海外事情』16, 拓
  植大學海外事情硏究所, 1963.
吳星, 19세기 말 仁川港의 戶와 戶主 - 光武戶籍의 검토 -,『역사학보』131, 역사학회, 1991.
吳星, 한말 開城地方의 戶의 구성실태 - 인구와 가옥을 중심으로 -,『성곡논총』23, 성곡학술문화재단,
  1992.
吳星, 한말 開城地方의 戶의 構成과 戶主 - 南部 都助里 戶主의 직업분포와 관련 -,『이기백고희기념
  한국사학논총(하)』, 1994.
이명헌, 莞島 靑山鎭 丙子호적대장의 분석,『호남향사회보』2, 목포 : 호남향사회, 1991.
李世永, 대한제국기의 호구변동과 계급구조,『역사와 현실』7, 한국역사연구회, 1992.
鄭德基, 일제시대 호구변천의 사회경제사적 연구,『인문과학』2 - 5, 충남대 인문과학연구소, 1975.

6) 契

金龍洛,『한국契의 이론과 실제』, 청자서원, 1967.

金炅一, 조선말에서 일제하의 농촌사회의 洞契에 관한 연구,『한국학보』35, 일지사, 1984.
金三守, 개항 전 · 후기에 있어서 契 공동체의 변화(1),『논문집』17, 숙명여대, 1977.
金三守, 개항 전 · 후기에 있어서 契 공동체의 변화(2),『한국정치경제연구소논문집』6, 숙명여대, 1977.
盧榮澤, 일제하 농민의 契와 조합운동연구,『한국사연구』42, 한국사연구회, 1983.
朴惠淑, 일제하 농촌契에 대한 일연구, 숙명여대 석사논문, 1985.

7) 사건 · 재해

박영석, 『만보산사건에 관한 연구』, 경희대 박사논문, 1977.
박영석, 『만보산사건 연구』, 아세아문화사, 1978.

姜德相, 關東大震災における朝鮮人虐殺の實態 - 特に40周年を紀念して - , 『歷史學硏究』 278, 歷史學硏究會, 1963.
金敬泰, 서평 : 만보산사건연구(박영석 저), 『한국사연구』 28, 1980.
綠川勝子, 萬寶山事件および朝鮮內排華事件についての一考察, 『朝鮮史硏究會論文集』 6, 朝鮮史硏究會, 1969.
譚譯, 萬寶山事件的遠因近因與敎訓, 『水邨朴永錫華甲論叢 한국사학논총(하)』, 1992.
朴永錫, 萬寶山사건의 역사적 배경, 『백산학보』 6, 백산학회, 1969.
朴永錫, 萬寶山사건의 경위, 『백산학보』 7, 백산학회, 1969.
朴永錫, 萬寶山사건이 조선에 미친 영향, 『아세아학보』 8, 아세아학술연구회, 1970.
朴永錫, 일제의 대륙정책과 萬寶山사건, 『건대사학』 2, 1972.
朴永錫, 萬寶山사건을 圍繞한 중 · 일간의 교섭, 『사총』 17 · 18합, 고려대사학회, 1973.
朴永錫, 萬寶山사건으로 인한 중국에서의 배일운동, 『건대사학』 4, 1974.
朴永錫, 일제하의 중국인 배척사건 - 사건수습을 중심으로 - , 『하성이선근박사고희기념논문집 한국학논총』, 1974.
朴永錫, 萬寶山사건과 조선에서의 중국인 배척이 일본에 미친 영향, 『인문과학논총』 8, 건국대인문과학연구소, 1975.
朴永錫, 일제하 在滿한국유이민촌락의 형성에 관한 연구 - 蔚珍慶州李氏 일가의 이주사례 - , 『한국사연구』 24, 1979.
松尾尊兌, 關東大震災下の朝鮮人虐殺事件, 『思想』 471 · 476, 1963 · 1964.
申載洪, 자유시 참변에 대하여, 『백산학보』 14, 1973.
申載洪, 關東大震災와 한국인 대학살, 『사학연구』 38, 한국사학회, 1984.
李龍範, 서평 : 萬寶山사건연구(박영석 저), 『아세아연구』 22 - 1, 1978.
李珍珪 편, 關東大震災における朝鮮人虐殺の眞相と實態, 『朝鮮に關する硏究資料 9』, 朝鮮史料編纂會, 1963.
李洪烈, 三道溝사건과 그 선후책 - 시책면에서 본 사건의 시대성 - , 『백산학보』 5, 백산학회, 19684.
崔承萬, 在日韓國人과 東京大震災, 『한국사 21 - 3 · 1운동전후의 사회와 경제 - 』, 국사편찬위원회, 1976.

8) 재지지배충 · 엘리트 동향

姜東鎭, 『日本の朝鮮支配政策史硏究』, 東京大學出版會, 1979/『일제의 한국침략정책사』, 한길사, 1980.
金泳謨, 『한말지배층연구』, 서울대 한국문제연구소, 1972.
김용섭, 『한국근현대농업사연구』, 일조각, 1992.
신영우, 『갑오농민전쟁과 영남보수세력의 대응』, 연세대박사학위논문, 1991.

丘冀錫, 3 · 1운동을 지도한 엘리트연구 - 민족대표 33인의 공판기록을 중심으로 - , 서울대 석사논문, 1965.

김도형, 일제침략기 반민족지배집단의 형성과 민족개량주의,『역사비평』6, 1989.

金度亨, 한말·일제초기의 변혁운동과 星州지방지배층의 동향,『한국학논집』18, 계명대 한국학연구원, 1991.

金俊亨, 서부 경남지역의 동학군봉기와 지배층의 대응,『경상사학』7·8합, 경상대사학회, 1992.

渡部學, 舊韓末在鄕處士の外勢事件對應,『多賀秋五郞古稀記念論文集』, 1983.

渡部學, 壺山朴文鎬の「日史」考 - 日淸戰爭時下韓國在鄕處士の日常行動と思想 - ,『人文學會雜誌』14 - 4, 武藏大, 1983.

徐珍敎, 1898년 都約所의 결성과 활동 - 1890년대 후반 보수유생층의 동향에 대한 일검토 - ,『진단학보』 73, 1992.

申圭秀, 개화기 호남지역 儒林의 동향에 관한 연구 - 東學배척운동을 중심으로 - ,『한국사상사학』4·5 합, 한국사상사학회, 1993.

申榮祐, 1894년 嶺南 金山의 농민군과 양반지주층,『동방학지』73, 연세대 국학연구원, 1991.

申榮祐, 갑오농민전쟁이후 영남북서부 양반지배층의 농민통제책,『충북사학』5, 충북대사학회, 1992.

申榮祐, 嶺南북서부 보수지배층의 民堡軍결성논리와 주도층,『동방학지』77·78·79합, 연세대 국학연 구원, 1993.

柳永益, 갑오경장추진세력의 사상과행동 - 갑오개화파관료의 배경과 개혁구상을 중심으로 - ,『논문집 (인문사회)』5, 한림대, 1987.

尹德重, 日帝 식민통치의 관료제와 韓人관료,『한국의 사회와 문화』17, 한국정신문화연구원, 1991.

李康五·宋俊浩, 1907년 당시의 대한제국 관원중 유학 경력 소지자의 조사 - 한말의 지배층과 해외사조 와의 관계를 고찰하기 위한 기본작업 - ,『전북사학』4, 전북대사학회, 1980.

李秉甲, 정책과정에 있어서 안동유림의 이익 표출 - 구한말을 중심으로 - ,『안동문화』3, 안동대, 1982.

이진영, 갑오농민전쟁기 '儒生'의 농민군 참여 양상과 그 성격,『한국사연구』80, 한국사연구회, 1993.

李炫熙, 한말 중인개화사상가의 개혁운동 - 의식 개혁운동의 시각 - ,『사학연구』34, 한국사학회, 1982.

鄭銀景, 1894년 江陵府에서의 鄕會운영과 참여세력의 동향,『동대사학』1, 동덕여대국사학과, 1995.

鄭震英, 19세기 향촌사회 지배구조와 대립관계,『1894년 농민전쟁연구 1』, 역사비평사, 1991.

朱鎭五, 한국근대 집권관료세력의 민족문제 인식과 대응,『역사와 현실』1, 한국역사연구회, 1989.

陳德奎, 일제초기 친일관료 엘리트의 형성과 성격분석,『현상과 인식』2 - 1, 1978.

淺井良純, 日帝侵略初期의 朝鮮人官吏硏究 - 大韓帝國官吏出身者를 中心으로 - , 연세대 석사논문, 1990.

崔承熙, 書院(유림)세력의 동학배척운동 소고 - 1863년도 동학배척 통문분석 - ,『韓㳓劤정년기념 사학 논총』, 지식산업사, 1981.

崔永禧, 한말관인의 경력일반 - 주한 일본공사관기록수록 - ,『사학연구』21, 한국사학회, 1969.

黃性模, 일제하 지식인의 사회사 - 知識人의 소외현상을 중심으로 - ,『한국의 사회와 문화』11, 한국정 신문화연구원, 1990.

9) 해외이민 · 유민 · 재외동포

고송무,『쏘련의 한국이민』, 이론과 실천, 1990.

고승제,『한국이민사연구』, 장문각, 1973.

곽태환,『재미한인사회』, 양영각, 1991.

滿洲移民史硏究會,『日本帝國主義下の滿洲移民』, 龍溪書舍, 1976.

朴慶植,『朝鮮人 强制連行の記錄』, 未來社, 1965.

朴慶植,『日本帝國主義の朝鮮支配』(上・下), 靑木書店, 1973/ 청아, 1986.

申星麗,『하와이이민 略史』, 고려대, 1988.

神戶區雄,『朝鮮農業移民論』, 1910.

이광규,『재일한국인』, 일조각, 1983.

이구홍,『한국이민사』(중앙신서 53), 중앙신서, 1979.

최원규 편,『일제말기 파시즘과 한국사회』, 청아, 1988.

한일문제연구원 편,『빼앗긴 조국, 끌려간 사람들』, 아세아문화사, 1995.

현규환,『한국유이민사』, 삼화인쇄출판부, 1976.

姜薰德, 일제하 국내소작쟁의와 해외이주농민 - 일본, 만주지역을 중심으로 -,『한국사연구』45, 한국사
    연구회, 1984.

高承濟, 만주농업이민의 사회사적 분석,『백산학보』10, 1971/『한국근대사론 1』, 지식산업사, 1977

高承濟, 연해주이민의 사회사적 분석,『백산학보』11, 백산학회, 1971.

高承濟, 하와이 이민의 사회사적 분석,『학술원논문집(인문사회과학편)』11, 학술원, 1972.

高承濟, 華僑對韓이민의 사회사적 분석,『백산학보』13, 백산학회, 1972.

高承濟, 東拓이민의 사회사적 분석,『백산학보』14, 백산학회, 1973.

高承濟, 서평 : 한국流移民史(현규환 저),『한국학보』6. 일지사, 1977.

高承濟, 연해주이민사 연구(1853~1945년),『국사관논총』11, 국사편찬위원회, 1990.

古庄正, 在日朝鮮人勞動者の賠償要求と政府および資本家團體の對應,『社會科學討究』31 - 2, 早稻田
    大社會科學硏究所, 1986.

高珽烋, 제2차세계대전기 在美韓人사회의 동향과 駐美외교위원부의 활동,『국사관논총』49, 국사편찬
    위원회, 1993.

君島和彦, 朝鮮における東拓移民の展開過程,『日本史硏究』161, 日本史硏究會, 1976.

權立, 광복이전 중국거주 한민족의 법적 지위에 대하여,『산운사학』4, 산운학술문화재단, 1990.

權立, 만주 '근대 水田'의 개발과 우리민족,『何石金昌洙화갑논총 한국민족독립운동사의 제문제』, 1992.

權赫秀, 1920~30년대의 동북지방 조선족농민의 경제상황에 관하여,『명지사론』5, 명지대사학회, 1993.

權熙英, 한민족의 露領이주사 연구,『국사관논총』41, 국사편찬위원회, 1993.

김게르만, 소련 극동지역 소비에트정권 수립투쟁과 在蘇韓人(1918~1922) - 소련학계의 연구동향을 중
    심으로 -,『水邨朴永錫화갑논총 한민족독립운동사논총』, 1992.

金基勳, '滿洲國'시대 일제의 對滿 조선인 농업이민정책사연구,『학예지』3, 육사육군박물관, 1993.

金東和, 중국 동북조선족과 '琿春事件',『水邨朴永錫화갑논총 한국사학논총(하)』, , 1992.

金勝一, 일본에 있어서 反戰 反植民운동과 在日韓國人,『西巖趙恒來화갑기념 한국사학논총』, 1992.

金演洙, 재소한인의 중앙아시아 강제이주비사,『구주논총』4 - 1, 대구대 동서구문제연구소, 1989.

金義煥, 일제하 재일동포사회의 분석 연구,『국사관논총』2, 국사편찬위원회, 1989.

金靜美, 和歌山 在日朝鮮人の歷史 - 解放前 -,『在日朝鮮人史硏究』14, 在日朝鮮人運動史硏究會,
    1984.

大內武次, 間島の朝鮮農民,『朝鮮農會報』4 - 4, 朝鮮農會, 1926.

稻葉强, 太平洋戰爭中の在米朝鮮人運動,『朝鮮民族運動史硏究』7, 靑丘文庫, 1991.

木村健二, 20世紀初頭における朝鮮人のメキシコ移民,『紀要』16, 早稻田大 商學硏究所, 1983.

박, 보리스 D., 국권피탈 전후시기 在蘇韓人의 항일투쟁 - 러시아망명 韓人들의 항일투쟁참가 -,『水邨
    朴永錫화갑논총 한민족독립운동사논총』, 1992.

박, 블라지미르, 在蘇 고려민족의 항일운동,『한국독립운동과 尹奉吉의사』, 1992.

朴永錫, 萬寶山사건의 역사적 배경,『백산학보』6, 백산학회, 1969.

朴永錫, 萬寶山사건의 경위,『백산학보』7, 백산학회, 1969.

朴永錫, 萬寶山사건이 조선에 미친 영향,『아세아학보』8, 아세아학술연구회, 1970.

朴永錫, 일제의 대륙정책과 萬寶山사건,『건대사학』2, 1972.

朴永錫, 일제하의 在滿한인박해문제 - 在滿동포옹호동맹의 활동을 중심으로 - ,『아세아연구』15 - 4, 고려대 아세아문제연구소, 1972.

朴永錫, 萬寶山사건을 圍繞한 중·일간의 교섭,『사총』17·18합, 고려대사학회, 1973.

朴永錫, 萬寶山사건으로 인한 중국에서의 배일운동,『건대사학』4, 1974.

朴永錫, 일제하의 중국인배척사건 - 사건수습을 중심으로 - ,『하성이선근박사고희기념논문집 한국학논총』, 1974.

朴永錫, 萬寶山사건과 조선에서의 중국인 배척이 일본에 미친 영향,『인문과학논총』8, 건국대 인문과학연구소, 1975.

朴永錫, 일제하 在滿한인에 대한 중국관헌의 박해실태와 국내반응 - 1920년대 재만동포옹호활동을 중심으로 - ,『한국사연구』14, 1976.

朴永錫, 일제하 在滿한인사회의 형성 - 石洲 李相龍의 활동을 중심으로 - ,『한국사학』3(한국근대문화에 관한 공동연구 4), 한국정신문화연구원, 1980.

朴永錫, 일제하 在滿한국유이민 신촌락 형성에 관한 연구 - 특히 石洲의 華夷觀을 중심으로 - ,『동국사학』15·16합(취아이용범박사회갑기념사학논총), 동국사학회, 1981.

朴永錫, 일제하 在滿한인의 독립운동과 민족의식 - 耕學社의 설립경위와 그 취지서를 중심으로 - ,『사학연구』33, 1981.

朴永錫, 일본제국주의하 한국인 일본이동에 대하여,『인문과학논총』14, 건국대 인문과학연구소, 1982.

朴永錫, 일제하 在滿한국인 기독교도의 항일민족독립운동 - 1910년대의 서간도지역을 중심으로 - ,『한국사연구』48, 1985.

朴永錫, 일제하 在滿한인사회 연구 - 동북사변 이후의 永新農庄을 중심으로 - ,『국사관논총』1, 국사편찬위원회, 1989.

朴永錫, 일제하 在滿한인의 법적지위 - 이중국적을 중심으로 - ,『尹炳奭화갑기념 한국근대사논총』, 1990.

朴永錫, 자료소개 : 1937년 재소한인의 강제이주에 관한 사료,『水邨朴永錫화갑논총 한민족독립운동사논총』, 1992.

朴正義, 일본식민지시대의 재일한국인 여공 - 방적, 제사여공 - ,『논문집』17, 원광대, 1983.

朴亨杓, 3·1운동 당시 露領의 韓僑,『삼일운동50주년기념논집』, 동아일보사, 1969.

박환, 1910년대 大韓人國民會 시베리아지방총회의 성립과 활동,『산운사학』7, 산운학술문화재단, 1993.

박환, 대한인국민회 시베리아지방총회 기관지 -「대한인경교보」- ,『이기백고희기념 한국사학논총(하)』, 일조각, 1994.

森田芳夫, 戰前における在日朝鮮人の人口統計,『朝鮮學報』48, 朝鮮學會, 1968.

徐賢珠, 1920년대 渡日 조선인노동자계급의 형성,『한국학보』63, 일지사, 1991.

石坂浩一, 神奈川朝鮮勞動組合の活動をめぐって,『史苑』43 - 1, 1983.

松村高夫, 日本帝國主義下における'滿洲'への朝鮮人移動について,『三田學會雜誌』63 - 6, 慶應大, 1970.

申圭燮, 日本の間島政策と朝鮮人社會 - 1920年代前半までの懷柔政策を中心として - ,『朝鮮史研究會論文集』31, 1993.

新藤東洋男, 朝鮮國勞動者の强制雇傭經緯 - 日韓合邦前におけるその實態 -, 『歷史評論』187, 歷史科人文學會協議會, 1966.

辛承權, 沿海州 韓人의 이주과정 및 생활상, 『한민족공영체』3, 해외한민족연구소, 1995.

申載洪, 關東大震災와 한국인 대학살, 『사학연구』38, 한국사학회, 1984.

辛珠柏, 1935~38년시기 在滿韓人 민족운동의 새로운 모색 - 東南滿지역을 중심으로 -, 『한국사연구』84, 한국사연구회, 1994.

岩村登志夫, 在阪朝鮮人勞動者階級の形成(1・2), 『歷史評論』152・153, 1943.

여환연, 1920년대 在日 한인의 민족운동 - '협동전선운동'을 중심으로 -, 이화여대 석사논문, 1982.

吳世昌, 在滿한인의 사회적 실태 - 1910~1930년 중국의 대한인정책을 중심으로 -, 『백산학보』9, 백산학회, 1970.

吳世昌, 在滿조선인민회연구, 『백산학보』25, 1979.

吳世昌, 한인의 美州이민과 항일운동, 『민족문화논총』6, 영남대 민족문화연구소, 1984.

吳世昌, 滿州 韓人의 3・1 독립운동, 『水邨朴永錫화갑논총 한민족독립운동사논총』, 1992.

外村大, 1930年代中期の在日朝鮮人運動 - 京阪神地域「民衆時報」を中心に -, 『朝鮮史研究會論文集』28, 1991.

유게라쉼, 재쏘 조선사람들, 『한국과 국제정치』6 - 2, 경남대 극동문제연구소, 1990.

柳承宙, 조선후기 서간도 이주민에 대한 고찰 - 「江北일기」의 해제에 붙여 -, 『아세아연구』21 - 1, 고려대 아세아문제연구소, 1978.

柳時中, 한국인의 渡日상황과 일본에서의 생활실태 - 해방전을 중심으로 -, 『동양문화연구』1, 경북대 동양문화연구소, 1974.

劉願淑, 1930년대 일제의 조선인 만주이민정책 연구, 『부대사학』19, 부산대사학회, 1995.

尹炳奭, 韓人(조선족)의 間島개척과 민족운동, 『何石金昌洙화갑논총 한국민족독립운동사의 제문제』, 1992.

尹鍾周, 근세한국의 민족이산에 관한 연구, 『논문집』14, 서울여대, 1985.

尹輝鐸, 1920~30년대 만주중부지역의 농촌사회구성 - 間島지방의 조선인농민을 중심으로, 『水邨朴永錫화갑논총 한국사학논총(하)』, 1992.

依田憙家, 滿洲における朝鮮人移民, 『日本帝國主義下の滿洲移民』, 龍溪書舍, 1976.

李光奎, 재일교포 이주사, 『김철준박사회갑기념 사학논총』, 1983.

李光奎, 在美한인의 이민사, 『변태섭박사화갑기념 사학논총』, 삼영사, 1985.

李光麟, 구한말 露領 이주민의 한국정계 진출에 대하여 - 金鶴羽의 활동을 중심으로 -, 『역사학보』108, 1985.

李東彦, 露領지역 초기 韓人사회에 관한 연구, 『한국독립운동사연구』5, 독립기념관 한국독립운동사연구소, 1991.

伊藤一彦, 日本の在滿朝鮮人政策, 『東京女子大學比較文化研究所紀要』53, 東京 : 東京女子大學 比較文化研究所, 1992.

李尙根, 露領지역 移住韓人 종교활동, 『芝村金甲周화갑기념 사학논총』, 1994.

李尙根, 露領지역에서의 移住韓人의 노동실태, 『阜村申延澈정년기념 사학논총』, 일월서각, 1995.

李尙根, 露領지역에서의 한인 이주실태, 『한국근현대사연구』2, 한국근현대사연구회, 1995.

李尙根, 露領지역에 이주한 韓人들의 농업활동, 『경희사학』19, 경희대사학회, 1995.

李尙根, 露領지역에 이주한 韓人에 대한 교육, 『사학지』28, 단국대사학회, 1995.

이영찬, 1920~30년대 한국인의 민주이민 연구,『일제하 한국의 사회계급과 사회변동』(한국사회사연구 회논문집 12), 1988.

李龍範, 서평 : 萬寶山사건연구(박영석 저),『아세아연구』22 - 1, 1978.

李鍾學, 동부간도급 함경남북양도 특별조사보고서(1 · 2),『백산학보』23 · 24, 1977.

李徹, 한국인의 러시아 이민사,『슬라브연구』7, 외국어대 소련 및 동구문제연구소, 1991.

자보로스까야, 라리사, 20세기초 조선인의 간도이주,『水邨朴永錫화갑논총 한국사학논총(하)』, 1992.

田村紀文, 植民地期'內地'在住朝鮮人人口,『經濟と經濟學』52, 都立大, 1983.

全海宗, 延邊 韓族의 정착과정과 초기 한인사회 - 19세기 말에서 1920년대 초까지의 移民과 農民經營 - ,『동아연구』28, 서강대 동아연구소, 1994.

鄭景柱, 20세기초 서간도 망명 문학의 한 단면 - 大訥과 守坡의 경우 - ,『문화전통논집』2, 경성대 향토 문화연구소, 1994.

鄭鎭星, 계급으로서의 민족공동체 - 일제시기의 在日 조선인 사회를 중심으로 - ,『현대자본주의와 공동 체이론』, 한길사, 1987.

鄭泰秀, 國恥 직후의 新韓村과 韓民학교연구(1910~1914),『水邨朴永錫화갑논총 한민족독립운동사논 총』, 1992.

鄭惠瓊, 1920년대 大阪 韓人노동자의 생활상,『청계사학』8, 한국정신문화연구원 청계사학회, 1991.

鄭惠瓊, 1910~1920년대 東京 한인노동단체,『한국근현대사연구』1, 한국근현대사연구회, 1994.

趙東杰, 중국조선족 민족해방운동사 논저목록,『한국학논총』16, 국민대 한국학연구소, 1993.

佐佐木信彰, 在日朝鮮人問題の歷史と現實,『經濟學雜誌』86(別冊 1), 大阪市立大, 1985.

朱奉圭, 東拓의 移民사업추진에 관한 연구,『동아문화』29, 서울대 동아문화연구소, 1991.

蔡鉉錫, 일제하 在滿한인기독교회에 관한 연구, 단국대 석사논문, 1983.

千敬化, 일제하 재중국 한국인 민족교육운동연구,『국사관논총』9, 국사편찬위원회, 1989.

崔峰龍, 在滿조선인 반일민족독립운동에서의 종교의 역사적지위에 대하여 - 1910~1920년대를 중심으 로 - ,『何石金昌洙화갑논총 한국민족독립운동사의 제문제』, 1992.

崔秀漢, 중국 동북 조기 조선개척민의 역사탐색,『명지사론』6, 명지대사학회, 1994.

崔承萬, 在日韓國人과 東京大震災,『한국사 21 - 3 · 1운동전후의 사회와 경제 - 』, 국사편찬위원회, 1976.

崔永浩, 한국인 초기 하와이 이민 - 시작과 종말의 동기 - ,『전해종박사회갑기념 사학논총』, 일조각, 1979.

崔昌熙, 한국인 하와이이민,『국사관논총』9, 국사편찬위원회, 1989.

樋口雄一, 自警團設立と在日朝鮮人 - 神奈川縣地方を中心に - ,『在日朝鮮人史研究』14, 神戶, 1984.

樋口雄一, 초기 在日朝鮮人의 싸움,『해협』13, 1985.

洪善杓, 1910년대 후반 하와이 韓人사회의 동향과 大韓人國民會의 활동,『한국독립운동사연구』8, 한국 독립운동사연구소, 1994.

洪鍾佖, 만주 조선인 교육문제 소고 - 1920년대 간도지방을 중심으로 - ,『백산학보』28, 1984.

洪鍾佖, 만주 조선인 종교문제 소고 - 1910년~1930년을 중심으로 - ,『백산학보』33, 1986.

洪鍾佖, 1920년대 在滿조선인의 定着上문제에 대하여 - 商租權 · 歸化 · 小作慣習을 중심으로,『春田李 泰永화갑논총 전환기의 동서사학』, 1992.

洪鍾佖, 滿洲 吉林지방 조선인이민의 경제상황에 대하여 - 1920년대 초기를 중심으로 - ,『백산학보』39, 백산학회, 1992.

洪鍾佖, '在滿'朝鮮人移民의 분포상황과 생업 - 1910~1930년을 중심으로 - ,『백산학보』41, 백산학회,

1993.

洪鍾佖, 만주(중국동북지방) 조선인移民의 전개과정소고,『명지사론』5, 명지대사학회, 1993.

洪鍾佖, 만주사변 이전 在滿조선인의 교육에 대하여,『명지사론』6, 명지대사학회, 1994.

黃敏湖, 1920년대 후반 在滿韓人에 대한 中國당국의 정책과 한인사회의 대응,『한국사연구』90, 1995.

2. 노농운동

1) 농민 · 농민운동 · 농촌상태

姜薰德,『일제하 농민운동의 일연구 - 소작쟁의를 중심으로 - 』, 경희대 박사논문, 1989.

김용섭,『한국근현대농업사연구』, 일조각, 1992.

金昃一 편,『북한학계의 1920 · 30년대 노농운동연구』, 창작과 비평사, 1989.

金哲秀,『1910년대 농민 · 노동자의 생활상태와 저항운동』, 경북대 박사논문, 1993.

농업협동조합중앙회 편간,『농업협동조합운동 - 그 사적 고찰과 금후의 방향 - 』, 1962.

동학농민혁명기념사업회 편,『동학농민혁명과 사회변동』, 한울, 1993.

리종현,『1920년대 전반기 농민들의 처지와 농민운동의 장성』, 조선로동당출판사, 1962.

사회과학원력사연구소 편,『조선근대혁명운동사』, 과학원출판사, 1961/한마당, 1988.

徐仁均 편,『조선사회민족운동의 회고』, 시조사, 1945.

李榮薰 외,『근대조선수리조합연구』, 일조각, 1992.

이우재,『한국농민운동사』, 한울, 1986.

이우재,『한국농민운동사연구』, 한울, 1991.

이준식,『농촌사회변동과 농민운동 - 일제침략기 함경남도의 경우』, 민영사, 1993.

張矢遠 외,『한국근대 농촌사회와 농민운동』, 열음사, 1988.

조동걸,『일제하 한국농민운동사』, 한길사, 1979.

池秀傑,『일제하 농민조합운동연구 - 1930년대 혁명적 농민조합운동 - 』, 역사비평사, 1993.

淺田喬二 외,『抗日農民運動硏究』, 동녘, 1984.

한국농촌경제연구원,『구례군 사회조직문서 - 1871~1935 - 』, 1991.

한국농촌경제연구원,『구례유씨가의 생활일기 - 1851~1936 - 』(상 · 하), 1991.

한국농촌경제연구원,『농촌 및 농업구조 변천에 관한 견구』, 농어촌진흥공사 농어촌연구원, 1991.

한국사회사연구회,『한국근대농촌사회와 일본제국주의』(한국사회사연구회논문집 2), 1986.

한국사회사연구회,『일제하의 사회운동』(한국사회사연구회논문집 9), 1987.

한국사회사연구회,『한국의 사회제도와 농촌사회의 변동』(한국사회사연구회논문집 33), 1992.

한국사회사연구회,『한국의 민족문제와 일본제국주의』(한국사회사연구회논문집 34), 1992.

허장만,『1920년대 농민운동의 발전』, 조선로동당출판사, 1963.

洪性讚,『한국근대농촌사회의 변동과 地主層』, 지식산업사, 1992.

姜吉遠, 일제하 한국농촌의 실태 - 소위 농촌진흥운동기의 전라북도지방을 중심으로 - ,『전라문화논총』 1, 전북대 전라문화연구소, 1986.

姜吉遠, 樊樹 又松농장의『土地及小作料原簿』(1941~1945)를 통해서 본 일제하 한국농촌실태,『동방학 지』77 · 78 · 79합, 1993.

姜東鎭, 일제하의 한국사회운동사연구,『학술지』11, 건국대 학술연구원, 1970.

姜萬吉, 일제하 농촌빈민증가의 원인,『동양학』14, 단국대 동양학연구소, 1984.

강정숙, 일제하 안동지방 농민운동에 관한 연구,『한국근대농촌사회와 농민운동』, 열음사, 1988.

姜泰勳, 일제하 조선의 농민층분해에 관한 연구,『한국근대농촌사회와 농민운동』, 열음사, 1988.

姜浩出, 식민지시대 충북 永同지역 농민운동연구,『사총』39, 고려대사학회, 1991.

姜薰德, 일제하 소작쟁의의 성격에대한 일고찰 - 1921~1932년까지의 소작쟁의 분석을 중심으로 - ,『한국사논총』4, 성신여대국사학회, 1981.

姜薰德, 일제하 국내소작쟁의와 해외이주농민 - 일본 · 만주지역을 중심으로 - ,『한국사연구』45, 한국사연구회, 1984.

姜薰德, 일제하 小農의 몰락과 轉業,『水邨朴永錫화갑논총 한국사학논총(하)』, 1992.

高錫珪, 19세기 농민전쟁의 전개와 변혁주체의 성장,『1894년 농민전쟁연구 1』, 1991.

高承濟, 식민지 예농체제의 전개와 소작쟁의의 사회경제적 성격,『학술원논문집(인문, 사회과학편)』21, 학술원, 1982.

고정수, 1920년대말~1930년대초 반일농민운동의 새로운 앙양(1929~1932),『력사과학』1958 - 2.

宮塚利雄, 日帝下의 韓國農村社會와 火田民에 關한 考察, 경희대 석사논문, 1975.

權斗榮, 일제하 한국농민운동사연구,『사회과학논집』4, 고려대정경대, 1973/『한국근대사론 3』, 지식산업사, 1977.

權寧珉, 일제식민지시대의 농민운동과 농민문학론,『진단학보』62, 1986.

金森襄作, 朝鮮農民組合運動史 - 1920年代の晋州 · 順天を中心にして - ,『朝鮮史叢』5 · 6合, 朝鮮史叢編輯委員會, 1982.

金炅一, 일제하의 농업과 공동노동조직 - 공동경작을 중심으로 - ,『현대자본주의와 공동체이론』, 한길사, 1987.

金度亨, 대한제국의 개혁사업과 농민층 동향,『한국사연구』41, 한국사연구회, 1983.

金度亨, 대한제국시기의 외래상품 · 자본의 침투와 농민층 동향,『학림』6, 연세대사학연구회, 1984.

金明久, 1920년대 전반기 사회운동이념에 있어서의 농민운동론,『한국근대농촌사회와 농민운동』열음사, 1988.

金柄夏, 일제하의 농민의 성격과 농업경영변동에 관한 연구,『한국학논집』18, 계명대 한국학연구원, 1991.

金錫根, 식민지하(1919~1922) 한국농촌의 사회구조 변혁운동에 관한 연구, 한국정신문화연구원 석사논문, 1984.

金性基, 일본식민지시대의 농민층분해에 관한 연구,『논문집(인문, 사회과학편)』28, 충북대, 1984.

金容達, 일제하 龍川지방의 농민운동에 관한 연구,『북악사론』2, 국민대국사학과, 1990.

金容達, 朝鮮農會(1910~26)의 조직과 사업,『국사관논총』64, 국사편찬위원회, 1995.

金潤煥, 농민운동과 노동운동,『한국사 22 - 민족운동의 전개 - 』, 국사편찬위원회, 1976.

金點淑, 1930년대 전남지방 혁명적 농민조합운동 연구,『전남사회운동사연구』, 광주 : 한국현대사사료연구소, 1992.

김정숙, 1934~1937년 명천농민들의 혁명적 진출,『력사과학』1958 - 3.

金鍾先, 서남해도서지역의 농지분쟁 및 소작쟁의에 관한 연구(1) - 암태도 소작쟁의를 중심으로 - ,『인문과학』1, 목포대, 1984.

金鍾先, 서남해도서지역의 농지분쟁 및 소작쟁의에 관한 연구(2) - 하의삼도 농지분쟁을 중심으로 - ,『논문집(인문과학)』7, 목포대, 1986.

金鍾先, 서남해도서지역의 농지분쟁 및 소작쟁의에 관한 연구(3),『목포대논문집』11 - 2, 1990.

金彩潤, 한국농촌에 있어서의 신분구조의 변이,『韓㳓劤박사정년기념 사학논총』, 지식산업사, 1981.

金顯叔, 일제하 민간협동조합 운동에 관한 연구,『일제하의 사회운동』(한국사회사연구회논문집 9), 문학과 지성사, 1987.

金炯睦, 한말 始興농민운동에 관한 연구,『중앙사론』6, 중앙대사학회, 1989.

盧榮澤, 일제하 농민의 契와 조합운동연구,『한국사연구』42, 한국사연구회, 1983.

盧榮澤, 일제하 농민의 경제운동연구 - 禁酒斷煙운동의 목적을 중심으로 - ,『변태섭박사화갑기념 사학논총』, 삼영사, 1985.

盧榮澤, 일제하 천도교의 농민운동연구(1),『한국사연구』52, 1986.

盧榮澤, 일제하 천도교의 농민운동연구(2) - 李晟煥의 농민운동인식 - ,『龍巖車文燮화갑기념 사학논총』, 1989.

盧榮澤, 농민운동,『한민족독립운동사』9, 국사편찬위원회, 1991.

盧榮澤, 천도교 농민운동의 전개과정 - 조선농민사의 성격을 중심으로 - ,『水邨朴永錫화갑논총 한민족독립운동사논총』, 1992.

大內武次, 間島の朝鮮農民,『朝鮮農會報』4 - 4, 朝鮮農會, 1926.

大和和明, 1920年代前半期の朝鮮農民運動 - 全羅南道順天郡の事例を中心に - ,『歷史學研究』502, 歷史學研究會, 1982.

大和和明, 朝鮮農民運動の轉換點 - 1925年全羅南道多島海地域の小作爭議分析 - ,『歷史評論』413, 1984.

文昭丁, 일제하 농촌가족에 관한 연구 - 1920 · 30년대 소작빈농층을 중심으로 - ,『일제하 한국의 사회계급과 사회변동』(한국사회사연구회논문집 12), 문학과 지성사, 1988.

文昭丁, 1920~30년대 소작농가 자녀들의 생활과 교육,『한국사회의 여성과 가족』(한국사회사연구회논문집 20), 1990.

梶村秀樹, 甲山火田民事件(1929年)について,『旗田巍古稀紀念 朝鮮歷史論集(下)』, 1979/『抗日農民運動研究』, 동녘, 1984.

閔庚培, 한국기독교의 농촌사회운동 - 1925~1938년을 중심으로 - ,『동방학지』38, 연세대 국학연구원, 1983.

박경준, 尹奉吉의사의 농민운동연구, 경희대 석사논문, 1976.

朴圭星, 한국농업협동조합의 역사적 고찰,『李徽載박사화갑기념논문집』, 서울대농대, 1964.

朴明圭, 일제시대 농민운동의 계층적성격 - 자작농층을 중심으로 - ,『현대자본주의와 공동체이론』, 한길사, 1987.

朴明圭, 19세기말 古阜지방 농민층의 존재형태,『전라둔화논총』7, 전북대 전라문화연구소, 1994.

朴商煦, 갑오경장 시기의 농민군에 대하여,『논문집』13, 경원대, 1995.

朴秀炫, 식민지시대 수리조합반대운동 - 1920~34년을 중심으로 - ,『중앙사론』7, 중앙대사학연구회, 1991.

박재묵, 식민지시대 농업불황과 소작쟁의,『한국의 사회와 문화』14, 한국정신문화연구원, 1990.

朴贊勝, 한말 역토 · 둔토에서의 지주경영의 강화와 抗租,『한국사론』9, 서울대국사학과, 1983.

朴千佑, 일제하 지주제와 농민운동,『東村朱宗桓화갑기념논문집 한국자본주의론』, 1989.

박현옥, 만주 항일무장투쟁하에서의 여성해방 정책과 농민여성,『아시아문화』9, 한림대 아시아문화연구소, 1993.

朴玄埰, 일제하 민족해방운동의 과제와 농민운동,『한국민족주의론 3』, 창작과 비평사, 1985.

白承鍾, 1893년 전라도 泰仁縣 양인농민들의 租稅부담,『진단학보』75, 1993.

竝木眞人, 植民地下朝鮮における地方民衆運動の展開 - 咸慶南道洪原郡の事例を中心に - ,『朝鮮史研究會論文集』20, 1983.

富田晶子, 農村振興運動下の中堅人物の養成 - 準戰時體制期を中心に - ,『朝鮮史研究會論文集』18, 朝鮮史研究會, 1981.

飛田雄一, 定平農民組合の展開 - 1930年代の赤色農民組合の一事例 - ,『朝鮮史叢』5·6合, 朝鮮史叢編輯委員會, 1982.

飛田雄一, 金海農民組合の展開 - 1930年代の赤色農民組合の一事例 - ,『朝鮮民族運動史研究』1, 靑丘文庫, 1984.

飛田雄一, 永興農民組合の展開 - 1930年代の赤色農民組合の一事例 - ,『朝鮮1930年代研究』, 1982/『抗日農民運動研究』, 동녘, 1984.

飛田雄一, 明川農民組合の展開 - 1930年代の赤色農民組合の一事例 - ,『朝鮮民族運動史研究』5, 朝鮮民族運動史研究會, 1988.

徐承甲, 일제하 수리조합구역내 增收糧의 분배와 농민운동 - 臨益·益沃수리조합을 중심으로 - ,『사학연구』41, 1990.

徐承甲, 일제하 穀物검사제의 강화와 반대운동,『水邨朴永錫화갑논총 한국사학논총(하)』, 1992.

徐承甲, 소작조정령·자작농創定 이후의 농촌실태 연구,『국사관논총』58, 국사편찬위원회, 1994.

徐壬貞, 토지조사사업 이후의 계층이동연구 - 농민계층을 중심으로 - , 이화여대 석사논문, 1977.

西條晃, 1920年代朝鮮における水利組合反對運動,『朝鮮史研究會論文集』8, 朝鮮史研究會, 1971.

宋鍾復, 植民統治에 대한 韓民族의 저항과 自救相 - 日帝의 營農權 탈취를 중심으로 - ,『부대사학』18, 부산대사학회, 1994.

宋種福, 일제하의 한국농협운동,『학술지』24, 건국대 학술연구원, 1980.

신기욱, 1930년대 농촌사회 변화와 갈등 - 그 기원과 유산 - ,『동방학지』82, 연세대 국학연구원, 1993.

愼鏞廈, 두레공동체와 농민문화,『현대자본주의와 공동체이론』, 한길사, 1987.

愼鏞廈, 일제하의 지주제도와 농민계층의 분화,『한국의 사회와 문화』9, 한국정신문화연구원, 1988.

愼鏞廈, 조선왕조말 일제하 농민의 사회적 지위와 경제적 상태,『한국사시민강좌』6, 일조각, 1990.

愼鏞廈, 윤봉길의 농민운동과 민족독립운동,『한국학보』81, 일지사, 1995.

辛珠栢, 1930년대 함경남도지방 혁명적 농민조합운동에 관한 일연구,『성대사림』5, 성균관대사학회, 1989.

辛珠栢, 1930년대 혁명적 노·농운동의 조직문제에 관한 한 연구 - 범태평양노동조합과 명천군농민조합운동을 중심으로 - ,『역사비평』7, 1989.

辛珠栢, 서평 : 농촌사회변동과 농민운동(이준식 저),『역사와 현실』10, 한국역사연구회, 1993.

廉仁鎬, 농촌진흥운동기 濟州지방의 혁명적 농민조합운동,『제주도사연구』1, 제주도사연구회, 1991.

吳興秀, 일제하 농업구조의 변화와 농민층분해에 관한 연구,『논문집』26, 청주교대, 1989.

우대형, 일제하 1930년대 농민층분해의 양상과 그 배경,『崔虎鎭講壇50주년기념논문집 경제이론과 한국경제』, 박영사, 1993.

尹九烈, 1920년대 조선勞農총동맹연구, 홍익대 석사논문, 1989.

尹輝鐸, 1920~30년대 만주중부지역의 농촌사회 구성 - 間島지방의 조선인 농민을 중심으로 - ,『水邨朴永錫화갑논총 한국사학논총(하)』, 1992.

李景植, 서평 : 일제하 한국농민운동사(조동걸 저),『한국사연구』28, 1980.

李圭洙, 1920年代後半期, ‘不二西鮮農場’地域の朝鮮農民運動について,『朝鮮民族運動史研究』9, 朝鮮民族運動史硏究會, 1993.

李命英, 일제하의 소작 및 노동쟁의와 思想사건에 관한 연구, 『논문집(인문, 사회계)』 32, 성균관대, 1982.

李玟洙, 일제하 한·일인의 경제생활에 관한 연구 - 한반도 거주인을 중심으로 -, 『西巖趙恒來화갑기념 한국사학논총』, 1992.

李榮薰, 개항기 농촌사회 재편의 역사적 의의, 『東村朱宗桓화갑기념논문집 한국자본주의론』, 1989.

李潤相, 대한제국기 농민운동의 성격, 『1894년 농민전쟁연구 2』, 역사비평사, 1992.

李庭植, 농민혁명의 사회적 기초, 『The Korean Worker's Party』, Stanford Univ., 1978/『항일농민운동연구』, 동녘, 1984.

李鍾範, 1920·30년대 진도지방의 농촌사정과 농민조합운동, 『역사학보』 109, 1986.

李鍾範, 일제하 전남지방에서의 농민운동의 발전과 장흥지역, 『역사와 현장』 1, 1990.

李鍾範, 20세기초 自營(小)地主의 농업경영과 농민생활 - 求禮郡 吐旨面 五美洞 사례 -, 『학림』 16, 연세대사학연구회, 1994.

이준식, 1930년대 초 함경도지방의 무장농민투쟁, 『역사비평』 4, 역사문제연구소, 1989.

이준식, 일제침략기 김해지방의 농민운동, 『역사와 현실』 7, 한국역사연구회, 1992.

이준식, 서평 : 일제하 농민조합운동(지수걸 저) -, 『역사비평』 21, 역사문제연구소, 1993.

李喆雨, 1920년대 전라남도 순천지역의 농민항쟁과 법(상), 『법사학연구』 10, 한국법사학회, 1989.

李海濬, 求禮 雲鳥樓 柳氏家의 생활일기고 - 한말·일제시기의 촌락과 농민생활상 -, 『전남문화재』 4, 전라남도, 1992.

李鎬澈, 식민지하 농촌경제 사례구분(1) - 1920년대 평안북도寧邊郡농촌의 농업환경과 그 성격 -, 『경상대논문집』 19, 1980.

이홍락, 일제하 조선에 있어서의 농촌지역 재생산조건의 해명을 위한 하나의 시론 - 경상북도 영천군을 중심으로 -, 『민족문화논총』 9, 영남대 민족문화연구소, 1988.

李勛相, 서평 : 한국근대농촌사회의 변동과 지주층(洪性讚 저), 『역사학보』 146, 역사학회, 1995.

임경석, 1910년대 계급구성과 노동자·농민운동, 『3·1민족해방운동연구』, 한국역사연구회·역사문제연구소, 1989.

장규식, 1920~30년대 YMCA 농촌사업의 전개와 그 성격, 『한국기독교와 역사』 4, 한국기독교역사연구소, 1995.

張矢遠, 일제하 농민층 분해의 양상과 그 성격, 『일제의 한국식민통치』, 정음사, 1985.

鄭德基, 일제식민지시대 조선농촌의 사회경제적 분석, 『논문집』 1-1, 충남대 인문과학연구소, 1974.

鄭德基·崔槿默, 일제식민지시대의 사회경제사연구 - 농민과 노동자의 생활사를 중심으로 -, 『호서사학』 7, 호서사학회, 1979.

丁善杓, 일제하 소작쟁의의 고찰 - 1920년대 호남지방을 중심으로 -, 대구대 석사논문, 1986.

鄭然泰, 1930년대 '自作農地設定事業'에 관한 연구, 『한국사론』 26, 서울대국사학과, 1991.

鄭永太, 1920년대 전라북도 농업의 성격과 농민운동, 인하대 석사논문, 1988.

丁堯燮, 일제치하의 브 나로드운동에 관한 연구, 『논문집』 14, 숙명여대, 1974.

鄭容郁, 3·1운동에 나타난 노동자·농민의 진출, 『역사비평』 4, 역사문제연구소, 1989.

曺淡, 1930년대 농촌금융의 실태 - 무안군망운지역을 중심으로 -, 『秋堰權丙卓화갑논총 한국근대경제사 연구의 성과 2』, 1989.

趙東杰, 조선농민사의 농민운동과 농민야학, 『한국사상』 16, 한국사상연구회, 1978.

趙東杰, 地契사업에 대한 定山의 農民抗搖, 『사학연구』 33, 한국사학회, 1981.

趙成雲, 일제하 梁山농민조합운동에 대한 연구, 동국대 석사논문, 1989.

趙成雲, 일제하 울진농민조합의 결성과정 및 그 활동,『동국역사교육』2, 동국대역사교육과, 1990.

趙成雲, 일제하 襄陽농민조합운동에 대하여,『何石金昌洙화갑논총 한국민족독립운동사의 제문제』, 1992.

趙成雲, 일제하 강원도 울진지역의 혁명적 농민조합운동,『素軒南都泳고희기념 역사학논총』, 민족문화사, 1993.

趙成雲, 일제하 경남 梁山지역의 혁명적 농민조합운동,『芝村金甲周화갑기념 사학논총』, 1994.

曹永建, 1920년대의 한국농민운동,『건대사학』2, 건국대사학회, 1972.

朱奉圭, 일제하 소작쟁의운동의 역사적 의의에 관한 연구,『동아문화』14, 서울대 동아시아문화연구소, 1977.

朱奉圭, 일제하 소작쟁의 운동의 성격에 관한 연구 - 민족운동 및 反帝운동의 성격규명 중심으로 - ,『성곡논총』13, 1982.

朱奉圭, 일제하 농민운동전개에 관한 연구 - 소작쟁의 운동을 중심으로 - ,『경제논집』23 - 1, 서울대 경제연구소, 1984.

朱奉圭, 일제하 자생적 농민조합에 관한 사적 연구,『경제논집』23 - 3, 서울대 경제연구소, 1984.

池秀傑, 朝鮮農民社의 단체성격에 관한 연구 - 천도교청년당과의 관계를 중심으로 - ,『역사학보』106, 1985.

池秀傑, 식민지시대 농민운동연구의 현황과 과제,『한국근대농촌사회와 농민운동』, 열음사, 1988.

池秀傑, 일제시대 농민운동의 전개와 성격,『일제식민지시대의 민족운동』(한길역사강좌 11), 한길사, 1988.

池秀傑, 일제하 전남 완도·해남지역의 농민조합운동 연구 - '全南運動協議會'의 활동을 중심으로 - ,『역사교육』49, 역사교육연구회, 1991.

池秀傑, 일제하 함남 定平지방의 혁명적 농민조합운동,『일제말 조선사회와 민족해방운동』, 한국근현대사회연구회, 1991.

池秀傑, 한국근현대 사회운동사연구의 현황과 과제,『역사와 현실』10, 한국역사연구회, 1993.

池秀傑, 일제하 농민운동,『한국사 15』, 한길사, 1994.

陳德奎, 한국에서의 사회주의지식인과 농민·노동자문제 - 식민지사회에서의 사회주의의 존재양식 - ,『동아연구』13, 서강대, 1988.

陳德奎, 1920년대 사회주의 민족진영의 성격에 대한 고찰 - 조선노농총동맹을 중심으로 - ,『한국독립운동사연구』5, 1991.

淺田喬二, 大正末期昭和十年代初期朝鮮における抗日農民運動の地域的特徵(1920〜39年) - 統計的分析を中心として - ,『朝鮮史研究會論文集』8, 1971.

淺田喬二, 迫間農場爭議の展開過程,『日本帝國主義下の民族革命運動』, 未來社, 1973/『항일농민운동연구』, 동녘, 1984.

淺田喬二, 植民地朝鮮における農民組織の發展狀況,『日本帝國主義下の民族革命運動』, 未來社, 1973/『항일농민운동연구』, 동녘, 1984.

淺田喬二, 抗日農民運動の一般的展開過程,『日本帝國主義下の民族革命運動』, 未來社, 1973/『항일농민운동연구』, 동녘, 1984.

崔元奎, 서평 : 한국근대 농촌사회의 변동과 지주층, 전남 화순군 동복면일대의 사례(홍성찬 저),『역사교육』53, 1993.

崔潤晤, 18·19세기 계급구성의 변동과 농민의식의 성장,『1894년 농민전쟁연구 1』, 1991.

崔在錫, 농촌의 班常관계와 그 변동과정,『진단학보』34, 진단학회, 1972.

崔載賢, 19세기 사회운동의 전략집단,『한국의 사회와 문화』10, 한국정신문화연구원, 1989.

河元鎬, 1930년대 사회주의자의 농업·농민문제 인식,『민족문화』4, 한성대 민족문화연구소, 1989.

河元鎬, 1930년대 사회주의자들의 농업·농민론,『일제말 조선사회와 민족해방운동』, 한국근현대사회연
    구회, 1991.

河元鎬, 곡물의 대일수출과 농민층의 저항,『1894년 농민전쟁연구 1』, 한국역사연구회, 1991.

한도현, 반제 반봉건투쟁의 전개와 농민조합 - 明川군 농민조합운동을 중심으로 - ,『일제하의 사회운동』
    (한국사회사연구회논문집 9), 1987.

韓相仁, 1930년대초 농촌위기의 형성,『秋堰權丙卓화갑논총 한국근대경제사 연구의 성과 2』, 1989.

함한희, 조선말·일제시대 宮三面 농민의 사회경제적 지위와 그 변화 - ,『한국학보』66, 일지사, 1992.

洪性讚, 20세기 전반기 한국농촌사회의 구조와 변동,『경제사학』12, 1988.

黃明水, 일제하 水利조합과 농민투쟁 - 不二興業산하 농장을 중심으로 - ,『秋堰權丙卓화갑논총 한국근
    대경제사 연구의 성과 2』, 1989.

黃善嬉, 1920년대 한국의 농민운동에 관한 연구, 상명여대 석사논문, 1981.

Shin Gi-wook, Defensive Struggles or Forward-Looking Efforts? Tenancy Disputes in Colonial Korea,『The
    Journal of Korean Studies』, 남가주대학 사학과, L. A., 1990.

2) 노동자·노동운동

姜怡守,『1930년대 면방대기업 여성노동자의 상태에 대한 연구』, 이화여대 박사논문, 1992.

金炅一 편,『북한학계의 1920·30년대 노농운동연구』, 창작과 비평사, 1989.

金炅一,『일제하 노동운동사』, 창작과 비평사, 1992.

김사욱,『한국노동운동사』(산경문고 1), 1974.

金潤煥·金洛中 공저,『한국노동운동사』, 일조각, 1970.

金潤煥,『한국 노동운동사 - 일제하 편 - 』, 청사신서, 1982.

김인걸,『1920년대 맑스레닌주의 보급과 노동운동의 성장』, 조선로동당출판사, 1964/일송정, 1988.

金重烈,『항일노동투쟁사』, 집현사, 1978.

金哲秀,『1910년대 농민·노동자의 생활상태와 저항운동』, 경북대 박사논문, 1993.

사회과학원력사연구소 편,『조선근대혁명운동사』, 과학원출판사, 1961/한마당, 1988.

徐仁均 편,『조선사회민족운동의 회고』, 시조사, 1945.

한국사회사연구회,『일제하의 사회운동』(한국사회사연구회논문집 9), 1987.

한국사회사연구회,『한국근현대의 민족문제와 노동운동』(한국사회사연구회논문집 15), 1989.

한국사회사연구회,『한국의 민족문제와 일본제국주의』(한국사회사연구회논문집 34), 1992.

姜東鎮, 일제하 한국노동사연구,『연구보고서』19(인문과학계 4), 문교부, 1968.

姜東鎮, 일제지배하의 한국노동자의 생활상 - 주로 한국인노동자와 노동조건을 중심으로 - ,『역사학보』
    43, 1969/『한국근대사론 3』, 지식산업사, 1977.

姜東鎮, 3·1운동 이후의 노동운동,『삼일운동50주년기념논집』, 동아일보사, 1969/『한국근대사론 3』,
    1977.

姜東鎮, 1921년 9월 부산부두노동자의 총파업에 관한 일고찰,『박원표선생회갑기념 부산사연구논총』,
    1970.

姜東鎮, 일제하의 한국사회운동사연구,『학술지』11, 건국대 학술연구원, 1970.

姜東鎭, 원산총파업에 대한 고찰,『학술지』12, 건국대 학술연구원, 1971/『한국근대사론 3』, 지식산업사, 1977.

姜怡守, 1930년대 여성노동자의 실태 - 면방직업을 중심으로 -,『국사관논총』51, 국사편찬위원회, 1994.

古庄正, 在日朝鮮人勞動者の賠償要求と政府および資本家團體の對應,『社會科學討究』31 - 2, 早稻田大社會科學硏究所, 1986.

廣瀨貞三, ‘官斡旋’と土建勞動者‘道外斡旋’を中心に,『朝鮮史硏究會論文集』29, 1991.

堀內稔, 神戶ゴム工業と朝鮮人勞動者 - 1932年を中心に -,『在日朝鮮人史硏究』14, 在日朝鮮人運動史硏究會, 1984.

權丙卓 외, 광복전(1936~45) 한국의 노동력 통제에 관한 연구,『사회학연구』1 - 1 · 2, 영남대 사회과학연구소, 1981.

權寧旭, 日本帝國主義下の朝鮮勞動事情 - 1930年代を中心として,『歷史學硏究』303, 1965.

琴秉洞, 東北地方における朝鮮同胞强制勞動と虐待の實態について,『月刊朝鮮資料』179, 183 · 184, 朝鮮問題硏究所, 1976.

金森襄作, 元山ゼネストと朝鮮の勞動運動(1~3),『朝鮮硏究』176 · 177 · 178, 日本朝鮮硏究所, 1978.

金森襄作, 朝鮮勞動控除會について - 果たして朝鮮最初の勞動團體であったか -,『朝鮮史叢』3, 朝鮮史叢編輯委員會, 1980.

金慶南, 1920 · 30년대 면방대기업의 발전과 노동조건의 변화 - 4대면방대기업을 중심으로 -,『부산사학』25 · 26합, 부산사학회, 1994.

金炅一, 일제하 고무 노동자의 상태와 노동운동,『일제하의 사회운동』(한국사회사연구회논문집 9), 문학과지성사, 1987.

金炅一, 1920~30년대 인쇄출판업에서의 노동운동,『한국근현대의 민족문제와 노동운동』(한국사회사연구회논문집 15), 1989.

金炅一, 1929년 원산총파업과 이후의 노동운동,『東村朱宗桓화갑기념논문집 한국자본주의론』, 1989.

金炅一, 1929년 원산총파업에 대하여 - 60주년에 즈음한 역사적 성격의 재평가 -,『창작과 비평』69, 창작과 비평사, 1989.

金炅一, 1920~30년대 인쇄출판업에서 노동조합 조직의 발전,『경제와 사회』4, 한국산업사회연구회, 1990.

金炅一, 일제하 노동자계급의식과 노동운동,『역사비평』11, 역사문제연구소, 1990.

金炅一, 일제하 목포지방의 노동운동,『전남사회운동사연구』, 광주 : 한국현대사사료연구소, 1992.

金炅一, 일제하 노동운동의 전개와 발전,『한국사 15』, 한길사, 1994.

金光雲, 원산총파업과 노동운동의 새로운 단계로의 이행,『역사비평』4, 역사문제연구소, 1989.

金光雲, 원산총파업을 통해 본 노동자조직의 건설문제,『역사와 현실』2, 한국역사연구회, 1989.

金光雲, 일제하 조선搗精노동자의 계급형성과정,『碧史李佑成정년기념 민족사의 전개와 그 문화(하)』, 1990.

金光雲, 1930년 전후 조선의 자본 · 임노동관계와 일제의 노동통제정책,『국사관논총』38, 국사편찬위원회, 1992.

김낙중, 일제시대 노동운동의 전개와 성격,『일제식민지시대의 민족운동』(한길역사강좌 11), 한길사, 1988.

金大商, 일제하 부산의 노동운동,『항도부산』4, 부산시사편찬위원회, 1964.

金奉雨, 민족해방의 과제와 노동운동,『한국민족주의론 3』, 창작과 비평사, 1985.

김영근, 1920년도 노동자의 존재형태에 관한 연구 - 토목 · 건축노동자를 중심으로 -,『일제하 한국의 사

　　회계급과 사회변동』(한국사회사연구회논문집 12), 문학과 지성사, 1988.

金潤煥, 항일의 파업일지 - 노동운동 - ,『한국현대사 4』, 신구문화사, 1969.

金潤煥, 일제하 한국노동운동의 전개과정,『일제하의 민족운동사』, 고려대 아세아문제연구소, 1971.

金潤煥, 한국임금노동의 원시축적과정,『민족문화연구』5, 고려대 민족문화연구소, 1971.

金潤煥, 농민운동과 노동운동,『한국사 22 - 민족운동의 전개 - 』, 국사편찬위원회, 1976.

金潤煥, 일제 및 미군정시대의 노동운동,『한국의 사회와 문화』8, 한국정신문화연구원, 1987.

金潤煥, 3 · 1운동 이후의 노동운동,『한민족독립운동사』9, 국사편찬위원회, 1991.

김은정, 1930년대 초 함경도지방의 탄광노동운동,『한국사연구』90, 한국사연구회, 1995.

金鍾先, 목포개항에 관한 고찰 - 주로 부두노동자의 분쟁을 중심으로 - ,『목포대논문집』3, 1981.

金鍾聲, 한국의 임금 및 노동사에 관한 일연구 - 일제하의 노동자상태를 중심으로 - ,『경상대논문집』20,
　　경상대, 1981.

金晙, 일제하 노동운동의 방향전환에 관한 연구,『일제하의 사회운동』(한국사회사연구회논문집 9), 문학
　　과 지성사, 1987.

金興秀, 1920년대 노동조합조직의 발전과정,『한국사론』22, 서울대국사학과, 1990.

大和和明, 1920年代前半期の朝鮮勞動運動,『朝鮮史研究會論文集』20, 1983.

리국순, 1930년대 조선로동계급의 구성에 대하여,『력사과학』1963 - 4.

리종현, 일제 강점하(1920년대) 조선로동계급의 생활상태,『력사과학』1961 - 2.

文昭丁, 일제시대 공장노동자계급의 가족적 배경에 관한 연구,『한국의 사회와 문화』14, 한국정신문화
　　연구원, 1990.

尾高煌之助, 日本統治下における朝鮮の勞動經濟,『經濟研究』26 - 2, 一橋大學, 1975.

朴淳遠, 식민지 공업화기 노동자계급의 성장,『한국사 14』, 한길사, 1994.

朴淳遠, 일제하 朝鮮人 熟鍊榮動者의 형성 - 오노다(小野田)시멘트 勝湖里공장의 사례 - ,『국사관논
　　총』51, 국사편찬위원회, 1994.

朴在華, 1930년 조선방직노동자들의 파업 투쟁,『부산여대사학』10 · 11합, 부산여대사학회, 1993.

변은진, 1930년대 경성지역 혁명적 노동조합연구,『일제말 조선사회와 민족해방운동』, 한국근현대사회
　　연구회, 1991.

山田文雄, 朝鮮人勞動者の問題,『朝鮮經濟の研究』, 刀江書院, 1924.

徐賢珠, 1920년대 渡日조선인노동자계급의 형성,『한국학보』63, 일지사, 1991.

石坂浩一, 神奈川朝鮮勞動組合の活動をめぐって,『史苑』43 - 1, 1983.

成大慶, 3 · 1운동시기의 한국노동자의 활동에 대하여,『역사학보』41, 역사학회, 1969/『한국근대사론 2』,
　　지식산업사, 1977.

小林英夫, 元山ゼネスト - 1929年の朝鮮人民のたたかい - ,『勞動運動史研究』44, 1966.

小林英夫, 1930年代前半期朝鮮勞動運動について - 平壤ゴム工場勞動のゼネストを中心にして - ,『朝
　　鮮史研究會論文集』6, 1969.

小林英夫, 1920年代初頭の朝鮮勞動者階級の鬪爭 - 釜山埠頭勞動者の鬪爭を中心に - ,『歷史評論』
　　248, 歷史科學協會, 1971.

小林英夫, 朝鮮總督府の勞動力政策について,『經濟と經濟學』34, 都立大學, 1974.

新藤東洋男, 朝鮮國勞動者の强制雇傭經緯 - 日韓合邦前におけるその實態 - ,『歷史評論』187, 歷史科
　　人文學會協議會, 1966.

愼鏞廈, 조선노동공제회의 창립과 노동운동,『한국의 사회신분과 사회계층』(한국사회사연구회논문집
　　3), 문학과지성사, 1986.

愼鏞廈, 1922년 조선노동연맹회의 창립과 노동운동,『한국근현대의 민족문제와 노동운동』(한국사회사연구회논문집 15), 1989.

辛珠栢, 1930년대 혁명적 노·농운동의 조직문제에 관한 한 연구 - 범태평양노동조합과 명천군농민조합운동을 중심으로 -,『역사비평』 7, 1989.

安秉直, 日本窒素における朝鮮人勞動者階級の成長に關する硏究,『朝鮮史硏究會論文集』 25, 1988.

安秉直, 1930年代における朝鮮勞動者階級の特質 - 日本窒素の事例分析を通じて,『朝鮮近代の歷史像』, 日本評論社, 1988.

안병직, 식민지 조선의 고용구조에 관한 연구,『근대조선의 경제구조』, 비봉출판사, 1989.

안태정, 1930년대 원산지역의 혁명적 노동운동(1930~1938) - 조직건설운동을 중심으로 -,『역사와 현실』 2, 한국역사연구회, 1989.

岩村登志夫, 在阪朝鮮人勞動者階級の形成(1·2),『歷史評論』 152·153, 1943.

梁尙弦, 한말 부두노동자의 존재양태와 노동운동 - 목포항을 중심으로 -,『한국사론』 14, 서울대국사학과, 1986.

遠藤公嗣, 戰時下の朝鮮人勞動者連行政策の展開と勞資關係,『歷史學硏究』 567, 1987.

柳承烈, 일제의 조선광업지배와 노동계급의 성장,『한국사론』 23, 서울대국사학과, 1990.

柳承烈, 한말·일제초 근대 노동자조직의 형성과정,『李元淳정년기념 역사학논총』, 1991.

유현, 1920년대 노동운동의 발전과 원산총파업,『노동계급의 형성이론과 한국사회』(한국사회사연구회논문집 19), 1990.

尹九烈, 1920년대 조선勞農총동맹 연구, 홍익대 석사논문, 1989.

윤수종, 일제하의 雇只隊에 관한 일고찰,『한국의 사회조직과 종교사상』(한국사회사연구회논문집 17), 한국사회사연구회, 1990.

윤형빈, 1929년 원산로동자들의 총파업과 그 교훈,『력사과학』 1964 - 2.

依田憙家, 第2次大戰下朝鮮人强制連行と勞動對策,『社會科學討究』 17 - 3, 早稻田大, 1972.

李奎昌, 일제하 한국노동조합의 조직유인에 관한 연구,『동양학』 6, 단국대 동양학연구소, 1976.

李命英, 일제하의 소작 및 노동쟁의와 思想사건에 관한 연구,『논문집(인문, 사회계)』 32, 성균관대, 1982.

李玟洙, 일제하 한·일인의 경제생활에 관한 연구 - 한반도 거주인을 중심으로 -,『西巖趙恒來화갑기념 한국사학논총』, 1992.

李喆宇, 광무년간의 목포부두노동운동 연구,『학술논총』 7, 단국대대학원, 1983.

李喆宇, 1929년의 원산부두노동 쟁의,『학술논총』 8, 단국대대학원, 1984.

李喆宇, 일제하의 부두노동자 조직,『사학지』 18, 단국대사학회, 1984.

李喆宇, 한말·일제하의 부두노동 실태,『藍史鄭在覺박사고희기념 동양학논총』, 1984.

李喆宇, 일제하의 부두노동쟁의,『변태섭박사화갑기념 사학논총』, 삼영사, 1985.

李孝秀, 일제후기(1930~45) 조선 노동시장연구,『秋堰權丙卓화갑논총 한국근대경제사 연구의 성과 2』, 1989.

李效再, 일제하의 한국여성노동문제연구,『한국학보』 4, 일지사, 1976/『한국근대사론 3』, 지식산업사, 1977.

임경석, 1910년대 계급구성과 노동자·농민운동,『3·1민족해방운동연구』, 한국역사연구회·역사문제연구소, 1989.

張泳敏, 고종조 임금노동연구, 한국정신문화연구원 석사논문, 1984.

全遇容, 원산에서의 식민지수탈체제의 구축과 노동자계급의 성장,『역사와 현실』 2, 한국역사연구회,

1989.

정근식·나간채, 1920~30년대 광주지역의 노동운동,『호남문화연구』21, 전남대 호남문화연구소, 1992.

鄭德基·崔槿默, 일제식민지시대의 사회경제사연구 - 농민과 노동자의 생활사를 중심으로 - ,『호서사학』7, 호서사학회, 1979.

鄭容郁, 3·1운동에 나타난 노동자·농민의 진출,『역사비평』4, 역사문제연구소, 1989.

鄭在貞, 조선총독부철도국의 고용구조에 관한 연구,『논문집』9, 방송통신대, 1988.

정진성, 일제하 조선에 있어서 노동자의 존재형태,『한국자본주의와 임노동』, 화다, 1984.

鄭鎭星, 일제하 재일조선인 노동자들의 조직운동,『한국사회학연구』8, 서울대사회학연구회, 1986.

鄭鎭星, 1920년대의 조선인광부 사용상황 및 사용경비 - 일본 치쿠호(筑豊)지방의 미쯔비시(三菱系)탄광을 중심으로 - ,『東村朱宗桓화갑기념논문집 한국자본주의론』, 1989.

鄭鎭星, 일제시대 노동실태와 노동쟁의,『한국의 사회와 문화』14, 한국정신문화연구원, 1990.

鄭忠良·李效再, 일제하 여성노동자 취업실태와 노동운동에 관한 연구,『논총』22, 이화여대 한국문화연구원, 1973.

鄭惠瓊, 1910~1920년대 東京 한인노동단체,『한국근현대사연구』1, 한국근현대사연구회, 1994.

池秀傑, 한국근현대 사회운동사연구의 현황과 과제,『역사와 현실』10, 한국역사연구회, 1993.

陳德奎, 한국에서의 사회주의지식인과 농민·노동자문제 - 식민지사회에서의 사회주의의 존재양식 - ,『동아연구』13, 서강대, 1988.

陳德奎, 1920년대 사회주의 민족진영의 성격에 대한 고찰 - 조선노농총동맹을 중심으로 - ,『한국독립운동사연구』5, 1991.

靑山茂樹, 植民地朝鮮における勞動力編成と勞務管理,『日本多國籍企業の史的展開(上)』, 大月書店, 1979.

최웅철, 토론 : 1920년대 조선에서 로동계급의 상부구조형성에 끼친 종파분자들의 해독성에 대하여,『력사과학』1958 - 1.

卓熙俊, 일제하 한국노동조합운동의 성격분석 - 그 성립배경과 생리의 구명을 위하여 - ,『논문집』8, 성균관대, 1963.

Park Soon-won, The First Generation of Korean Skilled Workers : The Onoda Cement Sunghori Factory,『The Journal of Korean Studies』, 남가주대학 사학과, L. A., 1990.

3. 농민항쟁

1) 농민항쟁

김옥희,『제주도신축년교난사』, 태화출판사, 1980.

망원한국사연구실,『1862년 농민항쟁』, 동녘, 1988.

망원한국사연구실 한국근대민중운동사서술분과,『한국근대민중운동사』, 돌베개, 1989.

유홍렬,『고종치하 서학수난의 연구』, 을유문화사, 1962.

한국역사연구회,『1894년 농민전쟁연구 2 - 18·19세기의 농민항쟁 - 』, 역사비평사, 1992.

姜吉遠, 1898~1899 興德·高敞의 농민봉기,『전라문화논총』7, 전북대 전라문화연구소, 1994.

姜吉遠, 戊戌·己亥(1898~1899) 古阜等諸邑의 농민봉기,『한국사연구』85, 한국사연구회, 1994.

姜昌一, 1901년의 濟州島民 항쟁에 대하여 - 한말 천주교의 성격과 관련하여 -,『제주도사연구』1, 제주
　　도사연구회, 1991.
高東煥, 대원군집권기 농민층동향과 농민항쟁의 전개,『1894년 농민전쟁연구 2』, 역사비평사, 1992.
高錫珪, 19세기 농민전쟁의 전개와 변혁주체의 성장,『1894년 농민전쟁연구 1』, 역사비평사, 1991.
權寧培, 1896~1906 무장농민집단의 활동과 성격,『역사교육논총』6, 경북대역사교육과, 1984.
權寧培, 1898년 제주 농민항쟁의 검토,『역사교육논집』15, 역사교육학회, 1990.
金度亨, 농민항쟁과 의병전쟁,『한국사 12』, 한길사, 1994.
金炳佑, 대원군의 정치세력과 농민항쟁수습책, 계명대 석사논문, 1986.
金洋植, 1901년 제주민란의 재검토,『제주도연구』6, 제주도연구회, 1989.
金洋植, 고종조(1876~1893) 민란연구,『龍巖車文燮화갑기념 사학논총』, 1989.
金洋植, 개항이후 火賊의 활동과 지향,『한국사연구』84, 한국사연구회, 1994.
金龍德, 일제의 경제적 수탈과 民擾(상 · 하),『역사학보』41 · 42, 역사학회, 1969.
김용섭, 고종조의 균전수도문제,『동아문화』8, 1968.
朴廣成, 1901년 제주도 민란의 원인에 대하여,『논문집』2, 인천교대, 1967.
朴廣成, 고종조의 민란연구,『인천교대논문집』14, 인천교대, 1980.
朴在赫, 한말 活貧黨의 활동과 성격의 변화,『부대사학』19, 부산대사학회, 1995.
裵亢燮, 19세기 농민반란의 추이와 성격,『1894년 농민전쟁연구 2』, 역사비평사, 1992.
백승철, 개항이후(1876~1893) 농민항쟁의 전개와 지향,『1894년 농민전쟁연구 2』, 역사비평사, 1992.
愼鏞廈, 한말 英學黨 李化三등 供招보고서 해제,『한국학보』35, 일지사, 1984.
양진석, 1862년 농민항쟁의 배경과 주도층의 성격,『1894년 농민전쟁연구 2』, 역사비평사, 1992.
吳世昌, 英學黨연구,『溪村閔丙河정년기념 사학논총』, 1988.
禹仁秀, 1892년 會寧농민항쟁의 원인과 전개과정,『역사교육논집』13 · 14합, 1990.
原田環, 晋州民亂と朴珪壽,『史學研究』126, 廣島大學, 1975.
이기석, 1901년 제주민란의 성격과 구조 - 천주교선교정책을 중심으로 -,『종교 · 인간 · 사회 - 휴머니티
　　의 회복을 위하여 - 』, 서의필회갑논집간행위원회, 1988.
李榮昊, 대한제국시기 英學黨운동의 성격,『한국민족운동사연구』5, 한국민족운동사연구회, 1991.
李榮昊, 갑오개혁이후 지방사회의 개편과 城津民擾,『국사관논총』41, 국사편찬위원회, 1993.
장동표, 1860년대 반침략 반봉건운동의 의의,『역사와 현실』9, 역사비평사, 1993.
鄭鎭珏, 1901년 제주민란에 관한 일고 - 소위 辛丑教難의 발생원인을 중심으로 -,『한국학논집』3, 한양
　　대 한국학연구소, 1983.
趙珖, 19세기 민란의 사회적 배경,『19세기 한국전통사회의 변모와 민중의식』, 고려대 민족문화연구소,
　　1982.
조성윤, 1898년 제주도민란의 구조와 성격 - 남학당의 활동과 관련하여 -,『한국전통사회의 구조와 변
　　동』(한국사회사연구회논문집 4), 1986.
崔潤晤, 18 · 19세기 계급구성의 변동과 농민의식의 성장,『1894년 농민전쟁연구 1』, 역사비평사, 1991.
韓明基, 19세기 전반 반봉건항쟁의 성격과 그 유형,『1894년 농민전쟁연구 2』, 역사비평사, 1992.
洪章熹, 대원군집정기의 민란에 대한 연구 - 稱兵召亂을 중심으로 -,『경주사학』11, 경주사학회, 1992.

2) 동학농민전쟁 · 동학사상

계봉우,『동학당폭동』, 1932/『한국학연구』6 별집, 1995.
具良根,『갑오농민전쟁원인론』, 아세아문화사, 1993.

국사편찬위원회,『동학란기록』(상·하), 1959.

국사편찬위원회,『한국사 17 - 근대 동학농민봉기와 갑오개혁 - 』, 1977.

吉野誠 외,『甲申·甲午期の近代變革と民族運動』, 청아출판사, 1983.

金庠基,『동학과 동학란』, 대성출판사, 1947/춘추문고 2, 한국일보사, 1975.

金龍德·金義煥·崔東熙 공저,『녹두장군 전봉준』, 동학출판사, 1973.

김은정·이경민·김원용,『동학농민혁명 100년 - 혁명의 등불, 그 황톳길의 역사찾기 - 』, 나남, 1995.

金義煥,『전봉준전기』, 정음사, 1974.

金義煥 외,『근대조선의 민중운동 - 갑오농민전쟁과 반일의병운동 - 』, 풀빛, 1982.

金義煥,『近代朝鮮東學農民運動史の硏究』, 和泉書院, 1986.

김인환,『동학의 이해』, 고려대출판부, 1994.

김정희,『한국근대사회와 사상』, 중원문화사, 1984.

김중규,『민중의 숨결 - 동학 100년 동학농민혁명의 현장을 찾아서 - 』, 문예원, 1994.

盧武志,『동학의 민족주의운동에 대한 연구』, 중앙대 박사논문, 1990.

盧泰久,『동학혁명의 연구』, 백산서당, 1982.

盧泰久,『세계화를 위한 한국민족주의론 - 동학사상과 관련하여 - 』, 백산서당, 1995.

동학농민전쟁100주년기념사업추진위원회,『동학농민전쟁연구자료집 1』, 여강출판사, 1991.

동학농민혁명기념사업회 편,『동학농민혁명과 사회변동』, 한울, 1993.

동학농민혁명기념사업회 편,『동학농민혁명의 지역적 전개와 사회변동』, 새길, 1995.

동학농민혁명유족회,『鄭伯賢 서울 日記』, 삼희, 1995.

白世明,『동학사상과 천도교』, 동학사, 1956.

宋建鎬·姜萬吉 외,『한국민족운동의 이념과 역사』(한길역사강좌 1), 한길사, 1986.

申福龍,『동학당연구』, 탐구당, 1973.

申福龍,『동학사상과 한국 민족주의』, 평민사, 1978.

申福龍,『전봉준의 생애와 사상』, 양영각, 1982.

申福龍,『동학사상과 갑오농민혁명』, 평민사, 1985.

申榮祐,『갑오농민전쟁과 영남보수세력의 대응』, 연세대 박사논문, 1992.

愼鏞廈,『한국근대민족운동사연구』, 일조각, 1988.

愼鏞廈,『東學과 甲午農民戰爭연구』, 일조각, 1993.

신정일,『그 산들을 가다 - 동학의 산 - 』, 산악문화, 1995.

安秉直·愼鏞廈 외,『변혁시대의 한국사』, 동평사, 1979.

안용태,『갑오농민전쟁』, 과학원출판사, 1957.

역사문제연구소,『한국근현대연구입문』, 역사비평사, 1988.

역사문제연구소,『한국근현대지역운동사』(1 - 영남편 - , 2 - 호남편 -), 여강, 1993.

역사문제연구소,『동학농민전쟁역사기행 - 동학농민전쟁의 발자취를 찾아서 - 』, 여강출판사, 1993.

역사학연구소 1894년농민전쟁연구분과,『농민전쟁 100년의 인식과 쟁점 - 1894년 농민전쟁 - 』, 거름, 1994.

오길보,『갑오농민전쟁』, 조선로동당출판사, 1968.

吳知泳,『동학사』, 영창서관, 1940.

우윤,『전봉준과 갑오농민전쟁』, 창작과 비평사, 1993.

원종규 외,『갑오농민전쟁100돌기념논문집』/집문당, 1995.

柳慶桓,『동학가사의 심층연구 - 신화적 해석을 중심으르 - 』, 대한출판공사, 1985.

이강오 · 구양근 · 박영은 외,『한국근대사에 있어서 東學과 東學農民運動』, 한국정신문화연구원, 1994.

이돈화,『천도교창건사』, 천도교중앙종리원, 1933.

李相寔,『19세기말 한국의 민중운동 연구』, 충남대 박사논문, 1988.

李相寔 편,『동학농민혁명과 광주 · 전남』, 광주 · 전남동학농민혁명100주년기념사업추진회, 1994.

李離和,『발굴 동학농민전쟁 인물열전』, 한겨레신문사, 1994.

李炫熙,『동학혁명과 민중 - 한국근대사상의 맥락 - 』, 대광서림, 1985.

李炫熙,『東學革命史論』, 대광서림, 1994.

張道斌,『갑오동학란과 전봉준』, 부흥서림, 1926.

張泳敏,『동학농민운동연구』, 한국정신문화연구원 박사논문, 1995.

장흥동학농민혁명기념탑건립추진위원회,『장흥동학농민혁명』, 예원, 1993.

鄭奭鍾 외,『전통시대의 민중운동(하)』, 풀빛, 1981.

정진상,『갑오농민전쟁에 관한 사회사적 연구』, 서울대 박사논문, 1992.

정창렬,『갑오농민전쟁연구 - 전봉준의 사상과 행동을 중심으로』, 연세대박사학위논문, 1992.

趙基周,『동학의 원류』, 보성사, 1979.

趙東杰 외,『대중운동』, 민족문화협회, 1981.

趙東一,『동학성립과 이야기』, 홍성사, 1981.

趙尙濟 · 權仁赫,『한국근대농민항쟁사』, 느티나무, 1993.

趙鏞一,『동학조화사상연구』, 동성사, 1988.

조종오,『조선최근삼대운동사』, 한성인쇄소, 1946.

志良以染之助 ,『甲午朝鮮內亂始末』(2冊), 1894.

陳德奎 · 鄭昌烈 외,『19세기 한국전통사회의 변모와 민중의식』, 고려대 민족문화연구소, 1982.

천도교중앙총부,『동학사상논총』 1, 1982.

村山智順,『朝鮮人の思想と性格』, 朝鮮總督府, 1927.

崔東熙,『동학의 사상과 운동』, 성균관대출판부, 1980.

崔玄植,『갑오동학혁명사』, 금강출판사, 1980.

한국역사연구회,『1894년 농민전쟁연구 1 - 농민전쟁의 사회경제적 배경 - 』, 역사비평사, 1991.

한국역사연구회,『1894년 농민전쟁연구 2 - 18 · 19세기의 농민항쟁 - 』, 역사비평사, 1992.

한국역사연구회,『1894년 농민전쟁연구 4 - 농민전쟁의 전개과정 - 』, 역사비평사, 1995.

한국정신문화연구원 편,『한국근대사에 있어서 동학과 동학농민운동』, 1995.

한국정치외교사학회,『갑오동학농민혁명의 쟁점』, 집문당, 1994.

韓沽劤,『동학란기인에 관한 연구』, 서울대 한국문화연구소, 1971.

韓沽劤,『동학농민봉기』(교양국사총서 19), 세종대왕기념사업회, 1976.

韓沽劤,『동학과 농민봉기』, 일조각, 1983.

洪又,『동학문명』, 일조각, 1980.

洪晶植,『동학백년사』(서문문고 173), 서문당, 1975.

黃玹 저, 이민수 역,『동학란 - 東匪紀略草藁 - 』, 을유문화사, 1985.

Kim Sung-soo,『The Donghak Peasant Movement in Korea : Socioeconomic Background and the Process of Ideological Change』, Frankfurt, Ph. D., 1980.

Park Yun-ho,『The Tonghak Movement and It's Political and Social Consequences』, Paris 7, Ph. D., 1976.

姜萬吉, 남북역사학의 갑오농민전쟁인식의 같은 점과 다른 점,『인문논총』 5, 아주대 인문과학연구소,

1994.

강석희, 일본군국주의는 갑오농민전쟁의 교살자, 『갑오농민전쟁100돌기념논문집』/집문당, 1995.

姜昌一, 天佑俠と‘朝鮮問題’ - ‘朝鮮浪人’の東學農民戰爭への對應と關聯して -, 『史學雜誌』97 - 8, 東京, 1988.

高錫珪, 19세기 농민전쟁의 전개와 변혁주체의 성장, 『1894년 농민전쟁연구 1』, 1991.

高錫珪, 1894년 농민전쟁과 ‘반봉건 근대화’, 『동학농민혁명과 사회변동』, 동학농민혁명기념사업회, 1993.

具良根, 東學思想と「鄭鑑錄」の關聯性考察, 『學術論文集』 4, 東京 : 朝鮮獎學會, 1974.

具良根, 東學農民軍の戰鬪經過の檢討 - 第2次蜂起における日本軍との交戰を中心として -, 『學術論文集』 5, 朝鮮獎學會, 1975.

具良根, 동학과 西學에 관한 문제 고찰, 『한국근대사에 있어서 동학과 동학농민운동』, 한국정신문화연구원, 1994.

權熙英, 동학농민운동과 근대성의 문제, 『한국근대사에 있어서 동학과 동학농민운동』, 한국정신문화연구원, 1994.

김경수, 갑오농민군의 반일투쟁, 『갑오농민전쟁100돌기념논문집』/집문당, 1995.

김경애, 동학, 천도교의 남녀평등사상에 관한 연구 - 경전·역사서·기관지를 중심으로 -, 『여성학논집』 1, 이하여대 한국여성연구소, 1984.

김경재, 崔水雲의 侍天主와 역사이해 - 원시기독교의 종말론적 신앙공동체의 빛에서 본 동학공동체의 평가 -, 『한국사상』 15, 1977.

金敬琢, 동학의 東經大全 연구, 『아세아연구』 14 - 1, 고려대 아세아문제연구소, 1971.

김길신, 전봉준과 갑오농민전쟁, 『갑오농민전쟁100돌기념논문집』/집문당, 1995.

金洛鳳, 자료 : 전라도 扶安의 동학지도자 金洛鳳 자서전 「金洛鳳履歷」, 『전라문화논총』 7, 전북대 전라문화연구소, 1994.

金明燮, 제1차 갑오농민전쟁기 정부의 개혁추진과정, 『한국근현대사연구』 3, 한국근현대사연구회, 1995.

金梵壽, 서부 慶南 東學운동연구, 『경남향토사논총』, 김해 : 경남향토사연구협의회, 1992.

김부기, 주체사상으로 보는 동학혁명, 『민족문제연구』 2, 경기대 민족문제연구소, 1995.

김사억, 토론 : 1894(갑오)농민전쟁사 연구에서 제기되는 몇가지 문제, 『력사과학』 1959 - 5.

김상근, 東學研究, 『東方學報』 1, 臺北 : 國立政治大學 東方語文學系, 1977.

金庠基, 갑오동학운동의 역사적의의, 『한국사상』 1·2합, 한국사상강좌편찬위원회, 1959.

김상락, 동학과 자연과학에서의 사상과 미래에의 전망, 『민족문제연구』 2, 경기대 민족문제연구소, 1995.

金良洙, 동학사상의 분석연구, 『청대춘추』 24, 청주대 학도호국단, 1980.

金洋植, 1·2차 전주화약과 執綱所운영, 『역사연구』 2, 역사학연구소, 1993.

金洋植, 全州和約期 執綱所에 대한 연구사적 검토, 『사학지』 26, 단국대사학회, 1993.

金洋植, 1894년 농민군 都所의 설치와 그 이념 - 全州和約期 전라도 지역을 중심으로 -, 『한국근현대사연구』 2, 1995.

金洋植, 1894년 농민군 都所의 조직, 『사학지』 28, 단극대사학회, 1995.

金洋植, 전남 동부지역의 동학농민군 활동 - 嶺湖都會所를 중심으로 -, 『호남문화연구』 23, 전남대 호남문화연구소, 1995.

金龍德, 全琫準 - 민족의 파랑새 -, 『인물한국사 5』, 박우사, 1965.

金龍德, 동학군의 조직에 대하여, 『한국사상』 12, 한국사상연구회, 1974.

金龍德, 여성운동 및 어린이운동의 창시자로서의 海月선생, 『신인간』 370, 신인간사, 1979.

金龍德, 동학사상의 독자성과 세계성 - 동학과 서학 - ,『한국사시민강좌』4, 일조각, 1989.

金容燮, 동학란연구론 - 성격문제를 중심으로 - ,『역사교육』3, 역사교육연구회, 1958.

金容燮, 全琫準공초의 분석 - 동학란의 성격일반 - ,『사학연구』2, 한국사학회, 1958.

金容燮, 黃玹(1855~1910)의 농민전쟁 수습책,『고병익회갑기념사학논총 역사와 인간의 대응』, 1984.

김은주, 갑오농민군의 거족적 항쟁호소와 정부의 대응,『갑오농민전쟁100돌기념논문집』/집문당, 1995.

金義煥, 동학사상 성립의 연구, 부산대 석사논문, 1960.

金義煥, 1892~3년의 동학농민운동과 그 성격 - 三禮聚會·伏閤上疏·報恩集會를 중심으로 - ,『한국사
　　연구』5, 한국사연구회, 1970.

金義煥, 全州和約과 執綱所,『한국사상』12, 한국사상연구회, 1974.

金義煥, 갑오년 9월 재기후의 동학농민항쟁과 그 성격,『한국학연구』2, 동국대 한국학연구소, 1977.

金義煥, 갑오년 동학군의 전주점령과 민중의 동태,『한국사상』15, 한국사상연구회, 1977.

金麟坤, 동학운동의 정치이념,『평화연구』9, 경북대 평화문화연구소, 1984.

金麟煥, 19세기 동학사상의 성격,『19세기 한국전통사회의 변모와 민중의식』, 고려대 민족문화연구소,
　　1982.

金在祐, 동학에 있어서의 교육사상적 측면에 관한 고찰,『논문집』8, 동양공전, 1986.

金正起, 동학농민전쟁은 과연 반제국주의였는가?,『동학농민혁명과 사회변동』, 동학농민혁명기념사업
　　회, 1993.

金正起, 1893년 報恩 장안의 聚會,『호서문화논총』8, 서원대 호서문화연구소, 1994.

金正吉, 東學革命의 국제적 위상,『민족문제연구』1, 경기대 민족문제연구소, 1994.

金正吉, 동학혁명과 현대사상,『민족문제연구』2, 경기대 민족문제연구소, 1995.

김정의, 소년운동을 통해 본 동학혁명,『실학사상연구』5·6합, 무악실학회, 1995.

金俊亨, 서부 경남지역의 동학군봉기와 지배층의 대응,『경상사학』7·8합, 경상대사학회, 1992.

김증식, 갑오농민전쟁과 동학과의 관계에 대하여,『력사과학』1959 - 5.

金昌經, 동학사상에 관한 연구, 숭전대 석사논문, 1985.

金昌洙, 동학농민혁명과 外兵借入문제,『동국사학』15·16합, 동국사학회, 1981.

金昌洙, 甲午平匪策에 대하여 - 梅泉 黃玹의 동학인식 - ,『藍史鄭在覺박사고희기념 동양학논총』, 1984.

金昌洙, 동학농민봉기와 청국의 반응,『현암신국주박사화갑기념 한국학논총』, 동국대출판부, 1985.

金昌洙, 黃玹의「東匪紀略」초고에 대하여 -「梧下記聞」을미 4월이전 기사의 검토 - ,『천관우선생환력
　　기념 한국사학논총』, 정음문화사, 1985.

金泰雄, 1920·30년대 吳知泳의 활동과「동학사」간행,『역사연구』2, 역사학연구소, 1993.

金漢九, 동학의 비교사회 문화론,『한국학논집』9, 한양대 한국학연구소, 1986.

金漢九, 동학천도교에 관한 문화인류학적 일고찰 - 문화접촉과 비교문화론을 중심으로 - ,『사회과학논
　　총』9, 한양대, 1990.

金賢玉, 동학의 여성개화운동연구 - 海月의 여성관을 중심으로 - ,『성신사학』6, 성신여대사학회, 1988.

金洪喆, 水雲·甑山·少太山의 유·불·선 삼교관,『한국종교』4·5합, 원광대 종교문제연구소, 1980.

金洪喆, 원불교의 후천 개벽사상 - 水雲·甑山과의 비교를 중심으로 - ,『원불교사상』4, 원광대 원불교
　　사상연구원, 1980.

金洪喆, 水雲·甑山·少太山의 비교연구 - 몇 가지 특징적 관점을 중심으로 - ,『한국종교』6, 원광대 종
　　교문제연구소, 1981.

나민수, 정치경제학과 동학혁명,『민족문제연구』2, 경기대 민족문제연구소, 1995.

盧啓鉉, 동학란의 국제정치에 미친 영향,『국제법학논총』, 대한국제법학회, 1962.

盧武志, 동학·동학운동에서 본 민권·민족사상,『又仁金龍德정년기념 사학논총』, 1988.

盧武志, 전통적 민족사상과 동학의 평등사상과의 관계에 대한 고찰,『중앙사론』 6, 중앙대사학회, 1989.

盧武志, 동학사상의 성립과 발전,『국사관논총』 38, 국사편찬위원회, 1992.

盧鏞弼, 동학농민군의 執綱所에 대한 일고찰,『역사학보』 133, 1992.

盧鏞弼, 鄭琦根의 생애와 동학사상,『한국근현대사연구』 2, 한국근현대사연구회, 1995.

盧泰久, 동학의 민족주의이념의 토대에 관한 연구,『경기대논문집』 9, 경기대, 1981.

盧泰久, 동학농민전쟁의 역사적 의의 - 반침략·반봉건 정치노선을 중심으로 -,『국사관논총』 38, 국사편찬위원회, 1992.

盧泰久, 동학혁명과 새로운 정치질서 - 造化의 세계 -,『민족문제연구』 2, 경기대 민족문제연구소, 1995.

瀬古邦子, 甲午農民戰爭期における執綱所について,『朝鮮史研究會論文集』 16, 1979.

량만석, 동학의 철학적 기초와 정치적 이념,『갑오농민전쟁100돌기념논문집』/집문당, 1995.

리종현, 崔濟愚와 동학,『갑오농민전쟁100돌기념논문집』/집문당, 1995.

리청원, 갑오농민전쟁의 성격과 그 력사적 의의,『력사제문제』 3, 1948.

리택권, 동학운동과 삼례·보은 집회투쟁,『갑오농민전쟁100돌기념논문집』/집문당, 1995.

馬淵貞利, 甲午農民戰爭の歷史的位置,『旗田巍古稀記念 朝鮮歷史論集(下)』, 東京 : 龍溪書舍, 1979.

睦貞均, 동학운동의 구심력과 원심작용 - 동학교단의 컴뮤니케이숀을 중심으로 -,『한국사상』 13, 한국사상연구회, 1975.

바이자연티, 바르타사르티, 한국의 동학란(1894～5)과 인도의 1857년의 반란의 사회적 경제적 비교 고찰, 서울대 석사논문, 1981.

朴慶植, 開國と甲午農民戰爭,『歷史學硏究別冊 - 朝鮮史の諸問題 -』, 歷史學硏究會, 1953.

박득준, 전주화의와 집강소의 개혁활동,『갑오농민전쟁100돌기념논문집』/집문당, 1995.

朴孟洙, 海月 崔時亨의 초기행적과 사상,『청계사학』 3, 한국정신문화연구원 청계사학회, 1986.

朴孟洙, 東經大全에 대한 기초적 연구 - 동경대전 연구성과를 중심으로 -,『정신문화연구』 34, 한국정신문화연구원, 1988.

朴孟洙, 東學史書「崔先生文集 道源記書」와 그 이본에 대하여,『한국종교』 15, 원광대 종교문제연구소, 1990.

朴孟洙, 동학의 '칼노래'와 '칼춤'에 나타난 반침략적 성격,『尹炳奭화갑기념 한국근대사논총』, 1990.

朴孟洙, 동학과 동학농민전쟁 연구동향과 과제,『朴成壽화갑논총 한국독립운동사의 인식』, 1991.

朴孟洙, 東學사상과 그 지향,『震山韓基斗화갑기념 한국종교사상의 재조명(하)』, 원광대, 1993.

朴孟洙, 동학혁명에 있어서 동학의 역할,『동학농민혁명과 사회변동』, 동학농민혁명기념사업회, 1993.

朴孟洙, 동학농민전쟁과 公州戰鬪,『백제문화』 23, 공주대 백제문화연구소, 1994.

朴孟洙, 동학농민전쟁의 지역성 연구 - 伸寃운동에서 1차봉기까지를 중심으로,『한국근대사에 있어서 동학과 동학농민운동』, 한국정신문화연구원, 1994.

朴孟洙, 동학의 南·北接에 대한 비판적 검토,『한국학논집』 25, 한양대 한국학연구소, 1994.

朴孟洙, 1894년 1월 고부농민봉기 관련 신자료「東學推考」해제,『한국근현대사연구』 2, 한국근현대사연구회, 1995.

朴明圭, 동학사상의 종교적 전승과 사회운동,『한국의 종교와 사회변동』(한국사회사연구회논문집 7), 문학과 지성사, 1987.

朴明圭, 동학농민전쟁 관련자료「石南歷事」에 대하여,『한국학보』 71, 일지사, 1993.

朴明圭, 19세기말 古阜지방 농민층의 존재형태,『전라문화논총』 7, 전북대 전라문화연구소, 1994.

朴明圭, 동학농민전쟁과 지방사 연구,『동학농민혁명의 지역적 전개와 사회변동』, 동학농민혁명기념사업회, 1995.

朴聖基, 동학의 민주사상에 관한 고찰,『논문집』3, 동래여전, 1984.

朴成壽,「渚上日月」에 비친 東學혁명의 실상,『素軒南都泳고희기념 역사학논총』, 민족문화사, 1993.

朴成壽, 동학란·동학혁명·갑오농민전쟁 - 동학농민운동을 보는 남북의 시각 - ,『한국근대사에 있어서 동학과 동학농민운동』, 한국정신문화연구원, 1994.

朴永錫, 동학농민혁명의 역사적 의의,『호남문화연구』23, 전남대 호남문화연구소, 1995.

朴永恩, 동학운동에서의 현대성 - 동학운동관련 포고문의 분석을 중심으로 - ,『한국근대사에 있어서 동학과 동학농민운동』, 한국정신문화연구원, 1994.

박영학, 19세기의 동학운동과 通文,『한국근대사에 있어서 동학과 동학농민운동』, 한국정신문화연구원, 1994.

박영해, 갑오농민전쟁의 력사적 경험과 교훈,『갑오농민전쟁100돌기념논문집』/집문당, 1995.

朴容玉, 동학의 남녀평등사상,『역사학보』91, 1981.

朴宗根, 甲午農民戰爭における全州和約と弊政改革案,『歷史評論』140, 歷史科學協議會, 1962.

朴宗根, 東學と1894甲午の農民戰爭に就いて,『歷史學研究』269, 歷史學研究會, 1962.

朴宗根, 朝鮮近代における民族運動の展開 - 開化·東學·衛正斥邪思想と運動を中心として - ,『歷史學研究』452, 1978/『甲申甲午期의 近代變革과 民族運動』, 청아, 1983.

朴準成, 1894년 강원도농민군의 활동과 반농민군의 대응,『동학농민혁명의 지역적 전개와 사회변동』, 동학농민혁명기념회, 1995.

朴贊勝, 동학농민전쟁의 사회·경제적 지향,『한국민족주의론 3』, 창작과 비평사, 1985.

朴贊勝, 1894년 농민전쟁기 호남지방농민군의 동향,『동학농민혁명의 지역적 전개와 사회변동』, 동학농민혁명기념사업회, 1995.

朴贊勝, 전남지방의 동학농민전쟁,『호남문화연구』23, 전남대 호남문화연구소, 1995.

朴菖熙, 동학농민전쟁과 민족사적 과제,『외대』15, 외국어대, 1980.

方貞玉, 동학혁명기의 민족주의성립에 관한 연구,『이대사원』12, 1976.

裵泳基, 韓國道學思想과 東學思想의 連繫性考,『배달문화』13, 민족사바로찾기국민회의, 1994.

裵映三, 接·包조직과 南·北接의 실상,『한국학논집』25, 한양대 한국학연구소, 1994.

裵亢燮, 19세기후반 '변란'의 추이와 성격,『1894년 농민전쟁연구 2』, 역사비평사, 1992.

裵亢燮, 충청지역 동학농민군의 동향과 동학교단 -「洪陽紀事」와「錦藩集略」을 중심으로 - ,『백제문화』23, 공주대 백제문화연구소, 1994.

裵亢燮, 1894년 동학농민전쟁에 나타난 토지개혁 구상 - 平均分作문제를 중심으로 - ,『사총』43, 고려대 사학회, 1995.

白世明, 甲辰혁신운동과 동학 - 孫義菴의 구국운동과 敎政분리 - ,『한국사상』6, 한국사상연구소, 1963.

白鍾基, 동학란 때의 일본의 對韓정책에 관한 사적 고찰,『논문집(인문사회계)』19, 성균관대, 1974.

白鍾基, 동학사상의 형성과 전개 및 동학란에 관한 연구,『대동문화연구』14, 성균관대 대동문화연구원, 1981.

山邊健太郎, 甲申政變と東學の亂,『世界の歷史』, 筑摩書房, 1961.

山邊健太郎, 東學亂と日本人,『日本の韓國併合』, 太平出版社, 1966.

徐珍敎, 都約所의 결성과 활동, 서강대 석사논문, 1990.

설성경, 春香傳 熱風과 東革 前夜의 怒氣,『동방학지』84, 1994.

孫啓瑞, 朝鮮東學亂研究 - 兼論中日甲午戰爭之近因 - ,『幼獅學志』6 - 1, 中國靑年反共救國團體總團部, 1967.

宋讚燮·김용민, 1894년 농민전쟁 일지,『역사연구』2, 역사학연구소, 1993.

宋讚燮, 황해도지방의 농민전쟁의 전개와 성격,『동학능민혁명의 지역적 전개와 사회변동』, 동학농민혁명기념사업회, 1995.

宋鎬洙, 동학의 보국사상,『신인간』380, 신인간사, 1980.

宋鎬洙, 민족정통사상의 고찰 - 동학과 甑山사상을 중심으로 - ,『甑山사상연구』6, 증산사상연구회, 1980.

宋厚鴻, 동학의 민족주의적 성격에 대한 고찰 - 동학농민운동을 중심으로 - , 성균관대 석사논문, 1989.

申國柱, 東學黨問題と日淸開戰,『日本外交史硏究 - 日淸日露戰爭 - 』, 東京, 1962.

申國柱, 동학에 관한 연구,『栗東趙容珏화갑송수기념논총』, 동덕여대출판부, 1984.

申圭秀, 개화기 호남지역 儒林의 동향에 관한 연구 - 東學배척운동을 중심으로 - ,『한국사상사학』4·5합, 한국사상사학회, 1993.

申福龍, 민족주의운동으로서의 동학혁명의 특질,『법경논총』5, 건국대법경대연합학회, 1970.

申福龍, 동학의 발전과정에 있어서의 서구적 충격,『한국사상』12, 한국사상연구회, 1974.

申福龍, 동학사상의 시대적배경에 관한 연구,『학술지(인문, 사회과학편)』28, 건국대, 1984.

申福龍, 갑오농민혁명의 역사적 평가 - 민족주의적성격을 중심으로 - ,『현암신국주박사화갑기념 한국학논총』, 동국대출판부, 1985.

申福龍, 동학의 정치집단화 과정과 갑오농민혁명의 사상적 전개,『조선조정치사상연구』, 한국정치외교사학회, 1987.

申淳鐵, 개화기의 민중종교 인식,『원광사학』4, 1986.

申榮祐, 1894년 영남 예천의 농민군과 保守執綱所,『동방학지』44, 연세대 국학연구원, 1984.

申榮祐, 1894년 영남 尙州의 농민군과 召募營(상·하),『동방학지』51·52, 연세대 국학연구원, 1986.

申榮祐, 1894년 영남 북서부지방 농민군지도자의 사회신분,『학림』10, 연세대사학회, 1988.

申榮祐, 1894년 嶺南 金山의 농민군과 양반지주층,『동방학지』73, 연세대 국학연구원, 1991.

申榮祐, 보은과 동학집회,『외속리 서원계곡 문화유적』, 충북대 호서문화연구소, 1992.

申榮祐, 갑오농민전쟁 이후 영남북서부 양반지배층의 농민통제책,『충북사학』5, 충북대사학회, 1992.

申榮祐, 영남 북서부 보수지배층의 민보군 결성 논리와 주도층,『동방학지』77·78·79합, 연세대 국학연구원, 1993.

申榮祐, 교조신원운동과 동학혁명의 발단,『동학혁명의 현대적 조명과 평가』, 동학혁명100주년기념사업회, 1993.

申榮祐, 동학농민전쟁기 보은일대와 복실전투,『보은 종곡 동학유적』, 충북대 호서문화연구소, 1993.

申榮祐, 동학농민전쟁 연구와 일기자료,『역사와 현실』12, 한국역사연구회, 1994.

申榮祐, 영남 북서부지역 동학농민군의 세력증대 과정과 그 구성,『한국독립운동사연구』8, 한국독립운동사연구소, 1994.

申榮祐, 충청도의 동학교단과 농민전쟁,『백제문화』23, 공주대 백제문화연구소, 1994.

申榮祐, 충청도지역 동학농민전쟁의 전개과정,『동학농민혁명의 지역적 전개와 사회변동』, 동학농민혁명기념사업회, 1995.

愼鏞廈, 자료 : 동학제2세교주 최시형 조서판결서,『한국학보』2, 일지사, 1976.

愼鏞廈, 동학·독립협회·기타제단체,『한국사론 5 - 근대 - 』, 국사편찬위원회, 1978.

愼鏞廈, 동학 제2대교주 최시형의「理氣大全」,『한국학보』21, 일지사, 1980.

愼鏞廈, 갑오농민전쟁시기의 농민執綱所의 설치,『한국학보』41, 일지사, 1985.

愼鏞廈, 갑오농민전쟁시기의 농민執綱所의 활동,『한국문화』6, 서울대 한국문화연구소, 1985.

愼鏞廈, 갑오농민전쟁의 제1차농민전쟁,『한국학보』 40, 일지사, 1985.

愼鏞廈, 갑오농민전쟁의 주체세력과 사회신분,『한국사연구』 50·51합, 한국사연구회, 1985.

愼鏞廈, 古阜民亂의 사발통문,『노산유원동박사화갑기념논총 한국근대사회경제사연구』, 정음문화사, 1985.

愼鏞廈, 동학농민군지휘자 全琫準·孫化中·崔永昌(卿宣) 판결선고서 원본,『한국학보』 39, 일지사, 1985.

愼鏞廈, 갑오농민전쟁과 두레와 執綱所의 폐정 개혁 - 농민군편성, 집강소의 토지정책, 다산의 여전제·정전제 및 '두레'의 관련을 중심으로 - ,『한국사회의 신분계급과 사회변동』(한국사회사연구회논문집 8), 1987.

愼鏞廈, 동학과 갑오농민전쟁의 민족주의,『한국학보』 47, 일지사, 1987.

愼鏞廈, 동학과 갑오농민전쟁의 결합,『한국학보』 67, 일지사, 1992.

愼鏞廈, 西勢와 體制에 대한 東學의 대응,『한국의 사회와 문화』 19, 한국정신문화연구원, 1992.

愼鏞廈, 갑오농민전쟁의 제2차 농민전쟁,『한국문화』 14, 서울대 한국문화연구소, 1993.

愼鏞廈, 執綱所의 성립과 개혁의 성격,『동학농민혁명과 사회변동』, 동학농민혁명기념사업회, 1993.

愼鏞廈, 茶山 丁若鏞의 토지개혁안과 동학농민군의 토지개혁안,『이기백고희기념 한국사학논총(하)』, 일조각, 1994.

愼鏞廈, 동학농민군 執綱所의 사회신분제개혁과 토지개혁정책,『진단학보』 78, 진단학회, 1994.

愼鏞廈, 동학농민운동의 제2차봉기,『한국근대사에 있어서 동학과 동학농민운동』, 한국정신문화연구원, 1994.

愼鏞廈, 항일민족운동으로서의 제2차 동학농민전쟁,『한국독립운동사연구』 8, 한국독립운동사연구소, 1994.

申一澈, 동학,『한국사론 4 - 조선후기 - 』, 국사편찬위원회, 1976.

申一澈, 동학사상의 전개 - 侍天主·事人如天을거쳐 人乃天사상에로 - ,『한국사상』 17, 한국사상연구회, 1980.

申一澈, 동학사상자료집,『한국사상』 17, 1980.

申一澈, 동학사상의 도교적 성격문제 - 至氣와 侍天主의 관계 - ,『한국사상』 20, 한국사상연구회, 1985.

沈奉謹, 동학사상 소고, 동아대 석사논문, 1970.

安秉旭, 갑오농민전쟁의 성격과 연구현황,『한국근현대연구입문』, 역사비평사, 1988.

安晋吾, 동학사상의 연원과 그 전개,『역사학연구』 8, 전남대사학회, 1978.

安賢洙, 한국사상사와 동학사상,『민족문제연구』 2, 경기대 민족문제연구소, 1995.

梁炳基, 동학농민운동의 혁명성연구(상·하),『현상과 인식』 1 - 4·2 - 1, 1977·1978.

梁在霱, 동학민중운동의 정치적 고찰,『경희사학』 4, 1973.

양진석, 충청지역 농민전쟁의 전개양상,『백제문화』 23, 공주대 백제문화연구소, 1994.

嚴妙燮, 동학의 사회구조적 성격, 이화여대 석사논문, 1975.

오길보, 토론 : 갑오농민전쟁과 동학에 대하여, 집강소에 대하여,『력사과학』 1959 - 5.

오길보, 갑오농민군의 군사예술,『력사과학』 1960 - 3.

오길보, 1894~1895년 (갑오)농민전쟁의 성격에 대하여,『력사과학』 1964 - 3.

吳世萬, 동학의 정치사상적 고찰 - 崔濟愚의 사상을 중심으로 - , 고려대 석사논문, 1962.

吳益濟, 동학사상연구의 방향 - 문제제기와 연구의 소재 - ,『한국사상』 18, 한국사상연구회, 1981.

玉亮鍊, 한국근대화와 사회변동의 역사적 모색 - 사상과 운동을 중심으로 - ,『사회과학논총』 4 - 2, 부산대사회과학대, 1985.

우윤, 갑오농민전쟁,『한국사 12』, 한길사, 1994.

우윤, 고종조 농민항쟁, 갑오농민전쟁에 대한 연구성과와 과제,『한국사론 25』, 국사편찬위원회, 1995.

우윤, 장흥・강진 지역의 농민전쟁 전개와 역사적 의의,『호남문화연구』23, 전남대 호남문화연구소, 1995.

원종규, 갑오농민전쟁 발생의 사회경제적 요인과 역사적 필연성,『갑오농민전쟁100돌기념논문집』/집문당, 1995.

柳永益, 全琫準 義擧論 - 갑오농민봉기에 대한 通說 비판,『이기백고희기념 한국사학논총(하)』, 일조각, 1994.

柳佑相, 동학란에 있어서의 全州和約,『역사학연구』2, 전남대, 1964.

尹錫山, 동학에 나타난 도교적 요소,『도교사상의 한국적 전개』, 한국도교사상연구회, 1990.

尹源鎬, 19세기 古阜의 사회경제,『전라문화논총』7, 전북대 전라문화연구소, 1994.

尹以欽, 동학운동의 개벽사상 - 신념유형과 사회변화의 동인을 중심으로 - ,『한국문화』8, 서울대한국문화연구소, 1987.

尹孝彬, 동학의 세계사상적 의미,『한국사상』12, 한국사상연구회, 1974.

李康五, 조선후기 사회사상과 동학농민운동,『한국근대사에 있어서 동학과 동학농민운동』, 한국정신문화연구원, 1994.

李光淳, 동학의 顯道운동 - 伸寃운동의 전개와 그에 관련된 문제점에 대하여 - ,『한국사상』12, 한국사상연구회, 1974.

李光淳, 갑오혁명의 정신사적 의미,『한국사상』17, 한국사상연구회, 1980.

李鑛宰, 동학농민혁명과정에 있어서 南北接의 대립,『논문집(인문・사회과학편)』5, 순천대, 1986.

李明男, 초기 東學의 사회실천적 의의에 관한 고찰 - 후천개벽사상을 중심으로 - ,『사회과학논총』21, 부산대사회대, 1994.

李邦錫・申福龍, 동학혁명을 전후한 한미관계의 연구,『학술지』14, 건국대 학술연구원, 1972.

李輔根, 동학의 정치의식, 서울대 석사논문, 1971.

李相寔, 동학농민혁명운동의 민족주의에 관한 고찰,『이원순화갑기념 사학논총』, 교학사, 1986.

李瑄根, 동학운동과 한국의 근대화 과정,『한국사상』4, 한국사상강좌편찬위원회, 1962.

李榮昊, 갑오농민전쟁 이후 동학농민의 동향과 민족운동,『역사와 현실』3, 한국역사연구회, 1990.

李榮昊, 한국근대 민중운동연구의 동향과 국사교과서의 서술,『역사교육』47, 역사교육연구회, 1990.

李榮昊, 1894년 농민전쟁의 사회경제적 배경과 변혁주체의 성장,『1894년 농민전쟁연구 1』, 역사비평사, 1991.

李榮昊, ‘농민혁명’이후 동학농민의 민족운동,『동학농민혁명과 사회변동』, 동학농민혁명기념사업회, 1993.

李運炯, 東學과 현대 사회과학,『민족문제연구』1, 경기대 민족문제연구소, 1994.

李運炯, 동학과 서양철학사상,『민족문제연구』2, 경기대 민족문제연구소, 1995.

李元浩, 동학의 인간관과 현대교육적 의미,『한국의 전통교육사상』, 한국정신문화연구원, 1983.

李潤甲, 개항~1894년의 농민적 상품생산의 발전과 갑오농민전쟁 - 경북지역의 농업변동을 중심으로 - , 『계명사학』2, 계명사학회, 1991.

李潤甲, 1894년의 경상도지역의 동학농민전쟁,『동학농민혁명의 지역적 전개와 사회변동』, 동학농민혁명기념사업회, 1995.

李離和, 인간과 신의 차이 - 崔時亨의 역사적 재평가 - ,『역사비평』2, 역사문제연구소, 1988.

李離和, 吳知泳「동학사」의 내용 검토 - 주로 1894년 동학농민전쟁과 관련하여 - ,『민족문화』12, 민족

　문화추진회, 1989.

李離和, 동학농민전쟁에 나타난 儒林의 대응,『碧史李佑成정년기념 민족사의 전개와 그 문화(하)』,
　1990.

李離和, 황현의「梧下記聞」에 대한 내용 검토 - 1894년 동학농민전쟁의 기술을 중심으로 - ,『서지학보』
　4, 한국서지학회, 1991.

李離和, 동학농민전쟁 전개과정에 나타난 몇 단계,『水邨朴永錫화갑논총 한국사학논총(하)』, 1992.

李離和, 폐정개혁과 갑오개혁의 연관성 규명,『동학농민혁명과 사회변동』, 동학농민혁명기념사업회,
　1993.

李離和, 동학농민전쟁의 歷史的 意義,『백제문화』23, 공주대 백제문화연구소, 1994.

李離和, 동학농민전쟁 과정에서 나타난 장성전투의 의미,『호남문화연구』23, 전남대 호남문화연구소,
　1995.

李眞榮, 동학농민전쟁기 전라도 泰仁 古縣內面의 반 농민군 구성과 활동 - 金箕述과 道康金氏를 중심
　으로 - ,『전라문화논총』6, 전북대 전라문화연구소, 1993.

李眞榮, 갑오농민전쟁기 '儒生'의 농민군 참여양상과 그 성격,『한국사연구』80, 한국사연구회, 1993.

李眞榮, 19세기 후반 전라도 古阜의 사회사상,『전라문화논총』7, 전북대 전라문화연구소, 1994.

李眞榮, 金開南과 동학농민전쟁,『한국근현대사연구』2, 한국근현대사연구회, 1995.

李泰昊, 全琫準과 姜甑山의 사회사상,『공동체문화』1, 공동체, 1983.

李炫熙, 동학사상과 한국여성의 개화시각 - 동학사상의 태동과 여성의 근대화 - ,『신인간』9 - 381, 신인
　간사, 1980.

李炫熙, 동학사상의 배경과 그 의식의 성장,『한국사상』18, 한국사상연구회, 1981.

李炫熙, 동학혁명운동과 청일의 반응,『사학연구』38, 한국사학회, 1984.

李炫熙, 水雲의 개벽사상연구 - 동학사상의 배경과 인류구원사 - ,『藍史鄭在覺박사고희기념 동양학논
　총』, 1984.

李炫熙, 갑진개화혁신운동의 민중사적 위치 - 동학사상의 민족사적 의미 - ,『천관우선생환력기념 한국
　사학논총』, 1985.

李義權, 19세기 후반 古阜의 사회조직구조,『전라문화논총』7, 전북대 전라문화연구소, 1994.

李熙根, 東學敎門의 報恩 · 金溝集會,『백산학보』42, 백산학회, 1993.

林鍾哲, 동학혁명에 대한 경제사적 평가,『한국사상』16, 한국사상연구회, 1978.

林鍾哲, 동학의 경제이념,『정신문화연구』25, 한국정신문화연구원, 1985.

張秉吉, 민족종교들의 대두 - 동학 · 증산교 · 신교 - ,『전통과 사상 4』, 한국정신문화연구원, 1990/『한국
　사상사대계 5』, 한국정신문화연구원, 1992.

張泳敏, 1871년 寧海 동학란,『한국학보』47, 일지사, 1987.

張泳敏, 1894년 固城民擾연구(1),『尹炳奭화갑기념 한국근대사논총』, 1990.

張泳敏, 동학의 大先生伸寃운동에 관한 일고찰,『朴成壽화갑논총 한국독립운동사의 인식』, 1991.

張泳敏, 1894년 古阜民擾연구(상 · 하),『한국학보』68 · 69, 일지사, 1992.

張泳敏, 東學농민군의 '全州和約'에 관한 재검토,『震山韓基斗화갑기념 한국종교사상의 재조명(하)』, 원
　광대, 1993.

張泳敏, 동학농민전쟁의 원인과 성격,『한국근대사에 있어서 동학과 동학농민운동』, 한국정신문화연구
　원, 1994.

全明赫, 갑오농민 전쟁시기의 농민군 계층 분석, 성균관대 석사논문, 1987.

鄭英熹, 한말 동학의 교육사상과 교육관,『사학지』28, 단국대사학회, 1995.

鄭鎭珏, 동학농민전쟁의 성격, 한양대 석사논문, 1978

정진상, 갑오농민전쟁 과정에서의 청일전쟁의 의미,『한국근현대의 민족문제와 노동운동』(한국사회사연구회논문집 15), 1989.

정진상, 1894년 농민전쟁의 성격과 지향,『역사비평』24, 역사문제연구소, 1994.

鄭震英, 동학농민전쟁과 안동,『안동문화』15, 안동대 안동문화연구소, 1994.

鄭鎭午, 동학란과 민족주의 - 대일항쟁을 중심으로 - ,『제주대논문집』9, 1978.

鄭鎭午, 동학사상과 주체적 근대화 정신,『철학사상의 제문제』3, 한국정신문화연구원, 1985.

鄭鎭午, 동학의 정치사상,『논문집(사회과학편)』20, 제주대, 1985.

鄭鎭午, 동학혁명과 청일전쟁,『논문집(인문, 사회과학편)』27, 제주대, 1988.

정창규, 1893년 보은집회투쟁의 성격에 대하여,『력사과학』1984 - 3.

鄭昌烈, 동학교문과 全琫準관계 - 敎祖伸寃운동과 古阜民亂을 중심으로 - ,『19세기 한국전통사회의 변모와 민중의식』, 고려대 민족문화연구소, 1982.

鄭昌烈, 古阜민란의 연구(상ㆍ하),『한국사연구』48ㆍ49, 1985.

鄭昌烈, 동학사상의 사회의식,『한국학논집』9, 한양대 한국학연구소, 1986.

鄭昌烈, 갑오농민전쟁에서 농민군의 변혁사상,『한국학논집』18, 계명대 한국학연구원, 1991.

鄭昌烈, 갑오농민전쟁의 全州和約과 집강소에 대한 연구사적 검토,『水邨朴永錫화갑논총 한국사학논총(하)』, 1992.

鄭昌烈, 갑오농민전쟁과 갑오개혁의 관계,『인문논총』5, 아주대 인문과학연구소, 1994.

趙景達, 東學農民運動と甲午農民戰爭の歷史的性格,『朝鮮史硏究會論文集』19, 1982/『갑신갑오기의 근대변혁과 민족운동』, 청아, 1983.

趙景達, 甲午農民戰爭指導者全琫準の硏究,『朝鮮史叢』7, 朝鮮史叢編輯委員會, 1983.

趙景達, 1894년 농민전쟁에 있어서 동학지도자의 역할 - 徐丙鶴ㆍ徐仁周를 중심으로 - ,『역사연구』2, 역사학연구소, 1993.

趙珖, 19세기 민란의 사회적 배경,『19세기 한국전통사회의 변모와 민중의식』, 고려대 민족문화연구소, 1982.

趙珖, 조선후기 민중사상과 동학농민전쟁,『백제문화』23, 공주대 백제문화연구소, 1994.

曺圭泰, 구한말 평안도지방의 동학 - 교세의 신장과 성격에 대한 검토를 중심으로 - ,『동아연구』21, 서강대 동아연구소, 1990.

曺福蓮, 동학농민운동에 관한 연구, 효성여대 석사논문, 1984.

趙鏞一, 水雲과 近菴과의 관계,『漢坡李相玉박사화갑기념논문집』, 교문사, 1969.

趙鏞一, 近菴에서 찾아본 水雲의 사상적 계보,『한국사상』12, 한국사상연구회, 1974.

趙鏞一, 불교의 三學과 동학의 기본사상,『동양학』6, 단국대 동양학연구소, 1976.

曺佐鎬ㆍ白鍾基ㆍ閔丙河, 한말의 국권옹호사상과 민족의 자강운동,『인문과학』9, 성균관대 인문과학연구소, 1980.

趙恒來, 동학란과 태평천국란에 대하여,『대구대학원기요』3, 1962.

조혜인, 동학과 주자학 - 유교적 종교개혁의 맥락 - ,『한국의 사회조직과 종교사상』(한국사회사연구회논문집 17), 1990.

池敎憲, 한국근대사상의 전개과정,『청주교대논문집』13, 청주교대, 1982.

崔京九, 동학사상과 통일이념,『민족문제연구』2, 경기대 민족문제연구소, 1995.

崔己性, 동학의 교화운동연구,『전북사학』9, 1985.

崔己性, 동학농민혁명운동원인과 古阜에 관한 연구,『전북사학』11ㆍ12합, 전북대사학회, 1989.

崔己性, 19세기 후반 古阜의 弊政실태,『전라문화논총』7, 전북대 전라문화연구소, 1994.

崔起榮, 한말 東學의 天道教로의 개편에 관한 검토,『한국학보』76, 일지사, 1994.

崔德壽, 동학 농민군의 公州전투,『滄海朴秉國정년기념 사학논총』, 1994.

崔東熙, 水雲의 기본 사상과 그 상황 - 사상형성의 과정을 중심으로 - ,『한국사상』12, 한국사상연구회, 1974.

崔東熙, 海月선생의 생애와 사상,『신인간』370, 신인간사, 1979.

崔東熙, 동학의 기본사상,『한국사학』1, 한국정신문화연구원 사학연구실, 1980.

崔東熙, 海月의 인품과 사상,『신인간』380 · 381, 신인간사, 1980.

崔東熙, 崔濟愚의 신관,『한국의 사상』(윤사순 · 고익진 편), 열음사, 1984.

崔東熙, 崔濟愚의 인간관,『철학적 인간관』, 한국정신문화연구원, 1985.

崔東熙, 동학의 윤리의식,『현대사회와 전통윤리』, 고려대 민족문화연구소, 1986.

崔武錫, 동학의 민족교육운동 - 崔海月을 중심으로 - ,『교육철학』4, 한국교육철학회, 1983.

崔奭祐, 서학에서 본 동학,『교회사연구』1, 한국교회사연구소, 1977.

崔承熙, 書院(유림)세력의 동학배척운동 소고 - 1863년도 동학배척 통문분석 - ,『韓㳰劢정년기념 사학논총』, 지식산업사, 1981.

崔源植, 식민지시대의 소설과 동학,『현상과 인식』5 - 1, 한국인문사회과학원, 1981.

崔潤晤, 18 · 19세기 계급구성의 변동과 농민의식의 성장,『1894년 농민전쟁연구 1』, 역사비평사, 1991.

崔昌圭, 義菴선생의 사상과 독립정신(2 · 3),『신인간』380 · 381, 신인간사, 1980.

崔泰鎬, 갑오동란의 역사적의의(상 · 하),『경제학논집』1, 2 - 1, 중앙대 경제학연구회, 1958 · 1959.

崔玄植, 동학농민군의 나주성싸움과「錦城正義錄」의 문헌적 고찰,『전라문화연구』2, 전라문화연구회, 1988.

崔玄植, 古阜와 甲午동학혁명,『전라문화논총』7, 전북대 전라문화연구소, 1994.

表暎三, 水雲大禪師의 생애 - 연대에 대한 새로운 고증 - ,『한국사상』20, 한국사상연구회, 1985.

韓基斗, 19세기 민족종교운동연구 - 東學 · 天道教 · 圓佛教를 중심으로 - ,『국사관논총』49, 국사편찬위원회, 1993.

韓晳曦, 中國と日本の東學 · 天道教,『朝鮮民族運動史研究』5, 朝鮮民族運動史研究會, 1988.

韓㳰劢, 동학군의 폐정개혁안 검토,『역사학보』23, 역사학회, 1964.

韓㳰劢, 동학란기인에 관한 연구(상 · 하) - 특히 일본의 경제적 침투와 관련하여 - ,『아세아연구』7 - 3 · 4, 1964.

韓㳰劢, 全琫準 - 동학혁명의 기수 - ,『한국의 인간상 2』, 신구문화사, 1965.

韓㳰劢, 동학농민의 봉기 - 동학란 - ,『한국현대사 1』, 신구문화사, 1969.

韓㳰劢, 동학농민군의 제1차봉기,『한국사 17 - 동학농민봉기와 갑오개혁 - 』, 국사편찬위원회, 1973.

韓㳰劢, 동학농민군의 제2차봉기,『한국사 17 - 동학농민봉기와 갑오개혁 - 』, 국사편찬위원회, 1973.

韓㳰劢, 동학농민봉기의 계기,『한국사 17 - 동학농민봉기와 갑오개혁 - 』, 국사편찬위원회, 1973.

韓㳰劢, 동학의 성격과 동학교도의 운동,『한국사 17 - 동학농민봉기와 갑오개혁 - 』, 국사편찬위원회, 1973.

韓㳰劢, 역사적 의의,『한국사 17 - 동학농민봉기와 갑오개혁 - 』, 국사편찬위원회, 1973.

韓㳰劢, 동학농민군의 봉기와 전투 - 강원, 황해도의 경우 - ,『한국사론』4, 서울대국사학과, 1978.

韓㳰劢, 동학과 동학난,『한국학입문』, 학술원, 1983.

韓㳰劢, 동학창도의 시대적 배경,『두계이병도박사구순기념 한국사학논총』지식산업사, 1987.

韓㳰劢, 東學寺 · 東學書院의 '東學'釋義 試考,『민족문화』16, 민족문화추진회, 1993.

許鍾玉·李明男, 초기 동학의 반봉건성의 한계에 관한 연구 - 水雲 崔濟愚의 사상을 중심으로 -,『부산대사회과학논총』 7 - 2, 부산대사회대, 1989.

허종호, 갑오농민전쟁의 성격과 특징,『갑오농민전쟁100돌기념논문집』/집문당, 1995.

邢文泰, 1904, 05년대 동학운동에 대한 일고구 - 일진회·진보회를 중심하여 -,『사학론지』 4·5합, 한양대사학과, 1977.

洪性讚, 1894년 執綱所期 設包下의 향촌사정 - 扶餘 大方面 일대를 중심으로 -,『동방학지』 39, 연세대국학연구원, 1983.

黃文秀, 夜雷에 있어서의 人乃天사상의 전개,『한국사상』 12, 한국사상연구회, 1974.

黃善嬉, 동학사상과 갑오농민전쟁,『국사관논총』 38, 국사편찬위원회, 1992.

橫川正夫, 全琫準についての一考察 - 甲午農民戰爭硏究によせて -,『朝鮮史硏究會論文集』 13, 1976.

Lew Young-ick, The Conservative Character of the 1894 Tonghak Peasant Uprising : A Reappraisal with Emphasis on Chon Pong-jun's Background and Motivation,『The Journal of Korean Studies』, 1990.

Mok Chong-gyun, The Centripetal and Centrifugal Functions of the Tonghak Movement - With Reference to Communication of the Tonghak Group,『Korea Journal』 18 - 5, May 1978.

Shin, Susan S., Tonghak Thought : The Roots of Revolution,『korea Journal』 Vol. 19 No. 9, The Korean National Commission for Unesco, September 1979.

4. 신분제

1) 신분제·정책

金泳謨,『한국지배층연구』, 일조각, 1982.

金泳謨,『현대사회 계층론』, 한국복지정책연구소 출판부, 1982.

한국사회사연구회,『한국의 사회신분과 사회계층』(한국사회사연구회논문집 3), 1986.

한국사회사연구회,『한국사회의 신분계급과 사회변동』(한국사회사연구회논문집 8), 1987.

한국사회사연구회,『일제하 한국의 사회계급과 사회변동』(한국사회사연구회논문집 12), 1988.

姜昌錫, 衡平社운동 연구,『동의사학』 7·8합, 동의대사학회, 1993.

姜薰德, 일제하 사회계층의 분화,『성신사학』 7, 성신여대사학회, 1989.

高承濟, 식민지 소작농의 사회적 신분규정,『학술원논문집(인문, 사회과학편)』 18, 학술원, 1979.

琴章泰, 중인층의 민족종교활동,『한국문화』 9, 서울대 한국문화연구소, 1988.

김경택, 한말 중인층의 개화활동과 친일개화론,『역사비평』 21, 역사문제연구소, 1993.

金泳謨, 3·1운동의 사회계층 분석,『아세아연구』 12 - 1, 고려대 아세아문제연구소, 1969.

金泳謨, 班常은 바뀌어도 - 사회계층의 변화 -,『한국현대사 8』, 신구문화사, 1971.

金泳謨, 한말 한성부민의 신분구조와 그 이동,『성곡논총』 11, 성곡학술문화재단, 1980.

金彩潤, 한국농촌에 있어서의 신분구조의 변이,『韓沽劤박사정년기념 사학논총』, 지식산업사, 1981.

朴承奎, 근세 한국사회의 계층구조와 그 변화과정에 관한 연구,『논문집』 13, 진주교대, 1976.

朴泳恩, 한말에 있어서 신분제의 붕괴와 정치논리의 갈등,『한국의 사회와 문화』 20, 한국정신문화연구원, 1993.

백욱인, 식민지시대 계급구조에 관한 연구,『한국사회의 신분계급과 사회변동』(한국사회사연구회논문집

8), 1987.

愼鏞廈, 1894년의 사회신분제의 폐지,『규장각』9, 서울대도서관, 1985.

愼鏞廈, 갑오농민전쟁의 주체세력과 사회신분,『한국사연구』50·51합, 한국사연구회, 1985.

愼鏞廈, 갑오경장과 신분제의 폐지,『한국의 사회와 문화』6, 한국정신문화연구원, 1986.

愼鏞廈, 동학농민군 執綱所의 사회신분제개혁과 토지개혁정책,『진단학보』78, 진단학회, 1994.

安秉直, 3·1운동에 참가한 사회계층과 그 사상,『역사학보』41, 역사학회, 1969.

유정현, 1894~1904년 지방財政제도의 개혁과 吏胥層 동향,『진단학보』73, 1992.

李世永, 대한제국기의 호구변동과 계급구조,『역사와 현실』7, 한국역사연구회, 1992.

임경석, 1910년대 계급구성과 노동자·농민운동,『3·1민족해방운동연구』, 한국역사연구회·역사문제
　연구소, 1989.

林熺燮, 서평 : 한국사회계층연구(김영모 저),『아세아연구』25-2, 1982.

全明赫, 갑오농민 전쟁시기의 농민군 계층 분석, 성균관대 석사논문, 1987.

鄭然泰·이지원·李潤相, 3·1운동의 전개양상과 참가계층,『3·1민족해방운동연구』, 한국역사연구회
　·역사문제연구소, 1989.

朱鎭五, 한국근대 부르조아지의 형성과정과 위로부터의 개혁의 역사적성격,『東村朱宗桓화갑기념논문
　집 한국자본주의론』, 1989.

崔潤晤, 18·19세기 계급구성의 변동과 농민의식의 성장,『1894년 농민전쟁연구 1』, 한국역사연구회,
　1991.

崔在錫, 농촌의 班常관계와 그 변동과정,『진단학보』34, 진단학회, 1972.

洪性讚, 한말·일제초 향리층의 변동과 문명개화론 - 寶城郡守 吳在永의 경우를 중심으로 - ,『한국사연
　구』90, 한국사연구회, 1995.

Quinones, C. Kenneth, 이씨조선의 무관(1864~1910),『제1회한국학국제학술회의논문집』, 한국정신문화연
　구원, 1980.

2) 신분제 개혁운동

姜昌錫,『조선 통감부 연구』, 국학자료원, 1994.

김중섭,『衡平운동연구』, 민영사, 1994.

한국사회사연구회,『한국사회의 신분계급과 사회변동』(한국사회사연구회논문집 8), 1987.

姜英心, 독립협회의 신분제 잔재 철폐운동에 관한 고찰,『이대사원』26, 이화여대사학회, 1992.

高淑和, 衡平社에 대한 일연구 - 창립배경과 초창기(1923~25) 형평사를 중심으로 - ,『사학연구』38, 한
　국사학회, 1984.

高淑和, 일제하 衡平社연구 - 1926년 이후의 형평사를 중심으로 - ,『사학연구』40, 1989.

高淑和, 衡平운동,『한민족독립운동사 9』, 국사편찬위원회, 1991.

高淑和, '醴泉事件'을 통해 본 일제하의 衡平운동,『水邨朴永錫화갑논총 한민족독립운동사논총』, 1992.

高淑和, 衡平靑年前衛同盟사건에 대하여,『국사관논총』, 64, 국사편찬위원회, 1995.

김용기, 형평운동의 발전,『경상남도지 상』, 경상남도지 편찬위원회, 1959.

김윤환, 형평운동,『한국사 22』, 국사편찬위원회, 1978.

金義煥, 일제치하의 衡平社운동고 - 천민(백정)의 근대로의 해소과정과 그 운동 - ,『향토서울』31, 서울
　시사편찬위원회, 1967.

金義煥, 일제하의 衡平운동,『한국사상』6, 한국사상연구회, 1968.

金義煥, 평등사회를 위하여 - 衡平운동 - ,『한국현대사 8』, 신구문화사, 1971.

김정미, 19세기말 20세기 초기에 있어서 백정,『한국 근대사회와 사상』, 중원문화사, 1981.

김중섭, 1920년대 衡平운동의 형성과정 - 晋州지역을 중심으로 - ,『동방학지』59, 연세대 국학연구원, 1988.

김중섭, 일제침략기 衡平운동의 지도세력 - 그 성격과 변화 - ,『동방학지』76, 연세대 국학연구원, 1992.

신용하, 1894년의 사회신분제의 폐지,『규장각』9, 1985.

신용하, 갑오경장과 신분제의 폐지,『한국의 사회와 문화』6, 정신문화연구원, 1986.

嚴燦鎬, 일제하 衡平운동에 관한 연구, 강원대 석사논문, 1989.

李薰玉, 張志淵의 사회개혁론 - 신분제를 중심으로 - ,『한국근현대사연구』3, 한국근현대사연구회, 1995.

井口和起, 朝鮮の衡平運動 - 衡平社の創立と初期の運動 - ,『水平社運動史の研究』6, 部落問題研究所, 1973.

정동주, 형평사운동에 대하여 1,『민족문학』5, 1987.

池川英勝 譯, 東亞日報(1923~28)にみられる朝鮮衡平運動記事,『朝鮮學報』60, 朝鮮學會, 1971.

池川英勝, 朝鮮衡平運動史年表,『部落解放研究』3, 部落解放研究會, 1974.

池川英勝, 朝鮮衡平社運動について,『朝鮮學報』83, 1977.

池川英勝, 朝鮮衡平運動の史的展開 - 後期運動を通して - ,『朝鮮學報』88, 1978.

池川英勝, 朝鮮衡平社運動の展開過程とその歷史的性格,『アジアの差別問題』, 明醫士書店, 1986.

진덕규, 형평사운동의 자유주의적 개혁사상에 대한 인식,『한국정치학회보』10, 1976.

秋定嘉和, 朝鮮衡平社運動 - 水平運動と關聯して - ,『部落解放研究』3, 部落解放研究會, 1974.

Chin Tok-kyu, Liberalist Reformation Thought of the Hyongpyong-sa(衡平社) Movement,『Korea Journal』18 - 3, Korean National Commission for Unesco, Mar. 1978.

Ⅴ. 문화

1. 사상 · 종교 · 祭儀

1) 근대사상 일반

姜敦求,『한국근대종교와 민족주의』, 집문당, 1992.

姜渭祚,『일본통치하 한국의 종교와 정치』, 대한기독교회, 1977.

姜在彦,『朝鮮近代史硏究』, 日本評論社, 1970/『한국근대사연구』, 한울, 1982.

姜在彦,『近代朝鮮の思想』, 紀伊國屋書店, 1971/『근대조선의 사상』, 미래사, 1984.

姜在彦·飯沼二郎,『近代朝鮮の社會と思想』, 未來社, 1981.

姜在彦,『근대 한국사상사연구』, 한울, 1983.

姜在彦,『한국의 근대사상』, 한길사, 1985.

權五榮,『惠岡 崔漢綺의 학문과 사상연구』, 한국정신문화연구원 박사논문. 1994.

琴章泰,『동서교섭과 근대한국사상』, 성균관대출판부, 1984.

吉野誠 외,『갑신·갑오기의 근대변혁과 민족운동』, 청아출판사, 1983.

金基承,『한국근현대사회사상사연구』, 신서원, 1994.

閔弼鎬 편,『한국혼』, 보신각, 1971.

梁東絢,『개화기 민중교화사』, 창문각, 1989.

한국사회사연구회,『현대 한국의 종교와 사회』(한국사회사연구회논문집 35), 1992.

韓晳曦,『日本の朝鮮支配と宗敎政策』, 東京 : 未來社, 1988.

韓龍雲 외 저, 윤남한 외 역,『한국의 근대사상』, 삼성출판사, 1976.

洪淳昶,『한말의 민족사상』(탐구신서 96), 탐구당, 1975.

黃善明·安晋吾 외,『한국근대민중종교사상』, 학민사, 1983.

황선희,『한국근대사상과 민족운동 1 - 동학·천도교편 - 』, 혜안, 1996.

2) 불교

불교사학회,『근대한국불교사론』, 민족사, 1988.

鄭珖鎬,『근대 한일불교관계사 연구 - 일제의 식민지정책과 관련하여 - 』, 경희대 박사논문, 1989.

韓龍雲,『조선불교유신론, 님의 침묵』(삼성문화문고 18), 삼성문화재단, 1972.

韓鍾萬,『한국근대민중불교의 이념과 전개』, 한길사, 1980.

金甲周, 光武년간의 僧籍에 대한 일고찰 - 醴泉郡을 중심으로 - ,『何石金昌洙화갑기념 사학논총』, 1992.

金光植, 일제하 禪學院의 운영과 성격,『한국독립운동사연구』 8, 한국독립운동사연구소, 1994.

金光植, 李英宰의 생애와 '조선불교혁신론',『한국독립운동사연구』 9, 독립기념관 한국독립운동사연구소, 1995.

金光植, 조선불교禪敎兩宗 승려대회의 개최와 성격,『한국근현대사연구』3, 한국근현대사연구회, 1995.

金光植, 조선불교청년총동맹과 卍黨,『한국학보』80, 일지사, 1995.

金相鉉, 萬海의 독립사상,『한국학』28, 중앙대 한국학연구소, 1983.

김순석, 조선불교회 연구(1920~1930),『한국독립운동사연구』9, 독립기념관 한국독립운동사연구소, 1995.

金順子, 대한제국시대의 불교에 관한 고찰,『성신사학』5, 1986.

김종명, 한용운(1879~1944)의 불교사회사상,『현대와 종교』18, 한국종교문화연구재단 현대종교문화연구소, 1995.

金昌洙, 불교,『한민족독립운동사』9, 국사편찬위원회, 1991.

金昌洙, 일제하 불교계의 항일민족운동,『伽山李智冠화갑논총 한국불교문화사상사(하)』, 1992.

金洪喆, 한국 신종교의 미륵신앙,『한국사상사학』6, 한국사상사학회, 1994.

南都泳, 개화기의 寺院교육제도,『南溪曺佐鎬박사화갑기념논총 현대사학의 제문제』, 1977.

南都泳, 開港後の佛教教育制度,『村上四男退官紀念 朝鮮史論文集』, 開明書店, 1981.

南都泳, 구한말의 明進학교 - 최초의 근대식 불교학교 -,『역사학보』90, 1981.

朴金奎, 金呑虛의 三敎會通사상,『震山韓基斗화갑기념 한국종교사상의 재조명(상)』, 원광대, 1993.

朴楚鶴, 일제하 불교연구회의「月末通信」연구,『震山韓基斗화갑기념 한국종교사상의 재조명(하)』, 원광대, 1993.

邊鮮煥, 민중해방을 지향하는 민중불교와 민중신학 - 미륵신앙을 중심하여서 -,『한국사상사학』6, 한국사상사학회, 1994.

徐景洙, 한국불교백년사,『성곡논총』4, 성곡학술문화재단, 1973.

徐景洙, 일제의 불교정책 - 사찰령을 중심으로 -,『불교학보』19, 동국대 불교문화연구소, 1982.

徐景洙, 韓龍雲의 정교분리론에 대하여,『불교학보』22, 동국대 불교문화연구소, 1985.

性陀, 鏡虛의 禪사상,『崇山朴吉眞박사화갑기념 한국불교사상사』, 1975.

申淳鐵, 개화기의 민중종교 인식,『원광사학』4, 1986.

申賢淑, 石顚 朴漢永의 불교 유신운동에 관한 일고찰, 동국대 석사논문, 1984.

安啓賢, 3·1운동과 불교계,『삼일운동50주년기념논집』, 동아일보사, 1969.

梁銀容, 權相老 불교개혁사상의 연구,『震山韓基斗화갑기념 한국종교사상의 재조명(상)』, 원광대, 1993.

梁銀容, 근대 불교개혁운동,『한국사상사대계 6』, 한국정신문화연구원, 1993.

柳炳德, 일제시대의 불교,『崇山朴吉眞박사화갑기념 한국불교사상사』, 1975.

柳炳德, 圓佛教에서 본 미륵사상,『한국사상사학』6, 한국사상사학회, 1994.

柳圓坤,「朝鮮佛教維新論」과「朝鮮佛教革新論」의 성립배경 연구,『한국종교』17, 원광대 종교문제연구소, 1992.

윤재근, 萬海사상의 요체,『한국의 사상』(윤사순·고익진 편), 열음사, 1984.

李箕永, 불교사상,『한국현대문화사대계 2』, 고려대 민족문화연구소, 1976.

李箕永, 조선왕조말기의 불교,『민족문화연구』10, 고려대 민족문화연구소, 1976.

李萬, 한국불교의 주체적수용과 그 전개 - 근대불교의 주체적 전개 -,『불교학보』24, 동국대 불교문화연구소, 1987.

李性陀, 鏡虛시대의 禪과 結社,『震山韓基斗화갑기념 한국종교사상의 재조명(상)』, 원광대, 1993.

李永觀, '조선불교혁신론'에 대한 연구,『정신개벽』7·8합, 신룡교학회, 1989.

李英茂, 한국 불교사상사에 있어서 韓龍雲의 위치 - 한국불교 유신론을 중심으로 -,『인문과학논총』14, 건국대 인문과학연구소, 1982.

이재헌, 일제하 불교지식인들의 역사인식과 대응양상에 관한 연구 - 侃亭 李能和를 중심으로 - ,『한국학대학원논문집』19, 한국정신문화연구원 한국학대학원, 19995.
李珍京, 朝鮮民族靑年團運動硏究, 성균관대 석사논문, 1994.
全寶三, 韓龍雲 선사상의 일고,『한국학논집』3, 한양대 한국학연구소, 1983.
鄭珖鎬, 일제의 한국침략이 불교계에 미친 영향, 고려대 석사논문, 1968.
鄭珖鎬, 일제의 종교정책과 식민지불교,『한국사학』3, 한국정신문화연구원 사학연구실, 1980.
鄭珖鎬, 일본 침략시기 불교계의 민족의식,『尹炳奭화갑기념 한국근대사논총』, 1990.
鄭珖鎬, 한국근대불교의 '帶妻食肉',『한국학연구』3, 인하대 한국학연구소, 1991.
鄭珖鎬, 일본 침략초기의 한국불교 - 왕조후기의 사회, 문화적 배경을 중심으로 - ,『伽山李智冠화갑논총 한국불교문화사상사(하)』, 1992.
丁洛贊, 개화기 불교계의 근대교육 수용,『한국교육사학』17, 한국교육학회 교육사연구회, 1995.
鄭英憙, 개화기 불교계의 교육개혁운동 연구,『中齋張忠植화갑논총(역사학편)』, 1992.
蔡尙植, 한말 일제시기 범어사의 사회운동,『한국문화연구』4, 부산대 한국문화연구소, 1991.
崔炳憲, 일제불교의 침투와 한용운의「朝鮮佛敎維新論」,『震山韓基斗화갑기념 한국종교사상의 재조명(상)』, 원광대, 1993.
崔承洵, 韓國佛敎雜誌の考察,『朝鮮學報』86, 1978.
崔裕鎭, 韓龍雲의 불교사상,『가라문화』6, 경남대 가라문화연구소, 1988.
韓鍾萬, 朴漢永과 韓龍雲의 한국 불교근대사상,『논문집』5, 원광대, 1970.
韓鍾萬, 불교유신사상,『崇山朴吉眞박사화갑기념 한국불교사상사』, 1975.
韓鍾萬, 한국근대 儒·佛·道 三敎會通論,『震山韓基斗화갑기념 한국종교사상의 재조명(상)』, 원광대, 1993.
韓泰植 (普光), 龍城禪師의 수행방법론,『伽山李智冠화갑논총 한국불교문화사상사(하)』, 1992.
洪凡草, 甑山의 天地公事에 나타난 미륵사상 - 증산은 어떻게 전래의 한국미륵사상을 구현하였는가? - ,『한국사상사학』6, 한국사상사학회, 1994.
洪潤植,「朝鮮佛敎維新論」의 근대적 의미,『何石金昌洙화갑논총 한국민족독립운동사의 제문제』, 1992.
Mok Chong-bae, Han Yong-un(한용운) and Buddhism,『Korea Journal』Vol. 19 No. 12, Korean National Commission for Unesco, December 1979.
Park Kyong-hun, Buddhism in Modern Korea,『Korea Journal』Vol. 21 No. 8, Korean National Commission for Unesco, 1981.

3) 유교·양명학

琴章泰·柳東植,『한국종교사상사 2 - 유교·기독교편 - 』, 연세대출판부, 1986.
琴章泰·高光植,『續儒學近白年』, 여강출판사, 1989.
劉準基,『한국근대유교개혁운동사』, 삼문, 1994.
Hwang Byung-tai,『Confucianism in Modernization - Comparative study of China, Japan and Korea - 』, California(Berkeley) Ph. D. in Political Science, 1979.

姜大德, 華西 李恒老의 생애와 사상기반,『관동사학』2, 관동대사학회, 1984.
곽신환, 화서 이항로의 서학관,『숭실대논문집』16, 1986.
權五榮, 惠岡 崔漢綺의 과학사상,『국사관논총』63, 국사편찬위원회, 1995.
琴章泰, 한말·일제하 한국성리학파의 사상계보와 문헌에 관한 연구,『철학사상의 제문제』3, 한국정신문화연구원, 1985.

琴章泰, 근대 유교개혁사상의 유형과 사상사적 전개,『국사관논총』2, 국사편찬위원회, 1989.

琴章泰, 일본강점기 유교의 독립운동,『한민족독립운동사 9』, 국사편찬위원회, 1991.

金基承, 한말 유교지식인의 사상전환과 그 논리 - 石洲 李相龍의 경우 - ,『민족문화』4, 한성대 민족문
  화연구소, 1989.

金吉洛, 한말 성리학과 의리사상 - 勉菴을 중심으로 - ,『백제연구』14, 충남대 백제연구소, 1983.

金約瑟, 위정척사의 기수들 - 유교 - ,『한국현대사 8』, 신구문화사, 1971.

金鐸, 한국종교사에서의 儒敎와 甑山敎와의 만남,『震山韓基斗화갑기념 한국종교사상의 재조명(하)』,
  원광대, 1993.

南富熙, 3 · 1운동과 유교계의 성격 - 서당참가와 관련하여 - ,『경대사론』3, 경남대사학회, 1987.

文喆永, 1930년대 中山 朴章鉉의 도학사상과「舜傳」,『水邨朴永錫화갑논총 한국사학논총(하)』, 1992.

민영규, 위당 정인보선생의 행장에 나타난 몇 가지 문제,『동방학지』13, 연세대 국학연구원, 1972.

민영규, 강화학 최후의 광경,『회귀』3, 범양사출판부, 1987.

박종홍, 최한기의 경험주의,『아세아연구』8 - 4, 고려대 아세아문제연구소, 1965.

步近智 · 張安奇, 略論韓國愛國學者朴章鉉和他的「中山全書」,『水邨朴永錫화갑논총 한국사학논총(
  하)』, 1992.

小川晴久, 申采浩と儒敎,『比較文化研究所紀要』50, 東京女大 比較文化研究所, 1989.

손병욱, 혜강 최한기의 기철학에 관한 연구, 한국정신문화연구원 석사논문, 1983.

손병욱, 혜강 최한기에 있어서의 인식의 문제,『경상대논문집』23 - 1, 1984.

宋恒龍, 心山 金昌淑과 유학정신,『대동문화연구』19, 성균관대 대동문화연구원, 1985.

申淳鐵, 애국계몽운동기의 유교개혁사상 · 운동,『한국종교』8, 원광대 종교문제연구소, 1983.

安晉吾, 근대 유학과 호남 성리학의 특징,『震山韓基斗화갑기념 한국종교사상의 재조명(하)』, 원광대,
  1993.

柳聖泰, 圓佛敎 사상의 儒敎的 접근 - 교화적 측면을 중심으로 - ,『震山韓基斗화갑기념 한국종교사상
  의 재조명(하)』, 1993.

劉準基, 眞菴 李炳憲의 유교개혁론,『한국사연구』47, 한국사연구회, 1984.

劉準基, 朴殷植의 생애와 학문 - 그의 유교개혁운동을 중심으로 - ,『汕耘사학』2, 산운학술문화재단,
  1988.

劉準基, 康有爲思想對韓國儒敎改革的影響 - 以孔敎爲中心 - ,『韓國學報』9, 臺北 : 臺灣韓國研究學
  會, 1990.

劉準基, 1910년대 日帝의 儒林친일화정책 - 孔子敎와 大同敎를 중심으로 - ,『건대사학』8, 건국대사학
  회, 1993.

劉準基, 康有爲의 사상이 한국근대 유교개혁사상에 미친 영향,『素軒南都泳고희기념 역사학논총』, 민
  족문화사, 1993.

尹南漢, 한국근대문화의 유교적 기초,『한국사학』1, 한국정신문화연구원 사학연구실, 1980.

尹絲淳, 丹齋의 유교관,『단재신채호선생탄신100주년기념논집 丹齋申采浩와 민족사관』, 1980.

尹絲淳, 奇正鎭 철학의 실천적 성격,『한국의 사상』(윤사순 · 고익진 편), 열음사, 1984.

李相坤, 蘆沙 奇正鎭의 理一分殊觀,『원불교사상』10 · 11합, 원광대 원불교사상연구원, 1987.

李源鈞, 3 · 1운동 당시 영남유림의 활동,『부대사학』4, 부산대사학회, 1980.

이을호, 이제마의 사상의학론,『철학연구』7, 철학연구회, 1972.

이을호, 동무사상설의 경학적 기조,『한국학보』6, 1977.

이진표, 李恒老의 주리사상,『한국의 사상』(윤사순 · 고익진 편), 열음사, 1984.

鄭圭薰, 일제기 한국유교개혁의 동향,『정신문화연구』25, 한국정신문화연구원, 1985.

鄭英熹, 개화기 儒敎界의 신교육운동 연구,『西巖趙恒來화갑기념 한국사학논총』, 1992.

鄭英熹, 한말 개신유학과 유교교육의 개편,『동서사학』1, 한국동서사학회, 1995.

鄭載植, 유교윤리와 사회변혁 - 전통의 연속과 단절의 문제 - ,『동방학지』33, 연세대 국학연구원, 1982.

趙珖, 한국근대문화의 실학적 기초,『한국사학』1, 한국정신문화연구원 사학연구실, 1980.

趙鍾煥, 朴殷植의 유교 개혁론,『한국사상사학』4 · 5합, 한국사상사학회, 1993.

趙喆濟, 李健昌과 朴殷植의 양명학, 인하대 석사논문, 1986.

조혜인, 동학과 주자학 - 유교적 종교개혁의 맥락 - ,『한국의 사회조직과 종교사상』(한국사회사연구회논
    문집 17), 1990.

蔡茂松, 韓末抗日義兵與儒學,『韓國學報』1期, 中華民國 韓國研究學會, 1981.

蔡茂松, 田艮齋の性師心弟論,『제5회국제학술회의논문집 2』, 한국정신문화연구원, 1988.

崔敬淑,「皇城新聞」의 유교개혁론,『부산여대사학』10 · 11합, 부산여대사학회, 1993.

최영진, 奇蘆沙의 理 - 분수설에 관한 연구,『동양철학연구』1, 동양철학연구회, 1980.

崔龍水, 東西文化結合的嘗試 - 試論朴章鉉先生的儒學思想 - ,『水邨朴永錫화갑논총 한국사학논총(
    하)』, 1992.

崔海甲, 俛宇선생의 철학의 기반,『진주문화』9, 진주교대 진주문화권연구소, 1990.

최혜주, 창강김택영연구,『한국사연구』35, 한국사연구회, 1981.

韓鍾萬, 한국근대 儒 · 佛 · 道 三敎會通論,『震山韓基斗화갑기념 한국종교사상의 재조명(상)』, 원광대,
    1993.

許善道, 3 · 1운동과 유교계,『삼일운동50주년기념논집』, 동아일보사, 1969.

4) 기독교(개신교 · 천주교)

京城舊天主敎靑年聯合會,『朝鮮天主敎會略史』, 谷岡商店印刷部, 1931.

郭安全 · 심재원 공저,『한국교회사』, 대한기독교서회, 1961.

郭安全,『한국교회사』, 대한기독교서회, 1973.

琴章泰 · 柳東植,『한국종교사상사 2 - 유교 · 기독교편 - 』, 연세대출판부, 1986.

기독교대한감리교회총리원교육국 편,『한국감리교회사』, 1975.

기독교사상편집부,『한국역사와 기독교』, 대한기독교서회, 1983.

길진경,『靈溪 吉善宙』, 종로서적출판부, 1980.

金光洙,『한국기독교인물사』, 기독교문사, 1974 · 1975.

金光洙,『한국기독교성장사』, 기독교문사, 1976.

金光洙,『한국기독교수난사』, 한국교회사연구원, 1978.

김구정,『천주교경남발달사』, 문화출판사, 1967.

金守珍,『광주초대교회사연구』, 호남교회사연구회, 1994.

金時俊,『천주교전교박해사 - 벽위편 - 』, 국제고전교육협회, 1984.

金良善,『간추린 한국교회사』, 대한예수교장로회총회, 1962.

金良善,『한국기독교사연구』, 기독교문사, 1971.

金玉姬,『한국천주교여성사』(1 · 2), 한국인문과학원, 1983.

김용복 외,『한국기독교사회운동』, 路출판, 1986.

金仁洙,『한국기독교회사』, 한국장로교출판사, 1994.

金昌文 · 鄭宰善 공저, 『한국의 카톨릭 - 어제와 오늘 - 』, 카톨릭코리아사, 1962.

김춘배, 『한국기독교수난사화』, 성문학회, 1969.

김해연, 『한국교회사』, 성광문화사, 1993.

楠田斧三郎, 『朝鮮天主敎小史』, 博文堂書店, 1933.

盧吉明, 『가톨릭과 조선후기사회변동』, 고려대 민족문화연구소, 1988.

달레, 샤를르 저, 丁奇洙 역, 『조선교회사서론』(탐구신서 101), 탐구당, 1966.

달레, 샤를르 저, 최석우 역, 『한국천주교회사』(상 · 중 · 하), 분도출판사, 1979 · 1980.

문규현, 『민족과 함께 쓰는 한국천주교회사 - 교회 창설부터 1945년까지 - 』, 빛두레, 1994.

閔庚培, 『한국민족교회형성사론』(대학문고 3), 연세대출판부, 1974.

閔庚培, 『한국의 기독교』(교양국사총서 12), 세종대왕기념사업회, 1975.

閔庚培 외, 『한국기독교와 제3세계』, 풀빛, 1981.

朴永福, 『韓國基督敎社會敎育史』, 교육과학사, 1995.

朴浣, 『실록한국기독교백년』(6책), 선문출판사, 1971.

박용규, 『한국교회인물사』, 신망애사, 1965.

朴贊勝, 『한국근대정치사상사연구 - 민족주의 우파의 실력양성운동론 - 』, 역사비평사, 1992.

朴春福, 『한국근대사속의 기독교』, 목양사, 1993.

白樂濬, 『한국개신교사(1830~1910)』, 연세대출판부, 1973.

변종호, 『한국기독교사개요』, 심우원, 1959.

서명원 · 이승익 공저, 『한국교회성장사』, 대한기독교서회, 1966.

서정민, 『한국 교회 사회운동사』, 이레서원, 1995.

孫仁銖, 『한국교육사상사 5 - 기독교 · 일제식민지의 교육사상 - 』, 문음사, 1989.

숭전대 한국기독교문화연구소, 『한국사회와 기독교』, 숭전대출판부, 1984.

申圭植 저, 민병하 역, 『한국혼』(박영문고 45), 박영사, 1975.

沈一燮, 『한국민족운동과 기독교수용사고』, 아세아문화사, 1982.

안철구, 『한국천주교 200년』, 새문사, 1983.

嚴堯燮, 『한국기독교교육사소고』, 대한기독교교회, 1959.

吳允台, 『한국기독교사 - 한국경교사편 - 』, 혜선문화사, 1973.

吳允台 역, 『한일기독교교류사』, 혜선문화사, 1980.

柳東植, 『한국신학의 광맥 - 한국신학사상사 서설 - 』, 전망사, 1982.

柳洪烈, 『한국천주교회사』, 조선천주교회 순교자현양회, 1949/카톨릭출판부, 1962.

柳洪烈, 『한국의 천주교』, 세종대왕기념사업회, 1976.

윤경로, 『한국근대사의 기독교사적 이해』, 일신사, 1992.

윤경로, 『새문안교회 100년사(1887~1987)』, 새문안교회창립100주년기념사업회 역사편찬위원회, 1995.

李能植 · 尹志善 공역, 『조선교회사』, 대성출판사, 1947.

李能和, 『朝鮮基督敎及外交史』, 조선기독교창문사, 1928/학문각, 1968/중앙대 한국학연구소, 1977.

이덕주, 『초기 한국기독교사 연구』, 한국기독교역사연구소, 1995.

李萬烈, 『한말기독교와 민족운동』, 평민사, 1980.

李萬烈, 『종교 · 교육투쟁』, 민족문화협회, 1981.

李萬烈, 『한국기독교와 민족운동』, 보성, 1986.

李萬烈, 『한국기독교와 민족의식』, 지식산업사, 1991.

李榮麟, 『한국재림교회사』, 선명문화사, 1968.

李永獻, 『한국기독교사』, 컨콜디아사, 1978.

李元淳, 『한국천주교회사』, 탐구당, 1970.

이진호, 『안양지방감리교회백년사』, 고려, 1995.

李贊英, 『韓國基督教會總覽』, 소망사, 1994.

李浩雲, 『한국교회초기사』, 대한기독교서회, 1970.

林忠信·崔奭祐, 『崔良業신부서한집』, 한국교회사연구소, 1984.

張喜根, 『한국장로교회사』, 아성출판사, 1970.

全澤鳧, 『한국기독교청년회운동사』, 정음사, 1978.

朝鮮總督府, 『朝鮮統治と基督教』, 1921·1923.

朱在用, 『한국카톨릭사』, 한국천주교중앙협의회, 1974.

池明觀, 『韓國現代史と教會史』, 東京: 新教出版社, 1975.

蔡基恩, 『한국교회사』, 예수교문서선교회, 1977.

崔正福, 『대구천주교교회사』, 대건출판부, 1952.

澤正彦, 『南北朝鮮キリスト教史論』, 日本基督教壇出版局, 1982.

平山政十, 『萬歲騷動とカトリック教』, 長崎, 1930.

한국교회사연구원, 『한국기독교수난사』, 성광문화사, 1977.

한국교회사학회 편, 『조선예수교장로회사기(하)』, 연세대출판부, 1968.

한국기독교교회협의회 편, 『한국역사속의 기독교』, 1977.

한국기독교사회문제연구원, 『민족주의와 기독교』, 민중사, 1981.

한국천주교중앙협의회, 『한국천주교회사』, 1984.

강동구, 한국기독교는 민족주의적이었나, 『역사비평』 27, 역사비평사, 1994.

姜明淑, 1920년대 조선改新教의 쏘연방에 관한 인식, 『西巖趙恒來화갑기념 한국사학논총』, 1992.

姜渭祚, 일제하 한국기독교의 존재양식과 그 발전, 『일제의 한국식민통치』, 정음사, 1985.

강인철, 한국교회 형성과 개신교 선교사들, 『한국학보』 75, 일지사, 1994.

姜昌一, 1901년의 濟州島民 항쟁에 대하여 - 한말 천주교의 성격과 관련하여 -, 『제주도사연구』 1, 제주
    도사연구회, 1991.

姜興福, 한말 개신교와 민족주의운동(1884~1910), 중앙대 석사논문, 1984.

高範瑞, 기독교와 기업윤리 - 柳一韓씨의 경우 -, 『한국의 근대화와 기독교』, 숭전대 기독교문화연구소,
    1983.

具良根, 동학과 西學에 관한 문제 고찰, 『한국근대사에 있어서 동학과 동학농민운동』, 한국정신문화연
    구원, 1994.

琴章泰, 한국전통문화와 천주교사상, 『카톨릭사회과학연구』 1, 한국카톨릭사회과학연구회, 1983.

김기민·유재봉, 개화기 기독교 학교의 교육사적 의의, 『논문집』 13 - 1, 창원대, 1991.

金蒙恩, 한국사회변동과 천주교, 『카톨릭사회과학연구』 1, 한국카톨릭사회과학연구회, 1983.

金文吉, 甲申政變における新教の影響, 『京阪論叢』 6, 在日關西地方韓國留學生會, 1981.

김복출, 3·1운동과 기독교회 - 新教를 중심으로 -, 단국대 석사논문, 1973.

金承台, 1940년대 日帝의 종교탄압과 한국교회의 대응 - 전남順天노회 박해사건을 중심으로 -, 『西巖趙
    恒來화갑기념 한국사학논총』, 1992.

金良善, Ross Version과 Protestantism, 『백산학보』 3, 백산학회, 1967.

金良善, 한국 기독교 초기 간행물에 관하여 - 1882~1900 -, 『사총』 12·13합, 고려대사학회, 1968.

金良善, 3·1운동과 기독교계,『삼일운동50주년기념논집』, 동아일보사, 1969.

金良善, 한국기독교사(2) - 개신교사 - ,『한국문화사대계 6』, 고려대 민족문화연구소, 1970.

김어상, 일제하 한국천주교회의 자본주의관,『한국천주교회창설200주년기념 한국교회사논문집 1』, 한국
  교회사연구소, 1984.

金榮一, 李龍道의 새 교회운동,『논문집』18, 강남사회복지학교, 1988.

金在信, 한국기독교출판문화의 소고 - 안식일교회의 출판문화사업을 중심으로 - ,『사학연구』21, 한국사
  학회, 1969.

金正蘭, 한말기독교도들의 사회의식과 항일의식, 숙명여대 석사논문, 1981.

김정옥, 일제하 프랑스 선교사의 활동,『교회사연구』5, 한국교회사연구소, 1987.

金正浩, 영동지역 천주교 수용에 관한 연구,『영동문화』5, 관동대 영동문화연구소, 1994.

金丁煥, 金敎臣의 민족정신사적 유산 - 聖書조선의 일기를 중심으로 - ,『민족문화연구』10, 고려대 민족
  문화연구소, 1976.

金重基, 한국교회의 성장과정,『현대사회』1983년 봄호, 현대사회연구소.

金鎭奎, 개화기 公州지방의 기독교문화 서설,『웅진문화』5, 공주 : 공주향토문화연구회, 1992.

金忠權, 신교전래의 역사적 배경, 동아대 석사논문, 1981.

金漢植, 우리나라 근대정치사상에 끼친 기독교의 영향,『한국정치학회보』16, 한국정치학회, 1982.

金亨錫, 한국의 근대화와 기독교 교육,『한국의 근대화와 기독교』, 숭전대 기독교문화연구소, 1983.

金亨錫, 한국기독교와 3·1운동 - 서북지방의 기독교 민족운동과의 관계를 중심으로 - ,『한국기독교와
  민족운동』, 보성, 1986.

金亨錫, 상해거류 한인기독교도들의 민족운동,『龍巖車文燮화갑기념 사학논총』, 1989.

金鎬逸, 근대사립학교의 설립이념 연구,『사학연구』23, 한국사학회, 1972.

金弘基, 한·미문화관계의 초기단계 - 1904년까지의 미국선교사들의 활동 - ,『제3회국제학술회의논문
  집』, 한국정신문화연구원, 1985.

南宮勇權, 개화기 한국기독교의 사회교육사상과 활동에 관한 연구,『논문집(인문과학, 사회과학편)』14,
  관동대, 1986.

盧吉明, 카톨릭과 한국사회발전 - 한국 카톨릭의 성격형성을 중심으로 한 서설적 연구 - ,『카톨릭사회과
  학연구』2, 한국카톨릭사회과학연구회, 1983.

盧吉明, 박해기·개화기의 한국천주교회와 사회개발,『한국천주교회창설200주년기념 한국교회사논문
  집 1』, 한국교회사연구소, 1984.

盧吉明, 구한말 프랑스 선교사의 사회 문화활동 - 그 성격과 한계성을 중심으로 - ,『교회사연구』5, 한국
  교회사연구소, 1987.

盧吉明, 개항기 제국주의열강의 조선공략에 대한 프랑스선교사들의 태도,『崔在錫정년기념논총 한국의
  사회와 역사』, 1991.

盧吉明, 安重根의 카토릭신앙,『교회사연구』9, 한국교회사연구소, 1994.

盧吉相, 애국계몽기 지식인의 기독교 인식,『건대사학』8, 건국대사학회, 1993.

盧明信, 한말·일제하 샬트르 성 바오로수녀회의 육영사업,『한국천주교회창설200주년기념 한국교회사
  논문집 1』, 한국교회사연구소, 1984.

盧明信, 한국에서의 프랑스 여자수도회의 활동,『교회사연구』5, 한국교회사연구소, 1987.

盧榮澤, 일제하 한국천주교회의 교육사업연구(1),『최석우신부회갑기념 한국교회사논총』, 한국교회사연
  구소, 1982.

盧榮澤, 일제하 한국천주교회의 교육사업연구(2),『한국천주교회창설200주년기념 한국교회사논문집 1』,

한국교회사연구소, 1984.

盧榮澤, 일제하 천주교와 천도교의 사회사상 비교논고,『한국전통문화연구』3, 효성여대 한국전통문화
　연구소, 1987.

노치준, 일제하 한국 YMCA의 기독교사회주의사상 연구,『한국의 종교와 사회변동』(한국사회사연구회
　논문집 7), 1987.

노치준, 일제하 한국교회의 신앙과 민족운동의 관련성에 관한 일고찰,『崔在錫정년기념논총 한국의 사
　회와 역사』, 1991.

노치준, 한말의 근대화와 기독교,『역사비평』27, 역사비평사, 1994.

노치준, 근대 한국의 종교와 민족주의의 문제 - 외래종교인 그리스도교를 중심으로 - ,『인문과학연구』
　1, 동덕여대 인문과학연구소, 1995.

馬三樂(Moffett, S.), 3·1운동과 외국인선교사,『삼일운동50주년기념논집』, 동아일보사, 1969.

文仁鉉, 3·1운동과 개신교지도자 연구,『사총』20, 고려대사학회, 1976.

閔庚培, 기독교사상,『한국현대문화사대계 2 - 학술·사상·종교사 - 』, 고려대 민족문화연구소, 1976.

閔庚培, 로버트 토마스 : 한국초기 선교사의 한 유형과 동서교섭의 문제,『연세논총(인문, 사회과학편)』
　15, 연세대대학원, 1978.

閔庚培, 초기 尹致昊의 기독교신앙과 개화사상 - 1883년에서 1905년까지를 중심으로 - ,『동방학지』19,
　연세대 국학연구원, 1978.

閔庚培, 한국 근대문화와 기독교의 형태 및 그 영향범위,『한국사학』1, 한국정신문화연구원 사학연구실,
　1980.

閔庚培, 일본의 한국침략통치와 일본 기독교회의 對韓태도,『한국학보』23, 일지사, 1981.

閔庚培, 한국교회와 민족주의운동 : 그 계보의 상관성 - 1930년대를 중심으로 - ,『동방학지』27, 연세대
　국학연구원, 1981.

閔庚培, 한국기독교의 사회의식과 그 운동사 - 초대 교회를 중심으로 - ,『동방학지』32, 연세대 국학연구
　원, 1982.

閔庚培, 한국기독교의 농촌사회운동 - 1925~1938년을 중심으로 - ,『동방학지』38, 연세대 국학연구원,
　1983.

閔庚培, 한국의 기독교와 그 민족교회의 성립,『한국의 근대화와 기독교』, 숭전대 기독교문화연구소,
　1983.

閔庚培, 1930년대 한국교회의 구조적 변화,『연세논총(인문편)』21, 연세대대학원, 1985.

閔庚培, 선교정책 결정과정에서의 선교본부 영향력의 문제 - 연희전문학교 설립을 중심으로 - ,『동방학
　지』46·47·48합, 연세대 국학연구원, 1985.

閔庚培, 한국근대화와 기독교,『제3회국제학술회의논문집』, 한국정신문화연구원, 1985.

閔庚培, 金益斗목사의 부흥운동과 그의 治病문제,『동방학지』54·55·56합, 연세대 국학연구원, 1987.

박대인, 한국교회사의 새로운 역사편찬을 위한 제언,『동방학지』46·47·48합, 연세대 국학연구원,
　1985.

박마리아, 기독교와 한국여성 40년사,『金活蘭박사교직근속40년기념 한국여성문화논총 1』, 1958.

박영복, 개화기 기독교 산업교육활동에 관한 연구,『논문집』27, 목원대, 1995.

박영석, 일제하 在滿한국인 기독교도의 항일민족독립운동 - 1910년대의 서간도지역을 중심으로 - ,『한
　국사연구』48, 1985.

박영신, 초기 개신교선교사의 선교운동전략,『동방학지』46·47·48합, 연세대 국학연구원, 1985.

朴正信, 1920년대 改新敎지도층과 민족주의운동 - 그 만남과 결별의 사회사 - ,『역사학보』134·135합,

1992.

朴鍾赫, 海鶴 李沂의 천주교 비판 - 불란서신부 로베르와의 논쟁을 중심으로 - ,『碧史李佑成정년퇴직기념논총(하)』, 1990.

朴贊殖, 濟州敎案에 대한 일검토 - 소위 三義士의 활동을 중심으로 - ,『제주도연구』8, 제주도연구회, 1991.

朴致聖, 한국 민족운동에 나타난 기독교 학교의 역할 - 1876년부터 1910년까지를 중심으로 - ,『단국대논문집』14, 단국대, 1980.

박효생, 한국의 개화와 기독교 - '조선그리스도인회보'와 '그리스도신문'을 중심으로 - ,『한국기독교와 민족운동』, 보성, 1986.

白璟淑, 기독교(신교)의 전래과정과 한국에 미친 영향, 동아대 석사논문, 1966.

白樂濬, 기독교의 전개,『한국사 20 - 근대문화의 발생 - 』, 국사편찬위원회, 1974.

邊鮮煥, 민중해방을 지향하는 민중불교와 민중신학 - 미륵신앙을 중심하여서 - ,『한국사상사학』6, 한국사상사학회, 1994.

卞鎭興, 1930년대 한국 카톨릭교회의 공산주의 인식,『최석우신부회갑기념 한국교회사논총』, 한국교회사연구소, 1982.

山口正之, 朝鮮基督敎史料(己亥日記),『한국교회사논문선집 2』, 한국교회사연구회, 1977.

森山浩二, 朝鮮近代におけるキリスト敎收容についての一考察,『朝鮮史硏究會論文集』19, 朝鮮史硏究會, 1982.

森山浩二, 金敎臣硏究 - 日帝統治下の朝鮮人キリスト者の生涯 - ,『朝鮮民族運動史硏究』4, 神戶 : 朝鮮民族運動史硏究會, 1987.

徐紘一, 북간도 기독교인들의 민족운동연구 - 1906～1921 - ,『한국기독교와 민족운동』, 보성, 1986.

徐紘一, 北間島 기독교 민족운동가 鄭載冕,『水邨朴永錫화갑논총 한민족독립운동사논총』, 1992.

徐正敏, 초기한국교회 대부흥회운동의 이해 - 민족운동과의 관련을 중심으로 - ,『한국기독교와 민족운동』, 보성, 1986.

孫承喜, 대한제국시대 기독교의 성령운동,『대한제국연구 3』, 이화여대 한국문화연구소, 1985.

신광철, 이능화의 종교사학과 한국기독교사 연구,『한국기독교와 역사』4, 한국기독교역사연구소, 1995.

申淳鐵, 개화기 언론의 기독교 인식,『교회사연구』3, 한국교회사연구소, 1981.

辛周炫, 1920년대 기독교인들의 민족운동에 대한 일고찰 - 경제사회운동을 중심으로 - , 숙명여대 석사논문, 1987.

申重盛, 강화도의 종교지리학적 고찰 - 기독교의 전래와 분포를 중심으로 - ,『성신여대연구논문집』13, 성신여대, 1980.

阿部洋, 倂合直前の韓國におけるキリスト敎主義學校,『韓』115, 東京 : 韓國硏究院, 1989.

安秉煜, 기독교와 민족사상 - 島山사상을 중심으로 - ,『논문집(인문사회과학편)』5, 숭전대, 1974/『한국의 근대화와 기독교』, 1983.

吳世完, 한국에서의 프랑스 선교사들의 출판 언론활동,『교회사연구』5, 한국교회사연구소, 1987.

柳東植, 한국기독교(1885～1985)의 타종교에 대한 이해,『논문집(인문편)』21, 연세대대학원, 1985.

柳永益, Late 19th Century Korean Reformer's Receptivity to Protestantism : The Case of Six Leaders of the 1880's and 1890's Reform Movement,『아시아문화』4, 한림대 아시아문화연구소, 1988.

柳永益, 1880～90년대 개화파인사들의 개신교 수용양태,『진단학보』70, 1990.

柳禮卿, 1920년대 조선에서의 개신교선교사 배척운동에 관한 연구,『한성사학』6 · 7합, 한성대사학과, 1994.

柳賢相, 한국 프로테스탄티즘의 약사 - 장로교·감리교 중심으로 - ,『교회사연구지』3, 카톨릭대교회사
　　연구회, 1970.
柳洪烈, 한국기독교사(1) - 천주교사 - ,『한국문화사대계 6』, 고려대 민족문화연구소, 1970.
柳洪烈, 일제치하 천주교의 수난,『한국학』27, 중앙대 한국학연구소, 1982.
尹慶老, 초기 한국 신 구교 관계사연구 - 「海西敎案」과 「文書論爭」을 중심으로 - ,『논문집』9, 한성대,
　　1985.
尹慶老, 105인 사건과 기독교수난 - 기소자 122의 인물분석을 중심으로 - ,『한국기독교와 민족운동』, 보
　　성, 1986.
尹慶老, 통감부시기 일제의 기독교정책과 '조선전도론',『민족문화』4, 한성대 민족문화연구소, 1989.
尹惠源, 개화기 한일여성운동의 비교연구 - 기독교주의 여성교육운동을 중심으로 - ,『아세아여성연구』
　　21, 숙명여대 아세아여성문제연구소, 1981.
李光麟, 개화파의 개신교관,『역사학보』66, 역사학회, 1975.
李光麟, 개화기 關西지방과 개신교 - 개신교 수용의 일사례 - ,『한국의 근대화와 기독교』, 숭전대 기독
　　교문화연구소, 1983.
李光麟, 구한말 옥중에서의 기독교 신앙,『동방학지』46·47·48합, 연세대 국학연구원, 1985.
李洸浩, 초기 개신교선교사들의 교육활동과 성격에 관한 연구 - 1888~1895를 중심으로 - ,『원우논총』
　　15, 연세대대학원, 1987.
이기석, 1901년 제주민란의 성격과 구조 - 천주교선교정책을 중심으로 - ,『종교·인간·사회 - 휴머니티
　　의 회복을 위하여 - 』, 서의필회갑논집간행위원회, 1988.
李箕燮, 19세기 조선천주교와 재래종교의 조화, 이화여대 석사논문, 1985.
이덕주, 한국성서번역에 관한 연구 - 1882~1938년 간행된 성서를 중심으로 - ,『한국기독교와 민족운
　　동』, 보성, 1986.
李萬烈, 한말 기독교인의 민족의식 형성과정,『학술연구조성비에 의한 연구보고서』(인문과학계 7 - 9),
　　문교부, 1972/『한국사론』1, 서울대국사학과, 1973/『한국기독교와 민족운동』, 보성, 1986.
李萬烈, 기독교의 전래에 따른 한국사회의 개화,『숙대사론』7, 1976.
李萬烈, 기독교와 3·1운동(1),『현상과 인식』3 - 1, 한국인문사회과학원, 1979.
李萬烈, 개신교의 선교활동과 민족의식 - 한말 개신교의 민족운동을 중심으로 - ,『사학연구』36, 한국사
　　학회, 1983.
李萬烈, 기독교 선교초기의 의료사업,『동방학지』46·47·48합, 연세대 국학연구원, 1985.
李萬烈, 아펜젤러의 교육활동,『노산유원동박사화갑기념논총 한국근대사회경제사연구』, 정음문화사,
　　1985.
李萬烈, 한말 러시아 正敎의 전파와 그 교폐문제,『논문집』26, 숙명여대, 1985.
李萬烈, 남강 李昇薰의 신앙,『南岡 李昇薰과 민족운동』, 남강문화재단, 1988.
李萬烈, 한말 기독교와 관련된 외세의존의 문제 - 선교사의 세력확대과정을 중심으로 - ,『동방학지』61,
　　연세대 국학연구원, 1989.
李萬烈, 1880년대 서간도 한인촌 기독교 공동체에 관한 연구,『숭실사학』6, 숭실대사학회, 1990.
李萬烈, 구한말 기독교사조의 양면성 시고 - 한국기독교의 진보, 보수의 역사성탐구와 관련 - ,『碧史李
　　佑成정년기념논총(하)』, 1990.
李萬烈, 勸書에 관한 연구,『동방학지』65, 연세대 국학연구원, 1990.
李萬烈, 한국의 교회성장과 그 요인에 관한 일고찰,『숙명한국사론』1, 숙명여대한국사학과, 1993.
李萬烈, 한말 歐美諸國의 對韓 선교정책에 관한 연구 - 선교사들의 한국 정치상황에 대한 자세와 관련

- , 『동방학지』 84, 1994.

李奉熙, 기독교와 한국의 근대화(1 · 2), 『논문집』 5 · 6, 공주교대, 1968 · 1969.

李奉熙, 한국 최근세사에서 본 기독교 - 한국 기독교의 정치사적인 고찰 - , 『논문집』 7 - 2, 공주교대, 1970.

이성렬, 구한말기의 신교육과 기독교, 연세대 석사논문, 1970.

李省展, 宣敎師と日帝下朝鮮の敎育, 『朝鮮民族運動史硏究』 9, 朝鮮民族運動史硏究會, 1993.

李元淳, 한불조약과 종교자유의 문제, 『교회사연구』 5, 한국교회사연구소, 1987.

이의환, 개화기 尹致昊와 기독교 개화사상, 『한국기독교와 민족운동』, 보성, 1986.

이종철, 개화기 기독교인의 민족문제인식에 관한 고찰, 『인문사회과학논총』 3, 서울여대 인문사회과학연구소, 1988.

李柱浩, 신앙인 安重根 논 - 평신도사도직운동의 선구자 - , 『최석우신부회갑기념 한국교회사논총』, 한국교회사연구소, 1982.

이준식, 일제침략기 기독교지식인의 대외인식과 반기독교운동, 『역사와 현실』 10, 한국역사연구회, 1993.

李進龜, 神社참배에 대한 조선기독교계의 대응양상 연구 - 신념체계 분석을 중심으로 - , 『종교학연구』 7, 서울대 종교학연구회, 1988.

李進龜, 근대 한국 개신교의 타종교 이해 - 비판의 논리를 중심으로 - , 『한국기독교와 역사』 4, 한국기독교역사연구소, 1995.

李春蘭, 한국에 있어서 미국 선교 의료활동 1884~1934, 『이대사원』 10, 1972.

李春蘭, 미국감리교 조선선교부의 종교적 교육운동(1885~1930), 『논총』 23, 이화여대 한국문화연구원, 1974.

李忠浩, 구한말 천주교회의 교육활동, 『역사교육논집』 4, 경북대역사교육과, 1983.

李海暢, 구한국초기 기독교신문에 대한 고찰 - 그 사명관을 중심으로 해서 - , 『소천이헌구선생송수기념 논총』, 1970.

李鉉淙, 구한말 서구계 종교의 포교상황, 『이대사원』 9, 1970.

李效再, 개신교 선교와 한국여성 개화, 『한국의 근대화와 기독교』, 숭전대 기독교문화연구소, 1983.

李喜桓, 尹致昊의 개화사상 - 그의 기독교신앙과 관련하여 - , 『한국사연구』 44, 한국사연구회, 1984.

장규식, 1920~30년대 YMCA 농촌사업의 전개와 그 성격, 『한국기독교와 역사』 4, 한국기독교역사연구소, 1995.

鄭萬得, 기독교와 한국의 역사이해, 『동서문화』 1, 계명대 동서문화연구소, 1967.

丁堯燮, 기독교가 한국여성의 개화에 미친 영향, 『아세아여성연구』, 숙명여대 아세아여성문제연구소, 1968.

정재식, Tradition and Ideology : Korea's Initial Response to Christianity from a Religious and Sociological Perspective, 『아시아문화』 4, 한림대 아시아문화연구소, 1988.

井田泉, 神社參拜と朴寬俊 - 日本統治下朝鮮キリスト者の軌跡, 『キリスト敎學』 24, 1982.

井田泉, 安重根とキリスト敎, 『キリスト敎學』 26, 1984.

趙珖, 19세기 海美지방에서의 西學신봉, 『素軒南都泳고희기념 역사학논총』, 민족문화사, 1993.

趙英烈, 한말 기독교의 정치적 동향, 건국대 석사논문, 1983.

趙英烈, 한국독립운동과 在韓선교사들의 동향 - 3 · 1운동기를 중심으로 - , 『水邨朴永錫화갑논총 한민족독립운동사논총』, 1992.

趙載福, 개화사상의 형성과 천주교역할, 『논문집』 18, 목원대, 1990/『如山柳炳德화갑기념 한국철학종교사상사』, 1990.

趙恒來, 서평 : 한국천주교여성사(1 · 2) (김옥희 저), 『한국사연구』 45, 1984.

朱明俊, 順天老會 박해사건의 역사적 의의, 『전주사학』 3, 전주사학연구소, 1995.

池敎憲, 한국근대사상의 전개과정, 『청주교대논문집』 18, 청주교대, 1982.

池明觀, 韓國近現代思想史におけるキリスト敎, 『朝鮮史硏究會論文集』 19, 朝鮮史硏究會, 1982.

陳永肅, 한국에 있어서 19세기 외국선교사의 포교활동에 관한 연구 - Moubant · Chastan · Imbert를 중심
  으로 - , 숙명여대 석사논문, 1970.

車基璧, 한국민족주의와 기독교 - 개신교를 중심으로 - , 『논문집』 5, 숭전대, 1974/『한국의 근대화와 기
  독교』, 숭전대, 1983.

倉塚平, 朝鮮キリスト敎とナショナリズム - 3 · 1運動に至るその結合過程について - , 『現代民主主義
  の諸問題』, 1982.

蔡鉉錫, 일제하 在滿한인기독교회에 관한 연구, 단국대 석사논문, 1983.

蔡鉉錫, 李大偉의 기독교사회주의에 관한 연구, 『水邨朴永錫화갑논총 한국사학논총(하)』, 1992.

崔奭祐, 한국芬道會의 초기수도생활과 교육사업, 『사학연구』 36, 한국사학회, 1983.

崔奭祐, 파리외방전교회의 한국진출의 의의 - 한국진출을 전후한 시기의 국가와 교회의 관계를 중심으
  로 - , 『교회사연구』 5, 1987.

崔鍾庫, 현대 한국지식인의 카톨릭입교사, 『최석우신부회갑기념 한국교회사논총』, 한국교회사연구소,
  1982.

崔鍾庫, 묄렌도르프와 한국선교문제, 『교회사연구』 6, 한국교회사연구소, 1988.

片山恒夫, 朝鮮人と基督敎, 『朝鮮硏究資料』 49, 朝鮮硏究會, 1934.

浦川和三郎, 朝鮮天主敎先史, 『韓國天主敎會史論文選集』 2, 韓國敎會史硏究所, 1977.

한규무, 1930년대 한국 기독교회의 농촌지도자 양성기관에 관한 일고찰, 『한국근현대사연구』 3, 한국근
  현대사연구회, 1995.

한규무, 게일(James S. Gale)의 한국 인식과 한국 교회에 끼친 영향 - 1898~1910년을 중심으로 - , 『한국
  기독교와 역사』 4, 한국기독교역사연구소, 1995.

韓晳曦, 戰時下朝鮮の神社參拜强要とキリスト者の抵抗, 『朝鮮史叢』 5 · 6合, 朝鮮史叢編輯委員會,
  1982.

韓完相, 한국교회의 양적성장과 교인들의 가치관 - 영락교회를 중심으로 - , 『한국의 근대화와 기독교』,
  숭전대 기독교문화연구소, 1983.

扈俊秀, 현대한국신용협동조합과 카톨릭과의 관계, 『최석우신부회갑기념 한국교회사논총』, 한국교회사
  연구소, 1982.

洪景萬, 한국개신교의 형성과 그 정치적 성격, 『한국학논집』 2, 한양대 한국학연구소, 1982.

洪淳鎬, 파리외방전교회 선교사들의 한국진출에 대한 프랑스정부의 태도 - 對韓 제국주의외교정책을 중
  심으로 - , 『교회사연구』 5, 1987.

洪以燮, 한국에 있어서의 프로테스탄티즘을 매개로 한 아메리카 문화의 영향, 『아세아연구』 10 - 2, 고려
  대 아세아문제연구소, 1973.

洪鍾佖, 만주 조선인 종교문제 소고 - 1910년~1930년을 중심으로 - , 『백산학보』 33, 1986.

黃明淑, 대한제국 말기 천주교의 실업진흥론 - 경향신문논조를 중심으로 - , 『교회사연구』 6, 한국교회사
  연구소, 1988.

黃性模, Protestantism과 한국, 『동국대학교50주년기념학술논문집』, 1967.

黃性模, 기독교의 유입과 그후 1905~1945, 『한국의 사회와 문화』 9, 한국정신문화연구원, 1988.

黃性模, 일제 지배하의 기독교운동, 『한민족독립운동사』 9, 국사편찬위원회, 1991.

Baldwin, Frank, 3·1운동과 미국선교사,『제1회한국학국제학술회의논문집』, 한국정신문화연구원, 1980.

Kwon Kyu-sik, Religion and Modernization in Korea,『사회과학』 3, 경북대사회과학대, 1984.

Lee Hyo-chae, Protestant Missionary Work and Enlightenment of Korean Women,『Korea Journal』 17 - 11, Korean National Commission for Unesco, Nov. 1977.

5) 동학사상

⇨ 농민항쟁 부분 참조

6) 도교 · 낭가사상

琴章泰, 한말 도학의 사상사적 조명,『동방사상논고』(道原柳承國박사화갑기념논문집), 1983.

金洪喆, 한국신종교에 나타난 도교사상 - 증산교를 중심으로 - ,『도교사상의 한국적 전개』, 한국도교사상연구회, 1989.

裵泳基, 韓國道學思想과 東學思想의 連繫性考,『배달문화』 13, 민족사바로찾기국민회의, 1994.

裵勇一, 申采浩의 郎家사상고,『단재신채호선생탄신100주년기념논집 단재신채호와 민족사관』, 1980.

申淳鐵, 개화기의 민중종교 인식,『원광사학』 4, 1986.

申一澈, 동학사상의 도교적 성격문제 - 至氣와 侍天主의 관계 - ,『한국사상』 20, 한국사상연구회, 1985.

尹錫山, 동학에 나타난 도교적 요소,『도교사상의 한국적 전개』(한국도교사상연구총서 3), 한국도교사상연구회, 1990.

李東洵, 丹齋소설에 나타난 郎家사상 - 丹齋申采浩전집 보유소수 9편을 대상으로 - ,『어문논총』 12, 경북대국어국문학과, 1978.

趙仁成, 申采浩의 郎家사상에 대한 일고찰 -「東國古代山敎考」를 중심으로 - ,『경대사론』 1, 경남대사학회, 1985.

韓鍾萬, 한국근대 儒·佛·道 三敎會通論,『震山韓基斗화갑기념 한국종교사상의 재조명(상)』, 원광대, 1993.

7) 대종교 · 원불교 · 증산교 · 천도교 등 신흥종교

金應祚,『천도교여성회 60년사』, 천도교여성회본부, 1984.

金洪哲,『한국신종교사상의 연구』, 집문당, 1989.

金洪喆·金相日·趙興胤,『한국종교사상사 4 - 증산교·대종교·무교편 -』, 연세대출판부, 1992.

대종교총본사 편,『임오10현 순교실록』, 서울대출판부, 1971.

박기민,『한국신흥종교연구』, 혜림사, 1985.

方又河,『도의국민의 봉화 - 聖賢偉傑道義範行錄 -』, 국민교양협회, 1952.

아세아학술연구회,『한국민족사상대계 4 - 근대·현대 -』, 형설출판사, 1978.

安天恩,『원불교』, 원광대, 1973.

柳炳德,『한국신흥종교』, 원광대, 1974.

柳炳德 외,『한국 민중종교 사상론』, 시인사, 1985.

柳炳德,『한국사상과 원불교』, 교문사, 1989.

柳聖泰,『원불교와 동양사상』, 원광대출판국, 1995.

義菴孫秉熙선생기념사업회,『義菴孫秉熙선생전기』, 대한교과서주식회사, 1967.

李敦化 편,『천도교창건사』, 천도교중앙종리원, 1933/경인문화사, 1970.

李鍾海, 『천도교사』, 천도교중앙총부, 1962.

이현희, 『손병희 - 민족 없이는 구도도 없다 - 』, 동아일보사, 1995.

張秉吉, 『증산종교사상』, 한국종교문화연구소, 1976.

조기간, 『천도교청년당소사』, 천도교청년당본부, 1935.

趙載福, 천도교의 救國사상에 관한 사적 연구, 『목원대학교논문집』 26, 1994.

종학강습회 편, 『천도교운동약사』, 1946.

崔東熙·柳炳德, 『한국종교사상사 3 - 천도교·원불교편 - 』, 연세대출판부, 1993.

洪凡草, 『증산교 개론』, 창문각, 1982.

洪淳昶, 『한말의 민족사상』(탐구신서 96), 탐구당, 1975.

黃善明·安晋吾 외, 『한국근대민중종교사상』, 학민사, 1983.

황선희, 『한국근대사상과 민족운동 1 - 동학·천도교편 - 』, 혜안, 1996.

琴章泰, 중인층의 민족종교활동, 『한국문화』 9, 서울대 한국문화연구소, 1988.

金錡坤, 小太山의 생애와 교육사상에 관한 연구, 『논문집』 22, 전주교대, 1986.

김기준, 증산도 구원사상에 관한 고찰, 『한민족』 4, 교문사, 1993.

金東煥, 己酉重光의 민족사적 의의, 『국학연구』 1, 국학연구소, 1988.

金烈圭, 전통문화 맥락속의 원한 - 甑山교적 怨靈관념의 배경으로서 - , 『甑山사상연구』 6, 증산사상연
    구회, 1980.

金龍國, 대종교와 독립운동, 『노산이은상박사고희기념논문집 민족문화논총』, 1973.

金鐸, 姜甑山의 原始返本사상, 『한국종교』 18, 원광대 종교문제연구소, 1993.

金鐸, 한국종교사에서의 儒教와 甑山教와의 만남, 『震山韓基斗화갑기념 한국종교사상의 재조명(하)』,
    원광대, 1993.

金泰坤, 증산도와 민족종교의 맥, 『한민족』 4, 교문사, 1993.

金洪喆, 水雲·甑山·少太山의 유·불·선 삼교관, 『한국종교』 4·5합, 원광대 종교문제연구소, 1980.

金洪喆, 원불교의 후천 개벽사상 - 水雲·甑山과의 비교를 중심으로 - , 『원불교사상』 4, 원광대 원불교
    사상연구원, 1980.

金洪喆, 水雲·甑山·少太山의 비교연구 - 몇가지 특징적 관점을 중심으로 - , 『한국종교』 6, 원광대 종
    교문제연구소, 1981.

金洪喆, 일제하 甑山教의 민족운동에 관한 연구, 『증산사상연구』 14, 증산사상연구회, 1988.

金洪喆, 한국신종교에 나타난 도교사상 - 증산교를 중심으로 - , 『도교사상의 한국적 전개』, 한국도교사
    상연구회, 1989.

金洪喆, 한국신종교의 여성운동 고찰, 『如山柳炳德화갑기념 한국철학종교사상사』, 1990.

金洪喆, 한국신종교연구사, 『震山韓基斗화갑기념 한국종교사상의 재조명(하)』, 원광대, 1993.

金洪喆, 한국신종교의 미륵신앙, 『한국사상사학』 6, 한국사상사학회, 1994.

盧吉明, 甑山教 발생배경에 대한 사회학적 연구, 『甑山사상연구』 2, 1976.

盧吉明, 증산의 민족주체사상, 『甑山사상연구』 6, 증산사상연구회, 1980.

朴光用, 대종교관련문헌에 위작 많다(1) - 「揆園史話」와 「桓檀古記」의 성격에 대한 재검토 - , 『역사비
    평』 10, 1990.

朴光用, 대종교관련문헌에 위작 많다(2), 『역사비평』 16, 1992.

朴孟洙, 초기 역사 연구상의 제문제(상) - 불법연구회 창건사를 중심으로 - , 『원불교사상』 10·11합, 원
    광대 원불교사상연구원, 1987.

朴相權, 민족사상의 맥락에서 본 원불교사상 연구,『한국종교』7, 원광대 종교문제연구소, 1982.

朴承吉, 한말 신흥종교의 革世정신과 민중의 자기인식 방향과 유형,『한국의 종교와 사회변동』(한국사
　　회사연구회논문집 7), 1987.

朴永錫, 대종교의 독립운동에 관한 연구 - 金敎獻 교주시기를 중심으로 - ,『사총』21 · 22합, 1977.

朴永錫, 대종교의 민족의식과 항일민족독립운동 - 壬午敎變을 중심으로 - ,『건대사학』6, 건국대사학회,
　　1982.

朴永錫, 대종교의 민족의식과 항일민족독립운동(상 · 하),『한국학보』31 · 32, 일지사, 1983.

朴龍德, 小太山의 조합운동과 吉龍里간척사업에 관한 연구,『정신개벽』7 · 8합, 신룡교학회, 1989.

朴容玉, 甑山의 남녀평등사상,『甑山사상연구』6, 증산사상연구회, 1980.

裵宗鎬, 한국사상사의 맥락에서 본 증산사상,『甑山사상연구』7, 증산사상연구회, 1981.

裵宗鎬, 한국사상의 원류와 증산사상,『증산사상연구』11, 증산사상연구회, 1985.

徐閏吉, 白龍城의 大覺敎사상,『한국의 사상』(윤사순 · 고익진 편), 열음사, 1984.

宋鎬洙, 민족정통사상의 고찰 - 동학과 甑山사상을 중심으로 - ,『甑山사상연구』6, 증산사상연구회,
　　1980.

申淳鐵, 개화기의 민중종교 인식,『원광사학』4, 1986.

申喆均, 민족화합의 통일철학으로서의 한 사상 소고,『甑山사상연구』6, 증산사상연구회, 1980.

柳炳德, 원불교가 한국사회에 미친 영향,『동방사상논고』5(道原柳承國박사화갑기념문집), 1983

柳炳德, 개화기 · 일제시의 민족종교사상에 관한 연구 - 그 당시 민중종교의 교조사상에서 찾아 본 철학
　　의 제문제 - ,『철학사상의 제문제』3, 한국정신문화연구원, 1985.

柳炳德, 한국종교 맥락에서 본 원불교사상,『문산김삼룡박사화갑기념 한국문화와 원불교사상』, 원광대
　　출판국, 1985.

柳炳德, 圓佛敎에서 본 미륵사상,『한국사상사학』6, 한국사상사학회, 1994.

柳聖泰, 圓佛敎 사상의 儒敎的 접근 - 교화적 측면을 중심으로 - ,『震山韓基斗화갑기념 한국종교사상
　　의 재조명(하)』, 1993.

劉英姬, 근대 민족종교의 진리관 소고 - 대종교의 경우 - ,『국학연구』2, 국학연구소, 1988.

尹絲淳, 한국사상사 시각에서 본 증산사상,『한민족』4, 교문사, 1993.

尹以欽, 근대 민족종교의 유형과 사상적 전개,『국사관논총』7, 국사편찬위원회, 1989.

윤창렬, 증산도 도맥의 특징과 그 전개,『한민족』4, 교문사, 1993.

李康五, 구한말 南學의 발생과 그 성격에 관하여,『전라문화연구』1, 전북향토문화연구회, 1979.

李道學, 대종교와 근대민족주의사학,『국학연구』1, 국학연구소, 1988.

李恩奉, 증산도의 한국종교사적 위상,『한민족』4, 교문사, 1993.

李日淸, 甑山사상과 그 윤리관,『甑山사상연구』6, 증산사상연구회, 1980.

李泰昊, 全琫準과 姜甑山의 사회사상,『공동체문화』1, 공동체, 1983.

李炫熙, 甑山사상의 민족사적 위치 - 그의 민중의식적 측면 - ,『증산사상연구』7, 증산사상연구회, 1981.

李炫熙, 大倧敎의 광복투쟁과 임정주석 李東寧,『如山柳炳德화갑기념 한국철학종교사상사』, 1990.

李炫熙, 증산도출현의 역사적 배경,『한민족』4, 교문사, 1993.

李惠和, 龍사상의 圓佛敎的 수용,『如山柳炳德화갑기념 한국철학종교사상사』, 1990.

林泳暢, 甑山사상의 神觀考,『甑山사상연구』6, 증산사상연구회, 1980.

張秉吉, 한국신흥종교사,『한국문화사대계 6』, 고려대 민족문화연구소, 1970.

張秉吉, 甑山사상에 나타난 造成의 섭리관 - 선인들의 易理를 중심으로 - ,『甑山사상연구』6, 증산사상
　　연구회, 1980.

張秉吉, 민족종교들의 대두 - 동학·증산교·신교 - ,『전통과 사상 4』, 한국정신문화연구원, 1990/『한국
　　사상사대계 5』, 한국정신문화연구원, 1992.
조성윤, 일제하의 신흥종교와 독립운동 - 만주지방의 元宗을 중심으로 - ,『한국의 종교와 사회변동』(한
　　국사회사연구회논문집 7), 1987.
趙恒來, 大倧敎를 통해 본 대한독립선언서의 이념,『숙명한국사론』1, 숙명여대 한국사학과, 1993.
朱七星, 한말 신흥종교의 産生 그 특점,『震山韓基斗화갑기념 한국종교사상의 재조명(하)』, 원광대,
　　1993.
千敬化, 대종교의 민족교육운동에 관한 연구 - 중국 동북북방(만주)을 중심으로 - ,『백산학보』27, 1983.
韓基斗, 19세기 민족종교운동연구 - 東學·天道敎·圓佛敎를 중심으로 - ,『국사관논총』49, 국사편찬위
　　원회, 1993.
韓昇助, 단군신앙과 素昻사상 - 한국정신사적 맥락에서 본 素昻사상 - ,『三均主義연구논집』10, 삼균학
　　회, 1988.
韓昇助, 한국독립운동과 신흥민족종교,『한민족독립운동사』9, 국사편찬위원회, 1991.
韓鍾萬, 한국근대 儒·佛·道 三敎會通論,『震山韓基斗화갑기념 한국종교사상의 재조명(상)』, 원광대,
　　1993.
洪凡草, 甑山의 天地公事에 나타난 미륵사상 - 甑山은 어떻게 傳來의 한국미륵사상을 구현하였는가? - ,
　　『한국사상사학』6, 1994.
洪潤植, 한국사의 맥락에서 본 원불교,『문산김삼룡박사화갑기념 한국문화와 원불교사상』, 원광대출판
　　국, 1985.
洪潤植, 진리적 종교로서의 圓佛敎의 역사적위치,『如山柳炳德화갑기념 한국철학종교사상사』, 1990.
洪鍾佖, 만주 조선인 종교문제 소고 - 1910년~1930년을 중심으로 - ,『백산학보』33, 1986.
Kim Yong-choon, An Analysis of Early Chondogyo Thought,『Korea Journal』17 - 10, Korean National
　　Commission for Unesco, Oct. 1977.

8) 정치·사회사상

금장태,『동서교섭과 근대한국사상』, 성균관대출판부, 1984.
김기승,『배성룡의 정치경제사상연구』, 고려대박사학위논문, 1990.
김기승,『한국근현대 사회사상사연구』, 신서원, 1994.
金南植·沈之淵,『박헌영노선비판』, 세계, 1986.
金度亨,『大韓帝國期의 정치사상연구』, 지식산업사, 1994.
金珉煥,『개화기 민족지의 사회사상』, 나남, 1988.
박찬승,『한국근현대정치사상사연구』, 역사비평사, 1992.
방기중,『한국근현대사상사연구 : 1930~40년대 백남운의 학문과 정치경제사상』, 역사비평사, 1992.
愼鏞廈,『독립협회의 사회사상연구』, 서울대 한국문화연구소, 1973.
愼鏞廈,『박은식의 사회사상연구』, 한국문화연구소, 1982.
愼鏞廈,『申采浩의 사회사상연구』, 한길사, 1984.
愼鏞廈,『한국근대사회사상사연구』, 일지사, 1987.
李薰玉,『張志淵의 변혁사상연구』, 인하대 박사논문, 1989.
趙鍾煥,『朴殷植의 애국계몽적 국권회복사상연구』, 경희대 박사논문, 1992.
韓國社會史硏究會,『한말일제하의 사회사상과 사회운동』(한국사회사연구회논문집 42), 1994.
玄季順,『金澤榮의 사회사상과 역사의식』, 인하대 박사논문, 1993.

康智漢, 개화당의 민권사상, 『평화연구』 9, 경북대 평화문화연구소, 1984.

金基承, 白岩 朴殷植의 대동주의 연구, 고려대 석사논문, 1985.

김도형, 毅菴 柳麟錫의 정치사상연구, 『한국사연구』 25, 한국사연구회, 1979.

金萬圭, 동아시아의 전통 정치사상에 대한 균형적인 연구시각, 『동북아』 2, 동북아문화연구원, 1995.

金淑子, 구한말(1896～1910) 민권운동에 대한 일고찰, 『한국사연구』 40, 한국사연구회, 1983.

金容新, 趙素昻 삼균주의의 역사적 위치, 『사총』 23, 고려대사학회, 1979.

김종명, 한용운(1879～1944)의 불교사회사상, 『현대와 종교』 18, 한국종교문화연구재단 현대종교문화연
구소, 1995.

김희일, 토론 : 민족개량주의의 계급적 기초는 예속부르죠아지이다, 『력사과학』 1966 - 4.

欄木壽男, 日本帝國主義の朝鮮における思想運動について, 『朝鮮研究』 79, 日本朝鮮研究所, 1978.

藤間生大, 李朝末期の思想的課題 - 特に朝鮮國自立の意識と思想を中心として - , 『朝鮮史研究會論文
集』 9, 1972.

朴起緒, 『兪吉濬과 福澤諭吉의 정치사상 비교연구』, 홍익대 박사논문, 1989.

朴萬圭, 島山 安昌浩의 大公主義에 대한 일고찰, 『한국사론』 26, 서울대국사학과, 1991.

박영신, 한결 김윤경의 사회사상(1), 『동방학지』 88, 연세대 국학연구원, 1995.

宋炳基, 19세기말 근대의식의 성장, 『한국사학』 1, 한국정신문화연구원 사학연구실, 1980.

愼鏞廈, 독립협회의 사회사상, 『한국사연구』 8, 한국사연구회, 1973.

愼鏞廈, 朴殷植의 儒教求新論 · 양명학론 · 대동세상, 『역사학보』 73, 역사학회, 1977.

申一澈, 崔濟愚의 後天開闢的 이상사회상, 『한국사시민강좌』 10, 일조각, 1992.

柳楊善, 구한말 사회사상의 소설화 양상, 『진단학보』 59, 1985.

柳永烈, 독립협회의 민권사상연구, 『사학연구』 22, 한국사학회, 1973.

柳永烈, 독립협회의 민권운동전개과정, 『사총』 17 · 18합, 고려대사학회, 1973.

柳永烈, 獨立協會の民權思想(1 · 2), 『韓』 62 · 64, 1977.

劉載天, 한국신문을 통해서 본 민주주의 가치수용, 『동아연구』 12, 서강대 동아연구소, 1987.

李光麟, 구한말 關西지방 유학자의 사상적 전회 - 雲菴 · 誠菴의 제자를 중심으로 - , 『두계이병도박사구
순기념 한국사학논총』, 1987.

李普珩, 3 · 1운동에 있어서의 민족자결주의의 도입과 이해, 『삼일운동50주년기념논집』, 동아일보사,
1969.

李尙根, 月南 李商在의 사회사상, 『경희사학』 14, 1987.

李相一, 雲養 金允植의 사회 · 경제사상, 『태동고전연구』 9, 한림대 태동고전연구소, 1993.

李相哲, 韓龍雲의 사회사상(상 · 하), 『한국학보』 30 · 31, 일지사, 1983.

李瑄根, 한국 최근세사에 있어서의 사상계의 변천, 『아세아학보』 8, 아세아학술연구소, 1968.

李洋純, 韓龍雲의 사회사상에 관한 일연구, 『이대사원』 17, 이화여대사학과, 1980.

이정식, 구한말 정당론의 논고 - 1890～1910년대의 정당이론과 사상 - , 『성곡논총』 26 - 상, 성곡학술문
화재단, 1995.

李朝洙, 兪吉濬의 君主論 연구 - 「西遊見聞」과 「政治學」을 중심으로 - , 『동아연구』 22, 서강대 동아연
구소, 1991.

林仙默, 六堂의 사상과 문학일반 - 고전으로부터의 계승적 역할 - , 『동양학』 3, 단국대 동양학연구소,
1973.

장석만, 19세기말～20세기초 한 · 중 · 일 삼국의 政教분리담론, 『역사와 현실』 4, 한국역사연구회, 1990.

鄭榮薰, 安在鴻의 新民族主義이론, 『정신문화연구』 48, 한국정신문화연구원, 1992.

鄭昌烈, 갑오농민전쟁에서 농민군의 변혁사상,『한국학논집』18, 계명대 한국학연구원, 1991.

朱鎭五, 독립협회의 사회사상과 사회진화론,『孫寶基정년기념 한국사학논총』, 지식산업사, 1988.

靑木功一, 朴泳孝の民本主義·新民論·民族革命論(1·2) - '興復上疏'における變法開化論の性格 - ,
　　『朝鮮學報』80·82, 1976·1977.

崔起榮, 한말「國民須知」의 간행과 立憲君主論,『西巖趙恒來화갑기념 한국사학논총』, 1992.

최기한, 토론 : 우리나라에서 부르죠아민족운동의 발단에 대하여,『력사과학』1963 - 5.

秋憲樹, 臨政과 三均主義에 관한 소고,『교육논집』6, 연세대교육대학원, 1973.

胡春惠, 在華期間의 韓國獨立運動 및 三均主義 - 趙素昻先生을 中心으로 - ,『三均主義硏究論集』10,
　　三均學會, 1988.

洪以燮, 한국식민지시대 정신사의 과제,『사학연구』18, 한국사학회, 1964.

洪以燮, 한국 식민지시대(1906~1945) 정신사서설 - 구조·방법·인식에의 절차 - ,『연세논총』7, 연세
　　대대학원, 1970.

丸尾直美, 民主社會主義와 三均主義,『三均主義硏究論集』10, 三均學會, 1988.

황장엽, 토론 : 민족부르죠아지의 개념에 관한 몇가지 문제,『력사과학』1957 - 4.

9) 무정부주의사상

무정부주의운동사편찬위원회,『한국 아나키즘운동사』, 형설출판사, 1978.

堀內稔, 日帝下朝鮮北部地方におけるアナキズム運動,『朝鮮民族運動史硏究』5, 朝鮮民族運動史硏究
　　會, 1988.

김성국, 아나키스트 申采浩의 試論的 재인식,『아나키즘연구』창간호, 자유사회운동연구회, 1995.

金炯培, 申采浩의 무정부주의에 관한 일고찰 - P. 크로포트킨과의 사상적 연계를 중심으로 - ,『신채호의
　　사상과 민족독립운동』, 1986.

朴烜, 1920년대 재중한국인의 무정부주의운동과「奪還」의 간행,『한국학보』52, 일지사, 1988.

愼鏞廈, 申采浩의 무정부주의 독립사상,『동방학지』38, 연세대 국학연구원, 1983.

愼鏞廈, 申采浩의 민족주의와 무정부주의,『성곡논총』14, 성곡학술문화재단, 1983.

申一澈, 申采浩의 무정부주의사상 - 丹齋申采浩의 역사사상 연구의 제삼부로서 - ,『한국사상』15, 한국
　　사상연구회, 1977.

吳章煥, 1920년대 在中國韓人 무정부주의운동 - 무정부주의이념의 수용과 독립투쟁이론을 중심으로 - ,
　　『국사관논총』25, 1991.

吳章煥, 1920년대 초기 국내 사회주의수용기의 아나키즘적 경향에 대한 일고찰 - 크로포트킨 사상의 영
　　향을 중심으로 - ,『아나키즘연구』창간호, 자유사회운동연구회, 1995.

張乙炳, 丹齋 申采浩의 민족주의와 무정부주의,『단재신채호선생탄신100주년기념논집 단재신채호와 민
　　족사관』, 1980.

河岐洛, 丹齋의 아나키즘,『단재신채호선생탄신100주년기념논집 丹齋申采浩와 민족사관』, 1980.

10) 민족인식 · 민족주의

姜敦求,『한국근대종교와 민족주의』, 집문당, 1992.

金敬泰,『근대 한국의 민족운동과 그 사상』, 이화여대출판부, 1994.

金度亨,『대한제국말기의 국권회복운동과 그 사상』, 연세대 박사논문, 1989.

金榮作,『韓末ナショナリズムの研究』, 東京大出版會. 1975/『한말 내셔널리즘연구』, 청계연구소, 1989.

김정희,『한국근대사회와 사상』, 중원문화사, 1984.

金昌洙,『한국민족주의 형성에 관한 연구』, 동아대 박사논문, 1985.

金昌洙,『한국근대의 민족의식연구』, 동화출판공사, 1987.

瀧澤秀樹,『韓國民族主義論 - 民衆經濟論의 形成과 發展 - 』(김용관 역), 未來社, 1985.

朴贊勝,『한국근대정치사상사연구 - 민족주의 우파의 실력양성운동론 - 』, 역사비평사, 1992.

朴玄埰·鄭昌烈,『한국민족주의론 3』, 창작과 비평사, 1985.

사회과학원력사연구소 편,『조선에서의 부르조아 민족형성에 관한 론문집』, 과학원출판사, 1960.

徐仲錫,『한국근현대의 민족문제연구』, 지식산업사, 1989.

역사학회,『한국근대민족주의운동사연구』, 일조각, 1987.

柳洪烈,『한국독립사상사고』, 정음사, 1948.

윤범하,『克敵樓에 핀 민족혼』, 극적루복원사업회, 1995.

李萬烈,『한말기독교와 민족운동』, 평민사, 1980.

李萬烈,『종교·교육투쟁』, 민족문화협회, 1981.

이윤희,『한국민족주의와 여성운동』, 신서원, 1995.

李庭植,『한국민족주의의 정치학』, 한밭출판사, 1982.

李鉉淙,『근대민족의식의 맥락』, 아세아문화사, 1979.

張乙炳,『인물로 본 한국민족주의』, 범우사, 1988.

鄭昌烈·姜萬吉,『한국민족주의론』, 창작과 비평사, 1982.

趙東杰,『한국민족주의의 발전과 독립운동연구』, 지식산업사, 1993.

崔洪奎,『申采浩의 민족주의사상 - 생애와 사상 - 』, 단재신채호기념사업회, 1983.

한국사연구회,『근대 국민국가와 민족문제』, 지식산업사, 1995.

한국정신문화연구원,『민족의식의 탐구』, 1985.

韓興壽,『근대 한국민족주의 연구』(대학문고 11), 연세대출판부, 1977.

姜興福, 한말 개신교와 민족주의운동(1884~1910), 중앙대 석사논문, 1984.

堀越智, 市民的ナショナリズムの形成と展開 - アイルランドと朝鮮の場合 - ,『朝鮮史研究會論文集』 5, 朝鮮史研究會, 1968.

宮嶋博史, 近代克服指向形ナショナリズムと新しい朝鮮史像,『歷史批判』3, 1986.

權熙英, 한국근대의 민족주의와 역사이론,『해군제2사관학교논문집』3, 해군제2사관학교, 1981.

金度亨, 한국근대 재야지배세력의 민족문제 인식과 대응,『역사와 현실』1, 한국역사연구회, 1989.

金演洙, 근대민족주의의 형성과 그 유형에 관한 연구,『동대논총』18, 동덕여대, 1988.

金榮作, 한말 내쇼날리즘과 金玉均,『법정논총』4, 국민대 법학연구소, 1982.

金榮作, 초기 개화파의 민족주의사상과 갑신정변의 현대적 의의,『사상과 정책』1 - 4, 경향신문사, 1984.

金泳鎬, 3·1운동에 나타난 경제적 민족주의,『삼일운동50주년기념논집』, 동아일보사, 1969.

金泳鎬, 한국근대민족주의와 평화의 문제,『현상과 인식』3 - 1, 한국인문사회과학원, 1979.

金容達, 李光洙의 '民族改造論'연구,『擇窩許善道정년기념 한국사학논총』, 1992.

金宇泰, 한국민족주의의 발생시기와 발전단계,『경북대논문집(사회과학편)』45, 경북대, 1988.

金允植, 陶南사상과 신민족주의사관 - 南滄과 陶南 - ,『한국학보』33, 일지사, 1983.

金仁熙, 근·현대의 한국교육사상과 민족주의,『인문과학연구』1, 동덕여대 인문과학연구소, 1995.

金丁煥, 金敎臣의 민족정신사적 유산 - 聖書조선의 일기를 중심으로 - ,『민족문화연구』10, 고려대 민족문화연구소, 1976.

金昌洙, 한말의 국학진흥운동과 민족의식,『소헌남도영박사화갑기념 사학논총』, 1984.

金昌洙, 애국계몽운동기의 史書에 나타난 民族의식,『西巖趙恒來화갑기념 한국사학논총』, 1992.

金泰勳, 舊韓末韓國における民族主義教育 - 島山安昌浩の大成學校を中心に -,『學術論文集』18, 東京：朝鮮研究獎學會, 1989.

盧武志, 丹齋申采浩의 민족주의사상에 관한 일고찰,『논문집』11, 국제대, 1983.

노치준, 근대 한국의 종교와 민족주의의 문제 - 외래종교인 그리스도교를 중심으로 -,『인문과학연구』1, 동덕여대 인문과학연구소, 1995.

盧泰久, 동학의 민족주의이념의 토대에 관한 연구,『경기대논문집』9, 경기대, 1981.

都珍淳, 근대 민족주의의 형성과 분화,『한국고대사논총』1, 한국고대사회연구소, 1991.

閔庚培, 한국교회와 민족주의운동 : 그 계보의 상관성 - 1930년대를 중심으로 -,『동방학지』27, 연세대 국학연구원, 1981.

朴敬子, 20세기 초기의 한국민족주의의 일양상 - 春園의 민족개조론을 중심으로 -,『숙대사론』7, 1972.

朴魯春, 무대위의 민중운동 - 신극운동 -,『한국현대사 6』, 신구문화사, 1971.

朴焞, 서평 : 일제하 문화적 민족주의(1920~25) (마이클 로빈슨 저),『역사학보』131, 1991.

朴完烈, 독립협회 활동에 나타난 근대민족주의이념,『논문집』1, 춘천교대, 1964.

朴殷穆, 한국민족주의의 교육이념과 저항적 민족교육운동,『일제하의 교육이념과 그 운동』, 한국정신문화연구원, 1986.

朴漢龍, 한국근현대의 민족이론과 민족주의론,『한국사 24』, 한길사, 1994.

方貞玉, 동학혁명기의 민족주의 성립에 관한 연구,『이대사원』12, 1976.

裵翰權, 한국민족주의의 시대적 배경과 그 전개 - 이조말기를 중심으로 -,『논문집』1, 마산교대, 1970.

孫仁銖, 한국근대 민족주의 교육운동 연구 - 구한말 근대사학의 민족보전이념과 교육구국운동을 중심으로 -,『근대민족교육의 전개와 갈등』, 한국정신문화연구원 교육연구실, 1982.

宋厚鴻, 동학의 민족주의적 성격에 대한 고찰 - 동학농민운동을 중심으로 -, 성균관대 석사논문, 1989.

申福龍, 갑오농민혁명의 역사적 평가 - 민족주의적 성격을 중심으로 -,『현암신국주박사화갑기념 한국학논총』, 동국대출판부, 1985.

愼鏞廈, 申采浩의 민족주의와 무정부주의,『성곡논총』14, 성곡학술문화재단, 1983.

愼鏞廈, 동학과 갑오농민전쟁의 민족주의,『한국학보』47, 일지사, 1987.

愼鏞廈, 구한말 한국민족주의와 사회진화론,『인문과학연구』1, 동덕여대 인문과학연구소, 1995.

申一澈, 저항적 민족주의의 한국적 전개,『한국사상』16, 한국사상연구회, 1978.

申一澈, 普專초창기의 근대민족주의사상 - 서구학문의 수용과 충군애국적 국가의식의 자각과정 -,『근대서구학문의 수용과 普專』, 고려대출판부, 1986.

안규, 한국근대사회의 민족운동과 교육사상에 관한 연구,『논문집』8, 서울교대, 1975.

安秉煜, 기독교와 민족사상 - 島山사상을 중심으로 -,『논문집(인문사회과학편)』5, 숭전대, 1974/『한국의 근대화와 기독교』, 1983.

安秉直, 丹齋 申采浩의 민족주의,『창작과 비평』29, 1973/『한국근대사론 3』, 지식산업사, 1977.

安宇植, 朝鮮ナショナリズムの原像,『傳統と現代』37, 東京：傳統と現代社, 1966.

吳正萬, 近代朝鮮ナショナリズムに關する一考察,『神奈川法學』21 - 1, 1986.

吳天錫, 3・1운동이후의 민족교육,『삼일운동50주년기념논집』, 동아일보사, 1969 .

原田環, 朝鮮近代ナショナリズムの形成 - 朴殷植の'大韓精神' -,『朝鮮民族運動史研究』3, 神戶, 1986.

柳根鎬, 사회경제사적 측면에서 본 근대민족의식의 성장 - 개화기 민족의식의 이념과 성격 -,『인문과학연구』 1, 성신여대 인문과학연구소, 1981.

劉載天, 초기한국신문의 민족주의 수용,『동아연구』21, 서강대 동아연구소, 1990.

柳準基, 한국근대민족운동사와 민족正氣,『西巖趙恒㳡화갑기념 한국사학논총』, 1992.

李慶淑, 한국의 초기근대화와 민족주의의 발전과정에 관한 연구, 숙명여대 석사논문, 1967.

李光麟, 민족교육,『한국사 22 - 민족운동의 전개 - 』, 국사편찬위원회, 1976.

李基白, 근대민족주의의 계보 - 민족주의사상 - ,『한국현대사 6』, 신구문화사, 1971.

李萬烈, 한말 기독교인의 민족의식 형성과정,『학술연구조성비에 의한 연구보고서』(인문과학계 7 - 9), 문교부, 1972/『한국사론』1, 서울대국사학과, 1973/『한국기독교와 민족운동』, 보성, 1986.

李相寔, 동학농민혁명운동의 민족주의에 관한 고찰,『이원순화갑기념 사학논총』, 교학사, 1986.

李聖根, 1905~1945년까지의 민족의식의 전개과정,『민족의식의 탐구』, 한국정신문화연구원, 1985.

李榮昊, 한국근대 민족문제의 성격,『역사와 현실』1, 한국역사연구회, 1989.

이종철, 개화기 기독교인의 민족문제인식에 관한 고찰,『인문사회과학논총』3, 서울여대 인문사회과학연구소, 1988.

李智媛, 1930년대 전반 民族主義 文化運動論의 성격,『국사관논총』51, 국사편찬위원회, 1994.

李炫熙, 6·10독립만세운동고 - 한국민족주의 운동의 순화를 위한 시론 - ,『아세아연구』12 - 1, 고려대 아세아문제연구소, 1969.

李炫熙, 서평 : 한국근대의 민족의식연구(金昌洙 저),『동국사학』21, 1987.

李昊榮, 역사의 현재적 비판 - 孫晉泰의 신민족주의 입장 - ,『사학지』16, 단국대사학회, 1982.

李洪九, 한국민족주의연구 서설 - 개화기 민족의식을 중심으로 - ,『학술연구조성비에 의한 연구보고서』(인문과학계 3 - 9), 문교부, 1973.

張乙炳, 丹齋 申采浩의 민족주의와 무정부주의,『단재신채호선생탄신100주년기념논집 단재신채호와 민족사관』, 1980.

張日祚, 한국민족주의의 정치신학적 분석,『논문집』1, 한신대, 1983.

張夏眞, 尹致昊의 민족주의와 근대화의식,『충남대인문과학연구소논문집』18, 충남대, 1981.

鄭榮薰,「揆園史話」에 나타난 민족의식,『정신문화연구』39, 한국정신문화연구원, 1990.

鄭允在, 安在鴻의 정치사상연구 - 그의 신민족주의론을 중심으로 - ,『사회과학과 정책연구』3 - 3, 서울대 사회과학연구소, 1981.

鄭鎭午, 동학란과 민족주의 - 대일항쟁을 중심으로 - ,『제주대논문집』9, 1978.

鄭昌烈, 근대국민국가 인식과 내셔널리즘의 형성과정,『한국사 11』, 한길사, 1994.

趙璣濬, 경제사적 측면에서 본 근대 민족의식의 성장,『인문과학연구』1, 성신여대 인문과학연구소, 1981.

趙璣濬, 경제사적 측면에서 본 한국의 근대적 민족의식의 성장,『해촌박준채박사고희기념논문집』, 1985.

趙東杰, 1910년대 민족교육과 그 평가상의 문제,『한국학보』6, 일지사, 1977.

趙東杰, 민족사적 측면에서 본 근대 민족의식의 성장 - 근대민족의식의 국민적 정착과정 - ,『인문과학연구』1, 성신여대 인문과학연구소, 1981.

趙東杰, 의병운동의 한국민족주의상의 위치(상·하),『한국민족운동사연구』1·3, 한국독립운동사연구회, 1986·1989.

趙東杰, 1930·40년대의 국학과 민족주의,『인문과학연구』1, 동덕여대 인문과학연구소, 1995.

조성윤, 한국근대 민중의 민족문제 인식과 대응,『역사와 현실』1, 한국역사연구회, 1989.

朱鎭五, 한국근대 집권관료세력의 민족문제 인식과 대응,『역사와 현실』1, 한국역사연구회, 1989.

池秀傑, 1930년대 초반의 조선민족주의와 마르크스 레닌주의 - 만주(동포)문제에 대한 인식을 중심으로

　- ,『인문과학연구』 1, 동덕여대 인문과학연구소, 1995.
陳德奎, 척사위정론의 민족주의적 비판인식,『한국문화연구원논총』 31, 이화여대 한국문화연구소, 1978.
陳德奎, 3·1운동의 민족주의적 인식,『외대』 15, 외국어대, 1980.
陳德奎, 丹齋 申采浩의 민중·민족주의의 인식,『신채호의 사상과 민족독립운동』, 단재신채호선생기념
　　사업회, 1986.
陳德奎, 식민지시대의 민족주의에 대하여,『한국사학』 11, 한국정신문화연구원, 1990.
車基璧, 민족주의와 정치사상,『한국사상』 13, 한국사상연구회, 1975.
車基璧, 한국민족주의와 기독교 - 개신교를 중심으로 - ,『논문집』 5, 숭전대, 1974/『한국의 근대화와 기
　　독교』, 숭전대, 1983.
車錫基, 한국민족주의 교육의 연구 - 1894~1919 역사적 인식을 중심으로 - ,『문리법경대논문집』 4, 우
　　석대, 1970.
千亨均·박순호, 한국민족주의 이념의 전개 - 개화사상의 역사적 성격을 중심으로 - ,『연구보고서』(인
　　문과학계 1 - 6), 문교부, 1972.
千亨均, 한국 민족주의 이념의 전개 - 그 방법론적 시론과 이념상의 맥락을 중심으로 - ,『전북사학』 3,
　　1979.
崔爽祐, 종교사적 측면에서 본 근대 민족의식의 성장,『인문과학연구』 1, 성신여대 인문과학연구소,
　　1981.
崔洪奎, 申采浩의 민중적 민족주의와 독립노선 - 그 이념적 성격과 독립운동의 전술론 - ,『아세아학보』
　　18, 아세아학술연구소, 1986.
秋憲樹, 한국민족의식의 형성 전개과정에 관한 시론적 연구 - 1910년 이전까지를 중심으로 - ,『연세논
　　총』 5, 연세대대학원, 1968.
波田野節子, 李光洙の民族主義思想と進化論,『朝鮮學報』 136, 1990.
한상국, 항일의병운동의 민족주의적 성격,『동국역사교육』 3, 동국대역사교육과, 1991.
韓興壽, 근대 한국민족주의의 생성과 발전,『자유아카데미연구논총』 2, 자유아카데미, 1977.
韓興壽, 정치사적 측면에서 본 근대민족의식의 성장 - 1890년대의 상황적 이해 - ,『인문과학연구』 1, 성
　　신여대 인문과학연구소, 1981.
洪淳昶, 위정척사사상과 민족의식,『영남사학』 1, 1971.
洪淳昶, 한말 민족의식(위정척사)의 성장과정 - 1880년대 採西사상과의 관련에서 - ,『성곡논총』 2, 성곡
　　학술문화재단, 1971.
洪淳昶, 한말 민족사상의 배경적 고찰,『문리대학보』 2 - 2, 영남대문리대, 1975.
洪淳昶, 한말 민족주의의 형성과정 - 일제침략기(1896~1904)를 중심으로 - ,『동양문화』 18, 영남대 동양
　　문화연구소, 1977.
Lee Ki-baik, Nationalism in Tanjae's Historical Study,『Korea Journal』 Vol. 19 No 9, The Korean National
　　Commision for Unesco, September 1979.
Robinson, Michael, Ideological Schism in the Korean Nationalist Movement(1920~1930) - Cultural Nationalism
　　and the Radical Critique - ,『The Journal of Korean Studies』, Society for Korean Studies, 1983.

11) 전통인식·전통론

金杜珍, 日帝의 檀君硏究와 그 비판,『배달문화』 13, 민족사바로찾기국민회의, 1994.
金鳳烈, 兪吉濬 개화사상에서의 傳統認識,『경대사론』 7, 경남대사학회, 1994.
金相泰, 한국고대문화론 - 白岩·丹齋·爲堂을 중심으로 - ,『한민족』 2, 한민족학회, 1990.

閔丙山, 전통과 개혁 – 한말의 사상적 상황 – ,『한국현대사 3』, 신구문화사, 1969.
朴成壽, 韓國古代文化論 – 以白岩 · 丹齋 · 爲堂爲中心 – ,『韓國學報』 9, 臺北 : 臺灣韓國硏究學會, 1990.
徐正宇, 전통문화에 미친 언론의 영향,『제1회한국학학술회의논문집』, 한국정신문화연구원, 1980.
吳鎭煥, 전통문화의 맥락에서 본 한 · 미 언론인의 비교소고,『제1회한국학국제학술회의논문집』, 한국정신문화연구원, 1980.
柳永烈, 尹致昊의 전통관과 국가상,『사학연구』 29, 한국사학회, 1979.
鄭榮薰, 근대 한국민족교육에서의 단군,『정신문화연구』 28, 한국정신문화연구원, 1986.
정재식, Tradition and Ideology : Korea's Initial Response to Christianity from a Religious and Sociological Perspective,『아시아문화』 4, 한림대 아시아문화연구소, 1988.
韓培浩, 전통과 근대화 – 그 의미와 관계 – ,『사회과학논집』 4, 고려대, 1974.
韓培浩, 한국정치에 있어서 전통의 본질과 기능 – 역사적 맥락에서 본 현대 한국문화의 방향 – ,『학술대회보고논총』 2, 한국정신문화연구원, 1980.

12) 외국 종교 · 사상 · 학문

朴慶植 외,『天皇制と朝鮮』, 神戶 : 學生 · 靑年センタ出版部, 1989.
林鍾國,『일제하의 사상탄압』, 평화출판사, 1985.
韓相一,『일본제국주의 한 연구』, 도서출판 까치, 1980.
韓晳曦,『日本の朝鮮支配と宗敎政策』, 東京 : 未來社, 1988.

金淳碩, 개항기 일본불교종파들의 한국침투 – 일본사찰과 別院 및 布敎所설치를 중심으로 – ,『한국독립운동사연구』 8, 1994.
金承台, 일본 神道의 침투와 1910 · 1920년대의 '神社문제',『한국사론』 16, 서울대국사학과, 1987.
金春男, 梁啓超를 통한 萬海의 서구사상 수용, 동국대 석사논문, 1985.
金漢超, 일제하 한국 지식인의 문화수용과 그 인식,『한국의 사회와 문화』 5, 한국정신문화연구원, 1985.
文重燮, 한말(1894~1910)의 서양근대정치사상수용(상),『논문집』 10 – 2, 慶星大, 1989.
申淳鐵, 개항 이후 일본종교의 국내활동과 그에 대한 반응,『원광사학』 3, 원광대사학회, 1984.
愼鏞廈, 구한말 한국민족주의와 사회진화론,『인문과학연구』 1, 동덕여대 인문과학연구소, 1995.
尹弘老, 개화기 진화론과 문학사상,『동양학』 16, 단국대 동양학연구소, 1986.
李光麟, 구한말 진화론의 수용과 그 영향,『세림한국학논총』 1, 세림장학회, 1977.
李光麟, 한국에 있어서의 만국공법의 수용과 그 영향,『동아연구』 1, 서강대 동아연구소, 1982.
李光麟, 한국에 있어서의 민주주의 수용,『동아연구』 12, 서강대 동아연구소, 1987.
李光麟, 일본 개신교회의 한국침투와 유신회사건,『동아연구』 11, 서강대 동아연구소, 1987.
李萬甲, 한국사회에서의 서구민주주주의 가치의 수용,『동아연구』 12, 서강대 동아연구소, 1987.
李文遠, 구미사상의 수용과 교육관의 성찰,『한국사상사학』 3, 한국사상사학회, 1990.
李普珩, 3 · 1운동에 있어서의 민족자결주의의 도입과 이해,『삼일운동50주년기념논집』, 동아일보사, 1969.
李松姬, 한말 애국계몽사상과 사회진화론,『부산여대사학』 1, 부산여대사학회, 1984.
李松姬, 韓末 사회진화론의 수용과 전개,『부산사학』 22, 부산사학회, 1992.
張錫興, 사회주의의 수용과 신사상연구회의 성립,『한국독립운동사연구』 5, 독립기념관 한국독립운동사연구소, 1991.

趙要翰, 서양철학의 도입과 그 연구의 정착,『종교·인간·사회 - 휴머니티의 회복을 위하여 - 』, 서의필 회갑논집간행위원회, 1988.

朱鎭五, 독립협회의 사회사상과 사회진화론,『孫寶基정년기념 한국사학논총』, 지식산업사, 1988.

池秀傑, 1930년대 초반의 조선민족주의와 마르크스 레닌주의 - 만주(동포)문제에 대한 인식을 중심으로 - ,『인문과학연구』1, 동덕여대 인문과학연구소, 1995.

波田野節子, 李光洙の民族主義思想と進化論,『朝鮮學報』136, 1990.

平木實, 明治期における天理敎の朝鮮·韓國傳敎史,『朝鮮學報』119·120合, 1986.

Lee Kwang-rin, Korea's Response to Social Darwinism(1·2),『Korea Journal』18 - 4·5, The Korean National Commission for Unesco, Jun. 1978.

Park Il-keun, The Impact of Sun Yat-sen's Thought on the Korean People,『사회과학논집』11 - 1, 부산대사회대, 1992.

2. 과학·기술·학문

1) 과학·기술

金斗鍾, 인술의 근대화 - 의·약학 - ,『한국현대사 7』, 신구문화사, 1971.

金文子, 朴珪壽の實學 - 地球儀の製作を中心に - ,『朝鮮史硏究會論文集』17, 1980.

金淑子, 독립협회의 과학기술 구국운동 - 서울지역을 중심으로 - ,『향토서울』43, 서울시사편찬위원회, 1985.

金淑子, 한말(1906~1908) 여성지의 과학정신,『경희사학』14, 1987.

金泳鎬, 한말 서양기술의 수용,『아세아연구』11 - 3, 고려대 아세아문제연구소, 1968.

金泳鎬, 서구문물의 등장(1) - 서양기술의 수용 - ,『한국현대사 3』, 신구문화사, 1969.

金義煥, 한말 근대 기술교육사 연구,『연구보고서(사회과학계)』25, 문교부, 1969.

金義煥, 한말 근대 기술교육의 자주적 성장과 일제의 침략 - 부록, 구한말 근대 기술수용관계년표(1861 ~1878) - ,『한일연구』1, 한국일본문제연구소, 1972.

朴星來, 개화기의 과학수용,『한국사학』1, 한국정신문화연구원 사학연구실, 1980.

朴星來, 대원군시대의 과학기술,『한국과학사학회지』2 - 1, 한국과학사학회, 1980.

朴星來, Science in Korea(1876~1910),『Korea Journal』Vol. 21 No. 5, Korean National Commission for Unesco, 1981.

朴星來, 개화기의 서양과학,『제5회국제학술회의논문집 1』, 한국정신문화연구원, 1988.

吳允謙, 과학교육의 사적 고찰 - 개화기에서 해방전까지 - ,『논문집』2, 제주교대, 1971.

李萬烈, 기독교 선교초기의 의료사업,『동방학지』46·47·48합, 연세대 국학연구원, 1985.

李春蘭, 한국에 있어서 미국 선교 의료활동 1884~1934,『이대사원』10, 1972.

임종대, 김용관의 발명학회와 1930년대 과학운동,『한국과학사학회지』17, 한국과학사학회, 1995.

林采源, 한말에 도입된 서양 과학기술고,『일산김두종박사회수기념논문집』, 1966.

林采源, 새 시대의 기술문명 - 과학 기술 - ,『한국현대사 7』, 신구문화사, 1971.

全相運, 서구문물의 등장(2) - 새로운 기술문명 - ,『한국현대사 3』, 신구문화사, 1969.

全相運, 과학기술학,『한국현대문화사대계 2』, 고려대 민족문화연구소, 1976.

糟谷政和, 大院君時代の火輪船の建造問題をめぐって,『政經學會雜誌』49, 1985.

玄源福, 1930년대의 과학 · 기술학 진흥운동, 『민족문화연구』 12, 고려대 민족문화연구소, 1977.

2) 학문 · 국학

李基俊, 『한말 서구경제학도입사연구』, 일조각, 1985.

高承濟, 1930년대의 경제학 진흥운동, 『민족문화연구』 12, 고려대 민족문화연구소, 1977.
권혁재, 지리학, 『한국현대문화사대계 2』, 고려대 민족문화연구소, 1976.
金敏洙, 근대의 국어운동, 『한국사상사대계 6』, 한국정신문화연구원, 1993.
金鍾瑞, 한말 · 일제하 한국종교연구의 전개, 『한국사상사대계 6』, 한국정신문화연구원, 1993.
金昌洙, 한말의 국학진흥운동과 민족의식, 『소헌남도영박사화갑기념 사학논총』, 1984.
金河龍, 정치학, 『한국현대문화사대계 2』, 고려대 민족문화연구소, 1976.
閔庚培, 1930년대 종교계에 있어서 국학진흥운동, 『민족문화연구』 12, 고려대 민족문화연구소, 1977.
朴炳采, 1930년대의 국어학진흥운동, 『민족문화연구』 12, 고려대 민족문화연구소, 1977.
朴晟義, 일제하의 언어 문자정책, 『일제의 문화침탈사』, 고려대 아세아문제연구소, 1970.
宋基中, 근대화 여명기의 외국어 어휘에 대한 관심, 『한국문화』 14, 서울대 한국문화연구소, 1993.
李光麟, 구한말 신학과 구학의 논쟁, 『동방학지』 23 · 24합, 연세대 국학연구원, 1980.
李秉根, 애국계몽주의시대의 국어관 - 주시경의 경우 - , 『한국학보』 12, 1978.
李泰鎭, 安廓(1881~1946?)의 생애와 국학세계, 『고병익회갑기념사학논총 역사와 인간의 대응』, 1984.
이필영, 南滄 孫晋泰의 역사민속학의 성격, 『한국학보』 41, 일지사, 1985.
李炫熙, 어문연구와 문자보급운동, 『한민족독립운동사』 9, 국사편찬위원회, 1991.
印權煥, 1930년대의 민속학진흥운동 - 민속학의 정립과 본격적연구의 시발 - , 『민족문화연구』 12, 고려
　　대 민족문화연구소, 1977.
張孝鉉, 李能和의 국학, 『어문논집』 24 · 25합, 고려대국어국문학연구회, 1985.
趙璣濬, 경제학, 『한국현대문화사대계 2 - 학술 · 사상 · 종교사 - 』, 고려대 민족문화연구소, 1976.
趙璣濬, 한국경제학의 시원에 관한 연구 - 普專理財학과와 관련해서 - , 『근대서구학문의 수용과 普專』,
　　고려대출판부, 1986.
崔在錫, 1930년대의 사회학 진흥운동, 『민족문화연구』 12, 고려대 민족문화연구소, 1977.
崔鉉洙, 山康 卞榮晩의 생애와 국학관(상), 『기전문화』 9, 기전향토문화연구회, 1992.

3) 외국 기술 · 문물

金承台, 일본을 통한 서양의학의 수용과 그 성격, 『국사관논총』 6, 국사편찬위원회, 1989.
金泳鎬, 한말 서양기술의 수용, 『아세아연구』 11 - 3, 고려대 아세아문제연구소, 1968.
金泳鎬, 서구문물의 등장(1) - 서양기술의 수용 - , 『한국현대사 3』, 신구문화사, 1969.
金源模, 乾淸宮 멕케電燈所와 한국최초의 전기점등 1887, 『사학지』 21, 단국대사학회, 1988.
金亨錫, 한말 한국인에 의한 서양의학 수용, 『국사관논총』 5, 국사편찬위원회, 1989.
金孝全, 독일의 공법학이 한국에 미친 영향, 『법정논총』 21, 동아대법정대, 1982.
朴星來, 개화기의 서양과학, 『제5회국제학술회의논문집 1』, 한국정신문화연구원, 1988.
尹根鎬, 서양부기의 한국에의 도입 - 任瓛宰와 그 부기법 - , 『논문집』 6, 단국대, 1972.
李萬烈, 한말 미국계 의료선교를 통한 서양의학의 수용, 『국사관논총』 3, 국사편찬위원회, 1989.
李元淳, 한국근대문화의 서구적 기초, 『한국사학』 1, 한국정신문화연구원 사학연구실, 1980.

李熙大, 한독의학 교류 100년,『한독수교 100년사』, 한국사연구협의회, 1984.
林采源, 한말에 도입된 서양 과학기술고,『일산김두종박사회수기념논문집』, 1966.
全相運, 서구문물의 등장(2) - 새로운 기술문명 - ,『한국현대사 3』, 신구문화사, 1969.
趙英烈, 서구제국을 통한 서양의학의 수용,『국사관논총』9, 국사편찬위원회, 1989.

3. 문화·예술

1) 문화론 일반

고려대 아세아문제연구소,『일제의 문화침탈사』, 1970.
고려대 아세아문제연구소,『일제하의 문화운동사』, 1970.
국사편찬위원회,『한국사 20 - 근대 근대문화의 발생 - 』, 1977.
趙容萬,『일제하 한국신문화운동사』(정음문고 67), 정음사, 1975.

박성수, 위당정인보의 단군문화론,『동양학』18, 단국대 동양학연구소, 1988.
朴鍾和, 한국 근대문화의 형성과정,『예술논문집』2, 예술원, 1963.
尹南漢, 한국근대문화의 유교적 기초,『한국사학』1, 한국정신문화연구원 사학연구실, 1980.
李萬烈, 일제하의 문화운동,『한국현대사의 제문제 2』, 을유문화사, 1987.
李元淳, 한국근대문화의 서구적 기초,『한국사학』1, 한국정신문화연구원 사학연구실, 1980.
李智媛, 1930년대 전반 民族主義 文化運動論의 성격,『국사관논총』51, 국사편찬위원회, 1994.
林鍾國, 일제하 식민지문화의 생성과 발달,『문예중앙』1989년 겨울호, 중앙일보사.
趙珖, 한국근대문화의 실학적 기초,『한국사학』1, 한국정신문화연구원 사학연구실, 1980.
洪以燮, 한국에 있어서의 프로테스탄티즘을 매개로 한 아메리카 문화의 영향,『아세아연구』10 - 2, 고려
    대 아세아문제연구소, 1973.
洪一植, 개화기의 문화이념고,『민족문화연구』18, 고려대 민족문화연구소, 1984.

2) 문학

金泳鎬,『小癡실록』, 서문당, 1976.
김윤식,『임화연구』, 문학사상사, 1989.
金治洙 외,『식민지시대의 문학연구』, 깊은샘, 1980.
민병수 외,『개화기의 우국문학』, 신구문화사, 1974.
申東漢 편,『항일민족시집』(서문문고 193), 서문당, 1976.
오세영,『문예사조사』, 고려원, 1983.
柳慶桓,『동학가사의 심층연구 - 신화적 해석을 중심으로 - 』, 대한출판공사, 1985.
이명재,『식민지시대 문학의 특성연구』, 경희대 박사논문, 1983.
이선영,『문예사조』, 민음사, 1986.
이선영 외,『한국근대문학비평사연구』, 세계, 1989.
李在銑·김학동·朴鍾哲,『개화기문학론』, 형설출판사, 1978.
이주형,『한국근대작가연구』, 민음사, 1989.
林重彬 편,『한말저항시집』(정음문고 121), 정음사, 1975.

車培根 · 李大龍 · 鄭晋錫 · 朴正圭 공저,『한국신문학사』, 정음사, 1977.
한국문학연구회,『1930년대 문학연구』, 평민사, 1993.

權寧珉, 애국계몽시대의 소설개혁운동,『한국문화』5, 서울대 한국문화연구소, 1984.
權寧珉, 일제시대의 문학사상,『한국사상사대계 6』, 한국정신문화연구원, 1993.
金文基, 여성의병 尹熙順의 歌辭 고찰,『한국의 철학』22, 경북대 퇴계연구소, 1994.
金聲振, 毅齋 李鍾弘의 항일충절의식과 그의 詩文,『한국문화연구』7, 부산대 한국민족문화연구소,
    1995.
金順愼, 1920년대 일본 · 한국의 예술 대중화론의 시각 고찰,『용봉논총 인문과학연구』23, 전남대 인문
    과학연구소, 1994.
金容稷, 1930년대의 한국문학사와 그 역사인식,『예술논문집』18, 예술원, 1979.
金允植, 브나르드와 1920년대 한국시의 한 측면 - 石川啄木과의 관련에서 - ,『한국학보』7, 일지사,
    1977.
金允植, 1910년 이전의 학술 · 문예,『한국사론 5 - 근대 - 』, 국사편찬위원회, 1978.
金允植, 1910년 이후의 학술 · 문예,『한국사론 5 - 근대 - 』, 국사편찬위원회, 1978.
金允植, 3 · 1운동과 문인들의 저항운동 - 문학운동과 정치운동의 관련양상(1) - ,『한국독립운동사연구』
    1, 독립기념관 한국독립운동사연구소, 1987.
김인환, 담원시조론,『한국사상』11, 한국사상연구회, 1974.
金鍾澈, 한말 민족현실과 신소설 -「松籟琴」을 중심으로 - ,『인문논총』5, 아주대 인문과학연구소, 1994.
羅秉哲, 식민지 시기의 문학,『한국사 14』, 한길사, 1994.
朴鵬培, 일제하의 문학운동과 문학교육양상 분석조사연구,『논문집』20, 서울교대, 1987.
박성구, 일제하(1920 중반~1930 초) 프롤레타리아 예술운동에 관한 연구 - KAPF 경성본부와 동경지부
    의 대립적양상을 중심으로 - ,『일제하 한국의 사회계급과 사회변동』(한국사회사연구회논문집 12), 문
    학과 지성사, 1988.
박현수, 일제의 조선문화연구 - ‘文裝的 武備’論과 ‘內地延長主義’ - ,『민속학연구』2, 국립민속박물관,
    1995.
白運福, 1930년대 한국 이미지즘과 主知的 문학론 연구,『인문과학논문집』4, 서원대 인문과학연구소,
    1995.
설성경, 春香傳 熱風과 東革 前夜의 怒氣,『동방학지』84, 1994.
宋敏鎬, 일제하의 한국저항문학,『일제하의 문화운동사』, 고려대 아세아문제연구소, 1970.
안함광, 19세기말~20세기초 조선(계몽기)문학의 력사적 고찰(1 · 2),『력사과학』1955 - 1 · 2.
柳楊善, 구한말 사회사상의 소설화 양상,『진단학보』59, 1985.
李萬烈, 문예운동,『한민족독립운동사』9, 국사편찬위원회, 1991.
이상경, 역사소설가로서 박태원의 문학사적 위치,『역사비평』29, 역사문제연구소, 1995.
李善榮, 일제식민지시대의 소설과 사회,『한국사학』3, 한국정신문화연구원, 1980.
林仙默, 六堂의 사상과 문학일반 - 고전으로부터의 계승적 역할 - ,『동양학』3, 단국대 동양학연구소,
    1973.
任重彬, 丹齋문학의 영웅상과 민중상 - 그 이론과 작품의 접근점에서 본 총괄적 평가 - ,『단재신채호선
    생탄신100주년기념논집 丹齋申采浩와 민족사관』, 1980.
任軒永, 일제시대 문학운동의 논리와 성격,『일제식민지시대의 민족운동』(한길역사강좌 11), 한길사,
    1988.

趙東一, 개화기 문학의 문제의식 - 구국의 방향을 둘러싼 노선 경쟁 - ,『한국사상사대계 6』, 한국정신문
  화연구원, 1993.
朱昇澤, 秋琴 姜偉의 사상과 문학관,『한국학보』43, 1986.
車溶柱, 丹齋의 한문학,『호서문화논총』2, 청주사대 호서문화연구소, 1983.
崔源植, 식민지시대의 소설과 동학,『현상과 인식』5 - 1, 한국인문사회과학원, 1981.
崔鎭宇, 독립신문의 기능연구 - 신소설의 Theme와의 연계성을 중심으로 - ,『노산이은상박사고희기념논
  집 민족문화논총』, 1973.
최혜주, 창강김택영연구,『한국사연구』35, 한국사연구회, 1981.
韓基亨, 근대문학의 발흥,『한국사 12』, 한길사, 1994.
玄昌厦, 菊初李仁植の開化思想と文學,『朝鮮學報』21 · 22合, 朝鮮學會, 1961.
洪一植, 崔南善연구 - 그의 사상과 문학을 중심으로 - , 고려대 석사논문, 1964.

3) 음악 · 무용 · 연극 · 체육

강준식,『우리는 코레아의 광대였다』, 웅진, 1995.
김재석,『일제강점기 사회극 연구』, 태학사, 1995.
李杜鉉,『한국신극사연구』, 서울대출판부, 1966.
李用熙 편,『체육50년사』, 태서출판사, 1970.
李宥善,『한국洋樂80년사』, 중앙대출판국, 1968.
李宥善,『한국洋樂백년사』, 음악춘추사, 1985.

金文基, 여성의병 尹熙順의 歌辭고찰,『한국의 철학』22, 경북대 퇴계연구소, 1994.
金源模, 에케르트 군악대와 대한제국애국가,『최영희화갑기념 한국사학논총』, 탐구당, 1987.
나승만, 민족운동노래의 현지조사방법,『전남문화재』6, 전라남도, 1994.
羅絢成, 한국근대체육의 전개,『한국사학』3, 한국정신문화연구원 사학연구실, 1980.
魯棟銀, 근대 한국음악의 전개,『한국사상사대계 6』, 한국정신문화연구원, 1993.
朴魯春, 무대위의 민중운동 - 신극운동 - ,『한국현대사 6』, 신구문화사, 1971.
朴珍, 한국 연극사 - 1902~1930 - ,『예술원논문집』13 · 14 · 15, 예술원, 1974 · 1975 · 1976.
徐淵昊, 일제말기의 국민연극론,『서울산업대논문집』11, 1977.
徐恒錫, 土月會의 사상사적 위치에 대한 시론,『예술논문집』4, 서울예술원, 1965.
宋芳松, 府民館을 통해 본 일제말기의 음악상황 - 1941년~1945년을 중심으로 - ,『진단학보』80, 진단학
  회, 1995.
오길보, 갑오농민군의 군사예술,『력사과학』1960 - 3.
尹炳奭, 독립운동가요拾遺 - 3 · 1운동시 불리우던 가요를 중심으로 - ,『편사』1, 국사편찬위원회 편사
  회, 1967.
李重巨, 일제하 한국영화에 있어서의 일본인 · 일본자본의 역할에 관한 연구,『논문집(인문과학편)』27,
  중앙대, 1983.
李惠求, 독립운동과 민족음악,『한국사학』3, 한국정신문화연구원, 1980.
李學來, 한국 개화기의 체육사상,『한국학논집』8, 한양대 한국학연구소, 1985.
李學來, 구한국시대 체육사연구,『체육과학』6, 한양대 체육과학연구소, 1986.
張師勛, 음악,『한국사론 5 - 근대 - 』, 국사편찬위원회, 1978.
崔泳培, 일본식민치하의 영화정책,『한국학논집』11, 한양대 한국학연구소, 1987.

4) 미술

尹一柱,『한국양식건축80년사』, 치정문화사, 1966.
李慶成,『한국근대미술연구』, 동화출판사, 1974.
이구열,『근대한국미술의 전개』, 열화당, 1977.
이구열,『근대한국미술사의 연구』, 미진사, 1992.
李鉉淙 편,『대한제국고종황제국장화첩』, 지문각, 1975.
이화순,『조선건축사 2』, 발언, 1993.
趙子庸,『금강산도』(상·하), 에밀레미술관, 1975.
청여이구열선생회갑기념논문집간행위원회 편,『근대현국미술논총』, 학고재, 1992.

權寧弼, 韓樂然(1898~1947)의 생애와 예술 - 韓·中 繪畵史上의 위상을 중심으로 - ,『한국학연구』5,
　　고려대 한국학연구소, 1993.
金東旭, 한국건축사연구 30년 - 조선~근대 - ,『미술사학연구』188, 1990.
김영애, 高裕燮의 생애와 학문세계,『미술사학연구』190, 191, 한국미술사학회, 1991.
文明大, 1930년대의 미술학 진흥운동,『민족문화연구』12, 고려대 민족문화연구소, 1977.
兪弘濬, 瓛齋 박규수의 書畵論,『태동고전연구』10, 한림대 태동고전연구소, 1993.
尹凡牟, 1910년대의 서양회화 수용과 작가의식,『미술사학연구』203, 한국미술사학회, 1994.
李慶成, 미술,『한국사론 5 - 근대 - 』, 국사편찬위원회, 1978.
李英淑, 蔡龍臣의 초상화,『裵鍾茂총장퇴임기념 사학논총』, 1994.
秦弘燮, 又玄선생과 塔婆연구,『기전문화연구』4, 기전문화연구소, 1974.
黃壽永, 又玄 高裕燮선생의 학문,『기전문화연구』4, 기전문화연구소, 1974.

4. 교 육 · 학 교

1) 교육 · 학교

康允浩 편,『개화기의 교과용도서』, 교육출판사, 1973.
경기도교육위원회 편간,『경기교육사 1883~1959』, 1975.
高橋亨,『朝鮮の敎育制度略史』, 朝鮮總督府, 1920.
弓削幸太郎,『朝鮮の敎育』(鮮滿叢書 9), 1922~23.
金容善,『韋庵張志淵의 제논설에 나타난 교육관』, 원광대 박사논문, 1985.
金元姬,『한국의 개화교육사상』, 재동문화사, 1979.
金義煥,『부산근대교육사 - 附 부산학생항일운동사자료 - 』, 태화출판사, 1967.
金興洙,『한국근대역사교육연구』, 삼영사, 1990.
盧榮澤,『일제하 민중교육운동사』, 탐구당, 1979.
大野謙一,『朝鮮敎育問題管見』, 1936.
대한사립중고등학교장회 편,『한국의 사학』, 민중서관, 1974.
대한제국학부,『한국교육』, 1909.
文部省,『明治以降敎育制度發達史(第10卷) - 朝鮮の部 - 』, 京城, 1939.
文部省調査部,『內外敎育制度の調査(第5集)』, 京城, 1933.

박득준,『조선근대교육사』, 한마당, 1989.

邊勝雄,『근대사립학교 연구 : 대한제국기 민족계학교를 중심으로』, 건국대 박사논문, 1993.

孫仁銖,『한국근대교육사』, 연세대출판부, 1971.

孫仁銖,『한국개화교육연구』, 일지사, 1980.

孫仁銖,『한국근대민족교육의 이념연구 - 한국 근대학교의 건학정신과 교육구국운동을 중심으로 - 』, 문
    음사, 1983.

孫仁銖,『한국교육사상사 5 - 기독교·일제식민지의 교육사상 - 』, 문음사, 1989.

嚴堯燮,『한국기독교교육사소고』, 대한기독교교회, 1959.

오천균,『한국임시정부의 민족교육운동사』, 집문당, 1992.

吳天錫,『한국신교육사』, 현대교육총서출판부, 1964.

尹健次 저, 심성보 역,『韓國近代敎育의 思想과 運動』, 청사, 1987.

李基俊,『한국경제학교육사연구』, 한국연구원, 1982.

李萬烈,『종교·교육투쟁』, 민족문화협회, 1981.

李元浩,『개화기 교육정책의 사적 연구』, 동아대 박사논문, 1983.

李海明,『개화기 교육 개혁 연구』, 을유문화사, 1991.

鄭相鬪,『한국신교육백년사료』, 민주여론사, 1973/서울문예사, 1974.

鄭在哲,『일제의 대한국식민지교육정책사』, 일지사, 1985.

朝鮮總督府學務局,『朝鮮の敎育』, 1928.

朱永夏,『이조근세의 교육』, 수도여사대출판부, 1961.

千敬化,『한국인 민족교육운동사연구』, 백산출판사, 1994.

川村光也,『敎育朝鮮の動向』, 1933.

簷卓潁,『한국근대 민족교육사상에 관한 연구』서울대 박사논문, 1988.

崔鳳實,『일본식민지하의 초등교육정책에 관한 연구』, 1969.

幣原坦,『朝鮮敎育論』, 1919.

한국교육연구소,『한국교육사 - 근·현대편 - 』, 풀빛, 1993.

한국정신문화연구원,『일제하의 교육이념과 그 운동』, 1986.

康吉秀, 서평 : 일제의 대한국식민지교육정책사(정재철 저),『한국학보』43, 1986.

姜大敏, 한말 향교유림의 동향연구 - 영남지방의 향교를 중심으로 - ,『부산사학』17, 부산사학회, 1989.

姜德相, 舊韓末敎育改革の展開 - 近代的初等敎育機關の創設をめぐって - ,『近代日本の統合と抵抗 2
    - 1894〜1910 - 』, 日本評論社, 1982.

姜東鎭, 일제지배하의 노동야학,『역사학보』46, 역사학회, 1970.

강득희, 일제하 서울주민의 유아교육에 대한 인류학적 접근,『서울학연구』2, 서울시립대 서울학연구소,
    1994.

姜萬吉, 보성전문학교 설립의 역사적 배경,『근대서구학문의 수용과 보전』, 고려대출판부, 1986.

康允浩, 개화기의 교육실태,『논총』5, 이화여대 한국문화연구원, 1975.

姜長熙, 兪吉濬의 교육사상에 대한 연구, 조선대 석사논문, 1983.

姜長熙, 개화기 신교육에 관한 일고찰 - 실시경위를 중심으로 - ,『논문집』19, 목포 : 해양전문대, 1985.

姜在彦, 朝鮮における近代學校の成立過程 - 1890年代後半を中心に - ,『旗田巍古稀記念 朝鮮歷史論
    集(下)』, 東京 : 龍溪書舍, 1979.

姜弘善, 翰西 南宮檍의「조선이야기」교과서 내용분석,『素軒南都泳고희기념 역사학논총』, 민족문화사,

1993.

高橋亨, 倂合前に於ける朝鮮學校の實況, 『靑丘學叢』 12, 靑丘學會, 1933.

高倉翔 · 河宗根, 韓國における公敎育財源保障制度の發達(1) – 日本植民地時代を中心として –, 『筑波大敎育學系論集』 9 – 1, 1984.

具奉洙, 島山 安昌浩의 교육사상, 『논문집』 20 · 21, 청주교대, 1983 · 1984.

具滋赫, 개화기 국사교육과정의 분석적 고찰 – 교육과정 및 교과서를 중심으로 –, 『춘천교대논문집』 20, 춘천교대, 1980.

權大雄, 한말 경북지방의 사립학교와 그 성격, 『국사관논총』 58, 국사편찬위원회, 1994.

金景姬, 한국근대 女性私學의 전개과정에 관한 연구 – 1898~1910 –, 『연구논문집』 21, 성신여대, 1985.

金光重, 한말 애국계몽운동기의 尙武교육에 대하여 – 신문논설과 교과서를 중심으로 –, 『국사관논총』 23, 국사편찬위원회, 1991.

金奎昌, 일제하 언어교육과 학제와의 정책적 관련구조에 관한 연구 – 1911년대 조선교육령(구교육령)을 중심으로 –, 『서울교대논문집』 15, 서울교대, 1982.

金錡坤, 한국 근대학교의 성립과정과 그 공헌에 관한연구(1 · 2), 『논문집』 15 · 19, 전주교대, 1979 · 1982.

김기민 · 유재봉, 개화기 기독교 학교의 교육사적 의의, 『논문집』 13 – 1, 창원대, 1991.

金基泰, 일제식민지 교육정책과 한민족의 교육적 저항, 『논문집(교육편)』 17, 인천교대, 1983.

金南善, 일제의 대한식민지 교육정책, 단국대 석사논문, 1985.

김병렬, 우리나라 초등교원 양성제도에 대한 연혁적 고찰, 『논문집』 19, 서울교대, 1986.

金鳳守, 한국 근대학교 성립이후 초등교원 양성 교육과정 변천에 관한 연구, 『논문집』 17, 서울교대, 1984.

金祥起, 한말 사립학교의 교육이념과 신교육구국운동, 『청계사학』 1, 한국정신문화연구원 청계사학회, 1984.

김선양, 남강 李昇薰의 교육사상, 『南岡 李昇薰과 민족운동』, 남강문화재단, 1988.

金成圭, 대한제국말기의 사립학교연구(1905~1910) – 교육구국운동을 중심으로 –, 건국대 석사논문, 1987.

金成俊, 구한말의 국사교육에 대하여, 『대동문화연구』 8, 성균관대 대동문화연구소, 1971.

金成俊, 경남 密陽 근대교육의 요람 正進학교 연구 – 李炳憲의 사상과 그 일문의 創學理念에 관련하여 –, 『국사관논총』 22, 국사편찬위원회, 1991.

金淑子, 독립협회의 교육사상 – 독립신문의 교육논설 분석 –, 『한국사연구』 30, 한국사연구회, 1980.

金淑子, 독립협회의 교육구국운동, 『한국사논총』 4, 성신여대국사학회, 1981.

金淑子, 구한말 여성지의 구국교육론, 『한국민족운동사연구』 2, 한국민족운동사연구회, 1988.

金英宇, 1910년대의 우리나라 초등교원양성교육에 관한 연구, 『공주사대논문집(인문, 사회과학편)』 17, 공주사대, 1979.

金英宇, 한국개화기의 여성교육에 관한 연구, 『공주사대논문집(사회과학편)』 19, 공주사대, 1981.

金英宇, 한말의 사립학교에 관한 연구 – 사립학교의 연도별 설치 상황 –, 『공주사대논문집(사회과학편)』 23, 1985.

金容善, 韋庵 張志淵의 제논설에 나타난 교육관, 『학위논총(인문, 사회, 자연계)』 15, 원광대대학원, 1985.

金元弘, 구한말 근대사립학교의 건학이념에 관한 연구, 『교육논총』 2 – 1, 조선대교육대학원, 1987.

金義煥, 한말 근대 기술교육사 연구, 『연구보고서』(사회과학계 25), 문교부, 1969.

金義煥, 한말 근대 기술교육의 자주적 성장과 일제의 침략 – 부록, 구한말 근대 기술수용관계연표(1861

~1878) - ,『한일연구』1, 한국일본문제연구소, 1972.

金二至, 일제의 교육간섭과 민족교육의 전개,『적십자간호』1, 서울적십자간전, 1978.

金仁會, 교육목적관의 변천과정,『한국 신교육의 발전연구』, 한국정신문화연구원, 1984.

金仁會, 한국교육 근대화의 성격과 방향,『한국교육사학』6, 한국교육학회, 교육사연구회, 1984.

金仁熙, 근·현대의 한국교육사상과 민족주의,『인문과학연구』1, 동덕여대 인문과학연구소, 1995.

金在祐, 일제통감부의 한국교육정책에 관한 분석적 연구,『논문집』12, 동양공전, 1989.

金滇, 주체적인 한국사교육의 시도와 좌절 - 개화기와 일제시대를 중심으로 - ,『논문집』10, 광주교대, 1975.

金貞亞, 瑞甸書塾에 관한 연구,『성신사학』10, 성신여대사학회, 1992.

金廷鶴, 일제하의 역사교육,『일제의 문화침탈사』, 고려대 아세아문제연구소, 1970.

金丁海, 1895~1910 사립학교의 설립과 운영,『역사교육논집』11, 경북대역사교육학회, 1987.

金俊喆, 우리나라 근대교육의 전개와 사학,『논문집(사회과학편)』4, 건국대 학술연구회, 1976.

金千鎰, 조선말기의 개화사상과 근대학교성립 및 여성교육의 변천,『여성문제연구』15, 효성여대 한국여성문제연구소, 1987.

金春鉉, 島山 安昌浩의 교육사상,『논문집』9 - 2, 공주교대, 1972.

金泰勳, 舊韓末韓國における民族主義敎育 - 島山安昌浩の大成學校を中心に - ,『學術論文集』18, 東京：硏究奬學會, 1989.

金幸子, 개화기 여성교육과 자녀교육,『건국대학술지(자연과학, 예술체육가정학편)』26, 건국대, 1982.

金炯培, 普專의 법학교육과 한국의 근대화 - 사법분야를 중심으로 - ,『근대서구학문의 수용과 普專』, 고려대출판부, 1986.

金亨泰, 민중야학운동의 전개,『溪村閔丙河정년기념 사학논총』, 1988.

金鎬逸, 근대 사립학교의 설립이념 연구,『사학연구』23, 한국사학회, 1972.

金鎬逸, 일제하 민립대학 설립운동에 대한 일고찰,『중앙사론』1, 중앙대사학연구회, 1972.

金鎬逸, 1910년 이후의 교육,『한국사론 5 - 근대 - 』, 국사편찬위원회, 1978.

金鎬逸, 한국근대교육의 성립,『한국사학』2, 한국정신문화연구원 사학연구실, 1980.

金鎬逸, 대한민국임시정부의 교육사상 - 건국강령에 나타난 三均主義를 중심으로 - ,『한국사론 10 - 대한민국임시정부 - 』, 1981.

金孝善,『백암 박은식의 교육사상과 민족주의』, 대왕사, 1989.

金興洙, 한말 역사교육 및 교과서에 관한 연구,『역사교육』29, 역사교육연구회, 1981.

金興洙, 한말의 국사교과서 편찬,『역사교육』33, 역사교육연구회, 1983.

金興洙, 갑오개혁기의 근대학교연구 - 한성사범학교와 소학교를 중심으로 - ,『소헌남도영박사화갑기념 사학논총』, 1984.

金興洙, 한말 역사교육의 실태와 그 성격 - 1906~1910년의 역사교육과 역사교과서를 중심으로 - ,『산운사학』1, 산운학술문화재단, 1985.

金興洙, 한국근대의 사립학교에 관한 연구 - 1876~1905년을 중심으로 하여 - ,『논문집』28, 춘천교대, 1988.

金興洙, 光武改革期의 중학교의 설립과 실태에 관한 소고,『민족교육연구』7, 춘천교대 민족교육연구소, 1991.

金興洙, 한국 근대 民族私學의 성립과 교육내용에 관한 연구,『역사교육』50, 역사교육연구회, 1991.

金興洙, 일제하 역사교육의 실태와 성격,『水邨朴永錫화갑논총 한국사학논총(하)』, 1992.

金興洙, 한국근대 초등학교의 설립에 관한 연구 - 1896~1906년의 公立小學校의 開校時期를 중심으로

　　　－,『춘천교대논문집』34, 1994.

金興洙, 중국 연변조선족의 근대민족교육에 관한 연구 － 1910년 전후의 延吉과 龍井 지방을 중심으로 －,
　　『국사관논총』64, 국사편찬위원회, 1995.

金興洙, 강원도지방의 근대학교 개교시기에 관한 연구 － 春川·原州·江陵국민학교의 교사임명을 중심
　　으로 －,『논문집』35, 춘천교대, 1995

羅成媛, 兪吉濬의 교육사상, 홍익대 석사논문, 1986.

南宮勇權, 한국근대교육전개에 관한연구 － 근대신문의 개화교육적 역할을 중심으로 －,『관동대논문집』
　　7, 관동대, 1979.

南都泳, 개화기의 寺院교육제도,『南溪曺佐鎬박사화갑기념논총 현대사학의 제문제』, 1977.

南都泳, 開港後の佛敎敎育制度,『村上四男退官紀念 朝鮮史論文集』, 開明書店, 1981.

南都泳, 구한말의 明進학교 － 최초의 근대식 불교학교 －,『역사학보』90, 1981.

南智大, 고교 국사교과서 근현대편의 서술과 문제점,『역사비평』계간창간호, 역사문제연구소, 1988.

盧承允, 朴殷植의 구국사상에 입각한 교육관,『논문집』8, 한양여전, 1985.

盧榮澤, 일제하의 서당연구,『역사교육』16, 역사교육연구회, 1974.

盧榮澤, 일제하의 여자야학,『사학지』9, 단국대사학회, 1975.

盧榮澤, 일제하 사설학술강습회의 실태,『사총』20, 고려대사학회, 1976.

盧榮澤, 일제하 사설학술강연회에 대한 통제책,『사학지』10, 단국대사학회, 1976.

盧榮澤, 일제하 민족교육운동사 연구 － 보조교육기관의 기능을 중심으로 －, 단국대석사논문, 197.

盧榮澤, 일제하 한국천주교의 교육사업연구(1),『최석우신부회갑기념 한국교회사논총』한국교회사연구
　　소, 1982.

盧榮澤, 일제하 한국천주교회의 교육사업연구(2),『한국천주교회창설200주년기념 한국교회사논문집 1』,
　　한국교회사연구소, 1984.

盧榮澤, 민립대학 설립운동연구,『국사관논총』11, 국사편찬위원회, 1990.

魯仁華, 한말 개화자강파의 여성교육관,『한국학보』27, 일지사, 1982.

魯仁華, 대한제국시기 관립소학교의 교육실태,『이화사학연구』17·18합, 1988.

盧載正, 대한제국시대의 교육관연구 － 신문과 소설을 중심으로 －, 이화여대 석사논문, 1984.

渡部學, 朝鮮における近代敎育の發展,『朝鮮學會會報』21, 朝鮮學會, 1954.

渡部學, J. S. ケールの朝鮮印象記 － 19世紀末朝鮮敎育の實情 －,『朝鮮學報』7, 朝鮮學會, 1955.

渡部學, 南岡李承薰(1864～1929)と五山學校,『朝鮮研究』35, 日本朝鮮研究所, 1964.

渡部學, 日本治下の朝鮮の修身敎育,『朝鮮研究』47, 日本朝鮮研究所, 1966.

渡部學, 統監府時代の朝鮮敎育史料としての隈本繁吉文書について － 資料紹介 －,『日本の敎育史學』
　　13, 日本敎育史學會, 1970.

渡部學, 總督治下韓半島における民間流布敎科書の一斷面 － その他分野 －,『韓』13, 東京：韓國研究
　　院, 1973.

渡部學, 總督統治下朝鮮における民間流在米系敎科書本の諸相,『武藏大學人文學會雜誌』4－2, 1973.

渡部學,「牖蒙彙編」について － 舊韓末初學入門敎科書の性格 －,『霞城李宣根古稀紀念論文集 韓國學
　　論叢』, 1974.

渡部學, 私設學術講習會の'露頭' － 日政時代私學初等敎育の一領域 －,『韓』 33, 東京：韓國研究院,
　　1974.

渡部學, 南岡李昇薰と獨立爭取の敎育,『南岡 李昇薰과 民族運動』, 남강문화재단, 1988.

渡部學,「四字小學」について － 韓國近世民間流布初等敎科書の一つについて －,『韓』113, 東京：韓國

研究院, 1989.

稻葉繼雄, 韓末敎育の構造 - 言語敎育を中心として -, 『韓』 85, 東京 : 韓國學硏究所, 1979.

稻葉繼雄, 金性洙 - 韓國における民族系私學の指導者 -, 『仁村 金性洙의 애족사상과 그 실천』, 동아일보사, 1982.

馬越徹, 日本統治下朝鮮における民族的大學觀の形成 - 朝鮮民立大學設立運動と普成專門學校を中心に -, 『大學論集』 12, 廣大, 1983.

文炯滿, 일제하 식민교육과 종교교육의 갈등 - 식민교육과 미선계 학교교육의 관계를 중심으로 -, 『근대 민족교육의 전개와 갈등』, 한국정신문화연구원 교육연구실, 1982.

文炯滿, 한국과 일본의 근대학교 발달, 『교육연구』 8, 전남대 교육문제연구소, 1982.

文炯滿, 종교교육의 이념과 사학정신, 『일제하의 교육이념과 그 운동』, 한국정신문화연구원, 1986.

朴起緖, 일제식민지하의 한국민족교육소고, 『경희사학』 9·10합, 경희대사학회, 1982.

朴來鳳, 日本統治下書堂敎育の具體相(1~6) - 全羅北道を中心に -, 『韓』 34·36·57·70·81·100, 東京 : 韓國硏究院, 1974·1976·1978·1980.

朴來鳳, 일제통치하의 서당교육의 실태 - 제주도(1) -, 『한국교육사학』 6, 한국교육학회, 교육사연구회, 1984.

朴來鳳, 日帝統治下における書堂敎育の實態 - 濟州道を中心として -, 『韓』 114, 東京 : 韓國硏究院, 1989.

朴文一, 1906~1919년 기간 중국 동북조선족인민들의 사립학교교육운동과 그의 역사적역할, 『국사관논총』 15, 국사편찬위원회, 1990.

박영복, 개화기 기독교 산업교육활동에 관한 연구, 『논문집』 27, 목원대, 1995.

朴容玉, 구한말의 여성교육 - 관립한성여자고등학교 설립을 중심으로 -, 『사학연구』 21, 한국사학회, 1969.

朴殷穆, 한국민족주의의 교육이념과 저항적 민족교육운동, 『일제하의 교육이념과 그 운동』, 한국정신문화연구원, 1986.

朴恩惠, 한국여성교육40년, 『金活蘭박사교직근속40년기념 한국여성문화논총』, 金活蘭박사교직근속40년기념위원회, 1958.

朴義洙, 安島山의 점진주의 교육사상과 그 현대적 의의, 『논문집』 17, 강남사회복지학교, 1987.

朴宗烈, 일제식민주의 대한교육정책의 성격, 『논문집』 8, 춘천교대, 1970.

朴宗烈·朴埈洙, 한국근대 外國史교육에 관한 연구, 『논문집』 30, 춘천교대, 1990.

方用賢, 日帝下の南次郎總督の敎育政策 - 第3次朝鮮敎育令に關聯して -, 『學術論文集』 5, 東京 : 朝鮮奬學會, 1975.

白種億, 교육정책 및 제도의 변천과정, 『한국 신교육의 발전연구』, 한국정신문화연구원, 1984.

邊勝雄, 대한제국 초기의 사립학교 설립운동, 건국대 석사논문, 1983.

邊勝雄, 대한제국정부의 經本藝參정책과 유생층의 신교육참여, 『건대사학』 7, 건국대사학회, 1989.

邊勝雄, 한말 사립학교 설립동향과 애국계몽운동, 『국사관논총』 18, 국사편찬위원회, 1990.

邊勝雄, 일제하 私立 牟谷학교와 그 민족주의교육에 관한 일고찰, 『水邨朴永錫화갑논총 한민족독립운동사논총』, 1992.

寺延澄子, 日本帝國主義下の朝鮮におけるの敎育 - 3·1運動と日本帝國主義の敎育政策 -, 『寧樂史苑』 16, 奈良女大史學會, 1968.

徐紘一, 1910년대 북간도의 민족주의 교육운동(1·2) - 기독교학교의 교육을 중심으로 -, 『백산학보』 29, 30·31합, 1984·1985.

石川武敏, 「東亞日報」にみられる夜學に關する一覽表 - 1920~1928 - , 『史明』 14, 1982.

成大慶, 대원군정권의 과거운영 - 문과를 중심으로 - , 『대동문화연구』 19, 성균관대 대동문화연구원, 1985.

世良哲雄, 普通教育改善振興に關する考察, 『朝鮮教育』 71, 朝鮮教育研究會, 1921.

蘇東鎬, 일본통치하 한국의 실업교육연구(2·3), 『사회교육연구』 5·6, 전북대 사회교육연구소, 1986· 1987.

孫仁銖, 식민지하 宇垣총독의 농업교육정책과 농업교육의 질, 『개교50주년기념논문집』, 서울대농대, 1968.

孫仁銖, 우민에서 황민으로 - 일제하의 교육 - , 『한국현대사 5』, 신구문화사, 1969.

孫仁銖, 한말 근대 사학의 민간정신과 교육구국운동 - 민간인 사립학교를 중심으로 - , 『교육논집』 6, 연세대교육대학원, 1973.

孫仁銖, 각급교육기관, 『한국사 20 - 근대문화의 발생 - 』, 국사편찬위원회, 1974.

孫仁銖, 서평 : 일제하 민중교육운동사(노영택 저), 『아세아연구』 23 - 1, 1980.

孫仁銖, 한국근대교육의 유형·보급과 그 실태, 『한국교육연구 1 - 신교육제도 도입과 교육관 변천에 관한 연구 1876~1910 - 』, 한국정신문화연구원 교육연구실, 1980.

孫仁銖, 한국근대 민족주의 교육운동 연구 - 구한말 근대사학의 민족보전이념과 교육구국운동을 중심으로 - , 『근대민족교육의 전개와 갈등』, 한국정신문화연구원 교육연구실, 1982.

孫仁銖, 서학의 전래와 전통교육의 변혁, 『晴嵐김판영박사화갑기념논문집』, 동아출판사, 1983.

孫仁銖, 신교육의 변천과정, 『한국 신교육의 발전연구』, 한국정신문화연구원, 1984.

孫仁銖, 민족교육과 민족교육운동, 『일제의 한국식민통치』, 정음사, 1985.

孫仁銖, 일제식민지 교육정책의 성격, 『일제하의 교육이념과 그 운동』, 한국정신문화연구원, 1986.

孫仁銖, 한국근대학교의 실학이념과 근대정신사의 국학연구, 『일제하의 교육이념과 그 운동』, 한국정신문화연구원, 1986.

孫仁銖, 구한말의 교육고전에 나타난 교육이념 연구, 『성곡논총』 23, 성곡학술문화재단, 1992.

宋基澈, 조선왕조말과 일제전반기의 상업고등교육과 보성전문학교, 『근대서구학문의 수용과 普專』, 고려대출판부, 1986.

宋基澈, 조선왕조말과 일제전반기의 상업고등교육에 관한 연구, 『한국전통상학연구』 4, 1991.

宋升錫, 조선총독교육방침 비판 - 훈시·유고등을 중심으로 - , 『논문집』 2, 광주교대, 1967.

송인자, 개화기 여성교육론의 의의와 한계, 『한국교육사학』 17, 한국교육학회 교육사연구회, 1995.

송준석, 小春 金起田의 아동 인격·해방의 교육사상, 『한국교육사학』 17, 한국교육학회 교육사연구회, 1995.

愼鏞廈, 우리나라 최초의 근대학교의 설립에 대하여, 『한국사연구』 10, 한국사연구회, 1974.

愼鏞廈, 朴殷植의 교육구국사상에 대하여, 『한국학보』 1, 일지사, 1975.

申一澈, 普專초창기의 근대민족주의사상 - 서구학문의 수용과 충군애국적 국가의식의 자각과정 - , 『근대서구학문의 수용과 普專』, 고려대출판부, 1986.

阿部洋, 日本統治下朝鮮の高等教育 - 京城帝國大學と民立大學設立運動をめぐって - , 『思想』 565, 1971.

阿部洋, 日本統治期朝鮮の教育 - 研究史的考察 - , 『韓』 33, 東京 : 韓國研究院, 1974.

안규, 한국근대사회의 민족운동과 교육사상에 관한 연구, 『논문집』 8, 서울교대, 1975.

안규, 개화기 초등의무교육 실시운동에 관한 연구, 『논문집』 19, 서울교대, 1986.

安基成, 구한국의 초등교육법제, 『교육논총』 12, 고려대교육대학원, 1982.

安基成, 구한국정부의 외교와 교육,『교육논총』14, 고려대교육대학원, 1984.

安基成, 근대초기의 정치사회화에 관한 고찰 - 구한국 교육법제를 중심으로 - ,『사대논집』14, 고려대사대, 1989.

安基成, 왜국의 대 한반도 식민지 교육책략과 그 법제,『교육논총』22, 고려대교육대학원, 1992.

安基成, 왜국식민지 초등교육법제와 그 전개,『민족문화연구』26, 고려대 민족문화연구소, 1993.

櫻井義之, 官立仁川日語學校について,『朝鮮學報』81, 朝鮮學會, 1976.

嚴永植, 五山학교에 대하여,『南岡 李昇薰과 민족운동』, 남강문화재단, 1988.

呂博東, 일제 식민통치하의 거문도의 교육사정,『일본학지』12, 계명대 일본문화연구소, 1992.

吳甲均, 白岩 朴殷植의 교육사상,『청주교대논문집』14, 1978.

吳甲均, 矩堂 兪吉濬의 교육사상,『청주교대논문집』18, 1982.

吳允謙, 과학교육의 사적 고찰 - 개화기에서 해방전까지 - ,『논문집』2, 제주교대, 1971.

吳仁鐸, 일제하 민족교육과 종교교육의 갈등,『근대민족교육의 전개와 갈등』, 한국정신문화연구원 교육연구실, 1982.

오천균, 在露領한국인의 민족교육운동,『상지대논문집』1, 상지대, 1980.

吳天錫, 3·1운동이후의 민족교육,『삼일운동50주년기념논집』, 동아일보사, 1969.

吳太鎭, 개화기 신교육사조에 대한 고찰,『민족문화연구』27, 고려대 민족문화연구소, 1994.

오태진, 한말 소외집단의 교육에 대한 고찰 - 교육권을 중심으로 - ,『한국교육사학』17, 한국교육학회 교육사연구회, 1995.

元弘淵, 島山교육사상,『논문집』3, 강릉교대, 1971.

兪道鎭, 월남 이상재의 사회교육사상,『月南 李商在연구』, 路출판, 1986.

劉奉鎬, 구한말 초·중등학교 교육과정변천에 관한 연구,『논총』35, 이화여대 한국문화연구소, 1980.

劉奉鎬, 일본통치시대 초·중고등학교 교육과정변천에 관한 연구,『한국문화연구원논총』39, 이화여대, 1981.

劉奉鎬, 일제말기(1930~1945)의 초·중고등학교 교육과정 연구,『한국문화연구원논총』40, 이화여대 한국문화연구소, 1982.

劉奉鎬, 대한제국하 실업교육 전개고,『대한제국연구 2』, 이화여대 한국문화연구소, 1984.

劉準基, 韓溪 李承熙의 교육사상,『소헌남도영박사화갑기념 사학논총』, 1984.

劉準基, 天道敎의 신교육운동,『산운사학』6, 산운학술문화재단, 1992.

柳漢喆, 한말 사립학교령 이후 일제의 사학탄압과 그특징,『한국독립운동사연구』2, 독립기념관 한국독립운동사연구소, 1988.

柳炯鎭, 한국의 근대화와 安島山의 교육이념,『연구보고서』18(인문과학계 3), 문교부, 1968.

尹八重, 근대 한국교육의 내용 - 한국교육과정발달사 - ,『논문집』6, 서울교대, 1973.

尹惠源, 개화기 여성교육,『한국근대여성연구』, 숙명여대 아세아여성문제연구소, 1987.

李光麟, 구한말의 관립 외국어학교에 대하여,『향토서울』20, 서울시사편찬위원회, 1964.

李光麟, 서당에서 학교로 - 한말의 교육 - ,『한국현대사 3』, 신구문화사, 1969.

李光麟, 민족교육,『한국사 22 - 민족운동의 전개 - 』, 국사편찬위원회, 1976.

李光麟, 구한말 평양의 대성학교,『동아연구』10, 서강대 동아연구소, 1986.

李洸浩, 초기 개신교선교사들의 교육활동과 성격에 관한 연구 - 1888~1895를 중심으로 - ,『원우논총』15, 연세대대학원, 1987.

李洸浩·全明基, 식민지 교육과 민족교육,『한국사 14』, 한길사, 1994.

李圭煥, 일제시대의 중등학교 교육과정에 대한 연구,『논총』15, 이화여대 한국문화연구원, 1970.

李起龍, 한국근대교육기관의 발전과정,『논문집』6, 목원대, 1983.

李達珩, 한국근대교육의 전개와 실업교육에 관한 연구 - 1876~1911 - ,『논문집』14, 명지대, 1983.

李萬烈, 아펜젤러의 교육활동,『노산유원동박사화갑기념논총 한국근대사회경제사연구』, 정음문화사, 1985.

李明花, 1920년대 만주지방에서의 민족교육운동,『한국독립운동사연구』2, 독립기념관 한국독립운동사연구소, 1988.

李明花, 북간도지방에서의 민족주의교육과 식민주의교육,『실학사상연구』1, 무악실학회, 1990.

李明花, 상해에서의 한인 민족교육운동,『한국독립운동사연구』4, 한국독립운동사연구소, 1990.

李文遠, 구미사상의 수용과 교육관의 성찰,『한국사상사학』3, 한국사상사학회, 1990.

이성렬, 구한말기의 신교육과 기독교, 연세대 석사논문, 1970.

李省展, 宣敎師と日帝下朝鮮の敎育,『朝鮮民族運動史硏究』9, 朝鮮民族運動史硏究會, 1993.

李松姬, 한말 일본유학생들의 교육관,『부산여대사학』6 · 7합, 부산여대사학회, 1989.

李松姬, 1920년대 여성해방교육론에 관한 일고찰,『부산여대사학』12, 부산여대사학회, 1994.

李松姬, 대한제국말기 계몽단체의 여성교육론,『이대사원』28, 이화여대사학회, 1995.

李淑子, 第2次朝鮮敎育令下言語敎育敎科書の內容,『朝鮮學報』83, 朝鮮學會, 1977.

李承喆, 개화기의 전북의 근대학교,『전라문화연구』2, 전라문화연구회, 1988.

이시와따 노브오, 한국의 중학교 국사교과서에 보이는 근대 일본상,『외대사학』3, 외국어대사학연구소, 1990.

李時鏴, 개화기 근대학교의 입시제도,『인천교대논문집(교육편)』21, 1987.

李時鏴, 南岡 李昇薰의 교육사상,『인천교대논문집(교육편)』22, 1988.

李延馥, 우리나라 근대 역사교육사 연구 - 구한국의 국사교육을 중심으로 - ,『서울교대논문집』11, 1978.

이옥순, 식민주의와 교육 - 한국과 인도의 비교연구(1(- ,『이재룡환력기념 한국사학논총』, 1990.

李完宰, 海鶴 李沂의 교육사상,『사학논지』1, 한양대사학과, 1973.

李元淳, 한국 역사교육연구 - 전개화기를 중심으로 - ,『연구보고서』7(인문과학계 3), 문교부, 1970.

李元必, 한국근대 敎員양성법제에 관한 연구,『성곡논총』23, 성곡학술문화재단, 1992.

李元浩, 일제식민지하의 기술교육에 관한 연구,『사대논문집(인문 자연과학)』14, 부산대사대, 1987.

李允榮, 보성전문학교의 법학 · 경제학 교과과정에 대한 연구,『근대서구학문의 수용과 普專』, 고려대출판부, 1986.

이재강, 한국근대국가 교육체제의 사회적 기원,『논문집』31, 공군사관학교, 1992.

李俊球, 한일양국의 근대화와 교육 - 비교교육사적 고찰을 중심으로 - ,『홍대논총(인문사회편)』17, 홍익대, 1986.

李進九, 五山학술강습회를 통해 본 안동지역의 민간私學운동,『안동문화연구』3, 안동문화연구회, 1989.

李春蘭, 미국감리교 조선선교부의 종교적 교육운동(1885~1930),『논총』23, 이화여대 한국문화연구원, 1974.

李忠浩, 구한말 천주교회의 교육활동,『역사교육논집』4, 경북대역사교육과, 1983.

李海明, 개화초기 교육개혁의 두 모형 - 1883~1893 - ,『동양학』14, 단국대 동양학연구소, 1984.

李海明, 갑오교육개혁에 대한 연구,『동양학』17, 단국대 동양학연구소, 1987.

李海明, 개화기 교육평가 연구,『논문집』24, 단국대, 1990.

李勛相, 구한말 노동야학의 성행과 兪吉濬의「노동야학독본」,『두계이병도박사구순기념 한국사학논총』, 지식산업사, 1987.

任桂淳, 일제강점하의 서당연구, 성신여대 석사논문, 1983.

林載潤, 교육내용과 방법의 변천과정,『한국 신교육의 발전연구』, 한국정신문화연구원, 1984.

장명욱, 李鍾一선생과 여성교육,『신인간』372, 신인간사, 1979.

張世胤, 일제의 京城帝國大學 설립과 운영,『한국독립운동사연구』6, 독립기념관 한국독립운동사연구소, 1992.

田口容三, 舊韓國末期の五學會,『立命館史學』3, 1982.

全起榮, 沃坡 李鍾一의 교육사상,『중앙사론』5, 1987.

全寶三, 韓龍雲의 교육철학,『한국학논집』2, 한양대 한국학연구소, 1982.

全英培, 海鶴 李沂의 교육사상연구,『국제대논문집』6, 1978.

정근식, 일제하 전남농촌의 교육실태,『전라남도 무안군망운지역 농촌사회구조변동연구』, 전남대 호남문화연구소, 1988.

丁洛贊, 개화기 불교계의 근대교육 수용,『한국교육사학』17, 한국교육학회 교육사연구회, 1995.

丁淳睦, 한국개화교육의 이상과 전개,『한국교육연구 1 - 신교육제도 도입과 교육관 변천 1876~1910 -』, 한국정신문화연구원 교육연구실, 1980.

丁淳睦, 열강의 동북아에 대한 교육경략,『민족문화논총』12, 영남대 민족문화연구소, 1991.

鄭崇敎, 1904~1910년 자강운동의 국민교육론,『한국사론』33, 서울대국사학과, 1995.

鄭榮薰, 근대 한국민족교육에서의 단군,『정신문화연구』28, 한국정신문화연구원, 1986.

鄭英熹, 개화기 실업교육에 관한 연구 - 독립신문을 중심으로 -,『又仁金龍德정년기념 사학논총』, 1988.

鄭英熹, 개화기 근대학교설립에 관한 연구,『龍巖車文燮화갑기념 사학논총』, 1989.

鄭英熹, 개화기 불교계의 교육개혁운동 연구,『中齋張忠植화갑논총(역사학편)』, 1992.

鄭英熹, 개화기 儒敎界의 신교육운동 연구,『西巖趙恒來화갑기념 한국사학논총』, 1992.

鄭英熹, 한말 개신유학과 유교교육의 개편,『동서사학』1, 한국동서사학회, 1995.

鄭英熹, 한말 종교계의 교육활동에 관한 연구,『실학사상연구』5·6합, 무악실학회, 1995.

丁堯燮, 일제치하에 있어서 한국여성에 대한 교육정책과 그 저항운동에 관한 연구,『아세아여성문제』10, 숙명여대, 1971.

정인경, 일제하 경성고등공업학교의 설립과 운영,『한국과학사학회지』16, 한국과학사학회, 1994.

鄭在哲, 개화시대의 한국교육,『한국학』5, 중앙대 한국학연구소, 1975.

鄭在哲, 한국에서의 일본식민주의교육정책과 한국민족의 교육적 저항에 관한 연구,『성곡논총』6, 1975/『한국근대사론 1』, 1977.

鄭在哲, 일제하 제1차 조선교육령 시행기의 교육 - 1911.8~1922.2 -,『한국학』27, 중앙대 한국학연구소, 1982.

鄭泰秀, 國恥 직후의 新韓村과 韓民학교연구(1910~1914),『水邨朴永錫화갑논총 한민족독립운동사논총』, 1992.

趙東杰, 1910년대 민족교육과 그 평가상의 문제,『한국학보』6, 일지사, 1977.

趙東杰, 조선농민사의 농민운동과 농민야학,『한국사상』16, 한국사상연구회, 1978.

趙文濟, 한말의 法·漢·德·俄語학교 교육의 연구(1·2),『서울교대논문집』12·13, 1979·1980.

曺秉奎, 한말의 구국교육고,『학술연구조성비에 의한 연구보고서』(인문과학계 6-7), 문교부, 1972.

曺元旭, 근대 교육제도,『한국의 사회와 문화』17, 한국정신문화연구원, 1991.

趙載福, 일제침략기의 민족교육에 대한 연구 - 사학의 교육 구국운동을 중심으로 -,『文山金三龍박사화갑기념 한국문화와 원불교사상』, 원광대출판국, 1985.

趙鍾煥, 玄相允의 구국운동소고 - 그의 문학·3·1운동추진·교육활동을 중심으로 -,『경희사학』12·13합, 1986.

趙鍾煥, 玄相允의 교육구국사상고, 『경희사학』 14, 1987.

趙恒來, 독립신문의 여성교육論調攷, 『여성문제연구』 10, 효성여대, 1981.

車京守, 구국민족교육의 전개와 교사의 새로운 역할(1905~1910), 『제1회한국학국제학술회의논문집』, 한국정신문화연구원, 1980.

車錫基, 조선말기 신교육사조의 변천사적연구, 『문리법경대논문집』 2 · 3합, 우석대, 1969.

車錫基, 한국민족주의 교육의 연구 - 1894~1919 역사적 인식을 중심으로 -, 『문리법경대논문집』 4, 우석대, 1970.

車錫基, 1910년 이전의 교육, 『한국사론 5 - 근대 - 』, 국사편찬위원회, 1978.

車錫基, 일제하 민족교육과 식민교육의 갈등, 『근대민족교육의 전개와 갈등』, 한국정신문화연구원 교육연구실, 1982.

車錫基, 조선후기 西學의 수용과 한국근대 교육사상, 『사대논집』 17, 고려대사대, 1992.

千敬化, 일제하 재만 한인민족교육에 관한 연구, 『백산학보』 25, 1979.

千敬化, 대종교의 민족교육운동에 관한 연구 - 중국 동북북방(만주)를 중심으로 -, 『백산학보』 27, 1983.

千敬化, 일제하 재중국 한국인 민족교육운동연구, 『국사관논총』 9, 국사편찬위원회, 1989.

千敬化, 일제하 美洲지역 한국인의 교육운동, 『水邨朴永錫화갑논총 한민족독립운동사논총』, 1992.

簷卓穎, 한국 근대민족 교육사상의 성장, 서울대 석사논문, 1983.

崔敬淑, 일제의 식민지교육정책 - 제1차 교육령시대 -, 『동의사학』 3, 동의대사학회, 1987.

崔敬淑, 온건개화론자들의 개화 · 교육사상, 『고고역사학지』 5 · 6합, 동아대박물관, 1990.

崔起榮, 구한말 「교육월보」에 관한 일고찰, 『서지학보』 3, 한국서지학회, 1990.

崔起榮, 한말 서울소재 私立학교의 교육규모에 관한 일고찰, 『한국학보』 70, 일지사, 1993.

崔德麟, 구한말의 사립학교의 설치와 변천에 대하여, 연세대 석사논문, 1969.

崔明仁, 白儂 崔奎東의 교육사상, 『연구논문집』 19, 성신여사대, 1970.

崔明仁, 한국개화기의 여성교육에 관한 연구 - 독립신문을 중심으로 -, 『논문집』 3, 성신여사대, 1970.

崔明仁, 한국근대의 교육운동 - 근대학교의 성립과 교육이념을 중심으로 -, 『인문과학연구』 2, 성신여대 인문과학연구소, 1983.

崔明仁, 한국근대학교의 교육이념과 교육활동, 『교육연구』 29, 성신여대 교육문제연구소, 1995.

崔武錫, 동학의 민족교육운동 - 崔海月을 중심으로 -, 『교육철학』 4, 한국교육철학회, 1983.

崔奭祐, 한국芬道會의 초기수도생활과 교육사업, 『사학연구』 36, 한국사학회, 1983.

崔秀璟, 沃坡 李鍾一의 여성교육론 연구, 경희대 석사논문, 1990.

崔敭鎬, 개화기의 교육이념과 역사교육 목표의식, 『사총』 20, 고려대사학회, 1976.

崔敭鎬, 개화기 국사교육의 실태연구 - 玄采의 「東國史略」과 林泰輔의 「朝鮮史」 비교분석을 중심으로 -, 『이원순화갑기념 사학논총』, 1986.

崔敭鎬, 일제통치하 한국에 있어서의 초등역사교육과정 연구, 『역사교육』 48, 역사교육연구회, 1990.

崔永植, 1920년대의 물산장려운동과 민립대학설치운동, 『천관우선생환력기념 한국사학논총』, 정음문화사, 1985.

崔榮玉, 韋庵 張志淵의 자강교육사상, 『숙대사론』 8, 1974.

崔永禧, 일정하의 민족교육 - 仁村 김성수의 민족교육을 중심으로 -, 『인촌 김성수의 애족사상과 그 실천』, 동아일보사, 1982.

崔鍾庫, 개화기의 법학교육과 한국법률가의 형성 - 법관양성소와 普專의 교과와 교수진을 중심으로 -, 『법학』 22 - 1, 서울대, 1981.

崔炳鍊, 3 · 1운동과 중앙학교, 『삼일운동50주년기념논집』, 동아일보사, 1969.

皮貞晚, 翰西 南宮檍과 강원도 근대교육,『강원문화연구』11, 강원대 강원문화연구소, 1992.

韓基彦, 私學의 발전과 3·1운동 - 私學정신과 교육을 통한 민족독립의 시도 - ,『아세아연구』12 - 1, 고려대 아세아문제연구소, 1969.

韓基彦, 일제의 동화정책과 한민족의 교육적 저항,『일제의 문화침탈사』, 고려대 아세아문제연구소, 1970.

韓美羅, 대한매일신보에 나타난 구국교육론,『숙대사론』13·14·15합, 숙명여대사학과, 1989.

韓恩淑, 개화기 의무교육에 관한 연구,『논문집(인문·사회과학편)』18, 청주대, 1985.

韓炯基, 소학교령고,『경북사학』4, 경북대사학과, 1982.

홍석미, 일제지배하의 농민야학, 숙명여대 석사논문, 1987.

洪以燮, 구한말 국사교육과 민족의식,『인문과학』32, 연세대 인문과학연구소, 1974.

洪鍾佖, 만주 조선인 교육문제 소고 - 1920년대 간도지방을 중심으로 - ,『백산학보』28, 1984.

洪鍾佖, 만주사변 이전 在滿朝鮮人의 교육에 대하여,『명지사론』6, 명지대사학회, 1994.

洪皓善, 趙素昻의 교육균등론연구,『三均主義연구논집』10, 삼균학회, 1988.

황공률, 20세기초 사립학교를 통한 애국적 교육운동,『력사과학』1965 - 4.

Toby, Ronald, Education in Korea under the Japanese : Attitudes and Manifestations,『Occasional Papers on Korea』1, 1972.

Yoo Hyung-jin, Centennial History of Korean-American Educational Interchange,『교육논총』1, 한양대 한국교육문화연구소, 1984.

2) 해외유학

金淇周,『한말 재일한국유학생의 민족운동』, 느티나무, 1993.

金淇周, 한말 在日 한국유학생의 사회계몽사상,『사회교육』3, 호남대 사회교육연구소, 1991.

金祥起, 조선말 渡日留學교육의 실태와 연구동향,『호서사학』19·20합, 호서사학회, 1992.

金漢九, 일제시대 일본유학생의 실태와 의식갈등,『한국의 사회와 문화』9, 한국정신문화연구원, 1988.

朴星來, 한국의 첫 근대 유학 - 1881년의 영선사행 - ,『외대』15, 외국어대, 1980.

朴容淑, 한·일 양국의 문화교류 - 구한말 유학생파견을 중심으로 - ,『일본연구』3, 부산대 일본문제연구소, 1984.

宋炳基, 개화기 일본유학생파견과 실태 1881~1903,『동양학』18, 단국대 동양학연구소, 1988.

阿部洋, 舊韓末の日本留學 - 資料的考察(1·2) - ,『韓』29·30, 東京 : 韓國研究院, 1974.

阿部洋, 解放前韓國の日本留學,『韓』59, 東京 : 韓國研究院, 1977.

李康五·宋俊浩, 1907년 당시의 대한제국 관원중 유학경력 소지자의 조사 - 한말의 지배층과 해외사조와의 관계를 고찰하기 위한 기본작업 - ,『전북사학』4, 전북대사학회, 1980.

李光麟, 한국최초의 미국대학 졸업생 邊燧,『한국천주교회창설200주년기념 한국교회사논문집 1』, 한국교회사연구소, 1984.

李光麟, 尹致昊의 일본유학,『동방학지』59, 연세대 국학연구원, 1988.

李松姬, 한말 일본유학생들의 교육관,『부산여대사학』6·7합, 1989.

鄭灌, 구한말 재일본 한국유학생 단체운동,『대구사학』25, 1984.

鄭在鎬, 일본유학가고 - 유학실기를 중심으로 - ,『인문과학연구』2, 성신여대 인문과학연구소, 1983.

崔德壽, 한말 유학생 단체연구 - 그 1 - ,『논문집(사회과학편)』21, 공주사대, 1983.

崔德壽, 한말 일본유학생의 대외인식 연구 1905~1910,『논문집(사회과학편)』22, 공주사대, 1984.

崔德壽, 구한말 일본유학과 친일세력의 형성, 『역사비평』 15, 역사비평사, 1991.
韓詩俊, 한말 일본유학생에 관한 일고찰, 『천관우선생환력기념 한국사학논총』, 정음문화사, 1985.

제 7 편

현 대 사

Ⅰ. 총설

1. 총설

1) 연구사 · 회고와 전망

金貞培 편,『북한의 고대사연구와 성과』, 대륙연구소, 1994.
역사학회,『현대한국역사학의 동향(1945~1980)』, 일조각, 1982.
한국정신문화연구원,『북한의 한국학연구성과분석 - 역사 · 예술편 - 』, 1991.
한국정신문화연구원,『북한의 한국학연구성과분석 - 철학종교 · 어문편 - 』, 1991.
학술단체연합심포지움준비위원회,『80년대 한국인문사회과학의 현단계와 전망』, 역사비평사, 1988.

근 · 현대미술연구반, 한국에서의 서양미술사 연구동향,『미술사논단』창간호, 한국미술연구소 시공사, 1995.
金敬泰, 1980년대의 학술운동과 한국사연구동향,『이화사학연구』19, 이화사학연구소, 1990.
金在先, 회고와 전망 : 중국(1977),『한국사연구휘보』22, 1978.
金在先, 회고와 전망 : 중국(1978),『한국사연구휘보』25, 1979.
金在先, 회고와 전망 : 중국(1979~80),『한국사연구휘보』30, 1980.
金在先, 회고와 전망 : 중국(1980),『한국사연구휘보』35, 1981.
金點淑, 미군정기 경제정책의 연구현황과 과제,『역사와 현실』16, 한국역사연구회, 1995.
김필동, 해방후 한국사회사 연구의 전개 - 사회사 인식의 발전과 제도화 과정을 중심으로 - ,『한국학보』80, 일지사, 1995.
金學俊, 해방3년사와 한국전쟁에 관한 연구동향 - 저술과 자료를 중심으로 - ,『계간현대사』1, 한국언론문화클럽, 1980.
金學俊, 6 · 25연구의 국제적동향 - 6 · 25연구에 관한 문헌사적 고찰 - ,『현대사를 어떻게 볼 것인가 2』, 동아일보사, 1988.
도진순, 한국 근 · 현대사의 연구 성과와 과제,『한국학보』79, 일지사, 1995.
都珍淳 · 정창현, 1950~70년대 한국사회운동에 대한 연구동향과 과제,『역사와 현실』4, 한국역사연구회, 1990.
方善柱, 회고와 전망 : 미주(1982),『한국사연구휘보』42, 1983.
方善柱, 회고와 전망 : 미주(1983),『한국사연구휘보』51, 1985.
方善柱, 회고와 전망 : 미주(1983~85),『한국사연구휘보』53, 1986.
샤브시나, F. 저, 도진순 역, 한반도 현실과 소련의 남북한 현대사 연구,『역사비평』10, 역사문제연구소, 1990.
서중석, 회고와 전망 : 현대(1910~) 한국사학계(1990~92),『역사학보』140, 역사학회, 1993.
와실리비치, 와닌 유리, 현대 러시아 한국학(1945~1995),『한국독립운동사연구』9, 독립기념관 한국독립운동사연구소, 1995.

王聿均, 回顧와 展望 : 中國(1973),『한국사연구휘보』4, 1974.

李延馥, 회고와 전망 : 현대(1983),『한국사연구휘보』49, 1985.

李玉, 회고와 전망 : 구주(1973),『한국사연구휘보』4, 1974.

李玉, 회고와 전망 : 구주(1977),『한국사연구휘보』22, 1978.

李玉, 회고와 전망 : 구주(1978),『한국사연구휘보』26, 1979.

李玉, 회고와 전망 : 미주(1978~80),『한국사연구휘보』35, 1981.

李完範, 한국전쟁연구의 국내적 동향 - 그 연구사적 검토 - ,『한국과 국제정치』6 - 2, 경남대 극동문제연
    구소, 1990.

李炫熙, 회고와 전망 : 현대(1978),『한국사연구휘보』25, 1979.

李炫熙, 회고와 전망 : 현대(1981),『한국사연구휘보』37, 1982.

林雄介, 1980年代 日本에서의 韓國史硏究동향,『역사비평』9, 역사문제연구소, 1990.

장인성, 회고와 전망 : 중국(1981~82),『한국사연구휘보』42, 1983.

畑田中夫, 最近における朝鮮戰爭に關する硏究狀況,『統一評論』119, 1975.

井上秀雄, 回顧와 展望 : 日本(1974~75),『한국사연구휘보』14, 1976.

井上秀雄, 回顧와 展望 : 日本(1976),『한국사연구휘보』18, 1977.

井上秀雄, 回顧와 展望 : 日本(1977~78),『한국사연구휘보』22, 1978.

井上秀雄, 回顧와 展望 : 日本(1978),『한국사연구휘보』26, 1979.

井上秀雄, 回顧와 展望 : 日本(1979~80),『한국사연구휘보』30, 1980.

井上秀雄, 回顧와 展望 : 日本(1980),『한국사연구휘보』35, 1981.

井上秀雄, 回顧와 展望 : 日本(1981~82),『한국사연구휘보』39, 1982.

井上秀雄, 回顧와 展望 : 日本(1983~84),『한국사연구휘보』53, 1986.

丁原鈺, 회고와 전망 : 현대(1979),『한국사연구휘보』29, 1980.

丁原鈺, 회고와 전망 : 현대(1980),『한국사연구휘보』33, 1981.

丁原鈺, 회고와 전망 : 현대(1984),『한국사연구휘보』51, 1985.

程土雄, 한국전쟁에 대한 영·미·한국학계의 연구동향,『군사』31, 국방군사연구소, 1995.

趙東杰, 회고와 전망 : 현대(1982),『한국사연구휘보』41, 1983.

짜가이, G. D., 러시아에서 한국학의 탄생,『한국독립운동사연구』9, 독립기념관 한국독립운동사연구소,
    1995.

崔根泳, 현대사의 연구업적과 동향,『국사관논총』10, 국사편찬위원회, 1989.

崔吉城, 회고와 전망 : 일본(1973),『한국사연구휘보』4, 1974.

崔永浩, 회고와 전망 : 미국(1973),『한국사연구휘보』4, 1974.

崔永浩, 회고와 전망 : 미주(1975),『한국사연구휘보』14, 1976.

崔永浩, 회고와 전망 : 미주(1976),『한국사연구휘보』18, 1977.

崔永浩, 회고와 전망 : 미주(1977),『한국사연구휘보』22, 1978.

崔永浩, 회고와 전망 : 미주(1978~79),『한국사연구휘보』26, 1979.

崔永浩, 회고와 전망 : 미주(1979~80),『한국사연구휘보』30, 1980.

崔永浩, 회고와 전망 : 미주(1980),『한국사연구휘보』35, 1981.

崔永浩, 회고와 전망 : 미주(1981~82),『한국사연구휘보』39, 1982.

崔章集, 해방에서 6·25까지의 정치사회사 연구현황과 문제점,『한국근현대연구입문』, 역사비평사,
    1988.

한국사회경제학회 현대사분과, 한국현대사연구의 현황과 과제 - 1945~60년의 한국경제를 중심으로 - ,

『사회경제평론』 2, 한국사회경제학회, 1990.
和田春樹, 解放前後史硏究の視覺と課題, 『朝鮮史硏究會論文集』 24, 1987.
Deuchler, Martina, 회고와 전망 : 구주(1980~82), 『한국사연구휘보』 42, 1983.
Deuchler, Martina, 회고와 전망 : 구주(1983), 『한국사연구휘보』 50, 1985.

2) 개설

姜萬吉, 『분단시대의 역사인식』, 창작과 비평사, 1978.
姜萬吉·宋建鎬 외, 『해방전후사의 인식』(1~6), 한길사, 1979~1989.
姜萬吉, 『한국현대사』, 창작과 비평사, 1984.
姜萬吉, 『고쳐 쓴 한국현대사』, 창작과 비평사, 1994.
강석희, 『조선에 대한 미제의 사상문화침략사』, 과학백과사전출판사, 1987.
경향신문사, 『실록 제5공화국』(1~7), 1987.
고려대 아세아문제연구소, 『북한문제자료집』, 고려대, 1969.
과학원역사연구소, 『조선통사(하)』, 1958/오월, 1989.
국사편찬위원회, 『한국현대사』, 탐구당, 1982.
김경옥, 『여명80년 - 한국근대풍운사 - 』(1~5), 1964.
김광운, 『통일독립의 현대사』, 지성사, 1995.
김삼웅, 『한국현대사 뒷얘기』, 가람기획, 1995.
金聲均, 『한국최근백년사』, 국민서관, 1977.
김한길, 『현대조선역사』, 사회과학원역사연구소, 1983/일송정, 1988.
대한민국사편찬위원회, 『대한민국사』, 1988.
돌베개편집부 편, 『한국현대사의 재조명』, 돌베개, 1982.
동아일보사 편, 『현대사를 어떻게 볼 것인가』(1~5), 동아일보사, 1988·1989·1990.
梶村秀樹 저, 이현문 역, 『韓國史入門』, 백산서당, 1985.
민주주의민족전선 편, 『朝鮮解放年報』, 1946/『해방조선』(1·2), 과학과 사상, 1988.
朴世吉, 『다시 쓰는 한국현대사』(1~3), 돌베개, 1989~1992.
朴玄埰, 『청년을 위한 한국현대사 1945~1991 - 고난과 희망의 민족사 - 』, 소나무, 1992.
송건호·박현채 외, 『해방40년의 재인식』(1·2), 돌베개, 1985·1986.
송건호, 『한국현대사』, 두레, 1986.
송남헌·김운태·이정식·최창규, 『한국현대정치사』(1~4), 성문사, 1976.
宋南憲, 『해방 3년사(1945~1948)』(1·2), 까치, 1985.
梁東安 외, 『현대한국정치사』, 한국정신문화연구원, 1987.
梁性喆, 『韓國政府論 - 역대정권 고위직 행정엘리트 연구 - 』, 박영사, 1994.
역사학연구소, 『강좌 한국근현대사』, 풀빛, 1995.
오소백, 『해방 22년사』(1·2), 세문사, 1967.
이재규, 『시와 소설로 읽는 한국현대사』, 심지, 1994.
李海南, 『한국현대정치문화사』, 문연당, 1963.
李炫熙, 『한국개화백년사』, 을유문화사, 1976.
李炫熙, 『한국 근현대사의 쟁점』, 도서출판 삼영, 1992.
일월서각편집부 편, 『분단전후의 현대사』, 일월서각, 1984.
崔昌集, 『한국현대사 1 - 1945~1950 - 』, 열음사, 1985.

崔章集,『한국현대정치의 구조와 변화』, 까치, 1989.
한국사연구협의회,『한국현대사의 전개』, 탐구당, 1988.
한국역사연구회 현대사연구반,『한국현대사』(1~4), 풀빛, 1991.
한국정신문화연구원,『광복후의 정치세력 - 중도파와 좌파 - 』, 1995.
한국정치연구회 정치사분과,『한국현대사 이야기주머니 - 한국정치사 73장면 - 』(1~3), 녹두, 1993.
한국정치외교사학회,『한국현대사의 재조명』, 대왕사, 1990.
한국현대사편찬위원회 편,『한국현대사』(1~9), 신구문화사, 1969~1972.
韓培浩,『한국정치변동론』, 법문사, 1994.
韓昇助 외,『해방전후사의 쟁점과 평가』(1·2), 형설출판사, 1990.
許在一·정차근,『해방전후사의 바른 이해』, 평민사, 1991.
Conde, D. W. 저, 편집부 역,『분단과 미국』(1·2), 사계절, 1988.
Conde, D. W. 저, 최지연 역,『한국전쟁』(1·2), 과학과 사상, 1988.
Conde, D. W. 저, 장종익 역,『남한, 그 불행한 역사』, 좋은책, 1988.

李起夏, 급변하는 현대사와 한국의 위치,『水邨朴永錫화갑논총 한국사학논총(하)』, 1992.
李炫熙, 한국현대사에 대한 역사적 해석과 성찰 - 1945년 이후의 현대사적 시각 - ,『전통과 사상 1』, 한
   국정신문화연구원, 1986.

3) 시대구분론 · 시대성격론

한국경제사학회,『한국사시대구분론』, 을유문화사, 1970.

강만길·신용하·정창렬, 한국근현대사를 어떻게 쓸 것인가,『신동아』1984년 6월호.
都珍淳, 근현대사 시기구분논의,『남북한역사인식비교강의』, 일송정, 1989.
都珍淳, 북한학계에서의 근·현대사 시기구분논쟁과 그 변화,『역사와 현실』1, 1989.
都珍淳, 북한역사학에서 근·현대 사회성격과 시대구분 논의,『한국사 24』, 한길사, 1994.
文喆永, 한국사의 시대구분논의,『한국학연구』1, 단국대, 1994.
朴玄埰, 사회구성체론과 발전단계론,『東村朱宗桓화갑기념논문집 한국자본주의론』, 1989.
박현채·조희연 편,『한국사회구성체논쟁』(1~4), 죽산, 1989~1992.
裵亢燮, 왜 남북한 근현대 시기구분, 큰 차이있나,『역사비평』13, 역사문제연구소, 1991.
裵亢燮, 남한학계의 전근대 시대구분과 사회성격 논의,『한국사 24』, 한길사, 1994.
徐仲錫, 현대의 起點문제,『국사관논총』50, 국사편찬위원회, 1993.
宋鎬晸, 전근대사의 시기구분,『북한의 한국사인식 1』, 한길사, 1990.
宋鎬晸, 북한학계의 전근대 시대구분과 사회성격 논의,『한국사 24』, 한길사, 1994.
李炳天, 북한학계의 한국근대사회성격과 시대구분 논쟁,『창작과 비평』1988년 겨울호.
李潤相, 근현대사의 시기구분,『북한의 한국사인식 2』, 한길사, 1990.
李炫熙, 중·고국사교과서에 나타난 한국現代史像 - 이미 발표된 교과서개편준거안을 비판하면서 - ,
   『교육연구』29, 성신여대 교육문제연구소, 1995.
鄭泰憲, 1950년대 이후 남한학계의 한국근현대사 시대구분 논의,『한국사 24』, 한길사, 1994.
특별기획좌담, 북한에서는 우리역사를 어떻게 보는가,『역사비평』2, 역사문제연구소, 1988.

2. 일반 사항

1) 인물

강만길 편, 『조소앙』, 한길사, 1982.

강성재, 『참군인 이종찬장군』, 동아일보사, 1986.

강영식, 『아버지 巴人 金東煥』, 국학자료원, 1994.

古堂傳평양지간행회 편, 『古堂曺萬植』, 평남민보사, 1966.

高峻石 저, 유영구 역, 『비운의 혁명가 박헌영』, 도서출판 글, 1992.

권오기, 『인촌 김성수』, 동아일보사, 1986.

권중희, 『백범 암살범 안두희』, 범조사, 1987.

金光洙, 『한국기독교인물사』, 기독교문사, 1974 · 1975.

김교식 편저, 『한국재벌』(1~24), 계성출판사, 1984.

김교식, 『이병철』, 율곡문화사, 1985.

金南植 · 沈之淵, 『박헌영노선비판』, 세계, 1986.

김대곤, 『10 · 26과 김재규』, 이삭, 1985.

김병석, 『인물 은행사』(상 · 중 · 하), 은행계사, 1978.

金夕影 편, 『신익희선생 일대기』, 早稻田大學동창회, 1956.

김석영 편, 『정계의 혹성 장택상』, 종음사, 1952.

김섭, 『여운형 살해사건 진상기』, 독립신문사, 1947.

김용주, 『풍설시대 70년 - 회고록 - 』, 음암사, 1976.

김용주, 『풍설시대 80년』, 신기원사. 1984.

김유택, 『회상 65년』, 합동통신사, 1977.

김윤식, 『임화연구』, 문학사상사, 1989.

김을한, 『김을한 회고록 - 어느 언론인의 증언 - 』, 일조각, 1989.

김정주, 『회고 60년』, 창진사, 1965.

金鍾範 · 金東雲 공저, 『해방이후의 조선진상 2 - 독립운동과 정당 및 인물 - 』, 1945.

김준연, 『독립노선』, 홍한재단, 1957.

김준연, 『나의 길』, 동아출판사, 1966.

김준엽, 『장정』, 나남, 1987.

김진배, 『가인 김병로』, 가인기념회, 1983.

김춘배, 『한국기독교수난사화』, 성문학회, 1969.

김학준, 『이동화 평전』, 민음사, 1987.

김학준, 『가인 김병로 평전』, 민음사, 1988.

盧平久 편, 『金敎臣과 한국』, 경지사, 1975.

동아일보사편집부 편, 『인촌 김성수의 애족사상과 그 실천』, 동아일보사, 1982.

동아일보사편집부 편, 『인촌 김성수의 사상과 일화』, 동아일보사, 1985.

동은기념사업회 편, 『동은 김용완』, 동은기념사업회, 1979.

목당이활전기간행위원회, 『목당 이활의 생애』, 한국무역협회, 1985.

몽양여운형선생추모사업회, 『여운형노트』, 학민사, 1994.

문일석, 『김구선생이 살아있다면 - 백범암살추적보고서 - 』, 덕수, 1994.

박갑동, 『박헌영』, 인간사, 1983.

박경수,『재야의 빛 장준하 - 평전 - 』, 해돋이, 1995.

박동순 편,『재벌의 부리 - 한국 최고경영인 20인 - 』, 태창문화사, 1979.

박사월,『김형욱회고록』(1～3), 아침, 1985.

박성하,『우남이승만』, 명세당, 1956.

朴昌和,『省齋 李始榮 소전』, 을유문화사, 1984.

박태균,『조봉암연구』, 창작과 비평사, 1995.

朴泰均,『현대사를 베고 쓰러진 거인들』, 지성사, 1994.

박태원,『약산과 의열단』, 백양당, 1947.

방기중,『한국근현대사상사연구 - 1930 · 40년대 백남운의 학문과 정치경제사상 - 』, 역사비평사, 1992.

백남주,『한국정계 7인전』, 한국문화인쇄주식회사, 1962.

백남훈,『나의 일생』, 해온백남훈선생기념사업회, 1968 · 1973.

백두진,『백두진회고록』, 대한공론사, 1975.

백두진,『백두진회고록(속편)』, 유림문화사, 1981.

백범사상연구소,『삼팔선을 베고 죽을지언정 - 암살직전 백범의 생생한 목소리 - 』, 풀빛, 1992.

백선엽,『군과 나 - 6 · 25 한국전쟁회고록』, 대륙연구소, 1989.

北岳史學會,『역사에 비춘 한국근현대인물』, 백산출판사, 1994.

서대숙,『북한의 지도자 김일성』, 청계연구소, 1989.

孫世一,『이승만과 김구』, 일조각, 1970.

송재문,『한국기계공업의 개척자』, 예술문화사, 1977.

수당기념사업회 편,『수당 김연수』, 수당기념사업회, 1971.

수주변영로선생묘비건립위원회 편,『수주 회상기』, 대한공론사, 1969.

신문학회 편,『신익희 - 해공선생전기 - 』 신문학회, 1956.

신정완,『해공 그리고 아버지』, 성진사, 1981.

신창현,『해공 신익희선생 약전』, 정의봉동지회, 1967.

신창현,『해공 신익희』, 태극출판사, 1972.

신화출판사,『역대인물한국사 8』, 1979.

심산사상연구회 편,『김창숙』, 한길사, 1981.

심지연,『허헌연구』, 역사비평사, 1994.

심지연,『허헌 - 하나의 조국 영원한 좌파민족주의자 - 』, 동아일보사, 1995.

안두희,『시역의 고민』, 학예사, 1955.

양성철,『분단의 정치 - 박정희와 김일성의 비교연구 - 』, 한울, 1987.

여운홍,『몽양 여운형』, 청하각, 1967.

역사문제연구소,『한국현대사의 라이벌』, 역사비평사, 1992.

吳蘇白,『인간 김구』, 국제문예사, 1949.

옥계유진산선생기념사업회,『옥계 유진산 - 생애와 사상과 정치』(상 · 하), 옥계유진산선생기념사업회, 1984.

올리버 저, 박마리아 역,『리승만박사전』, 합동도서주식회사, 1956.

올리버 저, 박일영 역,『이승만비록』, 한국문화출판사, 1982.

柳光烈,『기자반세기』, 서문당, 1969.

유근일『이성의 한국인 김규식』, 동서문화사, 1981.

柳子厚,『海牙밀사』, 1949.

유진오, 『구름 위의 만상 - 유진오수상록 - 』, 일조각, 1966.

유치송, 『해공 신익희 일대기』, 해공신익희선생기념회, 1984.

尹致暎, 『尹致暎의 20세기』, 삼성출판사, 1991.

李敬南, 『雪山 張德秀』, 동아일보사, 1981.

이기형, 『몽양 여운형』, 실천문학사, 1984.

이만규, 『여운형투쟁사』, 총문각, 1946.

이문희, 『저항하는 선인장 - 소설 조병옥 - 』, 문예사, 1968.

이병도, 『두계잡필』, 일조각, 1956.

이병철, 『호암자전』, 중앙일보사, 1986.

이상조, 『증언』, 원일정보, 1989.

李英石, 『竹山 曺奉岩』, 원음출판사, 1983.

이영희, 『역정』, 창작과 비평사, 1988.

이원수 편, 『재계의 거목 이병철』, 경영아카데미, 1978.

이원수 편, 『이병철 사상과 철학』, 경영아카데미, 1978.

이원수, 『정주영 그 야망의 세계』, 경영아카데미, 1980.

이원수, 『정주영 그는 누구인가』, 자유문학사, 1983.

이원수 편, 『이병철 그는 누구인가』, 자유문학사, 1988.

이윤영, 『백사 이윤영 회고록』, 사초, 1984.

李仁, 『반세기의 증언』, 명지대출판부, 1974.

李庭植, 『김규식의 생애』(신구문고 13), 신구문화사, 1974.

이현희, 『이야기 이승만』, 신원문화사, 1995.

仁村기념회, 『仁村김성수전』, 1976.

일신각, 『역사의 인물 8 · 9』, 1979.

임창영 저, 유기홍 역, 『위대한 선각자 서재필박사 전기』, 공병우글자판연구소, 1987.

장공자서전출판위원회, 『범용기』, 풀빛, 1983.

장면, 『한알의 밀이 죽지 않고는 - 장면박사 회고록 - 』, 카토릭출판사, 1967.

장병혜, 『상록의 자유혼 - 창랑 장택상 일대기 - 』, 영남대박물관, 1973.

張炳惠, 『상록의 자유혼』, 창랑장택상기념사업회, 1992.

전영택 편, 『조만식선생』, 대한계명협회, 1967.

정묘회, 『학회기략 - 백낙준박사 소전 - 』, 정묘회, 1952.

정병준, 『몽양여운형평전』, 한울, 1995.

정일형, 『오직 한길로』, 신진문화사, 1970.

鄭晋錫, 『인물 한국언론사』, 나남, 1995.

정화암, 『이 조국 어디로 갈 것인가 - 나의 회고록 - 』, 자유문고, 1982.

趙璣濬, 『한국기업가사』, 박영사, 1973.

조병옥, 『민주주의와 나』, 영신문화사, 1959.

조병옥, 『나의 회고록』, 민교사, 1959/어문각, 1963.

조영래 편, 『어느 청년노동자의 삶과 죽음 - 전태일평전 - 』, 돌베개, 1983.

조영암 편, 『고당 조만식』, 정치신문사, 1953.

진정일, 『백범 김구선생 살해범 안두희 그는 누구인가』, 삼성서적, 1994.

최시중, 『인촌 김성수』, 동아일보사, 1986.

崔鍾庫,『한국의 法律家像』, 길안사, 1995.

崔華星,『조선여성독본 - 여성해방운동사 - 』, 백우사, 1947.

한겨레신문사 편,『발굴 한국현대사 인물』(1~3), 한겨레신문사, 1991~1992.

한국사학회,『한국현대인물론』(1・2), 을유문화사, 1987.

한국일보사 편,『재계회고』(1~10), 1981.

한근조,『고당 조만식』, 태극출판사, 1970.

한민성 편,『추적 여운형 - 전화협박자에게 답한다 - 』, 갑자문화사, 1982.

한석우,『한석우의 역사산책 - 남녘의 묻힌 역사・왜곡된 역사만나기 - 』, 경남, 1994.

한재덕,『김일성을 고발한다 - 조선노동당 치하의 북한회고록 - 』, 내외문화사, 1965.

함석헌,『죽을 때까지 이 걸음으로 - 나의 자서전 - 』, 삼중당, 1964.

함석헌,『나의 자서전』, 제일출판사, 1979.

許東粲,『김일성평전 - 허구와 실상 - 』, 북한연구소, 1987.

許東粲,『김일성평전(속)』, 북한연구소, 1988.

허정,『내일을 위한 증언 - 허정회고록 - 』, 샘터사, 1979.

湖山姜桂重간행발기인회,『湖山姜桂重』, 1979.

홍선희,『조소앙사상』, 태극출판사, 1975.

洪淳鈺,『김구선생의 정치노선 - 해방전 시기 - 』(백범연구 1), 백범김구기념회, 1985.

姜德相, 對中國和平工作・‘アジア聯盟’構想と呂運亨 - 大川周明・田中隆吉・近衛文磨との交流をめ
　　ぐって - ,『水邨朴永錫화갑논총 한민족독립운동사논총』, 1992.

강정구, 이승만에 대한 민족사적 평가 - ‘되살리기’보다 ‘파헤치기’를 통한 ‘겨레바로세우기’를! - ,『한국
　　사연구』88, 한국사연구회, 1995.

김구섭, 李承晩의 정치노선에 관한 연구(1945~1948),『논문집(인문・사회과학편)』15, 공군사관학교,
　　1982.

金貴聲, 鼎山宗師의 사회교육관 - ‘建國論’을 중심으로 - ,『원불교사상』15, 원광대 원불교사상연구원,
　　1992.

金基承, 裵成龍의 新型민주주의 국가상,『한국사시민강좌』17, 일조각, 1995.

김도현, 李承晩노선의 재검토 - 민족통일사관의 입지에서 - ,『해방전후사의 인식 1』, 한길사, 1979.

金三龍, 鼎山宗師의 생애와 사상,『원불교사상』15, 원광대 원불교사상연구원, 1992.

金永斗, 鼎山宗師의 禮思想,『원불교사상』15, 원광대 원불교사상연구원, 1992.

金永斗, 鼎山 宋奎宗師의 ‘建國論’연구,『震山韓基斗화갑기념 한국종교사상의 재조명(하)』, 원광대,
　　1993.

金仁喆, 鼎山宗師 사상에서 본 세계평화의 삼대요소,『원불교사상』15, 원광대 원불교사상연구원, 1992.

金哲洙, 兪鎭午의 헌법초안에 나타난 국가형태와 정부형태,『한국사시민강좌』17, 일조각, 1995.

盧明植, 金在俊의 기독교적 건국이념,『한국사시민강좌』17, 일조각, 1995.

도진순, 白南雲의 지적 성숙과정과 연합성 민주주의,『한국사시민강좌』17, 일조각, 1995.

朴瑩鶴, 鼎山宗師의 해방 전후의 外勢인식,『원불교사상』15, 원광대 원불교사상연구원, 1992.

朴龍德, 鼎山宗師의 家系考,『원불교사상』15, 원광대 원불교사상연구원, 1992.

方基中, 白南雲의 정치사상 연구 - 해방정국기 국가건설론을 중심으로 - ,『동방학지』70, 연세대 국학연
　　구원, 1991.

方基中, 해방정국과 백남운의 ‘신국가’건설활동(상・하),『역사비평』12・13, 역사문제연구소, 1991.

서경전, 鼎山宗師의 교화관,『원불교사상』15, 원광대 원불교사상연구원, 1992.

徐仲錫, 진보당 연구 - 조봉암 · 진보당의 평화통일론을 중심으로 - ,『국사관논총』66, 국사편찬위원회, 1995.

宋建鎬, 李承晩과 金九의 민족노선,『창작과 비평』43, 1977/『한국근대사론 3』, 지식산업사, 1977.

宋天恩, 鼎山宗師의 불교관,『원불교사상』15, 원광대 원불교사상연구원, 1992.

沈大燮, 鼎山宗師와 교화 · 교육 · 자선의 竝進,『원불교사상』15, 원광대 원불교사상연구원, 1992.

沈之淵, 신민당 백남운의 통일전선론,『역사비평』2, 역사문제연구소, 1988.

沈之淵, 白南雲의 역사인식과 정치노선 분석,『한국과 국제정치』5, 경남대 극동문제연구소, 1989.

沈之淵, 朴憲永의 부르주아 민주주의혁명론과 프롤레타리아 독재국가 건설운동,『한국사시민강좌』17, 일조각, 1995.

梁銀容, 鼎山宗師의 儒 · 佛 · 道三教觀,『원불교사상』15, 원광대 원불교사상연구원, 1992.

원유한, 홍이섭선생의 역사학,『실학사상연구』4, 무악실학회, 1993.

兪炳勇, 安在鴻의 신민족주의 국가상,『한국사시민강좌』17, 일조각, 1995.

柳聖泰, 鼎山宗師의 성품관,『원불교사상』15, 원광대 원불교사상연구원, 1992.

柳永益, 이승만의 건국사상,『한국사시민강좌』17, 일조각, 1995.

유영준, 白凡 민족주의에 관한 소고 - 그 정치적 재조명 - ,『백범연구』1, 백범金九선생기념사업협회, 1985.

尹世遠, 白凡의 정치사상에 관한 연구,『정경논집』17, 중앙대정경대, 1981.

이동화, 8 · 15를 전후한 呂運亨의 정치활동,『창작과 비평』1978년 여름 · 가을호/『해방전후사의 인식 1』, 한길사, 1979.

李庭植, 呂運亨과 건국준비위원회,『역사학보』134 · 135합, 1992.

이종석, 김정일 연구(1) - 후계자로의 부상과 권력구조 재편 - ,『역사비평』14, 역사문제연구소, 1991.

趙一文, 金九의 추억,『水邨朴永錫화갑논총 한민족독립운동사논총』, 1992.

韓基斗, 鼎山宗師의 教團觀,『원불교사상』15, 원광대 원불교사상연구원, 1992.

韓基彦, 역사적 自我실현의 세계 - 常虛 劉錫昶의 생애와 사상 - ,『朴成壽화갑논총 한국독립운동사의 인식』, 1991.

韓鍾萬, 鼎山宗師의 '建國論'考,『원불교사상』15, 원광대 원불교사상연구원, 1992.

洪再善, 也山 李達의 생애와 사회활동,『향토사연구』3, 광주 : 한국향토사연구전국협의회, 1991.

2) 서적 · 자료 · 목록 · 색인 · 지도

桂勳模,『한국언론연표 1881～1945』, 관훈클럽신영기금, 1979.

고려대 아세아문제연구소,『한일관계자료집』(1 · 2), 1977.

국립중앙도서관,『학술논저총합색인 제8집 - 외교학 - 』, 1980.

國防軍史硏究所,『戰跡기념물편람집』, 1994.

국사편찬위원회 편,『자료 대한민국사』(1～7), 1968～1974.

국사편찬위원회,『대한민국사연표』(1 · 2), 1984 · 1985.

국사편찬위원회,『대한민국사자료집 - U.N. 한국임시위원단관계문서 1 - 』, 1987.

국토통일원,『남북한통일제의자료총람』(전2권), 1985.

국토통일원,『6 · 25 당시 노획한 북한자료 마이크로필름목록』, 1987.

국회도서관입법조사국 편간,『한국근대외교사연표』, 1966.

국회도서관입법조사국 편간,『한국외교연표』, 1974.

권태억·류승렬 외,『자료모음 근현대 한국탐사』, 역사비평사, 1994.

김남식 편,『남로당연구자료집』(1·2), 고려대출판부, 1974.

金南植·李庭植·韓洪九,『한국현대사자료총서』(1~15), 돌베개, 1986.

金南植,『남로당연구 3 - 자료편 - 』, 돌베개, 1989.

김천영 편,『연표 한국현대사』(1·2), 한울림, 1985.

남녘편집부 편,『조국통일민주주의전선 문헌집』, 남녘, 1989.

남조선과도입법의원,『남조선과도입법의원 속기록』(1~5)/여강출판사, 1984(영인본).

내무부,『지방행정구역요람』, 1978/1980.

노중선 편,『민족과 통일(자료편)』, 사계절, 1985.

도의문화사편집부 편,『해방30년사 - 신문기록에 의한 대사건 집대성 - 』, 도의문화사, 1975.

돌베개편집부,『북한 조선로동당대회 주요문헌집』, 돌베개, 1988.

동아일보사,『개항 100년 연표』, 신동아 1976년 1월호 부록.

동아일보사,『제3공화국 연표』,『동아연감』 별책특집, 1980.

동아일보사,『한미수교100년사 - 관계자료 및 연표』, 신동아 1982년 1월호 별책부록.

동아일보사설편찬위원회,『동아일보사설선집』(1·2), 1977.

미국무성비밀외교문서, 김국태 역,『해방3년과 미국 1』, 돌베개, 1984.

반민족행위특별조사위원회,『反民特委재판기록』(전17권), 다락방, 1993.

方善柱, 미국 미24군 G-2軍史室 자료해제,『아시아문화』 3, 한림대 아시아문화연구소, 1987.

북한문제조사연구소,『북한의 '단군 및 고조선' 논문자료』, 북한문제조사연구소, 1994.

森田芳夫·長田かな子 編,『朝鮮終戰の記錄(資料編)』(1~3), 日本 巖南堂書店, 1979·1980.

徐東九 편,『한반도긴장과 미국 - 미국무성외교문서 - 』, 대한공론사, 1977.

세문사편집부 편,『해방20년』, 세문사, 1966.

송남헌·김운태·이정식·최창규,『한국현대정치사』(1~4), 성문각, 1976.

시인사편집부 편,『강령, 정책 - 한국 주요정당, 사회단체 - 』, 시인사, 1988.

심지연 편,『해방정국논쟁사 1 - 삐라집 - 』, 한울, 1986.

심지연 편,『조선혁명론연구』, 실천문학사, 1987.

아시아·아프리카·라틴아메리카연구원, 『제주민중항쟁 3 - 정기간행물·보고서자료집 - 』, 소나무,
    1989.

안보통일문제조사연구소,『한보통일문제기본자료집』(전2권), 동아일보사, 1971.

외무부,『한국 통일문제 - 略史와 문헌(1946~1960) - 』, 1961.

외무부,『대한민국외교년표 - 부 : 주요문헌 및 조약 - 』, 1980.

이석태 편,『사회과학대사전』, 문우인서관, 1949.

李用熙,『근세한국외교문서총목 - 외국편 - 』, 국회도서관, 1966.

李鍾範·崔元奎,『자료 한국근현대사 입문』, 혜안, 1995.

인간사편집부,『제3공화국연표』, 인간사, 1984.

일월서각,『4·19혁명론 2 - 자료편 - 』, 일월서각, 1983.

일월서각,『미군정정보보고서 - 주한미육군사령부 정보참모부 일일보고서 - 』(1~15), 1986.

임종일,『연표로 보는 제3공화국』, 영언문화사, 1993.

張得振,『한국사논저총목록 3 - 총류·근현대 - 』, 민족문화사, 1985.

鄭相閏,『한국신교육백년사료』, 민주여론사, 1973/서울문예사, 1974.

鄭泰秀,『미군정기 한국교육사자료집 1945~1948』(상·하), 홍지원, 1992.

조선은행조사부, 『조선경제연보』, 1948.

조선은행조사부, 『경제연감』, 1949.

조선통신사, 『조선연감』, 1947 · 1948.

중앙대 한국학연구소, 『한국 잡지 개관 및 호별 목차집 - 해방15년 - 』, 1973.

중앙대 한국학연구소 편, 『근대화와 구국운동 - 신문논설집 - 』, 1974.

중앙일보사, 『광복30년 중요자료집』(『월간중앙』1975 - 1 별책부록), 1975.

청사편집부, 『1970년대 한국일지』, 청사, 1984.

한국금융연구소, 『한국경제연표 - 1945~1983 - 』, 삼문, 1984.

한국농촌경제연구원, 『농정사관계자료집』(전5권), 1986 · 1987.

한국조사기자회, 『분단 45년 사건 45년』, 한국교육문화원, 1988.

한국현대사사료연구소, 『광주오월민중항쟁사료전집』, 풀빛, 1990.

한국홍보연구소, 『한국100년사』, 세문사, 1983.

한림대 아시아문화연구소, 『미군정기정보자료집 - CIC(방첩대) 보고서 - 』(1 · 2 · 3), 한림대 아시아문화
    연구소, 1995.

한림대 아시아문화연구소, 『미군정기정보자료집 - 노동관련보고서 - 』, 한림대 아시아문화연구소, 1995.

한림대 아시아문화연구소, 『미군정기정보자료집 - 시민소요 · 여론조사 보고서』(1 · 2), 한림대 아시아문
    화연구소, 1995.

한림대 아시아문화연구소, 『미군정기정보자료집 - 하지(John R. Hodge) 문서집 - 』(1 · 2 · 3), 한림대 아시
    아문화연구소, 1995.

한백사편집실, 『분단자료집 - 1945~1948년 자료모음 - 』, 1989.

許英桓, 『定都 600년 서울지도』, 범우사, 1994.

HQ, 『USAFIK G-2 Periodic Report(약칭 『미군사고문단정보일지』 G-2보고서)』(1~6), 한림대 아시아문화
    연구소, 1988~1989(영인본).

HQ, 『USAFIK Intelligence Summary Nothern Korea』, 한림대 아시아문화연구소, 1989(영인본).

HQ, 『USMAGIK G-2 Periodic Report 1』, 한림대 아시아문화연구소, 1989(영인본).

U.S. Army, 『History of the United States Armed Forces in Korea(약칭 HUSAFIK)』(1~4)/돌베개, 1988(영인
    본).

최유식, 미국 대통령도서관 소장 한국관련 자료현황, 『역사와 현실』 17, 한국역사학연구회, 1995.

한림대 아시아문화연구소, 소련의 「한국학연구문헌목록(1917~1970)」, 『아시아문화』 10, 한림대 아시아
    문화연구소, 1994.

許東粲, 「조선전사」 현대편의 분석 · 비판, 『국사관논총』 4, 국사편찬위원회, 1989.

3) 역사인식 · 사관 · 사학사 · 역사서적

강만길, 『분단시대의 역사인식』, 창작과 비평사, 1978.

도진순 외, 『남북한역사인식 비교강의』, 일송정, 1989.

송두율, 『역사는 끝났는가』, 당대, 1995.

안병우 · 도진순 편, 『북한의 한국사인식 2』, 한길사, 1990.

역사학회 편, 『현대한국사학의 동향(1945~1980)』, 일조각, 1982

원유한 편, 『홍이섭의 삶과 역사학』, 혜안, 1996.

李泳禧, 『새는 '좌 · 우'의 날개로 난다』, 두레, 1994.

李讚熙,『북한의 역사교육연구 - 「조선역사」 신·구교과서 내용분석을 중심으로 - 』, 성신여대 박사논문, 1993.
조동걸·한영우·박찬승 엮음,『한국의 역사가와 역사학(하)』, 창작과 비평사, 1994.

姜萬吉, 남북한 역사인식의 같은 점과 다른 점,『창작과 비평』1989년 봄호.
具仙姬, 해방후 남한의 한국사연구 성과와 과제,『한국사 23』, 한길사, 1994.
마석한, 독일 역사교과서에 서술된 한국역사 - 그 현황을 중심으로 - ,『실학사상연구』5·6합, 무악실학회, 1995.
朴宗基, 1980년대 후반 한국사 연구동향,『한국학논총』17, 국민대 한국학연구소, 1994.
朴贊勝, 분단시대 남한의 한국사학,『裵鍾茂총장퇴임기념 사학논총』, 1994/『한국의 역사가와 역사학(하)』, 창작과 비평사, 1994.
朴泰均, 북한 역사학의 전개와 역사인식,『한국사 23』, 한길사, 1994.
徐仲錫, 민족주의 사학의 논쟁,『진단학보』80, 진단학회, 1995.
宋建鎬, 현대사연구와 민족사학의 과제,『한국사회연구』1, 한길사, 1983.
沈之淵, 白南雲의 역사인식과 정치노선 분석,『한국과 국제정치』10, 경남대 극동문제연구소, 1989.
원유한, 홍이섭선생의 역사학,『실학사상연구』4, 무악실학회, 1993.
윤종영, 국사교과서 파동(상),『실학사상연구』5·6합, 무악실학회, 1995.
李世永, 현대한국사학의 동향과 과제,『80년대 한국인문사회과학의 현단계와 전망』, 역사비평사, 1988.
李榮昊, 해방후 남한사학계의 한국사 인식,『한국사 23』, 한길사, 1994.
鄭昌烈, 한국에서 민중사학의 성립·전개과정,『한국민중론의 현단계』, 돌베개, 1989.
한국역사연구회 편, 보설 - 근현대 역사학의 발전 - ,『한국역사』, 역사비평사, 1992.

4) 도시 · 도시시설

강대현,『서울의 도시화에 의한 지역구조의 변화에 관한 연구』, 경희대 박사논문, 1980.
경제기획원 조사통계국 편,『인구 및 주택 센서스 보고』, 경제기획원 조사통계국, 1980·1985·1990.
경제기획원 편,『총인구 및 주택 조사보고』, 경제기획원, 1970·1975.
광주시사편찬위원회 편,『광주시사』(전3권), 광주시, 1979·1980·1983.
김석준,『부산지역 계급구조와 변동』, 한울, 1993.
김영석,『한국사회성격과 도시빈민운동』, 아침, 1989.
김준상 편,『직할시 20년』, 부산직할시, 1984.
대구시사편찬위원회 편,『대구시사』(전3권), 대구시, 1973.
대전시사편찬위원회 편,『대전시사(상)』, 대전시, 1978.
도시계획국 도시계획과,『서울의 도시계획 1394~1994』, 서울특별시, 1991.
부산대 사회조사연구소 편,『부산지역 사회연구』, 부산대 사회조사연구소, 1985.
부산직할시편찬위원회 편,『부산시사』(전4권), 부산직할시, 1989~1991.
서울경제신문취재팀,『서울 서울 서울』, 한국일보사, 1993.
서울특별시사편찬위원회,『서울특별시사』, 서울특별시, 1965.
서울특별시사편찬위원회,『서울통사』(전2권), 서울특별시, 1972.
서울특별시 편,『서울특별시 조직변천사』, 서울특별시, 1986.
손태민,『부산의 도시성장과정과 공간구조에 관한 연구』, 부산대 박사논문, 1987.
신기훈,『대전시청사 - 사반세기전 - 』, 농경출판사, 1987.

이주희 외,『도시비공식부분에 관한 연구 - 부산시 가로상을 중심으로 - 』, 한국지방행정연구원, 1986.

인천직할시 편,『인천시사』, 인천직할시, 1982.

임덕순,『서울의 수도기원과 발달과정』, 서울대 박사논문, 1985.

孫禎睦, 6·25를 전후한 대도시주택사정 - 1945~60년의 서울주택사정 중심으로 - ,『연구논총』10, 서울 시립대 수도권개발연구소, 1982.

장세훈, 도시화, 국가 그리고 도시빈민,『현대한국자본주의와 계급문제』(한국사회사연구회논문집 13), 문학과 지성사, 1988.

한상진, 도시빈민의 주택문제,『현대한국의 자본축적과 민중생활』(한국사회사연구회논문집 16), 문학과 지성사, 1989.

5) 언론

桂勳模,『한국언론연표 1881~1945』, 관훈클럽신영기금, 1979.

金大商,『부산·경남 언론사연구』, 대왕문화사, 1981.

김삼오,『한국언론 이대로 좋은가』, 자유사상사, 1994.

김삼웅,『곡필로 본 해방 50년』, 한울, 1995.

金容九,『언론사상연구』, 나남, 1995.

金乙漢,『한국신문사화 - 내가 만난 선구자들 - 』(탐구신서 88), 탐구당, 1975.

동아일보사,『동아일보논설 60년』, 1980.

동아일보사설편찬위원회,『동아일보사설선집』(1·2), 1977.

동아자유언론수호투쟁위원회,『새로 쓰는 한국언론사』, 아침, 1993.

成俊德,『한국신문사』, 신문학회, 1955.

李範璟,『한국방송사』, 범우사, 1994.

李海暢,『한국신문사연구』, 성문각, 1971.

林根洙,『언론과 역사』, 정음사, 1984.

鄭晋錫,『한국언론사연구』, 일조각, 1983.

鄭晋錫,『인물 한국언론사』, 나남, 1995.

중앙대 한국학연구소 편,『근대화와 구국운동 - 신문논설집 - 』, 1974.

崔埈,『한국신문사』, 일조각, 1960.

崔埈,『한국신문사논고』, 일조각, 1976.

한국신문연구소,『언론비화 50편』, 한국신문연구소, 1978.

한국일보사,『한국일보40년사』, 1994.

한국프레스센터,『한국 100년 신문』, 한국프레스센터, 1995.

金福壽, 미군정하 언론에 대한 연구,『정신문화연구』35, 한국정신문화연구원, 1988.

金福壽, 미군정기 언론의 형성과정과 성격에 관한 연구,『한국의 사회와 문화』22, 한국정신문화연구원, 1994.

金福壽, 광복전후기 미국에서 발행된『독립』지의 성격과 보도경향,『정신문화연구』58, 한국정신문화연 구원, 1995.

朴權相, 미군정하의 한국언론,『汕耘사학』2, 산운학술문화재단, 1988.

朴權相, 해방정국에서의 언론,『현대사를 어떻게 볼 것인가 2』, 동아일보사, 1988.

박용상, 한국의 언론법사 - 미군정시대의 언론규제 - ,『신문연구』36, 관훈클럽, 1983.

尹鍾一, 4·19혁명에 대한 국내외 언론의 반응,『경희사학』18, 경희대사학회, 1993.

李善榮, 미군정의 언론정책에 관한 연구 - 동아일보·조선일보·자유신문을 중심으로 - , 고려대 석사논문, 1982.

Ⅱ. 정치

1. 정치

1) 개설

강창성,『군벌정치』, 해동문화사, 1991.
고려대 민족문화연구소,『한국현대문화사대계 6 - 정치·경제사 - 』, 1978.
고정훈,『비록 군』, 1967.
김덕중 공편,『한미관계의 재조명』, 경남대극동문제연구소, 1988
김석준,『한국자본주의국가위기론』, 풀빛, 1991.
김선종,『한국의 권위주의체제의 생성과 구조에 관한 연구 - 제3·4공화국을 중심으로 - 』, 건국대 박사
　　논문, 1988.
김영명,『한국현대 정치사 - 정치변동의 역학 - 』, 을유문화사, 1992.
金容郁,『근대한국정치론』, 원불교출판부, 1974.
김정렴,『한국경제정책 30년사 - 김정렴회고록 - 』, 중앙일보, 1990.
김정원,『분단한국사』, 동녘, 1985.
金浩鎭,『한국정치체제론』, 박영사, 1990.
金浩鎭 외,『한국현대정치사』, 법문사, 1995.
박영호·김광식 외,『한미관계사』, 실천문학사, 1990
裵淳吉,『한국사회주의정당사』, 한마음, 1995.
손호철,『해방 50년의 한국정치』, 새길, 1995.
송남헌·김운태·이정식·최창규,『한국현대정치사』(1~4), 성문사, 1976.
안청시 편,『한국정치체제론』, 법문사, 1991.
梁性喆,『韓國政府論 - 역대정권 고위직 행정엘리트 연구 - 』, 박영사, 1994.
이기택,『한국야당사』, 백산서당, 1987
李起夏,『한국정당발달사』, 의회정치사, 1961
李起夏·沈之淵 외,『한국의 정당 1 - 8·15에서 자유당 붕괴까지 - 』, 한국일보사, 1987.
李達淳,『한국정치사의 재발견』, 삼익학원출판부, 1986.
李達淳,『한국정치사의 재평가』, 수원대출판부, 1995.
李正馥,『한국정치의 이해』, 서울대출판부, 1995.
이종석,『조선로동당연구』, 역사비평사, 1995.
田中明 저, 윤학준 역,『한국정치를 투시한다 - 한 일본 지식인이 본 한국 - 』, 길안사, 1995.
鄭太榮,『한국 사회민주주의 정당사』, 세명서관, 1995.
중앙선거관리위원회,『대한민국정당사 제1집(1945~1972)』, 1973.
중앙선거관리위원회,『대한민국정당사 제2집(1972~80)』, 1981.
차기벽,『근대화정치론』, 박영사, 1969.

청사편집부 편,『70년대 한국일지』, 청사, 1984.

최장집,『한국의 노동운동과 국가』, 열음사, 1988.

최장집,『한국현대정치의 구조와 변화』, 까치, 1989.

편집부 편역,『미국의 세계전략』, 한겨레, 1985.

한국군사혁명사편찬위원회 편,『한국군사혁명사』, 1962.

한국사연구협의회,『한국현대사의 전개』, 탐구당, 1988.

한국산업사회연구회 편,『오늘의 한국자본주의와 국가』, 한길사, 1988.

한국역사연구회 현대사연구반,『한국현대사』(1～4), 풀빛, 1991.

한국정신문화연구원,『70년대 한국정치의 이념과 체제』, 1980.

한국정치연구회,『한국정치사』, 백산서당, 1990

한국정치연구회 정치사분과,『한국현대사 이야기주머니 - 한국정치사 73장면 - 』(1～3), 녹두, 1993.

한국정치외교사학회,『한국현대사의 재조명』, 대왕사, 1990.

한국정치학회 편,『현대한국정치론』, 법문사, 1986.

한민우,『한국정치의 발자취』, 대동, 1991.

韓培浩,『한국정치변동론』, 법문사, 1994.

한승조,『한국민주주의와 정치발전 - 한국민주정치가 가는 길 - 』, 법문사, 1976.

한용원,『한국의 군부정치』, 대왕사, 1993

한태수,『한국정당사』, 신태양사, 1961.

Mossman, Billy C. 저, 백선진 역,『밀물과 썰물』, 대륙연구소, 1995.

이병천, 냉전분단체제 · 권위주의 정권 · 자본주의의 산업화 - 한국의 경험 - ,『동향과 전망』통권 28, 한
　　국사회과학연구소, 1995.

2) 해방과 38선 분할

姜萬吉 · 송건호 외,『해방전후사의 인식』(1～6), 한길사, 1979～1989.

고려대 민족문화연구소,『한국현대문화사대계 6 - 정치 · 경제사 - 』, 1978.

고영민,『해방정국의 증언』, 사계절, 1987.

김동춘 역,『한국현대사 연구 1』, 이성과 현실사, 1988.

김종범 · 김동운,『해방전후의 조선진상』, 조선정경연구사, 1945/돌베개, 1984.

김종범 · 김동운,『해방이후의 조선진상 2 - 독립운동과 정당 및 인물 - 』, 1945.

金鍾五,『변질되어 가는 한국현대사의 실상』(상 · 하), 종소리, 1989.

金學俊,『대한민국의 수립』(독립운동사교양총서 7 - 1), 독립운동사연구소, 1989.

동아일보사,『현대사를 어떻게 볼 것인가 3』, 동아일보사, 1990.

문일석,『김구선생이 살아있다면 - 백범암살추적보고서 - 』, 덕수, 1994.

박병래,『해방정국의 이념분쟁과 민족국가형성』, 경북대 박사논문, 1992.

서대숙 외,『한국현대사의 재조명』, 돌베개, 1982.

徐仲錫,『해방후의 좌우합작에 의한 민족국가건설운동』, 서울대 박사논문, 1990.

徐仲錫,『한국현대민족운동연구』, 역사비평사, 1991.

宋南憲,『한국현대정치사 1』, 성문각, 1980.

沈之淵,『한국민주당연구 1』, 풀빛, 1982.

沈之淵,『해방정국논쟁사 1』, 한울, 1986.

沈之淵, 『조선신민당연구』, 동녘, 1988.

沈之淵, 『人民黨연구』, 경남대 극동문제연구소, 1991.

安鍾徹, 『광주·전남지방 현대사연구 - 建準 및 인민위원회를 중심으로 - 』, 한울, 1991.

역사문제연구소 해방3년사연구모임, 『해방3년사 연구입문』, 까치, 1989.

李起夏·沈之淵 외, 『한국의 정당 1 - 8·15에서 자유당 붕괴까지 - 』, 한국일보사, 1987.

李東炫, 『한국신탁통치연구』, 평민사, 1990.

이완범, 『미국의 한반도 분할선 劃定에 관한 연구(1944~1945)』, 연세대 박사논문, 1994.

李庭植, 『한국정치상황의 제단면』, 고려원, 1983.

일월서각편집부 편, 『분단전후의 현대사』, 일월서각, 1984.

전남일보 광주·전남현대사기획위원회, 『광주·전남현대사』(1·2), 실천문학사, 1991.

鄭泰榮, 『曹奉岩과 진보당』, 한길사, 1991.

崔章集, 『한국현대정치의 구조와 변화』, 까치, 1989.

한국사연구협의회, 『한국현대사의 전개』, 탐구당, 1988.

한국정신문화연구원, 『광복후의 정치세력 - 중도파와 좌파 - 』, 1995.

한국정치외교사학회, 『한국현대사의 재조명』, 대왕사, 1990.

한국정치외교사학회, 『해방의 정치사적 인식 - 8·15광복을 중심으로 - 』, 대왕사, 1990.

Cummings, Bruce Glenn, 『The Politic of Liberation - Korea 1945~1947 - 』, Columbia, 1975.

Conde, D. W. 저, 편집부 역, 『분단과 미국』(1·2), 사계절, 1988.

姜萬吉, 분단시대의 역사적 정통성, 『역사비평』 27, 역사비평사, 1994.

구대열, 1940년대 한반도의 국제관계와 분단, 『한국문화연구원논총』 61 - 2, 이화여대, 1992.

權達天, 신탁통치안과 삼팔선안의 관련성, 『南溪曺佐鎬화갑논총 현대사학의 제문제』, 1977.

金光植, 8·15직후 정치지도자들의 노선비교, 『해방전후사의 인식 2』, 한길사, 1985.

金光植, 8·15직후 한국사회와 미군정의 성격, 『역사비평』 1, 역사문제연구소, 1987.

金成植, 다시보는 태극기 - 8·15해방 - , 『한국현대사 5』, 신구문화사, 1969.

金成植, 해방, 『한국사 22 - 민족운동의 전개 - 』, 국사편찬위원회, 1976.

김영명, 남한 단정수립의 현실주의적 분석, 『아시아문화』 5, 한림대 아시아문화연구소, 1989.

金載名, 해방정국과 중도파의 비극, 『역사비평』 3, 1988.

金學俊, 분단의 배경과 고정화 과정, 『해방전후사의 인식 1』, 한길사, 1979.

盧啓鉉, 한국분할안에 관한 역사적 고찰, 『국제법학회논총』 13, 대한국제법학회, 1953.

大沼久夫, 朝鮮の解放·分斷と國內勢力 - 信託統治問題を中心として - , 『朝鮮史研究會論文集』 21, 朝鮮史研究會, 1984.

文景塤, 민족분단의 국내외적 환경에 관한 연구(1·2), 『청계사학』 3·4, 한국정신문화연구원 청계사학회, 1986·1987.

朴玄埰, 남북분단의 경제사적 위치, 『해방전후사의 인식 2』, 한길사, 1985.

朴玄埰, 해방후 정치·사회운동을 보는 시각, 『해방전후사의 인식 3』, 한길사, 1987.

徐大肅, 해방과 남북한 공산주의, 『한국사시민강좌』 12, 일조각, 1993.

小野田求, 朝鮮の解放とアメリカ - 第2次世界大戰直後におけるアメリカの朝鮮獨立政策と極東政策 - , 『朝鮮史研究會論文集』 16, 1979.

宋建鎬, 해방의 민족사적 인식, 『해방전후사의 인식 1』, 한길사, 1979.

宋麟在, 한반도의 분단을 전후한 H. Truman 정권의 대한정책과 국제환경, 『연구논문집』 23, 성신여대,

1986.

申柄湜, 분단정부의 수립, 『한국사 17』, 한길사, 1994.

愼鏞廈, 한국남북분단의 원인과 포츠담밀약설 - 열강의 정치적야합과 포츠담밀약 - , 『해방직후의 민족문제와 사회운동』(한국사회사연구회논문집 13), 문학과 지성사, 1988.

심지연, 해방의 의미와 해방정국의 전개, 『한국과 국제정치』 통권 21, 경남대 극동문제연구소, 1995.

梁東安, 혼란속의 국가형성 - 해방에서 정부수립까지 - , 『현대한국정치사』, 한국정신문화연구원, 1987.

柳永益, 해방의 역사적 의의, 『한국사시민강좌』 12, 일조각, 1993.

李圭泰, 新しい占領者と解放された植民地民衆 - 南朝鮮 1945年8月〜10月 - , 『歷史學硏究』 600, 歷史學硏究會, 1989.

이동화, 8·15를 전후한 呂運亨의 정치활동, 『해방전후사의 인식 1』, 한길사, 1979.

李相鉉, 미국의 한반도정책에 대한 거시사학적 접근의 시도 - 한반도분할과 한국전쟁 중심으로 - , 『溪村 閔丙河정년기념 사학논총』, 1988.

李元甯, 한반도 분단의 사적 배경, 『평화연구』 2-1, 경희대 국제평화연구소, 1982.

李庭植, 남북의 분단과 그 현실, 『한국사시민강좌』 5, 일조각, 1989.

李庭植, 인민공화국과 해방정국, 『한국사시민강좌』 12, 일조각, 1993.

李炫熙, 한국분단의 배경과 국제시각, 『龍巖車文燮화갑기념 사학논총』, 1989.

이희진, 한반도 分割배경에 대한 연구, 『청계사학』 9, 한국정신문화연구원 청계사학회, 1992.

李熙眞, 미국의 한반도 진주준비와 38선 확정과정에 대한 검토, 『한국근현대사연구』 2, 한국근현대사연구회, 1995.

林陽澤, 한반도의 위기와 한국의 선택, 『한국북방학회논집』 창간호, 한국북방학회, 1995.

赤木完爾, 朝鮮半島分割經緯の再考, 『軍事史學』 17-4, 1982.

鄭一晙, 해방직후 분단국가 형성과정에 대한 일고찰, 『해방직후의 민족문제와 사회운동』(한국사회사연구회논문집 13), 1988.

陳德奎, 2차대전 종결기 한국의 신정치체제구상에 관하여 - 상해 임정과 국내 좌파를 중심으로 - , 『아시아문화』 3, 한림대 아시아문화연구소, 1987.

陳德奎, 제2차 세계대전과 한국의 해방, 『한국현대사의 제문제 2』, 을유문화사, 1987.

최봉대, 전후 미국의 대한반도 정책과 분단체제의 구축, 『해방직후의 민족문제와 사회운동』(한국사회사연구회논문집 13), 1988.

崔永鎬, 해방 직후 재일한국인의 본국 귀환, 그 과정과 통제구조, 『한일관계사연구』 4, 한일관계사연구회, 1995.

崔章集, 해방에서 6·25까지의 정치사회사 연구현황과 문제점, 『한국근현대연구입문』, 역사비평사, 1988.

황현봉, 한민족의 해방과 남북한의 분단, 『자유아카데미연구논총』 2, 자유아카데미, 1977.

3) 미군정

姜萬吉·金光植 외, 『해방전후사의 인식 2』, 한길사, 1985.

강정구, 『좌절된 사회혁명』, 열음사, 1989.

김기원, 『미군정기의 경제구조 - 귀속기업체의 처리와 노동자자주관리운동을 중심으로 - 』, 푸른산, 1990.

라우터백 저, 국제신문사출판부 역, 『한국미군정사』, 국제신문사, 1948/돌베개, 1984.

미국무성비밀외교문서, 김국태 역, 『해방 3년과 미국 1 - 미국의 대한정책 1945〜1948 - 』, 돌베개, 1984.

朴玄埰·金南植 외, 『해방전후사의 인식 3』, 한길사, 1987.

方善柱, 미국 미24군 G-2軍史室 자료해제, 『아시아문화』 3, 한림대 아시아문화연구소, 1987.

方善柱 외, 『한국현대사와 미군정』, 한림대 아시아문화연구소, 1991.

사계절편집부 역, 『한국현대사 - 1945~1975 - 』, 사계절, 1984.

서대숙 외, 『한국현대사의 재조명』, 돌베개, 1982.

서울신문사 편저, 『주한미군30년』, 행림출판사, 1979.

孫仁銖, 『미군정과 교육정책』, 민영사, 1992.

송광성, 『미군점령 4년사 - 우리나라의 자주·민주·통일과 미국 - 』, 한울총서, 1993.

沈之淵, 『해방정국논쟁사 1』, 한울, 1986.

심지연, 『미소공동위원회 연구』, 청계연구소, 1989.

安鍾澈, 『주한미군정 연구』, 공동체, 1993.

안진, 『미군정의 국가기구의 형성과정』, 서울대 박사논문, 1990.

역사문제연구소 해방3년사연구모임, 『해방3년사 연구입문』, 까치, 1989.

李東炫, 『한국신탁통치연구』, 평민사, 1990.

일월서각편집부 편, 『분단전후의 현대사』, 일월서각, 1984.

田村圓澄 저, 김희경 역, 『한국과의 만남 - 가까운 나라 먼 나라 - 』, 민족사, 1995.

鄭泰秀, 『미군정기 한국교육사자료집 1945~1948』(상·하), 홍지원, 1992.

崔相龍, 『미군정과 한국민족주의』, 나남, 1988.

하우스만, 짐 저, 정일화 역, 『한국대통령을 움직인 미군 대위』, 한국문원, 1995.

한국정신문화연구원, 『미군정시대의 경제정책』, 1992.

Conde, D. W. 저, 편집부 역, 『분단과 미국』(1·2), 사계절, 1988.

Cummings, Bruce G. 저, 김자동 역, 『한국전쟁의 기원』, 일월서각, 1986

Cummings, Bruce G. 저 , 김주환 역, 『한국전쟁의 기원』(상·하), 청사, 1986

Gain, Mark 저, 까치편집부 역, 『해방과 미군정 1946.10~11』, 까치, 1986.

HQ, 『USAFIK G-2 Periodic Report(약칭 『미군사고문단정보일지』 G-2보고서)』(1~6), 한림대 아시아문화
    연구소, 1988~1989(영인본).

HQ, 『USAFIK Intelligence Summary Nothern Korea』, 한림대 아시아문화연구소, 1989(영인본).

HQ, 『USMAGIK G-2 Periodic Report 1』, 한림대 아시아문화연구소, 1989(영인본).

U. S. Army, 『History of the United States Armed Forces in Korea(약칭 HUSAFIK)』(1~4)/돌베개, 1988(영인
    본).

강인순, 미군정기 교육정책에 대한 비판적 고찰, 『논문집(사회과학편)』 11, 1984, 경남대, 1984.

金光植, 8·15직후 한국사회와 미군정의 성격, 『역사비평』 1, 역사문제연구소, 1987.

金基元, 미군정의 경제정책에 관한 연구, 『논문집』 5, 방송통신대, 1986.

金基元, 미군정기 한국공업의 재편과정, 『논문집』 8, 방송통신대, 1988.

金基元, 미군정기의 사회경제, 『한국사 18』, 한길사, 1994.

金福壽, 미군정하 언론에 대한 연구, 『정신문화연구』 35, 한국정신문화연구원, 1988.

金福壽, 미군정기 언론의 형성과정과 성격에 관한 연구, 『한국의 사회와 문화』 22, 한국정신문화연구원,
    1994.

김수자, 미군정기(1945~1948) 통치기구와 관료임용정책, 이화여대 석사논문, 1994.

金榮圭, 미군정의 금융통화정책, 『미군정시대의 경제정책』, 한국정신문화연구원, 1992.

金榮萬, 미군정기 조선경비대 창설과정연구, 고려대 석사논문, 1985.

金榮美, 미군정기 남조선과도입법의원의 성립과 활동, 『한국사론』 32, 서울대국사학과, 1994.

金雲泰, 미군정초기의 한국통치, 『학술원논문집(인문, 사회과학편)』 28, 학술원, 1989.

金雲泰, 미군정통치체제와 한국화 과정, 『학술원논문집』 30, 1991.

金雲泰, 미군정의 정책과 국내정치 상황, 『국사관논총』 25, 국사편찬위원회, 1991.

金雲泰, 미군정의 한국민주화 정책, 『水邨朴永錫화갑논총 한국사학논총(하)』, 1992.

金潤煥, 일제 및 미군정시대의 노동운동, 『한국의 사회와문화』 8, 한국정신문화연구원, 1987.

金仁會, 미소군정하의 교육정책과 학생운동, 『현대사를 어떻게 볼 것인가 2』, 동아일보사, 1988.

金點淑, 미군정기 경제정책의 연구현황과 과제, 『역사와 현실』 16, 한국역사연구회, 1995.

김창진, 8·15직후 광주지방에서의 정치투쟁 - 1945~46년 인민위원회운동과 미군정의 성격 - , 『역사비평』 1, 역사문제연구소, 1987.

김태승, 미군정기 노동운동과 전평의 운동노선, 『해방전후사의 인식 3』, 한길사, 1987.

閔俊植, 일제 및 미군정시대의 경제정책과 경제구조, 『한국의 사회와 문화』 8, 한국정신문화연구원, 1987.

朴權相, 미군정하의 한국언론, 『汕耘사학』 2, 산운학술문화재단, 1988.

박용상, 한국의 언론법사 - 미군정시대의 언론규제 - , 『신문연구』 36, 관훈클럽, 1983.

朴泰均, 1945~46년 미군정의 정치세력 재편계획과 남한정치구도의 변화, 『한국사연구』 74, 1991.

朴泰均, 8·15직후 미군정의 관리충원과 친일파, 『역사와 현실』 10, 한국역사연구회, 1993.

박혜숙, 미군정기 농민운동과 전농의 운동노선, 『해방전후사의 인식 3』, 한길사, 1987.

徐仲錫, 일제시기, 미군정기의 좌우대립과 토지문제, 『한국사연구』 67, 한국사연구회, 1989.

신광영, 남한과 일본에서의 미점령군의 노동정책 비교연구, 『경제와 사회』 3, 한국산업사회연구회, 1989.

신기현, 미군정기 정당·사회단체의 토지개혁인식, 『해방직후의 민족문제와 사회운동』(한국사회사연구회논문집 13), 1988.

신병식, 토지개혁을 통해 본 미군정의 국가성격 - 국가주의적 접근(Statist approach) - , 『역사비평』 계간창간호, 역사문제연구소, 1988.

辛福基, 美軍政의 福祉政策에 대한 韓·日間의 比較, 『한일연구』 6, 한국일본문제연구소, 1993.

申允杓, 美軍政 및 제1공화국의 행정체제와 성격, 『한국의 사회와 문화』 17, 한국정신문화연구원, 1991.

辛泰坤, 미군정 농업정책의 전개와 그 성격, 『경영, 경제연구』 3 - 1, 부산대 산업개발연구소, 1984.

辛泰坤, 미군정 공업정책의 전개와 그 성격, 『부산상대논집』 51, 부산대상대, 1985.

辛泰坤, 미군정 재정금융정책의 전개와 그 성격, 『부산상대논집』 54, 1987.

辛泰坤, 미군정 무역정책의 전개와 그 성격, 『부산상대논집』 58, 부산대상대, 1989.

沈之淵, 미군정기 정치세력들의 노선과 활동, 『한국사 17』, 한길사, 1994.

安鍾徹, 미군정기 지역사회의 정치지형과 갈등구조, 『전남사회운동사연구』, 광주 : 한국현대사사료연구소, 1992.

安眞, 미군정기 국가기구의 형성과 성격 - 군·경찰기구의 형성과 재편을 중심으로 - , 『해방전후사의 인식 3』, 한길사, 1987.

安眞, 미군정경찰의 형성과정과 그 성격에 관한 고찰, 『해방직후의 민족문제와 사회운동』(한국사회사연구회논문집 13), 1988.

安眞, 분단고착세력의 권력장악과 미군정, 『역사비평』 6, 역사문제연구소, 1989.

안태정, 미군정기 노동자계급의 내부구조와 빈곤 - 제조업 노동자를 중심으로 - , 『국사관논총』 66, 국사편찬위원회, 1995.

梁東安, 혼란속의 국가형성 - 해방에서 정부수립까지 - , 『현대한국정치사』, 한국정신문화연구원, 1987.

兪光浩, 미소점령기 남북한 경제체제의 이질화 과정에 관한 연구,『논문집』 5, 한국정신문화연구원, 1991.

兪光浩, 미군정시대의 경제정책 - 서설 - ,『미군정시대의 경제정책』, 한국정신문화연구원, 1992.

柳相榮, 미군정 국가기구의 창설과정과 성격,『한국사 17』, 한길사, 1994.

윤기홍, 미군정의 정치·경제정책에 관한 연구, 동국대 석사논문, 1988.

李洸浩, 미군정의 교육정책,『해방전후사의 인식 2』, 한길사, 1985.

이길상, 미군정시대 연구에 있어서 '준비부족론'의 문제점,『정신문화연구』 39, 한국정신문화연구원, 1990.

李大根, 남북분단과 미군정 경제정책의 성격,『한국경제론』, 까치, 1987.

李東炫, 미군정하의 좌우합작운동(1946～1947),『논문집』 20, 건국대대학원, 1985.

李善榮, 미군정의 언론정책에 관한 연구 - 동아일보·즈선일보·자유신문을 중심으로 - , 고려대 석사논문, 1982.

이성균, 미군정기 노동운동의 전개과정에 관한 일연구『한국근현대의 민족문제와 노동운동』(한국사회사연구회논문집 15), 1989.

이승희, 미군정기 좌익여성운동연구 - 조선부녀총동맹을 중심으로 - ,『80년대 한국 인문사회과학의 현단계와 전망』, 역사비평사, 1988.

李元嗃, 미군정의 실시,『한국현대사의 전개』, 한국사연구협의회, 1988.

이윤희, 미군정기 인천에서의 좌·우투쟁의 전개,『역사비평』 4, 역사문제연구소, 1989.

李仁秀, 美軍政의 한국정치지도자에 대한 정책연구(1945～1948),『국사관논총』 54, 국사편찬위원회, 1994.

李鍾熏, 미군정 경제의 역사적성격,『해방전후사의 인식 1』, 한길사, 1979.

李鍾熏, 미군정과 주요정당의 경제정책,『현대사를 어떻게 볼 것인가 2』, 동아일보사, 1988.

李鍾燻, 미군정의 공업정책,『미군정시대의 경제정책』, 한국정신문화연구원, 1992.

李春根, 미군정하 농지정책의 재검토,『교육연구』 8, 츤천교대 초등교육연구소, 1990.

이혜숙, 미군정기 농민운동의 성격과 전개과정,『해방직후의 민족문제와 사회운동』(한국사회사연구회논문집 13), 1988.

任松子, 美軍政期 대한독립촉성노동총연맹의 조직에 대한 고찰,『성대사림』 9, 성균관대사학회, 1993.

전형민, 미군정기의 정치권력 구조형성에 관한 연구, 한국정신문화연구원 석사논문, 1984.

정성화, 종전후 점령지 재산에 관한 미국의 대외정책 소고(1945～1948),『명지사론』 6, 명지대사학회, 1994.

鄭英一, 미군정의 농업정책,『미군정시대의 경제정책』, 한국정신문화연구원, 1992.

鄭容郁, 미군정의 중도정책과 군정내 추진기반,『동양학』 25, 단국대 동양학연구소, 1995.

程土雄, 美軍政과 朝鮮警備隊,『군사』 27, 국방군사연구소, 1993.

丁海龜, 미군정기 인민정권 수립운동,『한국사 18』, 한길사, 1994.

曺二鉉, 1948～1949년 주한미군의 철수와 駐韓美軍事顧問團의 활동, 서울대 석사논문, 1995.

朱奉圭, 미군정하의 귀속농지분배에 관한 연구,『경제논집』 25, 서울대 경제연구소, 1986.

陳德奎, 미군정의 정치사적 인식,『해방전후사의 인식 1』, 한길사, 1979.

陳德奎, 미군정시대의 민족주의 고찰,『국사관논총』 25, 국사편찬위원회, 1991.

千相基, 米軍政3年の意味,『統一評論』 211, 1982.

崔洸, 미군정의 재정정책,『미군정시대의 경제정책』, 한국정신문화연구원, 1992.

최혜월, 미군정기 國大案 반대운동의 성격,『역사비평』 계간창간호, 역사문제연구소, 1988.

崔虎鎭·金炳台, 농지개혁전사 - 미군정하의 농지개혁을 중심으로 -, 『학술원논문집(인문사회과학)』
　　25, 1986.
鶴嶋雪嶺, 南朝鮮におけるアメリカ軍と土地改革, 『經濟論集』 26 - 6, 關西大學, 1977.
鶴嶋雪嶺, 南朝鮮においてアメリカ軍政廳が行なった土地改革に關する評價について, 『經濟論集』 27
　　- 2, 關西大學, 1977.
한준상, 미국의 문화침투와 한국교육 - 미군정기, 교육적 모순 해체를 위한 연구과제 -, 『해방전후사의
　　인식 3』, 한길사, 1987.
許洙, 1945~46년 미군정의 생필품 통제정책, 서울대 석사논문, 1994.
黃漢植, 미군정하 농업과 토지개혁정책, 『해방전후사의 인식 2』, 한길사, 1985.
Chung Young-wook, History of Us Policy Regarding the Occupation of Korea 1945~1948 : Trends in Existing
　　Research, 『Seoul Journal of Korean Studies』 Vol. 7, 서울대 한국학연구소, 1994.

4) 신탁통치문제

심지연, 『미소공동위원회 연구』, 청계연구소, 1989.
李東炫, 『한국신탁통치연구』, 평민사, 1990.
이완범, 『미국의 한반도 분할선 劃定에 관한 연구(1944~1945)』, 연세대 박사논문, 1994.

權達天, 신탁통치안과 삼팔선안의 관련성, 『南溪曺佐鎬화갑논총 현대사학의 제문제』, 1977.
金學俊, 한국신탁통치안과 그것을 둘러싼 초기의 논쟁, 『한국문제와 국제정치』, 박영사, 1987.
大沼久夫, 朝鮮信託統治構想 - アメリカ外交文書に基づいて -, 『法政大學大學院紀要』 1, 1978.
大沼久夫, 朝鮮の解放·分斷と國內勢力 - 信託統治問題を中心として -, 『朝鮮史研究會論文集』 21,
　　朝鮮史研究會, 1984.
小野田求, 第2次世界大戰中におけるアメリカの朝鮮獨立政策 - 國際的信託統治政策の本質 -, 『旗田
　　巍古稀記念 朝鮮歷史論集(下)』, 1979.
宋建鎬, 탁치안의 제의와 찬·반탁논쟁, 『분단시대와 한국사회』, 까치, 1986.
沈之淵, 신탁통치문제와 해방정국 - 반탁과 찬탁의 논리를 중심으로 -, 『한국정치학회보』 19, 한국정치
　　학회, 1985.
沈之淵, 반탁에서 찬탁으로 - 남한 좌익진영의 탁치관변화에 관한 연구 -, 『한국정치학회보』 22, 1988.
兪炳勇, 2차대전중 한국신탁통치 문제에 대한 영국의 외교정책연구, 『역사학보』 134·135합, 1992.
윤해동, 반탁운동은 분단·단정노선이다, 『역사비평』 7, 역사문제연구소, 1989.
李剛秀, 삼상회의결정안에 대한 좌파3당의 대응, 『한국근현대사연구』 3, 한국근현대사연구회, 1995.
이경민, 米國の朝鮮政策と信託統治問題, 『靑丘學術論集』 7, 韓國文化研究振興財團, 1995.
李東炫, 전시에서의 한국 신탁통치, 『통일문제연구』 5, 건국대 중국문제연구소, 1987.
李壽仁, 한국 신탁통치안의 세계사적 배경구조, 『사회과학연구』 8 - 1·2, 영남대 사회과학연구소, 1988.
李壽仁, 모스크바삼상협정 찬반운동의 역사적 성격, 『한국현대정치사 1』, 실천문학사, 1989.
李完範, 한반도 신탁통치문제 1943~46, 『해방전후사의 인식 3』, 한길사, 1987.
李愚振, 독립운동에 대한 미국의 태도 - 루즈벨트행정부의 신탁통치구상을 중심으로 -, 『한국독립운동
　　과 열강관계』, 한국정치외교사학회, 1985.
李昊宰, 모스크바삼상회의와 신탁통치안, 『현대한국을 뒤흔든 60대사건』, 동아일보사, 1988.
車相哲, 1945~1946년 트루만행정부의 한국정책 - 미소공동위원회와 신탁통치문제를 중심으로 -, 『동방
　　학지』 63, 연세대 국학연구원.

5) 좌우익갈등과 좌우합작

(1) 우익활동

건국청년운동협의회,『대한민국건국청년운동사』, 1990.

김준연,『독립노선』, 시사시보사출판국, 1947.

도진순,『1945～48년 우익의 동향과 민족통일정부 수립운동』, 서울대 박사논문, 1993.

서중석,『한국현대민족운동연구 - 해방후 민족국가건설운동과 통일전선』, 역사비평사, 1991.

선우기성,『한국청년운동사』, 금문사, 1973.

손세일,『이승만과 김구』, 일조각, 1970.

심지연,『한국민주당연구 1』, 풀빛, 1982.

심지연,『한국현대정당론』, 창작과 비평사, 1984.

최상룡,『미군정과 한국민족주의』, 나남, 1988.

최시중,『인촌 김성수』, 동아일보사, 1986.

한국반탁반공학생운동기념사업회,『한국학생건국운동사』, 1986.

한민당선전부 편,『한국민주당소사』, 한국민주당, 1948.

강정구, 이승만에 대한 민족사적 평가 - '되살리기'보다 '파헤치기'를 통한 '겨레바로세우기'를! - ,『한국사연구』 88, 한국사연구회, 1995.

강준식, 해방정국, 미군정의 이승만 옹립드라마,『신동아』 1989년 1월호.

강준식, 하지와 이승만·김구·여운형의 암투(상·하),『신동아』 1989년 2월호·3월호.

김광식, 8·15직후 정치지도자들의 노선비교,『해방전후사의 인식 2』, 한길사, 1985.

김구섭, 李承晩의 정치노선에 관한 연구(1945～1948),『논문집(인문·사회과학편)』 15, 공군사관학교, 1982.

金基承, 裵成龍의 新型민주주의 국가상,『한국사시민강좌』 17, 일조각, 1995.

金南植, 정부수립전후 중요정당의 정강정책 연구 - 남한편 - ,『국사관논총』 11, 국사편찬위원회, 1990.

김도현, 李承晩노선의 재검토 - 민족통일사관의 입지에서 - ,『해방전후사의 인식 1』, 한길사, 1979.

金榮美, 미군정기 남조선 과도입법의원의 성립과 활동,『한국사론』 32, 서울대국사학과, 1994.

金哲洙, 兪鎭午의 헌법초안에 나타난 국가형태와 정부형태,『한국사시민강좌』 17, 일조각, 1995.

金學俊, 해방 전후시기에 활동한 우파정치지도자들의 자유민주주의 수용과정과 정치운동 - 이승만·신흥우·김구의 경우에 대한 하나의 소묘 - ,『동아연구』 12, 서강대 동아연구소, 1987.

金炯民, 해방직후 정치세력의 독립국가수립에 대한 인식,『논문집』 1, 한국정신문화연구원대학원, 1986.

盧景彩, 8·15후 한국독립당의 정치노선과 조직변천,『국사관논총』 66, 국사편찬위원회, 1995.

류상영, 초창기 한국경찰의 성장과정과 그 성격에 관한 연구(1945～1950), 연세대 석사논문, 1987.

류상영, 해방직후 좌우익 청년단체의 조직과 활동,『해방전후사의 인식 4』, 한길사, 1989.

모리 요시노부, 한국 반공주의이데올로기 형성과정에 관한 연구 - 그 국제정치사적 기원과 제특징 - ,『한국과 국제정치』 5, 경남대 극동문제연구소, 1989.

박태균, 1945～1946년 미군정의 정치세력재편계획과 남한정치구도의 변화,『한국사연구』 74, 1991.

박태균, 우익세력의 재편과 민족주의세력의 약화,『한국현대사 1』, 풀빛, 1991.

박태균, 해방직후 한국민주당 구성원의 성격과 조직개편,『국사관논총』 58, 국사편찬위원회, 1994.

백기완, 김구의 사상과 행동의 재조명,『해방전후사의 인식 1』, 한길사, 1979.

서중석, 김구노선의 좌절과 역사적 교훈,『한국현대정치사 1』, 실천문학사, 1989.

서중석, 반탁투쟁과 자주적 통일민주국가건설의 좌절,『이영희선생화갑기념논문집』, 두레, 1989.

서중석, 해방후 주요 정치세력의 국가 건설방안, 『대동문화연구』 27, 성균관대 대동문화연구원, 1992.

서중석, 정부수립후 반공체제 확립과정에 대한 연구, 『한국사연구』 90, 한국사연구회, 1995.

선우진, 임시정부귀국, 『전환기의 내막』, 조선일보사, 1982.

손세일, 이승만박사와 김구선생(하), 『신동아』 1970년 9월호.

송건호, 8·15후의 한국민족주의, 『한국민족주의론』, 창작과 비평사, 1982.

송건호, 백범 김구의 민족노선, 『한국현대사회사상』, 지식산업사, 1984.

신도성, 한민당 창당, 『전환기의 내막』, 조선일보사, 1982.

신병식, 분단국가의 수립과 이승만노선, 『한국현대정치사 1』, 실천문학사, 1989.

심지연, 설산 장덕수의 정치이념연구, 『경남대학교논문집』 9, 1982.

심지연, 한국민주당의 연구, 서울대대학원 정치학과, 1982.

심지연, 한민당의 구조적 분석과 단정노선, 『한국민족주의론 2』, 창작과 비평사, 1983.

심지연, 해방직후 주요정당의 통일정책 분석, 『논문집(사회과학편)』 11, 경남대, 1984.

심지연, 보수야당의 뿌리 한민당의 공과, 『한국의 정당』, 한국일보사, 1987.

심지연, 우익정당의 정치체제 구상과 실현과정 - 한독당과 한민당을 중심으로 - , 『아시아문화』 3, 한림대
　　아시아문화연구소, 1987.

심지연, 해방조국의 체제구상과 체제논쟁, 『현대한국체제논쟁사연구』, 한국정신문화연구원, 1992.

심지연, 해방후 주요 정치집단의 체제구상과 정책 비교, 『한국사시민강좌』 12, 일조각, 1993.

심지연, 미군정기 정치세력들의 노선과 활동, 『한국사 17』, 한길사, 1994.

안진, 분단고착세력의 권력장악과 미군정, 『역사비평』 6, 역사문제연구소, 1989.

안철현, 이승만정권의 임시정부 법통계승론을 비판함, 『역사비평』 8, 역사문제연구소, 1990.

오유석, 미군정하 우익청년단체에 관한 연구(1945~48), 이화여대 석사논문, 1987.

柳永益, 이승만의 건국사상, 『한국사시민강좌』 17, 일조각, 1995.

이수인, 모스크바삼상협정 찬반운동의 역사적 성격, 『한국현대정치사 1』, 실천문학사, 1989.

임홍빈, 이승만·김구·하지(상·하), 『신동아』 1983년 11월호·12월호.

陳德奎, 2차대전 종결기 한국의 신정치체제구상에 관하여 - 상해 임정과 국내 좌파를 중심으로 - , 『아시
　　아문화』 3, 한림대 아시아문화연구소, 1987.

진덕규, 이승만의 단정론과 한민당, 『현대사를 어떻게 볼 것인가』, 동아일보사, 1987.

허장, 초기 군사제도와 군부의 구조 형성, 『한국현대사 1』, 열음사, 1985.

黃秉周, 제1차 미소공동위원회와 우익정치세력의 동향, 한양대 석사논문, 1995.

（2） 좌익활동

고준석, 『민족통일투쟁과 조선혁명』, 힘, 1988.

김남식 편, 『남로당연구자료집』(1·2), 고려대출판부, 1974.

김남식, 『남로당연구』(1~3), 돌베개, 1984.

김남식·심지연 편, 『박헌영노선비판』, 세계, 1986.

민주주의민족전선 편, 『조선해방연보』, 문우인서관, 1946.

박일원, 『남로당총비판』, 1948/『남로당연구자료집 2』, 고려대출판부, 1974.

방기중, 『한국근현대사상사연구 - 1930·40년대 백남운의 학문과 정치경제사상』, 역사비평사, 1992.

서울대인문대학 한국현대사연구회, 『해방정국과 민족통일전선』, 세계, 1987.

서중석, 『한국현대민족운동연구』, 역사비평사, 1991.

스칼라피노 · 이정식 저, 한홍구 역, 『한국공산주의운동사 2』, 돌베개, 1986.

심지연, 『조선혁명론연구』, 실천문학사, 1987.

심지연, 『조선신민당연구』, 동녘, 1988.

심지연, 『인민당연구』, 경남대극동문제연구소, 1991.

안종철, 『해방후 지방건국준비위원회와 인민위원회 - 전남지방을 중심으로』, 전남대 박사논문, 1990.

장복성, 『조선공산당파쟁사』, 대륙출판사, 1949/돌베개, 1984.

정해구, 『10월인민항쟁연구』, 열음사, 1988

해방3년사연구회 편, 『해방정국과 조선혁명론』, 대야, 1988.

Lee Chong-sik, 『Korean Worker's Party : A Short History』, Hoover Institution Press, 1978.

金南植, 조선공산당과 3당합당, 『해방전후사의 인식 3』, 한길사, 1987.

金南植, 박헌영 · 남로당의 통일전선론, 『역사비평』 2, 역사문제연구소, 1988.

김동만, 제주지방 건국준비위원회 인민위원회의 조직과 활동, 『역사비평』 12, 역사문제연구소, 1991.

김영환, 8 · 15후 남한 좌익정치세력의 3당합동에 관한 연구, 연세대석사학위논문, 1988.

金正, 해방직후 조선공산당의 경제정책, 『한국사론』 30, 서울대국사학과, 1993.

김창진, 8 · 15직후 광주지방에서의 정치투쟁 - 1945~46년 인민위원회운동과 미군정의 성격 - , 『역사비
　　평』 1, 역사문제연구소, 1987.

金學俊, 해방 3년의 시기에 있어서의 남북한 좌파지도자들의 공산주의관, 『동아연구』 7, 서강대 동아연
　　구소, 1986.

나종만, 朝共의 민족문제에 대한 인식 - 대미인식을 중심으로 - , 『민족문제논총』 1, 부산대 민족문연구
　　소, 1990.

도진순, 白南雲의 지적 성숙과정과 연합성 민주주의, 『한국사시민강좌』 17, 일조각, 1995.

徐大肅, 해방과 남북한 공산주의, 『한국사시민강좌』 12, 일조각, 1993.

宋連玉, 朝鮮婦女總同盟 - 8 · 15解放直後の女性運動 - , 『朝鮮民族運動史硏究』 2, 1985.

신종대, 부산 · 경남지방 인민위원회의 결성과 와해과정, 『한국과 국제정치』 8 - 1, 경남대 극동문제연구
　　소, 1992.

沈之淵, 朴憲永의 부르주아 민주주의혁명론과 프롤레타리아 독재국가 건설운동, 『한국사시민강좌』 17,
　　일조각, 1995.

안소영, 해방후 좌익진영의 전향과 그 논리, 『역사비평』 24, 역사문제연구소, 1994.

안종철, 전남지역 인민위원회의 성격에 관하여, 『역사비평』 12, 역사문제연구소, 1991.

안준범, 해방직후 조선공산당 재건투쟁에서 제기되는 몇 가지 문제, 『성대사림』 6, 성균관대사학회,
　　1990.

梁東安, '建準'과 '人共'의 결성 및 해체과정에 관한 연구, 『한국의 정치와 경제』 3, 한국정신문화연구원,
　　1993.

梁東安, 남로당의 조직과 활동에 관한 연구(1 · 2), 『한국의 정치와 경제』 7 · 8, 한국정신문화연구원,
　　1995.

양동주, 해방후 좌익운동과 민주주의 민족전선, 『해방전후사의 인식 3』, 한길사, 1987.

윤덕영, 8 · 15직후 사회주의세력의 국가건설운동에 관한 연구, 연세대석사학위논문, 1990.

윤덕영, 조선공산당 · 남로당의 변혁노선과 활동, 『한국현대사 1』, 풀빛, 1991.

윤여탁, 해방정국의 문학운동과 조직에 대한 연구 - 좌파문단을 중심으로 - , 『한국학보』 52, 일지사,
　　1988.

李剛秀, 삼상회의 결정안에 대한 좌파3당의 대응,『한국근현대사연구』3, 한국근현대사연구회, 1995.

李均永, 김철수와 박헌영과 3당 합당,『역사비평』4, 역사문제연구소, 1989.

이미숙, 박헌영・남로당에 대한 비판을 비판한다,『역사비평』5, 역사문제연구소, 1989.

이승희, 미군정기 좌익여성운동 연구 - 조선부녀총동맹을 중심으로 - ,『80년대 한국인문사회과학의 현 단계와 전망』, 역사비평사, 1988.

李信澈, 조국통일민주주의전선 연구 - 1948.4~1950.6을 중심으로 - , 성균관대 석사논문, 1994.

李庭植, 呂運亨과 건국준비위원회,『역사학보』134・135합, 1992.

李庭植, 인민공화국과 해방정국,『한국사시민강좌』12, 일조각, 1993.

李炫熙, '建準'연구,『朴成壽화갑논총 한국독립운동사의 인식』, 1991.

이혜숙, 해방직후의 국내정치세력에 대한 일연구 - 조선건국준비위원회의 정치・사회적 성격을 중심으 로 - ,『논문집』24 - 2, 경상대, 1985.

이호령, 해방 직후 조선노동조합전국평의회의 운동노선,『한국사연구』90, 한국사연구회, 1995.

林哲, 解放直後の朝鮮における'民主基地論' - 統一戰線論を手がかりに - ,『朝鮮史研究會論文集』31, 朝鮮史研究會, 1993.

정병준, 조선건국동맹의 조직과 활동,『한국사연구』80, 한국사연구회, 1993.

鄭昌鉉, 1946년 좌익정치세력의 '삼당합당' 노선과 추진과정,『한국사론』30, 서울대국사학과, 1993.

丁海龜, 미군정기 인민정권 수립운동,『한국사 18』, 한길사, 1994.

진창수, 해방후 좌익의 실천적 운동에 대한 일고찰 - 특히 조선공산당을 중심으로 - ,『서강논집』3, 서강 대대학원학생회, 1988.

한상구, 남로당 지방당조직 어떻게 와해되었나,『역사비평』4, 역사문제연구소, 1989.

洪仁淑, 건국준비위원회의 조직과 활동,『해방전후사의 인식 2』, 한길사, 1985.

(3) 좌우갈등・좌우합작

강만길,『통일운동시대의 역사인식』, 청사, 1990.

고준석,『민족통일투쟁과 조선혁명』, 힘, 1988.

김남식,『남로당연구』(1~3), 돌베개, 1984.

김남식・심지연 편,『박헌영노선비판』, 세계, 1986.

도진순,『1945~48년 우익의 동향과 민족통일정부 수립운동』, 서울대 박사논문, 1993.

메릴, 존 R. 저, 신성환 역,『침략인가 해방전쟁인가, 1948~1950 : 한국전쟁의 국제적 배경』, 과학과 사상 사, 1988.

文昌松,『한라산은 알고 있다. 묻혀진 4・3의 진상』, 대림, 1995.

徐仲錫,『해방후의 좌우합작에 의한 민족국가건설운동』, 서울대 박사논문, 1990.

서중석,『한국현대민족운동연구』, 역사비평사, 1991.

아시아・아프리카・라틴아메리카연구원,『제주민중항쟁』(1~3), 소나무, 1988・1989.

安鍾徹,『광주・전남지방 현대사연구 - 建準 및 인민위원회를 중심으로 - 』, 한울, 1991.

오성찬,『한라의 통곡소리』, 소나무, 1989.

전남일보 광주・전남현대사기획위원회,『광주・전남현대사』(1・2), 실천문학사, 1991.

정병준,『몽양 여운형 평전』, 한울, 1995.

정시우 편,『독립과 좌우합작』, 삼양사, 1946/김남식・이정식・한홍구 편,『한국현대사자료총서 10』, 돌 베개, 1986.

정해구,『10월인민항쟁연구』, 열음사, 1988
濟民日報4·3취재반,『4·3은 말한다』(1~3), 전예원, 1993~1995.
조선인민당,『인민당의 노선』, 신문화연구소출판부, 1946.

강만길, 좌우합작운동의 경위와 그 성격,『한국민족주의론 2』, 창작과 비평사, 1984.
강만길, 김구·김규식의 남북협상,『현대사를 어떻게 볼 것인가 3』, 동아일보사, 1989.
姜英哲, 좌우합작과 남북협상,『한국현대사의 전개』, 한국사연구협의회, 1988/『국사관논총』20, 국사편
　　찬위원회, 1990.
김남식, 1948~50년 남한내 빨치산활동의 양상과 성격,『해방전후사의 인식 4』, 한길사, 1989.
김남식, 정부수립전후 중요정당의 정강정책 연구 - 남한편 - ,『국사관논총』11, 국사편찬위원회, 1990.
金載名, 해방정국과 중도파의 비극,『역사비평』3, 1988.
김학준, 김구 및 김규식의 통일노선과 남북협상,『반외세의 통일논리』, 형성사, 1984.
金幸福, 軍關聯사건 명칭에 대한 고찰 - 제주도폭동사건, 여·순반란사건 및 대구반란사건을 중심으로
　　- ,『군사』27, 국방군사연구소, 1993.
都珍淳, 1947년 중간파의 결집과정과 민족자주연맹,『水邨朴永錫화갑논총 한국사학논총(하)』, 1992.
都珍淳, 1948년 남북연석회의와 남한 민족주의 정치세력의 동향,『국사관논총』54, 국사편찬위원회,
　　1994.
류상영, 해방직후 좌우익 청년단체의 조직과 활동,『해방전후사의 인식 4』, 한길사, 1989.
朴治正, 해방정국의 좌우합작운동에 관한 연구,『통일문제연구』5, 건국대 중국문제연구소, 1987.
徐仲錫, 해방후 주요 정치세력의 국가 건설방안,『대동문화연구』27, 성균관대 대동문화연구원, 1992.
徐仲錫, 좌우합작과 남북협상,『한국사시민강좌』12, 일조각, 1993.
沈之淵, 해방직후 주요정당의 통일정책 분석,『논문집(사회과학편)』11, 경남대, 1984.
沈之淵, 신민당 백남운의 통일전선론,『역사비평』2, 역사문제연구소, 1988.
沈之淵, 해방조국의 체제구상과 체제논쟁,『현대한국체제논쟁사연구』, 한국정신문화연구원, 1992.
沈之淵, 해방후 주요 정치집단의 체제구상과 정책 비교,『한국사시민강좌』12, 일조각, 1993.
沈之淵, 미군정기 정치세력들의 노선과 활동,『한국사 17』, 한길사, 1994.
안철현, 남북협상운동의 민족사적 의미,『한국현대사 1』, 열음사, 1985.
梁正心, 제주 4·3항쟁에 관한 연구 - 남로당 제주도위원회를 중심으로 - , 성균관대 석사논문, 1995.
呂運模, 1945년 南原지방의 좌·우익 갈등에 관한 연구, 한국정신문화연구원 석사논문, 1987.
여현덕, 8·15직후 민주주의 논쟁,『해방전후사의 인식 3』, 한길사, 1987.
廉仁鎬, 해방전후 민족혁명당의 민족통일전선운동,『역사연구』1, 구로역사연구소, 1992.
兪炳勇, 安在鴻의 신민족주의 국가상,『한국사시민강좌』17, 일조각, 1995.
윤덕영, 해방직후의 민족통일전선운동,『한국현대사 1』, 풀빛, 1991.
李均永, 김철수와 박헌영과 3당합당,『역사비평』4, 역사문제연구소, 1989.
李東炫, 미 군정하의 좌우합작운동(1946~1947),『논문집』20, 건국대대학원, 1985.
이동화, 8·15를 전후한 呂運亨의 정치활동,『해방전후사의 인식 1』, 한길사, 1979.
李完範, 해방직후 민족통일운동에 관한 일연구 - 臨政·人共간 합작노력과 4당행동통일회의를 중심으
　　로 1945.12.31~1946.1.16. - ,『원우논집』15, 연세대대학원, 1987.
이윤희, 미군정기 인천에서의 좌·우투쟁의 전개,『역사비평』4, 역사문제연구소, 1989.
이정식, 1948년의 남북협상,『민족통일론의 전개』, 형성사, 1980.
李炫熙, 8·15직후의 좌우합작운동 연구 - 통일론의 타협 - ,『何石金昌洙화갑논총 한국민족독립운동사

의 제문제』, 1992.

장규식, 해방후 국가건설운동과 지역사회의 동향 - 충청남도 홍성군 사례 - ,『학림』16, 연세대사학연구
　　회, 1994.

정근식, 장흥에서의 정치투쟁(1945～54년),『역사와 현장』1, 1990.

鄭秉峻, 1946～1947년 좌우합작운동의 전개과정과 성격변화,『한국사론』29, 서울대국사학과, 1993.

鄭錫均, 지리산 공비토벌작전 - 여·순반란군 토벌을 중심으로 - ,『군사』19, 국방부 전사편찬위원회,
　　1989.

鄭容郁, 미군정의 중도정책과 군정내 추진기반,『동양학』25, 단국대 동양학연구소, 1995.

정해구, 해방직후 大邱지방 정치의 전개과정,『역사비평』1, 역사문제연구소, 1987.

조성훈, 좌우합작운동과 민족자주연맹,『朴成壽화갑논총 한국독립운동사의 인식』, 1991.

佐佐木隆二, 第2次大戰後の南朝鮮解放鬪爭における土地改革の要求について,『朝鮮史研究會論文集』
　　1, 1968.

崔圭鎭, 통일전선의 개념과 운용방식,『皐村申延澈정년기념 사학논총』, 일월서각, 1995.

樋口雄一, 麗水·順天蜂起,『朝鮮研究』62, 1967.

樋口雄一, 麗水·順天における軍隊蜂起と民衆,『海峽』4, 社會評論社, 1976.

황남준, 전남지방정치와 여순사건,『해방전후사의 인식 3』, 한길사, 1987.

Merrill, John, The Cheju-do Rebellion,『The Journal of Korean Studies』Vol. 2, Univ. of Washington, 1980/김
　　동춘 역,『한국현대사연구 1』, 이성과 현실사, 1988.

6) 반민특위활동·친일파 문제

고원섭 편,『반민자죄상기』, 백엽문화사, 1949.

길진현,『역사에 다시 묻는다』, 삼민사, 1984.

김삼웅 외,『친일파 - 그 인간과 논리 - 』, 학민사, 1990.

김삼웅,『친일정치 100년사』, 동풍, 1995.

김삼웅,『친일파 100인 100문』, 돌베개, 1995.

김삼웅·임혜봉·김승태·김순석·정운현,『반민특위 - 발족에서 와해까지 - 』, 가람기획, 1995.

김삼웅·임혜봉·김승태· 김순석·정운현,『친일변절자 33인』, 가람기획, 1995.

김학민·정운현,『親日派죄상기』, 학민사, 1993.

반민족문제연구소,『친일파 99인』, 돌베개, 1993.

반민족문제연구소,『친일 그 과거와 현재』, 아세아문화사, 1994.

반민족문제연구소,『또 망국을 할 것인가』, 아세아문화사, 1995.

반민족문제연구소 편,『청산하지 못한 역사』(1～3), 청년사, 1994.

역사문제연구소,『바로잡아야 할 우리 역사 37장면』, 역사비평사, 1993.

역사문제연구소,『인물로 보는 친일파 역사』, 역사비평사, 1993.

益井康一 저, 정운현 역,『중국·대만 친일파 재판사 - 1946～1948 한간재판기록 - 』, 한울, 1995.

임종국,『실록 친일파』, 돌베개, 1991.

정운현·김삼웅 편,『친일파』(1～3), 학민사, 1993.

강정구, 친일파 청산의 좌절 - 그 원인과 민족사적 교훈 - ,『한국사회학』27, 한국사회학회, 1993.

金南植, 친일파의 숙청 - 북한,『한국근현대사』2, 한국근대사연구소, 1993.

金大商, 일제하 부일협력자의 처리에 대한 고찰,『한일연구』2, 한국일본문제연구회, 1973.

朴泰均, 8·15직후 미군정의 관리충원과 친일파,『역사와 현실』10, 한국역사연구회, 1993.
吳翊煥, 반민특위의 활동과 와해,『해방전후사의 인식 1』, 한길사, 1979.
이헌종, 8·15이후 친일파 처리문제에 관한 연구, 연세대 석사논문, 1988.
李炫熙, '反民特委'연구,『水邨朴永錫화갑논총 한국사학논총(하)』, 1992.
李馨載, 일제하 반민족행위자에 대한 고찰 - 반민자 처리과정을 중심으로 - ,『건대사학』5, 1976.
林鍾國, 제1공화국과 친일세력,『해방전후사의 인식 2』, 한길사, 1985.
장세윤, 일제하 고문시험 출신자와 해방후 권력엘리트,『역사비평』23, 1993.
韓昇助, 친일파의 숙청 - 남한에서는 어떻게 처리되어 왔나 - ,『한국근현대사』2, 한국근대사연구소,
　　　1993.

7) 한국전쟁

고지마 노부로,『한국전쟁』(상·하), 종로서적, 1981.
과학원력사연구소,『조선인민의 정의의 조국해방전쟁사』(1~3), 사회과학출판사, 1959.
國防軍史硏究所,『戰跡記念物便覽集』, 국방군사연구소, 1994.
國防軍史硏究所,『중공군의 한국전쟁』, 국방군사연구소, 1994.
국방부 전사편찬위원회,『한국전쟁사』(1~11), 국방부, 1967~1980.
국방부 전사편찬위원회,『한국전쟁요약』, 국방부, 1986.
국방부 전사편찬위원회,『한국전쟁』, 국방부, 1987.
국방부정훈국 전사편찬위원회,『한국동란 1~5년지』, 국방부, 1951~1955.
국토통일원 남북대화사무국,『6·25전쟁 문헌목록』, 국토통일원, 1991.
김남식,『남로당연구』(1~3), 돌베개, 1984.
김영훈,『비록 - 분단과 전쟁 - 』, 다나, 1994.
김점곤,『한국전쟁과 노동당전략』, 박영사, 1973.
김주환,『미국의 세계전략과 한국전쟁』, 청사, 1989.
김철범,『한국전쟁 - 강대국 정치와 남북한 갈등 - 』, 평민사, 1989.
김철범 편,『한국전쟁을 보는 시각』, 을유문화사, 1990.
김학준,『한국전쟁 - 원인·경과·휴전·영향 - 』, 박영사, 1989.
메릴, 존 R. 저, 신성환 역,『침략인가 해방전쟁인가 1948~1950 - 한국전쟁의 국제적 배경 - 』, 과학과 사
　　　상사, 1988.
박명림,『한국전쟁의 발발과 기원』, 고려대 박사논문, 1994
백선엽,『군과 나』, 대륙연구소, 1986.
버쳇 저, 김남원 역,『북한현대사』, 신학문사, 1988.
부산일보사,『비화 임시수도 1000일』, 부산일보사, 1984.
사회과학원력사연구소,『조선전사 - 조국해방전쟁사』(25~27), 과학백과사전출판사, 1981.
小此木政夫,『한국전쟁 - 미국의 개입과정 - 』, 청계연구소, 1986.
애플만, R. E.,『유엔군전사 1 - 낙동강에서 압록강까지 - 』, 육군본부, 1963.
육군본부,『6·25사변 육군전사』(1~7), 1952~1957.
육군본부,『6·25사변사』, 1959.
육군사관학교,『한국전쟁사』(증보판), 1990.
육군종합학교전우회,『실록 6·25한국전쟁과 육군종합학교』, 육군종합학교전우회, 1995.
이기봉 편,『증언 - 이상조 - 』, 원일정보, 1989.

이대근,『한국전쟁과 1950년대의 자본축적』, 까치, 1987.
이영호,『한국인의 가치관』, 일지사, 1975.
이태,『남부군』(상·하), 두레, 1988.
이호재,『한국외교정책의 이상과 현실』, 법문사, 1986.
일본육전사보급회 저, 육군본부 역,『한국전쟁』(1~8), 육군본부, 1989.
정일권,『전쟁과 휴전 - 6·25비록 - 』, 동아일보사, 1986.
佐佐木春隆,『한국전비사』(상·중·하), 병학사, 1983.
주영복,『내가 겪은 조선전쟁』, 고려원, 1990.
중앙일보사 편,『민족의 증언』(1~8), 중앙일보사, 1983.
최장집 편,『한국전쟁연구』, 태암, 1990.
최태환 증언, 박혜강 정리,『젊은 혁명가의 초상』, 공동체, 1989.
페이지,『미국의 한국참전결정 - 정책결정이론에 의한 사례연구』, 법문사, 1968.
平宋茂雄,『중공과 한국전쟁』, 병학사, 1989.
하기와라 료 저, 崔兒洵 역,『한국전쟁』, 한국논단, 1995.
하영선 편,『한국전쟁의 새로운 접근 - 전통주의와 수정주의를 넘어서 - 』, 나남, 1990.
한국전쟁연구소,『한국전쟁(6·25)관계자료문헌집』, 갑자문화사, 1985.
한국정치연구회 정치사분과,『한국전쟁의 이해』, 역사비평사, 1990.
한국정치외교사학회,『한국전쟁의 정치외교사적 고찰』(한국정치외교사학회논총 5), 평민사, 1989.
헤어메스, W. E.,『유엔군전사 2 - 휴전천막과 싸우는 전선 - 』, 육군본부, 1968.
Conde, D. 저, 최지원 역,『한국전쟁, 또 하나의 시각』(상·하), 과학과 사상사, 1988.
Cummings, Bruce G. 외 저, 박의경 역,『한국전쟁과 한미관계』, 청사, 1986.
Cummings, Bruce G. 저, 김자동 역,『한국전쟁의 기원』, 일월서각, 1986.
Cummings, Bruce G. 저, 김주환 역,『한국전쟁의 기원』(상·하), 청사, 1986.
Cummings, Bruce G.,『The Origins of the Korean War, Vol. Ⅱ : The Roaring of the Cataract 1947~1950』,
    Princeton Univ. Press, 1990.
Holliday, J. & Cummings, Bruce G. 저, 태암편집부 역,『한국전쟁의 전개과정』, 태암, 1989.
Row, Peter,『한국전쟁의 기원』, 인간사랑, 1989.
Simons, R. 저, 기국서 역,『한국내전 - 전쟁의 내전적 성격과 북방동맹 - 』, 열사람, 1988.
Stone, I. F. 저, 백외경 역,『비사 한국전쟁』, 신학문사, 1988.

강성철, 한국전쟁연구,『남북한역사인식 비교강의』, 일송정, 1989.
강정구, 한국전쟁과 북한사회주의 건설,『한국과 국제정치』 6 - 2, 경남대 극동문제연구소, 1990.
강정구, 미국과 한국전쟁,『역사비평』 21, 역사문제연구소, 1993.
姜宅求, 미국 행정부의 한국전쟁에 대한 인식 연구 - 특히 4가지 해석론을 중심으로 - ,『경주사학』 8, 동
    국대국사학회, 1989.
高在南, 北韓軍 偵察命令 제1호에 대한 고찰,『군사』 27, 국방군사연구소, 1993.
권영진, 한국전쟁 당시 북한의 남한점령지역 정책에 관한 연구, 고려대 석사논문, 1989.
金啓東, 한국전쟁 초기 印·英의 평화적 종전모색,『軍史』 30, 전쟁기념사업회 국방군사연구소, 1995.
金國憲, 6·25초기 북한의 전쟁指導에 관한 시론,『군사』 23, 국방부 전사편찬위원회, 1991.
金明基, 한국전쟁의 발전과정에 관한 연구,『사회과학논총』 9, 명지대 사회과학연구소, 1994.
김명섭, 분단의 구조화 과정과 한국전쟁,『해방전후사의 인식 4』, 한길사, 1988.

金炳坤, 한국전쟁기간중 한국勞務團(KSC)에 대하여,『군사』23, 국방부 전사편찬위원회, 1991.

金成柱, 국제정치와 한국전쟁,『사회과학』27 - 1, 성균관대 사회과학연구소, 1987.

金泳植, 한국전쟁이 한반도문제에 끼친 영향 - 냉전체제의 형성과 남, 북한관계 - ,『군사』20, 국방부 전사편찬위, 1990.

김용구, 소련의 한국전쟁 해석,『논문집』8, 서울대 국제문제연구소, 1984.

金用浩, 中國의 對韓半島 軍事介入에 관한 역사적 고찰,『군사』27, 국방군사연구소, 1993.

金元權, 한국전쟁 휴전회담과 그 의미,『군사』20, 국방부 전사편찬위원회, 1990.

金元權, 한국전쟁 휴전의 역사적 재조명,『군사』26, 국방군사연구소, 1993.

김일영, 농지개혁, 5 · 30선거 그리고 한국전쟁,『한국과 국제정치』11 - 1, 경남대 국동문제연구소, 1995.

김주환, 한국전쟁에서의 세균무기의 사용,『미국의 세계전략과 한국전쟁』, 청사, 1988.

金辰雄, 한국전쟁 발발에 대한 미국의 시각,『대구사학』39, 대구사학회, 1990.

金徹凡, 한국전쟁의 국제적 요인,『국사관논총』28, 국사편찬위원회, 1991.

金學俊, 해방 3년사와 한국전쟁에 관한 연구동향 - 저술과 자료를 중심으로 - ,『계간현대사』1, 한국언론문화클럽, 1980.

金學俊, 한국정전협정의 상립과정,『통일논총』81, 국토통일원, 1986.

金學俊, 6 · 25연구의 국제적동향 - 6 · 25연구에 관한 문헌사적 고찰 - ,『현대사를 어떻게 볼 것인가 2』, 동아일보사, 1988.

金學俊, 대한민국의 성립과 6 · 25,『한국현대사의 전개』, 한국사연구협의회, 1988.

金學俊, 한국전쟁,『군사』20, 국방부 전사편찬위원회, 1990.

金幸福, 韓國戰爭時 유엔軍의 上陸作戰이 共産軍에게 미친 影響,『軍史』28, 국방군사연구소, 1994.

羅鍾一, 한국전쟁과 전후 세계정치,『군사』20, 국방부 전사편찬위원회, 1990.

모리 요시노부, 한국 반공이데올로기 형성과정에 관한 연구,『한국과 국제정치』5 - 2, 1989.

閔丙天, 한국전의 환경적 배경에 관한 고찰,『국방』5, 한국국방학회, 1980.

박명림, 한국전쟁사의 쟁점,『해방전후사의 인식 6』, 한길사, 1989.

박명림, 한국전쟁,『한국사 17』, 한길사, 1994.

朴壹松, 한국전쟁시 육군의 교육 및 훈련체계,『학예지』3, 육사육군박물관, 1993.

박찬표, 6 · 25직후의 북한과 남한,『역사비평』5, 역사문제연구소, 1989.

배시중, 분단정부의 수립과 한국전쟁,『녹두서평』3, 도서출판 녹두, 1989.

백종천 · 윤정원, 6 · 25전쟁에 대한 연구 - 결과와 영향을 중심으로 - ,『국사관논총』28, 1991.

베르네, 쟈끄, 프랑스와 한국전쟁,『한불외교사 1886~1986』(한국정치외교사학회논총 3), 평민사, 1987.

徐大肅, 金日成的韓戰批判,『韓國學報』9, 臺北 : 臺灣韓國硏究學會, 1990.

서주석, 한국전쟁의 전개과정 연구 - 미국의 전쟁제한정책 결정과정과 그 원인을 중심으로 - , 서울대 석사논문, 1986.

서주석, 휴전협정의 체결과정과 그 성격,『사회와 사상』1989년 6월호.

소진철, 한국전쟁의 발발원인,『春田李泰永화갑논총 전환기의 동서사학』, 1992.

小此木政夫, 民族解放戰爭としての朝鮮戰爭 - 革命と戰爭の交錯 - ,『國際問題』182, 日本國際問題硏究所, 1975.

孫浩哲, 한국전쟁과 이데올로기 지형 - 국가 · 지배연합 · 이데올로기 - ,『한국과 국제정치』6 - 2, 경남대 극동문제연구소, 1990.

신복룡, 한국전쟁의 원인에 관한 고찰 - 에치슨의 연설을 둘러싼 논쟁을 중심으로 - ,『사회과학』12, 건국대 사회과학연구소, 1988.

安秉萬, 6·25의 국제적 영향,『현대사를 어떻게 볼 것인가 2』, 동아일보사, 1988.

安秉永, 6·25가 미친 정치적 영향,『현대사를 어떻게 볼 것인가 2』, 동아일보사, 1988.

梁寧祚, 韓國戰爭과 日本의 役割,『군사』27, 국방군사연구소, 1993.

梁寧祚, 한국전쟁시 일본의 군사적 역할에 관한 고찰,『학예지』3, 육사육군박물관, 1993.

梁寧祚, 한국전쟁시 노무동원과 운영에 관한 연구,『군사』29, 국방군사연구소, 1994.

溫暢一, The Korean War of 1950~1953 : U.S. Joint Chiefs of Staff and U.S. Strategy,『육사논문집』32, 육군사관학교, 1987.

溫暢一, 6·25와 한반도에서의 전쟁억제,『군사』20, 국방부 전사편찬위원회, 1990.

溫暢一, 6·25전쟁 연구 - 전쟁수행과정 - ,『국사관논총』28, 국사편찬위원회, 1991.

兪炳勇, 왜 영국은 6·25전쟁에 참전하였나,『역사비평』13, 역사문제연구소, 1991.

兪炳勇, 한국전쟁과 英蘇관계에 관한 연구,『한국근현대사연구』1, 한국근현대사연구회, 1994.

유석춘·李宇榮·장덕진, 한국전쟁과 남한사회의 구조화,『한국과 국제정치』6 - 2, 경남대 극동문제연구소, 1990.

柳在甲, 한국전쟁과 한미관계의 성격 - 전쟁의 원인·과정·결과에 비추어 본 양국관계의 역사적성격 - ,『한국과 국제정치』3 - 2, 경남대 극동문제연구소, 1987.

柳在甲, 민족분단과 6·25전쟁 - 그 역사인식 - ,『군사』20, 국방부 전사편찬위원회, 1990.

柳在甲, 6·25전쟁 연구 - 전쟁발발의 대내적 원인 분석 - ,『국사관논총』28, 국사편찬위원회, 1991.

이광규, 민족이산의 역사와 현황,『사회과학과 정책연구』6 - 1, 1984.

李大根, 6·25가 미친 경제적 영향,『현대사를 어떻게 볼 것인가 2』, 동아일보사, 1988.

李大根, 한국전쟁과 세계자본주의의 부흥,『역사비평』9, 역사문제연구소, 1990.

伊豆見元 저, 김동춘 역, 한국전쟁연구의 새로운 단계,『한국현대사연구 1』, 이성과 현실사, 1988.

李命英, 6·25전쟁 책임론,『북한학보』14, 북한학회, 1990.

李鵬雨, 한국전쟁시 카투사제도의 성립과 운용,『軍史』30, 전쟁기념사업회 국방군사연구소, 1995.

이삼성, 한국전쟁이 냉전과 한미관계에 미친 영향 - 전통적 시각과 비판적 시각의 비교 - ,『한국과국제정치』6 - 2, 경남대 극동문제연구소, 1990.

李相禹, 6·25와 80년대 남북한 관계,『계간현대사』1, 한국언론문화클럽, 1980.

李相鉉, 미국의 한반도정책에 대한 거시사학적 접근의 시도 - 한반도분할과 한국전쟁 중심으로 - ,『溪村 閔丙河정년기념 사학논총』, 1988.

李完範, 한국전쟁연구의 국내적 동향 - 그 연구사적 검토 - ,『한국과 국제정치』6 - 2, 경남대 극동문제연구소, 1990.

이재원, 미국 중요언론에 비친 한국전쟁,『계간현대사』1, 한국언론문화클럽, 1980.

이종운, 한국휴전협상과 한미관계, 연세대 석사논문, 1982.

李鍾學, 초기 한국전쟁의 전사적 연구, 경희대 석사논문, 1969.

이태섭, 6·25와 이승만의 민중통제체제의 실상,『역사비평』5, 역사문제연구소, 1989.

이행봉, 한국전쟁 휴전시기의 민족문제 고찰 - 분단고정화와 동맹강화의 한미관계를 중심으로 - ,『민족문제논총』1, 부산대 민족문제연구소, 1990.

전영진, 북한의 남한점령정책,『역사비평』5, 역사문제연구소, 1989.

畑田中夫, 現代史の手引 - 朝鮮戰爭(1~4),『朝鮮研究』68·70·71·72, 1967·1968.

畑田中夫, 最近における朝鮮戰爭に關する研究狀況,『統一評論』119, 1975.

정대화, 한국전쟁(6·25)의 재조명,『사회과학논총』21, 부산대사회대, 1994.

정일영, 한국전쟁의 국제법적 성격,『계간현대사』1, 한국언론문화클럽, 1980.

정종욱, 중공의 한국전쟁 해석 - 중공군의 한국전 참전을 중심으로 -, 『논문집』 8, 서울대 국제문제연구소, 1984.

정종욱, 한국전쟁과 한국외교, 『현대사를 어떻게 볼 겻인가 2』, 동아일보사, 1988.

程土雄, 북진작전과 중공군 개입평가, 『군사』 20, 국방부 전사편찬위원회, 1990.

程土雄, 한국전쟁과 미국의 제한 전쟁 - 군사적 측면 -, 『군사』 22, 국방부 전사편찬위원회, 1991.

程土雄, 한국전쟁에 대한 영·미·한국학계의 연구동향, 『군사』 31, 국방군사연구소, 1995.

정해구, 휴전회담교착과 미국의 전략, 『역사비평』 5, 역사문제연구소, 1989.

정해구, 한국전쟁의 이해와 논점, 『한국현대사 2』, 풀빛, 1991.

정해구, 북한사회주의체제의 등장과 한국전쟁, 『한국사 21』, 한길사, 1994.

曺圭化, Russian Foreign Policy in the Far East from 1948 to 1950 and the Korean War, 『슬라브연구』 10, 외국어대 러시아연구소, 1994.

趙成勳, 한국전쟁시 포로교육의 실상, 『軍史』30, 전쟁기념사업회 국방군사연구소, 1995.

조형·박명선, 북한출신 월남민의 정착과정을 통해서 본 남북한 사회구조의 비교, 『분단시대와 한국사회』, 까치, 1985.

崔光寧, 한국전쟁의 원인에 관한 연구 - 미국의 對韓공약의 변동을 중심으로 -, 『군사』 20, 국방부 전사편찬위원회, 1990.

최봉대, '한국전쟁'의 기원과 그 성격을 둘러싼 몇 가지 문제 - 기존의 논의에 대한 검토를 중심으로하여 -, 『경제와 사회』 3, 한국산업사회연구회, 1989.

최정호, 한국현대사와 한국전쟁, 『계간현대사』 1, 한국언론문화클럽, 1980.

하영선, 북한의 한국전쟁 해석, 『논문집』 8, 서울대 국제문제연구소, 1984.

한승수, 한국전쟁과 세계경제, 『계간현대사』 1, 한국언론문화클럽, 1980.

홍석률, 한국전쟁 직후 미국의 이승만제거계획, 『역사비평』 26, 역사문제연구소, 1994.

洪淳鎬, 프랑스군의 한국전쟁 참전배경, 『군사』 9, 국방부 전사편찬위원회, 1984.

황남준, 제1공화국의 체제위기에 관한 연구 - 한국전쟁의 원인과 관련하여, 고려대 석사논문, 1986.

黃勳, 설득 커뮤니케이션 차원에서 본 한국전쟁 심리전 평가, 『軍史』 30, 전쟁기념사업회 국방군사연구소, 1995.

Cummings, Bruce G., 서론 - 한미관계의 전개 1943~1953 -, 『한국전쟁과 한미관계』, 청사, 1987.

Cummings, Bruce G., 한국전쟁과 에이치슨발언 - 6·25직전 프레스클럽연설의 배경과 진의 -, 『창작과 비평』 1989년 여름호.

Gupta, Karunaker, 한국전쟁은 어떻게 시작되었나, 『한국전쟁은 어떻게 시작되었나』, 신학문사, 1988.

Kim Yong-shik, A retrospetive on the Korean War in the Context of International Relation : The Nature of Limitedness, 『논문집(인문·사회분야편)』 14, 세종대. 1987.

8) 제1공화국 - 이승만 정권

고려대 민족문화연구소, 『한국현대문화사대계 6 - 정치·경제사 - 』, 1978.

권대복, 『진보당』, 지양사, 1985

權憙耕, 『한국혁신정당과 사회주의인터네셔널』, 태양, 1989.

김덕중 공편, 『한미관계의 재조명』, 경남대극동문제연구소, 1988

김동명, 『적과 동지』, 창평사, 1956.

김동명, 『역사의 배후에서』, 신아사, 1958.

金三雄, 『패배한 암살 - 백범 김구 암살의 진상 - 』, 학민사, 1992.

김영명,『한국현대 정치사 - 정치변동의 역학 - 』, 을유문화사, 1992.

김운태,『한국현대정치사 2』성문각, 1976

김정원,『분단한국사』, 동녘, 1985.

金鍾五,『변질되어 가는 한국현대사의 실상』(상·하), 종소리, 1989.

金學俊,『대한민국의 수립』(독립운동사교양총서 7 - 1), 독립운동사연구소, 1989.

문일석,『김구선생이 살아있다면 - 백범암살추적보고서 - 』, 덕수, 1994.

박병래,『해방정국의 이념분쟁과 민족국가형성』, 경북대 박사논문, 1992.

박용만,『제1공화국 경무대 비화』, 내외신서, 1965.

박찬표,『한국의 국가형성 : 반공체제 수립과 자유민주주의의 제도화, 1945~48』, 고려대박사학위논문,
   1995.

박태균,『조봉암연구』, 창작과 비평사, 1995

백영철,『제1공화국과 한국민주주의 - 의회정치를 중심으로 - 』, 나남, 1995.

서병조,『주권자의 증언』, 모음출판사, 1963.

손봉숙,『한국자유당 12년사의 연구』, 이화여대 박사논문, 1967.

宋南憲,『한국현대정치사 1』, 성문각, 1980.

梁東安 외,『현대한국정치사』, 한국정신문화연구원, 1987.

梁性喆,『韓國政府論 - 역대정권 고위직 행정엘리트 연구 - 』, 박영사, 1994.

올리버 저, 박일영 역,『이승만비록』, 한국문화출판사, 1982.

이기택,『한국야당사』, 백산서당, 1987

이기하,『한국정당발달사』, 의회정치사, 1961

李起夏·沈之淵 외,『한국의 정당 1 - 8·15에서 자유당 붕괴까지 - 』, 한국일보사, 1987.

李達淳,『한국정치사의 재발견』, 삼익학원출판부, 1986.

이윤기,『한국야당의 파벌에 관한 연구 - 민주당을 중심으로(1955~1961) - 』, 한양대 박사논문, 1987.

장태영,『조봉암과 진보당』, 한길사, 1991

진덕규·한배호·김학준,『1950년대의 인식』, 한길사, 1981.

崔章集,『한국현대정치의 구조와 변화』, 까치, 1989.

한국정치연구회,『한국정치사』, 백산서당, 1990

한국정치외교사학회,『한국현대사의 재조명』, 대왕사, 1990.

韓培浩,『한국정치변동론』, 법문사, 1994.

한배호 편,『현대한국정치론 1 - 제1공화국의 국가형성, 정치과정, 정책 - 』, 나남, 1990

한승주,『제2공화국과 한국의 민족주의』, 종로서적, 1983

한용원,『창군』, 박영사, 1984.

한용원,『한국의 군부정치』, 대왕사, 1993

한창완,『자유당의 승리보』, 정치신문사, 1960.

한태수,『한국정당사』, 신태양사, 1961

홍성유,『한국경제와 미국원조』, 박영사, 1962

姜光植, 한국체제논쟁사 서설,『현대한국체제논쟁사연구』, 한국정신문화연구원, 1992.

강정구, 5·10선거와 5·30선거의 비교연구,『한국과 국제정치』9 - 1, 경남대 극동문제연구소, 1993.

고성국, 한국의 민족민주대중정당운동사,『대중정당』, 백산서당, 1989.

김경순, 관료기구의 형성과 정치적 역할,『한국현대정치론 1』, 나남, 1990.

김구섭, 李承晩의 정치노선에 관한 연구(1945~1948),『논문집(인문, 사회과학편)』15, 공군사관학교, 1982.

김도현, 1950년대의 이승만론,『1950년대의 인식』, 한길사, 1981.

김득중, 1948년 제헌국회의원 선거과정,『성대사림』10, 성균관대사학회, 1994.

金明基, 한국의 정당과 정치발전에 관한 연구,『논문집』10, 방송통신대, 1989.

金玟河, 제헌국회의 건국과정에서의 역할,『현대사를 어떻게 볼것인가 2』, 동아일보사, 1988.

金世中, 제1·2공화국하에서의 민주당 - 정치발전에 있어서의 역할을 중심으로 - ,『국사관논총』54, 국사편찬위원회, 1994.

김일영, 부산정치파동의 정치사적 의미,『한국과 국제정치』9 - 1, 경남대 극동문제연구소, 1993.

김일영, 농지개혁, 5·30선거 그리고 한국전쟁,『한국과 국제정치』11 - 1, 경남대 국동문제연구소, 1995.

김태일, 민주당의 성격과 역할,『한국현대정치론 1』, 나남, 1990.

金學俊, 해방후 한국정당변천사 연구,『국사관논총』25, 국사편찬위원회, 1991.

김혜수, 정부수립직후 이승만정권의 통치이념 정립과정,『이대사원』28, 이화여대사학회, 1995.

羅恪淳, 서울특별시 의회에 관한 일연구,『향토서울』40, 1982.

나종일, 1952년의 정치파동 - 행정부, 의회, 군부, 외국의 상호작용 - ,『한국정치학회보』22 - 2, 1988.

류상영, 초창기 한국경찰의 성장과정과 그 성격에 관한 연구(1945~1950), 연세대 석사논문, 1987.

류정임, 이승만정권의 기반과 성격,『한국현대사 2』, 풀빛, 1991.

朴明林, 쿠데타와 한국군부(1) - 한국군의 형성과 성격(1945~48) - ,『역사비평』13, 역사문제연구소, 1991.

朴明林, 제1공화국의 수립과 위기,『한국사 17』, 한길사, 1994.

朴承載, 민국당의 반이승만 투쟁연구,『사회과학논총』6, 한양대사회대, 1987.

박종철, 1공화국의 국가구조와 수입대체산업의 정치구조,『한국정치학회보』22 - 2, 1988.

박종철, 1공화국의 국가형성과 농지개혁,『한국과 국제정치』4 - 1, 1988.

박종철, 자유당의 경제정책,『현대사를 어떻게 볼 것인가 3』, 동아일보사, 1990.

朴泰均, 1954년 제3대 총선과 정치지형의 변화 - 자유당과 민주국민당을 중심으로 - ,『역사와 현실』17, 한국역사연구회, 1995.

백운선, 민주당과 자유당의 정치이념논쟁,『1950년대의 인식』, 한길사, 1981.

백운선, 이승만세력의 정치적 헤게모니과정,『사상과 정책』5 - 3, 1988.

백운선, 제헌국회내 '소장파'세력의 활동과 그 붕괴,『한국과 국제정치』8 - 1, 경남대 극동문제연구소, 1992.

森田芳夫, 한국 반공주의 이데올로기 형성과정에 관한 연구,『한국과 국제정치』5 - 2, 경남대극동문제연구소, 1989.

서중석, 이승만 대통령과 한국민족주의,『한국민족주의론 2』, 창작과 비평사, 1983.

서중석, 1950년대 이후의 혁신정당론,『한국의 민족주의운동과 민중』, 두레, 1987.

서중석, 조봉암 진보당의 진보성과 정치적기반,『역사비평』18, 역사문제연구소, 1992.

서중석, 민주당·민주당 정부의 정치이념,『한국정치의 지배이데올로기와 대항이데올로기』, 역사비평사, 1994.

서중석, 이승만 북진통일론,『역사비평』29, 역사문제연구소, 1995.

서중석, 정부수립후 반공체제 확립과정에 대한 연구,『한국사연구』90, 한국사연구회, 1995.

서중석, 한국에서의 민족문제와 국가,『근대국민국가와 민족문제』, 지식산업사, 1995.

손봉숙, 한국자유당의 정당정치연구,『한국정치학회보』19, 1985.

손봉숙, 제1공화국과 자유당, 『현대한국정치론』, 법문사, 1986.
손봉숙, 자유당의 정당정치, 『국사관논총』 27, 국사편찬위원회, 1991.
손영원, 1950년대 반공 이데올로기의 사회적 성격, 『한국현대사를 어떻게 볼 것인가』, 열음사, 1987.
송건호, 이승만, 『한국현대인물사론』, 한길사, 1984.
申命淳, 이승만의 집권과 권위주의 체제로의 전환, 『국사관논총』 27, 국사편찬위원회, 1991.
申柄湜, 분단국가의 수립과 이승만노선, 『한국현대정치사 1』, 실천문학사, 1989.
申柄湜, 분단정부의 수립, 『한국사 17』, 한길사, 1994.
安秉萬, 자유당정권 연구 - 대통령 및 국회의원선거를 중심으로 - , 『국사관논총』 27, 국사편찬위원회,
    1991.
梁東安, 혼란속의 국가형성 - 해방에서 정부수립까지 - , 『현대한국정치사』, 한국정신문화연구원, 1987.
吳維錫, 1950년대의 정치사, 『한국사 17』, 한길사, 1994.
오유석, 진보당사건 분석을 통한 1950년대 사회운동 연구, 『경제와 사회』 1990년 여름호.
유근일, 1950년대 후반의 국가와 헤게모니투쟁 - 진보당 이념에 대한 하나의 시각 - , 서울대 석사논문,
    1987.
유영익, 1950년대를 보는 하나의 시각, 『계간 사상』 1990년 봄호.
윤근식, 냉전체제하의 반공정권 - 제1공화국 - , 『현대한국정치사』, 한국정신문화연구원, 1987.
윤용희, 자유당의 기구와 역할, 『한국현대정치론 1』, 나남, 1990.
이동화, 한국혁신정당운동의 인맥과 활동평가, 『민족지성』 1987 - 2.
이명영, 자유당통치의 특성(1952~1960), 『사회과학』 13, 성균관대, 1975.
이성현, 이승만정권의 성격과 정치갈등구조, 『한국현대사를 어떻게 볼 것인가』, 열음사, 1987.
이수인, 자유당정권의 역사적 성격, 『한국사회변혁과 4월혁명 1』, 한길사, 1990.
이임하, 1950년 제2대 국회의원 선거에 관한 연구, 『성대사림』 10, 성균관대사학회, 1994.
이태섭, 6 · 25와 이승만의 민중통치체제의 실상, 『역사비평』 5, 역사문제연구소, 1989.
이호재, 이승만 외교와 미국, 『한국외교정책의 이상과 현실』, 법문사, 1986.
임종국, 제1공화국과 친일세력, 『해방전후사의 인식 2』, 한길사, 1985.
장하진, 이승만집권기 매판지배집단의 구성과 그 성격, 『역사비평』 6, 역사문제연구소, 1989.
전성환, 진보당연구, 서울대 석사논문, 1987.
정창현, 1950년대 미국의 대한정책, 『한국현대사 2』, 풀빛, 1991.
진덕규, 이승만시대 권력구조의 이해, 『1950년대의 인식』 한길사, 1981.
최봉대, 정치적 이데올로기를 통해 본 이승만정권의 성립과 그 함의, 『한국현대사 1』, 열음사, 1985.
崔永鎬, 李承晚政權による反共共同體結成の目論み, 『學術論文集』 19, 東京 : 朝鮮奬學會, 1990.
崔雄 · 李錫淵 · 李洪吉 · 이종범 · 최영태, 한국에서의 '혁신주의' 정당운동의 전개와 그 성격(1 · 2), 『전
    남사학』 3 · 4, 전남사학회, 1989 · 1990.
崔章集, 한국의 초기국가수립의 성격과 구조 1945~48(1) - 정치 및 사회단체의 발생, 변화, 소멸을 중심
    으로 - , 『사회과학논집』 13, 고려대, 1985.
崔章集, 한국의 초기국가수립의 성격과 구조 1945~48(2) - 정치 및 사회단체의 발생, 변화, 소멸을 중심
    으로 - , 『산업사회연구』 2, 1987.
崔章集, 국민국가형성과 근대화의 문제, 『한국사 17』, 한길사, 1994.
하용운, U. N. 한국임시위원단(UNTCOK) 연구 - 5 · 10선거기의 역할과 성격을 중심으로 - , 『한성사학』
    6 · 7합, 한성대사학과, 1994.
한배호, 한미군사동맹의 정치 - 그 사상과 현실 - , 『한국과 미국』, 박영사, 1983.

한배호, 자유당정권의 정치구조,『현대사를 어떻게 볼 것인가 3』, 동아일보사, 1990.

韓貞一, 5·10선거의 전개과정,『현대사를 어떻게 볼것인가 2』, 동아일보사, 1988.

韓智琇, 지배이데올로기의 형성과 변화과정,『한국사 20』, 한길사, 1994.

허장, 초기 군사제도와 군부의 구조 형성,『한국현대사 1』, 열음사, 1985.

홍석률, 이승만정권의 북진통일론과 냉전외교정책,『한국사연구』 85, 1994.

홍석률, 한국전쟁 직후 미국의 이승만제거계획,『역사비평』 26, 역사문제연구소, 1994.

Ahn Byong-man, Korean Political Parties and Political Development : Crucial Elections and the process of Institutionalization of the Political Party System,『Korea Journal』 18 - 1, Jan. 1978.

Kim Ke-soo, Political Development and the Direction of Political Science Education in Korea,『Korea Journal』 18 - 1, Korean National Commission for Unesco, Jan. 1978.

Lee Hong-koo, Political culture and Development in Korea - An Aspect of the Political Behavior Of Low-income groups in seoul,『Korea Journal』 18 - 1, Korean National Commission for Unesco, Jan. 1978.

9) 4·19항쟁과 제2공화국

4·19혁명10주년기념세미나,『4월혁명의 주체적 평가』, 한일문고, 1971.

4월혁명연구소 편,『한국사회변혁운동과 4월혁명』(1·2), 한길사, 1990.

4월회,『4월의 소리 - 4·19민주이념을 실천하는 사람들 - 』, 1993.

강만길 외,『4월혁명론』, 한길사, 1985.

노중선,『4·19와 통일논의』, 사계절, 1989.

대학생논문집,『4월혁명』, 청사, 1983.

박수만 편,『4월혁명』, 4월혁명동지회 출판부, 1965.

송원영,『제2공화국』, 샘터, 1990.

안동일 외,『기적과 환상』, 영신문화사, 1960.

육일회 편,『4월민주혁명사』, 제3세대, 1992.

이목,『한국교원노동조합운동사』, 푸른나무, 1989.

이재오,『해방후 한국학생운동사』, 형성사, 1984.

이정식,『한국현대정치사 3』, 성문각, 1976.

이종오 외,『1950년대 한국사회와 4·19혁명』, 태암, 1991.

이화수,『4월혁명』, 평민서당, 1985.

최한수,『민주당의 성립과 변천과정에 관한 연구』, 건국대 박사논문, 1984.

학민사편집부 편,『혁명재판』, 학민사, 1985.

학민사편집실,『4·19의 민중사』, 학민사, 1984.

한국혁명재판사편찬위원회,『한국혁명재판사』, 1962.

한승주,『제2공화국과 한국의 민주주의』, 종로서적, 1983.

한완상 외,『4·19혁명론』(1·2), 일월서각, 1983.

강만길, 4월혁명의 민족사적 맥락,『4월혁명론』, 한길사, 1983.

강성혁, 민족민주운동으로서의 4·19와 미국,『역사비평』 2, 역사문제연구소, 1988.

강순원, 분단사회의 교육발전,『한국사회변혁운동과 4월혁명 1』, 한길사, 1990.

강충선, 한국혁신세력의 남북통일방안에 관한 고찰, 동국대 석사논문, 1981.

고명균, 국민계몽대의 전개과정,『한국사회변혁운동과 4월혁명 2』, 한길사, 1990.

고성국, 4월혁명의 이념, 『한국사회변혁운동과 4월혁명 1』, 한길사, 1990.

고영복, 4월혁명의 의식구조, 『4월혁명론』, 한길사, 1983.

공제욱·노중기, 농지개혁과 원조경제 - 1950년대 사회경제구조, 『한국사회변혁운동과 4월혁명 1』, 한길사, 1990.

김경권, 제2공화국 혁신세력 연구, 서울대 석사논문, 1985.

김경대, 4월혁명의 전개과정, 『한국사회변혁운동과 4월혁명 2』, 한길사, 1990.

김광식, 4·19시기 혁신세력의 정치활동과 그 한계, 『역사비평』 2, 역사문제연구소, 1988.

김동춘, 4·19발생 배경에 관한 사회학적 고찰, 서울대 석사논문, 1984.

김동춘, 민족민주운동으로서의 4·19시기 학생운동, 『역사비평』 1, 역사문제연구소, 1988.

김동춘, 4월혁명 인식의 발전사, 『사회와 사상』 1989년 4월호.

김동춘, 4월혁명에 관한 기존연구와 그 문제점, 『한국사회변혁운동과 4월혁명 1』, 한길사, 1990.

김동춘, 4·19혁명의 역사적 성격과 그 한계, 『1950년대 한국사회와 4·19혁명』, 태암, 1991.

김동춘, 4월혁명, 『한국사 18』, 한길사, 1994.

김성태, 4·19학생봉기의 동인, 『4·19혁명론 1』, 일월서각, 1960.

김성환, 4월혁명의 구조와 종합적 평가, 『1960년대』, 거름, 1984.

김영갑, 민족자주통일협의회의 통일운동, 『고대문화』 25, 고려대, 1985.

김일영, 4·19혁명의 정치사적 의미, 『1950년대 한국사회와 4·19혁명』, 태암, 1991.

김자동, 언론운동으로서의 민족일보의 성격, 『한국사회변혁운동과 4월혁명 2』, 한길사, 1990.

김정원, 제2공화국의 수립과 몰락, 『1960년대』, 거름, 1984.

김진균·김재훈·백승욱, 한국사회변혁운동과 4월혁명, 『한국사회변혁운동과 4월혁명 1』, 한길사, 1990.

김학준, 4·19이후 5·16까지의 진보주의운동, 『4·19혁명론』, 한길사, 1983.

김학준, 제2공화국 시대의 통일논의, 『민족통일론의 전개』, 형성사, 1984.

문한영, 60년대의 민족자주통일운동, 『한국사회변혁운동과 4월혁명 2』, 한길사, 1990.

박진희, 민주당 정권의 기반과 성격, 『한국현대사 2』, 풀빛, 1991.

박찬호, 4월민중항쟁과 민족민주운동의 성장, 『한국현대사 2』 풀빛, 1991.

박철희, 제2공화국 붕괴원인에 대한 재조명, 서울대 석사논문, 1988.

박현채, 4월민주혁명과 민족사의 방향, 『4월혁명론』, 한길사, 1983.

박현채, 4·19와 5·16의 민족사적, 경제사적 조명, 『한국경제론』, 까치, 1987.

박현채, 4·19시기 노동운동의 전개와 양상, 『역사비평』 2, 역사문제연구소, 1988.

박현채, 4·19민주혁명과 이의 계승, 『계간 사상』 1990년 봄호.

박형신, 한국사회의 구조와 4월혁명(1945~1950), 고려대 석사논문, 1986.

배광복, 독점자본과 의회민주주의 - 부정축재처리과정(1960~61)의 분석 -, 고려대 석사논문, 1987.

백낙청, 4·19의 역사적 의의와 현재성, 『4월혁명론』, 한길사, 1983.

백남진, 4·19혁명의 원인과 전개과정, 이화여대 석사논문, 1985.

백운선, 민주당과 자유당의 정치이념논쟁, 『1950년대의 인식』, 한길사, 1981.

변명희, 한국교원노동조합운동의 비판적 고찰, 연세대 석사논문, 1986.

徐仲錫, 4월혁명운동기의 반미·통일운동과 민족해방론, 『역사비평』 14, 역사문제연구소, 1991.

성유보, 4월혁명과 통일논의, 『한국민족주의론 2』, 창작과 비평사, 1983.

손병선, 2대악법 반대운동, 『한국사회변혁운동과 4월혁명 2』, 한길사, 1990.

송인진, 제2공화국의 중립화 통일논쟁 연구, 고려대 석사논문, 1986.

申命淳, 4·19이후의 민주화운동과 체제논쟁, 『현대한국체제논쟁사연구』, 한국정신문화연구원, 1992.

심포지엄, 4월혁명과 제2공화국,『4월혁명』, 청사, 1983.

유재일, 4·19시기 혁신정당운동의 전개과정과 그 성격에 관한 연구, 고려대 석사논문, 1988.

유재일, 4월혁명 직후 민자통의 통일운동,『사회와 사상』1989년 5월호.

유재일, 4월민중봉기와 민족자주화운동,『한국정치사』, 백산서당, 1990.

劉載一, 제2공화국의 사회갈등과 정치변동,『한국사 17』, 한길사, 1994.

尹鍾一, 4·19혁명에 대한 국내외 언론의 반응,『경희사학』18, 경희대사학회, 1993.

이대근, 4월혁명을 전후한 미국의 대응전략,『한국사회변혁운동과 4월혁명 1』, 한길사, 1990.

이성철, 4·19직후의 민족문제에 대한 논의 - 통일논의를 중심으로 -,『민족문제논총』1, 부산대 민족문
    제연구소, 1990.

이수인, 자유당정권의 역사적 성격,『한국사회변혁운동과 4월혁명 1』, 한길사, 1990.

이영일, 4월혁명과 민주주의 ,『외대』15, 외국어대, 1980.

이우관, 4·26에서 7·29총선까지,『한국사회변혁운동과 4월혁명 2』, 한길사, 1990.

이우재, 4월혁명과 농민운동,『한국사회변혁운동과 4월혁명 2』, 한길사, 1990.

이재봉, 4월혁명과 미국의 개입,『한국정치학회보』29 - 1, 1995.

이재오, 4·19혁명의 새로운 인식,『민주공화국 40년』, 중원, 1985.

이종석, 4월혁명 주도세력의 변천과정,『한국사회변혁운동과 4월혁명 1』, 한길사, 1990.

이종오, 4월혁명의 심화발전과 학생운동의 전개,『1950년대 한국사회와 4·19혁명』, 태암, 1991.

이철국, 4·19시기 교원노동조합운동,『역사비평』2, 역사문제연구소, 1988.

전기호, 4월혁명과 노동운동,『한국사회변혁운동과 4월혁명 2』, 한길사, 1990.

전철환, 4월혁명의 사회경제적 배경,『4월혁명론』, 한길사, 1983.

鄭國老, 4·19학생혁명에 관한 연구 - 역사적 배경을 중심으로 -, 건국대 석사논문, 1978.

정기영, 4월혁명의 주도세력,『한국사회변혁운동과 4월혁명 1』, 한길사, 1990.

정창현, 4월민중항쟁 직후 혁신정당운동과 민족자주통일중앙협의회,『한국현대사 2』풀빛, 1991.

진덕규, 4월혁명의 정치적 갈등구조,『4월혁명론』, 한길사. 1983.

차기벽, 4·19과도정부·장면정권의 의의,『사회과학』11, 성균관대 사회과학연구소, 1972.

한상구, 피학살자 유가족 문제,『한국사회변혁운동과 4월혁명 2』, 한길사, 1990.

한상진, 4·19혁명의 사회학적 분석,『계간 사상』1990년 봄호.

洪錫律, 4월민주항쟁기 중립화통일론,『역사와 현실』10, 한국역사연구회, 1993.

황건, 민통련과 민족통일운동,『한국사회변혁운동과 4월혁명 2』, 한길사, 1990.

Stone, Alan, The Korean Student Revolution : A Political Analysis,『Occasional Papers on Korea』2, 1974.

10) 5·16과 제3공화국

강성재,『쿠데타 권력의 생리』, 동아일보사, 1987.

강창성,『군벌정치』, 해동문화사, 1991.

고정훈,『비록 군』, 1967.

김경동·임종철·이홍구·김려수,『근대화 - 그 현실과 미래 - 』, 서울대출판부, 1981.

김영래,『한국의 이익집단과 민주정치발전』, 대왕사, 1990.

김영명,『제3세계의 군부통치와 정치경제 - 브라질·한국·페루·이집트의 비교연구 - 』, 한울, 1985.

김정렴,『한국경제정책 30년사 - 김정렴회고록 - 』, 중앙일보, 1990.

민주공화당,『민주공화당4년사』, 민주공화당, 1967.

서울신문특별취재팀,『한국외교비사』, 서울신문사, 1984.

안청시 편, 『한국정치체제론』, 법문사, 1991.

양성철, 『분단과 정치』, 한울, 1987.

이도성, 『실록 박정희와 한일회담』, 한송, 1995.

이상우, 『비록 박정희 시대』(1~3), 중원문화, 1984 · 1985.

이상우, 『박정권 18년 그 권력의 내막』, 동아일보사, 1986.

중앙선거관리위원회, 『대한민국정당사 제1집(1945~1972)』, 1973.

차기벽, 『근대화정치론』, 박영사, 1969.

최장집, 『한국현대정치의 구조와 변화』, 까치, 1989.

피어드 실바 저, 이기홍 역, 『서브 로자』, 인문당, 1983.

한겨레편집부 편역, 『미국의 세계전략』, 한겨레, 1985.

한국군사혁명사편찬위원회 편, 『한국군사혁명사』, 1962.

한국정치학회 편, 『현대한국정치론』, 법문사, 1986.

한국정치학회 편, 『현대한국정치와 국가』, 법문사, 1986.

한민우, 『한국정치의 발자취』, 대동, 1991.

Conde,D.W. 저, 장종익 역, 『남한, 그 불행한 역사』, 좋은책, 1988.

강철규, 성장제일주의와 그 대가, 『역사비평』 29, 역사문제연구소, 1995.

고성국, 5 · 16쿠데타 이후 역대 군부정권의 본질, 『역사비평』 6, 역사문제연구소, 1989.

고성국, 4월혁명의 역사적 부정으로서의 5 · 16쿠데타, 『1950년대 한국사회와 4 · 19혁명』, 태암, 1991.

김세진, 한국군부의 성장과정과 5 · 16, 『1960년대』, 거름, 1984.

김정원, 군정과 제3공화국, 『1960년대』, 거름, 1984.

김정현, 1960년대 근대화노선의 도입과 확산, 『한국현대사 3』, 풀빛, 1991.

박상렬, 한국사회 지배체제에서의 군부의 위상과 군부내 권력관계(1) - 3 · 4공화국의 군부를 중심으로 - ,
    『동향과 전망』 2, 한국사회연구소, 1988.

빅스, 허버트, 지역통합전략 - 미국의 아시아정책에 있어서의 한국과 일본 - , 『1960년대』, 거름, 1984.

소정훈, 미세계전략의 변화와 한일협정, 『해방40년의 재인식 1』, 돌베개, 1985.

이병천, 냉전분단체제 · 권위주의 정권 · 자본주의의 산업화 - 한국의 경험 - , 『동향과 전망』 통권 28, 한
    국사회과학연구소, 1995.

이상우, 5 · 16, 『비록 박정희시대 1』, 중원문화, 1984.

이상우, 5 · 16쿠데타와 케네디정권, 『미국이냐 미제냐 - 5 · 16에서 10 · 26까지 - 』, 중원문화, 1987.

임혁백, 반공과 '근대화' - 정치의 실종 - , 『역사비평』 29, 역사문제연구소, 1995.

장달중, 제3공화국과 권위주의적 근대화, 『현대한국정치론』, 법문사, 1986.

장을병, 5 · 16군부쿠데타, 『민주공화국 40년』, 중원문화, 1985.

정창현, 5 · 16군사쿠데타의 배경과 성격, 『한국현대사 3』, 풀빛, 1991.

주종환, 소위 '서강학파' 경제관료의 과오, 『신동아』 1985년 6월호.

한석태, 한국군사정부(1961~63)에 관한 연구, 서울대 석사논문, 1978.

한석태, 5 · 16론, 『한국의 민족주의운동과 민중』, 두레, 1987.

11) 유신체제

국제과학문화연구소 편, 『유신의 이념』, 국제과학문화연구소, 1973.

김광섭 편, 『유신의 길』, 갑자문화사, 1973.

김석준, 『한국자본주의국가위기론』, 풀빛, 1991.
김선종, 『한국의 권위주의체제의 생성과 구조에 관한 연구 - 제3·4공화국을 중심으로 - 』, 건국대 박사논문, 1988.
미하원국제관계위원회국제기구소위원회 편, 서울대 한미관계연구회 역, 『프레이저보고서』, 실천문학사, 1986.
박춘배, 『총화유신민족중흥의 길』, 수상계사, 1978.
아시아태평양문화협회, 『10월·유신과 민족주의』, 1972.
윤희중, 『박정희 대통령의 담화문 및 신문의 보도성향에 관한 연구』, 고려대 박사논문, 1982.
이경재, 『유신쿠데타』, 일월서각, 1986.
이상우, 『비록 박정희 시대』(1~3), 중원문화, 1984·1985.
이상우, 『박정권 18년 그 권력의 내막』, 동아일보사, 1986.
이한두, 『유신공화국의 몰락』, 매산출판사, 1986.
주관중, 『유신사상원리』, 성아, 1979.
중앙선거관리위원회 편, 『대한민국정당사 제2집(1972~80)』, 중앙선거관리위원회, 1981.
청사편집부 편, 『70년대 한국일지』, 청사, 1984.
최장집, 『한국의 노동운동과 국가』, 열음사, 1988.
한겨레편집부 편역, 『미국의 세계전략』, 한겨레, 1985.
한국기독교교회협의회 인권위원회, 『1970년대의 민주화운동 - 기독교인권운동을 중심으로 - 』(전5권), 1986.
한국산업사회연구회 편, 『오늘의 한국자본주의와 국가』, 한길사, 1988.
한국정신문화연구원, 『70년대 한국정치의 이념과 체제』, 1980.
한승조, 『한국민주주의와 정치발전 - 한국민주정치가 가는 길 - 』, 법문사, 1976.
한승조, 『한국정치의 지도이념 - 유신개벽사상의 과거, 현재, 미래 - 』, 서향각, 1977.
한승헌 외, 『유신체제와 민주화운동』 춘추사, 1984.
현대정치연구회, 『유신정치의 지도이념』, 1976.

강민, 관료적 권위주의의 한국적 생성, 『한국정치학회보』 17, 1983.
강민, 한국정치체제의 구조적 특성 - 신권위주의를 중심으로 - , 『한구정치발전의 특성과 전망』, 한국정치학회, 1984.
강민, 박정희의 권위주의통치와 저항운동, 『현대사를 어떻게 볼 것인가 4』, 동아일보사, 1990.
高成國, 1970년대 정치변동에 관한 연구 - 유신체제의 성립과 붕괴과정, 『역사와 사회 3』, 한울, 1985.
高成國, 1980년대의 정치사, 『한국사 19』, 한길사, 1994.
김낙년, 동북아 정세의 변화와 남북대화, 『해방40년의 재인식 2』, 돌베개, 1986.
김대환, 박정희의 중화학공업화 정책, 『현대사를 어떻게 볼 것인가 4』, 동아일보사, 1990.
김성국, 세계체제와 한국의 정치경제, 『한국사회의 재인식 1』, 한울, 1985.
김영명, 한국의 정치변동과 유신체제, 『현대한국정치와 국가』, 법문사, 1986.
김영순, 유신체제의 수립원인에 관한 연구, 『오늘의 한국자본주의와 국가』, 한길사, 1988.
김원호, 10월유신, 『신동아』 1983년 7월호.
김태일, 권위주의 등장 원인에 대한 사례 연구 - 유신권위주의체제의 성립을 중심으로 - , 『역사와 사회 3』, 한울, 1985.
류정임, 유신체제의 성립과 전개, 『한국현대사 3』, 풀빛, 1991.

박명숙, 관료적 권위주의 모델을 중심으로 한 한국정치변화에 관한 한 연구, 한국정신문화연구원 석사논문, 1987.

백운선, 체제세력, 반체제세력과 한국정치 - 1970년대를 중심으로 -, 『한국정치학회보』 22 - 2, 1988.

신복룡, 한국민주주의의 한 시론 - 사상적 배경과 현실 -, 『논문집』 2, 건국대대학원, 1975.

이상우, 10월유신, 『민주공화국 40년』, 중원문화, 1985.

이선향, 현대 한국사회지배세력의 사회경제적 성격에 관한 분석, 이화여대 석사논문, 1987.

이성형, 국가, 계급 및 자본축적 - 8 · 3조치를 중심으로 -, 『역사와 사회 3』, 한울, 1985.

이지훈, 유신체제에 대한 국민의 정치태도, 『70년대 한국정치의 이념과 체제』, 한국정신문화연구원, 1980.

정관용, 중화학공업화를 통해서 본 한국의 국가성격, 『오늘의 한국자본주의와 국가』, 한길사, 1988.

최완규, 권위주의체제 성립의 정치경제학적 분석, 『한국과 국제정치』 4 - 1, 1988.

최장집, 과대성장국가의 형성과 정치균열의 구조, 『한국사회연구』 3, 한길사, 1985.

한상진, 유신체제의 정치경제적 성격, 『해방40년의 재인식 2』, 돌베개, 1986.

2. 관제 · 법제

국회사무처 편, 『국회사』, 1976.

金炳華, 『근대한국재판사』, 한국사법행정학회, 1974.

김진학 · 한철구, 『제헌국회사』, 신조출판사, 1954.

김철수, 『헌법개정 회고와 전망』, 대학출판사, 1986.

김철수, 『한국헌법사』(상 · 하), 한국정신문화연구원, 1989 · 1991.

내무부, 『한국소방행정사』, 내무부소방국, 1978.

내무부, 『지방행정구역요람』, 1978/1980.

내무부치안국, 『조선경찰사 1』, 1972.

대검찰청, 『한국검찰사』, 대검찰청, 1976.

朴範來, 『한국경찰사』, 경찰대, 1988.

박원순, 『국가보안법연구 1 - 국가보안법변천사 - 』, 역사비평사, 1989.

법무부사편찬위원회, 『법무부사』, 법무부, 1987.

법제실, 『법제10년의 개관』, 법제실, 1958.

법제처, 『한국헌법 법제자료』, 1980.

徐基榮, 『한국경찰행정사』, 법문사, 1976.

서울지방검찰청, 『서울지방검찰사』, 서울지방검찰청, 1985.

孫禎睦, 『한국지방제도 · 자치사연구』(상 · 하), 일지사, 1992.

송우, 『한국헌법개정사』, 집문당, 1980.

안병만, 『한국정부론』, 다산출판사, 1985.

유진오, 『협법기초회고록』, 일조각, 1957/1981.

인병화, 『한국경제입법연구』, 평민사, 1983.

헌정제정연구위원회 편, 『헌법관련자료목록』, 1986.

玄圭柄, 『한국경찰제도사』, 국립경찰전문학교, 1955.

金鎔珍, 舊法令整理事業의 推進,『법제연구』통권 8, 한국법제연구원, 1995.

金曾漢, 한국민법의 역사적 발전 - 민법전의 제정과 그 후의 발전 - ,『법사학연구』8, 한국법사학회, 1985.

朴秉濠, 현대법제의 형성과 법제의 발전방향,『법제연구』통권 8, 한국법제연구원, 1995.

朴泰均, 8·15직후 미군정의 관리충원과 친일파,『역사와 현실』10, 한국역사연구회, 1993.

徐仲錫, 미군정·이승만정권·4월혁명기의 지방자치제,『역사비평』13, 역사문제연구소, 1991.

申允杓, 美軍政 및 제1공화국의 행정체제와 성격,『한국의 사회와 문화』17, 한국정신문화연구원, 1991.

沈羲基, 미군정기 남한의 사법제도 개편,『법제연구』통권 8, 한국법제연구원, 1995.

柳鎭鉉, 제1공화국 헌법제정과정,『한국의 사회와 문화』7, 한국정신문화연구원, 1986.

李命英, 한국헌정사 연구서설,『대동문화연구』21, 성균관대 대동문화연구소, 1987.

李相旭, 우리나라의 民法典 편찬 좌절사,『사회과학연구』14, 영남대 사회과학연구소, 1994.

李正馥, 관료적 권위주의론과 한국정치,『정신문화연구』37, 한국정신문화연구원, 1989.

崔鍾庫, 해방후 기본법제의 제정과정,『법제연구』통권 8, 한국법제연구원, 1995.

한상범, 일제의 법학이 한국법학에 미친 영향,『역사비평』29, 역사문제연구소, 1995.

Park Dong-suh, The Korean Bureaucracy and Political Development in Korea,『Korea Journal』18 - 1, Korean National Commission for Unesco, Jan. 1978.

3. 대외관계

1) 대외관계 일반 · 외교정책

姜尙雲,『근대외교사』, 민중서관, 1954.

高承濟,『한국이민사연구』, 장문각, 1973.

구대열,『한국국제관계사 연구 2 - 해방과 분단 - 』, 역사비평사, 1995.

국회도서관입법조사국 편간,『한국근대외교사연표』, 1966.

국회도서관입법조사국 편간,『한국외교연표』, 1974.

김갑철,『강대국과 한반도』, 일신사, 1974.

김용식,『새벽의 약속 - 김용식 외교33년 - 』, 김영사, 1993.

김일평,『강대국정치와 한반도』, 서향각, 1978.

김학준,『한국문제와 국제정치』, 박영사, 1980.

朴實,『한국외교비사』, 기린원, 1979.

朴元杓,『개항90년』, 태화출판사, 1966.

변영태,『외교여록』, 한국일보사, 1958.

안병준 외,『한국외교 반세기의 재조명』, 도서출판 나남, 1993.

외무부,『한국외교30년』, 1979.

외무부,『대한민국외교연표 - 부 : 주요문헌 및 조약 - 』, 1980.

李用熙,『근세한국외교문서총목 - 외국편 - 』, 국회도서관, 1966.

이종률,『전환기의 세계와 한국 - 현대정치의 시각 - 』, 탑출판사, 1979.

이호재,『핵의 세계와 한국의 핵정책』, 법문사, 1981.

임병직,『임정에서 인도까지 - 임병직 외교회고록 - 』, 여원사, 1966.

하영선,『Nuclear Proliferation, World Order and Korea』, 서울대출판부, 1983.
한국정치외교사학회,『한국전쟁의 정치외교사적 고찰』, 평민사, 1989.
한국정치외교사학회,『한국현대사의 재조명』, 대왕사, 1990.
Renouvin, Pierre 저, 박대원 역,『동아시아외교사』, 서문당, 1988.

金明基, 대한민국 수립을 전후한 한국과 국제 외교관계의 史的고찰,『논문집』8, 명지대, 1975.
金明基, 한국정부수립을 전후한 외교관계의 역사적 전개,『논문집』5, 청주여사대, 1976.
金泳鎬, 한·일 기본조약의 경제적 재조명,『한일연구』5, 서울 : 한국일본문제연구회, 1992.
유찬열, 약소국으로서의 한민족국가의 국제관계,『한국과 국제정치』9 - 1, 경남대 극동문제연구소, 1993.
李大雨, 한·일 기본조약의 정치적 재조명,『한일연구』5, 서울 : 한국일본문제연구회, 1992.
이삼성, 한국전쟁이 냉전과 한미관계에 미친 영향 - 전통적 시각과 비판적 시각의 비교 - ,『한국과국제
    정치』6 - 2, 경남대 극동문제연구소, 1990.
이종석, 북에서 본 한일협정과 '조일회담',『역사비평』28, 역사문제연구소, 1995.
李昊宰, 제1공화국의 외교정책,『국사관논총』27, 국사편찬위원회, 1991.
鄭容郁, 미군정기 이승만의 '방미외교'와 미국의 대응,『역사비평』30, 역사문제연구소, 1995.
鄭鍾旭, 한국전쟁과 한국외교,『현대사를 어떻게 볼것인가 2』, 동아일보사, 1988.
홍석률, 이승만정권의 북진통일론과 냉전외교정책,『한국사연구』85, 한국사연구회, 1994.
홍인숙, 한일회담에 대한 미·일의 구도와 대응,『역사비평』28, 역사문제연구소, 1995.

2) 미국

강석희,『조선에 대한 미제의 사상문화침략사』, 과학백과사전출판사, 1987.
강성철,『주한미군』, 일송정, 1988.
경남대 극동문제연구소,『U. S. KOREAN RELATIONS 1882~1982』, 1982.
구영록 편,『한국과 미국』, 박영사, 1983.
국제역사학회의 한국위원회,『한미수교 100년사』, 1982.
국회도서관입법조사국,『미국의 대한정책 - 사이밍턴 청문회 - 』, 국회도서관, 1971.
국회도서관입법조사국,『전후 미국의 대한정책』, 국회도서관, 1971.
김국태,『해방 3년과 미국 1 - 미국의 대한정책 1945~1948 - 』, 돌베개, 1984.
김덕중·안병준·임희섭 공편,『한미관계의 재조명』, 경남대 극동문제연구소, 1988.
金玉烈,『한국과 미·일관계론』, 일조각, 1974.
김, 웨렌,『재미한인50년사』, 1959.
金徹凡,『한국전쟁과 미국』, 평민사, 1995.
金學俊,『강대국관계와 한반도』, 을유문화사, 1983.
동아일보사 편,『한미수교100년사』, 1982.
로빈슨 저, 정미옥 역,『미국의 배반 - 미군정과 남조선 - 』, 과학과 사상사, 1988.
문동환·임재경 외,『한국과 미국』, 실천문학사, 1986.
문창주,『아시아의 세력과 한미관계』, 김영사, 1983.
박영호 외,『한미관계사』, 실천문학사, 1990.
朴日根,『근대한미외교사』, 박우사, 1968.
徐東九 편,『한반도긴장과 미국 - 미국무성외교문서 - 』, 대한공론사, 1977.
서울대 미국학연구소,『한국과 미국 - 100년과 그 이후 - 』, 1983.

서울신문사,『주한미군30년 1945~1978』, 행림출판사, 1979.

小此木政夫 저, 현대사연구실 역,『한국전쟁 - 미국의 개입과정 -』, 청계연구소, 1986.

沈之淵,『미·소공동위원회 연구』, 청계연구소출판국, 1989.

오연호,『우리현대사의 숨은그림찾기 - 미국의 한반도 정치공작 -』, 월간 말, 1994.

柳永益·宋炳基·양호민·임희섭,『한국인의 對美인식 - 역사적으로 본 형성과정 -』, 민음사, 1994.

李求弘 편,『미주한인70년사』, 해외교포문제연구소, 1973.

李東炫,『한국신탁통치연구』, 평민사, 1990.

이삼성,『미국의 대한정책과 한국민족주의』, 한길사, 1993.

이삼성,『한반도 핵문제와 미국외교 - 북미 핵협상과 한국 통일정책의 비판적 인식 -』, 한길사, 1994.

이삼성,『미래의 역사에서 미국은 희망인가』(당대총서 2), 당대, 1995.

이상우,『미국이냐 미제냐 - 5·16에서 10·26까지 -』, 중원문화, 1987.

이호재,『한국외교정책의 이상과 현실 - 이승만 외교와 미국 -』, 법문사, 1969.

鄭鎔碩,『미국의 對韓정책 - 과거와 미래 -』, 일조각, 1976.

정용욱,『1942~47년 미국의 대한정책과 과도정부형태 구상』, 서울대 박사논문, 1996.

조순승,『한국 분단사』(형성신서 9), 형성사, 1982.

차상철,『해방전후 미국의 한반도 정책』, 지식산업사, 1991.

한국정신문화연구원,『한·미수교 1세기의 회고와 전망』, 1983.

한림대 아시아문화연구소,『United States Policy Regarding Korea 1834~1950』, 1987.

홍성유,『한국경제와 미국원조』, 박영사, 1962.

Matray, James I. 저, 구대열 역,『한반도의 분단과 미국』, 을유문화사, 1989.

Sandusky, Michael C.,『America's Parallel』, Old Dominion Press, 1983.

강성혁, 민족·민주운동으로서의 4·19와 미국,『역사비평』2, 역사문제연구소, 1988봄.

강정구, 미국의 한반도전략과 민족자주운동,『한국근현대의 민족문제와 노동운동』(한국사회사연구회논
    문집 15), 1989.

姜宅求, 미국 행정부의 한국전쟁에 대한 인식 연구 - 특히 4가지 해석론을 중심으로 -,『경주사학』8, 동
    국대국사학회, 1989.

구대열, 1940년대 한반도의 국제관계와 분단,『한국문화연구원논총』61 - 2, 이화여대, 1992.

宮崎章, アメリカの對朝鮮政策 1941~1945,『立敎大史苑』, 1982.

金啓東, 미국의 對韓반도 군사정책변화(1948~1950) - 철수·불개입정책에서 한국전 참전으로의 결정과
    정 -,『군사』20, 국방부 전사편찬위원회, 1990.

김정인, 1950년대 미국의 대한경제정책과 한국의 사회경제구조,『한국현대사 2』, 풀빛, 1991.

金學俊, 미국의 초기 대한점령정책,『군사』4, 국방부 전사편찬위원회, 1982.

大沼久夫, 朝鮮信託統治構想 - アメリカ外交文書に基づいて -,『法政大學大學院紀要』1, 1978.

都珍淳, 1945~1946년 미국의 대한정책과 우익진영의 분화,『역사와 현실』7, 한국역사연구회, 1992.

方善柱, 미국 미24군 G-2軍史室 자료해제,『아시아문화』3, 한림대 아시아문화연구소, 1987.

백봉종, 한미방위조약과 미일안보조약 비교,『한국과 국제정치』1, 경남대 극동문제연구소, 1985.

빅스, 허버트 P. 지역통합전략 - 미국의 아시아정책에 있어서의 한국과 일본,『1960년대』, 거름, 1984.

小野田求, 大韓民國の成立と米國の政策,『歷史評論』295, 1974.

小野田求, 第2次世界大戰中におけるアメリカの朝鮮獨立政策 - 國際的信託統治政策の本質 -,『旗田
    巍古稀記念 朝鮮歷史論集(下)』, 1979.

小野田求, 朝鮮の解放とアメリカ - 第2次世界大戰直後におけるアメリカの朝鮮獨立政策と極東政策 -,『朝鮮史硏究會論文集』16, 1979.

小此木政夫, 米國の戰後朝鮮構想,『國際問題』209, 日本國際問題硏究所, 1977.

小此木政夫, 米國の朝鮮政策における冷戰認識の形成,『法學硏究』50 - 6, 慶應大法學硏究會, 1977.

宋麟在, 한반도의 분단을 전후한 H. Truman정권의 대한정책과 국제환경,『연구논문집』23, 성신여대, 1986.

愼鏞廈, 한국남북분단의 원인과 포츠담밀약설 - 열강의 정치적야합과 포츠담밀약 -,『해방직후의 민족문제와 사회운동』(한국사회사연구회논문집 13), 문학과 지성사, 1988.

沈之淵, 美蘇共同委員會 연구,『국사관논총』54, 국사편찬위원회, 1994.

吳在玩, 미국의 대한정책 1945~1948 - 현실주의적 관점과 수정주의적 관점 -,『한국과 국제정치』3, 경남대 극동문제연구소, 1987.

吳忠根, 戰時米ソ交涉における朝鮮問題 - ポツダム會議を中心に -,『法學硏究』56 - 6, 慶應大, 1983.

柳在甲, 한국전쟁과 한미관계의 성격 - 전쟁의 원인·과정·결과에 비추어 본 양국관계의 역사적성격 -,『한국과 국제정치』3 - 2, 경남대 극동문제연구소, 1987.

이경민, 米國の朝鮮政策と信託統治問題,『靑丘學術論集』7, 韓國文化硏究振興財團, 1995.

李圭泰, 新しい占領者と解放された植民地民衆 - 南朝鮮1945年8月～10月 -,『歷史學硏究』600, 歷史學硏究會, 1989.

이길상, 미군정시대 연구에 있어서 '준비부족론'의 문제점,『정신문화연구』39, 한국정신문화연구원, 1990.

李大根, 남북분단과 미군정 경제정책의 성격,『한국경제론』, 까치, 1987.

李文助·具本榮, 한미관계에 관한연구 - 특히 한국전쟁중 대한정책의 변화에 대하여 -,『사회과학연구』6, 영남대 사회과학연구소, 1986.

이삼성, 한국전쟁이 냉전과 한미관계에미친 영향 - 전통적시각과 비판적시각의 비교 -,『한국과국제정치』6 - 2, 경남대 극동문제연구소, 1990.

李相鉉, 미국의 한반도정책에 대한 거시사학적 접근의 시도 - 한반도분할과 한국전쟁을 중심으로 -,『溪村閔丙河정년기념 사학논총』, 1988.

李完範, 전후 세계질서와 미국의 대한정책,『한국사 17』, 한길사, 1994.

李宇榮, 민족해방과 미·소의 대한반도 통일논쟁,『평화연구』6, 경북대 평화문제연구소, 1981.

李元高, 미·소 공동위원회,『국사관논총』11, 국사편찬위원회, 1990.

李庭植, 해방직후 미국의 對韓정책 - 反共보루설과 '한국화(Koreanization)'정책 -,『이기백고희기념 한국사학논총(하)』, 1994.

이행봉, 한국전쟁 휴전시기의 민족문제고찰 - 분단고정화와 동맹강화의 한미관계를 중심으로 -,『민족문제논총』1, 부산대 민족문제연구소, 1990.

張海光, 한미관계의 인식과 실제 - 2차대전 전후 미국의 대한반도 정책 분석 -,『동서문화』26, 계명대 동서문화연구소, 1994.

鄭萬得, 한국에서의 미국 전후정책의 몇 가지 배경 - 얄타회담 이전까지 -,『대구사학』20·21합, 1982.

鄭容郁, 해방이전 미국의 對韓구상과 對韓정책,『한국사연구』83, 한국사연구회, 1993.

鄭容郁, 해방이전 미국의 대한정책구상 자료,『역사와 현실』9, 한국사연구회, 1993.

鄭容郁, 1947년의 철군논의와 미국의 남한 점령정책,『역사와 현실』14, 한국역사연구회, 1994.

鄭容郁, 미군정기 이승만의 '방미외교'와 미국의 대응,『역사비평』30, 역사문제연구소, 1995.

정창현, 1950년대 미국의 대한정책,『한국현대사 2』, 풀빛, 1991.

鄭春日, 韓·美 군사관계의 역사적 변천,『군사』23, 국방부 전사편찬위원회, 1991.
정해구, 휴전회담교착과 미국의 전략,『역사비평』5, 력사문제연구소, 1989.
車相哲, 세계제2차대전 종전 전후의 미국의 한국정책,『호서사학』16, 1988.
車相哲, 1946~47년 트루만행정부의 한국정책 - '명예토운' 퇴진방안의 모색 - ,『孫寶基정년기념 한국사
    학논총』, 지식산업사, 1988.
車相哲, 1945~1946년 트루만행정부의 한국정책 - 미소공동위원회와 신탁통치문제를 중심으로 - ,『동방
    학지』63, 연세대 국학연구원, 1989.
車相哲, 1947~1948년 미국의 한국정책,『성곡논총』21, 1990.
崔光寧, 한국전쟁의 원인에 관한 연구 - 미국의 對韓공약의 변동을 중심으로 - ,『군사』20, 국방부 전사
    편찬위원회, 1990.
최봉대, 전후 미국의 대한반도 정책과 분단체제의 구축,『해방직후의 민족문제와 사회운동』(한국사회사
    연구회논문집 13), 1988.
최상룡, 미군정기 한국 - 아시아 냉전의 초점 - ,『한국사회연구』1, 한길사, 1983.
코취, 존, 미국의 대한안보공약의 기원,『한국전쟁과 한미관계』, 청사, 1987.
韓培浩, 1950년전후의 미 극동전략,『계간현대사』1, 한국언론문화클럽, 1980.
한배호, 한미군사동맹의 정치 - 그 이상과 현실 - ,『한국과 미국』, 박영사, 1983.
홍인숙, 한일회담에 대한 미·일의 구도와 대응,『역스-비평』28, 역사문제연구소, 1995.

3) 일본

고려대 아세아문제연구소,『한일관계자료집』(전2권), 1976·1977.
高峻石,『戰後朝日關係史』, 田畑書店, 1974.
김옥렬,『미국과 미일관계론』, 일조각, 1973.
김용수,『한일 50년은 청산되었는가』, 고려원, 1995.
대한민국정부,『한일회담백서』, 1965.
민족문제연구소,『한일협정을 다시본다』, 아세아문화사, 1995.
박경수,『재야의 빛 장준하 - 평전 - 』, 해돋이, 1995.
아세아정책연구원,『한일간의 상호 이해』, 1979.
야마다 쇼오지 외 저, 샘기획 역,『근현대사속의 한국과 일본』, 돌베개, 1992.
이도성,『실록 박정희와 한일회담』, 한송, 1995.
李勉雨 외,『한일관계의 재조명 - 쟁점과 과제 - 』, 세종연구소, 1995.
이재오,『한일관계사의 인식 1』, 학민사, 1985.
李庭植,『한국과 일본』, 교보문고, 1986.
카지무라 히데키 저, 김인덕 역,『재일조선인 운동 1945~1965』, 현음사, 1994.
한배호 편,『Korea and Japan : A New Dialogue Across the Channel』, 고려대 아세아문제연구소, 1978.

金泳鎬, 한·일 기본조약의 경제적 재조명,『한일연구』5, 서울 : 한국일본문제연구회, 1992.
島田洋一, 日·米·韓 關係と日本の同盟政策 1945~51,『法學論叢』113 - 2, 京都大, 1983.
박찬욱, 한일국교정상화를 둘러싼 국내갈등의 체계분석, 서울대 석사논문, 1978.
卞在玉, 한일간 諸條約의 역사적 재조명,『한일연구』5, 서울 : 한국일본문제연구회, 1992.
빅스, 허버트 P., 지역통합전략 - 미국의 아시아정책에 있어서의 한국과 일본 - ,『1960년대』, 거름, 1984.
徐仲錫, 박정권의 대일자세와 파행적 한일관계,『역사비평』28, 역사문제연구소, 1995.

梁寧祚, 한국전쟁시 일본의 군사적 역할에 관한 고찰, 『학예지』 3, 육사육군박물관, 1993.

유기주, 한일협상의 쟁점과 분석, 고려대 석사논문, 1971.

李大雨, 한·일 기본조약의 정치적 재조명, 『한일연구』 5, 서울 : 한국일본문제연구회, 1992.

홍인숙, 한일회담에 대한 미·일의 구도와 대응, 『역사비평』 28, 역사문제연구소, 1995.

4) 유럽·소련

국사편찬위원회 편, 『한독수교 100년사』, 1984.

민족통일연구원편집위원회 편, 『러시아연방의 대한반도정책』, 민족통일연구원, 1992.

소련과학아카데미 편저, 함성편집부 역, 『레닌그라드로부터 평양까지 - 조선해방에 있어 소련장성 11인의 회고록 - 』, 함성, 1989.

송정환, 『러시아의 조선침략사』, 범우사, 1990.

溫樂中, 『조선해방의 국제적 경위와 미소공위사업』, 현우사, 1947.

柳子厚, 『海牙밀사』, 1949.

한국사연구협의회 편, 『한영수교 100년사』, 1984.

한국정치외교사학회 편, 『한불외교사 1886~1986』(한국정치외교사학회논총 3), 평민사, 1987.

姜元植, 해방직후 蘇聯의 韓半島 정책구상, 『아시아문화』 8, 한림대 아시아문화연구소, 1992.

강인구, 1948년 평양 소련문화원의 설립과 소련의 조소문화교류활동, 『한국사연구』 90, 한국사연구회, 1995.

구대열, 1940년대 한반도의 국제관계와 분단, 『한국문화연구원논총』 61 - 2, 이화여대, 1992.

金鍾杓, 한·러시아 관계의 새로운 방향, 『국사관논총』 60, 국사편찬위원회, 1994.

베르네, 쟈끄, 프랑스와 한국전쟁, 『한불외교사 1886~1986』(한국정치외교사학회논총 3), 평민사, 1987.

徐大肅, 蘇聯軍政 - 개설 - , 『아시아문화』 8, 한림대 아시아문화연구소, 1992.

辛承權, 스탈린과 한국전쟁, 『사회과학논총』 12, 한양대사회대, 1993.

愼鏞廈, 한국남북분단의 원인과 포츠담밀약설 - 열강의 정치적야합과 포츠담밀약 - , 『해방직후의 민족문제와 사회운동』(한국사회사연구회논문집 13), 문학과 지성사, 1988.

沈之淵, 美蘇共同委員會 연구, 『국사관논총』 54, 국사편찬위원회, 1994.

余仁坤, 蘇聯의 對韓半島 정책, 1945~48년 - post-revisionism의 관점에서 - , 『아시아문화』 8, 한림대 아시아문화연구소, 1992.

吳忠根, 戰時米ソ交涉における朝鮮問題 - ポツダム會議を中心に - , 『法學研究』 56 - 6, 慶應大, 1983.

兪炳勇, 왜 영국은 6·25전쟁에 참전하였나, 『역사비평』 13, 역사문제연구소, 1991.

兪炳勇, 한국전쟁과 英蘇관계에 관한 연구, 『한국근현대사연구』 1, 한국근현대사연구회, 1994.

李大根, 해방직후 소련의 대북한정책 연구 - 토지개혁을 중심으로 - , 『북한연구』 1993년 봄호, 대륙연구소, 1993.

李完範, 북한점령 소련군의 성격(1945.8.9~1948.12.26), 『국사관논총』 25, 국사편찬위원회, 1991.

李宇榮, 민족해방과 미·소의 대한반도 통일논쟁, 『평화연구』 6, 경북대 평화문제연구소, 1981.

李元高, 미·소 공동위원회, 『국사관논총』 11, 국사편찬위원회, 1990.

전현수, 소련군의 북한 진주와 대북한정책, 『한국독립운동사연구』 9, 독립기념관 한국독립운동사연구소, 1995.

曺圭化, Russian Foreign Policy in the Far East from 1948 to 1950 and the Korean War, 『슬라브연구』 10, 외국어대 러시아연구소, 1994.

죠아요, 프랑소와, 1953년 이래의 한불관계,『한불외교사 1886~1986』(한국정치외교사학회논총 3), 평민사, 1987.
최정호, 광복이후의 양국관계(2) - 문화 -,『한독수교 100년사』, 한국사연구협의회, 1984.
洪淳鎬, 광복이후의 양국관계(1) - 정치·경제 -,『한독수교 100년사』, 한국사연구협의회, 1984.
洪淳鎬, 프랑스군의 한국전쟁 참전배경,『군사』9, 국방부 전사편찬위원회, 1984.
和田春樹, ソ聯の朝鮮政策 1945年11月~1946年3月,『社會科學硏究』33 - 6, 東京大 社會科學硏究所, 1982.

5) 중국 · 아시아

민족통일연구원 편,『중국의 대한정책 전망』, 1991.
이학규·조영삼,『중국의 대외경제정책 변화와 한중 경제교류』, 산업연구원, 1992.
Kim Hak-joon,『The Sino-North Korean Relations : 1945~1984』, The Korean Research Center, 1985.

金用浩, 中國의 對韓半島 軍事介入에 관한 역사적 고찰,『군사』27, 국방군사연구소, 1993.
米榮順, 中國 對韓政策의 變化 - 1980 ~1987의 變化를 中心으로 -,『동아연구』20, 서강대 동아연구소, 1990.
李文哲, 中韓 대외경제관계 발전에 대하여,『水邨朴永錫화갑논총 한국사학논총(하)』, 1992.
Kim Hak-chun, Sino-North Korean Relations before the Outbreak of the War,『Korea Journal』Vol. 21 No. 6, Korean National Commission for Unesco, 1981.

6) U.N.

국제연합한국협회 편,『한국과 국제연합』, 일조각, 1970.
외무부,『한국 유엔가입 관계 문서집』, 1978.

朴稚榮, 한국문제와 유엔결의 분석,『사회과학논총』12, 한양대사회대, 1993.
임영옥, U. N. 조선임시위원단의 활동(1948.1~1948.2),『편사』, 국사편찬위원회 편사회, 1974.
하용운, U. N. 한국임시위원단(UNTCOK)연구 - 5·10선거기의 역할과 성격을 중심으로 -,『한성사학』6·7합, 한성대사학과, 1994.

7) 영토분쟁

박관숙,『독도의 법적 지위에 대한 연구』, 연세대 박사논문, 1969.
유철종,『독도의 영유권론』, 전북대 박사논문, 1967.

손상윤, 독도의 법적지위에 대한 소고, 전남대 석사논문, 1975.
신희석, 독도판결,『정경문화』193, 경향신문사 정경연구소, 1981.
劉哲鍾, 한·일 및 일·소 영토분쟁에 관한 연구(1) - 독도 및 북방4島 문제를 중심으로 -,『사회과학연구』14, 전북대 사회과학연구소, 1987.

4. 군사·경찰

朴成壽·申載洪 외,『현대사 속의 국군』, 전쟁기념사업회, 1990.
李東熙,『한국군사제도론』, 일조각, 1982.
장창국,『육사졸업생』, 중앙일보사, 1984.
최현,『한국현대군정사』, 삼민사, 1987.
韓鎔源,『創軍』, 박영사, 1984.

고성국, 5·16쿠데타 이후 역대 군부정권의 본질,『역사비평』6, 역사문제연구소, 1989.
권일준, 남북한 정치엘리트 충원 유형의 비교연구, 고려대 석사논문, 1978.
金榮萬, 미군정기 조선경비대 창설과정 연구, 고려대 석사논문, 1985.
金正子, 현대 육군 복식의 변천에 관한 연구,『군사』29, 국방군사연구소, 1994.
金幸福, 軍關聯사건명칭에 대한 고찰 - 제주도폭동사건, 여·순반란사건 및 대구반란사건을 중심으로
    - ,『군사』27, 국방군사연구소, 1993.
金幸福, 韓國戰爭時 유엔軍의 上陸作戰이 共産軍에게 미친 影響,『軍史』28, 국방군사연구소, 1994.
박명림, 쿠데타와 한국군부(1) - 한국군의 형성과 성격(1945~48) - ,『역사비평』13, 역사문제연구소,
    1991.
朴範來, 경찰상의 시대적 조명,『치안논총』1, 국립경찰대 치안연구소, 1984.
朴壹松, 한국전쟁시 육군의 교육 및 훈련체계,『학예지』3, 육사육군박물관, 1993.
서관모, 한국 군부엘리트의 퇴역후 민간 경력에 관한 연구, 서울대 석사논문, 1982.
安眞, 미군정기 국가기구의 형성과 성격 - 군·경찰기구의 형성과 재편을 중심으로 - ,『해방전후사의 인
    식 3』, 한길사, 1987.
安眞, 미 군정경찰의 형성과정과 그 성격에 관한 고찰,『해방직후의 민족문제와 사회운동』(한국사회사연
    구회논문집 13), 1988.
梁炳基, 초기 한국군부의 형성과 정치화 양상,『국제문화연구』5, 청주대 국제문제연구소, 1988.
梁炳基, 한국 군부의 정치정향과 파벌성,『사회과학논총』13, 청주대 사회과학연구소, 1994.
梁炳基, 한국의 建軍과 軍部 연구(1945~1960),『국사관논총』58, 국사편찬위원회, 1994.
鄭錫均, 越南戰爭기간중 발생한 韓國軍捕虜 및 失踪者에 관한 眞相 - 파월국군 실종자 900명은 戰史왜
    곡이다 - ,『軍史』28, 1994.
鄭春日, 韓·美 군사관계의 역사적 변천,『군사』23, 국방부 전사편찬위원회, 1991.
程土雄, 美軍政과 朝鮮警備隊,『군사』27, 국방군사연구소, 1993.

5. 통일문제

국토통일원,『남북한통일제의자료총람』, 1985.
국토통일원,『한민족공동체통일방안의 이론적 기초와 정책방향』, 1990.
국회국토통일연구특별위원회,『통일백서』, 국회도서관 입법조사국, 1971.
金基兆,『38선 분할의 역사』, 동산, 1994.
金明基,,『남북한 통일정책』, 국제문제연구소, 1995.

김문환,『분단조국과 통일문화』, 서울대출판부, 1994.
김병오,『민족분단과 통일문제』, 한울, 1985.
金三雄,『통일론수난사』, 한겨레신문사, 1994.
金容沃,『삼국통일과 한국통일』(상·하), 통나무, 1994.
金容郁,『한민족의 평화통일론』, 대왕사, 1995.
金俊燁,『남북통일문제와 그 주변』, 일조각, 1979.
金學俊,『강대국관계와 한반도』, 을유문화사, 1983.
金學俊,『반외세의 통일논리』, 형성사, 1983.
金學俊,『한국민족주의의 통일논리』, 집문당, 1983.
남주홍,『통일의 길 그 예고된 혼돈』, 팔복원, 1995.
盧重善,『4·19와 통일논의』, 사계절, 1989.
민족통일연구원,『통일문화연구』(상·하), 민족통일연구원, 1994.
박병래,『해방정국의 이념분쟁과 민족국가형성』, 경북대 박사논문, 1992.
박희택,『삶으로서의 민족통일』, 만다라, 1994.
邊衡尹 외,『분단시대와 한국사회』, 까치, 1985.
申正鉉 외,『북한의 통일정책』, 을유문화사, 1989.
아태평화재단,『김대중의 3단계 통일론 - 남북연합을 중심으로 - 』, 아태평화출판사, 1995.
양호민·김영명·정진위·심지연·신일철,『한반도 분단의 재인식(1945~1950)』, 나남, 1993.
역사문제연구소 해방3년사연구회,『해방정국과 조선혁명론』, 대야출판사, 1988.
溫樂中,『조선해방의 국제적 경위와 미소공위사업』, 현우사, 1947.
외무부,『한국 통일문제 - 略史와 문헌(1946~1960) - 』, 1961.
유종렬,『흡수통일 금세기중 가능한가』, 민예사, 1995.
殷千基,『韓半島 統一論』, 남지, 1994.
이삼성,『한반도 핵문제와 미국외교 - 북미 핵협상과 한국 통일정책의 비판적 인식 - 』, 한길사, 1994.
李相禹,『함께사는 통일』, 나남, 1993.
李泳禧,『새는 좌·우의 날개로 난다』, 두레, 1994.
李離和·이영희 외,『민족·통일·해방의 논리』(형성신서 25), 형성사, 1984.
이현영,『시민을 위한 통일론』, 새길, 1995.
鄭大澈,『북한의 통일전략연구』, 백산서당, 1986.
평화문제연구소·한스자이델재단,『기다리는 통일 준비하는 통일』, 평화문제연구소, 1995.
한겨레사회연구소 민족분과,『분단에서 통일로』, 일꾼, 1988.
한국정치외교사학회,『해방의 정치사적 인식 - 8·15광복을 중심으로 - 』, 대왕사, 1990.
韓鎔源,『통일을 위한 북한연구』, 박영사, 1989.
한재형·김주희,『칠천만 겨레의 통일만들기』, 이웃, 1994.
洪鍾赫,『한국분단의 역사적 고찰』, 인문출판사, 1974.

김낙구·강맹산·김천석, 민족동질성 회복을 위한 통일정책 고찰,『현대와 종교』18, 한국종교문화연구
　　재단 현대종교문화연구소, 1995.
김낙중, 한반도통일방안의 비교연구,『민족통일』1990 - 1·2.
김남순, 남북한 교육이념변화의 비교연구,『생활지도연구』14, 조선대 학생생활연구소, 1994.
김도태, 계층별 한국인의 통일문제 인식과 통일교육 방향,『통일연구논총』4 - 1, 민족통일연구원, 1995.

김도현, 7·4남북공동성명과 민족재통합의 제문제,『씨알의 소리』1972-8.

김도현, 李承晩노선의 재검토 - 민족통일사관의 입지에서 - ,『해방전후사의 인식 1』, 한길사, 1979.

김보영, 제네바정치회담과 남북한의 통일정책 및 통일운동,『한국현대사 2』, 풀빛, 1991.

김보영, 1960·70년대 남북한의 통일정책과 7·4남북공동성명,『한국현대사 3』, 풀빛, 1991.

金志炯, 민족자주통일협의회 연구(1960.4~1961.5), 경기대 석사논문, 1995.

김태일, 통일문제에 대한 국민의식의 변화,『통일연구논총』4-1, 민족통일연구원, 1995.

金學俊, 분단 30년의 남북교섭사,『신동아』176, 동아일보사, 1979.

朴明林, 통일국가 수립운동,『한국사 18』, 한길사, 1994.

裵燦福, 한국대학생 통일운동에 관한 연구 - 남·북대학생 비교를 중심으로 - ,『한국북방학회논집』창
　　간호, 한국북방학회, 1995.

徐義男, 민족분단의 갈등과 그 해결모형에 관한 연구,『한국북방학회논집』창간호, 한국북방학회, 1995.

徐仲錫, 이승만과 북진통일,『역사비평』29, 역사문제연구소, 1995.

沈之淵, 해방직후 주요정당의 통일정책 분석,『논문집(사회과학편)』11, 경남대, 1984.

梁好民, '민주기지'의 남북통일노선 - 8·15해방이후부터 6·25전쟁 직전까지 - ,『논문집』16, 서울대 국
　　제문제연구소, 1992.

李東炫, 남북협상(1948)의 추진의도,『水邨朴永錫화갑논총 한국사학논총(하)』, 1992.

李相禹, 6·25와 80년대 남북한 관계,『계간현대사』1, 한국언론문화클럽, 1980.

이성철, 4·19직후의 민족문제에 대한 논의 - 통일논의를 중심으로 - ,『민족문제논총』1, 부산대 민족문
　　제연구소, 1990.

李壽仁, 통일정책의 전개과정,『한국사 20』, 한길사, 1994.

이영선·전병재·함재봉, 통일을 위한 남북한 주민의식 동질화의 과제,『성곡논총』26-하, 성곡학술문
　　화재단, 1995.

李完範, 해방직후 민족통일운동에 관한 일연구 - 臨政·人共간 합작노력과 4당행동통일회의를 중심으
　　로(1945.12.31~1946.1.16) - ,『원우논집』15, 연세대대학원, 1987.

李宇榮, 민족해방과 미·소의 대한반도 통일논쟁,『평화연구』6, 경북대 평화문제연구소, 1981.

李正馥, 남·북한의 정치체제와 남·북한관계의 회고,『한국과 국제정치』5, 경남대 극동문제연구소,
　　1989.

이종석, 남한의 통일정책과 통일운동,『사회와 사상』1988년 9월호.

李炫熙, 남북협상운동연구 - 제2의 독립운동적 의미,『西巖趙恒來화갑기념 한국사학논총』, 1992.

정대화, 90년대 남북통일문제의 조망,『동향과 전망』1990년 여름호.

鄭昌鉉, 동북아질서의 재편과 남북관계의 전망,『역사와 현실』13, 한국역사연구회, 1994.

洪錫律, 4월민주항쟁기 중립화통일론,『역사와 현실』10, 한국역사연구회, 1993.

洪錫律, 이승만정권의 북진통일론과 냉전외교정책,『한국사연구』85, 한국사연구회, 1994.

6. 북한

1) 정치·경제·사회·사상·문화

경남대 극동문제연구소,『한국전쟁과 북한사회주의체제건설』, 경남대출판부, 1992.

高峻石,『北韓現代史入門(1945~1988)』, 함성편집부, 1990.

고태우,『북한의 종교정책』, 민족문화사, 1988.

국토통일원,『6·25 당시 노획한 북한자료 마이크로필름목록』, 1987.

김광용,『북한 '수령제'정치체제의 구조와 특성에 관한 연구』, 한양대 박사논문, 1995

김남식,『조선노동당 연구』, 국토통일원, 1977.

김남식 외,『북한사회의 올바른 이해를 위하여』, 현장문학, 1989.

김남식 외,『해방전후사의 인식 5 - 북한편 - 』, 한길사, 1989.

金允植,『북한의 민족개념 연구』, 국토통일원, 1978.

김정원,『분단한국사』, 동녘, 1985.

김창순,『북한15년사』, 지문각, 1961.

김학준,『북한 50년사』, 동아출판사, 1995.

金炯燦,『북한교육발달사』, 한백사, 1988.

金興洙,『해방후 북한교회사 - 연구·증언·자료 - 』, 다산글방, 1992.

돌베개편집부,『북한 조선로동당대회 주요문헌집』, 돌베개, 1988.

란코프, 안드레이 저, 김광린 역,『소련의 자료로 본 북한 현대정치사』, 오름, 1995.

민주주의민족전선 편,『朝鮮解放年報』, 1946/『해방조선』(1·2), 과학과 사상, 1988.

박갑동 저, 구윤서 역,『한국전쟁과 김일성』, 바람과 물결, 1990.

박명림 외,『해방전후사의 인식 6 - 쟁점과 과제 - 』, 한길사, 1989.

박문정 외,『북한경제의 전개과정』, 경남대 극동문제연구소, 1990.

朴彩鎔,『북한정치연구』, 세계아기선교출판국, 1995.

방인후,『북한 조선노동당의 형성과 발전』, 고려대출판부, 1967.

方燦榮,『기로에 선 조선민주주의인민공화국』, 박영사, 1995.

白尙昌,『김일성의 정신분석』, 등대출판사, 1980.

북한연구소,『북한총람』, 북한연구소, 1983.

서대숙,『북한의 지도자 김일성』, 청계연구소, 1989.

서동만,『北朝鮮における社會主義體制の成立(1945～1961)』, 東京大博士學位論文, 1995.

소련과학아카데미 편저, 함성편집부 역,『레닌그라드로부터 평양까지 - 조선해방에 있어 소련장성 11인
　　의 회고록 - 』, 함성, 1989.

스즈키 마사유키 저, 유영구 역,『김정일과 수령제 사회주의』, 중앙일보사, 1994.

스칼라피노, R. A.·이정식 저, 한홍구 역,『한국공산주의운동사 3』, 돌베개. 1986.

申正鉉 외,『북한의 통일정책』, 을유문화사, 1989.

申瀅植,『남북한 역사관의 비교』, 솔출판사, 1994.

아세아문제연구소,『북한문제자료집』, 고려대, 1969.

양성철,『분단의 정치 - 박정희와 김일성의 비교연구 - 』, 한울, 1987.

梁好民,『남북한의 민족이념』, 국토통일원, 1978.

연세대대학원 북한현대사연구회 편,『북한현대사 1 - 연구와 자료 - 』, 공동체, 1989.

오영진,『하나의 증언 - 작가의 수기 - 』, 국민사상지도원, 1952.

유길재,『북한에서의 사회혁명과 국가건설 - 인민위원회를 중심으로 - 』, 고려대 박사논문, 1995

兪英九,『남북을 오고간 사람들 - 남의 조직사건과 북의 대남사업 - 』, 도서출판 글, 1993.

劉載天,『북한의 언론』, 을유문화사, 1989.

李相禹 외,『북한40년 - 조선민주주의인민공화국의 특성과 변천과정 - 』, 을유문화사, 1988.

李溫竹,『북한사회연구 - 사회학적 접근 - 』, 서울대출판부, 1988.

이왕기, 『북한에서의 건축사 연구』, 발언, 1994.
이종석, 『조선노동당연구 - 지도사상과 구조변화를 중심으로 - 』, 역사비평사, 1995.
李讚熙, 『북한의 역사교육연구 - 「조선역사」 신·구교과서 내용분석을 중심으로 - 』, 성신여대 박사논문, 1993.
자유평론사, 『6·25비화』, 1979.
장준익, 『북한인민군대사』, 서문당, 1991.
鄭大澈, 『북한의 통일전략연구』, 백산서당, 1986.
주강현, 『북한의 민속학 - 재래농법과 농기구 - 』, 역사비평사, 1989.
朱剛鉉, 『북한의 민속생활풍습』, 대동, 1994.
중앙일보사, 『秘錄 조선민주주의 인민공화국』(상·하), 1992·1993.
최명, 『북한개론』, 을유문화사, 1990.
崔相龍, 『남북한의 민족개념비교연구』, 국토통일원, 1978.
최성, 『수령체계의 형성과정과 구조적 작동메카니즘에 관한 연구』, 고려대 박사논문, 1993.
太白편집부, 『북한의 사상』, 태백, 1988.
통일원통일연수원, 『북한 이해』, 통일원통일연수원, 1994.
통일원통일연수원, 『북한 문답』, 통일원통일연수원, 1995.
한국정신문화연구원, 『북한의 한국학연구성과분석 - 역사·예술편 - 』, 1991.
한국정신문화연구원, 『북한의 한국학연구성과분석 - 철학종교·어문편 - 』, 1991.
한국정치연구회, 『북한정치론』, 백산서당, 1990.
韓鎔源, 『통일을 위한 북한연구』, 박영사, 1989.
許東粲, 『김일성평전 - 허구와 실상 - 』, 북한연구소, 1987.
許東粲, 『김일성평전(속)』, 북한연구소, 1988.
洪承勉, 『남북동질화의 제문제』, 국토통일원, 1978.
황의각, 『북한경제론 - 남북한 경제의 현황과 비교 - 』, 도서출판 나남, 1992.
Kim Hak-joon, 『The Sino-North Korean Relations : 1945~1984』, The Korean Research Center, 1985.
Strong, Anna Louise, 북한, 1947년 여름, 『해방전후사의 인식 5』, 한길사, 1989.

강성윤, 조선노동당의 형성에 관한 연구 - 조선공산당 북조선분국을 중심으로 - , 『안보연구』19, 동국대 안보연구소, 1990.
강정구, 연구방법론 - 우리의 반쪽인 북한사회를 어떻게 이해하고 설명해야 할까 - , 『북한의 사회』 을유문화사, 1990.
강정구, 한국전쟁과 북한사회주의 건설, 『한국과 국제정치』 6 - 2, 경남대 극동문제연구소, 1990.
강정구, 한국전쟁과 북한사회주의 건설, 『한국전쟁과 남북사회의 구조적 변화』 경남대 극동문제연구소, 1991.
강정구, 인민정권의 수립과 ‘민주개혁’, 『한국사 21』, 한길사, 1994.
강정구, 북한정권의 공고화과정 - 헤게모니적 지배체제의 성립을 중심으로 - , 『남북한정치의 구조와 전망』, 한울, 1994.
강정인, 북한연구방법론 - 내재적 접근법과 외재적 접근법의 상호관계에 관한 일연구 - , 『북한의 경제·사회·문화』, 통일원, 1993.
金國憲, 6·25초기 북한의 전쟁指導에 관한 시론, 『군사』 23, 국방부 전사편찬위원회, 1991.
김귀옥, 북한의 ‘자립적 민족경제 건설노선’에 관한 연구 - 1950·60년대를 중심으로 - , 서울대 석사논문,

1991.

김남식, 북한의 공산화과정과 계급노선,『북한공산화과정연구』, 고려대 아세아문제연구소, 1972.

김남식, 북한연구의 현황과 문제점,『국제정치논총』, 한국국제정치학회, 1988.

김남식, 해방전후 북한현대사의 재인식,『해방전후사의 인식 5』, 한길사, 1989.

김남식, 조선노동당의 강령, 정책 변화과정,『북한연구』1991년 가을호, 대륙연구소.

김명섭, 해방전후 북한현대사의 쟁점,『해방전후사의 인식 6』, 한길사, 1989.

金炳坤, 해방이후 남북한 인구이동과 변화,『이재룡환력기념 한국사학논총』, 1990.

金聖甫, 해방초기 북한에서의 糧穀유통정책과 농민,『동방학지』 77·78·79합, 연세대 국학연구원,
    1993.

金聖甫, 북한의 토지개혁(1946)과 농촌 계층구성 변화 - 결정과정과 지역사례 - ,『동방학지』 87, 연세대
    국학연구원, 1995.

김순규, 북한의 초기 통일정책,『북한체제의 수립과정 1945~48』, 경남대 극동문제연구소, 1991.

김연철, 김일성 초기 권력획득과정 - 조선공산당 북부5도당책임자 및 열성자 대회를 중심으로 - ,『한남
    대논문집』, 1990.

김연철, 북한의 1960년대 '경제 국방 병진노선'에 관한 연구, 성균관대 석사논문, 1991.

김용복, 해방직후 북조선인민위원회의 조직과 활동,『해방전후사의 인식 5』, 한길사, 1989.

김윤식, 해방후 남북한의 문화운동 - 두 개의 민족문학론의 전개와 그 비판 - ,『현대사를 어떻게 볼 것인
    가 2』, 동아일보사, 1988.

김윤식, 50년대 북한 문학의 동향에 대한 연구,『한국학보』 80, 일지사, 1995.

김재용, 북한의 남로당계 작가 숙청,『역사비평』 27, 역사비평사, 1994.

金正坤, 북한의 고대철학연구성과에 대한 분석,『북한의 한국학 연구성과 분석 - 철학종교, 어문편 - 』,
    한국정신문화연구원, 1991.

김주환, 해방직후 북한의 대미인식과 민주기지론,『역사비평』 4, 역사문제연구소, 1989.

김주환, 해방후 북한의 인민민주주의혁명과 사회주의혁명,『해방전후사의 인식 5』, 한길사, 1989.

都珍淳, 북한학계의 민족부르조아지와 민족개량주의 논쟁,『역사비평』 2, 역사문제연구소, 1988.

도홍렬, 북한농촌사회의 변혁과정,『국사관논총』 27, 국사편찬위원회, 1991.

란코프, 북한정권의 형성과정과 蘇聯派의 역할,『水邨朴永錫화갑논총 한국사학논총(하)』, 1992.

박찬표, 6·25직후의 북한과 남한,『역사비평』 5, 역사문제연구소, 1989.

박현선, 북한 사회와 여성문제,『역사비평』 2, 역사문제연구소, 1988.

方善柱, 1946년 북한 경제통계의 일연구,『아시아문화』 8, 한림대 아시아문화연구소, 1992.

변영호, 解放直後 北韓において統一戰線,『歷史學硏究』 578, 1988/『북한현대사 1』, 공동체, 1989.

卞鎭興, 북한 침묵의 교회와 공산주의 - 북한의 소비에트화 시기(1945.8~1950.6)를 중심으로 - ,『교회사
    연구』 6, 교회사연구소, 1988.

사꾸라이 히로시, 北朝鮮勞動黨の統一政策 - 民主基地の形成過程 - ,『南北朝鮮勞動黨統一政府樹立
    鬪爭』, 亞細亞經濟硏究所, 1988/『북한현대사 1』, 공동체, 1989.

서인석, 북조선민주주의민족통일전선(1945.8.15~1946.12)의 전개과정과 성격에 관한 연구, 성균관대 석
    사논문, 1988.

송두율, 북한사회를 어떻게 볼 것인가,『사회와 사상』 1988년 12월호.

송두율, 북한연구에서의 '내재적 방법' 재론,『역사비평』 28, 역사문제연구소, 1995.

송영규, 북한의 사회주의 이행과정 - 1953~58년까지의 발전노선을 중심으로 - , 고려대 석사논문, 1990.

송춘석, 북한의 노동당과 사회단체와의 관계에 관한 연구, 연세대 석사논문, 1991.

申一澈, 김일성과 소련 극동방면군의 관계,『논문집』16, 서울대 국제문제연구소, 1992.

신정화, 북한 조선노동당 성립과정에 관한 연구, 이화여대 석사논문, 1989.

심지연, 북조선노동당의 창립과 노선,『북한체제의 수립과정 1945~48』, 경남대 극동문제연구소, 1991.

안병영, 기존통일 및 북한관계연구의 주제별, 방법론별 평가 및 발전방향 정립, 국토통일원 정책기획실, 1977.

양호민, 맑스레닌주의당의 창건과 이데올로기투쟁 : 조선공산당 북조선분국의 조직과 노선,『아세아연구』12, 1966.

梁好民, 북한 정치사연구 서론 - 몇 가지 해석상의 문제점 - ,『국사관논총』27, 국사편찬위원회, 1991.

梁好民, 해방직후 북한정권의 정치노선,『한국사시민강좌』12, 일조각, 1993.

梁好民, 북한에서의 민주주의 이데올로기의 전개,『국사관논총』64, 국사편찬위원회, 1995.

유길재, 북한정권의 형성과정 - 인민위원회 조직과 활동에 관한 연구 - ,『북한체제의 수립과정 1945~48』, 경남대 극동문제연구소, 1991.

윤대규·김동한, 조선민주주의인민공화국의 정부조직과 법제,『북한체제의 수립과정 1945~48』, 경남대 극동문제연구소, 1991.

李光麟, 북한학계에서의 丁茶山 연구,『동아연구』28, 서강대 동아연구소, 1994.

李起夏, 정부수립 전후 중요정당의 정강정책 연구 - 북한의 각 정당·사회단체조직과 정강정책을 중심으로 - ,『국사관논총』11, 1990.

李卜壽, 북한 지배집단의 형성과정 - 사회주의로의 이행과정을 중심으로 - ,『한국의 사회와 문화』17, 한국정신문화연구원, 1991.

이성한, 북한 군사노선 변화의 합리성 고찰과 변화전망,『한국과 국제정치』9 - 1, 경남대 극동문제연구소, 1993.

이승현, 북조선노동당 창건의 기원,『원우논집』16, 연세대대학원, 1988.

이승현, 해방직후 북한우익의 노선과 활동,『국사관논총』54, 국사편찬위원회, 1994.

이신철, 조국통일민주주의전선연구 - 1948.4~1950.6을 중심으로 - , 성균관대 석사논문, 1994.

李正馥, 남·북한의 정치체제와 남·북한관계의 회고,『한국과 국제정치』5, 경남대 극동문제연구소, 1989.

이종석, 북한 사회주의정권의 성립과정,『역사비평』2, 역사문제연구소, 1988.

이종석, 김일성의 '반종파투쟁'과 북한권력구조의 형성 - 친소파·남로당·연안파 '숙청'에 대한 최초의 연구 - ,『역사비평』6, 1989.

이종석, 북한연구방법론 - 비판과 대안 - ,『역사비평』10, 역사문제연구소, 1990.

이종석, 김정일 연구(1) - 후계자로의 부상과 권력구조 재편 - ,『역사비평』14, 역사문제연구소, 1991.

이종석, 북한의 전후복구건설과 반종파투쟁,『한국현대사 2』, 풀빛, 1991.

이종석, 분단구조와 북한사회주의의 형성과정,『민족통일과 민중운동』, 한백사, 1991.

이종석, 북조선공산당과 조선신민당의 북조선노동당으로의 '합동'에 관한 연구,『국사관논총』54, 국사편찬위원회, 1994.

이종석, 유일체제의 수립과정,『남북한정치의 구조와 전망』, 한울, 1994.

이종석, 북에서 본 한일협정과 '조일회담',『역사비평』28, 역사문제연구소, 1995.

이주철, 토지개혁 이후 북한 농촌사회의 변화 - 1946~1948년을 중심으로 - ,『역사와 현실』16, 한국역사연구회, 1995.

이태섭, 국가주석제와 북한정치체제의 변화(1966~72년), 서울대 석사논문, 1992.

李泰旭, 북한의 경제체제, 정책노선 및 발전성과 분석,『국사관논총』27, 국사편찬위원회, 1991.

張浚翼, 6·25전쟁 전 朝鮮義勇軍(中共軍사단)의 인민군 편입에 관한 연구,『水邨朴永錫화갑논총 한민족독립운동사논총』, 1992.

전인영, 조선노동당 - 북한사회의 지도세력 - ,『북한의 정치』을유문화사, 1990.

전현수,「쉬띠꼬프일기」가 말하는 북한정권의 성립과정,『역사비평』30, 역사문제연구소, 1995.

鄭大澈, 북한사회와 언론 -「로동신문」의 기사분석을 통한 북한사회의 변동(1960~1990) - ,『국사관논총』27, 국사편찬위원회, 1991.

정동규, 북한사회주의건설과 반종파투쟁(한국전쟁 이후~1958년)에 관한 연구, 외국어대 석사논문, 1990.

정상훈, 북한경제연구 - 일련의 방법론적 고찰 - ,『한국과 국제정치』5, 경남대 극동문제연구소, 1989.

정용욱, 북로당의 노선과 활동,『한국현대사 1』, 풀빛, 1991.

정우곤, 주체사상의 혁명적 '수령론' 연구,『한국과 국제정치』6 - 1, 경남대 극동문제연구소, 1990.

정해구, 북조선임시인민위원회, 북조선인민위원회 연구,『국사관논총』54, 국사편판위원회, 1994.

丁海龜, 북한사회주의체제의 등장과 한국전쟁,『한국사 21』, 한길사, 1994.

조경진, 북한의 '사회역사원리론'과 '혁명이론',『역사비평』2, 역사문제연구소, 1988.

주준희, 북한여성의 정치문화에 관한 연구,『성곡논총』22, 성곡학술문화재단, 1991.

中川信夫 저, 김동춘 역, 8·15해방직후의 조선의 좌익 - 조선공산당북부5도당책임자·열성자대회를 중심으로 - ,『한국현대사1』, 이성과 현실사, 1988.

池教憲, 철학종교분야 - 총론 - ,『북한의 한국학 연구성과 분석 - 철학종교, 어문편 - 』, 한국정신문화연구원, 1991.

池斗煥, 북한 주체사상 형성과 전개의 역사적배경,『민족문제논총』1, 부산대 민족문제연구소, 1990.

최석태, 북한의 외국미술 인식 - 매우 폐쇄적이고 배타적인 태도 - ,『미술사논단』창간호, 한국미술연구소 시공사, 1995.

崔永鎬, 주체사상비판 서설,『역사비평』2, 역사문제연구소, 1988.

崔永鎬, 북한에서의 '자본주의적 관계' 발생에 관한 연구,『북한이 보는 우리역사』, 을유문화사, 1989.

최완규, 조선인민군의 형성과정 발전,『북한체제의 수립과정 1945~48』, 경남대 극동문제연구소, 1991.

최완규, 북한연구방법론 - 연구시각, 자료, 이론틀 - ,『북한연구』1995년 봄호, 대륙연구소.

韓鍾萬, 북한의 한국불교철학 연구성과 분석,『북한의 한국학 연구성과 분석 - 철학종교, 어문편 - 』, 한국정신문화연구원, 1991.

許東粲, 조선인민군의 건설(1945.8.15~1950.6.25),『논문집』16, 서울대 국제문제연구소, 1992.

和田春樹, 북한에서의 소련군정과 공산주의자,『한국현대사와 미군정』, 한림대 아시아문화연구소, 1991.

Kim Hak-chun, Sino-North Korean Relations before the Outbreak of the War,『Korea Journal』Vol. 21 No. 6, Korean National Commission for Unesco, 1981.

2) 북한의 통일정책

남녘편집부 엮음,『조국통일전선 - 조국통일민주주의전선 문헌집 - 』, 남녘, 1989.

신정현 외,『북한의 통일정책』, 을유문화사, 1989.

이한 엮음.『북한의 통일정책변천사』(전2권), 온누리, 1989.

정대철,『북한의 통일전략연구』, 백산서당, 1986.

중앙정보부,『북한대남공작사』(전2권), 1973.

김남식, 북한의 남북군사문제 해결안,『사회와 사상』1988년 9월호.

김남식, 북한의 통일전략과 통일방안,『사회와 사상』1988년 9월호.

김태록, 고려민주연방공화국창립안의 민족사적 의의,『현대민족사의 재인식』, 그날, 1989.

백재현, 북한의 남한혁명론과 조국통일이론에 관한연구,『원우논집』16, 연세대대학원, 1988.

유영구, 북한의 정치권 동향과 통일정책,『사회와 사상』1990년 8월호.

이연, 북한 통일정책과 '고려연방제'안의 성격,『역사비평』2, 역사문제연구소, 1988.

임정국, 북한의 조국통일론 비판,『주체사상비판 2』, 벼리, 1989.

전영진, 북한의 남한점령정책,『역사비평』5, 역사문제연구소, 1989.

정대화, 북한의 통일정책사,『동향과 전망』3, 한국사회연구소, 1988.

조희연·이종오, 북한의 통일노선과 통일정책에 대한 연구,『한국민중론과 주체사상의 대화』, 풀빛,
    1989.

한민승, 북한의 '남조선혁명론'과 '조국통일론'에 대하여,『NL론 비판 1』, 벼리, 1988.

2) 북한 역사학·고고학

金貞培,『북한이 보는 우리역사』, 을유문화사, 1989.

金貞培 편,『북한의 고대사연구와 성과』, 대륙연구소, 1994.

북한문제조사연구소,『북한의 '단군 및 고조선' 논문자료』, 북한문제조사연구소, 1994.

안병우·도진순 편,『북한의 한국사인식 1·2』, 한길사, 1990.

姜萬吉, 남북한 역사인식의 같은 점과 다른 점,『창작과 비평』1989년 봄호, 창작과 비평사.

姜萬吉, 남북역사학의 갑오농민전쟁인식의 같은 점과 다른 점,『인문논총』5, 아주대 인문과학연구소,
    1994.

姜仁求, 평양학계의 고구려古墳 조사연구 성과 분석,『북한의 한국학 연구성과분석 - 역사·예술편 - 』,
    한국정신문화연구원, 1991.

權熙英, 북한에서의 한국근대사 인식의 문제,『북한의 한국학 연구성과분석 - 역사·예술편 - 』, 한국정
    신문화연구원, 1991.

琴京淑, 북한의 高句麗史 인식,『북한연구』15, 대륙연구소, 1994.

金炅一, 북한학계의 1920·30년대 민족해방운동 연구,『창작과 비평』1989년 가을호.

金福順, 북한의 한국고대불교사의 서술,『芝村金甲周화갑기념 사학논총』, 1994.

金英秀, 북한 역사관에 나타난 唯物論 - 정통성 확립을 위한 '歷史國有化' 과정을 중심으로 - ,『동아연
    구』24, 서강대 동아연구소, 1992.

金昌洙, 북한史書의 抗日民族運動史 서술,『汕耘史學』5, 산운학술문화재단, 1991.

金興洙,「조선전사」근대편의 분석, 비판,『국사관논총』5, 국사편찬위원회, 1989.

盧明鎬, 북한사학의 고려시대 신분제와 토지소유관계에 대한 연구성과 분석,『북한의 한국학 연구성과
    분석 - 역사·예술편 - 』, 한국정신문화연구원, 1991.

都珍淳, 북한학계에서의 근·현대사 시기구분논쟁과 그 변화,『역사와 현실』1, 1989.

都珍淳, 북한 역사학에서 근·현대 사회성격과 시대구분 논의,『한국사 24』, 한길사, 1994.

馬淵貞利, 북한에 있어서의 갑신정변 연구에 대하여,『갑신정변연구』, 한국정치외교사학회, 1985.

朴性鳳, 북한의 고구려사 연구동향과 특성,『동방학지』65, 연세대 국학연구원, 1990.

朴性鳳, 남북한의 고대사 시대구분론에 대하여,『국사관논총』50, 국사편찬위원회, 1993.

朴泰均, 북한 역사학의 전개와 역사인식,『한국사 23』, 한길사, 1994.

裵基同, 북한 先史考古學의 성과와 평가,『북한의 한국학 연구성과분석 - 역사·예술편 - 』, 한국정신문
    화연구원, 1991.

裵亢燮, 왜 남북한 근현대 시기구분, 큰 차이있나, 『역사비평』 13, 역사문제연구소, 1991.

宋基豪, 북한의 발해고고학과 발해문화, 『역사와 현실』 3, 한국역사연구회, 1990.

宋鎬晸, 북한에서의 고·중세사 시기구분, 『역사와 현실』 1, 1989.

宋鎬晸, 전근대사의 시기구분, 『북한의 한국사인식 1』, 한길사, 1990.

宋鎬晸, 북한학계의 전근대 시대구분과 사회성격 논의, 『한국사 24』, 한길사, 1994.

申福龍, 북한 사학에 나타난 갑신정변의 음미, 『갑신정변연구』, 한국정치외교사학회, 1985.

申叔靜, 북한고고학계의 신석기문화 연구동향, 『박물관기요』 6, 단국대박물관, 1989.

申叔靜, 광복이후 남북한 신석기문화 연구의 몇 가지 문제, 『고고미술사론』 2, 충북대 고고미술사학과, 1991.

申瀅植, 「조선전사 4」 중세편의 분석과 그 비판 - 백제사를 중심으로 - , 『논총』 59 - 1, 이화여대 한국문화연구원, 1991.

申瀅植, 북한의 고구려사(「조선전사 3」)의 분석과 비판, 『동방학지』 81, 연세대 국학연구원, 1993.

申瀅植, 북한의 신라사 서술과 인식, 『북한연구』 15, 대륙연구소, 1994.

梁起錫, 북한의 百濟史 인식, 『북한연구』 15, 대륙연구소, 1994.

元裕漢, 「조선전사」 중세편의 분석·비판, 『국사관논총』 7, 국사편찬위원회, 1989.

尹明喆, 남북역사학의 비교를 통한 동질성 회복, 『국학연구』 3, 국학연구소, 1990.

尹龍二, 북한의 공예 - 陶瓷를 중심으로 - , 『북한의 한국학 연구성과분석 - 역사·예술편 - 』, 한국정신문화연구원, 1991.

李光麟, 북한의 역사학, 『동아연구』 16, 서강대 동아연구소, 1988.

李光麟, 북한학계에서의 고조선 연구, 『역사학보』 124, 1989.

李光麟, 북한의 고고학 - 특히 都宥浩의 연구를 중심으로 - , 『동아연구』 20, 서강대 동아연구소, 1990.

李基東, 북한에서의 한국고대사 연구의 성과와 문제점, 『북한의 한국학 연구성과 분석 - 역사·예술편 - 』, 한국정신문화연구원, 1991.

李炳天, 북한학계의 한국근대사회성격과 시대구분 논쟁, 『창작과 비평』 1988년 겨울호.

이선복, 북한 고고학사시론, 『동방학지』 74, 연세대 국학연구원, 1992.

李鮮馥, 북한 고고학계의 동향, 『북한연구』 15, 대륙연구소, 1994.

李成美, 북한의 미술사 연구현황 - 古墳벽화 - , 『북한의 한국학 연구성과분석 - 역사·예술편 - 』, 한국정신문화연구원, 1991.

李永植, '任那日本府說'에 대한 北韓 歷史學界의 입장, 『북한연구』 15, 대륙연구소, 1994.

李潤相, 근현대사의 시기구분, 『북한의 한국사인식 2』, 한길사, 1990.

이종석, 북한연구방법론, 비판과 대안, 『역사비평』 10, 역사문제연구소, 1990.

李讚熙, 북한 「조선력사」 신교과서 내용분석, 『素軒南都泳박사고희기념 역사학논총』, 민족문화사, 1993.

李亨求, 북한의 청동기시대에 대한 연구성과(1945~1990), 『한국사학』 14, 한국정신문화연구원, 1994.

任孝宰, 선사시대의 남북한 시기구분의 비교, 『국사관논총』 50, 국사편찬위원회, 1993.

장호수, 북한고고학의 시기구분론 - 청동기시대 연대론을 중심으로 - , 『백산학보』 40, 백산학회, 1992.

전영률, 위대한 수령 김일성 동지와 친애하는 지도자 김정일 동지의 현명한 령도 밑에 력사과학이 걸어온 자랑찬 40년, 『력사과학』, 1988 - 3.

정순우, 퇴계철학의 유물론적 해석에 대한 비판적 검토, 『퇴계학연구』, 단국대 퇴계학연구소, 1989.

趙南國, 북한에 있어서의 성리학연구, 『북한의 한국학 연구성과분석 - 철학종교·어문편 - 』, 한국정신문화연구원, 1991.

崔光植, 북한학계의 한국 고대국가 형성에 대한 연구사적 검토, 『한국 고대국가의 형성』, 민음사, 1990.

崔光植, 北韓의 역사인식에서의 '古代', 『북한연구』 15, 대륙연구소, 1994.

崔茂藏, 북한 구석기문화 연구현황, 『昌山金正基박사화갑기념논총』, 1990.

崔承熙, 「조선전사」 조선전기사의 분석, 『북한의 한국학 연구성과 분석 - 역사·예술편 - 』, 한국정신문화연구원, 1991.

최영묵, 북한의 역사연구기관·연구지 및 연구자 양성과정, 『역사와 현실』 3, 한국역사연구회, 1990.

崔永浩, 북한에서의 3·1운동 평가, 『西巖趙恒來화갑기념 한국사학논총』, 1992.

韓圭哲, 북한의 渤海史 인식, 『북한연구』 15, 대륙연구소, 1994.

한창균, 북한고고학계의 구석기시대 연구동향 - 제4기의 연구와 구석기시대의 시대구분을 중심으로 - , 『동방학지』 65, 1990/『성곡논총』 21, 1990.

한창균, 북한의 1950년대 선사유적 발굴과 그 연구동향, 『한민족』 2, 한민족학회, 1990.

韓昌均, 초기(1945~1950)의 북한고고학, 『中齋張忠植화갑논총(역사학편)』, 1992.

許東粲, 「조선전사」 현대편의 분석·비판, 『국사관논총』 4, 국사편찬위원회, 1989.

허종호, 주체의 력사관연구의 몇가지 문제, 『력사과학』 1981 - 4.

洪榮義, 北韓 「조선전사」의 敍述傾向과 그 性格 - 高麗 對外鬪爭史를 中心으로 - , 『군사』 27, 국방군사연구소, 1993.

Ⅲ. 경제

1. 경제

1) 경제구조 · 정책 · 사상

경제기획원, 『제3차 경제개발5개년계획』, 1971.

경제기획원, 『중화학공업 육성을 위한 우리경제의 장기전망(1971~81)』, 1973.

고려대 민족문화연구소, 『한국현대문화사대계 6 - 정치 · 경제사 - 』, 1978.

高承濟, 『한국근대화론』, 사회사상사, 1976.

高峻石 저, 박기철 역, 『韓國經濟史 1876~1979』, 동녘, 1989.

국무총리기획조정실, 『중화학공업의 오늘과 내일』, 1973.

權泰燮, 『조선경제의 기본구조』, 조선시론사, 1947.

金敬泰, 『한국근대경제사연구』, 창작과 비평사, 1994.

김기원, 『미군정기의 경제구조』, 푸른산, 1990.

김낙중 외, 『한국경제의 현단계』, 사계절, 1985.

金炳台 외, 『한국경제의 전개과정 - 해방이후에서 70년대까지 - 』, 돌베개, 1981.

김삼수 · 오수현, 『한국경제36년』, 숙명여대출판부, 1984.

김삼수, 『韓國資本主義國家の成立とその特質』, 東京大 博士學位論文, 1990.

김석준, 『한국자본주의 국가위기론』, 풀빛, 1991.

金潤煥, 『현대자본주의론』, 청사, 1981.

김일곤, 『한국경제발전론』, 무역경영사, 1986.

김정렴, 『한국경제정책 30년사 - 김정렴회고록 - 』, 중앙일보사, 1990.

金俊輔, 『한국자본주의사연구』(1~3), 일조각, 1970 · 1974 · 1977.

김홍상 외, 『한국자본주의와 농업문제』, 아침, 1986.

대동편집부 편, 『민족과 경제』, 대동, 1989.

대한상공회의소, 『한국경제 20년의 회고와 전망』, 1982.

대한상공회의소 편, 『한국자본주의 - 현상과 과제 - 』, 1990.

대한상공회의소 산업합리화본부, 『경제정책의 과제』, 1976.

박현채, 『민족경제론』, 한길사, 1978.

박현채, 『한국경제의 구조와 논리』, 풀빛, 1982.

박현채, 『한국경제구조론』, 일월서각, 1985.

박현채 · 정윤형 외, 『한국경제론』, 까치, 1987.

박현채, 『민족경제론의 기초이론』, 돌베개, 1989.

박희범, 『한국경제성장론』, 고려대 아세아문제연구소, 1968.

변형윤 · 김윤환 편저, 『한국경제론』, 유풍사, 1977.

사계절편집부, 『한국현대사 1945~1975』, 사계절, 1984.

사공일·존스, L. P.,『경제개발과 정부 및 기업가의 역할』, 한국개발연구원, 1981.
서울사회과학연구소,『한국에서의 자본주의의 발전』, 새길, 1991.
수슬리나, S. S. 저, 고동일 역,『남한경제론』, 솔밭, 1989.
신태곤,『한국경제정책론』, 법문사, 1990.
안림,『동란후의 한국경제』, 백영사, 1954.
안림,『한국경제와 내외독점자본』, 성균관대출판부, 1985.
오원철,『중화학공업화와 80년대 미래상』, 중화학공업추진위원회기획단, 1979.
우대형,『한국경제의 구조 - 민족경제의 발전과 왜곡 - 』, 학민사, 1985.
유인호,『한국경제의 실상과 허상』, 평민사, 1972.
이내영 편,『한국경제의 관점』, 백산서당, 1987.
李承閏·洪在映 공저,『한국의 경제적 근대화 과정』, 광명출판사, 1975.
이종훈,『한국경제론』, 법문사, 1979.
인병화,『한국경제입법연구』, 평민사, 1983.
임종철,『근대화의 이념과 한국경제』, 명진, 1978.
林鍾哲·裵茂基 외,『한국의 노동경제』, 문학과 지성사, 1980.
전국경제인연합회,『한국경제정책 30년사』, 1975.
전국경제인연합회,『전국경제인연합회 20년사』, 1982.
전국경제인연합회,『한국경제정책 40년사』, 1986.
全錫淡,『현대조선사회경제사』, 신학사, 1948.
정성진 외,『한국사회의 이해』, 한울아카데미, 1990.
정진성 외,『한국자본주의와 임금노동』, 화다출판사, 1984.
趙璣濬,『한국자본주의성립사론』, 고려대 아세아문제연구소, 1973/대왕사, 1977.
조순,『한국경제의 현실과 진로』, 비봉, 1981.
중화학공업추진위원회기획단,『중화학공업육성계획』, 1973.
중화학공업추진위원회기획단,『한국공업화발전에 관한 조사연구』(1~3), 1979.
최윤규,『근현대조선경제사』, 갈무지, 1988.
崔虎鎭,『한국경제의 제문제』(1~5), 정연사, 1963~1966·1971.
한국개발연구원 편,『한국경제사회의 근대화』, 한국개발연구원, 1981.
한국사회사연구회,『현대한국자본주의와 계급문제』(한국사회사연구회논문집 14), 문학과 지성사, 1988.
한국사회연구소,『한국경제론』, 백산서당, 1991
한국산업사회연구회 편,『오늘의 한국자본주의와 국가』, 한길사, 1988.
한국은행,『8·3긴급조치 종합보고서』, 1973.
한국정신문화연구원,『한국자본주의의 형성과 전개』, 1984.
한국정신문화연구원,『미군정시대의 경제정책』, 1992.

강철규, 국제분업에서 한국자본주의의 위치와 전망,『사상문예운동』1989년 겨울호.
金基元, 미군정의 경제정책에 관한 연구,『논문집』5, 방송통신대, 1986.
金基元, 미군정기의 사회경제,『한국사 18』, 한길사, 1994.
김대환, 국제환경의 변화와 중화학공업의 전개,『한국경제론』, 까치, 1987.
김병식, 남조선경제는 미일 2중 종속구조의 경제,『사회과학』1987 - 4/『사상문예운동』1989년 겨울호.
김승철, 미군정의 구조와 성격,『녹두서평 1』, 녹두, 1986.

김양화, 1945~59년 시기 한국의 경제성장전략 - 그 내용, 귀결 및 평가,『동향과 전망』통권 28, 한국사
  회과학연구소, 1995.

金點淑, 미군정기 경제정책의 연구현황과 과제,『역사와 현실』16, 한국역사연구회, 1995.

김진철, 왈러슈타인의 세계체제론적 시각에서 본 한국자본주의의 성격분석,『東村朱宗桓화갑기념논문
  집 한국자본주의론』, 1989.

梶村秀樹, ‘不正蓄財處理問題’と南朝鮮の隷屬的獨占資本,『朝鮮研究』26 · 27 · 31, 1963.

閔俊植, 일제 및 미군정시대의 경제정책과 경제구조,『한국의 사회와 문화』8, 한국정신문화연구원,
  1987.

朴玄埰, 해방전후 민족경제의 성격,『한국사회연구』1, 한길사, 1983.

朴玄埰, 남북분단의 경제사적 위치,『해방전후사의 인식 2』, 한길사, 1985.

박현채, 한국사회의 성격과 발전단계에 관한 연구 - 한국자본주의성격을 둘러싼 종속이론 비판 - ,『창작
  과 비평』(부정기간행물 1), 1985.

方基中, 해방정국기 중간파노선의 경제사상 - 姜辰國의 산업재건론과 농업개혁론을 중심으로 - ,『崔虎
  鎭講壇50주년기념논문집 경제이론과 한국경제』, 박영사, 1993.

裵寅哲, 1950년대 경제정책과 자본축적,『한국사 18』, 한길사, 1994.

徐庸碩, 해방후 자본주의와 변화하는 식민지 시각,『아세아연구』36 - 2, 고려대 아세아문제연구소, 1993.

송두율, 한국형 성장모델은 과연 자본주의 발전의 모범인가,『사회와 사상』1989년 11월호.

안병직, 일제식민지의 경제적 유산과 민족해방의 의의,『한국경제론』, 까치, 1987.

안병직, 중진자본주의로서의 한국경제,『사상문예운동』1989년 가을호.

양원태, 한국자본주의연구의 이론적 실증적 쟁점,『현실과 과학』9, 1991.

兪光浩, 미국의 對韓원조와 한국사회경제구조의 변동 - 해방이후 1960년대초까지 - ,『秋堰權丙卓화갑
  논총 한국근대경제사 연구의 성과 2』, 1989/『한국의 사회와 문화』12, 한국정신문화연구원, 1990.

兪光浩, 미소점령기 남북한 경제체제의 이질화 과정어 관한 연구,『논문집』5, 한국정신문화연구원,
  1991.

兪光浩, 미군정시대의 경제정책 - 서설 - ,『미군정시대의 경제정책』, 한국정신문화연구원, 1992.

兪仁浩, 민족경제의 발전과 왜곡,『한국사회연구』3, 한길사, 1985.

윤기홍, 미군정의 정치 · 경제정책에 관한 연구, 동국대 석사논문, 1988.

윤소영, 80년대 한국경제학계의 연구동향과 신식민지국가독점자본주의론,『80년대 한국인문사회과학의
  현단계와 전망』, 역사비평사, 1988.

李大根, 한국자본주의의 성격에 관하여 - 국가독점자본즈의에 부쳐 - ,『창작과 비평』(부정기간행물 1),
  1985.

李大根, 현대 한국자본주의의 전망,『한국의 사회경제사』(한길역사강좌 5), 한길사, 1987.

李大根, 6 · 25가 미친 경제적 영향,『현대사를 어떻게 볼 것인가 2』, 동아일보사, 1988.

李大根, 한국전쟁과 세계자본주의의 부흥,『역사비평』9, 역사문제연구소, 1990.

이병천, 전후 한국자본주의발전의 기초과정,『지역사회와 민족운동』, 한길사, 1987.

이병천, 냉전분단체제 · 권위주의 정권 · 자본주의의 산업화 - 한국의 경험 - ,『동향과 전망』통권 28, 한
  국사회과학연구소, 1995.

이석구, 1980년대의 한국경제,『한국현대사 4』, 풀빛, 1991.

이승억, 1960 · 70년대의 경제,『한국현대사 3』, 풀빛, 1991.

이재희, 5 · 16군사정부의 경제개발의 성격,『역사비평』12, 역사문제연구소, 1991.

李鍾熏, 미군정 경제의 역사적 성격,『해방전후사의 인식 1』, 한길사, 1979.

李鍾熏, 미군정과 주요정당의 경제정책,『현대사를 어떻게 볼 것인가 2』, 동아일보사, 1988.
이해주, 원조경제하의 소비재공업발전과 자본축적 - 1945~1960년의 한국의 공업화 - ,『경제학연구』 30, 한국경제학회, 1982.
이헌창, 8 · 15의 사회경제사적 인식,『한국자본주의론』, 까치, 1984.
任盤碩, 한국경제(1945~1966)의 물가변동 요인과 그 성격(2) - 1953~1966 - ,『논문집』 5, 한국정신문화연구원, 1991.
林輝喆, 1980년대 한국자본주의의 발전과 구조,『한국사 19』, 한길사, 1994.
장상환, 해방후 대미의존적 경제구조의 성립과정,『해방40년의 재인식 1』, 돌베개, 1985.
전철환 · 박경, 경제개발과 정부주도의 경제,『해방40년의 재인식 2』, 돌베개, 1986.
전철환, 한일회담과 대외지향적 개발의 정착,『한국경제론』, 까치, 1987.
정성진, 독점강화론 비판 - 한국자본주의의 성격논쟁에 부쳐 - ,『동향과 전망』 1990년 겨울호.
鄭鎔碩, 한국 군사정권기(1961.5~63.12)의 경제정책의 추이에 대한 고찰,『경제학논집』 2 - 1, 부산 : 한국동남경제학회, 1993.
정윤형, 경제학에서의 민족주의의 지향,『한국민족주의론 1』, 창작과 비평사, 1982.
정윤형, 개방체제로의 이행과 1960년대 경제개발의 성격,『한국사회의 재인식』, 한울, 1985.
정윤형, 유신체제와 8 · 3조치의 성격,『한국경제론』, 까치, 1987.
鄭一溶, 1960 · 70년대의 경제발전과 그 성격,『한국사 19』, 한길사, 1994.
趙誠煥, 한국경제의 성장과정과 정책평가(1955~1986),『경제논집』 27 - 4, 서울대 경제연구소, 1988.
趙淳, 한국경제발전 40년 - 그 특성과 문제점 - ,『경제논집』 27 - 4, 서울대 경제연구소, 1988.
朱宗桓, 토지소유와 자본의 논리,『東村朱宗桓화갑기념논문집 한국자본주의론』, 1989.
朱宗桓, 한국국가독점자본주의 전개와 한국농업의 위치 - 논쟁사적 고찰 - ,『東村朱宗桓화갑기념논문집 한국자본주의론』, 1989.
채만수, 중진자본주의론 비판,『사상문예운동』 1990년 봄호.
최영호, 북한에서의 '자본주의적 관계' 발생에 관한 연구,『북한이 보는 우리역사』, 을유문화사, 1989.
한승수, 한국전쟁과 세계경제,『계간현대사』 1, 한국언론문화클럽, 1980.

2) 재정 · 금융 · 화폐 · 자본

고승제,『한국금융사연구』, 일조각, 1970.
공제욱,『1950년대 한국자본가의 형성과정』, 서울대 박사논문, 1992.
金命潤,『한국재정의 구조』, 고려대 아세아문제연구소, 1967.
김중웅 · 남상우,『전환기의 한국경제와 금융정책』, 한국개발연구원, 1986.
徐光云,『한국금융백년』, 창조사, 1974.
서재진,『한국의 자본가계급』, 나남, 1991.
안림,『한국경제와 내외독점자본』, 성균관대출판부, 1985.
이대근,『한국전쟁과 1950년대의 자본축적』, 까치, 1987.
이재희,『한국대기업의 독점화과정에 관한 연구』, 서울대 박사논문, 1989.
이종남,『재벌』, 1985.
재무부,『재정금융 30년사』, 1978.
전국경제인연합회,『한국경제정책 30년사』, 1975.
전국경제인연합회,『전국경제인연합회 20년사』, 1983.
전국경제인연합회,『한국경제정책 40년사』, 1986.

전국경제인연합회, 『전국경제인연합회 30년사』, 1991.

조용범·정윤형 외, 『한국독점자본과 재벌』, 풀빛, 1984.

주종환, 『재벌경제론』, 정음사, 1985.

한국사회사연구회, 『현대한국의 자본축적과 민중생활』(한국사회사연구회논문집 21), 1990.

한국사회사연구회, 『한국자본주의와 재벌』(한국사회사연구회논문집 36), 1992.

한국일보사, 『재계회고』(1~10), 한국일보사, 1982.

홍성유, 『한국경제의 자본축적과정』, 고려대 아세아문제연구소, 1965.

谷浦孝雄, 韓國の商人資本について, 『朝鮮史研究會論文集』 14, 1977.

공제욱, 8·15이후 관료적 독점자본가의 형성, 『역사비평』 9, 역사문제연구소, 1990.

공제욱, 1950년대 국가의 재정 - 금융정책과 대기업의 성장, 『한국자본주의와 재벌』(한국사회사연구회논문집 36), 1992.

공제욱, 1950년대 자본축적과 국가 - 사적 자본가의 형성을 중심으로 - , 『국사관논총』 58, 국사편찬위원회, 1994.

金東旵, 해방이후 귀속기업체 처리과정에 관한 일연구 - 조선석유주식회사의 사례 - , 『경제사학』 13, 경제사학회, 1989.

김수행, 금융자본성립에 관한 일연구, 서울대 석사논문, 1966.

金榮圭, 미군정의 금융통화정책, 『미군정시대의 경제정책』, 한국정신문화연구원, 1992.

김재훈, 60년대 이후 독점자본의 발전에 대한 이론적 재조명, 『역사비평』 9, 역사문제연구소, 1990.

김효근, 한국재벌의 성장, 발전요인에 관한 연구, 서울대 석사논문, 1986.

류재현, 한국산업독점체 형성과 금융적 자본의 관계, 『오늘의 한국자본주의와 국가』, 한길사, 1988.

梶村秀樹, '不正蓄財處理問題'と南朝鮮の隸屬的獨占資本, 『朝鮮研究』 26·27·31, 1963.

裵錫滿, 1950년대 大韓造船公社의 자본축적시도와 실패원인 - 자본축적과정에서 歸屬企業體의 역할분석 - , 『부산사학』 25·26, 1994.

裵寅哲, 1950년대 경제정책과 자본축적, 『한국사 18』, 한길사, 1994.

서이종, 한국의 국가재정위기에 관한 사회학적 고찰, 『한국의 근대국가 형성과 민족문제』(한국사회사연구회논문집 1), 1986.

辛泰坤, 미군정 재정금융정책의 전개와 그 성격, 『부산상대논집』 54, 1987.

안동원·김기태, 한국금융자본의 성격에 관한 일시론, 『한국경제』, 성균관대 한국산업연구소, 1987.

禹在賢, 한국의 기업문화와 기업윤리, 『정신문화연구』 37, 한국정신문화연구원, 1989.

이재희, 자본축적과 국가의 역할, 『한국자본주의론』, 까치, 1984.

任盤碩, 8·15 이후 제1~3차 통화개혁의 비교연구, 한국정신문화연구원 석사논문, 1988.

林輝喆, 1980년대 한국자본주의의 발전과 구조, 『한국사 19』, 한길사, 1994.

張世基, 6·25동란 직후의 한국금융제도에 관한 고찰, 『연구논문집』 32, 성신여대, 1992.

전철환, 한국의 금융자본구조와 금융산업의 과제, 『한극경제론』, 창작사, 1986.

鄭萬植, 한국의 원시자본축적에 관한 연구(1) - 1950년대를 중심으로 - , 『논문집』 13, 목원대, 1987.

崔光, 미군정의 재정정책, 『미군정시대의 경제정책』, 한국정신문화연구원, 1992.

홍덕률, 한국대기업가의 자본축적과정과 계급지배에 대한 실증적 고찰, 『한국사회학연구』 9, 1987.

홍덕률, 4대재벌의 자본축적사 - 창업후 70년대까지 - , 『현대 한국의 자본축적과 민중생활』(한국사회사연구회논문집 16), 1989.

홍덕률, 한국의 대자본가 조직 연구, 『한국자본주의와 재벌』(한국사회사연구회논문집 36), 1992.

3) 원조

국회도서관입법조사국,『미국의 대한원조관계자료 1·2』, 국회도서관, 1964·1965.
박희범,『한국경제성장론』, 고려대 아세아문제연구소, 1965.
이대근,『한국전쟁과 1950년대의 자본축적』, 까치; 1987.
홍성유,『한국경제와 미국원조』, 박영사, 1962.
홍성유,『한국경제의 자본축적과정』, 고려대 아세아문제연구소, 1965.

고준석, 미국신식민주의 경제원조와 통화에 의한 수탈,『한국경제사』, 동녘, 1989.
김양화, 미국의 경제원조와 한국의 경제구조,『해방40년의 재인식 1』, 돌베개, 1985.
김재훈, 1950년대 미국의 한국원조와 한국의 재정금융,『경제와 사회』 1, 산업사회연구회, 1988.
노중기, 1950년대 한국사회에 미친 원조의 영향에 관한 고찰,『한국근현대의 민족문제와 노동운동』(한국
　　사회사연구회논문집 15), 1989.
박찬일, 미국의 경제원조의 성격과 그 경제적 귀결,『한국경제의 전개과정』, 돌베개, 1981.
박현채, 원조경제와 민족경제,『한국경제구조론』, 일월서각, 1986.
배희범, 1950년대의 원조와 한국자본주의의 전개과정에 관한 일연구, 고려대 석사논문, 1988.
신복영, 미국의 대한원조정책 비판,『청맥』 1965 - 1.
兪光浩, 미국의 對韓원조와 한국사회경제구조의 변동 - 해방 이후 1960년대 초까지 - ,『秋堰權丙卓화갑
　　논총 한국근대경제사 연구의 성과 2』, 1989/『한국의 사회와 문화』 12, 한국정신문화연구원, 1990.
이병천, 전후 한국자본주의 발전의 기초과정,『지역사회와 민족운동』, 한길사, 1987.
이해주, 원조경제하의 소비재공업발전과 자본축적 - 1945~1960년의 한국의 공업화 - ,『경제학연구』 30,
　　한국경제학회, 1982.
임종철, 한국경제발전에 끼친 미국경제사절단의 보고 및 충고,『아세아연구』 10~12, 1967.
정일용, 원조경제의 전개,『한국자본주의론』, 까치, 1984.
정일용, 6·25동란 후 미국원조의 성격과 그 귀결,『한국경제론』, 까치, 1987.

2. 산업

1) 공업

공제욱,『1950년대 한국자본가의 형성과정』, 서울대 박사논문, 1992.
김기원,『미군정기의 경제구조』, 푸른산, 1990.
김성두,『재벌과 빈곤』, 백경문화사, 1965.
金泳謨,『韓國支配層研究』, 일조각, 1982.
김형기,『한국의 독점자본과 임노동』, 까치, 1988.
梶村秀樹 編,『朝鮮における資本主義の形成と展開』, 龍溪書舍, 1977.
박동섭,『중소기업론』, 박영사, 1977.
박동순,『한국재벌의 창업사상』, 세광출판공사, 1983.
박희범,『한국경제성장론』, 고려대 아세아문제연구소, 1968.
백창기·박용정,『재벌30년의 드라마』, 청람문화사, 1976.
사계절편집부,『한국현대사 1945~1975』, 사계절, 1984.

산업사회연구회 편, 『한국자본주의와 자동차산업』, 풀빛, 1990.

서재진, 『한국의 자본가계급』, 나남, 1991.

윤준모, 『한국자동차 70년사』, 서울교통신보사, 1975.

이경남, 『한국의 기업가』(1~3), 문우사, 1973.

이재희, 『한국대기업의 독점화과정에 관한 연구』, 서울대 박사논문, 1989.

이종호, 『적산과 배상』, 동방신문사, 1948.

이종훈, 『한국경제론』, 법문사, 1979.

전국경제인연합회, 『전국경제인연합회 20년사』, 1983.

전국경제인연합회, 『전국경제인연합회 30년사』, 1991.

趙璣濬, 『한국경제의 근대화와 민족자본』, 1965.

趙璣濬, 『한국기업가사』, 박영사, 1973.

趙璣濬, 『한국의 민족기업』(춘추문고 12), 한국일보사, 1975.

한국일보사, 『재계회고』(1~10), 한국일보사, 1982.

黃明水, 『企業家史硏究』, 단국대출판부, 1982.

황병준, 『한국의 공업경제』, 고려대 아세아문제연구소, 1966.

堀和生, 1930년대 조선공업화의 재생산조건, 『근대조선의 경제구조』, 비봉출판사, 1989.

金基元, 미군정기 한국공업의 재편과정, 『논문집』 8, 방송통신대, 1988.

김동욱, 해방이후 귀속기업체 처리과정에 관한 일연구, 연세대 석사논문, 1988.

김양화, 1950년대 미국의 대한원조와 한국의 자본축적, 『노복연구논총』 3, 경남대, 1984.

김양화, 1950년대 면방자본과 원면문제, 『부산대사회과학논총』, 1986.

김양화, 한국전쟁과 1950년대의 자본축적 - 서평 -, 『경제사학』 11, 1987.

김양화, 1950년대 자본축적에 관한 연구 - 면방, 제분, 소모방공업을 중심으로 -, 『발표논문집』 89 - 6, 한
    국사회경제학회, 1989.

김영모, 해방후 대자본가의 사회이동에 관한 연구, 『1950년대의 인식』, 한길사, 1981.

김왕배, 한국사회의 자본축적과 공업지역의 종속적 재생산 구조, 『한국의 도시문제와 지역사회』(한국사
    회사연구회논문집 29), 1991.

김윤수, 8·15이후 귀속기업체 불하에 관한 일연구, 서울대 석사논문, 1988.

김진엽, 한국고무공업의 전개과정에 관한 연구, 서울대 석사논문, 1988.

박종안, 한국면방직공업의 자본축적에 관한 연구, 서울대 석사논문, 1971.

서재진, 한국 산업자본가의 사회적 기원, 『현대 한국자본주의와 계급문제』, 문학과 지성사, 1988.

小林英夫, 低賃金構造の形成過程, 『韓國工業化の課題』, アジア經濟硏究所, 1971.

新納豊, 解放初期南朝鮮における經濟循環の胎動, 『韓國經濟試論』, 白桃書店, 1984.

辛泰坤, 미군정 공업정책의 전개와 그 성격, 『부산상대논집』 51, 부산대상대, 1985.

안태정, 일제의 상공업정책과 그 잔재청산, 『한국근현대사』 2, 한국근대사연구소, 1993.

오갑환, 한국의 재벌, 『논문집 : 인문사회과학』 20, 서울대, 1975.

이대근, 미군정하 귀속재산처리에 대한 평가, 『한국사회연구』 1, 한길사, 1983.

이대근, 해방후 귀속사업체의 실태와 그 처리과정, 『근대조선의 경제구조』, 비봉출판사, 1989.

이상철, 한국메리야스공업의 전개과정에 관한 일연구, 서울대 석사논문, 1989.

李鍾燻, 미군정의 공업정책, 『미군정시대의 경제정책』, 한국정신문화연구원, 1992.

이해주, 원조경제하의 소비재공업발전과 자본축적 - 1945~1960년의 한국의 공업화 -, 『경제학연구』 30,

한국경제학회, 1982.
차남희, 한국경제엘리뜨의 자본형성에 관한 분석,『현상과 인식』5 - 1, 1981.
최호진, 귀속재산 불하와 공업화의 좌절(1945~53),『한국경제정책30년사』, 전국경제인연합회, 1975.
홍덕률, 한국대기업가의 자본축적과정과 계급지배에 대한 실증적 고찰,『한국사회학연구』9, 1987.
홍덕률, 4대재벌의 자본축적사,『현대한국의 자본축적과 민중생활』, 문학과 지성사, 1989.
홍덕률, 한국의 대자본가 조직 연구,『한국자본주의와 재벌』(한국사회사연구회논문집 36), 1992.

2) 농지개혁 · 토지 · 농업

강진국,『농지개혁법해설』, 문화출판사, 1949.
경향신문사,『사상과 정책』2 - 2(한국농촌경제), 경향신문사, 1985.
谷浦孝雄,『韓國の農業と土地制度』, 日本國際問題研究所, 1976.
김기원,『미군정기의 경제구조』, 푸른산, 1990.
김문식,『한국의 농업문제』, 평민사, 1980.
김성찬,『농지개혁과 나의 할 일(농지개혁지침)』, 혜성출판사, 1950.
김성호 · 전경식 외,『농지개혁사연구』, 한국농촌경제연구원, 1989.
김용섭,『한국근현대농업사연구』, 일조각, 1992.
김준보,『토지개혁론요강』, 삼일출판사, 1948.
김준보,『한국자본주의사연구 2』, 일조각, 1970.
김태영,『한국의 농지개혁에 대한 연구』, 1975.
김홍상 외,『한국자본주의와 농업문제』, 아침, 1986.
농림부,『농지개혁기본참고자료』, 1949.
농림부,『한국토지개량사업요람』, 1957.
농업협동조합중앙회 편간,『농업협동조합운동 - 그 사적 고찰과 금후의 방향 - 』, 1962.
농업협동조합중앙회 편간,『한국농업금융사』, 1963.
농지개혁사편찬위원회,『농지개혁사(상)』, 1970.
농협중앙회,『한국농정20년사』, 1965.
대한수리조합연합회,『한국토지개량사업10년사』, 1956.
박기혁 외,『한국농지제도연구보고서』, 한국토지경제연구소, 1966.
박진도,『한국자본주의와 농업구조』, 한길사, 1994.
박현채,『한국농업의 구상』(오늘의 사상서 23), 한길사, 1981.
방기중,『한국근현대사상사연구 - 1930 · 40년대 백남운의 학문과 정치경제사상 - 』, 일조각, 1992.
변형윤 외,『한국농업문제의 인식』, 물결, 1977.
사꾸라이 히로시,『韓國農地改革の再檢討』, アジア問題研究所, 1976.
서울대 농촌문제연구회 편,『한국사회의 농업문제와 농민』, 미래사, 1987.
신병식,『한국의 토지개혁에 관한 정치경제적 연구』, 서울대 박사논문, 1992.
양회수,『한국농촌의 촌락구조』, 고려대 아세아문제연구소, 1967.
유인호,『한국농지제도의 연구』, 백문당, 1975.
유재현,『한국농지개혁의 정책결정에 관한 연구』, 동아대 박사논문, 1990.
윤여덕 · 김종채,『농촌인구이동에 관한 사회학적 연구』, 한국농촌경제연구원, 1984.
이기홍,『한국의 농지개혁』, 농림부, 1954.
이대근,『한국전쟁과 1950년대의 자본축적』, 까치, 1987.

이만갑, 『한국농촌사회의 구조와 변화』, 서울대출판부, 1973.
이영협, 『한국근대토지제도사연구』, 보문각, 1968.
이우재 외, 『한국농업농민문제연구』(1・2), 연구사, 1988.
이호철, 『산업화와 농업경제』, 한길사, 1991.
인정식, 『조선의 토지문제』, 경성인쇄주식회사, 1946.
인정식, 『조선농업경제론』, 박문출판사, 1949.
장상환, 『농지개혁과 지주제에 관한 사례연구』, 한국농촌경제연구원, 1984.
전국농민총연맹선전부, 『토지개혁의 옳은 노선』, 1947/『한국현대사자료총서 15』, 돌베개, 1986.
정영일 외, 『한국농업문제의 새로운 이해』, 돌베개, 1984.
주종환, 『한국 농업정책 평론집』, 일빛, 1994.
주한경제협조처, 『남한경제실정』, 1949.
한국농어촌사회연구소 편, 『한국자본주의와 농촌사회』, 사회문화연구소, 1991.
한국농촌경제연구원 편, 『농지개혁사관계자료집』(1~6), 1984~1987.
한국농촌경제연구원 편, 『농정사관계자료집』(1~11), 한국농촌경제연구원, 1986~1988.
한국농촌경제연구원, 『농지개혁사연구』, 1989.
한국농촌경제연구원, 『한국농정40년사』, 1990.
한국산업은행조사부, 『한국산업경제10년사』, 1955.
홍성유, 『한국경제의 자본축적과정』, 고려대 아세아문제연구소, 1964.
홍성찬, 『한국근대 농촌사회의 변동과 지주층 』, 연세대 박사논문, 1988.

谷浦孝雄, 南朝鮮の農地改革, 『朝鮮史研究會論文集』 第3輯, 1976.
권병탁, 한국 농지개혁 소고, 『산업경제』 6, 1971.
권병탁, 농지개혁의 과정과 경제적 기여, 『농업정책연구』 11 - 1, 1984.
권병탁, 토지개혁의 비교사적 고찰, 『노산유원동박사화갑기념논총 한국근대사회경제사연구』, 정음문화
　사, 1985.
권승구, 농지개혁 이후의 농민층분해의 실태와 그 성격, 『東村朱宗桓화갑기념논문집 한국자본주의론』,
　1989.
권영근, 8・15이후 1950년대까지의 농업, 농민에 대한 연구, 『국사관논총』 58, 국사편찬위원회, 1994.
김기원, 미군정의 경제정책에 관한 연구, 『한국방송통신대학논문집』 5, 1986.
김낙중, 한국농업과 자본주의, 고려대 석사논문, 1968.
김대환, 1950년대 한국경제의 연구, 서울대 석사논문, 1976.
김병태, 농지제도와 농업생산, 『한국농업문제의 인식』, 물결, 1977.
김병태, 농지개혁의 평가와 반성, 『한국경제의 전개과정』, 돌베개, 1981.
김병태, 농지개혁의 재평가, 『우리시대 민족운동의 과제』, 한길사, 1986.
金聖甫, 북한의 토지개혁(1946)과 농촌 계층구성 변화 - 결정과정과 지역사례 -, 『동방학지』 87, 연세대
　국학연구원, 1995.
김성호, 한국토지제도의 연속성과 단절성, 『농촌경제』 8 - 4, 1985.
金聖昊, 농지개혁 연구 - 이데올로기와 권력투쟁을 중심으로 하여 -, 『국사관논총』 25, 국사편찬위원회,
　1991.
김용희, 1950년 농지개혁의 재검토, 『한국경제』 3, 1963.
김재호, 농지개혁과 한국자본주의의 발전, 『사회경제평론』 2, 한울, 1990.

김준보, 농지개혁과 소농,『농업경제학서설』, 고려대출판부, 1967.

김준보, 농지개혁의 地代史的 논리 - 특히 일제하의 토지조사사업과의 관련에서 - ,『학술원논문집』13, 1974.

김준보, 한국농지개혁의 의의,『토지문제와 지대이론』, 한길사, 1987.

김태영, 농지개혁이 촌락사회의 구조변화에 미친 영향,『경북대논문집』17, 1973.

김홍상, 8·15이후 한국농업의 전개과정과 소작제,『한국자본주의와 농업문제』, 아침, 1987.

민주주의민족전선 편, 토지문제의 평민적 해결에 대하여, 1946/김남식,『남로당연구자료집 1』, 고려대 아세아문제연구소, 1974.

朴基赫, 한국 농지개혁에 관한 연구,『학술원논문집』30, 1991.

朴錫斗, 농지개혁과 식민지지주제의 해체 - 경주이씨가의 토지경영사례를 중심으로 - ,『경제사학』11, 경제사학회, 1987.

박진도, 지주 - 소작관계의 전개와 그 성격,『사회경제평론』1, 한울, 1988.

朴珍道, 농지개혁과 농촌사회의 변화,『한국의 사회와 문화』18, 한국정신문화연구원, 1991.

박현채, 미잉여농산물원조의 경제적 귀결,『1950년대의 인식』, 한길사, 1981.

박현채, 분단 40년의 한국자본주의와 농업,『한국사회연구』3, 한길사, 1985.

박현채, 1960년대 이후 한국농업정책의 성격,『우리시대 민족운동의 과제』, 한길사, 1986.

박현채, 한국사회에서 반봉건의 내용과 민주주의,『창비 1987』, 창작사, 1987.

박희진, 농지개혁을 통한 50년대 한국자본축적, 영남대 석사논문, 1988.

방기중, 해방정국기 중간파 노선의 경제사상 - 강진국의 산업재건론과 농업개혁론을 중심으로 - ,『최호진박사강단50주년기념논문집』, 박영사, 1993.

변성환, 농지개혁후의 농지이동에 관한 실증적 고찰,『농업경제연구』1, 1958.

서재진, 한국 산업자본가의 사회적 기원,『현대 한국자본주의와 계급문제』, 문학과 지성사, 1988.

徐仲錫, 일제시기·미군정기의 좌우대립과 토지문제,『한국사연구』67, 한국사연구회, 1989.

송원근, 농지개혁시기의 지가증권에 관한 연구, 고려대 석사논문, 1990.

신기현, 미군정기 정당·사회단체의 토지개혁인식,『해방직후의 민족문제와 사회운동』(한국사회사연구회논문집 13), 1988.

신병식, 토지개혁을 통해 본 미군정의 국가성격 - 국가주의적 접근(Statist approach) - ,『역사비평』계간창간호, 역사문제연구소, 1988.

신병식, 북한의 인민민주주의혁명과 통일전선정책 - 토지개혁의 과정을 중심으로 - ,『한국과 국제정치』6 - 2, 경남대 극동문제연구소, 1990.

辛泰坤, 해방후 한국농업구조의 변동추이 - 농지개혁전후를 통한 농지소유변동을 중심으로 - ,『부산상대논집』41, 부산상대, 1979.

櫻井浩, 韓國稻作生産力の新段階とその構造,『アジア經濟』16 - 2, 1975.

櫻井浩, 南朝鮮の農地改革,『朝鮮現代史の手引』, 1981.

유기천, 농지개혁과 토지소유관계의 변화에 관한 연구,『경제사학』14, 1990.

유인호, 농지개혁의 성격,『한국농업문제의 인식』, 물결, 1977.

兪仁浩, 해방후 농지개혁의 전개과정과 성격,『한국농지제도의 연구』, 백문당, 1979/『해방전후사의 인식 1』, 한길사, 1979.

이경숙, 한국 농지개혁 결정과정에 관한 재검토,『한국자본주의와 농업문제』, 아침, 1987.

이대근, 미군정하 귀속재산처리에 대한 평가,『한국사회연구』1, 한길사, 1983.

李大根, 해방직후 소련의 대북한정책 연구 - 토지개혁을 중심으로 - ,『북한연구』1993년 봄호, 대륙연구소.

이영기, 고도성장하의 농민층분해,『한국농업문제의 새로운 이해』, 돌베개, 1984.

이영기, 한국농업에 있어서 부농경영의 존재양상과 존립기반에 관한 연구,『경남대노복연구논총』4, 1985.

이영기, 농민층분해의 동향과 계층구성,『한국농업농민문제연구 1』, 연구사, 1988.

이우재, 한국농업문제의 본질,『한국농업문제의 인식』, 물결, 1977.

이일영, 1980년대 농업정책의 동향과 성격,『1980년대 한국사회구조와 지배구조』, 풀빛, 1989.

李鍾範, 1915~1950년대 농지소유 구조의 변동 - 광산군 하남면 사례 - ,『이재룡환력기념 한국사학논총』, 1990.

이주철, 토지개혁 이후 북한 농촌사회의 변화 - 1946~1948년을 중심으로 - ,『역사와 현실』16, 한국역사연구회, 1995.

이지수, 해방후 농지개혁과 지주층의 자본전환문제, 연세대 석사논문, 1994.

李春根, 미군정하 농지정책의 재검토,『교육연구』8, 츤천교대 초등교육연구소, 1990.

이호철, 미군정기 농업정책과 농지개혁연구의 재검토,『지역사회와 민족운동』, 한길사, 1987.

蔣尙煥, 농지개혁과정에 관한 실증적 연구 - 충남 서산군 근흥면의 실태조사를 중심으로 - ,『해방전후사의 인식 2』, 한길사, 1985.

蔣尙煥, 농지개혁과정에 관한 실증적연구(하) - 충남 서산군 근흥면의 실태조사를 중심으로 - ,『경제사학』9, 경제사학회, 1985.

장상환, 한국과 인도의 토지개혁 비교,『농업정책연구』12 - 1, 1985.

장상환, 해방후 대미의존적 경제구조의 성립과정,『해방40년의 재인식 1』, 돌베개, 1985.

장상환, 위기에 처한 한국농업,『한국경제의 이해』, 비봉출판사, 1987.

장상환, 현행 토지문제의 성격과 해결방향,『한국농업농민문제연구 1』, 연구사, 1988.

蔣尙煥, 농지개혁과 농민,『한국사시민강좌』6, 일조각, 1990.

장상환, 한국자본주의 성격논쟁과 농업문제,『한국사회의 현단계』, 녹두, 1990.

장상환, 일제하 농수산업정책과 그 잔재청산,『한국근현대사』2, 한국근대사연구소, 1993.

蔣尙煥, 농지개혁,『한국사 18』, 한길사, 1994.

장종익, 1950년대 미잉여농산물원조가 한국농업에 미친 영향에 관한 연구, 연세대 석사논문, 1988.

정영일, 전후 한국농지개혁에 대한 일고찰,『경제논집』6 - 2, 1967.

정영일, 외향적 경제발전과 농업정책,『한국경제의 전개과정』, 돌베개, 1981.

정영일, 한국농업의 구조변화(1960~80)와 그 대응방향,『경제논집』21 - 4, 1982.

정영일, 미군정의 농업정책,『미군정시대의 경제정책』, 한국정신문화연구원, 1992.

조영탁, 1950년대 이후 농업정책의 전개과정,『한국자본주의분석』, 일빛, 1991.

佐佐木隆二, 第2次大戰後の南朝鮮解放鬪爭における土地改革の要求について,『朝鮮史硏究會論文集』1, 1968.

朱奉圭, 미군정하의 귀속농지 분배에 관한 연구,『경제논집』25, 서울대 경제연구소, 1986.

朱宗桓, 농지개혁과 자본의 논리,『秋堰權丙卓화갑논총 한국근대경제사 연구의 성과 2』, 1989.

朱宗桓, 토지소유와 자본의 논리,『東村朱宗桓화갑기념논문집 한국자본주의론』, 1989.

주종환, 한국국가독점자본주의 전개와 한국농업의 위치 - 논쟁사적 고찰 - ,『東村朱宗桓화갑기념논문집 한국자본주의론』, 1989.

崔元奎, 해방후 농촌사회의 정치적 변동과 지주제 - 광주·해남지역을 중심으로 - ,『이재룡환력기념 한국사학논총』, 1990.

崔在錫, 해방후의 지주소작관계의 연구서설,『민족문화연구』7, 고려대 민족문화연구소, 1973.
崔虎鎭·金炳台, 농지개혁전사 - 미군정하의 농지개혁을 중심으로 - ,『학술원논문집(인문사회과학)』
　　25, 1986.
최호진, 미군정의 농지정책소고,『회고』3, 1987.
鶴嶋雪嶺, 南朝鮮においてアメリカ軍政廳が行なった土地改革に關する評價について,『經濟論集』27
　　- 2, 關西大學, 1977.
鶴嶋雪嶺, 南朝鮮におけるアメリカ軍と土地改革,『經濟論集』26 - 6, 關西大學, 1977.
한국민주당, 유상매수한 토지, 무상분여에 대하여 - 좌우합작위원회의 토지정책에 대한 비판 - /심지연,
　　『한국현대정당론』, 창작과 비평사, 1984.
한도현, 현대한국에서의 재벌의 토지지배 실태,『한국자본주의와 재벌』(한국사회사연구회논문집 36),
　　1992.
洪性讚, 해방직후의 지주제 동향 - 同福吳씨가의 東皐농장경영과 농지개혁에의 대응 - ,『孫寶基정년기
　　념 한국사학논총』, 1988.
洪性讚, 일제하 李順鐸의 농업론과 해방직후 立法議院의 토지개혁법안,『崔虎鎭講壇50주년기념논문집
　　경제이론과 한국경제』, 박영사, 1993.
황수철, 농산물 수입개방의 배경과 실태,『한국농업농민문제연구 1』, 연구사, 1988.
황연수, 농업정책과 농가소득구조의 변화 - 해방이후를 중심으로 - ,『한국의 사회와 문화』18, 한국정신
　　문화연구원, 1991.
황한식, 미군정하의 한국농업,『농업정책연구』8 - 1, 한국농업정책학회, 1981.
黃漢植, 한국 농지개혁연구(1),『부산상대논집』44, 부산대상대, 1982.
황한식, 한국농지개혁의 성격에 관한 예비적 고찰,『경남대연구논총』, 1982.
황한식, 현행 소작제도의 성격에 관한 연구,『한국농업문제의 새로운 인식』, 돌베개, 1984.
黃漢植, 미군정하 농업과 토지개혁정책,『해방전후사의 인식 2』, 한길사, 1985.
황한식, 한국농지개혁연구,『한국현대사』1, 열음사, 1985.
황한식, 개방체제하의 한국농업의 성격,『한국경제론』, 까치, 1987.
황한식, 농산물 수입개방의 배경과 실태,『한국농업농민문제연구 1』, 연구사, 1988.

3) 상업·무역

한국무역협회 편,『무역30년사』(상·하), 1977.
한국개발연구원,『한국무역발전과 종합상사의 역할』, 1984.

谷浦孝雄, 韓國の商人資本について,『朝鮮史硏究會論文集』14, 1977.
김대환, 전후의 원조경제와 상업자본의 형성과정,『한국현대사를 어떻게 볼 것인가』, 열음사, 1987.
辛泰坤, 미군정 무역정책의 전개와 그 성격,『부산상대논집』58, 부산대상대, 1989.
車喆旭, 1950년대 전반기 수입할당제의 운영과 貿易업자의 동향,『부산사학』24, 부산사학회, 1993.

3. 교통·통신

교통부 편,『한국교통60년약사』, 1960.

철도건설국 편간, 『철도건설약사』, 1965.
철도건설국 편, 『철도건설사』, 교진사, 1969.
철도청, 『한국철도사 1』, 1974.
철도청, 『한국철도사』(제5권 상·하), 철도청, 1994.
체신부 편, 『체신기구연혁사』, 1965.
체신부, 『전기통신사업80년사』, 1966.
체신부 편, 『한국우정사 1』, 1970.

Ⅳ. 사회

1. 사회

1) 사회구조 · 사회상태 · 인구 · 사회복지

高承濟,『한국근대화론』, 사회사상사, 1976.
金龍洛,『한국契의 이론과 실제』, 청자서원, 1967.
세계평화교수협의회,『한국현대사회사의 재구성』, 일념, 1985.
양회수,『한국농촌의 촌락구조』, 고려대 아세아문제연구소, 1967.
윤여덕 · 김종채,『농촌인구이동에 관한 사회학적 연구』, 한국농촌경제연구원, 1984.
한국사회과학연구소,『한국사회론』, 민음사, 1980.
한국사회사연구회,『해방후 한국의 사회변동』(한국사회사연구회논문집 5), 1986.
한국사회학회,『한국전쟁과 한국사회변동』, 풀빛, 1992.

姜薰德, 일제의 사회정책과 그 잔재청산,『한국근현대사』2, 한국근대사연구소, 1993.
고성국, 한국 시민사회의 형성과 발전,『아시아문화』10, 한림대 아시아문화연구소, 1994.
권승구, 농지개혁 이후의 농민층분해의 실태와 그 성격,『東村朱宗桓화갑기념논문집 한국자본주의론』,
    1989.
權寧勤, 8 · 15이후 1950년대까지의 농업, 농민에 대한 연구,『국사관논총』58, 국사편찬위원회, 1994.
金炳坤, 해방이후 남북한 인구이동과 변화,『이재룡환력기념 한국사학논총』, 1990.
김춘동, 농촌사회의 헤게모니과정에 관한 일연구 - 경남 남지읍의 사례 - ,『한국자본주의와 농촌사회』,
    사회문화연구소, 1991.
朴珍道, 농지개혁과 농촌사회의 변화,『한국의 사회와 문화』18, 한국정신문화연구원, 1991.
辛福基, 美軍政의 福祉政策에 대한 韓 · 日間의 比較,『한일연구』6, 한국일본문제연구소, 1993.
安鍾澈, 미군정기 지역사회의 정치지형과 갈등구조,『전남사회운동사연구』, 광주 : 한국현대사사료연구
    소, 1992.
嚴周井, 한국의 시민사회 성장과 윤리의식,『논문집』11, 용인대, 1995.
유석춘 · 李宇榮 · 장덕진, 한국전쟁과 남한사회의 구조화,『한국과 국제정치』6 - 2, 경남대 극동문제연
    구소, 1990.
정근식 · 공제욱, 현대 한국사회와 사회사적 연구,『한국학보』80, 일지사, 1995.
鄭在勳, 한국현대사회의 성씨와 인구,『고고역사학지』9, 동아대박물관, 1993.

2) 가족 · 친족제

고황경 외,『한국농촌가족연구』, 서울대출판부, 1981.
공세권 외,『한국가족구조의 변화 - 가족생활주기 조사를 중심으로 - 』, 한국인구보건연구원, 1987.
김영모,『한국가족정책연구』, 한국복지정책연구소, 1990.

김주숙, 『한국농촌의 여성과 가족』, 한울아카데미, 1994.
金宅圭, 『동족부락의 생활구조연구 - 반촌문화조사연구 - 』, 청구대출판부, 1964.
서울대 사회과학연구소 편, 『해방40년 - 가치의식의 변화와 전망 - 』, 서울대출판부, 1986.
여성한국사회연구회, 『한국가족론』, 까치, 1991.
여성한국사회연구회, 『한국가족의 부부관계』, 사회문화연구소, 1992.
유네스코 한국위원회, 『사회변동과 세대차이(연구세미나 보고서)』, 1982.
최재석, 『한국농촌가족연구』, 일지사, 1975.
최재석, 『한국농촌사회변동연구』, 일지사, 1988.
한국가족학연구회 편, 『도시 저소득층의 가족문제』, 하우, 1992.
한국사회사연구회, 『한국사회의 여성과 가족』(한국사회사연구회논문집 20), 1990.
한국사회사연구회, 『한국근현대가족의 재조명』(한국사회사연구회논문집 39), 1993.
한국사회학회 편, 『한국사회와 세대문제』, 나남, 1990.
한국인구보건연구원 편, 『한국 가족의 기능과 역할 변화』, 1990.
한남제, 『현대한국가족연구』, 일지사, 1989.

김정식, 한국농민의 가족가치 변화에 관한 비교연구 - 1959~81년을 중심으로 - , 고려대 석사논문, 1981.
김주숙, 농업생산양태와 농촌가족문제, 『한신논문집』 4, 1987.
김흥주, 한국가족문제의 특징 - 기능주의 가족문제론 비판 - , 『한국근현대가족의 재조명』(한국사회사연
    구회논문집 39), 1993.
박재홍, 한국사회의 노인문제 - 교환론적 관점을 중심으로 - , 『한국사회학』 25, 1991.
박재홍, 한국사회의 세대문제 - 질적 접근 - , 『한국산업사회의 현실과 전망』(한국사회사연구회논문집
    38), 1992.
장현섭, 한국사회는 핵가족화하고 있는가, 『한국근현대가족의 재조명』(한국사회사연구회논문집 39),
    1993.
崔在錫, 산업화와 가족형태의 변화 - 1955년과 1975년의 비교 - , 『한국학보』 24, 일지사, 1981.
한남제, 가족연구의 성과와 문제점, 『한국사회학』 18, 1984.
한완상, 한국사회에서 세대갈등에 관한 한 연구, 『계간 사상』 3 - 1, 1991.
함인희, 한국가족형태의 변화 - 1960 · 70년대 산업화와 관련해서 - , 이화여대 석사논문, 1982.

3) 여성

고준석, 『아리랑고개의 여인』, 광주, 1987.
김주숙, 『한국농촌의 여성과 가족』, 한울아카데미, 1994.
손봉숙 · 이경숙 · 이온죽 · 김애실, 『북한의 여성생활』, 나남, 1991.
손봉숙 · 우정자 · 아숙진, 『엄마의 일자리, 딸의 일자리 - 사진으로 보는 한국여성직업 50년사 - 』, 한국
    여성정치연구소, 1995.
여성한국사회연구회, 『여성과 한국사회』, 사회문화연구소, 1994.
윤미량, 『북한의 여성정책』, 한울, 1991.
이승희, 『한국현대여성운동사』, 백산서당, 1994.
이태영, 『북한여성』, 실천문학사, 1988.
이효재 편, 『여성해방의 이론과 현실』, 창작과 비평사, 1979.
이효재, 『한국의 여성운동 - 어제와 오늘 - 』, 정우사, 1989.

조혜정,『한국의 여성과 남성』, 문학과 지성사, 1990.

최은희,『여성전진70년』, 중앙출판인쇄공사, 1980.

한국여성연구회,『여성과 사회』(1~5), 창작과 비평사, 1990~1994.

한국여성연구회,『여성학강의』, 동녘, 1991.

힉스, 조지 저, 전경자·성은애 역,『위안부』, 창작과 비평사, 1995.

문경란, 미군정기 여성운동연구, 이화여대 석사논문, 1989.

宋連玉, 朝鮮婦女總同盟 - 8·15解放直後の女性運動 - ,『朝鮮民族運動史硏究』2, 1985.

오숙희, 한국여성운동에 관한 연구, 이화여대 석사논문, 1988.

이순애, 韓國女性運動の現況 序章,『朝鮮史叢』4, 1980.

이승희, 미군정기 좌익여성운동연구 - 조선부녀총동맹을 중심으로 - ,『80년대 한국 인문사회과학의 현
    단계와 전망』, 역사비평사, 1988.

이승희, 인간해방, 여성해방을 향한 80년대 여성운동,『한국사회운동사』, 죽산, 1990.

이승희, 한국여성운동의 현단계,『여성운동과 문학』, 풀빛, 1993.

이승희, 분단시대의 여성운동,『한국사 20』, 한길사, 1994.

주준희, 북한여성의 정치문화에 관한 연구,『성곡논총』22, 성곡학술문화재단, 1991.

4) 해외이민·유민·재외동포

고송무,『쏘련의 한국이민』, 이론과 실천, 1990.

곽태환,『재미한인사회』, 양영각, 1991.

구해근·유의영,『한국인의 미국이민』, 하와이동서문화센터, 1981.

권일,『현해탄을 사이에 두고 - 일본 소속의 남과 북』, 해외교포문제연구소, 1983.

吉岡增雄,『在日朝鮮人と社會保障』, 社會評論社, 1978.

김동현,『조총련』, 정음사, 1977.

신성려,『하와이 이민약사』, 고려대 민족문화연구소, 1989.

이광규,『재일한국인』, 일조각, 1983.

이광규,『재미한국인 - 총체적 접근』, 일조각, 1989.

이광형,『한국과 일본의 이민정책 비교연구』, 연세대, 1985.

재일한국거류민단,『민단 30년사』, 1977.

전경수,『브라질의 한국이민 - 인류학적 접근』, 서울대, 1991.

전준,『조총련연구』(1·2), 고려대출판부, 1972.

佐藤勝已,『在日韓國人の諸問題』, 同成社, 1971.

佐藤勝已,『在日朝鮮人 - その差別と處遇の實態』, 同成社, 1974.

한국정신문화연구원,『세계속의 한국문화 - 재외한인의 생활과 문화』, 1992.

현규환,『한국유이민사』, 삼화인쇄출판부, 1976.

홍사원·김사헌,『한국 해외이민연구』, 한국개발연구원, 1979.

김뾰트르, 우즈베크공화국 한인의 사회·정치적 위상 - 그 역사와 현실 - ,『水邨朴永錫화갑논총 한민족
    독립운동사논총』, 1992.

김올레그, 재소한인의 문화와 언어,『水邨朴永錫화갑논총 한민족독립운동사논총』, 1992.

朴慶輝, 在中朝鮮族의 법적 지위에 대한 역사적 고찰,『백산학보』44, 백산학회, 1994.

박드미트리, 재소한인의 강제이주 약사 - 그것은 어떠하였는가 - ,『水邨朴永錫화갑논총 한민족독립운동
　　사논총』, 1992.
孫春日, 중국 연변조선족 聚居區의 형성에 대하여,『水邨朴永錫화갑논총 한국사학논총(하)』, 1992.
原尻英樹, 在日韓民族의 民族境界와 民族的 Identity,『水邨朴永錫화갑논총 한국사학논총(하)』, 1992.
李光奎, 재일 한국인의 사회운동사,『사회과학과 정책연구』 4 - 3, 서울대 사회과학연구소, 1982.
전경수, 브라질의 한국이민과 그 전개과정,『재외한인연구』 1, 재외한인연구회, 1990.

2. 민중운동

1) 농민 · 농민운동 · 농촌상태

농업협동조합중앙회 편간,『농업협동조합운동 - 그 사적 고찰과 금후의 방향 - 』, 1962.
박진도,『現代韓國農民層分解의 硏究 - 』, 東京大 博士學位論文, 1987.
박현채,『한국농업의 구상』, 한길사, 1981.
박현채,『한국경제와 농업』, 까치, 1982.
윤여덕 · 김종채,『농촌인구이동에 관한 사회학적 연구』, 한국농촌경제연구원, 1984.
이우재,『한국농민운동사연구』, 한울, 1991.
최학소,『농민조합조직론』, 1946/돌베개, 1987.
한국기독교사회문제연구원 편,『농촌현실과 농민운동』, 민중사, 1984.
한국농어촌사회연구소 편,『한국농업농민문제연구』(1 · 2), 연구사, 1988 · 1989.

권영근, 농업문제의 연구현황과 과제,『한국사회연구』 5, 한길사, 1987.
김낙중, 한국농민운동소사,『한국농업문제의 새로운 인식』, 돌베개, 1984.
김완, 한국의 농민층분해에 관한 사례연구,『한국농업문제의 새로운 인식』, 돌베개, 1984.
김준보, 한국소농의 주체성 재평가,『학술원논문집』 19, 1980.
김춘동, 이농이 소농의 재생산구조에 미친 영향, 서울대 석사논문, 1982.
김태일, 현대한국농민의 계급형성과 계급운동(1964~1990),『한국자본주의와 농촌사회』, 사회문화연구
　　소, 1991.
김홍상, 8 · 15이후 한국농업의 전개과정과 소작제,『한국자본주의와 농업문제』, 아침, 1987.
남춘호, 이농민의 직업이동사를 통해서 본 한국사회의 계급구조 변화,『현대한국자본주의와 계급문제』
　　(한국사회사연구회논문집 14), 1988.
노금노, 현단계 농민현실과 농민운동의 과제와 방향,『한국농업농민문제연구 2』, 연구사, 1989.
류승렬 · 이시종, 해방직후의 노동 · 농민운동,『한국현대사 1』, 풀빛, 1991.
박연섭, 80년대 농민운동의 비판적 고찰,『해방40년의 재인식 2』, 돌베개, 1986.
박재묵, 농민층의 재촌 임노동자화와 탈농화경향,『한국자본주의와 농촌사회』, 사회문화연구소, 1991.
박진도, 농촌주민의 계층구성 및 그 성격에 관한 사례연구,『경상논집』 3 - 2, 충남대, 1981.
박혜숙, 미군정기 농민운동과 전농의 운동노선,『해방전후사의 인식 3』, 한길사, 1987.
孫炳富, 해방직후 전남지역의 농민운동,『전남사회운동사연구』, 광주 : 한국현대사사료연구소, 1992.
양희왕, 농촌경제의 상황과 농민분화,『한국사회연구』 2, 한길사, 1984.
윤수종, 노동력 이동에 따른 농촌사회의 변화, 서울대 석사논문, 1984.

이경숙, 한국농지개혁 결정과정에 관한 재검토, 『한국자본주의와 농업문제』, 아침, 1987.

이영기, 1960년대 이후의 농민층분해에 관한 연구, 서울대 석사논문, 1982.

이영기, 농민층분해의 동향과 계층구성, 『한국농업농민문제연구 1』, 연구사, 1988.

이우재, 한국농업문제의 본질, 『한국농업문제의 인식』, 물결, 1973.

이우재, 농민운동의 반성, 『우리시대 민족운동의 과제』, 한길사, 1986.

이우재, 한국농민운동의 전개과정과 민족민주운동, 『한국민족주의운동과 민중』, 두레, 1987.

이우재, 8·15직후 농민운동연구, 『한국농업농민문제연구 2』, 연구사, 1989.

이우재, 미군정기 농민운동의 전개과정, 『한국현대정치사 1』, 실천문학사, 1989.

이혜숙, 미군정기 농민운동의 성격과 전개과정, 『해방직후의 민족문제와 사회운동』(한국사회사연구회논
　　문집 13), 1988.

李鎬澈, 농민운동, 『한국사 18』, 한길사, 1994.

李鎬澈, 1960~80년대의 농민운동, 『한국사 20』, 한길사, 1994.

장상환, 어떤 농업강령을 세우고 어떻게 농민조직을 만들 것인가, 『80년대 사회운동논쟁』, 한길사, 1989.

蔣尙煥, 농지개혁과 농민, 『한국사시민강좌』 6, 일조각, 1990.

전국농민운동연합, 80년대 농민운동의 총정리, 『우리농민』 3, 1990.

주종환, 농민층분해와 대농계층의 성격, 『농업경제학연구』, 동국대출판부, 1967.

洪性讚, 해방 직후의 농장자주관리운동과 그 귀결 - 황해도 옹진군 成業社 末永農場의 사례 - , 『동방학
　　지』 70, 연세대 국학연구원, 1991.

2) 노동자·노동운동

기독교사회문제연구원 편, 『7·8월 노동자대중투쟁』, 민중사, 1987.

김금수 외, 『한국노동운동론』, 미래사, 1985.

김금수, 『한국노동문제의 상황과 인식』, 풀빛, 1986.

김낙중, 『한국노동운동사 - 해방후 편 - 』, 청사, 1982.

김명시, 『전노협건설과 노동조합운동의 현단계』, 백산서당, 1990.

김사욱, 『한국노동운동사』(산경문고 1), 1974.

김수곤, 『노동공급과 실업구조』, 한국개발연구원, 1976.

김수곤, 『임금과 노사관계』, 한국개발연구원, 1976.

김양재, 『노동조합교정』, 1947/돌베개, 1987.

김용기·박승옥 엮음, 『한국노동운동논쟁사』, 현장문학사, 1989.

김윤환, 『한국의 노동문제연구』, 고려대 아세아문제연구소, 1967.

김윤환·김낙중, 『한국노동운동사』, 일조각, 1970.

김장한, 『80년대 한국노동운동사』, 조국, 1989.

김현상, 『현단계노동운동론』, 백산서당, 1990.

김형기, 『한국의 독점자본과 임노동』, 까치, 1988.

민영식, 『민주노조운동의 새로운 출발』, 중원문화, 1987.

민주화운동직장청년회 편, 『사무·전문·기술직 노동운동』, 백산서당, 1989.

민중석, 『남한노동운동사』, 들불, 1989.

박현채 외, 『한국자본주의와 노동문제』, 돌베개, 1985.

배무기·박재윤, 『한국의 공업노동연구』, 서울대경제연구소, 1978.

사계절편집부 편, 『전환』, 사계절, 1987.

서관모 외,『현단계 한국 사무직 노동운동』, 태암, 1989.

송호근,『한국의 노동정치와 시장』, 나남, 1991.

윤진호,『한국의 불안정취업층에 관한 연구』, 서울대 박사논문, 1989.

이목,『한국교원노동조합운동사 - 4·19혁명기를 중심으로 - 』, 푸른나무, 1989.

이종오 외,『한국노동운동의 이념』, 정암사, 1988.

이효수,『한국노동시장구조론』, 법문사, 1984.

林鍾哲·裵茂基 외,『한국의 노동경제』, 문학과 지성사, 1980.

장명국,『노동운동과 민족문제』, 석탑, 1990.

전기호,『한국노동경제론』, 한길사, 1989.

전태일기념사업회 편,『한국노동운동 20년의 결산과 전망』, 세계, 1991.

정진성 외,『한국자본주의와 임금노동』, 화다출판사, 1984.

최장집,『한국의 노동운동과 국가』, 열음사, 1988.

한국기독교교회협의회 편,『노동현장과 증언』, 풀빛, 1986.

한국기독교산업개발원 편,『대우자동차 파업·농성』, 웨슬레, 1985.

한국기독교산업개발원 편,『한국노동운동의 이념』, 정암사, 1988.

한국기독교산업개발원 편,『한국사회변혁운동과 노동운동』, 정암사, 1989.

한국노총,『한국노동운동사』, 한국노총, 1979.

한국사회사연구회,『한국근현대의 민족문제와 노동운동』(한국사회사연구회논문집 15), 1989.

한국사회사연구회,『현대한국의 자본축적과 민중생활』(한국사회사연구회논문집 21), 1990.

한국사회연구소 편,『노동조합조직연구』, 백산서당, 1989.

한국사회연구소 편,『한국사회노동자연구』(1~4), 백산서당, 1989.

화다편집부 편,『한국자본주의와 임노동』, 화다, 1984.

고현진, 미군정기 노동운동,『해방40년의 재인식 1』, 돌베개, 1985.

김광운, 6월민중항쟁과 7~9월 노동자대중투쟁,『한국현대사 4』, 풀빛, 1991.

김성훈, 85년 노동운동에 관한 두 개의 평가,『전환기의 노동운동』, 돌베개, 1986.

金永來, 한국노총에 관한 연구,『국사관논총』64, 국사편찬위원회, 1995.

金潤煥, 일제 및 미군정시대의 노동운동,『한국의 사회와 문화』8, 한국정신문화연구원, 1987.

김인동, 1970년대 민주노조운동의 전개와 평가,『한국노동운동론』, 미래사, 1985.

김태승, 미군정기 노동운동과 전평의 운동노선,『해방전후사의 인식 3』, 한길사, 1987.

김형기, 한국노동문제의 역사적 전개,『한국사회론』, 한울, 1990.

박민성, 현단계 노동운동의 평가와 전망,『현실과 전망』1, 풀빛, 1984.

朴浚植, 1970·80년대의 노동운동,『한국사 20』, 한길사, 1994.

박현채, 1970년대의 노동자·농민운동,『해방40년의 재인식 2』, 돌베개, 1986.

朴玄埰, 4·19시기 노동운동의 전개와 양상,『역사비평』2, 역사문제연구소, 1988.

박현채, 국가독점자본주의하에서의 노동운동,『노동문학』1, 실천문학사, 1988.

백욱인, 노동자계급상태 연구방법론 시론,『경제와 사회』3, 산업사회연구회, 1989.

成漢杓, 9월 총파업과 노동운동의 전환,『해방전후사의 인식 2』, 한길사, 1985.

송정남, 한국노동운동과 지식인의 역할,『한국노동운동론』, 미래사, 1985.

송호근, 권위주의 한국에서의 노동조합 - 노동조합은 노동조건의 개선에 기여하는가 - ,『한국의 노동문
　　제와 노동운동』(한국사회사연구회논문집 30), 1991.

신광영, 남한과 일본에서의 미점령군의 노동정책 비교연구, 『경제와 사회』 3, 한국산업사회연구회, 1989.

신광영, 아시아신흥공업국의 산업화와 노동운동, 『아시아문화』 6, 1990.

엄주웅, 변혁적 노동운동의 대중화와 계급적 지평의 확대, 『한국사회운동사』, 죽산, 1990.

유승렬, 全評과 노동자계급의식, 『역사비평』 11, 역사문제연구소, 1990.

이상철, 울산지역 노동운동의 특성(1987~1990), 『한국의 노동문제와 노동운동』(한국사회사연구회논문집 30), 1991.

이성균, 미군정기 노동운동의 전개과정에 관한 일연구, 『한국근현대의 민족문제와 노동운동』(한국사회사연구회논문집 15), 1989.

이종오, 80년대 노동운동 전개과정의 이해를 위하여, 『한국노동운동의 이념』, 정암사, 1988.

이철국, 4·19시기 교원노동조합운동, 『역사비평』 2, 역사문제연구소, 1988.

이호룡, 해방 직후 조선노동조합 전국평의회의 운동노선, 『한국사연구』 90, 한국사연구회, 1995.

任松子, 미군정기 대한독립촉성노동총연맹의 조직에 대한 고찰, 『성대사림』 9, 성균관대사학회, 1993.

장명국, 해방후 한국노동운동의 발자취, 『한국노동운동론』, 미래사, 1985.

장명국, 한국사회성격과 7·8월 노동자투쟁, 『새벽』6호, 석탑, 1989.

장홍근, 한국노동운동에 대한 사법통제의 사회적 구성, 『현대한국의 농업문제와 노동운동』(한국사회사연구회논문집 21), 1990.

전현수, 해방직후 전평의 조직과 활동(1945.8~1947.8), 『한국사연구』 81, 한국사연구회, 1993.

정근식, 해방직후 전남지역의 노동운동, 『전남사회운동사연구』, 광주 : 한국현대사사료연구소, 1992.

丁榮泰, 노동운동, 『한국사 18』, 한길사, 1994.

정태석, 공업구조와 노동운동에 대한 일고찰, 『현대한국의 농업문제와 노동운동』(한국사회사연구회논문집 21), 1990.

정해구, 미군정과 좌파의 노동운동 - 정치적 상황과 전평의 운동노선을 중심으로, 『경제와 사회』 2 - 1, 1989.

中尾美知子, 朝鮮'解放'と全評備動運動(1) - 解放と分斷社會史 -, 『調査研究報告』 14, 學習院大學東洋文化研究所, 1982/『한국자본주의와 임노동』, 화다, 1984.

中尾美知子, 미군정의 노동정책과 노동운동의 전개, 『한국현대사 1』, 열음사, 1985.

中尾美知子, 1951~52년 조선방직쟁의 - 현대 한국노사관계의 스타트라인 -, 고려대 석사논문, 1990.

中尾美知子, 1950년대 한국노동운동의 분기점 - 조선방직쟁의 연구 -, 『역사비평』 12, 역사문제연구소, 1991.

崔智江, 해방 직후 全評의 산업건설운동 연구, 이화여대 석사논문, 1990.

Jung Young-tae, The Rise of the Cold War and Labor Movements in South Korea, 1945~1948, 『Asian Perspective』 13 - 1, The Institute for Eastern Studies Kyungnam University, 1989 Spring-Summer.

3) 학생운동

강신철 외, 『80년대 학생운동사』, 형성사, 1988.

이재오, 『해방후 한국학생운동사』, 형성사, 1984.

이재오, 『한일관계사의 인식』, 학민사, 1985.

일송정편집부 엮음, 『학생운동논쟁사』, 일송정, 1988.

정국로, 『한국학생민주운동사』, 한국현대사연구소, 1995.

조지훈, 『80년대 후반 청년학생운동』, 형성사, 1989.

한국반탁·반공학생운동기념사업회, 『한국학생건국운동사』, 1986.

한국역사연구회 근현대청년운동사연구반,『한국근현대청년운동사』, 풀빛, 1995.
한용 외,『80년대 한국사회와 학생운동』, 청년사, 1989.

김도종, 한국학생운동의 쇠퇴와 전망 - 제도화에서 탈저도화로 - ,『한국과 국제정치』9 - 1, 경남대 극동
　　문제연구소, 1993.
金仁會, 미소군정하의 교육정책과 학생운동,『현대사를 어떻게 볼 것인가 2』, 동아일보사, 1988.
文龍植, 1960~80년대의 청년학생운동,『한국사 20』, 한길사, 1994.
裴燦福, 한국대학생 통일운동에 관한 연구 - 남·북대학생 비교를 중심으로 - ,『한국북방학회논집』창
　　간호, 한국북방학회, 1995.
서울대 한일문제연구회, 한일회담저지투쟁과 정당성,『사상계』1965 - 5..
서중석, 3선개헌반대, 민청학련투쟁, 반유신투쟁,『역사-비평』1, 역사문제연구소, 1988.
兪道鎭, 청년학생운동사(1945~1979),『한국의 사회와 문화』6, 한국정신문화연구원, 1986.
柳永烈, 6·3학생운동의 전개와 역사적 의의,『한국사연구』88, 한국사연구회, 1995.
이종오, 반제반일 민족주의와 6·3운동,『역사비평』1, 역사문제연구소, 1988.
李熙煥, 한국학생운동의 역사적 성격,『논문집』16, 군산대, 1989.
鄭桂庭, '4월혁명기' 학생운동의 배경과 전개 - 학원민주화운동과 국민계몽운동을 중심으로 - , 성균관대
　　석사논문, 1995.3)
鄭國老, 해방초기의 학생운동,『한국현대사의 전개』, 한국사연구협의회, 1988.
최연구, 80년대 학생운동의 이념적 조직적 발전과정,『한국사회운동사』, 죽산, 1990.

4) 민주화운동 · 사회운동

5·18광주민중항쟁동지회 편,『부마에서 광주까지』, 샘물, 1990.
5·18광주의거청년동지회 편,『5·18광주민중항쟁 증언록 1』, 광주, 1987.
강정구,『좌절된 사회혁명』, 열음사, 1989.
기독교사회문제연구원 편,『6월민주화대투쟁』, 민중사, 1987.
김세균 외,『5·18광주민중항쟁과 한국민족민주운동』, 광주, 1989.
민중운동사연구회,『해방후 한국변혁운동사 1945~1953』, 녹진, 1990.
박수명·이석재·장현오·조남욱,『한국국민정신운동의 역사와 발전방향』, 집문당, 1995.
박현채 외,『한국사회의 재인식 1』, 한울, 1985.
박현채·조희연 편,『한국사회구성체논쟁』(1~4), 죽산, 1989~1992.
사월혁명연구소 편,『한국사회의 변혁운동과 4월혁명』(1·2), 한길사, 1990.
신동아편집실 편,『선언으로 본 80년대 민족민주운동』, 동아일보사, 1990.
오근석,『80년대 민족민주운동』, 논장, 1988.
유시민 외,『광주민중항쟁 - 다큐멘타리 1980 - 』, 돌베개, 1990.
이광영·전춘심 외,『광주여 말하라』, 실천문학사, 1990.
전남대총학생회학술부 편,『혁명광주는 지금도 계속되고 있다』, 남풍, 1988.
전남사회운동협의회 편, 황석영 기록,『죽음을 넘어 시대의 어둠을 넘어』, 풀빛, 1985.
정해구 외,『광주민중항쟁연구』, 사계절, 1990.
조진경 외,『한국사회의 성격과 운동』, 공동체, 1987.
조진경,『민족자주화운동론 1』, 백산서당, 1988.
조희연,『한국사회운동사 - 한국변혁운동의 역사와 80년대의 전개과정 - 』, 죽산, 1990.

조희연, 『현대 한국사회운동조직에 관한 연구』, 연세대 박사논문, 1992.

조희연, 『현대 한국사회운동과 조직』, 한울, 1993.

채만수·김장한 편, 『한국사회통일전선논쟁』, 죽산, 1990.

피터슨, 아놀드 A. 저, 정동섭 역, 『5·18 광주사태』, 풀빛, 1995

한국가톨릭노동청년회, 『한국가톨릭노동청년회 25년사』, 분도출판사, 1986.

한국기독교사회문제연구원 편, 『1970년대 민주화운동과 기독교』, 한국기독교사회문제연구원, 1983.

한국사회사연구회, 『한국 사회운동의 기반과 새 경향』, 문학과 지성사, 1994.

한국현대사사료연구소 편, 『광주5월민중항쟁』, 풀빛, 1990.

한국현대사사료연구소 편, 『역사와 현장 1』, 남풍, 1990.

한승헌 편, 『유신체제와 민주화운동』, 삼민사, 1984.

강만길, 5·18광주민중항쟁의 민족사적 성격, 『5·18광주민중항쟁과 한국민족민주운동』, 광주, 1989.

고성국, 6월민주항쟁, 『사회과학개론 2』, 백산서당, 1990.

金東春, 1960·70년대의 사회운동, 『한국사 19』, 한길사, 1994.

김창진, 한국현대사와 광주민중항쟁, 『사회과학개론Ⅱ』, 백산서당, 1990.

都珍淳·정창현, 1950~70년대 한국사회운동에 대한 연구동향과 과제, 『역사와 현실』 4, 한국역사연구
    회, 1990.

민주화실천가족운동협의회·민족민주운동연구소 편, 『80년대 민족민주운동 10대 조직사건』, 아침, 1989.

서중석, 광주항쟁의 민족사적 의의, 『역사비평』 5, 역사문제연구소, 1989.

안병용, 남민전, 『역사비평』 10, 역사문제연구소, 1990.

양재원, 통일전선론의 쟁점과 80년대 통일전선운동의 흐름, 『한겨레평론』 2, 이론과 실천, 1990.

오유석, 진보당사건 분석을 통한 1950년대 사회운동 연구, 『경제와 사회』 1990년 여름호.

柳基洪, 1980년대의 민족민주운동, 『한국사 20』, 한길사, 1994.

李光奎, 재일 한국인의 사회운동사, 『사회과학과 정책연구』 4-3, 서울대 사회과학연구소, 1982.

이삼성, 광주민중봉기와 미국의 역할, 『사회와 사상』 1989년 2월호.

이승억, 1987년 대통령선거와 민족민주운동, 『한국현대사 4』, 풀빛, 1991.

이우재, 1979년 크리스찬아카데미 사건, 『역사비평』 12, 역사문제연구소, 1991.

이종범, 광주민중항쟁의 지역적 배경과 주체문제, 『역사와 현장 1』, 남풍, 1990.

李鍾太, 분단시대의 교육운동의 전개, 『한국사 20』, 한길사, 1994.

任軒永, 해방직후 지식인의 민족현실 인식, 『해방전후사의 인식 2』, 한길사, 1985.

장규식, 해방후 국가건설운동과 지역사회의 동향 - 충청남도 홍성군 사례 -, 『학림』 16, 연세대사학연구
    회, 1994.

조희연, 전후 한국사회운동의 발전과정에 관한 연구, 『경제와 사회』 3, 1988.

조희연, 80년대 민주변혁운동과 변혁론적 인식의 전개 - 사회구성체 논쟁을 중심으로 -, 『東村朱宗桓화
    갑기념논문집 한국자본주의론』, 1989.

조희연, 60년대 조직사건에 대한 역사사회학적 연구 - 통혁당을 중심으로 -, 『경제와 사회』 6, 1990.

조희연, 1970년대 비합법전위조직의 이념에 대한 연구 - '남민전'을 중심으로 -, 『역사와 현실』 5, 한국역
    사연구회, 1991.

조희연, '80년대 민주화운동과 체제논쟁, 『현대한국체제논쟁사연구』, 한국정신문화연구원, 1992.

피터슨, 마크, 미국은 광주사태에 책임이 없다, 『사회와 사상』 1989년 5월호.

3. 사회계층 · 지배집단

공제욱,『1950년대 한국자본가의 형성과정』, 서울대 박사논문, 1992.
김영모,『한국사회계층연구』, 일조각, 1982.
金泳謨,『현대사회 계층론』, 한국복지정책연구소출판부, 1982.
김진균 외,『한국사회의 계급연구 1』, 한울, 1985.
서관모,『현대한국사회의 계급구성과 계급분화』, 한국사회학회, 1984.
서관모,『한국사회 계급구성의 연구』, 서울대 박사논문, 1987.
서재진,『한국의 자본가계급』, 나남, 1991.
한국사회학회 편,『한국사회 어디로 가고 있나』, 현대사회연구소, 1983.

강희경, 신중간계급의 계급구조적 특성,『한국사회학연구』3, 서울대사회학연구회, 1979.
고성국, 5 · 16쿠데타 이후 역대 군부정권의 본질,『역사비평』6, 역사문제연구소, 1989.
공제욱, 현대한국 계급연구의 현황과 쟁점,『한국사회의 계급연구 1』, 한울, 1985.
공제욱, 1950년대 한국사회의 계급구성,『경제와 사회』3, 한국산업사회연구회, 1989.
김병조, 현대 한국 구중간계급의 형성 및 재생산,『한국의 사회신분과 사회계층』(한국사회사연구회논문
    집 3), 1986.
김석준, 부산시의 계급구조 분석 시론,『한국사회의 계급연구 1』, 한울, 1985.
김영래, 한국 이익집단의 형성과 발전,『현대사회』24, 현대사회연구소, 1986.
김진균 · 임영일, 한국농민층에 대한 계급론적 접근,『한국사회의 계급연구 1』, 한울, 1985.
김진균 · 조희연, 한국사회의 하층계급에 대한 연구,『한국사회의 계급연구 1』, 한울, 1985.
박명규, 농민층에 대한 계급론적 접근 시론,『한국사회의 계급연구 1』, 한울, 1985.
박현채, 민중의 계급적 성격 규명,『한국사회의 계급연구 1』, 한울, 1985.
박형준, 80년대 중간층론의 쟁점과 과제,『신동아』1989년 10월호.
서관모, 현대한국사회의 계급구성,『한국사회의 계급연구 1』, 한울, 1985.
서관모, 중간계층의 계급적 성격,『실천문학』, 실천문학사, 1987.
서관모, 중간제계층의 구성과 민주변혁에서의 지위,『80년대 한국인문사회과학의 현단계와 전망』역사
    비평사, 1988.
서관모, 한국화이트칼라 노동자의 구성,『현단계 사무직 노동운동』, 태암, 1989.
서재진, 한국자본가계급 기구의 형성과 성격,『현대한국의 자본축적과 민중생활』(한국사회사연구회논문
    집 16), 1989.
송호근, 한국자본가들의 계급기구의 형성과 성격,『한국근현대의 민족문제와 노동운동』(한국사회사연구
    회논문집 15), 1989.
이현송, 한국 데자본가의 형성 및 구조에 대한 일고찰,『한국사회의 신분계급과 사회변동』(한국사회사연
    구회논문집 8), 1987.
장하진, 이승만정권기 매판지배집단의 구성과 성격,『역사비평』6, 역사문제연구소, 1989.
정근식, 화이트칼라의 성격규정을 위한 연구,『한국사회의 계급연구 1』, 한울, 1985.
조돈문, 한국사회 계급구조의 변화, 1960~1990 - 계급구조의 양극화의 고찰 - ,『한국사회학』28, 한국사
    회학회, 1994.
차성수, 한국자본주의와 노동자계급,『사회과학개론 2』, 백산서당, 1990.
홍덕률, 한국자본가계급의 성격,『한국사회의 계급연구 1』, 한울, 1985.

홍덕률, 한국의 대자본가조직 연구, 『한국자본주의와 재벌』, 문학과 지성사, 1992.

홍두승, 직업 및 계층구조의 변화와 전망, 『한국사회 어디로 가고 있나』, 현대사회연구소, 1983.

홍두승, 직업분석을 통한 계층연구 - '한국표준직업분류'를 중심으로 - , 『사회과학과 정책연구』 5 - 3, 1983.

홍두승·서관모, 한국사회계층의 실태와 개념상의 재구성문제, 『한국사회의 계급연구 1』, 한울, 1985.

Eckert, Carter J., The South Korean Bourgeoisie : A Class in Search of Hegemony, 『The Journal of Korean Studies』, L. A : 남가주대학 사학과, 1990.

V. 문화

1. 사상 · 종교 · 祭儀

1) 종교 · 祭儀

고려대 민족문화연구소, 『한국현대문화사대계 2 - 학술 · 사상 · 종교사(상) - 』, 1976.
고려대 민족문화연구소, 『한국현대문화사대계 3 - 학술 · 사상 · 종교사(하) - 』, 1976.
고태우, 『북한의 종교정책』, 민족문화사, 1988.
郭安全 · 심재원 공저, 『한국교회사』, 대한기독교서회, 1961.
郭安全, 『한국교회사』, 대한기독교서회, 1973.
기독교대한감리교회총리원교육국 편, 『한국감리교회사』, 1975.
金光洙, 『한국기독교인물사』, 기독교문사, 1974.
金光洙, 『한국기독교성장사』, 기독교문사, 1976.
金時俊, 『천주교전교박해사 - 벽위편 - 』, 국제고전교육협회, 1984.
金良善, 『한국기독교해방10년사』, 대한예수교장로회, 1956.
金良善, 『간추린 한국교회사』, 대한예수교장로회총회, 1962.
金良善, 『한국기독교사연구』, 기독교문사, 1971.
金仁洙, 『한국기독교회사』, 한국장로교출판사, 1994.
金昌文 · 鄭宰善 공저, 『한국의 카톨릭 - 어제와 오늘 - 』, 카톨릭코리아사, 1962.
김춘배, 『한국기독교수난사화』, 성문학회, 1969.
金興洙, 『해방후 북한교회사 - 연구 · 증언 · 자료 - 』, 다산글방, 1992.
閔庚培, 『한국민족교회형성사론』(대학문고 3), 연세대출판부, 1974.
閔庚培, 『한국의 기독교』(교양국사총서 12), 세종대왕기념사업회, 1975.
朴浣, 『실록한국기독교백년』(6책), 선문출판사, 1971.
변종호, 『한국기독교사개요』, 심우원, 1959.
徐京保, 『야소교와 불교』, 해동불교역경원, 1957.
서명원 · 이승익 공저, 『한국교회성장사』, 대한기독교서회, 1966.
安天恩, 『원불교』(한국종교대계 6), 원광대, 1973.
안철구, 『한국천주교200년』, 새문사, 1983.
嚴堯燮, 『한국기독교교육사소고』, 대한기독교교회, 1959.
吳允台, 『한국기독교사 - 한국경교사편 - 』, 혜선문화사, 1973.
柳炳德, 『한국신흥종교』(한국종교대계 7), 원광대, 1974.
柳洪烈, 『한국천주교회사』, 조선천주교회 순교자현양회, 1949/카톨릭출판부, 1962.
柳洪烈, 『한국의 천주교』, 세종대왕기념사업회, 1976.
윤경로, 『새문안교회 100년사(1887~1987)』, 새문안교회창립100주년기념사업회 역사편찬위원회, 1995.
李榮麟, 『한국재림교회사』, 선명문화사, 1968.

李永獻,『한국기독교사』, 컨콜디아사, 1978.

李元淳,『한국천주교회사』, 탐구당, 1970.

李鍾海,『천도교사』, 천도교중앙총부, 1962.

李贊英,『韓國基督敎會總覽』, 소망사, 1994.

張喜根,『한국장로교회사』, 아성출판사, 1970.

全澤鳧,『한국기독교청년회운동사』, 정음사, 1978.

朱在用,『한국카톨릭사』, 한국천주교중앙협의회, 1974.

蔡基恩,『한국교회사』, 예수교문서선교회, 1977.

크리스찬아카데미,『한국인의 사상구조』(한국아카데미총서 3), 삼성출판사, 1975.

한국교회사학회 편,『조선예수교장로회사기(하)』, 연세대출판부, 1968.

한국기독교교회협의회 편,『한국역사 속의 기독교』, 1977.

한국사회사연구회,『현대한국의 종교와 사회』(한국사회사연구회논문집 35), 1992.

한국천주교중앙협의회,『한국천주교회사』, 1984.

洪晶植,『동학백년사』(서문문고 173), 서문당, 1975.

황선희,『한국근대사상과 민족운동 1 - 동학·천도교편 - 』, 혜안, 1996.

강인철, 남한사회와 월남기독교인,『역사비평』21, 역사문제연구소, 1993.

金貴聲, 鼎山宗師의 사회교육관 - '建國論'을 중심으로 - ,『원불교사상』15, 원광대 원불교사상연구원, 1992.

金順任, 三同倫理의 철학적 조명 - 王陽明의 親民說과 비교하여 - ,『원불교사상』15, 원광대 원불교사상연구원, 1992.

金永斗, 鼎山宗師의 禮思想,『원불교사상』15, 원광대 원불교사상연구원, 1992.

金容福, 민족분단 40년과 기독교,『한국사회연구』3, 한길사, 1985.

金仁喆, 鼎山宗師 사상에서 본 세계평화의 삼대요소,『원불교사상』15, 원광대 원불교사상연구원, 1992.

김형석, 역사적 맥락에서 본 한중관계와 중국선교 문제,『한국기독교와 역사』4, 한국기독교역사연구소, 1995.

朴永錫, 민족해방후의 대종교운동,『心村추헌수교수회갑기념논문집 한·중 정치의 전통과 전개』, 대왕사, 1984.

朴瑩鶴, 鼎山宗師의 해방 전후의 外勢인식,『원불교사상』15, 원광대 원불교사상연구원, 1992.

서경전, 鼎山宗師의 교화관,『원불교사상』15, 원광대 원불교사상연구원, 1992.

宋天恩, 鼎山宗師의 불교관,『원불교사상』15, 원광대 원불교사상연구원, 1992.

沈大燮, 鼎山宗師와 교화·교육·자선의 竝進,『원불교사상』15, 원광대 원불교사상연구원, 1992.

梁銀容, 鼎山宗師의 儒·佛·道三敎觀,『원불교사상』15, 원광대 원불교사상연구원, 1992.

柳炳德, 三同倫理의 해석학적 조명,『원불교사상』15, 원광대 원불교사상연구원, 1992.

柳炳德, 해방후 圓佛敎사상의 전개(1),『震山韓基斗화갑기념 한국종교사상의 재조명(하)』, 원광대, 1993.

柳聖泰, 鼎山宗師의 성품관,『원불교사상』15, 원광대 원불교사상연구원, 1992.

李基東, 현대 한국사회와 風水地理說,『한국사시민강좌』14, 일조각, 1994.

韓基斗, 鼎山宗師의 敎團觀,『원불교사상』15, 원광대 원불교사상연구원, 1992.

2) 민족인식·민족주의

金基承,『한국근현대사회사상사연구』, 신서원, 1994.

金允植,『북한의 민족개념 연구』, 국토통일원, 1978.
金益洙,『한국사상과 현대사회』, 사림원, 1989.
金學俊,『한국민족주의의 통일논리』, 집문당, 1983.
남경희,『주체 · 외세 · 이념 - 한국 현대국가 건설기의 사상적 인식 - 』, 이화여대출판부, 1995.
朴鍾鴻,『한국의 사상적 방향』, 박영사, 1968.
朴玄埰 · 鄭昌烈,『한국민족주의론 3』, 창작과 비평사, 1985.
白樂晴,『민족주의란 무엇인가』, 창작과 비평사, 1981.
徐仲錫,『한국근현대의 민족문제연구』, 지식산업사, 1989.
성균관대 사회과학연구소,『한국민족주의의 이상과 현실』, 대영문화사, 1989.
宋建鎬 · 姜萬吉,『한국민족주의론 1』, 창작과 비평사, 1983.
愼鏞廈 외,『민족이론』, 문학과 지성사, 1985.
아세아학술연구회,『한국민족사상대계 4 - 근대 · 현대 - 』, 형설출판사, 1978.
梁好民,『남북한의 민족이념』, 국토통일원, 1978.
劉元東 외『한국현대사회와 사상적 제문제』, 정음문화사, 1989.
柳子厚,『조선민주사상사』, 조선금융조합연합회, 1949.
陳德奎,『현대민족주의의 이론구조』, 지식산업사, 1983.
陳德奎,『한국의 민족주의』, 대한기독교서회, 1991.
車基璧,『한국민족주의의 이념과 실태』, 까치, 1978.
崔相龍,『남북한의 민족개념비교연구』, 국토통일원, 1978.
崔相龍,『미군정과 한국민족주의』, 나남, 1988.
한국정신문화연구원,『민족의식의 탐구』, 1985.
韓興壽,『근대한국민족주의연구』(대학문고 11), 연세대출판부, 1977.

金學俊, 1950년이후의 민족의식의 전개과정,『민족의식의 탐구』, 한국정신문화연구원, 1985.
兪炳勇, 해방직후의 자주적 · 통일지향적 민족주의운동,『이원순화갑기념 사학논총』, 교학사, 1986.
兪炳勇, 신민족주의론 연구,『강원사학』10, 강원대사학회, 1994.
兪炳勇, 安在鴻의 신민족주의 국가상,『한국사시민강좌』17, 일조각, 1995.
유영준, 白凡 민족주의에 관한 소고 - 그 정치적 재조명 - ,『백범연구』1, 백범金九선생기념사업협회,
  1985.
윤종영, 국사 교과서 파동(상),『실학사상연구』5 · 6합, 무악실학회, 1995.
陳德奎, 미군정시대의 민족주의 고찰,『국사관논총』25, 국사편찬위원회, 1991.

2. 문화 · 예술 · 과학

고려대 민족문화연구소,『한국현대문화사대계 1 - 문학 · 예술사 - 』, 1975.
고려대 민족문화연구소,『한국현대문화사대계 4 - 과학 · 기술사(상) - 』, 1977.
고려대 민족문화연구소,『한국현대문화사대계 5 - 과학 · 기술사(하) - 』, 1978.
權寧珉,『해방직후의 민족문학운동연구』, 서울대출판부, 1986.
權寧珉,『한국민족문학론연구』, 민음사, 1988.
신형기,『해방직후의 문학운동론』, 화다, 1988.

예술원,『한국연극사 제3기 1945~1970』, 예술원, 1977.
尹一柱,『한국양식건축80년사』, 치정문화사, 1966.
李慶成,『한국근대미술연구』, 동화출판사, 1974.
李慶成,『현대한국미술의 현황 - 이경성한국미술평론집 - 』, 일지사, 1976.
李杜鉉,『한국신극사연구』, 서울대출판부, 1966.
이왕기,『북한에서의 건축사 연구』, 발언, 1994.
李用熙 편,『체육50년사』, 태서출판사, 1970.
李宥善,『한국洋樂80년사』, 중앙대출판국, 1968.
李宥善,『한국洋樂백년사』, 음악춘추사, 1985.
이화순,『조선건축사 2』, 발언, 1993.
車培根・李大龍・鄭晋錫・朴正圭 공저,『한국신문학사』, 정음사, 1977.
한국미술평론가 앤솔리지,『한국현대미술의 형성과 비평』, 열화당, 1980.

근・현대미술연구반, 한국에서의 서양미술사 연구동향,『미술사논단』창간호, 한국미술연구소 시공사,
    1995.
金允植, 해방후 남북한의 문화운동 - 두개의 민족문학론의 전개와 그 비판 - ,『현대사를 어떻게 볼 것인
    가 2』, 동아일보사, 1988.
김정현, 60년대 근대화노선, 미국의 '문화제국주의'와 한국 지식인,『역사비평』13, 역사문제연구소, 1991.
윤여탁, 해방정국의 문학운동과 조직에 대한 연구 - 좌파문단을 중심으로 - ,『한국학보』52, 일지사,
    1988.
李大淑, 육군 軍旗에 관한 소고,『학예지』4, 육군사관학교 육군박물관, 1995.
이선영・김영민・신형기・하정일・김재용, 한국 근대문학 비평사 연구,『성곡논총』26 - 상, 성곡학술문
    화재단, 1995.
李順子, 신미술의 수용과 표현양식의 변화,『강좌미술사』6, 한국미술사연구소, 1994.
이영미, 가요로 본 해방 50년,『역사비평』29, 역사문제연구소, 1995.

3. 교육・학교

경기도교육위원회 편간,『경기교육사 1883~1959』, 1975.
고려대 민족문화연구소,『한국현대문화사대계 2 - 학술・사상・종교사(상) - 』, 1976.
고려대 민족문화연구소,『한국현대문화사대계 3 - 학술・사상・종교사(하) - 』, 1976.
박종헌,『千葉陸軍步兵學校』, 혜진서관, 1995.
육군종합학교전우회,『실록 6・25한국전쟁과 육군종합학교』, 육군종합학교전우회, 1995.
金鍾喆,『한국교육정책연구』, 교육과학사, 1989.
金炯燦,『북한교육발달사』, 한백사, 1988.
대한사립중고등학교장회 편,『한국의 사학』, 민중서관, 1974.
孫仁銖,『한국근대교육사』, 연세대출판부, 1971.
孫仁銖,『한국교육사상사 6 - 대한민국의 교육사상 - 』, 문음사, 1989.
孫仁銖,『미군정과 교육정책』, 민영사, 1992.
孫仁銖,『한국교육운동사 1 - 1950년대 교육의 역사인식 - 』, 문음사, 1994.

孫仁銖,『한국교육운동사 2 - 1960년대 교육의 역사인식 - 』, 문음사, 1994.

孫仁銖,『한국교육운동사 3 - 1970년대 교육의 역사인식 - 』, 문음사, 1994.

阿部洋 外,『解放後韓國の敎育改革』, 韓國硏究院, 1987.

嚴堯燮,『한국기독교교육사소고』, 대한기독교교회, 1959.

吳天錫,『한국신교육사』, 현대교육총서출판부, 1964.

鄭相珣,『한국신교육백년사료』, 민주여론사, 1973/서울문예사, 1974.

鄭泰秀,『미군정기 한국교육사자료집 1945～1948』(상 · 하), 홍지원, 1992.

한국교육연구소,『한국교육사 - 근 · 현대편 - 』, 풀빛, 1993.

김남순, 남북한 교육이념변화의 비교연구,『생활지도연구』14, 조선대 학생생활연구소, 1994.

김인순, 미군정기 교육정책에 대한 비판적 고찰,『논문집(사회과학편)』11, 1984, 경남대, 1984.

金仁會, 미 · 소군정하의 교육정책과 학생운동,『현대사를 어떻게 볼 것인가 2』, 동아일보사, 1988.

김인회, 한국사회 진단 방법의 문제와 교육적 처방 - 한국사회 진단 방법의 문제와 교육적 처방 시론 - ,
　　『교육연구』29, 성신여대 교육문제연구소, 1995.

馬越徹, 解放後韓國における海外留學,『韓』59, 東京 : 韓國硏究院, 1977.

孫仁銖, 한국동란중 전시연합대학에 관한 연구,『교육연구』29, 성신여대 교육문제연구소, 1995.

宋春永, 최근 한국의 역사교육 연구의 분석 - 현장연구 보고서를 중심으로 - ,『역사교육』33, 역사교육연
　　구회, 1983.

阿部洋, 解放後の韓國高等敎育,『國立敎育硏究所紀要』, 東京, 1975.

李洸浩, 미군정의 교육정책,『해방전후사의 인식 2』, 한길사, 1985.

이길상, 제국주의문화침략과 한국교육의 對美종속화,『역사비평』18, 역사문제연구소, 1992.

李鍾太, 분단시대의 교육운동의 전개,『한국사 20』, 한길사, 1994.

李炫熙, 국사교과서의 現代史 서술문제,『배달문화』13, 민족사바로찾기국민회의, 1994.

이훈도, 광복후 야학교육활동 연구 - 포항시를 중심으로 - ,『東大海문화연구』1, 포항 : 東大海문화연구
　　소, 1994.

최정기, 해방직후 민족교육의 문제 - 나주 민립중학교를 중심으로 - ,『전남사회운동사연구』, 광주 : 한국
　　현대사사료연구소, 1992.

최혜월, 미군정기 國大案 반대운동의 성격,『역사비평』계간창간호, 역사문제연구소, 1988.

한준상, 미국의 문화침투와 한국교육 - 미군정기, 교육적 모순해체를 위한 연구과제 - ,『해방전후사의 인
　　식 3』, 한길사, 1987.

홍웅선, 해방후 진보주의 교육사조의 수용과정,『정신문화연구』37, 한국정신문화연구원, 1989.

論 著 者 索 引

ㄱ

加藤マコミ 157, 207, 228
加藤末郎 256
加藤房藏 184
加藤隆 236
角田玲子 218
簡江作 82
葛生能久 154
葛生東介 47
姜光植 130, 150, 388
康吉秀 76, 157, 340
姜吉遠 38, 71, 157, 172, 243,
　　　245, 283, 293
姜吉仲 172
姜大德 53, 312
姜大敏 25, 96, 99, 172, 194,
　　　340
강대현 366
姜德相 56, 106, 117, 154, 157,
　　　168, 178, 182, 186, 218,
　　　236, 251, 277, 340, 362
姜敦求 310, 328
강동구 316
姜東鎭 82, 115, 154, 168, 186,
　　　207, 277, 284, 289, 290,
　　　340
강득희 340
康玲子 82
姜萬吉 15, 19, 35, 38, 49, 61,
　　　71, 76, 78, 82, 104, 117,
　　　178, 182, 194, 214, 216,
　　　218, 256, 260, 262, 269,
　　　270, 284, 295, 296, 329,
　　　340, 357, 358, 359, 365,
　　　366, 370, 371, 372, 380,
　　　391, 412, 436, 441
姜萬生 66
강맹산 405
姜明淑 316
姜美子 52
강민 395
姜炳文 66, 194
姜秉植 154, 157, 172, 242, 243,
　　　270, 271
岡本三郎 214
姜尙雲 125, 126, 397
강석희 297, 357, 398
姜善淑 25
강성윤 408
康成銀 186, 249
강성재 359, 393
姜聖祚 25, 211
강성철 384, 398
강성혁 391, 399
姜淑子 272
강순원 391
강신철 434
강영식 359
姜英心 25, 76, 102, 117, 130,
　　　142, 157, 207, 218, 251,
　　　308
康玲子 82
강영주 25, 186, 214
姜英哲 51, 381
姜龍權 26, 218
姜龍洙 251
강원도항일독립운동사편찬위원회
　　　178
姜元植 402
강원의병운동사연구회 171
姜渭祚 154, 310, 316
康允浩 61, 90, 99, 339, 340
岡義武 146
姜怡守 154, 261, 272, 289, 290
강인구 402, 412
강인순 228, 272, 373
강인철 316, 440
姜一錫 22
姜長熙 42, 340
姜在彦 15, 19, 47, 53, 66, 76,
　　　80, 82, 83, 84, 85, 86, 88,
　　　89, 90, 95, 102, 106, 108,
　　　145, 154, 172, 178, 186,
　　　199, 207, 218, 231, 261,
　　　269, 310, 340
강정구 44, 362, 372, 377, 382,
　　　384, 388, 399, 408, 435
강정숙 157, 272, 284
강정인 408
姜周鎭 48, 130, 137
강준식 44, 338, 377
姜志元 82, 84, 86
康智漢 90, 108, 327
姜鎭甲 157
강진국 422
姜晋哲 71
姜昌錫 146, 168, 169, 211, 218,
　　　307, 308
강창성 369, 393
姜昌一 22, 46, 83, 90, 117, 152,
　　　157, 294, 297, 316
강철규 394, 416
강충선 391

李丙燾　190, 361
李昞林　93
李丙洙　114, 271, 272
이병일　43, 93
李炳柱　129, 140, 268
李炳天　20, 22, 144, 145, 180,
　　240, 253, 260, 261, 267,
　　358, 370, 394, 413, 417,
　　420
이병철　361
李炳憲　185, 190
李炳赫　209
李炳華　45, 234
李輔根　109, 303
李輔溫　223
李普鎔　100
李普珩　134, 140, 190, 327, 333
李卜壽　410
李福淑　164
李鳳來　247
李奉熙　321
李北滿　148
李鵬雨　386
이삼성　386, 398, 399, 400, 405,
　　436
이상경　31, 337
李相坤　31, 313
李尙根　58, 97, 100, 281, 327
李相寏　31, 56, 74, 111, 176,
　　212, 296, 303, 331
李相玉　191
李相禹　386, 394, 395, 396, 399,
　　405, 406, 407
李相旭　272, 397
李相一　57, 109, 191, 230, 234,
　　327
李相助　113, 361
李相周　176
李相燦　59, 111, 112, 140, 224
李相哲　53, 327, 421, 434
李相鉉　372, 386, 400
李常薰　234
이석구　417
李碩崙　153, 238, 239

李錫淵　390
이석재　24, 171, 435
이석태　364
李石薰　24, 180
李錫熙　40
李瑄　24
李瑄根　20, 31, 63, 79, 84, 86,
　　89, 107, 109, 122, 129,
　　134, 140, 144, 148, 164,
　　169, 180, 191, 303, 327
李鮮馥　413
李善榮　271, 336, 337, 368, 375,
　　442
이선향　396
이성균　375, 434
李聖根　45, 129, 191, 207, 331
이성렬　321, 347
李成美　413
李省展　321, 347
이성철　393, 406
李性陀　311
이성한　410
이성현　390
이성형　396
李世永　247, 276, 308, 366
李世賢　212
李松姬　89, 96, 97, 98, 100, 274,
　　333, 347, 350
李守龍　17, 68, 87, 93, 97, 253
李樹鳳　224
李壽允　105
李壽仁　376, 378, 390, 393, 406
李樹煥　271
李淑子　64, 347
李順愛　229, 430
李順子　442
이승렬　239, 241
이승억　417, 436
李承姸　164, 265
李承閏　416
이승익　315, 439
李承喆　347
李承憲　134
이승현　410

이승희　375, 380, 429, 430
이시와따 노브오　149, 347
李時玩　57, 207
李時鎔　54, 347
李時載　271
이시종　431
李信澈　380, 410
李信行　58, 212
李愛淑　164, 203, 212
李愛熙　87
李洋純　53, 327
李陽子　129, 134, 241, 253
이연　412
李延馥　31, 37, 45, 68, 77, 113,
　　140, 169, 194, 196, 347,
　　356
李永觀　311
이영기　425, 432
李榮德　111
李榮麟　315, 439
李英茂　53, 311
이영미　442
李英石　24, 200, 361
이영선　406
李英燮　274
이영수　164
李英淑　339
李永植　413
이영신　98, 205
이영일　393
이영찬　282
李永鶴　17, 164, 244, 256, 258,
　　265
李永獻　316, 440
李英俠　31, 164, 191, 241, 242,
　　244, 423
李榮昊　17, 105, 112, 113, 176,
　　244, 254, 261, 294, 303,
　　331, 366, 384
李榮薰　164, 244, 247, 249, 256,
　　283, 287
李泳禧　180, 361, 365, 405
李玉　17, 134, 191, 356
李玉卿　164

崔在錫　248, 272, 289, 308, 335, 426, 429
崔在虞　88
崔載賢　88, 95, 98, 289
최정기　443
崔正福　316
崔正洙　37
최정호　387, 403
崔鍾健　61, 194
崔鍾庫　25, 65, 70, 101, 113, 114, 115, 136, 137, 153, 226, 230, 322, 349, 362, 397
崔宗一　115
崔埈　49, 65, 66, 70, 85, 95, 98, 103, 124, 136, 167, 193, 198, 367
崔俊植　24
崔智江　434
崔芝娟　52, 75, 358
최지원　384
崔震植　34, 57, 88, 95, 105
崔珍玉　261
崔鎭宇　70, 338
崔昌圭　25, 61, 86, 88, 108, 177, 184, 193, 306, 357, 364, 369
최창무　184
崔昌照　19
崔昌祚　21
崔昌集　357
崔昌熙　180, 240, 282
崔千松　45, 50, 235
崔翠秀　177
崔兒洵　384
최태진　167
崔泰鎬　113, 124, 145, 154, 167, 235, 240, 245, 248, 250, 253, 254, 255, 265, 306
최태환　384
최학소　431
최한수　391
崔海甲　34, 314
최현　404

崔鉉洙　34, 335
崔玄植　65, 296, 306
崔炯鍊　193, 349
崔衡宇　181, 218
최혜월　375, 443
최혜주　25, 34, 75, 314, 338
崔虎鎭　167, 236, 253, 255, 376, 416, 422, 426
崔洪奎　35, 37, 46, 57, 61, 75, 113, 184, 205, 329, 332
崔洪彬　34, 227
崔洪俊　204
崔華星　272, 362
崔孝軾　34
추경화　25, 181
秋保一郎　146
秋月望　34, 129, 141, 148, 149, 170, 253
秋定嘉和　240, 309
秋憲樹　34, 65, 141, 181, 184, 194, 198, 218, 227, 230, 272, 328, 332
춘강조동식박사탄신백년기념논문집편집위원회　25

ㅋ

켄달, C. W.　181
코취, 존　401
크리스찬아카데미　440

ㅌ

鐸木昌之　204, 227
탁병채　85
度支部　113, 243
度支部大臣 官房文書課　110
卓熙俊　293
湯淺晃　124
太白편집부　408
태암편집부　384
澤正彦　316
澤村東平　264
樋口雄一　282, 382

통일원통일연수원　408
특별기획좌담　358

ㅍ

파이버, 다니엘　186
波田野節子　55, 332, 334
波形昭一　157, 236, 240, 242
坂本孝夫　37, 55, 151
坂田吉雄　124
坂井俊樹　152
彭澤周　81, 116, 124, 129
페이지　384
片山恒夫　322
平瀨徹也　124
平木實　62, 334
平山政十　316
平宋茂雄　384
平野邦雄　124
平野義太郎　125, 129
평화문제연구소　405
弊原坦　125, 340
幣原喜重　253
浦廉一　253
浦川和三郎　322
表暎三　56, 306
馮鴻志　129
피어드 실바　394
皮貞晩　34, 350
피터슨, 마크　436
피터슨, 아놀드 A.　436

ㅎ

河岐洛　37, 328
하기와라 료　384
河相洛　79
何石金昌洙교수회갑기념사학논총간행위원회　181
河善姬　177
하영선　384, 387, 398
하용운　390, 403
河宇鳳　57, 75
하우스만, 짐　373